PRINCIPES
D'ÉCONOMIE POLITIQUE

PAR

CHARLES GIDE

Professeur d'Économie Sociale à la Faculté de Droit de Paris
et à l'École nationale des Ponts et Chaussées

QUATORZIÈME ÉDITION

REVUE ET CORRIGÉE

LIBRAIRIE
DE LA SOCIÉTÉ DU

RECUEIL SIREY
22, rue Soufflot, PARIS, 5ᵉ arrᵗ
L. LAROSE & L. TENIN, Directeurs

1913

PRINCIPES

D'ÉCONOMIE POLITIQUE

OUVRAGES DU MÊME AUTEUR

Cours d'Économie Politique, 2ᵉ édition, 1911.

Économie sociale (Les institutions du progrès social au début du XXᵉ siècle), 4ᵉ édition, 1911.

La Coopération, 3ᵉ édition, 1910.

Les Sociétés coopératives de consommation, 2ᵉ édition, 1910.

Œuvres choisies de Fourier, avec Introduction, 1890.

Histoire des Doctrines économiques depuis les Physiocrates jusqu'à nos jours, par Gide et Rist, 2ᵒ édition, 1912.

TRADUCTIONS DES PRINCIPES :

Tchèque, par l'Association d'étudiants « le Vsehrd ». Prague, 1894. — Espagnole, par le professeur De Oloscoaga. Madrid, 1896. — Russe, par le Dʳ Cheinisse. Saint-Pétersbourg, 1896. — Anglaise, par le professeur Veditz. Boston, 2ᵉ édition, 1904. — Finnoise, par le professeur Forsman, 1904. — Allemande, par le Dʳ Weiss von Wellenstein. Vienne, 1905. — Italienne, par G. Mortara, 2ᵉ édition, Milan, 1907. — Polonaise, par le professeur Czerkowski. Cracovie, 3ᵉ édition, 1907. — Suédoise, par les professeurs Schaumann et Braun, 3ᵉ édition, 1910. — Hollandaise, par le professeur Herckenrath. Groningue, 3ᵉ édition, 1907. — Turque, par les professeurs Hamid bey et Tahin. Constantinople, 1910.

TRADUCTIONS DU COURS :

Grecque, par M. Krokidas, Athènes, 1911. — Espagnole, par M. Docteur, Mexico, 1911. — Anglaise, par Mˡˡᵉ Archibald, Londres (sous presse).

BAR-LE-DUC. — IMPRIMERIE CONTANT-LAGUERRE.

PRINCIPES
D'ÉCONOMIE POLITIQUE

PAR

CHARLES GIDE

Professeur d'Économie Sociale à la Faculté de Droit de Paris
et à l'École nationale des Ponts et Chaussées

QUATORZIÈME ÉDITION

REVUE ET CORRIGÉE

« La Société tout entière n'est
qu'un ensemble de solidarités
qui se croisent ».
BASTIAT, *Harmonies.*

LIBRAIRIE
DE LA SOCIÉTÉ DU
RECUEIL SIREY
22, rue Soufflot, PARIS, 5ᵉ arrdᵗ
L. LAROSE & L. TENIN, Directeurs

1913

AVANT-PROPOS

—

Depuis la douzième édition ce livre s'est dédoublé. Parallèlement à ce volume un autre paraît sous la forme d'un gros volume qui porte pour titre *Cours d'Économie Politique*, plus spécialement destiné à la préparation aux examens dans les Facultés de Droit, et qui ne diffère d'ailleurs de celui-ci que par l'addition d'un grand nombre de chapitres et de notes. Mais je n'ai pas cru devoir supprimer pour cela la petite édition : — d'abord parce qu'il y aurait quelque ingratitude de la part de l'auteur à sacrifier un livre qui, sous son ancienne forme, avait trouvé depuis si longtemps un si favorable accueil en France et à l'étranger, et tant de traducteurs ou de critiques bienveillants auxquels je suis redevable pour leurs corrections ou suggestions,

MM. Schaumann, Herckenrath, Schwiedland, Chatelain; — ensuite parce que, tel quel, il nous paraît
mieux convenir aux lecteurs désintéressés qui ne se
soucient pas de se perdre dans une exposition trop
touffue, et qui cherchent dans un traité d'Économie Politique moins une documentation sur toutes
les questions actuelles qu'un tableau d'ensemble du
vaste monde économique et des problèmes qui le
travaillent.

Quant aux étudiants en droit qui préféreront prendre le présent volume simplement parce qu'il est
moins gros que l'autre, ils ne devront s'en prendre
qu'à eux-mêmes s'il leur laisse quelques déceptions
au jour de l'examen. Ce n'est pas un *Résumé* ni un
Memento : il passe sous silence beaucoup de questions, surtout celles d'économie appliquée. Il ne
pourrait en tout cas dispenser de suivre les cours,
mais il pourrait peut-être en faciliter l'intelligence.

La présente édition diffère assez sensiblement
de la précédente. Elle a été allégée de la plus grande
partie des notes bibliographiques et statistiques qui
interrompaient la lecture, et néanmoins elle contient
plus de pages parce que le texte a été développé dans
les parties difficiles; même quelques chapitres ont
été ajoutés, notamment dans la consommation.

En ce qui concerne l'esprit général de ce livre je
ne puis que répéter ce que j'ai dit dans les introduc-
tions de toutes les éditions antérieures. Je ne me

suis pas proposé de défendre des thèses : j'ai voulu donner moins la solution que la curiosité et la ferveur des problèmes sociaux. J'aurais voulu que l'économie politique qui durant si longtemps a été qualifiée de « littérature ennuyeuse », disait M. Thiers, ou de « science desséchante » (*dismal science*, disait Carlyle), pût se montrer à tous, et surtout aux jeunes, ce qu'elle est, une science captivante comme un drame puisqu'elle n'a pas seulement pour objet d'étudier les lois qui dispensent aux individus et aux peuples la fortune ou la misère, mais aussi de montrer au prix de quelles luttes passionnées ou de quelle entr'aide fraternelle ils peuvent conquérir l'une et éviter l'autre.

Et parmi les jeunes gens de tous pays qui ont étudié l'économie politique dans ce livre, je sais, par des témoignages personnels, qu'il en est au moins quelques-uns qui l'ont bien trouvée telle dans ces pages que je désirais la montrer, qui pour cela l'ont aimée et pour la vie lui resteront fidèles.

CHARLES GIDE.

PRINCIPES
D'ÉCONOMIE POLITIQUE

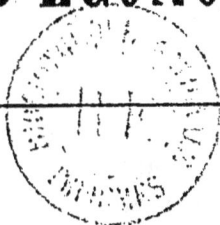

NOTIONS GÉNÉRALES

CHAPITRE I

LA SCIENCE ÉCONOMIQUE

I

Objet de l'économie politique.

Les êtres qui constituent l'univers et les relations qui existent entre eux — corps célestes, globe terrestre, éléments contenus dans son sein, animaux et végétaux qui peuplent sa surface — voilà autant d'objets de sciences distinctes qui s'appellent les *sciences physiques et naturelles.*

Mais dans ce vaste monde il y a d'autres objets non moins dignes de notre étude : ce sont les hommes, c'est nous-mêmes. Ils vivent en *société,* ils ne sauraient vivre autrement : des rapports se forment donc entre eux et voilà l'objet d'un groupe différent de sciences qui s'appellent les *sciences sociales.* Autant de relations différentes entre les hommes — rapports moraux, juridiques, économiques, politiques, religieux, et relations de langage qui servent de véhicule à toutes les autres — autant de sciences distinctes qui s'appelleront *la morale, le droit, l'économie politique, la politique,* la science des *religions* ou des *langues.*

Il est vrai que les lignes de démarcation entre les sciences sociales qui ont toutes, en somme, un même objet, l'homme social, ne sauraient être aussi précises que celles que l'on peut tracer entre des sciences dont les objets sont dissemblables, telles que la géologie, la botanique, la zoologie. Cette classification sera toujours plus ou moins artificielle et plutôt faite pour faciliter l'étude et subvenir à la faible portée de notre entendement qu'imposée par une division naturelle.

Aussi Auguste Comte considérait-il comme irrationnelle toute séparation des sciences qui ont pour objet les sociétés humaines : il n'admettait qu'une science unique embrassant tous les aspects de ces sociétés, à laquelle il a donné le nom devenu classique de *Sociologie,* et condamnait notamment toute prétention de constituer l'économie politique comme science distincte. Il n'a pas été suivi parce que, comme bonne méthode de travail, on ne saurait refuser aux sciences sociales déjà nommées le droit de se constituer à l'état de disciplines distinctes. Pour les trois sciences notamment qui se touchent de plus près — morale, droit et économie politique — les frontières seront toujours plus ou moins flottantes : certaines institutions, telles que la propriété, la transmission des biens, le salariat, rentrent dans la juridiction de toutes les trois à la fois. Heureuse pénétration d'ailleurs et très profitable à ces sciences sœurs! Il suffit de noter que les mêmes objets peuvent être envisagés sous des points de vue distincts et de savoir reconnaître ces points de vue différents auxquels se placent le moraliste, le jurisconsulte et l'économiste. Or cela est relativement aisé : *faire son devoir, — exercer ses droits, — pourvoir à ses besoins —* constituent trois fins assez différentes de l'activité humaine.

Et c'est cette dernière qui fait l'objet propre de la science économique.

Disons donc — sans chercher trop de précision dans une définition qui, après une centaine de traités écrits sur cette matière, est encore à trouver — : que l'économie politique a pour objet, parmi les rapports des hommes vivant en société, ceux-là seulement qui tendent à la satisfaction de leurs besoins matériels, à tout ce qui concerne leur *bien-être*[1]. Elle est au corps social à peu près ce que la *physiologie* est au corps humain.

Cette science tend à se diviser aujourd'hui en deux disciplines ou en deux ordres d'étude :

D'une part, l'Économie Politique *pure* (qu'on appelle aussi parfois l'*Économique*) étudie *les rapports spontanés* qui se forment entre des hommes vivant en masse, comme elle étudierait les rapports qui se forment entre des corps quelconques, « ces rapports nécessaires qui dérivent de la nature des choses », comme disait Montesquieu. Elle ne se propose pas de les juger, pas plus au point de vue moral qu'au point de vue pratique, mais seulement *d'expliquer ce qui est*. Par là elle cherche à se constituer commé science naturelle.

D'autre part, l'*Économie Sociale* étudie plutôt les *relations volontaires* que les hommes créent entre eux — sous

---

[1] On disait généralement autrefois, et on dit encore souvent aujourd'hui que l'Économie Politique est la « science de la Richesse ». Mais cette définition a l'inconvénient de détourner l'attention du véritable objet de la science économique, qui est l'homme et ses besoins, pour la concentrer sur des objets extérieurs à l'homme qui ne sont que des moyens pour lui de satisfaire ses besoins. Ce qu'on appelle une loi économique ou sociale, alors même qu'elle paraît avoir pour objet les choses, s'applique en réalité aux hommes. Dire que le blé hausse de prix, cela veut dire que les hommes le désirent davantage pour un motif quelconque. Et ce n'est pas là une simple question de mots : cé déplacement du vrai point de vue a fait encourir à certains économistes le reproche justifié de raisonner comme si l'homme était fait pour la richesse et non la richesse pour l'homme.

D'ailleurs, il y a un autre inconvénient à définir l'Économie Politique par la richesse : c'est que le mot de richesse lui-même n'est guère facile à définir, comme nous le verrons ci-après.

forme d'associations, de lois écrites ou d'institutions quelconques — en vue d'améliorer leur condition. Elle se propose de rechercher et d'apprécier les meilleurs moyens pour
atteindre cette fin. Par là elle participe plutôt au caractère
des sciences morales en recherchant *ce qui doit être*, et au
caractère des arts en recherchant *ce qu'il faut faire*. Aussi
est-elle désignée quelquefois, par les économistes étrangers,
sous le nom de *Politique Sociale*[1].

Cette séparation s'impose aux spécialistes, mais elle nuit
beaucoup à l'intérêt de l'exposition. Aussi nous ne la sui-
vrons pas dans un traité comme celui-ci qui porte aussi bien
sur l'économie sociale que sur l'économie politique.

Parmi les phénomènes économiques ce sont ceux relatifs
à *la production* qui ont tout d'abord attiré l'attention. Les
physiocrates et Adam Smith n'ont guère étudié que ceux-là.
La seconde génération d'économistes, avec Ricardo, s'appli-
qua plus spécialement à analyser ceux relatifs à *la répartition*. Et telles sont encore aujourd'hui les deux grandes divisions de l'Économie Politique — ou plutôt les deux aspects
sous lesquels se présentent les mêmes phénomènes, car, à
vrai dire, ce sont à peu près les mêmes qu'on retrouve dans
les deux parties. Entre ces deux questions : Comment sont
produites les richesses? — et : A qui appartiennent-elles?
— le lien est évident. Ce n'est pas une raison pour ne pas
les étudier séparément.

Dans la production elle-même on n'a pas tardé à établir
une subdivision entre les phénomènes de la production proprement dite et ceux de *la circulation*, c'est-à-dire à distinguer les modes de création de la richesse et ceux de transfert
ou d'échange. Et ceux-ci, en effet, ont une importance

---

[1] Il ne faut pas confondre l'Économie Sociale avec l'Économie Politique *appliquée*. L'Économie Politique appliquée indique les meilleurs
moyens d'accroître la richesse d'un pays, tels que banques, chemins de
fer, systèmes monétaires ou commerciaux, etc., — tandis que l'Économie
Sociale cherche surtout à rendre les hommes plus heureux. Mais ces
questions d'Économie appliquée ne sont pas traitées dans ces *Principes*;
on les trouvera dans notre *Cours d'Économie Politique*.

énorme et une physionomie spéciale. Cependant cette division répond plutôt à une convenance didactique qu'à une nécessité logique, car nous verrons qu'au fond l'échange n'est qu'un mode de production.

Il est une autre catégorie de faits qui, à partir de J.-B. Say, a constitué souvent une section spéciale : ce sont ceux relatifs à *la consommation* des richesses. Et c'est bien à tort qu'elle est aujourd'hui souvent supprimée, car la consommation — autrement dit, la satisfaction des besoins — est évidemment le but et la seule raison d'être de toute l'activité économique. D'autre part, nous croyons que sur la scène économique, où jusqu'à présent il n'y avait place que pour les producteurs, le consommateur est appelé à jouer un rôle de plus en plus important comme représentant de l'intérêt public. Voilà pourquoi nous avons tenu à réserver une place spéciale à la consommation.

II

S'il existe des lois naturelles en économie politique.

Quand on donne à une branche quelconque des connaissances humaines le titre de « science », on n'entend point lui décerner simplement un titre honorifique, mais on prétend affirmer que les faits dont elle s'occupe *sont liés entre eux par certaines relations nécessaires qui ont été découvertes et qui s'appellent des lois.*

Il est certains domaines dans lesquels l'enchaînement des phénomènes est si apparent que les esprits les moins habitués aux spéculations scientifiques n'ont pu faire autrement que de le remarquer.

Il suffit de lever les yeux au ciel pour constater la régularité avec laquelle se déroule chaque nuit la marche des étoiles, chaque mois les phases de la lune, chaque année le voyage du soleil à travers les constellations. Aux jours les plus lointains de l'histoire, les pâtres en gardant leurs trou-

peaux ou les navigateurs en dirigeant leurs barques, avaient
déjà reconnu la périodicité de ces mouvements et, par là, ils
avaient jeté les bases d'une vraie science, la plus vieille de
toutes, la science astronomique.

Les phénomènes qui se manifestent dans la constitution
des corps bruts ou organisés ne sont pas aussi simples, et
l'ordre de leur coexistence ou de leur succession n'est pas
aussi facile à saisir. Aussi a-t-il fallu de longs siècles avant
que la raison humaine, perdue dans le labyrinthe des choses,
réussît à saisir le fil conducteur, à retrouver l'ordre et la loi
dans ces faits eux-mêmes, et à édifier ainsi les sciences physiques, chimiques et biologiques.

Petit à petit, cette idée d'un ordre constant des phénomènes, a pénétré dans tous les domaines, même dans ceux qui,
à première vue, semblaient devoir lui rester toujours fer-
més. Même ces vents et ces flots, dont les poètes avaient
fait l'emblème de l'inconstance et du caprice, ont reconnu à
leur tour l'empire de cet ordre universel. On a pu constater
les grandes lois auxquelles obéissent, à travers l'atmosphère
ou les océans, les courants aériens ou maritimes, et la mé-
téorologie ou physique du globe a été à son tour fondée. Il
n'est pas jusqu'aux chances des paris, jusqu'aux combinaisons du jeu de dés, qui n'aient été soumises au calcul
des probabilités. Le hasard lui-même, dorénavant, a ses
lois.

Le jour devait venir enfin où cette grande idée d'un Ordre
Naturel des choses, après avoir envahi peu à peu comme
une puissance conquérante tous les domaines des connaissances humaines, pénétrerait dans la sphère des faits sociaux.
C'est à Montesquieu et aux Physiocrates, comme nous le
verrons, que revient l'honneur d'avoir reconnu et proclamé
les premiers l'existence de ce « gouvernement naturel » des
choses.

Nombreux encore étaient naguère ceux qui répugnent à
accepter cette assimilation des sciences sociales aux sciences
physiques. Il leur semble qu'entre les unes et les autres
s'élève un mur infranchissable, car celles-ci sont le royaume

de la Nécessité, tandis que celles-là sont le royaume de la Liberté.

La preuve, dit-on, c'est que dans les sciences de l'ordre physique le savant peut toujours *prévoir* avec certitude, un fait étant donné, celui qui lui succédera ou qui l'accompagnera : — astronome, il annonce, mille ans à l'avance et à une seconde près, une éclipse; chimiste, il sait, toutes les fois qu'il combine deux substances dans un creuset, quel est le corps qui en sortira et quelles en seront les propriétés; géologue, il énumère les diverses couches de terrain que l'on rencontrera en perçant un tunnel ou en creusant un puits de mine. Mais l'économiste, l'historien, l'homme d'État, que peuvent-ils prévoir des faits sociaux et politiques ? Tout au plus peuvent-ils hasarder quelques conjectures trop souvent démenties par les événements. La prévision ici peut parfois être l'intuition du génie, mais n'a rien de scientifique.

Mais cette objection vulgaire tient à une double erreur qui porte à la fois sur le sens du mot *loi naturelle* et sur celui de *libre arbitre*.

En ce qui concerne la loi naturelle, l'erreur est de se la représenter sous l'image d'une puissance qui porte le glaive — comme la figure de la Loi dans les tableaux allégoriques — et qui veut être obéie. Or, la loi naturelle n'exprime rien de plus que certains rapports qui s'établissent *spontanément* entre les choses ou les hommes, rapports qu'on peut dire nécessaires *seulement si certaines conditions préalables sont remplies*. Les atomes d'oxygène et d'hydrogène ne sont pas forcés de faire de l'eau, mais *si* un atome du premier de ces éléments et deux du second sont mis en présence sous certaines conditions de température, de pression, etc., alors ils formeront de l'eau. De même les hommes ne sont pas forcés à vendre et à acheter, mais *si* un homme disposé à vendre est mis en présence d'un homme disposé à acheter, et *si* leurs prétentions ne sont pas inconciliables, ils concluront nécessairement un marché à un certain prix qu'on peut déterminer — et ce n'en sera pas moins un libre contrat.

En ce qui concerne le libre arbitre, l'erreur est de se le

représenter comme la faculté de « faire à sa tête », comme
une forme du caprice. Cependant il suffit d'y réfléchir pour
voir que le fait d'agir sans raison appréciable est précisément ce qui caractérise l'état de démence, et que tout homme
raisonnable, au contraire, obéit dans sa conduite à certains
motifs — en un mot, ne se *détermine pas sans cause*. Or,
toute loi sociale ou économique n'est qu'une prévision de la
conduite des hommes et sa valeur scientifique se mesure à
la fréquence des cas où cette prévision se trouve confirmée
par les événements.

Sans doute ces prévisions sont souvent démenties par les
événements[1].

Elles le sont aussi dans les sciences naturelles! Tout
homme qui réfléchit est bien assuré que le vent, la pluie, la
grêle ou les orages, ne sont pas le résultat du hasard : il
ne met pas en doute qu'ils ne soient régis par des lois
naturelles. Cependant les prévisions en ce domaine ne sont
nullement plus exactes que dans le domaine économique :
on peut prédire plus longtemps à l'avance l'arrivée d'une
crise commerciale que celle d'un cyclone, et le transit du
chemin de fer de Lyon à Marseille est moins variable, certes,
que le débit du Rhône dont il suit les rives : — pourtant
l'un est alimenté par les hommes et l'autre par le ciel. Si
nos prévisions, en fait d'économie politique, sont toujours incertaines et à courte vue, il n'en faut donc point chercher la
raison dans les fantaisies du libre arbitre, mais simplement
dans notre ignorance des véritables causes. Si un jour les
hommes deviennent infiniment sages, il est vraisemblable
que la prévision économique s'exercera avec autant de sû-
reté que pour les corps célestes.

---

[1] On donne comme argument, pour nier l'existence des lois naturelles
en matière sociale, ce fait que beaucoup de choses tournent autrement
qu'elles n'avaient été *prévues*. Cela prouve seulement notre ignorance.
Mais pensez plutôt combien de fois des choses tournent autrement
qu'elles n'avaient été *voulues* par leurs auteurs! Cela ne prouve-t-il pas
que dans ce monde il y a à l'œuvre des causes plus fortes que la volonté des hommes?

Il est vrai qu'il serait absurde de vouloir prédire à l'avance les faits et gestes d'un individu : mais cela n'a aucun intérêt pour l'économiste. Il n'est pas un diseur de bonne aventure. La seule chose qui nous importe, *c'est la conduite des hommes considérés en masse*. Nous n'avons besoin, pour établir nos lois théoriques et nos institutions pratiques, que de *moyennes*[1].

Remarquez d'ailleurs que les gens pratiques qui dénient le plus vivement aux économistes la possibilité de prévision dans les questions économiques ne manquent pas pourtant d'en user dans le train ordinaire de leur vie et dans la conduite de leurs affaires quotidiennes. Quiconque spécule — et qui ne spécule pas? — exerce tant bien que mal la prévision scientifique. Ce financier, qui achète une action de tel chemin de fer, prévoit la continuité et l'augmentation progressive d'un certain trafic suivant une direction déterminée et en payant ce titre fort cher, il affirme par là, qu'il le veuille ou non, sa ferme confiance dans la régularité d'une loi économique. Pourtant, il est bien certain que toute personne ou tout colis qui circulera sur la ligne n'y circulera que parce que quelqu'un l'aura *voulu* ainsi.

III

Comment s'est constituée la science économique.

C'est en 1615 que l'économie politique reçut pour la première fois le nom sous lequel elle est aujourd'hui connue, dans un livre français, le *Traicté de l'Œconomie politique*, par Antoine de Montchrétien.

Le mot *Économie* était cependant déjà usité et même un

---

[1] La statistique a démontré maintes fois la régularité presque infaillible avec laquelle se produisent aussi bien les faits les plus importants de la vie humaine, tels par exemple que les mariages, ou les plus insignifiants, tels que le fait de mettre une lettre à la poste sans avoir écrit l'adresse.

des livres de Xénophon porte ce titre : mais les anciens entendaient par là l'économie domestique (οἶκος, maison; νόμος, règle, loi). Le qualificatif *politique*, usité depuis Montchrétien, indique qu'il s'agit non plus de l'économie de la maison, mais de celle de la cité, de la nation, et cette appellation nouvelle coïncidait avec une révolution historique : l'avènement des grands États modernes. Aujourd'hui on dit parfois *Économie Sociale* au lieu d'Économie Politique : étymologiquement la signification est absolument la même (néanmoins l'adjectif « politique » est mieux assorti avec le nom « économique », puisque tous deux viennent du grec), mais ce qualificatif comporte généralement un ordre d'études un peu différent, ainsi que nous l'avons indiqué (Voir p. 3).

Certaines de ces questions, que nous appelons aujourd'hui questions économiques, avaient attiré de tout temps l'attention des hommes, telles que l'argent, le commerce et les moyens d'enrichir les individus et l'État. Les Pères de l'Église avaient condamné le luxe, l'inégalité des richesses, le prêt à intérêt. Les anciens, Aristote entre autres, avaient très bien analysé la nature de la monnaie, la division des métiers, les formes d'acquisition de la propriété. Mais on n'avait pas vu le lien qui unissait ces différentes questions : on n'avait pas songé à en faire l'objet d'une science d'ensemble. Elles rentraient dans les attributions du *sage* plutôt que du *savant*. Elles se présentaient sous la forme de bons conseils donnés soit aux souverains, soit aux particuliers.

La découverte de l'Amérique provoqua pour la première fois, dans le cours du xvıᵉ et surtout du xvııᵉ siècle, la formation d'une véritable théorie économique, d'un *système*, c'est-à-dire que ces conseils prirent la forme d'un ensemble de préceptes coordonnés et raisonnés. Les pays comme la France, l'Italie et l'Angleterre, qui voyaient d'un œil d'envie l'Espagne tirer des trésors de ses mines du Nouveau-Monde, se demandèrent par quels moyens ils pourraient se procurer aussi l'or et l'argent. C'est précisément le titre que porte le livre d'un Italien, Antonio Serra, publié avant celui de Montchrétien en 1613 : *Des causes qui peuvent faire abonder l'or et l'argent dans les royaumes où il n'y a point de mines.* Ils crurent trouver ce moyen dans la vente à l'étranger des produits manufacturés et à cette fin s'efforcèrent de développer le commerce extérieur et l'industrie manufacturière par tout un système compliqué et artificiel de règlements. C'est ce qu'on a appelé le *système mercantile.*

Au milieu du XVIII° siècle, nous voyons se produire en France une vive réaction contre tous « les systèmes ». On ne rêve plus que revenir « à l'état de nature » et on répudie tout ce qui paraît arrangement artificiel. Toute la littérature du XVIII° siècle est imprégnée de ce sentiment, mais la science politique aussi, avec Rousseau et Montesquieu, s'en inspira.

L'*Esprit des Lois* commence par cette phrase immortelle : « Les lois sont les rapports nécessaires qui *dérivent de la nature des choses* », et Montesquieu dans la préface de ce même ouvrage déclare : « Je n'ai point tiré mes principes de mes préjugés, mais de la nature des choses ».

C'est alors seulement que la science économique va vraiment prendre naissance. Un médecin du roi Louis XV, le docteur Quesnay, en 1758, publia *Le Tableau Économique* et eut pour disciples tout un groupe d'hommes éminents qui se donnèrent le nom d'*Économistes* et qu'on appela plus tard les *Physiocrates*[1].

L'école des Physiocrates a introduit dans la science deux idées nouvelles qui étaient précisément à l'antipode du système mercantile :

1° L'existence d'un « Ordre naturel et essentiel des sociétés humaines » (c'est le titre même du livre d'un des physiocrates, Mercier de la Rivière) qu'il suffit de reconnaître pour que l'évidence s'en impose et nous oblige à nous y

---

[1] Le mot de « physiocratie » est composé de deux mots grecs qui veulent dire précisément « gouvernement de la nature ».

conformer. Inutile donc d'imaginer des lois, règlements ou systèmes : il n'y a qu'à *laisser faire.*

2° La prééminence de l'agriculture sur le commerce et l'industrie. Pour eux, la terre seule, la Nature, est la source des richesses; seule elle donne un *produit net* : les classes de la société autres que la classe agricole sont des classes *stériles.*

Le premier de ces principes devait servir de fondement définitif à tout l'édifice de la science économique — en effet des faits quelconques ne peuvent servir de base à une science qu'autant qu'on a reconnu entre eux des rapports de cause à effet, « un ordre essentiel et naturel » — et aussi à toute une politique qui devait durer un siècle et accomplir de grandes choses sous le nom de politique libérale [1].

Le second, au contraire, bien que réagissant d'une façon heureuse contre les erreurs du système mercantile, était à son tour entaché d'une erreur, comme nous le verrons ci-après, qui a suffi pour ruiner rapidement l'autorité de cette école.

L'apparition du livre du professeur écossais Adam Smith, *Recherche sur la nature et les causes de la richesse des Nations,* en 1776, marque une ère décisive dans l'histoire de l'économie politique et va assurer à l'école anglaise une prééminence incontestée pendant près d'un siècle. Il a valu à son auteur le titre, un peu exagéré, de père de l'Économie Politique.

Adam Smith rejette le second principe des Physiocrates en rendant à l'industrie sa place légitime dans la production des richesses, mais il confirme et développe magnifi-

---

[1] Un économiste illustre de la même époque, Turgot, sans partager les erreurs de l'époque physiocratique, fut le premier à appliquer cette politique d'abord comme intendant de Limoges, puis comme ministre de Louis XVI : premièrement en décrétant la *liberté des échanges* par l'abolition des douanes intérieures et droits sur les grains, ensuite en décrétan la *liberté du travail* par l'abolition des corporations.

quement le premier, c'est-à-dire la croyance à des lois économiques naturelles et au laissor-faire, du moins comme règle de conduite pratique.

Il est d'ailleurs très supérieur aux Physiocrates au point de vue de l'observation des faits et des enseignements à tirer de l'histoire et a su élargir à tel point le champ de la science économique que les bornes n'en ont guère été reculées depuis lui.

Peu de temps après Adam Smith, apparaissent simultanément en Angleterre deux économistes dont les théories, admirées par les uns, exécrées par les autres, vont marquer la science économique d'une empreinte séculaire : — Malthus, dont la célèbre loi sur l'accroissement de *la population* (1803), bien que ne portant en apparence que sur un point spécial, devait avoir un retentissement immense sur toute la science économique ; — Ricardo (1817), non moins célèbre par sa loi de *la rente foncière* et aussi par l'abus de la méthode abstraite et purement déductive.

En France, à la même époque, Jean-Baptiste Say publiait son *Traité d'Économie Politique* (1803) qui brille plutôt par la clarté de l'exposition, par la belle ordonnance du plan et par la classification des idées, mais qui dans la constitution de la science n'a pas apporté de contributions aussi fécondes que les coryphées que nous venons de nommer. Cependant, traduit dans toutes les langues d'Europe, il a été le premier traité d'économie politique vraiment populaire et a servi plus ou moins de modèle aux innombrables manuels classiques qui se sont succédés depuis lors.

C'est dans ce dernier livre surtout qu'est mis en relief le caractère de *science naturelle*, c'est-à-dire purement descriptive, attribué à l'Économie Politique. Adam Smith l'avait définie comme « se proposant d'enrichir à la fois le peuple et le souverain », lui assignant ainsi un but pratique. Mais J.-B. Say, corrigeant cette définition, écrit : J'aimerais mieux dire que l'objet de l'Économie Politique est de faire connaître les moyens par lesquels les richesses *se* forment, *se* distribuent et *se* consomment », voulant dire par là dans l'ordre Économique tout va de soi-même spontanément, auto-matiquement.

A partir de cette époque, l'Économie Politique peut être considérée comme définitivement constituée sous sa forme classique. Mais elle ne va pas tarder à se diviser en un grand nombre d'écoles dont nous allons sommairement indiquer les caractères distinctifs [1].

[1] Pour compléter ce chapitre, ainsi que le chapitre suivant sur « les diverses Écoles », nous renvoyons à notre livre *Histoire des Doctrines Économiques depuis les Physiocrates jusqu'à nos jours*, en colla-boration avec M. Rist — et, plus sommairement, aux références indi-quées dans notre *Cours d'Économie Politique*.

CHAPITRE II

LES DIVERSES ÉCOLES ÉCONOMIQUES

1

Les écoles au point de vue de la méthode.

On appelle « méthode », dans le langage scientifique, le chemin qu'il faut suivre pour arriver à la découverte de la vérité.

La méthode *déductive* part de certaines données générales, admises comme indiscutables, pour en déduire, par voie de raisonnement logique, une série indéfinie de propositions. La géométrie peut être citée comme type des sciences qui emploient la méthode déductive. On peut citer aussi, comme exemple familier à des étudiants en droit, le Droit lui-même, surtout le droit romain dans lequel on voit le jurisconsulte, partant de quelques principes posés par la loi des Douze Tables ou par le *jus gentium*, construire tout ce prodigieux monument qui s'appelle les Pandectes. On l'appelle aussi méthode *abstraite* parce qu'elle s'efforce de simplifier les phénomènes en les réduisant au seul élément qu'on veut étudier et en écartant tous les autres.

La méthode *inductive* est celle qui part de l'observation de certains faits particuliers pour s'élever à des propositions générales — par exemple, du *fait* que tous les corps tombent à la *loi* de la gravitation.

C'est une grande querelle que de savoir laquelle de ces deux méthodes convient le mieux à la science économique.

Il est certain que c'est par la méthode déductive que l'économie politique a été constituée. C'est sur un petit nombre de principes, considérés comme axiomatiques ou suggérés par des observations très générales — tels que l'accroissement de la population, le rendement non proportionnel de la terre — que les économistes de l'école classique ont dressé les colonnes et la charpente de leur beau monument. Et même, pour construire toute l'économie politique pure, ils se seraient contentés à la rigueur d'un seul principe, à savoir que « l'homme cherche en toute circonstance à se procurer le maximum de satisfaction avec le minimum de peine ». Les économistes classiques ont cherché ainsi à simplifier l'objet de leur étude en considérant l'homme comme un être mû uniquement par son intérêt, *homo œconomicus*, identique à lui-même en tout pays et en tout temps, et en faisant abstraction de tout autre mobile qui serait perturbateur.

Mais il y a un demi-siècle on a commencé à contester l'efficacité de cette méthode.

L'école nouvelle recommande la méthode *inductive*, celle-là même que Bacon a introduite dans les sciences physiques et naturelles depuis quelques siècles et qui a donné de si merveilleux résultats. Dans le domaine économique cette méthode s'appelle aujourd'hui surtout en Allemagne où elle est presque uniquement pratiquée, réaliste. Elle renonce à chercher des lois générales régissant l'homme abstrait, mais cherché seulement des lois historiques régissant les hommes vivant dans une société déterminée à une époque déterminée. Elle s'enferme dans l'observation patiente et accumulée de tous les faits sociaux, tels qu'ils nous sont révélés — dans leur état actuel, par les statistiques ou les renseignements des voyageurs — dans leur état passé, par l'histoire. Elle s'appelle aussi *école historique* parce qu'elle prétend que c'est l'histoire qui, en nous apprenant comment se sont formées les institutions économiques et sociales et comment elles se transforment, peut seule nous éclairer sur le véritable caractère des faits sociaux.

Il en résulte que le double caractère d'universalité et de permanence que l'école classique attribuait aux phénomènes économiques, et qu'elle décorait du nom de lois naturelles, s'évanouit.

Cette méthode est sans doute plus sûre que l'autre puisqu'elle s'abstient de toute généralisation téméraire. Mais est-elle aussi féconde ? Il est permis d'en douter. C'est en effet une illusion de croire que l'emploi de la méthode purement inductive puisse jamais être aussi efficace dans les sciences sociales que dans les sciences physiques et naturelles : et cela par deux raisons.

D'abord parce que l'observation des faits y est plus difficile — bien qu'il puisse sembler paradoxal au premier abord de déclarer plus difficile l'observation des faits qui nous touchent de plus près et à l'égard desquels nous sommes non pas seulement spectateurs, mais acteurs. Mais voilà justement la raison qui nous empêche de les bien voir ! — De plus, ils sont infiniment plus diversifiés. Qui a vu un seul hanneton les a tous vus : mais qui a vu un seul ouvrier mineur n'a rien vu. A vrai dire, l'observation des faits économiques et sociaux est une tâche qui dépasse infiniment les forces individuelles et qui ne saurait être que l'œuvre collective de milliers d'hommes réunissant leurs observations, ou des États employant à cet effet les puissants moyens d'investigation dont ils disposent. C'est toute une science nouvelle qui s'appelle la *Statistique*

De plus, l'observation pure des faits n'aurait jamais donné dans les sciences naturelles le merveilleux résultat que nous admirons sans le secours d'un mode particulier d'observation, pratiqué dans certaines conditions artificielles, et qui s'appelle l'*expérimentation*. Or, précisément dans les sciences sociales l'expérimentation directe est impossible. Le chimiste, le physicien, le biologiste même (quoique pour ce dernier ce soit déjà plus difficile), peuvent toujours placer le phénomène qu'ils veulent étudier dans certaines conditions artificiellement déterminées et variables à volonté — par exemple, pour étudier la respiration d'un animal, placer celui-ci sous la cloche d'une machine pneumatique et faire varier à leur gré la pression de l'air. Mais l'économiste, fût-il même doublé d'un législateur ou d'un despote tout-puissant, n'a point cette faculté.

Il doit se contenter en fait d'expérimentation, si tant est qu'on puisse lui donner ce nom, de *comparer* les résultats donnés par des législations ou des systèmes différents : par exemple en France il regardera quels sont les résultats sur le réseau des chemins de fer de l'État et sur ceux des grandes compagnies — ou bien ceux du système des retraites pour les ouvriers en Belgique et en Allemagne. Mais les conclusions qu'il pourra en tirer seront toujours incertaines et discutables parce que les conditions de part et d'autre ne sont jamais tout à fait semblables.

Il est obligé d'étudier les faits tels qu'ils se présentent à lui, sans pouvoir les isoler de la trame des faits connexes dans laquelle ils se trouvent engagés. Il ne pourrait les isoler que par l'imagination, *en supposant* que tel ou tel phénomène s'accomplit *isolément* : de là l'emploi si fréquent chez les économistes et si ridiculisé, quoique à tort, des faits et gestes d'un Robinson. Mais il est clair que par là la méthode soi-disant d'expérimentation retomberait dans la méthode abstraite qu'elle voulait écarter.

En raillant donc, comme elle le fait, les procédés et les méthodes de l'école déductive, l'école nouvelle montre trop de prétentions et même quelque ingratitude, car, en somme, elle se meut toujours dans les catégories que la vieille école avait posées! elle n'a pas refait la science, elle y a seulement apporté un esprit nouveau ; c'est beaucoup, d'ailleurs! Elle-même, de son côté, l'école historique donne prise à la critique en ce que, à force d'appliquer son attention à l'observation des faits et aux variations des peuples et des temps, elle tend trop à verser dans l'érudition et à perdre de vue les conditions générales qui déterminent partout les phénomènes économiques. Elle risque de rester purement descriptive. On aura beau accumuler des millions de faits, il n'y aura une science que du jour où on aura découvert entre eux certaines relations. S'il fallait renoncer à découvrir, sous les manifestations changeantes des phénomènes, des rapports permanents et des lois générales, il faudrait renoncer définitivement à constituer l'économie politique comme science ; or, si dangereuses que puissent être pour la science des hypothèses téméraires, elles le seraient infiniment moins que cet aveu d'impuissance (voir ci-dessus, p. 5-6). Si justifiées que puissent être, à certains égards, les railleries que l'on a dirigées contre l'homme abstrait, l'*homo œconomicus* de l'école classique, il faut bien admettre cependant qu'il y a certains caractères généraux propres à l'espèce humaine. Et la meilleure preuve qu'on puisse en trouver est précisément dans l'histoire, puisque celle-ci nous montre que partout où des sociétés humaines se sont trouvées placées dans des conditions analogues, elles ont reproduit des types similaires : — régime féodal en Europe au XIIe siècle et au Japon jusqu'au XIXe siècle, formes successives de la propriété et du mariage, emploi simultané des métaux précieux comme monnaie, coutumes funéraires et jusqu'aux contes de fée, comme celui du Petit Poucet que les « Folk-loristes » retrouvent aujourd'hui plus ou moins identique sur tous les points du globe !

On ne peut donc pas rejeter absolument l'emploi de la méthode abstraite et ces « Supposons que... », familiers à l'école de Ricardo et que l'école historique a en horreur. Le labyrinthe des faits économiques est bien trop inextricable pour que nous puissions jamais arriver, par le seul secours de l'observation, à nous y reconnaître et à démêler ces rapports fondamentaux qui constituent la matière de toute science. Ce n'est pas seulement à l'abstraction, mais à l'imagination, c'est-à-dire à l'hypothèse, qu'il faut faire appel pour porter la lumière dans ces ténèbres et l'ordre dans ce chaos.

La véritable méthode procède par trois étapes ;

1o *Observer* les faits, sans idée préconçue, et ceux-là surtout qui paraissent à première vue les plus insignifiants ;

2o *Imaginer* une explication générale qui permette de rattacher entre eux certains groupes de faits dans des rapports de causes à effet : en d'autres termes, formuler une *hypothèse*.

3° *Vérifier* le bien-fondé de cette hypothèse, en recherchant — sinon par l'expérimentation proprement dite, tout au moins par l'observation conduite d'une façon spéciale — si l'application correspond exactement aux faits.

Du reste c'est ainsi que l'on procède même dans les sciences physiques et naturelles. Toutes les grandes lois qui constituent les bases des sciences modernes — à commencer par la loi de la gravitation de Newton, ne sont que des hypothèses *vérifiées*. Disons plus même : les grandes théories qui ont servi de base aux découvertes scientifiques de notre temps — par exemple l'existence de l'éther dans les sciences physiques ou la doctrine de l'évolution dans les sciences naturelles — ne sont encore que des hypothèses *non vérifiées*[1].

Le tort de l'école classique, ce n'est donc point d'avoir trop usé de la méthode abstraite, mais seulement d'avoir souvent l'abstraction et l'hypothèse pour la réalité : par exemple, après avoir supposé son *homo œconomicus* mû uniquement par l'intérêt personnel — ce qu'elle était en droit de faire — d'avoir cru à son existence réelle et même de n'avoir plus vu que lui dans le monde économique.

Aussi l'école déductive n'est point morte : elle revit au-

[1] Voir l'*Introduction à l'étude de la Médecine expérimentale* de Claude Bernard et *La Science et l'Hypothèse* de M. Poincaré. — Comme l'a fait observer Stanley Jevons, dans ses *Principles of Science*, la méthode qu'on emploie pour arriver à la découverte de la vérité dans les sciences est semblable à celle qu'emploient inconsciemment ceux qui cherchent l'explication de ces rébus ou de ces langages chiffrés qui figurent à la dernière page des journaux illustrés. Pour deviner quel peut être le sens de ces énigmes, nous *imaginons* un sens quelconque, puis nous *vérifions* si en effet il s'accorde avec les chiffres ou les images que nous avons sous les yeux. S'il ne s'accorde pas, c'est une hypothèse à rejeter. Nous en imaginons alors quelqu'autre jusqu'à ce que nous soyons plus heureux ou que nous perdions courage. Le chercheur ne trouvera jamais rien dans les faits, s'il n'a pas déjà dans la tête l'image pressentie de la vérité.

jourd'hui dans deux écoles nouvelles qui sont ses filles.

D'abord l'école dite *mathématique*. Celle-ci considère les relations qui s'établissent entre les hommes en toute circonstance donnée comme des *relations d'équilibre*, semblables à celles qu'on étudie dans la mécanique mathématique et, comme elles, susceptibles d'être mises en équations algébriques. Pour cela il faut réduire le problème à un certain nombre de conditions données et faire abstraction de toutes les autres, exactement comme on fait d'ailleurs dans la mécanique mathématique.

L'école *psychologique* (dite aussi *autrichienne* d'après la nationalité de ses représentants les plus éminents) s'attache exclusivement à la théorie de la valeur dont elle fait le centre de toute la science économique; et comme la valeur, selon elle, n'est que l'expression des désirs de l'homme, elle est tout naturellement conduite à réduire la science économique à une étude des désirs des hommes, des causes qui les tendent ou les détendent, c'est-à-dire à une analyse psychologique très subtile. D'ailleurs le vieux principe classique, qu'elle a rajeuni sous le nom de principe *hédonistique* (d'un mot grec qui signifie plaisir, jouissance) — obtenir le maximum de satisfaction avec le minimum d'effort — n'était-il pas déjà tout à fait psychologique?

On voit donc que ces deux écoles se servent de la méthode déductive poussée à ses extrêmes conséquences. Toutefois, il faut leur rendre cette justice qu'elles n'ont pas commis la faute, comme l'avait fait la vieille école déductive, de se laisser prendre au piège de leurs propres spéculations. Elles ne donnent leur principe hédonistique et leurs abstractions que comme des *hypothèses* nécessaires pour établir la science pure[1].

---

[1] « L'économie politique pure, dit M. Walras dans ses *Éléments d'Économie Politique pure*, est essentiellement la théorie de la détermination des prix sous un régime *hypothétique* de libre concurrence absolue ». M. Pantaleoni fait même cet aveu, inouï jusqu'ici (*Principii di Economia pura*): « Que l'hypothèse hédonistique et psychologique, d'où se déduisent toutes les vérités économiques, coïncide *ou non* avec les motifs

D'autre part, si la méthode abstraite de Ricardo revit dans les écoles mathématique et psychologique, on peut dire aussi que la méthode naturaliste de J.-B. Say revit dans l'école *organiciste* qui fait de l'économie politique une annexe de l'histoire naturelle et de la biologie, en assimilant les sociétés humaines à des êtres vivants et toutes leurs institutions à des organes adaptés aux mêmes fonctions, et transpose ainsi les lois physiologiques en lois sociales. La Bourse c'est « le cœur », les riches « le tissu *adipeux* », les intellectuels « le système nerveux », les ouvriers les « muscles », etc.

Mais cette dernière école, qui a eu un moment d'éclat, a fort décliné. Bon nombre de sociologues protestent aujourd'hui contre cette assimilation. Herbert Spencer, lui-même, qui avait le plus brillamment développé ces analogies, dans ses *Principes de Sociologie*, a protesté plus tard contre toute idée d'assimilation entre les organismes vivants et les sociétés humaines.

II

Les écoles au point de vue des solutions.

Ce n'est pas seulement sur la méthode à suivre, mais plus encore sur le programme d'action, sur la *politique sociale*, comme disent les Allemands, sur les *solutions* à proposer, que les économistes sont divisés en nombreuses écoles — presqu'autant que les philosophes. C'est incontestablement un signe d'infériorité. Il ne suffit pas de dire, pour se consoler, que l'économie politique n'a guère plus d'un siècle d'existence et que ce défaut passera avec l'âge. D'autres sciences qui ne sont guère plus vieilles, qui ont à peine dépassé une vie d'homme, sont arrivées déjà à constituer un ensemble de principes assez certains pour obtenir l'adhésion

qui déterminent réellement les actions de l'homme... c'est là une question qui ne touche point à l'exactitude des vérités ainsi déduites ».

presque unanime de tous ceux qui les cultivent. On serait en
droit d'espérer le même accord entre économistes, tôt ou
tard, si les divergences ne portaient que sur l'observation
des phénomènes et l'explication des rapports qui les unissent. Malheureusement ces divergences portent sur les fins
à poursuivre, sur l'idéal désirable et sur les moyens propres
à les réaliser. Elles ne pourraient donc cesser que le jour où
l'unité morale, politique, sociale, du genre humain serait
réalisée.

On peut distinguer dans le mouvement économique contemporain cinq écoles ou, si l'on veut, cinq tendances, assez
nettement caractérisées.

§ 1. — École Libérale.

La première de ces écoles, qu'on appelle parfois *classique*
parce que tous les fondateurs de l'économie politique, les Physiocrates, Adam Smith, Ricardo, J.-B. Say, Stuart Mill, lui
appartiennent; parfois aussi *individualiste* parce qu'elle voit
dans l'individu à la fois le moteur et le but de l'activité économique — et que ses adversaires appellent théoriquement
orthodoxe, à raison du caractère un peu dogmatique de ses
affirmations et du dédain qu'elle a un peu trop souvent témoi-
gné aux soi-disant hérétiques — a déclaré à maintes reprises
n'accepter d'autre qualificatif que celui d'*école libérale*. Il
convient donc de lui donner exclusivement ce dernier titre,
parce que d'ailleurs il la caractérise fort bien et s'accorde
avec la formule fameuse qui lui a servi longtemps de devise :
« laisser faire, laisser passer ». Mais est-ce bien « une école »?
Ses partisans s'en défendent avec hauteur et prétendent représenter la science elle-même. Ils se donnent à eux-mêmes,
et leurs adversaires leur concèdent même le plus souvent,
le titre de « économistes » tout court. Il est vrai que les
origines de cette école se confondent avec celles de la science
économique elle-même. Sa doctrine est fort simple et peut
se résumer en trois points :

1º Les sociétés humaines sont gouvernées par des lois naturelles que nous ne pourrions point changer quand même nous le voudrions, parce que ce n'est pas nous qui les avons faites, et que d'ailleurs *nous n'avons point intérêt à les modifier quand même nous le pourrions*, parce qu'elles sont bonnes ou du moins les meilleures possibles [1]. La tâche de l'économiste se borne à découvrir le jeu de ces lois naturelles, et le devoir des individus et des gouvernements est de s'appliquer à régler leur conduite d'après elles.

2° Ces lois ne sont point contraires à la liberté humaine. elles ne sont, au contraire, que l'*expression des rapports qui s'établissent spontanément* entre les hommes vivant en société, partout où ces hommes sont laissés à eux-mêmes et libres d'agir suivant leurs intérêts. En ce cas, il s'établit entre ces intérêts individuels, antagoniques en apparence, une *harmonie* qui constitue précisément l'ordre naturel, lequel est de beaucoup supérieur à toute combinaison artificielle que l'on pourrait imaginer.

3° Le rôle du législateur, s'il veut assurer l'ordre social et le progrès, se borne donc à développer autant que possible ces initiatives individuelles, à écarter tout ce qui pourrait les gêner, à empêcher seulement qu'elles se portent préjudice les unes aux autres, et par conséquent l'*intervention de l'autorité doit se réduire à un minimum* indispensable à la sécurité de chacun et à la sécurité de tous, en un mot à *laisser faire* [2].

Une telle conception ne manque, certes, ni de simplicité, ni de grandeur. Quelle que soit la destinée qui lui soit ré-

[1] Les lois qui président au capital, au salaire, à la répartition des richesses sont aussi bonnes qu'inéluctables. Elles amènent l'élévation graduelle du niveau humain » (Leroy-Beaulieu, *Précis d'Économie Politique*).

[2] » Nous disons qu'il suffit de les observer (ces lois naturelles), en aplanissant les obstacles naturels qui s'opposent à leur action, et surtout en n'y ajoutant point les obstacles artificiels, pour que la condition de l'homme soit aussi bonne que le comporte l'état d'avancement de ses connaissances et de son industrie. C'est pourquoi notre évangile se résume en ces quatre mots : « laisser faire, laisser passer ». (De Molinari, *Les lois naturelles*).

servée, elle aura du moins le mérite d'avoir servi à constituer la science économique et si d'autres doctrines doivent
la remplacer un jour, elle n'en restera pas moins le fondement sur lequel celles-ci auront bâti.

Mais voici les critiques qu'on peut adresser à cette doctrine :

1° La première, c'est une tendance très marquée à l'*optimisme*, tendance qui paraît inspirée beaucoup moins par
un esprit vraiment scientifique que par le parti pris de justifier l'ordre de choses existant. Elle s'est surtout manifestée
dans l'école française. Elle est d'ailleurs inévitable étant
donné le point de départ. Si en effet l'intérêt individuel est
le seul mobile d'action, il faut bien admettre que les intérêts
individuels sont finalement convergents car, sans cela, toute
vie sociale serait impossible. Et sans doute, quand on considère l'organisation économique d'une société et les institutions qui en sont le fondement, on est autorisé à conclure
qu'elles sont bonnes par certains côtés, puisqu'elles démontrent suffisamment, par le fait même de leur existence et de
leur durée, une valeur au moins relative : on est même autorisé à conclure qu'elles sont *naturelles* en ce sens qu'elles
sont évidemment déterminées par la série des états antérieurs qui leur ont donné naissance ; mais on n'est nullement
autorisé à conclure qu'elles sont les meilleures possibles.
Cette conclusion est tout à fait irrationnelle.

2° L'idée que l'ordre économique existant est l'ordre *naturel*, en ce sens qu'il est le résultat spontané des lois naturelles et de la liberté et que par conséquent il est, sinon tout
ce qu'il devrait être, du moins *tout ce qu'il peut être*, ne
paraît pas plus exacte. L'histoire montre que très souvent
cet ordre est le résultat, soit de faits de guerre et de conquête brutale (par exemple, l'appropriation du sol de l'Angleterre et de l'Irlande par un petit nombre de landlords a
pour origine historique la conquête, l'usurpation ou la confiscation), soit de lois positives édictées par certaines classes
de la société à leur profit (lois successorales, lois fiscales,
etc.). Si donc le monde était à refaire et s'il pouvait être re-

fait dans des conditions de liberté absolue, rien ne prouve qu'il fût semblable à celui qui existe aujourd'hui.

3° Enfin, quand bien même l'ordre existant serait l'ordre naturel, on ne serait pas davantage autorisé à conclure que les faits et les institutions économiques actuelles doivent avoir un caractère de permanence et d'immutabilité. C'est là un pur sophisme, pour ne pas dire un jeu de mots. Si au contraire, comme tend à le croire la science contemporaine, la loi naturelle par excellence est celle de l'évolution, alors il faudrait dire que les lois naturelles, *bien loin d'exclure l'idée de changement, la supposent toujours.* Si nous prétendons, par exemple, que le salariat doit disparaître, parce que de même qu'il a succédé au servage et à l'esclavage, de même il sera remplacé à son tour par la coopération ou tout autre état innommé, on peut sans doute critiquer cette argumentation, mais on ne peut prétendre qu'elle soit en contradiction avec les lois naturelles, puisque ces mêmes lois font succéder sur une même plante la fleur à la graine et le fruit à la fleur.

Et non seulement les faits et les institutions économiques peuvent changer, mais encore *notre volonté n'est certainement pas impuissante à déterminer ces changements.* En fait, cette volonté s'exerce tous les jours sur les faits de l'ordre physique, et de la façon la plus efficace, pour les modifier suivant nos besoins, et cette action raisonnée de l'homme sur les phénomènes naturels n'est nullement incompatible avec l'idée de loi naturelle : elle lui est au contraire intimement liée[1].

Sans doute, il est certains faits qui échappent, par leur immensité ou leur éloignement, à toute action de notre part, tels que les phénomènes de l'ordre astronomique ou géologique ou même météorologique : nous n'avons ici qu'à les subir en silence et notre faculté de prévision ne saurait nous

---

Comme le dit spirituellement M. Espinas (*Sociétés animales*) : « Si l'activité humaine était incompatible avec l'ordre des phénomènes, il faudrait considérer comme un miracle le fait de faire cuire un œuf »

permettre d'échapper au choc d'une comète ou à un tremble-
ment de terre — mais que d'autres domaines où notre science
est quasi-souveraine ! La plupart des composés de la chimie
inorganique, et les plus importants, ont été créés par le
savant dans son laboratoire. Quand on voit l'éleveur de bétail
dans ses étables, l'horticulteur dans ses jardins, modifier
sans cesse les formes animales ou végétales et créer des
races nouvelles, il semble que la nature vivante se laisse
pétrir aussi docilement que la matière inerte. Même les phénomènes atmosphériques n'échappent pas absolument à
l'empire de l'industrie humaine : celle-ci émet la prétention,
par des défrichements ou des reboisements appropriés, de
modifier le régime des vents et des eaux et, renouvelant le
miracle du prophète Élie, de faire descendre à son gré du
ciel la pluie et la rosée !

A plus forte raison, notre activité peut-elle s'exercer sur
les faits économiques, précisément parce que ce sont des
faits de l'homme et que nous avons immédiatement prise sur
eux. Sans doute, ici comme dans le domaine des phénomènes
physiques, cette action est renfermée dans certaines limites
que la science cherche à déterminer et que tous les hommes,
soit qu'ils agissent individuellement par des entreprises privées, soit qu'ils agissent collectivement par des règlements
législatifs, devraient s'efforcer de respecter. C'est le cas de
répéter le vieil adage de Bacon : *Naturæ non imperatur nisi
parendo* (pour gouverner la nature, il faut commencer par
lui obéir). L'alchimie s'efforçait de convertir le plomb en
or : la chimie a abandonné cette vaine recherche depuis
qu'elle a constaté que ces deux corps sont des éléments
simples ou du moins irréductibles, mais elle n'a pas renoncé
à convertir le charbon en diamant, parce qu'elle a constaté
qu'il n'y a là qu'un même corps sous deux états différents.
L'utopiste torture inutilement la nature pour lui demander
ce qu'elle ne peut lui donner : l'homme de science ne lui
demande que ce qu'il sait être possible. Mais la sphère de
ce possible est infiniment plus vaste que ne le pensait l'école
classique.

§ 2. — *Écoles Socialistes.*

L'école socialiste est aussi ancienne que l'école classique : on peut même dire que chronologiquement elle l'a précédée, car il y a eu des socialistes longtemps avant qu'on connût des économistes. Cependant ce n'est qu'après que la science économique a pris un caractère scientifique que le socialisme s'est affirmé par le fait même de son antagonisme avec elle. Les doctrines de cette école ayant surtout un caractère critique et étant très divergentes, il est beaucoup plus difficile de les formuler que celles de l'école précédente. Voici cependant comment on peut les résumer :

1° Toutes les écoles socialistes ont ceci de commun qu'elles considèrent l'organisation des sociétés modernes comme entachée de certains vices incurables ou tout au moins comme portant en elles certains ferments qui doivent entraîner leur fin dans un délai plus ou moins rapproché.

2° Elles voient la cause essentielle du désordre social dans la concentration des biens entre les mains d'un petit nombre d'hommes qui donne à ceux-ci le pouvoir d'exploiter la masse en la faisant travailler à leur profit : *paucis humanum genus vivit.*

3° Elles attendent donc un ordre de choses nouveau dans lequel la *propriété capitaliste,* et son autre face le *salariat,* seront, sinon complètement abolis, du moins de plus en plus limités. Et suivant qu'elles se montrent plus ou moins exigeantes sur ce point essentiel, elles peuvent être ainsi classées : les *communistes* qui veulent la suppression de la propriété privée pour tous les biens; les *collectivistes* qui réclament la suppression de la propriété seulement pour les biens qui servent à la production ; les *socialistes agraires* qui se contentent de la suppression de la propriété seulement pour les biens immobiliers, terres et maisons.

Au reste les traits de la société future sont très indéterminés. Les anciens socialistes (Thomas Morus, Saint-Simon, Fourier), qu'on qualifie dédaigneusement d'*utopistes* et dont les doctrines sont aujourd'hui assez discréditées, peut-être trop, s'étaient complu à la construire de toutes pièces d'après quelque idée de justice *a priori*; ils proposaient des *systèmes*. Les autres, qui prennent fièrement le titre de socialisme *scientifique* (les collectivistes) et dont Karl Marx a été l'illustre chef, se refusent à proposer des systèmes, mais ils se bornent à montrer comment la société future se fera d'elle-même et comment elle s'élabore déjà sous nos yeux. La partie la plus intéressante et la plus originale de leur thèse consiste à démontrer que cette société future se trouve déjà contenue, comme à l'état d'embryon, dans le sein de nos sociétés modernes qui seraient mûres pour cet enfantement.

4° Ces écoles ne contestent nullement — comme le leur imputaient à tort les économistes afin de les mieux réfuter — l'existence des lois naturelles : elles s'en emparent à l'appui de leur thèse. Seulement, tandis que ce mot « loi naturelle » implique pour l'école libérale l'idée de stabilité et d'immutabilité, ce même mot implique pour l'école socialiste contemporaine l'idée de changement et de transformation indéfinie. Au lieu de se représenter, comme Bastiat, les sociétés humaines semblables aux systèmes planétaires, suspendues dans un équilibre éternel qui ne se trouble jamais, elle se les représente à la façon d'une plante ou d'un animal qui, de la naissance à la mort, se transforme sans cesse — et il faut reconnaître que ce point de vue est mieux conforme à l'esprit de la science contemporaine.

L'école marxiste non seulement admet les grandes lois de l'économie classique, mais encore proclame que les faits d'ordre économique, et plus spécialement encore ceux relatifs à la production et à la technique industrielle, *déterminent tous les faits sociaux*, même les plus éloignés et les plus élevés dans la hiérarchie, même ceux de l'ordre politique, moral, religieux, esthétique. Marx a écrit : « En changeant leur mode de production les hommes changent tous leurs rapports sociaux. Le moulin à bras vous donnera la société avec le suzerain; le moulin à vapeur, la société avec le capitaliste industriel ». Et on a voulu expliquer ainsi, par des causes purement économiques, l'avènement du Christianisme ou la Réforme, la Renaissance, les luttes des Guelfes et des Gibelins, ou des Whigs et des Tories, et tout ce qu'on voudra.

Cette doctrine, qui a eu un grand retentissement sous le nom de *matérialisme historique*, contient évidemment une part de vérité en ce sens que pour faire n'importe quoi, l'homme doit d'abord manger et qu'ainsi les faits économiques sont les premiers et le fondement sur lequel tout le reste est bâti. Mais autre chose est de dire qu'une certaine infrastructure économique est la base nécessaire de toute civilisation, autre chose est de dire qu'elle détermine cette civilisation. C'est simplement le terrain sur lequel les flores les plus diverses peuvent s'épanouir. Au reste les socialistes marxistes eux-mêmes ne prennent plus cette doctrine dans un sens absolu et elle n'a plus guère de valeur que comme protestations contre la méthode *idéologique*.

En outre la plupart des socialistes attendent la Révolution comme une secousse indispensable pour substituer l'ordre de choses nouveau à l'ordre actuel[1]. De la part d'évolutionnistes, cette façon de voir peut étonner au premier abord : ils s'efforcent de la justifier en faisant observer que le procès de l'évolution s'accomplit souvent par des crises, c'est-à-dire par le passage brusque et même violent d'un état à

---

[1] Pas tous pourtant! Les socialistes de la première moitié du xix⁰ siècle ne faisaient appel qu'à l'union des classes, à la fraternité, à l'intérêt mieux compris des classes possédantes elles-mêmes. C'est plus tard, et sous l'influence marxiste, que le socialisme a pris un caractère nettement *ouvrier* et s'est mis, comme tel, en opposition avec la classe *bourgeoise*. Alors le socialisme a pris pour mot d'ordre la *lutte des classes*. Néanmoins ce mot lui-même n'implique pas nécessairement la révolution violente : la lutte des classes peut aboutir légalement par la conquête des pouvoirs publics, et tel est le programme du parti socialiste politique en France, en Allemagne et partout. Mais il y a toujours bon nombre de socialistes qui croient que le monde économique actuel ne pourra changer que par un coup de force de la masse ouvrière : c'est la thèse « catastrophique », comme on l'appelle. C'est celle préconisée, par exemple, en France par le parti dit *syndicaliste*, qui veut réaliser la Révolution par *la grève générale*.

un autre, témoin la chrysalide qui doit, pour devenir papillon, déchirer son cocon, ou le poussin qui, pour sortir de l'œuf, doit en briser la coquille à coups de bec.

5° Enfin les écoles socialistes sont généralement disposées à étendre autant que possible les attributions des pouvoirs collectifs, représentés soit par l'État, soit par les communes, soit par les associations ouvrières, puisqu'en effet leur but est d'arriver à transformer en services publics tout ce qui est aujourd'hui du ressort de l'entreprise privée.

Notez bien pourtant que le socialisme ne demande l'extension des attributions de l'État que comme mesure transitoire pour transformer les entreprises individuelles en entreprises collectives, mais cela fait, il le supprimera. Car, loin d'être étatiste, il professe le plus grand mépris pour l'État tel qu'il est aujourd'hui, « l'État bourgeois », comme il l'appelle, c'est-à-dire l'État gérant ses intérêts et ses entreprises par les mêmes procédés que les individus. Il évite même, dans ses plans de réorganisation sociale, de prononcer le mot d'État et il emploie de préférence celui de Société. L'État, dans le plan socialiste, devra perdre tout caractère politique pour devenir simplement économique : il ne sera rien de plus que le Conseil d'administration d'une sorte d'immense société coopérative embrassant le pays tout entier. C'est par là que le pur socialisme, le socialisme ouvrier (on dit en Allemagne « socialisme démocratique »), se distingue du *Socialisme d'État* que nous allons voir tout à l'heure [1].

---

[1] Entre les diverses écoles socialistes l'*Anarchisme* se distingue par des caractères si tranchés qu'il faudrait lui réserver une catégorie à part. Ce mot même de socialiste ne lui convient guère puisqu'il a au contraire pour caractéristiques l'individualisme à outrance, l'horreur de toute réglementation et de toute contrainte. Il apparaît plutôt comme une sorte d'outrance de l'école libérale, car, comme elle, il veut la parfaite liberté (aussi s'appelle-t-il volontiers socialisme *libertaire*) et tandis que l'école libérale se contente de réduire au minimum le rôle du législateur, l'école libertaire supprime toute loi. Celle-ci partage d'ailleurs le même optimisme et exalte aussi l'harmonie des instincts naturels livrés à eux-mêmes. Mais elle diffère grandement de l'école libérale en ce qu'elle croit que la propriété individuelle est incompatible avec la pleine indépendance de l'individu, ou du moins ne peut la donner à l'un sans l'enlever aux autres.

Il est impossible d'apprécier dans ce chapitre la valeur des griefs que l'école socialiste fait valoir contre l'ordre social actuel; nous les rencontrerons sans cesse au cours de ce livre. Disons cependant, dès à présent, que le rapide essor du socialisme dans tous les pays s'explique très bien par la part de vérité qu'il contient, et que, en tant que doctrine *critique*, il a exercé une influence plutôt salutaire sur les esprits et les tendances de notre temps.

Mais en tant que doctrine *positive*, c'est-à-dire en tant que plan d'organisation économique destiné à remplacer celui sous lequel nous vivons, il n'a pu aboutir. Tous les systèmes proposés autrefois, après avoir recruté quelques disciples enthousiastes, ont été abandonnés ou ne subsistent qu'à l'état de vagues espérances; et quant au socialisme dit scientifique, il s'est refusé à formuler un plan d'organisation ou même a dû désavouer ceux que de plus hardis avaient prématurément esquissés. Nous reprendrons d'ailleurs cette discussion sur le collectivisme au Livre III.

§ 3. — *Socialisme d'État. — Du rôle de l'État.*

Cette doctrine ne se confond nullement avec la précédente. Au contraire elle se présente comme son antidote et est généralement aussi bien vue des gouvernants que l'autre l'est des révolutionnaires.

Elle se rattache étroitement par ses origines à l'*école historique* dont nous avons parlé dans le chapitre précédent et même se confond avec elle. Celle-ci ne s'était séparée d'abord de l'école classique que par la méthode, mais elle n'a pas tardé à s'en séparer par ses tendances et son programme. Elle a commencé par rejeter absolument le principe caractéristique de l'école libérale, le « laisser faire ». Elle assigne à la science un *but pratique :* elle considère comme surannée, du moins quand il s'agit des sciences sociales, la vieille distinction entre l'art et la science et revient par là à la conception des premiers économistes. Elle estime, en effet, que nous ne pouvons songer à modifier les institutions économiques dans un autre sens que celui indiqué par l'histoire, mais que dans ce sens-là nous pouvons et nous devons le faire, et que par conséquent la science renferme l'art de la même façon que le passé renferme l'avenir. Ce qui *est*, ce qui *sera*, ce qui *doit être*, tout cela est inséparable. Par exemple, tandis que l'école classique considère la propriété foncière, le salariat, comme des institutions définitives dues à dés causes nécessaires et générales, l'école historique les considère comme de simples « catégories historiques », dues à des causes diverses, et qui ont affecté des formes très variables suivant les temps et suivant les pays[1].

Précisément en raison du peu d'importance qu'elle attache à la notion de loi naturelle (voir ci-dessus, p. 16), elle en attache une d'autant plus grande aux *lois positives* émanées du législateur, et y voit un des facteurs les plus efficaces de l'évolution sociale[2]. Elle est donc portée à étendre considérablement les attributions de l'État et ne partage nullement à cet égard les antipathies ou les défiances de l'école libérale.

Cette école a exercé une grande influence dans ces derniers temps, non seulement sur les esprits, mais sur la législation. Le grand mouvement législatif du dernier quart

---

[1] Et mieux que cela! A en croire l'école historique, le principe hédonistique lui-même n'est nullement un instinct inné, universel et de tous les temps. Dans les sociétés primitives (et même aujourd'hui là où les mœurs primitives se sont conservées) l'homme n'a point pour principe de vie de rechercher le profit maximum. C'est seulement dans ses rapports avec l'étranger, c'est-à-dire avec l'ennemi (ces deux mots étant synonymes chez les anciens), qu'il l'a appris; et c'est au fur et à mesure que le commerce extérieur s'est étendu jusqu'à englober et à dominer les rapports individuels que la règle féroce du marché (la marche frontière), où l'on n'échangeait que la lance au poing, est devenue la loi des rapports économiques (Voir Brentano, *Une leçon sur l'Économie classique, Revue d'Économie Politique*, 1889).

[2] « Les lois dont s'occupe l'économie politique ne sont pas des lois de la nature : ce sont celles qu'édicte le législateur. Les unes échappent à la volonté de l'homme, les autres en émanent » (De Laveleye, *Éléments d'Économie Politique*, p. 17).

du XIXe siècle qu'on appelle la *législation ouvrière*, le puissant mouvement en faveur d'une réglementation internationale du travail, l'appui moral et souvent pécuniaire prêté par l'État à une foule d'institutions sociales, lui sont dus en grande partie. Elle a certainement rendu grand service à la science en élargissant le point de vue étroit, factice, d'une simplicité voulue et d'un optimisme irritant, auquel l'école classique s'était toujours complu. Elle a fait sortir la science de cette abstention systématique où elle s'enfermait et à cette question posée depuis si longtemps par la misère humaine : « Que faire ? » elle a cherché une autre réponse qu'un stérile « laisser faire ».

Elle a été utile aussi en démontrant que cette défiance extrême de l'État manifestée par l'école libérale — ne lui laissant guère d'autre rôle que de préparer son abdication progressive — ne paraît pas établie, ni scientifiquement ni historiquement. Le rôle de l'État a toujours été très grand, et, malgré certaines apparences, il va grandissant.

D'abord, c'est l'État qui toujours a fait les lois et c'est la loi qui crée le droit. Or quelle influence n'exercent pas sur les rapports sociaux, même au point de vue purement économique, la Loi et le Droit, par la propriété, par l'hérédité, et par tous les contrats, ventes, prêts, location ? On dit, il est vrai, que l'État ne crée pas les lois ni le droit, mais se borne à donner une sorte de formule de consécration à ce que les mœurs avaient déjà créé. C'est pour cette raison, disaient les Physiocrates, qu'on dit *législateurs* et non *législfacteurs*. — Sans méconnaître la part de vérité contenue dans cette doctrine et sans se rejeter dans l'extrême opposé, par exemple dans la doctrine du philosophe Hegel, qui a exercé une si grande influence sur le développement du socialisme d'État en Allemagne, à savoir que l'État serait la conscience de la Nation — il est facile de montrer combien cette conception libérale est insuffisante. Quand nous voyons aujourd'hui l'État prohiber par des lois l'absinthe, les publications pornographiques, les jeux, pense-t-on qu'il ne fasse que suivre et consacrer les mœurs ?

De plus il ne faut pourtant pas oublier que l'État et si mal organisé qu'il ait été dans le passé a fait, même à s'en tenir au domaine économique, de très grandes et très belles choses que l'initiative individuelle avait été impuissante à réaliser — abolition de l'esclavage, du servage, des maîtrises, réglementation du travail, protection des enfants, établissement des routes, hygiène des cités. Sans doute, ces réformes ont été provoquées d'abord par les individus : comment pourrait-on oublier, dans l'abolition de l'esclavage des noirs, le rôle de Wilberforce et Mᵐᵉ Beecher-Stowe ? et dans la libération des enfants de la fabrique, celui de lord Shaftesbury? Il est évident que l'État ne se met en branle qu'après les individus et qu'il n'agit lui-même que par l'organe d'individus — l'État c'est toujours quelqu'un, héros ou scribe — mais néanmoins c'est par sa puissance que ces bonnes volontés individuelles parviennent à se réaliser.

Il n'y a que deux graves objections contre le socialisme d'État.

La première, c'est que l'État, même lorsqu'il réalise des réformes bonnes en elles-mêmes, ne le peut faire généralement que par la loi, c'est-à-dire par *la contrainte*. Mais d'abord, dans toute association, même volontaire, il faut bien admettre que les individus doivent se soumettre à la volonté de la majorité. De plus l'État n'agit pas toujours par voie de contrainte en ordonnant ou en défendant de faire ceci ou cela : très souvent il agit par voie d'*exemple* — ainsi comme patron dans ses chantiers et ateliers; — ou par voie d'*aide*, quand il crée les routes, les ports, les canaux, les télégraphes, subventionne certaines industries, telles les chemins de fer, ou des institutions dues à l'initiative privée, telles les sociétés de secours mutuels, caisses de crédit, de chômage, de retraite, ou quand il organise directement certaines institutions pour les mettre à la disposition des intéressés, telles les écoles professionnelles, caisses d'épargne ou d'assurances.

Un second grief sérieux contre le socialisme d'État, c'est que souvent l'État a montré la plus déplorable incapacité en

matière économique et souvent aussi s'est fait l'instrument
des partis plutôt que l'organe de l'intérêt général. Ce n'est
que trop vrai, mais ce sont là des vices tenant moins à la nature de l'État qu'à son organisation. Nous ne voyons pas de
raison *de principe* pour que l'État, qui n'est en somme
qu'une association, soit nécessairement inférieur à n'importe
quelle autre de ces sociétés qui prennent de plus en plus le
gouvernement économique. Mais en fait il peut y avoir des
États mal organisés pour exercer des fonctions économiques.
Il ne faut pas oublier que l'État, même dans les pays les
plus avancés au point de vue démocratique (surtout dans
ceux-là, faudrait-il dire!), n'a été organisé *qu'en vue de ses
fonctions politiques et nullement de ses fonctions économiques* (et même que celles-ci sont subordonnées à celles-là —
il suffit de voir l'influence des intérêts électoraux quand il
s'agit d'établir un chemin de fer!). La forme encore embryonnaire de la division du travail dans le gouvernement,
l'arbitraire avec lequel sont distribuées les fonctions publiques, l'instabilité du pouvoir, l'organisation grossière du
suffrage dit universel, lequel trop souvent ne représente
même pas la volonté de la majorité, peuvent rendre l'État
actuellement impropre à poursuivre des fins économiques.
Mais il est permis d'espérer que du jour où l'action économique de l'État (ou des municipalités) serait mieux séparée
de son action politique, elle pourrait devenir plus efficace
qu'elle ne l'a été jusqu'à ce jour.

Quoi qu'il en soit, cette action tend à se développer par
tout pays; nous retrouverons l'intervention de l'État, et les
critiques qu'elle provoque, dans chacune des quatre grandes
divisions de ce livre :

Dans la *production*, l'État entrepreneur d'industrie ou
subventionnant et contrôlant certaines industries privées ;

Dans la *circulation*, l'État réglementant le commerce international et les banques et fabriquant lui-même la monnaie ;

Dans la *répartition*, l'État intervenant dans la distribution de fortunes par les lois sur les propriétés, sur les suc-

cessions, sur le prêt à intérêt, sur les fermages, sur les salaires et se faisant à lui-même sa part par l'impôt prélevé sur le revenu de chaque citoyen.

Et même, dans la *consommation*, l'État prohibant ou contrôlant certaines consommations.

§ 4. — *Christianisme Social.*

Cette école est subdivisée en deux tendances très divergentes dans leur orientation, quoique ayant le même point de départ, et qui correspondent naturellement aux deux grandes confessions religieuses chrétiennes entre lesquelles se répartissent les pays les plus avancés au point de vue économique.

§ 1. — L'école catholique croit fermement, comme l'école classique, à l'existence des lois naturelles, qu'elle appelle *lois providentielles*, et qui gouvernent les faits sociaux aussi bien que les faits de l'ordre physique.

Seulement, elle croit que le jeu de ces lois providentielles peut être profondément troublé par le mauvais emploi de la liberté humaine et que, en fait, c'est précisément ce qui est arrivé : par la faute de l'homme, par le péché d'Adam, le monde n'est pas ce qu'il devait être, ce que Dieu aurait voulu qu'il fût. A la différence de l'école libérale, elle n'est donc nullement optimiste : elle ne considère point l'ordre social comme bon ni même comme tendant naturellement vers le mieux. Surtout elle n'a aucune confiance dans le laisser faire pour rétablir l'harmonie et assurer le progrès, puisqu'elle voit au contraire dans la foi orgueilleuse en la liberté, qu'elle appelle le *libéralisme*, la véritable cause de la désorganisation sociale.

La véhémence des critiques que l'école catholique dirige contre l'organisation actuelle, contre le capitalisme, contre le profit, contre l'intérêt qu'elle flétrit, comme au Moyen âge, du nom d'usure (*usura vorax*), contre les sociétés par actions, contre le libre-échange et toutes les formes de l'internationalisme, et surtout contre la concurrence, lui a valu de la part des économistes libéraux le nom de *Socialisme catholique*. Elle s'en défend cependant très vivement et en effet, malgré certains points de vue qui leur sont communs, elle diffère de l'école socialiste *toto orbe :* — d'abord, en ce qu'elle ne propose nullement d'abolir les institutions fondamentales de l'ordre social actuel, propriété, hérédité, salariat, mais bien plutôt de les consacrer par l'esprit chrétien; — ensuite, en ce qu'elle ne croit nullement à l'évolution ni au progrès indéfini de l'espèce humaine et cherche beaucoup moins son idéal dans le futur que dans une renaissance de celles des institutions du passé qui ont procuré aux hommes une vie relativement heureuse, telles que la vie rurale et aussi les *corporations professionnelles* de patrons et d'ouvriers.

Elle ne se montre pas hostile en général à l'intervention de l'État, qui est « après l'Église, le ministre de Dieu pour le bien », et la réclame même formellement pour assurer aux classes ouvrières le repos dominical, la réglementation du travail et même un juste salaire. Cependant une fraction de l'école catholique se montre non moins opposée que l'école libérale elle-même à l'intervention de l'État. Et cette question a provoqué même des querelles très vives dans son sein.

C'est à cette branche libérale (dans le sens économique de ce mot) de l'école catholique que se rattache *l'école de Le Play*, dont nous avons déjà parlé à propos de la méthode. Celle-ci reste néanmoins en communion avec l'école catholique : — 1° par la part prédominante qu'elle fait au sentiment religieux ; — 2° par une certaine méfiance à l'égard de l'évolution, du progrès naturel, et une vive hostilité contre « les faux dogmes » de la Révolution française; — 3° par l'importance extrême qu'elle attache à l'organisation et à la stabilité de la famille (*famille souche*), à la conservation du patrimoine et à la liberté de tester. Préoccupée surtout de rétablir l'ordre et la paix sociale, elle espère y arriver par un triple patronage : celui du *père* dans la famille, du *patron* dans l'atelier, de l'*Église* dans la société, mais sous la condition de devoirs réciproques de la part de ces « autorités sociales ».

L'objection la plus forte que l'on puisse adresser à cette école, en écartant toute controverse qui porterait sur le terrain politique ou religieux, a été formulée, il y a longtemps déjà, par Stuart Mill quand il a dit qu'il n'y a pas d'exemple qu'une classe quelconque en possession du pouvoir se soit jamais servie de ce pouvoir dans l'intérêt des autres classes de la société. Il serait fort à craindre que le patronage des classes dirigeantes, si jamais on se fiait uniquement à elles du soin de résoudre la question sociale, ne fît que confirmer une fois de plus le fait douloureux signalé par Stuart Mill.

§ 2. — L'école protestante n'est pas plus sympathique à l'ordre économique actuel. Elle dénonce aussi la concurrence et la poursuite du profit. Elle accepte la propriété mais surtout comme *fonction* sociale. Elle croit que le monde devra se transformer radicalement pour se rapprocher de ce « Royaume de Dieu » dont tous les fidèles doivent attendre et préparer déjà *sur cette terre* l'avènement.

Mais fidèle à ses traditions démocratiques qui font de chaque église protestante une petite république, elle vise à appliquer le même régime dans l'industrie. Elle cherche la solution moins dans l'association professionnelle — que l'expérience du passé ne lui paraît guère recommander et qui lui paraît de nature à développer l'égoïsme corporatif — que dans une autre forme de l'association, celle dite *coopérative*. Elle voit dans la coopération l'antithèse indiquée de la compétition. Les « socialistes chrétiens », comme on les appelait (les pasteurs Kingsley, Maurice, etc.), ont pris une grande part au mouvement coopératif en Angleterre, au milieu du XIXᵉ siècle.

On conçoit facilement d'ailleurs que l'unité de programme se trouve encore moins dans le protestantisme social que dans le catholicisme social. Il y a une droite qui s'en tient au socialisme d'État conservateur et antisémite, et une gauche qui tend vers le socialisme collectiviste comme assez conforme aux doctrines de l'Évangile. En Angleterre le socialisme protestant se montre très favorable à la nationalisation de la terre.

§ 5. — *Solidarisme.*

Dans cette revue, quoique sommaire, nous ne pouvons passer sous silence une école qui ne date que de quelques années mais dont l'influence grandit rapidement ; c'est elle qui prend pour devise le mot de Solidarité.

Le fait de la solidarité, c'est-à-dire de la dépendance mutuelle des hommes, qui apparaît si clairement dans la division du travail, dans l'échange — et pour ce qui concerne les générations successives, dans l'hérédité — avait déjà été signalé par Leroux, Bastiat, Auguste Comte. Mais on y voyait une loi naturelle qui n'avait pas besoin du concours des individus pour opérer et qui d'ailleurs était loin de pouvoir toujours être considérée comme un bien, car la solidarité dans le mal (exemple la transmission des maladies par la contagion ou l'hérédité) est plus visible que la solidarité dans le bien (dans la santé publique, par exemple). Et elle paraissait contraire à la justice qui veut que chacun ne réponde que de ses propres actes.

L'école solidariste au contraire veut que la solidarité, qui n'était qu'un fait brutal, devienne une règle de conduite, un devoir moral, voire même une obligation juridique sanctionnée par la loi. Quelle raison en donne-t-elle? C'est que la solidarité, loi naturelle, nous ayant montré clairement que chacun de nos actes se répercute en bien ou en mal sur chacun de nos semblables, et réciproquement, notre responsabilité et nos risques se trouvent énormément accrus. S'il y a des misérables, nous devons les aider : — 1° parce que nous sommes probablement en partie *les auteurs* de leur misère, par la façon dont nous avons dirigé nos entreprises, nos placements, nos achats, ou par l'exemple que nous leur avons donné : et, étant responsables, notre *devoir* est de les aider ; — 2° parce que nous savons que nous ou nos enfants serons exposés à être *les victimes* de leurs propres maux, leur maladie nous empoisonnera, leur dépravation nous démoralisera : et, par conséquent, notre *intérêt* bien compris est de les aider.

Il faut donc transformer la Société des hommes en une sorte de grande société de secours mutuels où la solidarité naturelle, rectifiée par la bonne volonté de chacun ou, à son défaut, par la contrainte légale, deviendra la justice, où chacun prendra sa part dans le fardeau d'autrui et recueillera sa part aussi du profit d'autrui. Et à ceux qui craignent de diminuer par là l'individualité, l'énergie qui compte d'abord sur soi, le *self-help,* il faut répondre que l'individualité ne s'affirme et ne se développe pas moins en aidant autrui qu'en s'aidant soi-même[1].

Le solidarisme se distingue du socialisme en ce qu'il maintient ce qu'on appelle les bases de l'ordre social actuel, propriété, hérédité, liberté de disposer, et les inégalités qui en résultent, mais il atténue ces inégalités en liant les faibles aux forts par les mille liens d'associations volontaires. Cependant il admet aussi l'intervention de l'État toutes les fois que, sous forme de réglementation sur le travail, sur les logements insalubres, ou sur les falsifications de denrées, la loi peut prévenir la dégradation des masses, ou même encore quand, par certaines formes d'assurance ou de prévoyance obligatoires, la loi tend à inculquer dans les diverses classes de la nation l'esprit de solidarité. On ne saurait oublier que l'État n'est lui-même que la forme la plus antique et la plus grandiose de la solidarité entre les hommes. Sans doute la solidarité n'acquiert toute sa valeur morale qu'autant qu'elle devient *voulue,* mais la solidarité imposée par la loi peut être indispensable pour préparer le terrain sur lequel s'épanouira plus tard la coopération libre[2].

[1] Vinet, le critique protestant, a dit admirablement : « Pour se donner il faut s'appartenir ».

[2] M. Léon Bourgeois a cherché à donner une forme juridique au concept un peu vague de la solidarité. Tout homme, dit-il, *naît débiteur de la Société* en vertu d'un contrat tacite (qu'il appelle un *quasi-con-*

Cette doctrine a eu le rare privilège de rallier des adhérents venus de tous les points de l'horizon : les fidèles au vieux socialisme idéaliste français de Fourier et de Leroux, les disciples d'Auguste Comte, les mystiques et les esthètes qui s'inspirent de Carlyle, de Ruskin, ou de Tolstoï, ceux qui vont à l'église comme ceux qui sortent des laboratoires de biologie. Mais peut-être doit-elle cette bonne fortune au fait que son programme est encore assez indéterminé. Et c'est pour cela qu'elle n'a fait que peu de recrues dans les rangs des économistes professionnels.

trat) et ce contrat tacite résulte des avantages collectifs, fruit du labeur de tous, dont il recueille sa part. Il doit donc commencer par payer cette dette — par exemple en contribuant à l'assurance, à l'assistance, à l'instruction de ses frères, et par tous autres modes de contribution à déterminer. C'est seulement après avoir satisfait à cette condition préalable que la liberté économique et la propriété privée pourront se donner libre carrière (Voir *La Solidarité* par Léon Bourgeois et aussi le volume *Essai d'une philosophie de la Solidarité*, série de leçons faites par des solidaristes en 1902, à l'École des Hautes Études Sociales).

L'objection à cette théorie ingénieuse c'est qu'il ne peut y avoir de débiteurs sans qu'il n'y ait de créanciers. Or, il n'est pas facile de savoir à qui, dans la Société, devra être attribué le titre de créancier ou celui de débiteur.

Et cela importe pourtant ! A première vue on pourrait croire que les riches sont les débiteurs et les pauvres les créanciers (puisqu'on les appelle généralement « les déshérités »). Mais rien n'est moins certain, car il est très possible que l'homme riche ait en réalité beaucoup plus donné à la Société qu'il n'en a reçu — un grand inventeur, par exemple — et qu'inversement l'homme pauvre soit un incapable ou un infirme qui n'a jamais rien donné en échange de ce qu'il a reçu. Dans cette théorie les enfants, par exemple, sont-ils des créanciers ou des débiteurs ?

CHAPITRE III

LES BESOINS ET LA VALEUR

I

Les besoins de l'homme.

Les besoins de l'homme constituent le moteur de toute activité économique et par conséquent le point de départ de toute la science économique. Dans ce chapitre on pourrait donc faire rentrer toute l'économie politique.

En effet, tout être, pour vivre, se développer et atteindre ses fins, *a besoin* d'emprunter au monde extérieur certains éléments et, quand ils manquent, il en résulte une souffrance d'abord et finalement la mort. Depuis la plante (et même depuis le cristal) jusqu'à l'homme, à mesure que l'individualité grandit, cette nécessité va grandissant aussi. Tout besoin engendre donc chez l'être vivant un *désir* et par suite un *effort* pour se procurer ces objets extérieurs [1], parce que leur possession lui procure une *satisfaction.*

---

[1] Les mots de *besoin* et de *désir* quoique le plus souvent employés l'un pour l'autre (et nous ferons souvent de même) ne doivent pas être confondus.

Le besoin est d'origine physiologique : il consiste dans le sentiment qu'il *manque* quelque chose à l'organisme, et dans une appétence de ce qui manque. Mais il ignore encore l'objet déterminé qui pourra satisfaire. C'est seulement après que l'instinct, ou l'invention ou le hasard, nous ont révélé cet objet, qu'alors il est *désiré* et aussi, médiatement, les moyens propres à le satisfaire. Le désir est toujours d'ordre psychologique. Ainsi le besoin de manger existe naturellement,

Les besoins de l'homme ont divers caractères dont l'importance est grande, car de chacun de ces caractères dépend quelque grande loi économique :

1° Ils sont *illimités en nombre*. — C'est là ce qui distingue l'homme de l'animal et c'est là le ressort de la civilisation dans le sens le plus exact de ce mot, car civiliser un peuple — voyez la colonisation — ce n'est rien de plus que faire naître chez lui des besoins nouveaux.

Il en est des besoins de l'humanité comme de ceux de l'enfant. A sa naissance, il n'en a point d'autres qu'un peu de lait et une chaude enveloppe, mais peu à peu des aliments plus variés, des vêtements plus compliqués, des jouets, lui deviennent nécessaires ; chaque année fait surgir quelque besoin, quelque désir nouveau. Dans les sociétés primitives l'homme n'a guère que les besoins primaires, c'est-à-dire physiologiques, dont nous venons de parler. Les autres s'ignorent encore. Mais plus nous voyons, plus nous apprenons, plus notre

---

mais le désir du pain ou celui de pâté de foie gras ne peut prendre naissance qu'après que le blé a été découvert ou que l'art culinaire a fait des progrès. Ainsi encore il y a chez tous les hommes un besoin physiologique de stimulant et de narcotique, dont les causes sont d'ailleurs mal connues, mais qui s'ignore aussi longtemps que le tabac, l'opium, la morphine, etc., n'ont pas été trouvés : alors seulement ces objets sont désirés et, à cause d'eux, la pipe ou la seringue Pravaz. Ainsi l'indépendance est un besoin, mais ce n'est que du jour où la propriété d'une terre apparaît à l'homme comme le plus sûr moyen d'assurer cette indépendance que la terre est désirée passionnément. C'est en ce sens que Tarde a pu formuler cette proposition, au premier abord un peu paradoxale : « la première cause de tout désir économique, c'est l'invention » (*Logique sociale*, ch. VIII).

Le désir est donc créé par le besoin et il s'éteint sitôt satisfait : mais généralement, le besoin étant permanent, le désir ne tarde pas à renaître : et quand plusieurs fois de suite il s'est satisfait de la même façon, il crée une *habitude*, c'est-à-dire un besoin spécialisé, par exemple non seulement le besoin de fumer ou de boire de l'alcool — mais de fumer la pipe ou de boire de l'absinthe. Ces besoins secondaires, nés de l'habitude, sont parfois distingués des besoins primaires en étant qualifiés d'artificiels, mais il ne faut pourtant pas oublier le dicton que « l'habitude est une seconde nature ». Quoique né du désir, ce besoin finit par devenir aussi physiologique.

curiosité s'éveille et plus aussi nos désirs grandissent et se multiplient. De même aussi nous éprouvons aujourd'hui mille besoins de confort, d'hygiène, de propreté, d'instruction, de voyage, de correspondance, inconnus à nos aïeux, et il est certain que nos petits-fils en ressentiront davantage encore. Si nous pouvions connaître dans quelque planète un être supérieur à l'homme, nous découvririons certainement en lui une infinité de besoins dont nous ne pouvons nous faire en ce monde aucune idée[1].

Cette multiplication indéfinie des besoins a donc créé la civilisation moderne et tout ce qu'on appelle le progrès. Cela ne veut pas dire qu'elle rende les hommes plus heureux. On a souvent fait la remarque que la multiplication des désirs et des objets de ces désirs, autrement dit des richesses, n'a pas de lien nécessaire avec l'accroissement du bonheur. Il est même permis de se demander si la nature, ici comme pour la multiplication de l'espèce, ne fait pas de l'homme sa dupe, puisqu'au fur et à mesure qu'un besoin est satisfait, elle en fait surgir quelque autre et qu'ainsi elle fouette l'homme pour le faire courir après un but qui fuit sans cesse devant lui? Et on peut citer comme exemple frappant l'état d'âme de nos contemporains où l'envie et

---

[1] L'importance des besoins serait assez bien mesurée par l'ordre de leur apparition dans l'histoire ou dans la préhistoire. Mais ceci est l'affaire de la sociologie. Il est évident que le besoin de *nourriture* a été le premier. Celui de la *défense* de l'individu contre les animaux ou contre ses semblables a dû le suivre de près. C'est ce qui explique l'importance très antique et effrayante du besoin de l'*armement*, qui déjà sans doute prenait dans la vie et le travail des hommes de l'âge de pierre une place égale et peut-être supérieure à celle qu'il accapare dans les budgets des pays civilisés du xx° siècle. Mais ce qui est curieux et inattendu c'est que le besoin de la *parure* a précédé celui du vêtement. Ce besoin est le premier de ceux par lesquels l'homme s'est séparé de l'animal. Comme le fait remarquer Théophile Gauthier : « Aucun chien n'a eu l'idée de se mettre des boucles d'oreilles et les Papous stupides, qui mangent de la glaise et des vers de terre, s'en font avec des coquillages et des baies coloriées ». Au contraire beaucoup plus tardif, mais depuis peu merveilleusement grandissant, a été le besoin de *mise en communication rapide* des hommes entre eux.

l'exaspération vont grandissant à mesure que le bien-être augmente. Ne faut-il pas souhaiter que cette multiplication des besoins s'arrête un jour ou du moins se ralentisse? Ne vaudrait-il donc pas mieux s'appliquer non à augmenter les richesses mais à diminuer les besoins?

Telle était l'opinion des sages de l'antiquité et, après eux, de ceux inspirés par la doctrine chrétienne. Mais d'autres, surtout depuis le XVIII° siècle, ont au contraire affirmé que la frugalité est solidaire de la fainéantise et de la routine.

Mais ceci est une question qui relève de la morale et non plus de l'Économie Politique. Nous admettons cependant qu'il est souhaitable que les besoins économiques, c'est-à-dire ceux qui ont pour unique fin la poursuite de la richesse, se réduisent en nombre et en intensité et occupent dans la vie des individus et des peuples une place moindre que celle qu'ils accaparent à présent. Mais à une condition! C'est *qu'ils feront place à d'autres plus nobles* (voir ci-après, page 49), car si on se bornait à les supprimer sans les remplacer, on ferait rétrograder la vie sociale vers la vie animale. Malheur aux races satisfaites à trop bon marché qui n'étendent pas leur désir au-delà du cercle étroit d'un horizon prochain et qui ne demandent qu'une poignée de fruits mûrs pour vivre et un pan de mur pour y dormir à l'abri du soleil! Elles ne tarderont pas à disparaître d'une terre dont elles n'ont pas su tirer parti.

Du reste, il faut remarquer que même les besoins purement économiques ne sont pas dépourvus de toute valeur morale. En effet, chaque besoin nouveau constitue *un lien* de plus entre les hommes, puisque nous ne pouvons généralement y satisfaire que par l'aide de notre prochain, et par là augmente le sentiment de la solidarité. L'homme qui n'a pas de besoins, l'anachorète, se suffit à lui-même : c'est justement ce qu'il ne faut pas. Et en ce qui concerne les classes ouvrières, il faut se réjouir, non s'attrister, que des besoins et des désirs nouveaux sans cesse les tourmentent : sans cela, elles seraient restées dans une éternelle servitude.

2° Les besoins sont *limités en capacité.* — C'est ici une des propositions les plus importantes de l'économie politique puisque, comme nous le verrons, c'est sur elle que se fonde la théorie nouvelle de la valeur.

Les besoins sont limités en capacité en ce sens que, pour satisfaire chacun d'eux, une quantité déterminée d'un objet quelconque suffit. Il ne faut à l'homme qu'une certaine quantité de pain pour le rassasier et une certaine quantité d'eau pour le désaltérer.

Il y a plus. Tout besoin va décroissant en intensité au fur et à mesure qu'il se satisfait jusqu'au point où il y a *satiété*, c'est-à-dire où le besoin s'éteint et est remplacé par le dégoût ou même la souffrance[1]. C'est le pire des supplices que de souffrir du manque d'eau mais c'était aussi une des pires tortures du Moyen âge que celle dite « de l'eau » quand on l'ingurgitait de force dans l'estomac du patient.

Plus le besoin est naturel, je veux dire *physiologique*, et plus la limite est nettement marquée. Il est facile de dire combien de grammes de pain et de centilitres d'eau sont nécessaires et suffisants pour un homme. Plus le besoin est artificiel, je veux dire *social*, plus la limite devient élastique. Il n'est assurément guère possible de dire quel est le nombre de chevaux pour un sportsman, de mètres de dentelle pour une femme du monde, de rubis pour un rajah de l'Inde, surtout de pièces d'or ou d'argent pour un homme civilisé quelconque, qui pourra être considéré comme suffisant et qui lui fera s'écrier : assez! Cependant on peut affirmer que même pour ces biens il y a une limite, que la satiété pour eux aussi est inévitable et, en tout cas, qu'à chaque nouvel objet ajouté à ceux déjà possédés, le plaisir ressenti va décroissant rapidement.

C'est pour l'argent que la satiété est la plus rare et paraî-

---

[1] C'est comme ces séries bien connues des mathématiciens qui vont diminuant jusqu'à zéro, puis recommencent à croître au-dessus de zéro mais en prenant une valeur négative. Les différents degrés du besoin, ce sont les termes positifs de la série : les différents degrés du dégoût, ce sont les termes négatifs : le zéro, c'est la satiété.

presque invraisemblable. Pourquoi? par cette raison bien simple que l'argent est la seule richesse qui ait propriété de répondre, non à un besoin défini, mais à *tous* les besoins possibles, et par conséquent, il ne cesse d'être désiré qu'au moment où tous les désirs sont satisfaits, ce qui recule la limite presqu'à l'infini. Néanmoins il est évident qu'une pièce de cent sous *en plus* ne procure pas à un millionnaire un plaisir comparable, à beaucoup près, à celui qu'elle cause à un pauvre diable. Buffon qui n'était pas économiste, mais qui était un grand esprit, l'avait déjà remarqué : « l'écu du pauvre destiné à payer un objet de première nécessité et l'écu qui complète le sac d'un riche financier sont, aux yeux d'un mathématicien, deux unités de même ordre, mais, au moral, l'un vaut un louis, l'autre ne vaut pas un liard ».

3° Les besoins sont *concurrents*, ce qui veut dire que le plus souvent un besoin ne peut se développer qu'au détriment d'autres besoins qu'il abolit ou absorbe; et ils sont très souvent *interchangeables*, comme les pièces des fusils ou des bicyclettes, ce qui leur permet de se substituer aisément l'un à l'autre. Comme « un clou chasse l'autre » dit le proverbe, ainsi un besoin en chasse un autre. Et voilà la base d'une loi économique très importante dite *loi de substitution*. On a constaté souvent et en divers pays que le goût de la bicyclette et de l'automobile avait porté un préjudice considérable non seulement au commerce des chevaux de selle et à la carrosserie, mais, même, ce qui était plus inattendu, à la fabrication des pianos !

Cette loi de substitution a une importance capitale en ce qu'elle offre aux consommateurs une porte toujours ouverte pour échapper aux exigences du producteur — même quand celui-ci est investi d'un monopole et que, par conséquent, la loi de concurrence entre producteurs, qui suffit d'ordinaire à protéger le client, ne fonctionne plus. Le consommateur en est quitte pour se rabattre sur quelque autre objet, répondant peut-être un peu moins bien au besoin, mais y satisfaisant tout de même. C'est ainsi que la toute-puissance des Trusts est limitée par la loi de substitution. Quand

il s'agit des besoins d'ordre physiologique le champ des substitutions possibles est assez borné, mais quand il s'agit des
besoins de luxe, il est illimité. Il peut très bien se faire
qu'un homme substitue le théâtre à la chasse, ou une femme
un automobile à un collier de perles.

L'hygiène et la morale utilisent cette loi en s'efforçant de
remplacer les besoins inférieurs et brutaux par des besoins
d'ordre supérieur. Ainsi, pour combattre l'alcoolisme, par
exemple, les sociétés d'abstinence n'ont rien trouvé de mieux
que d'ouvrir des « cafés de tempérance » dans lesquels on
s'efforce d'habituer les consommateurs à boire du thé ou du
café. Remarquez qu'un besoin matériel peut être remplacé
par un besoin intellectuel, par exemple, le cabaret par le
cabinet de lecture, — ou par un besoin moral, par exemple
un ouvrier se prive d'une « consommation » au café pour
verser sa cotisation à une caisse de prévoyance, de résistance
ou de propagande.

4° Les besoins sont *complémentaires*, c'est-à-dire qu'ils
marchent généralement de compagnie et ne peuvent que
malaisément se satisfaire isolément. A quoi sert un soulier
ou un gant tout seuls? A quoi sert une voiture sans cheval
ou un automobile sans essence ? Pour se défendre du froid
il ne suffit pas d'avoir un bon pardessus, il faut avoir bien
dîné. Le besoin de manger, chez l'homme civilisé du moins,
implique le besoin d'un grand nombre d'objets mobiliers
tels que table, chaise, serviette, nappe, assiettes, verres,
couteaux, fourchettes, et même, pour atteindre son maximum de satisfaction, il doit — tel dans les banquets — s'associer à certaines jouissances esthétiques, fleurs, lumières,
cristaux, toilettes, musiques, etc.

5° Les besoins, même artificiels, une fois satisfaits, tendent à se renouveler régulièrement, à se fixer, à passer à
l'état d'*habitudes*, à devenir comme on dit si bien « une seconde nature ». Cette loi a aussi une grande importance, notamment au point de vue du salaire. Le niveau habituel
d'existence, le *standard of life*, ne se laisse pas rabaisser
aisément. Il fut un temps où les ouvriers ne portaient ni

linge, ni chaussure, où ils n'avaient ni café, ni tabac, où ils ne mangeaient ni viande, ni pain de froment, mais aujourd'hui ces besoins sont si bien invétérés et incarnés que l'ouvrier qui ne pourrait plus les satisfaire et qui se trouverait ramené brusquement à la condition de ses pareils du temps de saint-Louis ou de Henri IV, périrait sans doute.

Si l'on ajoute enfin qu'une habitude transmise pendant une longue suite de générations tend à se fixer par l'*hérédité*, que les sens deviennent plus subtils et plus exigeants, on comprendra quelle puissance despotique peut acquérir à la longue le besoin qui paraissait à l'origine le plus futile ou le plus insignifiant.

II

De l'utilité.

Ce qui nous intéresse le plus dans le monde extérieur, du moins quand nous le considérons au point de vue de l'entretien de notre vie et de notre bien-être, c'est la propriété que possèdent un certain nombre d'objets de satisfaire à l'un quelconque des besoins que nous venons d'étudier. Cette remarquable propriété s'appelle l'*utilité* (du mot latin *uti*, se servir de).

Malheureusement ce mot est une cause de confusion parce qu'il a déjà reçu dans le langage ordinaire une signification qui ne concorde pas du tout avec sa signification économique. Le mot *utile* est généralement opposé d'une part à celui de *nuisible*, d'autre part à celui de *superflu*. Il implique un certain jugement moral. Il ne vise que les objets propres à satisfaire certains besoins jugés bons. Ainsi on répugnerait à parler de « l'utilité » des dentelles ou de celle de l'absinthe. Et pourtant, dans son acception économique, le mot d'utilité ne signifie rien de plus que la propriété de répondre à un besoin ou à un désir quelconque, et cette utilité se mesure uniquement à l'intensité de ce besoin ou de ce désir.

Pour éviter ce malentendu perpétuel, il serait bon de remplacer le mot d'utilité par quelque autre. Les anciens économistes disaient *valeur d'usage*. M. Vilfredo Pareto a proposé celui d'*ophélimité*, mot grec qui exprime « le rapport de convenance » entre une chose et un désir quelconque. Mais ce vocable n'a pas acquis droit de cité. Nous avions proposé nous-même, dès la première édition de ce livre (en 1883), celui de *désirabilité* qui a le double avantage de ne rien préjuger quant aux caractères moraux ou immoraux, raisonnables ou déraisonnables du désir, mais il n'a pas prévalu non plus.

Quel que soit le nom qu'on veuille lui donner, analysons maintenant cette propriété fondamentale.

Toutes les choses qui nous entourent, animaux, végétaux, corps bruts, ne la possèdent pas, tant s'en faut ! Il n'y en a qu'un nombre très restreint — par exemple, dans le règne animal à peine 200 espèces sur quelques centaines de mille — qui soient des utilités.

Pour qu'une chose soit utile il faut deux conditions :

1° Il faut que nous ayons découvert *une certaine relation entre les propriétés physiques d'une chose et l'un de nos besoins*. Si le pain est utile, c'est d'une part que nous avons besoin de nous nourrir, et d'autre part que le blé contient justement les éléments éminemment propres à notre alimentation. Si le diamant est très recherché, c'est qu'il est dans la nature de l'homme, comme d'ailleurs dans celle de certains animaux, d'éprouver du plaisir à contempler ce qui brille et que le diamant, à raison de son pouvoir réfringent, supérieur à celui de tout autre corps connu, possède précisément la propriété de jeter des feux incomparables.

Remarquez bien que des deux termes de ce rapport, c'est l'homme et non la chose qui est de beaucoup le plus important (voir p. 3, note). On pourrait croire le contraire : on pourrait croire que la satisfaction que nous attendons tient à certaines propriétés des choses, que l'utilité de l'or est de même nature que son poids ou son éclat ou son inoxydabilité, que l'utilité doit être attachée aux objets comme une qualité sensible. Nullement : elle naît seulement quand le désir s'éveille, elle s'évanouit sitôt qu'il s'éteint. Elle le suit et se promène avec lui de chose en chose, comme l'ombre suit le papillon et ne demeure que là où il se pose. Elle est *subjective* et non objective. C'est pour cette raison encore que le mot de *désirabilité* serait bien plus clair que le mot d'utilité, car des deux termes du rapport, l'homme et la chose, il met au premier plan le premier, tandis que l'utilité met au premier plan le second.

Du reste, peu importe qu'une chose n'ait reçu de la nature aucune des propriétés propres à satisfaire à nos besoins pourvu que nous croyions qu'elle les a. Des reliques plus ou moins authentiques ont été pendant bien des siècles, et sont encore aujourd'hui dans certains pays, considérées comme des richesses incomparables à raison des vertus qu'on leur prête. Il y a bien des eaux minérales et des produits pharmaceutiques qui sont très recherchés, quoique leurs propriétés curatives soient loin d'être démontrées. Costumes qu'on ne porte plus, livres qu'on ne lit plus, tableaux qu'on n'admire plus, monnaies qui ne circulent plus, remèdes qui ne guérissent plus, que la liste serait longue de ces richesses dont l'utilité est aussi éphémère et fugitive que le besoin qui l'a créée ! Et pourtant, même alors, si par aventure le désir du collectionneur, le plus intense de tous peut-être, vient à se fixer sur ces richesses mortes, il leur rend une nouvelle vie et elles reprennent aussitôt une valeur bien supérieure à celle qu'elles avaient au cours de leur première existence.

L'alcool et les boissons qui en dérivent ne possèdent, au dire des savants et des hygiénistes, aucune des vertus qu'on leur prête, ils ne sont ni fortifiants ni réchauffants. Mais qu'importe? Il suffit malheureusement que des millions d'hommes par tout pays croient qu'elles ont ces utilités pour qu'elles constituent des richesses, et même des richesses qui se chiffrent par milliards et dans lesquelles les États eux-mêmes puisent une partie de leurs revenus.

2° Il ne suffit pas encore que nous sachions qu'une chose a la propriété de satisfaire nos besoins : il faut que nous puissions en fait l'appliquer à la satisfaction de ces besoins. Il ne suffit pas qu'une chose soit reconnue utile : il faut qu'elle *puisse être utilisée*. Ce n'est pas toujours le cas. Il y a bien des forêts qui pourrissent sur place faute de pouvoir être exploitées; beaucoup de rivières, même en France, roulent de l'or qu'on ne peut en retirer économiquement; nous savons que des forces énormes sont latentes dans le flux et le reflux des mers, dans les ruisseaux des campagnes, dans les attractions moléculaires, mais de tout cela nous ne pouvons tirer parti, du moins dans l'état actuel de nos connaissances. Il est probable qu'il n'y a pas dans le monde un seul corps qui ne pût être utile à l'homme et qui ne pût accroître nos richesses. Mais tant qu'ils sont incognito ils restent aussi inutiles que les terres fertiles ou les métaux précieux dont l'astronome, à l'aide du télescope ou de l'analyse spectrale, découvrirait l'existence dans Mars ou dans la lune.

Cette propriété de satisfaire à nos besoins, de nous procurer une jouissance, n'appartient-elle qu'aux *choses* (*res* comme disaient les jurisconsultes romains)? — Assurément elle appartient aussi aux *actes*, aux faits et gestes des autres hommes, de nos semblables. Nul doute que beaucoup d'entre eux ne nous procurent beaucoup de joies et même ne nous soient *utiles*, dans le sens économique de ce mot, en satisfaisant directement nos besoins et sans l'intermédiaire d'aucune richesse matérielle : le médecin nous procure la santé; le professeur, la connaissance; le juge, la justice; l'agent de police, la sécurité; le littérateur ou l'artiste, les plus hautes et les plus pures jouissances; et le domestique fait nos commissions. L'homme est ce qu'il y a de plus utile à l'homme! Nul doute que ces satisfactions ne soient du même ordre, ou même d'un ordre supérieur à celles que nous procurent les choses et que nous ne les estimions autant ou plus, puisque nous les payons fort cher s'il le faut. On emploie plus volontiers ici, il est vrai, le mot de *service* que celui d'utilité. Mais qu'importe? Ne dit-on pas tous les jours d'un objet quelconque, une bicyclette, un encrier de poche, qu'il nous « rend bien service » — de même

qu'en sens inverse nous disons à nos amis (simple formule
de politesse, il est vrai, mais très correcte scientifiquement) :
« usez de moi, je vous prie ! »

Quel nom donnerons-nous à ces choses ou à ces actes qui
jouissent de cette propriété précieuse de satisfaire à nos
besoins, de nous être utiles ou désirables ? Il faut faire cet
aveu extraordinaire qu'il n'existe aucun mot adéquat pour
désigner ce qui fait l'objet même de la science économique !
Les jurisconsultes emploient le mot de *biens* (ce qui est bon,
bona en latin, *goods*, en anglais). Ce nom serait peut-être le
meilleur s'il n'impliquait pas, comme celui d'utilité, une
certaine appréciation morale : on ne dira pas volontiers
d'un obus ou d'une trousse de cambrioleur qu'ils sont des
« biens ». Les économistes préfèrent le mot de *richesse*,
mais celui-ci a le grave inconvénient d'avoir reçu déjà une
signification vulgaire qui est celle de *fortune* opposée à la
pauvreté. On ne comprend pas facilement que des fleurs des
champs, une eau pure, un air salubre, ou même un morceau
de pain, soient appelés des richesses. Pourtant toutes ces
choses possèdent à un très haut degré la propriété de nous
faire jouir et de nous faire vivre.

Le mot de richesse implique d'ailleurs une autre idée que
celle de jouissance : celle de *puissance* (c'est d'ailleurs sa
signification étymologique, *reich* en allemand c'est l'empire). Et l'importance de cette idée est au moins égale à la
première. Car si la richesse ne comportait que la jouissance,
comme la possibilité de jouissance ne dépasse pas un certain maximum, la poursuite de la richesse ne dépasserait
pas non plus cette limite. C'est l'autre aspect de la richesse,
c'est le désir de la puissance exercée sur les autres hommes
qui pousse l'homme au delà de toute limite assignable, qui
fait surgir les milliardaires américains et tous ceux qu'on
appelle si justement les *rois* du pétrole, ou de l'acier, ou du
coton.

C'est généralement sous la forme de revenu que se présente l'aspect de la richesse-jouissance et sous la forme de
capital que se présente l'aspect de la richesse-puissance.

Et nous verrons plus loin que le socialisme actuel peut se définir par ceci qu'il cherche à abolir la richesse en tant qu'instrument de puissance de l'homme sur ses semblables tout en laissant subsister la richesse en tant que moyen de jouissance — mais il est douteux qu'il réussisse à dissocier ces deux fonctions de la richesse et, en admettant qu'il y réussît, c'est la moins noble des deux qu'il laisserait subsister.

Le mot de richesse a un autre inconvénient : c'est qu'il ne peut guère s'appliquer qu'à des objets corporels et non aux actes de l'homme. On ne peut dire que la consultation d'un médecin, le chant d'une diva, la coupe de cheveux faite par un coiffeur, sont des richesses. Et pourtant comme nous venons de le voir, il y a autant « d'utilité » dans tous ces actes que dans n'importe quel objet matériel.

Que faire ? — Se résigner à employer le vocable de « bien » ou celui de « richesse », en le traduisant mentalement par cette périphrase : tout ce que nous jugeons propre à satisfaire à un désir d'ordre économique.

III

Qu'est-ce que la valeur ?

Toutes les choses désirables ne le sont pas au même degré. Nous établissons entre elles un ordre de préférence, un classement : c'est ici qu'apparaît l'idée de *valeur*.

Généralement on enseigne que la valeur est inséparable de l'échange et ne peut être même conçue en dehors. Nous croyons le contraire. Robinson lui-même dans son île s'était fait une échelle comparative des objets qu'il possédait, ne fût-ce que lorsqu'il lui fallut les retirer du vaisseau naufragé *en commençant par ceux qu'il désirait le plus*. Et si jamais une société communiste était réalisée, l'échange disparaîtrait, mais non pourtant l'idée de valeur. Néanmoins, ceci dit, nous reconnaissons que dans nos sociétés c'est presque toujours l'échange qui détermine la comparaison entre deux ou plusieurs richesses, c'est l'échange qui fait sortir la valeur du for intérieur où elle sommeillait inconsciente et la force à se préciser dans *la cote* qu'il inscrit en regard de chaque marchandise. Aussi bien retrouverons-nous la valeur dans le chapitre de l'Échange, mais cette introduction générale serait bien incomplète si l'idée de valeur n'y était expliquée : car ce n'est pas seulement l'échange et la circulation des richesses, c'est la répartition, la production et la consommation, c'est l'économie politique tout entière qui est dominée par l'idée de valeur.

Cherchons donc à préciser cette idée qui est la plus importante mais malheureusement aussi la plus obscure de toute la science économique.

L'idée de valeur est plus complexe que celle d'utilité. Elle s'en distingue notamment par les deux caractères suivants :

1° Ce qui caractérise d'abord la valeur, c'est l'idée d'un classement ou d'un rapport entre deux ou plusieurs choses, ou plutôt, puisque les choses ne sont ici que l'accessoire, d'un classement entre des besoins, entre des désirs. Ce n'est pas seulement la désirabilité, c'est *le degré de désirabilité*.

C'est par là qu'elle se distingue de l'utilité, car celle-ci existe par elle-même, tout comme le besoin auquel elle répond. Quand je dis que telle chose *est utile*, un fusil, un cheval, j'énonce une proposition parfaitement claire et définitive. Mais si je dis qu'un fusil ou un cheval *vaut...* cette proposition est incomplète et même inintelligible, car que vaut-il? Il faut, pour être compris, ajouter qu'il vaut tant d'argent ou, si nous sommes chez les sauvages, tant de pièces de cotonnades ou de dents d'éléphants, c'est-à-dire le comparer à quelque autre richesse.

La valeur est donc une notion *relative*, de même ordre que la grandeur ou la pesanteur. S'il n'existait qu'un corps au monde, on ne pourrait dire s'il est grand ou petit : on ne pourrait pas dire non plus s'il a peu ou beaucoup de valeur[1].

---

[1] De ce caractère relatif de la valeur résulte cette conséquence qu'on

Il est vrai qu'on dit couramment d'un objet quelconque qu'il a « une grande valeur » — sans rien ajouter d'autre; mais le terme de comparaison, pour être sous-entendu, n'en existe pas moins. On entend par là que le diamant a une grande valeur relativement à l'unité monétaire, auquel cas on le compare à cette autre valeur qui s'appelle une pièce de monnaie; — ou qu'il occupe un rang élevé dans l'ensemble des richesses, auquel cas on le compare à toutes les autres richesses considérées collectivement. De même, quand on dit d'un corps, comme le platine, qu'il est très lourd, sans exprimer aucune comparaison, on entend par là qu'il représente un nombre considérable de kilogrammes, c'est-à-dire que nous le rapportons au poids d'un litre d'eau; ou que, si l'on dressait la liste de tous les corps à nous connus, il occuperait, au point de vue de la pesanteur, le premier rang.

2° Ce qui caractérise encore la valeur, c'est la *rareté,*

ne doit jamais parler d'une hausse ou d'une baisse de *toutes* les valeurs; une semblable proposition serait dénuée de sens. Car si la valeur n'est rien de plus qu'un ordre, un classement, une hiérarchie établie entre les richesses, comment pourrait-on comprendre que toutes, en même temps, pussent monter ou descendre? Pour que les unes puissent monter sur l'échelle, il faut nécessairement qu'elles prennent la place des autres lesquelles, par conséquent, *doivent descendre.* C'est absolument comme si des candidats à quelque concours, classés par ordre de mérite, se demandaient s'ils n'auraient pas pu être reçus tous *à la fois* à un rang supérieur !

Cependant cette proposition pourrait prendre un sens raisonnable si l'on entendait simplement par là que les désirs de l'homme peuvent tous à la fois augmenter ou diminuer d'intensité. Si, par exemple, les sociétés civilisées marchent vers « cet état stationnaire » que prévoit Stuart Mill, où les âmes cesseraient d'être remplies du souci de poursuivre la richesse, on pourra dire alors véritablement que toutes choses auront moins de valeur : — de même si un jour on constate que la force de l'attraction terrestre a décru, on pourra dire que le poids de tous les corps a diminué. Et encore, même dans cette hypothèse, l'assertion n'aurait guère d'utilité pratique et ne serait même guère vérifiable, puisque tout moyen de mesurer cette décroissance générale des valeurs et désirs nous ferait défaut — sinon le ralentissement de l'activité humaine dans l'ordre économique.

c'est-à-dire (car ce mot-là a besoin d'être expliqué et rectifié non moins que celui d'utilité) une insuffisance de la quantité existante par rapport à la quantité demandée[1]. Si en effet un bien est en quantité surabondante pour les besoins, il ne peut prétendre avoir une valeur quelconque. Tel est le cas, toujours cité, de l'eau potable dans la plupart de nos pays, de la terre vierge dans les pays non encore occupés, et souvent, dans nos cités, hélas! de la main-d'œuvre humaine. Et pourquoi? par la raison bien simple que nous avons donnée en analysant les besoins (p. 47) : parce que tout besoin et tout désir disparaît dès qu'il est saturé et se change même en répulsion pour l'objet qu'il convoitait naguère. Cependant, dira-t-on, l'eau reste utile même quand nous sommes désaltérés? Oui, elle est utile en ce sens qu'elle a toujours physiquement des propriétés désaltérantes, mais, économiquement, elle n'est plus désirable ni pour moi ni pour personne, puisque tout le monde en a assez, en a même « de reste » comme on dit[2].

Plus la quantité se rapprochera de cette limite où elle dépasse le besoin et plus la valeur tendra à baisser, plus elle s'en éloigne et plus elle tendra à hausser.

Il en résulte cette conséquence curieuse, qu'on pourrait appeler un paradoxe économique, c'est qu'il est possible qu'en augmentant la quantité d'un bien on diminue la somme des valeurs qu'il représente, et réciproquement qu'en

---

[1] En effet, le fait de la rareté, considéré isolément, c'est-à-dire quand il n'est pas rapproché de la demande, du besoin, n'a aucune influence sur la valeur. Les cerises ne sont pas moins rares à la fin de la saison qu'au début; néanmoins comme elles ne sont désirées que lorsqu'elles sont des primeurs, la rareté à la fin de saison ne leur confère aucune valeur. En supposant que j'aie écrit une tragédie, mon manuscrit sera un exemplaire unique au monde, ce qui est le maximum de la rareté, mais cela ne lui conférera aucune valeur.

[2] Ceci d'ailleurs n'est vrai que de l'eau potable; car si elle doit satisfaire aux besoins de l'irrigation, ou à ceux de l'agrément, ou qu'elle devienne force motrice, l'eau a parfaitement une valeur et une valeur considérable. Pourquoi? parce que, pour de semblables emplois, elle n'est plus en quantité suffisante pour répondre aux besoins de tous ceux qui voudraient en user.

diminuant cette quantité on augmente la somme des valeurs. Cette loi était connue et pratiquée par les marchands d'épices des Indes hollandaises qui détruisaient une partie de la récolte quand ils la jugeaient surabondante, et elle l'est encore aujourd'hui par les fabricants associés en Cartels qui limitent, sous peine d'amende, la production du charbon ou de l'alcool.

Supposez que par le coup de baguette d'une fée, ou plus simplement par le progrès indéfini de la science et de l'industrie, tous les objets devinssent aussi abondants que l'eau des sources ou le sable des plages et que les hommes, pour satisfaire leurs désirs, n'eussent qu'à puiser à volonté, n'est-il pas évident que dans cette hypothèse, toutes choses, à raison même de leur surabondance, auraient perdu toute valeur? Pour un individu elles n'en auraient ni plus ni moins que cette même eau des sources ou ces mêmes grains de sable auxquels nous venons de les comparer.

Et on arrive à cette conclusion que dans ce pays de Cocagne la richesse sociale serait à son maximum et que pourtant il n'y aurait plus de riches, puisque ce jour-là tous les hommes seraient égaux devant la non-valeur des choses, de même qu'aujourd'hui le roi et le mendiant sont égaux devant la lumière du soleil [1].

---

[1] C'est la question que J.-B. Say considérait comme la plus épineuse de l'économie politique et qu'il posait en ces termes : « La richesse étant composée de la valeur des choses possédées, comment se peut-il qu'une nation soit d'autant plus riche que les choses y sont à plus bas prix? » (*Cours d'Économie Politique*, 3e partie, ch. v). Et Proudhon, dans ses *Contradictions économiques*, avait mis au défi « tout économiste sérieux » d'y répondre. La difficulté prétendue tient à ceci que le premier membre de la phrase de J.-B. Say, en définissant la richesse « une somme de valeurs », prend le mot de richesse dans le sens individuel, la valeur en argent. La richesse d'un individu est composée de la somme des biens qu'il possède évaluée en argent — or plus il y en a, moins ils valent — tandis que dans le second membre de la phrase « la nation est d'autant plus riche que les choses sont à plus bas prix », il prend le mot de richesse dans le sens social, celui d'abondance.

Quand, à certaines années de grande récolte, il arrive que la France regorge de vin ou de blé, on dit que c'est une bonne année », mais elle

IV

Qu'est-ce qui fait la valeur?

Nous venons de dire que la valeur implique un classement, une comparaison, une préférence. Or, pourquoi préférons-nous telle chose à telle autre, pourquoi disons-nous qu'elle vaut plus que telle autre? Pourquoi 1 kilogramme or vaut-il à peu près 10.000 kilogrammes pain? Voilà la terrible question qui, depuis plus d'un siècle, met à la torture toutes les générations d'économistes. Chacune se flatte d'y avoir répondu d'une façon catégorique, mais la suivante ne se tient pas satisfaite et cherche à creuser le problème plus profondément.

On peut se demander si elle n'est pas insoluble de même que beaucoup d'autres problèmes que l'homme s'est posés pendant des siècles et qu'il a abandonnés depuis. Si le proverbe dit que « des goûts et des couleurs on ne saurait disputer », ne faut-il pas dire de même que les causes des goûts et des désirs des hommes échappent à toute analyse? Ricardo dit : « Chaque homme a un étalon particulier pour apprécier la valeur de ses jouissances. Mais cet étalon est aussi variable que le caractère humain ».

Cependant ce serait renoncer à voir dans l'économie politique une science que de renoncer à dégager de ces préférences individuelles certains mobiles généraux. Et non seulement les économistes ont cherché à déterminer les causes de la valeur, mais encore il se sont évertués à les ramener toutes à une cause unique. Seulement ils n'ont pu se mettre d'accord sur cette cause : utilité? rareté ? difficulté d'acquisition? coût de production? coût de reproduction? Chacune

est alors très mauvaise pour les propriétaires qui vendent très mal leur vin ou leur blé. Mᵐᵉ de Sévigné, qui ne s'inquiétait guère d'économie politique, comprenait cela à merveille quand elle écrivait de son château de Grignan (octobre 1673) : « Tout crève ici de blé et je n'ai pas un sol? Je crie famine sur un tas de blé ! ».

a trouvé ses partisans. Mais la plupart ont été successive-ment abandonnées.

La théorie de l'*utilité* au sens vulgaire du mot, c'est-à-dire la propriété de répondre aux besoins les plus urgents, n'a pu résister à cette objection banale : pourquoi le diamant figure-t-il au premier rang et l'eau au dernier rang de l'échelle des valeurs — c'est-à-dire en raison précisément inverse de leur utilité réelle ? — puisque l'eau est assurément celui de tous les corps qui correspond au besoin le plus fréquent et le plus intense : ἄριστον μεν ὕδωρ, disait déjà le poète Pindare.

Mais elle avait été généralement complétée par l'adjonc-tion de l'élément *rareté*, et certains économistes même (comme Senior et Walras père) avaient pensé que celui-ci suffisait, l'utilité étant naturellement sous-entendue dans le mot rareté — une rareté inutile serait un non-sens. Bien que cette théorie se rapproche beaucoup de celle de l'utilité finale, généralement adoptée aujourd'hui et que nous allons voir tout à l'heure, elle déroute l'esprit en mettant au pre-mier plan ce qui n'est que secondaire. C'est pour le collec-tionneur seulement que le principal ou même parfois l'unique mérite des choses est dans leur rareté, mais la rareté n'est pas un attrait par elle-même : elle n'est que l'obstacle qui comprime et fait jaillir plus haut le désir [1].

[1] La *difficulté d'acquisition* est une expression qui vaut mieux que celle de rareté parce qu'elle a l'avantage de grouper en deux mots beau-coup des éléments qui peuvent influer sur la valeur, mais, de même que l'explication de la rareté, elle omet le plus essentiel, le désir. Rien de plus difficile que de retirer un caillou jeté au fond de l'Atlantique : pourtant cela ne lui confère aucune valeur.

Le coût de *reproduction*, théorie chère à l'économiste américain Carey et à l'italien Ferrara, ne diffère de la précédente qu'en ce qu'elle considère la peine qu'il faudrait prendre pour remplacer la chose et non celle qui a été prise pour l'acquérir.

Quant à la *loi de l'offre et de la demande* si elle peut expliquer (et encore avec les réserves que nous verrons ci-après) *les variations* de la valeur elle ne saurait expliquer son origine ou sa cause. Dire qu'une valeur est plus ou moins grande selon qu'elle est plus ou moins offerte ou plus ou moins demandée, c'est dire qu'un pendule oscille plus ou

Il n'y a plus que deux explications aujourd'hui qui se disputent le terrain et encore la première l'a-t-elle presque tout perdu : c'est la théorie du *travail* et celle de l'*utilité finale*.

Exposons-les brièvement.

§ 1. — *Travail.*

Cette théorie a tenu une place éminente dans l'histoire des doctrines. Enseignée pour la première fois, quoique sous une forme un peu incertaine, par Adam Smith, fortement affirmée par Ricardo, elle a rallié les économistes appartenant aux écoles les plus opposées, depuis les optimistes comme Bastiat jusqu'aux socialistes comme Karl Marx [1].

Bien entendu, cette théorie ne conteste pas que l'utilité, c'est-à-dire la propriété de satisfaire à un besoin ou à un désir quelconque de l'homme, ne reste la condition primordiale de toute valeur. Il faudrait, en effet, avoir perdu le sens pour imaginer qu'une chose qui ne sert à rien puisse avoir une valeur quelconque, quel que soit d'ailleurs le travail qu'elle ait pu coûter. Mais, d'après cette école, si l'utilité est la condition de la valeur, elle n'en est point la

---

moins selon qu'on le pousse plus ou moins à droite ou à gauche, mais cela ne dit point quelle est la cause qui ramène le pendule à la verticale (l'attraction terrestre).

Pour l'explication du *coût de production*, voir ci-après page 66, note 3.

[1] « Il est tout simple, dit Adam Smith, que ce qui est d'ordinaire le produit de deux heures de travail vaille le double de ce qui n'exige ordinairement qu'une heure de travail » (Livre 1, ch. 16).

« Je considère le travail, dit Ricardo, comme la source de toute valeur et sa quantité relative comme la mesure qui règle presque exclusivement la valeur relative des marchandises » (Ch. 1, sect. 2).

« La valeur d'une marchandise est déterminée par le quantum du travail dépensé pendant sa production » (Karl Marx, ch. 1).

Malgré cette identité apparente, les explications de la valeur données par ces trois grands esprits sont, au fond, assez différentes : mais nous ne pouvons entrer ici dans ces nuances (Voir l'*Histoire des Doctrines* par Gide et Rist).

cause. Le fondement de la valeur ce serait le travail de l'homme, et toute chose vaudrait plus ou moins suivant qu'elle aurait coûté un travail plus ou moins considérable.

Cette théorie paraît au premier abord plus séduisante que toute autre :

Premièrement, parce qu'elle est plus scientifique, parce qu'elle donne pour fondement à la valeur une notion précise, quantitative, quelque chose qui se mesure. Dire que telle montre a une valeur deux fois plus grande que telle autre parce qu'elle représente un travail double, voilà qui satisfait la raison : l'explication paraît valable ; en tout cas on peut la vérifier. Mais dire qu'elle vaut le double parce que son utilité est deux fois plus grande, voilà qui ne nous éclaire guère.

Secondement, de satisfaire mieux l'idée de justice, parce qu'elle donne pour fondement à la valeur un élément moral : le travail. Et c'est par ce côté surtout qu'elle a séduit tant d'esprits généreux. Si l'on réussissait à démontrer que la valeur de toutes les choses qui ont été appropriées, à commencer par la terre, est en raison du travail qu'elles ont coûté, il ne s'ensuivrait pas nécessairement que la richesse appropriée par chacun est équivalente au produit de *son travail* — car il peut s'être approprié une valeur créée par le travail d'autrui, — mais du moins le problème qui consiste à attribuer à chacun une valeur égale au produit de son travail se trouverait fort simplifié et il deviendrait plus facile d'asseoir solidement l'organisation sociale sur un principe de justice [1].

---

[1] Remarquez cependant que cette explication a été employée à deux fins contraires — aussi bien à défendre la propriété individuelle qu'à la démolir.

Ainsi l'école optimiste affirme que les valeurs appropriées par chacun sont en général (sauf les perturbations, exploitations et vols, dont ne sont pas exemptes les sociétés les plus civilisées) *le fruit du travail du propriétaire ou de ses auteurs.* Voir Bastiat, Fontenay, Paul Leroy-Beaulieu — notamment sur la propriété foncière où la démonstration est la plus épineuse.

Au contraire l'école socialiste affirme que les valeurs appropriées sont en général *le fruit du travail d'autrui.*

Cependant il faut remarquer que ce motif d'ordre moral
est contestable, car le travail lui-même, s'il est inutile, ne
saurait prétendre à une valeur morale. En admettant même,
ce qui n'est pas toujours le cas, qu'il implique tout au moins
de bonnes intentions, il faut se rappeler le dicton : « l'enfer
est pavé de bonnes intentions ».

Mais au point de vue économique, cette explication vaut
moins encore par les raisons suivantes :

1° Si la valeur d'une chose avait pour cause ou pour substance le travail consacré à la produire, cette valeur devrait
être nécessairement immuable, car, comme le dit Bastiat,
le « travail *passé* n'est pas susceptible de plus ou de moins ».
— Or, chacun sait, au contraire, que la valeur d'un objet
varie dans le temps et sans cesse, précisément parce qu'elle
dépend de la demande, du désir. Il est donc bien évident
que ces variations sont absolument indépendantes du travail de production. *A priori*, d'ailleurs, il est absurde de
penser que la valeur d'une chose peut ainsi dépendre d'un
fait passé sans retour. C'est là une affaire finie, il n'y a plus
à y revenir, et c'est le cas de dire, comme lady Macbeth :
what's done, is done! ce qui est fait est fait !

A ceci on peut répondre, il est vrai, que le travail pris
pour mesure de la valeur n'est pas le travail passé, mais le
travail présent, c'est-à-dire non le travail spécialement consacré à produire l'objet que l'on considère, mais le travail
générique nécessaire, dans les conditions sociales existantes,
pour reproduire les mêmes objets, *le travail de reproduction* [1].

---

[1] Karl Marx répondait à cette objection à peu près de même en déclarant qu'il n'y a pas à s'occuper du travail individuel qui a pu être
consacré à produire un objet quelconque, mais du *travail social* nécessaire pour la production de cet objet, lequel se mesure par le nombre
d'heures nécessaires *en moyenne* pour l'exécuter.

Bastiat, pour résoudre la même difficulté, dit qu'il faut considérer
non point le travail effectué par celui qui a produit l'objet, mais seulement le *travail épargné* à celui qui veut s'en rendre acquéreur.

Et comme épargner à quelqu'un un certain travail, c'est, d'après Bastiat, « lui rendre service », l'auteur des *Harmonies* arrive par là à dé-

2° Si le travail était la cause de la valeur, à des travaux égaux correspondraient toujours des valeurs égales : et à des travaux inégaux, des valeurs inégales. — Or, à chaque instant, nous voyons des objets qui ont coûté le même travail se vendre à des prix très différents (exemple : un filet de bœuf et la queue du même bœuf), précisément parce que la valeur de ces morceaux est déterminée par leur qualité, autrement dit, par leur utilité respective ; — et, à l'inverse, des objets qui ont coûté des travaux très différents se vendre au même prix (exemple : un hectolitre de blé récolté sur une terre qui en produit 15 à l'hectare et un hectolitre de blé de même qualité sur une terre qui en produit 50). C'est précisément sur ce phénomène qu'est fondée la loi si célèbre en économie politique sous le nom de *rente*. Comme

finir la valeur : le *rapport de deux efforts échangés*, et à déclarer que la valeur a pour cause et pour mesure un *service rendu*. C'est une fort belle idée (et très moderne) que de voir dans les rapports sociaux un échange de services, mais, comme explication de la valeur, elle se résout en une simple tautologie. A cette question : pourquoi un diamant a-t-il une plus grande valeur qu'un caillou ? elle répond : « parce que, en me cédant un diamant, on me rend un plus grand service qu'en me cédant un caillou ». C'est là un truisme que personne ne contestera, mais il suffit de répondre que si le service rendu par le transfert d'un diamant est plus grand que le service rendu par le transfert d'un simple caillou, c'est tout simplement parce que le diamant a plus de valeur que le caillou : nous n'avons donc fait que tourner sur place. Ce n'est pas, en effet, le service rendu par celui qui me cède un objet qui en détermine la valeur : c'est, au contraire, la valeur de l'objet cédé qui détermine et mesure l'importance du service rendu. Voir dans la *Revue d'Économie Politique* (14 juin 1887) la critique que nous avons faite de cette théorie et, au contraire, dans Cauwès (t. I, p. 308), sa défense.

Remarquez d'ailleurs que dans la mesure où ces amendements corrigent la théorie fondamentale, ils lui enlèvent du même coup le mérite, qu'avait du moins celle-ci, de satisfaire à l'idée de justice. Nous avons avoué, en effet, qu'il y aurait harmonie si l'on pouvait démontrer que la valeur d'un objet possédé est proportionnelle à la peine qu'a dû prendre son possesseur pour le produire, mais nous nions que cette harmonie subsiste si l'on se contente de démontrer que la valeur est simplement proportionnelle à la peine épargnée (et qui, par conséquent, *n'a pas été prise!*) comme le dit Bastiat, — ou au travail moyen (et, par conséquent, *indépendant de l'effort individuel!*) comme le dit Karl Marx.

4.

nous le verrons, elle implique toujours un excédent du prix
de vente d'un objet sur le coût de production, c'est-à-dire
sur le coût en travail. Or, la rente existe, plus ou moins,
partout[1].

3° Si le travail était la cause de la valeur, là où le travail
serait nul, la valeur serait nulle aussi. — Or, innombrables
sont les choses qui ont une valeur originelle sans aucun travail, tout simplement parce que utiles et recherchées :
source d'eau minérale ou de pétrole, guano déposé par les
oiseaux de mer, plage de sable de la Camargue qui n'a été
labourée que par le vent du large et qui se vend très cher
pour y planter des vignes, terrains situés à Paris aux
Champs-Élysées, etc.[2] — ou qui acquièrent une valeur
nouvelle sans travail : par exemple, le vin en restant en
cave.

4° Si le travail est la cause de la valeur, quelle sera
donc la cause de la *valeur du travail* lui-même? Car le travail a incontestablement une valeur : il se vend, il s'achète,
il se loue tous les jours. Pourquoi, sinon parce qu'il est
utile et source d'utilités? Il est facile d'expliquer la valeur
du travail par la valeur de ses produits, de même que la
valeur d'une terre est déterminée par la valeur des récoltes
qu'elle peut donner. Mais si l'on veut expliquer la valeur
de ces mêmes produits par la valeur du travail qui leur a
donné naissance, alors on tourne dans un cercle sans issue[3].

---

[1] Ricardo ne niait pas la rente, puisqu'au contraire c'est lui-même
précisément qui l'a découverte pour la terre (Voir Liv. III, *La loi de la
rente*), mais l'explication qu'il en donne ne sert qu'à constater le fait incontestable que deux objets de même qualité, c'est-à-dire de même utilité,
ont nécessairement la même valeur, quelque inégaux que soient les travaux qu'ils ont coûtés.

[2] Ricardo et son école ne nient pas non plus (car le fait n'est pas
niable) qu'il n'y ait certains objets « dont la valeur ne dépend que de la
rareté parce que nul travail ne peut en augmenter la quantité ». Seulement, il les considère comme une exception insignifiante et ne cite en
exemple que les tableaux précieux, statues, etc. Or ces objets-là constituent, en fait, une exception énorme et qui emporte la règle.

[3] La théorie du travail et celle du *coût de production* sont souvent

5º Enfin et surtout ce qu'il faut dire c'est que cette conception de la valeur est grossièrement matérialiste ; elle représente la valeur comme un *produit* du travail : or la valeur n'est pas un produit. Comme nous allons le voir, elle n'est pas dans les choses, elle vient du dehors. Il faut se représenter la valeur comme un éclairage des choses sous le rayon projeté par notre désir. Selon que le rayon tourne ici ou là, il fait surgir de l'ombre les objets du monde extérieur et, sitôt qu'il les quitte, ceux-ci disparaissent dans la nuit; ils ont eu une valeur, ils n'en ont plus. C'est ce que la seconde théorie va mieux nous expliquer.

§ 2. — *Utilité finale.*

Cette seconde théorie est en quelque sorte l'inverse de la précédente : tandis que celle-là s'attache à l'idée d'*effort* accompli, celle-ci s'attache à l'idée de *satisfaction* procurée.

Mais la théorie de l'utilité finale se distingue de la vieille théorie de l'utilité en faisant une distinction très fine entre l'utilité d'une chose considérée en bloc, *in genere*, et l'utilité de chaque *unité* de cette chose. Elle a démontré que la seule utilité qui nous importe c'est cette dernière.

Quand on formule cette vieille objection que l'eau est très utile et que pourtant elle n'a point de valeur, que veut-on dire par là ? Veut-on parler de toute l'eau douce existant

employées indifféremment l'une pour l'autre. Il importe cependant de ne pas les confondre.

Si par coût de production on entend *la somme des prix payés pour les divers services productifs*, salaire, intérêt, loyer, etc., alors ceci revient à expliquer la valeur du produit par la valeur des éléments qui constituent ce produit, à expliquer le prix de vente par le prix de revient, et cela n'apprend rien sur la cause ni l'origine de la valeur puisqu'on explique une valeur par une autre valeur!

Si par coût de production on entend *la quantité de travail et la quantité de temps* employées à la production d'une chose (et c'est ainsi que l'entendait Ricardo), alors cette explication se ramène à celle exposée dans le texte, avec cette différence que dans la peine ou l'effort nécessaire à la production, elle fait entrer non seulement le travail mais la durée.

à la surface du globe? en ce cas, il serait absolument faux
de prétendre qu'elle n'a point de valeur : elle en aurait une
incalculable si elle appartenait à un individu ou à un État,
si elle pouvait se vendre. Veut-on parler de la quantité d'eau
contenue dans une carafe ou dans un seau? Sans doute, car
c'est la seule qui nous intéresse. Hé bien? on ne saurait
dire de l'eau contenue dans le seau qu'elle est utile ou
qu'elle est inutile... Cela dépend !

En effet imaginons la quantité d'eau, dont je puis disposer journellement, distribuée en une série de seaux numérotés, rangés sur une étagère. Le seau N° 1 a pour moi
une utilité maximum, car il doit servir à me désaltérer; le
seau N° 2 en a une grande aussi quoique moindre, car il
doit servir à mon pot-au-feu ; le seau N° 3 moindre, car il
doit servir à ma toilette ; le seau N° 4, à faire boire mon
cheval; le seau N° 5, à arroser mes dahlias; le seau N° 6,
à laver le pavé de ma cuisine. Le seau N° 7 ne me servira
à rien du tout ; aussi ne me donnerai-je pas la peine de le
tirer du puits... Et si quelque mauvais génie, comme celui
évoqué par « le sorcier maladroit » d'une légende allemande, s'amusait à m'apporter un 10°, un 20°, un 100° seau,
jusqu'à m'inonder, il est clair que de ceux-ci non seulement on ne pourrait pas dire qu'ils sont utiles, mais au contraire qu'ils sont positivement *nuisibles*. Donc on ne saurait dire de ces seaux d'eau qu'ils sont utiles ni inutiles,
mais qu'ils présentent toute une gamme d'*utilité décroissante* depuis l'infini jusqu'au zéro, et même au-
dessous.

Arrêtons-nous par la pensée au seau N° 6, le dernier qui
ait utilité quelconque, quoique très petite — suffisante
cependant pour qu'il ait valu la peine de le tirer du puits.
Nous pouvons affirmer que c'est ici le point le plus curieux
de la démonstration — qu'aucun des autres seaux ne peut
avoir une valeur supérieure à celle mesurée *par l'utilité de
ce dernier*. Pourquoi donc ? Parce que, quoi qu'il advienne,
c'est par cette dernière unité, acquise ou perdue, que nous
mesurons notre jouissance ou notre privation. Supposons

en effet que le seau N° 1, celui qui devait servir à ma bois-
son, se trouve renversé par accident, vais-je crier miséri-
corde en disant que je suis condamné à mourir de soif ? Ce
serait un raisonnement de Jocrisse. Il est clair que je ne me
priverai pas de boire pour cela : seulement je serai obligé
de sacrifier, pour le remplacer, un autre seau. Lequel ?
Évidemment celui qui m'est le moins utile : à savoir, le
dernier tiré. Voilà pourquoi celui-là détermine la valeur
de tous les autres. Et comme ce dernier seau n'a qu'une
infime valeur (dans nos pays du moins : il en serait autrement dans les villages africains), voilà pourquoi l'eau n'a
qu'une infime valeur. C'est que réellement son *utilité finale*
est très minime.

Débarrassons-nous maintenant de ce numérotage qui n'a
été inventé que pour la démonstration, mais qui ne nous
sert plus à rien, puisque maintenant il est évident que tous
les seaux sont identiques et interchangeables et que par
conséquent, ils ont tous *la même valeur*. Or cette valeur
est précisément celle qui correspond au dernier besoin satisfait ou frustré.

Résumons cette démonstration :

La valeur est déterminée par l'utilité subjective ;

Cette utilité n'est pas la même pour chaque unité possédée ; et elle va décroissant, car l'intensité du besoin va
diminuant au fur et à mesure que le nombre d'unités possédées augmente.

Or c'est l'utilité de la dernière unité possédée (*la moins
utile*, par conséquent, car elle correspond au dernier besoin
satisfait) qui détermine et limite l'utilité de toutes les
autres [1].

---

[1] L'*utilité finale* doit donc être distinguée soigneusement de l'*utilité
totale*. Celle-ci consiste dans la somme des utilités additionnées de tous
les seaux d'eau et par conséquent elle est toujours très supérieure à
l'utilité du dernier seul. Voilà pourquoi l'utilité totale de l'*eau* est immense quoique l'utilité d'*un seau d'eau* soit petite.

Le qualificatif *final* n'est pas tout à fait satisfaisant. Il a été critiqué
comme impliquant l'idée d'une série décroissante, d'un numérotage qu'il

Il faut admirer cette théorie en tant qu'analyse psychologique très fine et vraie des besoins de l'homme et des variations de leur intensité. Son mérite est d'avoir rajeuni et réconcilié les deux vieilles explications de l'utilité et de la rareté en démontrant qu'elles sont inséparables et que l'utilité, au sens économique de ce mot, est nécessairement « en fonction » de la quantité, comme disent les mathématiciens. L'utilité finale n'est, en somme, que le nom savant de *l'utilité rare*.

Mais cette théorie a un double défaut :

Le premier, c'est de prendre le mot d'utilité dans un sens détourné de sa signification ordinaire et qui, par conséquent, exige à chaque fois un redressement mental fatigant ; c'est pour cela que nous préférons le mot de désirabilité, et M. Vilfredo Pareto celui d'ophélimité.

Le second, c'est de donner à croire que l'on a trouvé la cause unique de la valeur, tandis qu'en réalité ce mot d'utilité finale embrasse autant d'éléments différents que le mot de désirabilité ou que celui de difficulté d'acquisition. En effet non seulement l'utilité finale implique la rareté ; mais la rareté ou la limitation dans la quantité n'est presque jamais un fait primordial : dans notre état économique, elle n'est qu'un fait relatif. Car il n'est pas une chose au monde, même parmi les produits de la nature, à plus forte raison parmi les produits de l'industrie humaine, dont la quantité soit si rigoureusement déterminée qu'on ne puisse l'accroître en y prenant peine. Si les diamants sont rares, ce n'est point que la nature n'en ait jeté dans la circulation qu'un nombre d'exemplaires déterminé et qu'après cela elle ait brisé le moule : c'est simplement qu'il faut beaucoup de peine ou beaucoup de chance pour en trouver et par con-

faut bien adopter comme procédé de démonstration, mais qui ne correspond pas à la réalité. Quelques économistes préfèrent le terme *utilité-limite*, ou *marginale* comme disent les Allemands. On pourrait dire mieux encore *utilité-liminale*.

Franklin avait dit déjà dans la *Science du Bonhomme Richard* : « C'est quand le puits est à sec qu'on connaît la valeur de l'eau ».

séquent la quantité existante ne peut s'accroître que difficilement. Si les chronomètres sont rares, ce n'est point qu'il n'en existe de par le monde qu'un certain nombre d'exemplaires numérotés : c'est simplement que la fabrication d'un bon chronomètre exigeant un temps considérable et une habileté spéciale, la quantité se trouve limitée par le temps et le travail disponible. Il serait même téméraire d'affirmer que les tableaux de Raphaël soient en nombre absolument limité, car il n'est pas impossible qu'on ne parvienne, un jour ou l'autre, au fond de quelque grenier ou dans quelque vieille église, à en découvrir d'autres que ceux que nous connaissons.

Donc dans l'explication de la valeur nous ne pouvons faire abstraction des possibilités de multiplier la richesse : et cela est si vrai que la simple *possibilité* non encore réalisée — par exemple, la découverte d'un chimiste pour cristalliser le carbone en diamant, même avant d'avoir reçu aucune application industrielle — peut très bien suffire pour agir comme réfrigérant sur le désir et sur la valeur.

Enfin cette théorie, qui, tant qu'il ne s'agit que d'expliquer la valeur individuelle, cadre bien avec les faits et est assez claire — dès que nous entrons dans le domaine de la valeur d'échange, ne réussit à l'expliquer que par des tours de force d'abstraction (voir ci-après, *valeur d'échange*).

o°o

Voilà les deux grandes explications de la valeur. Entre les deux faut-il absolument opter? — Non, car chacune d'elles représente une des faces de la vérité. L'esprit humain épris de l'unité cherche en tout une cause unique, mais pourquoi la valeur n'aurait-elle pas deux pôles, deux faces? L'utilité et le travail, le plaisir et la peine? Si, comme nous l'avons dit tout à l'heure, nous devons écarter l'idée grossière que le travail crée la valeur, nous devons néanmoins admettre que l'effort nécessaire pour produire un objet influe sur notre désir.

Interrogeons-nous nous-même. Pourquoi attachons-nous une certaine valeur à un objet, pourquoi telle chose nous est-elle *chère?* Nous sentons bien, avec un peu de réflexion, que nous pouvons donner deux réponses différentes et, à certains égards, opposées : nous pouvons nous attacher aux choses soit en raison du *plaisir* qu'elles nous donnent par leur possession, soit en raison de la *peine* qu'elles nous ont coûtée pour les acquérir. Le plus intense des amours, l'amour maternel, n'est-il pas lui-même formé de ces deux éléments?

Même le producteur isolé, le Robinson, apprécie son blé non seulement en raison de sa faim, mais en raison de l'effort qu'il a fait pour le produire et qu'il serait obligé de refaire pour le remplacer si la grêle venait à le faucher avant la moisson.

A plus forte raison en est-il de même dans l'état de société où presque tous les biens nous viennent de l'échange et où chacun de nous ne peut se procurer un bien qu'à la condition d'en céder un autre. Alors, acheteur, il pense surtout au plaisir que lui procurera l'objet qu'il veut acquérir; mais, vendeur, il pense surtout au sacrifice que lui a coûté l'objet dont il se défait et à la peine qu'il faudra prendre éventuellement pour le remplacer, et ainsi ces deux sentiments sont simultanément ou tour à tour présents à notre pensée et, entre les deux, la valeur va et vient comme le volant entre deux raquettes.

Mais chacun de ces sentiments est lui-même infiniment complexe. Contentons-nous d'essayer d'en donner la synthèse dans la formule suivante :

Un bien a d'autant plus de valeur qu'il répond à un désir plus intense.

L'intensité de ce désir grandit à la fois en raison des jouissances que les hommes attendent de ce bien tant qu'ils ne le possèdent pas, et des sacrifices qu'ils devraient faire pour le remplacer s'ils venaient à le perdre.

V

Comment se mesure la valeur.

Puisque la valeur c'est le degré de désirabilité, pour mesurer la valeur d'une chose, il faudrait pouvoir mesurer l'intensité du désir qu'elle provoque en nous. Est-ce possible ? Oui, si nous nous contentons, et cela seul nous importe, de *comparer* au point de vue de leur intensité deux désirs. De même que pour mesurer le poids d'un corps, nous comparons la force attractive que le globe terrestre exerce sur lui à celle qu'il exerce sur un autre corps, de même nous pouvons mesurer la valeur d'une chose en comparant la force qui nous attire vers elle à celle qui nous attire vers tel autre bien.

Il est vrai que pour peser les désirs nous n'avons pas cet instrument qui s'appelle la balance, mais nous avons un moyen non moins précis : c'est l'échange. Dans tout échange chaque co-échangiste est appelé à faire un certain sacrifice pour satisfaire son désir; il faut qu'il cède une certaine quantité de la richesse qu'il possède pour obtenir celle qu'il convoite. Or, il est clair que l'étendue du sacrifice auquel il consent mesure très bien l'intensité de son désir. Si le Bassouto donne dix bœufs pour avoir une femme, n'est-on pas en droit d'affirmer que pour lui cette femme est dix fois plus désirable qu'un bœuf !

Plus vif est le désir que l'objet possédé nous inspire, plus grande sera la quantité de toute autre richesse qu'il faudra nous offrir pour éveiller dans notre âme un désir contraire et égal en intensité et pour faire pencher la balance du côté de celle offerte. On s'exprime donc bien quand on dit que *la valeur d'échange d'une chose est mesurée par la quantité d'autres choses contre laquelle elle peut s'échanger*, ou, plus brièvement, par son *pouvoir d'acquisition* [1].

---

[1] Mais gardons-nous de dire, comme on le fait trop souvent, que le

Si donc, en échange d'un bœuf, je puis avoir, 8, 10, 12 moutons, je dirai que la valeur d'un bœuf est 8, 10, 12 fois plus grande que celle d'un mouton, ou à l'inverse que la valeur d'un mouton est 8, 10, 12 fois plus petite que celle d'un bœuf : ce que l'on peut exprimer en disant que *les valeurs de deux marchandises quelconques sont toujours en raison inverse des quantités échangées.* Plus il faut livrer d'une chose dans l'échange, moins elle vaut : et moins il faut en livrer en échange d'une autre, plus elle vaut.

C'est comme dans une pesée : quand la balance est en équilibre, vous pouvez dire que les poids des objets sont en raison inverse des quantités pesées. S'il a fallu mettre 10 moutons dans un des plateaux pour faire équilibre à un seul bœuf dans l'autre, c'est que le poids du mouton n'est que le 1/10 du poids du bœuf.

Mais pour se faire une idée claire de la grandeur, de la pesanteur, de la valeur, de n'importe quelles notions quantitatives, il ne suffit pas de comparer et de mesurer les choses deux à deux : il faut avoir *une commune mesure* pour toutes. C'est ainsi que pour mesurer les longueurs, on a choisi pour terme de comparaison, soit quelque partie du corps humain (pied, pouce, coudée), soit une fraction déterminée de la circonférence du globe (mètre). Pour mesurer les poids, on a choisi, pour terme de comparaison, un poids déterminé d'eau distillée.

Le rôle d'une commune mesure est de pouvoir comparer *deux choses situées en des lieux différents,* qui par conséquent ne peuvent être comparées directement, ou de comparer *une même chose à des moments différents,* et de s'assurer si elle a varié et dans quelle proportion. Le mètre permet de comparer la taille des Lapons à celle des Patagons et de mesurer de combien ceux-ci sont plus grands que ceux-là.

pouvoir d'acquisition est *ce qui constitue* la valeur! C'est notre désir seul qui constitue la valeur. La puissance d'acquisition n'est qu'un *effet* de la valeur, comme la puissance d'attraction d'un électro-aimant n'est qu'un effet du courant qui le pénètre.

Il permettra, s'il est usité ou simplement connu dans quelques milliers d'années, de comparer l'homme d'alors à l'homme de nos jours et de s'assurer si sa taille a dégénéré.

Pour mesurer la valeur il ne suffit pas de comparer les valeurs deux à deux (comme on le fait par le troc), il faut donc aussi prendre pour terme de comparaison la valeur d'une chose déterminée. Mais laquelle choisir?

Chaque peuple, chaque temps, ont usé d'une mesure différente. Homère dit que l'armure de Diomède valait cent bœufs. Un Japonais aurait dit, il y a peu d'années encore, qu'elle valait tant de quintaux de riz, un noir de l'Afrique tant de mètres de cotonnades, un trappeur du Canada tant de peaux de renards ou de loutres.

Cependant c'est un fait remarquable que les peuples civilisés se soient trouvés presque tous d'accord pour choisir comme mesure des valeurs, comme étalon, la valeur des métaux précieux, or, argent ou cuivre, mais surtout les deux premiers. Ils se sont tous servis d'un petit lingot d'or ou d'argent, qu'ils ont appelé le franc, la livre sterling, le marc, le dollar, le rouble. Pour mesurer la valeur d'un objet quelconque, on le compare à la valeur de ce petit poids d'or ou d'argent qui sert d'unité monétaire; c'est-à-dire on cherche combien il faut céder de ces petits lingots pour acquérir la marchandise en question, et s'il en faut 10, par exemple, on dit que la marchandise vaut 10 francs ou 10 dollars, etc. C'est son *prix*.

Le prix d'une chose est donc l'expression du rapport qui existe entre la valeur de cette chose et la valeur d'un certain poids d'or ou d'argent, ou plus brièvement *sa valeur exprimée en monnaie* : et comme, par tout pays civilisé, la monnaie est la seule mesure usitée des valeurs, le mot prix est devenu synonyme du mot valeur[1].

Pourquoi a-t-on choisi les métaux précieux comme commune mesure des valeurs? Parce qu'ils ont deux propriétés particulières qui leur permettent de remplir cette fonction

[1] Voir au livre II le Chapitre *Le Prix*.

sinon d'une façon parfaite, du moins mieux que tout autre objet connu.

Ces deux propriétés sont : d'une part une très grande valeur sous un petit volume, ce qui leur donne une grande *facilité de transport*; d'autre part une inaltérabilité chimique qui leur assure une *durée* presque indéfinie. Grâce à la première de ces deux propriétés, la valeur des métaux précieux est de toutes les valeurs celle qui varie le moins d'un lieu à un autre; grâce à la seconde, c'est celle qui varie le moins d'une année à une autre. Et cette double invariabilité dans l'espace et dans le temps, est la condition essentielle de toute bonne mesure. Cependant nous verrons au Ch. de *la Monnaie* que quand on embrasse de longues périodes de temps, non pas même de plusieurs siècles, mais seulement d'une génération, cette invariabilité est illusoire.

Aurait-on pu en trouver une meilleure? — On en a proposé plusieurs, d'abord le *blé*.

Ce choix étonne à première vue, car si l'on considère la valeur de cette denrée en différents lieux ou à différentes époques on constate qu'il en est peu dont les variations soient plus marquées! On a pu voir au même moment l'hectolitre de blé se vendre 20 francs en France, 15 francs à Londres, et même 3 à 4 francs dans certaines régions de la Sibérie. Et d'une année à l'autre, suivant que l'année sera bonne ou mauvaise, le blé peut varier aussi dans des proportions considérables.

A cela on répond que si la valeur du blé est incomparablement plus variable que celle des métaux précieux dans l'espace ou même à de courts intervalles de temps, elle est, par contre, beaucoup plus stable si l'on embrasse de longues périodes. Le blé répond à un besoin physiologique, permanent et qui ne varie guère. Aucune marchandise ne présente au même degré ce double caractère : d'être presque indispensable jusqu'à une certaine limite (du moins dans nos sociétés d'origine européenne), celle marquée par la quantité nécessaire pour nourrir un homme, et d'être presque tout à fait inutile au delà de cette limite, car personne ne se soucie d'en manger plus qu'à sa faim. Donc, malgré les brusques et fortes oscillations que les caprices du ciel infligent à la production du blé, la loi de l'offre et de la demande tend toujours à la ramener au niveau marqué par le besoin physiologique et avec autant plus de force que la production a été momentanément écartée de la position d'équilibre.

Il est très vrai que le blé présente, au point de vue des variations de sa valeur, des qualités et des défauts *précisément inverses* de ceux qui caractérisent les métaux précieux.

Mais cela ne suffit pas pour lui décerner le rôle de monnaie : tout au plus celui de mesure complémentaire et rectificative. Et en effet, il a été souvent employé par les statisticiens comme un bon moyen de contrôle pour apprécier le coût de la vie aux différentes époques de l'histoire.

On a proposé encore pour commune mesure le *salaire* de l'ouvrier de dernière catégorie, du manœuvre, celui qui gagne tout juste sa vie — en partant de cette idée que le nécessaire pour faire vivre un homme doit être une quantité constante. Mais il suffit de se référer à ce que nous avons dit des besoins (p. 39) et à ce que nous dirons plus loin des salaires, pour reconnaître que c'est une présomption absolument contraire aux faits.

La meilleure mesure, semble-t-il, serait la peine prise, l'*effort* exercé pour la production, car on peut prétendre à bon droit que les hommes consentent à prendre d'autant plus de peine pour produire une chose qu'ils la désirent davantage, en d'autres termes qu'ils lui reconnaissent plus de valeur. De même que dans l'échange nous mesurons la valeur d'un bien par le sacrifice d'un autre bien qu'une personne est disposée à faire pour se le procurer — par la quantité d'argent cédée par l'acheteur, par exemple — de même aussi ne pourrions-nous la mesurer par le sacrifice de leur temps et de leur peine, par le nombre de coups de marteau ou de bêche, que les hommes sont consentants à donner pour les produire? C'est en ce sens qu'Adam Smith disait : « Le travail a été la monnaie primitive avec laquelle les hommes ont payé toutes choses¹ ».

Malheureusement il est chimérique de chercher une mesure des valeurs dans la peine ou l'effort puisque eux-mêmes auraient besoin d'être mesurés et que nous n'avons aucun dynamomètre pour cela.

Et c'est ainsi que, faute de mieux, il a fallu se contenter de l'or et de l'argent comme mesure des valeurs; mais on peut essayer de corriger ses erreurs.

VI

Comment on corrige l'étalon des valeurs.
Les Index Numbers.

Peut-on trouver un moyen de reconnaître et de corriger ces variations apparentes qui tiennent à la variation de l'étalon ? — On en a proposé plusieurs.

¹ Il ne faut pas confondre cette théorie avec celle qui fait du travail la cause de la valeur, doctrine que nous avons déjà rejetée. Nous considérons ici le travail non point comme *la cause* de la valeur, mais au contraire comme l'*effet*, la manifestation de la valeur ou plutôt du désir qui constitue la valeur. Or, si l'on admet que le travail est un effet de la valeur, on doit considérer comme un procédé très scientifique de mesurer la cause par l'effet. C'est ainsi qu'on mesure la chaleur par la dilatation du mercure dans le thermomètre.

Cette mesure serait même supérieure théoriquement aux précédentes, parce que toutes celles-ci se bornent à mesurer une valeur par *une autre valeur*, en les comparant, en sorte qu'on ne peut arriver qu'à un résultat relatif. Je mesure la valeur du blé par celle de l'or, mais si dans cent ans on constate que le même poids d'or vaut deux fois plus de blé, je ne puis savoir laquelle des deux valeurs a varié (Voy. ci-après, la *Monnaie*). Au contraire, la peine que je consens à prendre pour satisfaire mon désir permet de remonter au fondement même de la valeur, de mesurer le degré de désirabilité, et par là de comparer une valeur quelconque à *elle-même*, — de nous dire, par exemple, si le désir du blé est moins intense aujourd'hui qu'il y a cent ans (ce qui n'est pas douteux d'ailleurs).

Il y a la même différence entre la monnaie et le travail, comme mesu-

Supposons une liste soigneusement dressée des prix de toutes les marchandises, à un moment donné, sans en excepter aucune. Supposons que dix ans plus tard, on dresse une nouvelle liste des prix et que, en la comparant à l'ancienne, on constate que tous les prix *sans exception* ont augmenté de 100 p. 0/0, c'est-à-dire ont doublé : nous pourrons affirmer en pareille hypothèse que la valeur de la monnaie a baissé de moitié. Puisque toute chose qui coûtait 1 franc en coûte 2, c'est que 2 francs ne valent pas plus que 1 et, par conséquent, que le numéraire a perdu moitié de sa valeur.

Et quelle est la raison qui nous autorise à formuler une telle conclusion?

La voici. C'est qu'un phénomène tel qu'une *hausse générale et uniforme des prix* ne comporte que deux explications possibles : — ou bien il faut admettre que les faits sont ce qu'ils paraissent être, c'est-à-dire que toutes les marchandises ont subi un mouvement de hausse générale et identique, — ou bien il faut admettre que la valeur d'une seule chose, la monnaie, a subi un mouvement de baisse, rien n'ayant changé d'ailleurs dans la valeur des autres marchandises. Entre ces deux explications, laquelle choisir? Le bon sens ne permet pas d'hésiter un instant. Autant la seconde est simple et claire, autant la première est invraisemblable par le prodigieux concours de circonstances qu'elle suppose. Comment en effet imaginer une cause ayant la vertu d'agir simultanément et également sur la valeur des objets les plus dissemblables au point de vue de leur utilité, de leur quantité, de leur mode de production? une cause capable de faire monter à la fois et dans une proportion identique, la soie et la houille, le blé et le diamant, les dentelles et les vins, la terre et la main-d'œuvre, et tous autres objets qui

res des valeurs, qu'entre la balance et le pendule comme mesures des poids. La balance ne nous permet que de comparer les poids respectifs de deux corps, tandis que le pendule mesure la cause de la pesanteur, c'est-à-dire l'attraction terrestre. Il nous apprend, par exemple, ce que la balance ne saurait nous apprendre, de combien décroît l'intensité de la pesanteur à mesure qu'on s'élève sur les montagnes.

n'ont aucune solidarité entre eux? Préférer cette seconde explication serait tout juste aussi insensé que de préférer, pour expliquer le mouvement des astres, le système de Ptolémée à celui de Copernic. Ce mouvement, lui aussi, peut s'expliquer de deux façons : soit par déplacement de la voûte céleste tout entière d'Orient en Occident, soit tout simplement par le déplacement de notre terre en sens inverse. Or, même à défaut de toute preuve directe, il ne serait pas permis d'hésiter entre les deux explications : comment imaginer en effet que des astres aussi divers par leur nature et aussi prodigieusement distants les uns des autres que le soleil, la lune, les planètes, les étoiles et les nébuleuses, puissent marcher ainsi en conservant leurs rangs et leurs distances, comme des soldats à une revue? — Le raisonnement serait le même pour un mouvement ascendant et uniforme des prix; il ne pourrait raisonnablement s'expliquer que comme une sorte d'illusion d'optique, comme un mouvement *apparent* causé par le mouvement réel et inverse de la monnaie [1].

Il est vrai que les faits ne se présentent pas d'une façon aussi simple que nous l'avons supposé. On ne constatera jamais une hausse absolument générale et uniforme des prix : comme la valeur de chaque chose a ses causes de variations qui lui sont propres, on constatera que certains prix ont haussé dans des proportions très diverses, que certains sont restés stationnaires, que certains même ont baissé. Toutefois si, à l'aide de calculs bien conduits, on peut dégager une moyenne générale, une hausse de 10 p. 0/0, par exemple, cette moyenne ne pourra s'expliquer, par suite des mêmes raisons que nous venons de donner, que par une baisse égale et inverse du numéraire [2].

---

[1] Voy. Cournot, *Doctrines économiques*.

[2] Qu'on nous permette d'emprunter encore une comparaison au domaine astronomique. On a constaté que les étoiles, qualifiées faussement de fixes, se déplaçaient en réalité dans des directions très divergentes. Cependant on a cru constater une *direction moyenne* de tous ces mouvements vers un point déterminé du ciel. Et on n'a d'autre ressource,

C'est dans ce but que beaucoup d'économistes s'appliquent aujourd'hui à dresser ces tableaux connus sous le nom de *Index Numbers* ou, si l'on veut parler français, *les nombres indicateurs*. On ne peut mettre dans ces tableaux toutes les marchandises, mais on choisit les principales. Ce choix est assez délicat car il peut influer sur les résultats. S'il s'agit moins de déterminer les variations de l'étalon moné-taire que d'apprécier l'influence de ces variations sur le coût de la vie, on choisit les marchandises de plus grande con-sommation et même on multiplie leur prix par un coefficient proportionnel à leur importance dans le budget des dépenses. Ce choix fait, par exemple pour 50 ou 100 marchandises, on prend leur prix à une époque déterminée choisie comme point de départ. Encore faut-il savoir quel prix choisir? ceux du gros? ceux du détail? Cela dépend de l'emploi qu'on veut faire du tableau comme mode d'investigation. Enfin, les prix une fois déterminés, on fait le total et on l'inscrit en regard de l'année choisie. On procède de même pour toutes les années qui suivent et, en comparant ces totaux, on voit d'un seul coup d'œil si l'ensemble des prix augmente ou diminue. Pour rendre la lecture des tableaux et les calculs plus faciles, le total se référant à l'année prise comme terme de comparaison est exprimé par le chiffre conventionnel de 100, et les totaux de toutes autres années s'expriment alors par des nombres proportionnels.

On aura ainsi, par exemple en prenant un des Index Numbers les plus célèbres et le plus souvent cité, celui du statisticien anglais Sauerbeck, les chiffres suivants (nous ne donnons que les maxima et les minima) :

1818-1827...........	111
1848-1857...........	89
1858-1867...........	100 (année choisie pour étalon).
1890-1899...	66
1900-1910...........	80

pour expliquer ce mouvement général, que de le considérer comme illusion d'optique produite par un mouvement de translation de notre système solaire vers le pôle *précisément opposé* qui est marqué par la constellation d'Hercule.

On peut aussi mettre le tableau sous forme de graphique,
en représentant chaque prix par une verticale (une *ordonnée*)
de hauteur proportionnelle et en reliant leurs sommets par
une courbe.

Ces tableaux, qui ont été imaginés par un économiste
anglais Newmarch en 1859, ne donnent pas des résultats
très certains, puisqu'il y a évidemment une grande part
d'arbitraire dans la façon dont ils sont dressés. Cependant
quand on compare les Index Numbers dressés dans différents pays et par des méthodes un peu différentes, on voit
qu'ils concordent de façon assez satisfaisante.

Tels quels ils seraient déjà suffisants pour permettre de
réaliser un projet très hardi qui consisterait à introduire
dans les contrats de prêt ou de location à long terme les
modifications rendues nécessaires par les variations de l'é-
talon monétaire.

On pourrait publier, à périodes déterminées, des tables
de ces variations *qui serviraient de cours officiel pour corriger les erreurs résultant dans la pratique de l'emploi du
numéraire comme mesure des valeurs :* par exemple, pour
permettre aux débiteurs qui auraient emprunté 100 francs
de se libérer en remboursant seulement 90 francs — ou, à
l'inverse, pour les contraindre à rembourser 110 francs —
suivant que l'on aurait constaté une hausse ou une baisse
proportionnelle dans la valeur de la monnaie.

LIVRE I

LA PRODUCTION

—

PREMIÈRE PARTIE

LES FACTEURS DE LA PRODUCTION

—

En vertu d'une tradition qui remonte aux premiers économistes, on a toujours distingué trois agents de la production : la *Terre*, le *Travail* et le *Capital*. Cette division tripartite a l'avantage d'être commode pour la classification et il ne nous paraît pas qu'il y ait utilité à l'abandonner.

Mais elle a besoin de quelques rectifications préliminaires. L'économie politique classique a toujours manifesté une tendance fâcheuse à mettre ces trois facteurs de la production sur pied d'égalité. Or ils jouent des rôles très inégaux.

Des trois, le Travail est le seul qui puisse prétendre au titre d'*agent* de la production dans le sens exact de ce mot. L'homme seul joue un rôle actif; seul il prend l'initiative de toute opération productive.

La Terre (ou plutôt la Nature, car il ne s'agit pas seulement du sol cultivé mais du milieu matériel, solide, liquide et gazeux dans lequel nous vivons) joue un rôle absolument *passif* : elle ne fait qu'obéir à la sollicitation de l'homme, le plus souvent même après de longues résistances. Pourtant, elle constitue une condition indispensable de la production, toutes les fois du moins qu'il s'agit de richesses corporelles. On peut même l'appeler à bon droit le facteur *originaire* de la production, car non seulement il est concomitant à l'action du travail, mais encore il lui est préexistant. L'activité de l'homme ne saurait s'exercer dans le vide; elle ne procède pas par un *fiat* créateur; elle doit trouver en dehors d'elle les matériaux indispensables et c'est précisément la nature qui les lui fournit.

Le troisième, le Capital, non seulement ne joue qu'un rôle purement passif comme la Nature et ne mérite en aucune façon le nom d'agent, mais même il ne saurait être qualifié comme celle-ci de facteur originaire. Il n'est qu'un facteur en sous-ordre qui, au point de vue logique comme au point de vue généalogique, dérive des deux autres. Le capital, comme nous le verrons d'une façon plus précise, est un produit du travail et de la Nature, mis à part pour la production. Le nom qui lui conviendrait le mieux est celui d'*instrument*, dans le sens le plus large de ce mot.

On peut remarquer que chacun des trois facteurs de la production a apparu à son heure sur la scène économique. Dans les sociétés primitives des peuples chasseurs, pêcheurs ou pasteurs, c'était presque exclusivement la nature qui fournissait tout, — dès l'antiquité le travail est venu s'y joindre, d'abord agricole, puis industriel ; —dans les sociétés modernes le capital a apparu enfin et a dominé les deux autres à tel point que l'on désigne couramment le régime social de notre temps par le qualificatif de *régime capitaliste*.

Il est évident que, comme toutes les classifications, celle-ci est à certains égards arbitraire et qu'en réalité les trois facteurs se confondent souvent. La terre, quand elle a été défrichée, drainée, cultivée, devient un produit du travail et par conséquent un capital. Les organes de l'homme sont évidemment des agents naturels, par exemple le gosier du ténor. Mais l'homme devient aussi un capital quand, par l'éducation, il a emmagasiné dans son cerveau et incorporé dans ses gestes les connaissances acquises.

CHAPITRE I

LA NATURE

Il faut entendre par le mot de Nature non un facteur déterminé de la production, ce mot n'exprimerait qu'une vague entité, mais l'ensemble des éléments préexistants qui nous sont fournis par le monde dans lequel nous vivons [1].

Pour que l'homme puisse produire, il faut que la nature lui fournisse un *milieu* propice, une *matière première* utilisable, et très souvent aussi des *forces motrices* qui aident son travail. On pourrait ajouter *le temps*, puisque le temps aussi bien que l'espace conditionnent notre existence.

I

Le milieu.

Il semble à première vue que l'homme ne puisse rien changer au milieu où la nature l'a placé. Mais ce qui caractérise le degré de supériorité d'un organisme quelconque

---

[1] On disait autrefois la *terre*. L'expression est équivalente, à la condition d'entendre par là non seulement le sol cultivable, mais le globe terrestre avec son atmosphère. Il est bien évident que notre planète, et seulement dans son écorce superficielle, est la seule portion de l'univers qui puisse servir de théâtre à notre activité économique. Toutefois, comme on a vu des peuplades utiliser le fer natif qu'elles trouvaient dans les aérolithes tombés du ciel, et comme toute force motrice (vents, cours d'eau, et calorique emmagasiné dans le charbon) dérive de la chaleur solaire, scientifiquement le mot de Nature est plus exact.

c'est la faculté qu'il possède d'adapter le millieu à lui-même
au lieu de s'adapter au milieu. Cette loi se vérifie à un haut
degré pour l'homme. Sans doute, il ne peut pas créer des
mines là où il n'y en a point, mais il peut, par des amendements, fabriquer de toutes pièces le sol cultivable, remplacer des marais ou même des golfes, comme celui du Zuyderzee,
par des terres arables. Il ne peut pas changer les grandes
lignes que la nature a dessinées, mais pour peu que celle-ci
y ait mis quelque complaisance, il peut les modifier ; compléter par exemple un réseau de navigation intérieure, supprimer les barrières des montagnes et des bras de mer en
établissant des routes à travers ou par dessous ; ou bien
encore détacher l'Afrique de l'ancien continent, l'Amérique du Sud du Nouveau Monde, et faire de ces deux
presqu'îles deux îles. Il ne peut certainement pas changer la
situation climatérique, mais par des reboisements sur grande
échelle, par certaines cultures appropriées, plus tard par
d'autres moyens dont nous n'avons pas encore le secret,
l'industrie humaine pourra peut-être modifier d'une façon
appréciable le régime des pluies et des vents.

Le milieu est constitué :

1° Par *l'atmosphère*, qui contient le gaz oxygène indispensable à la vie et qui répond au besoin le plus urgent et
le plus continu puisque une ou deux minutes d'interruption
suffisent pour entraîner la mort. Mais comme la composi-
tion de l'atmosphère est la même sur tous les points du
globe et que partout elle est en quantité ultra surabondante,
ce bien si précieux n'a pas d'intérêt économique. Cependant
selon que cette atmosphère est plus ou moins tempérée,
plus ou moins humide, plus ou moins lumineuse, selon le
régime des pluies et le débit des cours d'eau, en un mot
par ce qu'on appelle *le climat*, elle influe de façon décisive
sur la culture du sol et sur tous les arts de la civilisation [1].
Si à Nice ou à Saint-Moritz un terrain aride se paie des cen-

---

[1] Montesquieu, dans son *Esprit des Lois*, est un des premiers qui
ait attaché une influence décisive au climat.

taines de francs le mètre, c'est qu'on paie non le droit au
sol mais à un air ou à un soleil qu'on ne trouve point ailleurs [1].

Les contrées tropicales ont pu voir s'épanouir des civilisations brillantes : elles n'ont pas vu de races laborieuses et
industriellement fécondes. La nature y semble décourager
la production aussi bien par ses libéralités que par ses vio-
lences. Dans ces heureux climats où le pain pousse comme
un fruit, où la température dispense de songer au vêtement
et presque au logement, l'homme s'habitue à compter sur
la nature et s'épargne l'effort. Et, d'autre part, les forces
physiques ont dans ces régions une telle violence, elles sont
si irrésistibles dans leurs manifestations diverses, pluies di-
luviennes, débordements, tremblements de terre, cyclones,
que l'homme intimidé ne conçoit même pas l'idée téméraire
de les dompter et de les faire servir à ses fins : c'est assez
pour lui de chercher à se défendre. Dans nos contrées tem-
pérées, au contraire, la nature est assez avare pour obliger
l'homme à compter beaucoup sur ses propres efforts, mais
elle n'est pas assez redoutable pour ne pas se laisser domes-
tiquer par l'industrie humaine. Ici elle favorise l'activité
productrice à la fois par ce qu'elle nous refuse et par ce
qu'elle nous accorde.

[1] La branche de l'école de Le Play, qui a fait chisme à la suite de
M. Demolins, voit dans cette question du territoire le point de départ
de toute la science sociale. Elle distingue trois catégories du sol qui
donnent naissance aux trois types de sociétés primitives : la *steppe* aux
peuples *pasteurs* ; — le *rivage maritime* aux peuples *pêcheurs* ; — la
forêt aux peuples *chasseurs*. Ce sont là des types fondamentaux des
sociétés simples, c'est-à-dire qui vivent uniquement des produits spontanés du sol. Bien plus! l'école en fait dériver, par des rapports de
filiation nécessaire, toutes les sociétés complexes, autrement dit civilisées. Et elle retrouve ingénieusement, dans l'état primitif du sol, l'origine et la cause unique de toutes les formes actuelles de la propriété,
de la famille, du gouvernement, etc. Voir ce système développé d'une
façon intéressante dans la collection de la revue *La Science Sociale*.
Mais l'école de Karl Marx est plus près de la vérité quand elle montre
que l'influence du *milieu physique* décroît au fur et à mesure que
grandit l'influence du *milieu économique*.

2° Par *le territoire*, qui lui-même comprend la situation géographique, maritime ou continentale, le relief orographique, lequel détermine le cours des fleuves et des grandes voies de commuincation, la richesse du sol et du sous-sol. Qui pourrait mesurer l'influence qu'a exercée sur les destinées de l'Angleterre ou même du Japon, sur leur développement industriel et commercial, leur situation insulaire [1]? Et si l'on recherche pourquoi le continent Africain, connu de toute antiquité — et qui même a été le siège de la plus vieille des civilisations connues, celle de l'Egypte — est resté jusqu'à ces derniers jours en dehors de tout mouvement économique, tandis que les deux Amériques, découvertes depuis quatre siècles à peine, sont sillonnées en tous sens par les courants commerciaux, la principale cause doit en être cherchée dans la différence de leur réseau fluvial. Tandis que les fleuves du Nouveau Monde débouchent dans l'Océan par d'immenses estuaires et entrelacent si bien leurs réseaux que l'on peut passer des affluents de la Plata dans ceux de l'Amazone et de là dans ceux de l'Orénoque, ou bien encore du bassin du Mississipi dans celui des Grands-Lacs, presque sans quitter les routes d'eau — les fleuves africains, non moins vastes pourtant, opposent tous aux explorateurs, dans la partie inférieure de leurs cours, une barrière de cataractes infranchissables ou de marais pestilentiels — sauf le Nil pourtant, mais aussi quel rôle historique et économique a joué celui-ci !

La constitution chimique du sol, qui tient d'ailleurs comme celle du sous-sol à sa formation géologique, n'exerce pas une moindre influence. C'est elle, en effet, qui fait la richesse agricole. Si la Chine peut nourrir sa grouillante po-

---

[1] S'il fallait une preuve du rôle prépondérant que « le ruban d'argent » a joué dans les destinées de l'Angleterre, on la trouverait dans le curieux sentiment d'inquiétude qui s'est emparé de cette nation, pourtant si commerciale et libre-échangiste ! à la seule perspective d'être rattachée au continent par un tunnel sous la Manche, et le refus catégorique que, malgré « l'entente cordiale », le gouvernement anglais oppose à ce projet parfaitement réalisable et déjà amorcé.

pulation, c'est à sa « terre jaune » qu'elle le doit ; et la Russie n'est pas moins redevable à ses riches « terres noires » : riches est bien le mot, car, au dire d'un géologue, elles ne renferment pas moins de 16 milliards de francs d'azote et d'acide phosphorique!

Cependant, à l'état de nature, cette richesse de la terre n'est pas d'un grand secours pour l'homme et lui est plutôt un obstacle par la végétation exubérante qu'elle lui oppose et dont le premier travail du pionnier consiste à se débarrasser — le plus souvent, il est vrai, avec une brutalité qu'il a lieu plus tard de déplorer. L'homme aujourd'hui regrette les forêts qu'il a abattues et s'efforce de préserver celles qui couvrent encore certaines parties des continents sud-américain et africain.

Jusqu'au siècle dernier le *sous-sol* n'a eu presque aucune action sur l'évolution des sociétés : mais aujourd'hui il en a une prépondérante et qui n'a pas peu contribué à déplacer les rangs occupés par les nations dans l'ordre industriel et même comme grandes puissances, car c'est le sous-sol qui crée les grandes agglomérations d'hommes comme en Allemagne, en Belgique, en Angleterre. La production mondiale de la houille et du fer représente déjà une valeur égale à celle du blé. Bientôt les récoltes du sous-sol dépasseront en valeur celles de la terre et ce sont celles-là qui sont aujourd'hui les plus convoitées.

La France n'est pas parmi les pays les plus richement dotés : elle n'est pas non plus parmi les plus déshérités. En ce qui concerne la houille, elle a quelques bons gisements, mais ils ne se trouvent pas heureusement situés : ni, comme en Angleterre, au bord de la mer ; ni, comme en Allemagne, près de quelque grande voie navigable ; et une des meilleures régions lui a été enlevée par l'amputation de la Lorraine. Telle quelle, elle produit 40 millions de tonnes, mais ce n'est guère que les 2/3 de ce qu'elle consomme et ce déficit ira grandissant. Pour le fer, grâce à un procédé qui a permis l'emploi de minerais phosphatés naguère inutilisables, elle se trouve en meilleure situation.

La question du territoire comprend aussi la question de place. Car c'est là une condition indispensable de toute production. Il faut à l'homme une certaine place ferme ne fût-ce que pour y poser son pied. Il lui en faut un peu plus pour s'y coucher, un peu plus pour y bâtir sa maison, et beaucoup plus encore pour y semer son blé et y faire paître ses troupeaux.

Or, cette question de place devient menaçante sitôt que la population d'un pays a dépassé un certain degré de densité. Quand les êtres humains, obéissant à leur instinct de sociabilité, s'agglomèrent dans quelqu'une de ces grandes fourmilières qui s'appellent Londres, New-York, Paris, l'emplacement nécessaire pour les loger finit par faire défaut: on voit les terrains acquérir une valeur supérieure à celle des constructions qui les recouvrent, fussent-elles des palais de marbre, et les conséquences sociales, comme nous le verrons à propos de la question des loyers, en sont désastreuses.

Il serait absurde, certes, de craindre qu'un jour vienne où il n'y aura plus sur la terre assez de place pour que les hommes puissent s'y nourrir. En effet, l'étendue de terrain nécessaire pour suffire à l'alimentation d'un homme est considérable. Les progrès de la civilisation et de l'industrie agricole tendent, il est vrai, à réduire sans cesse cet espace. Chez les peuples chasseurs, il faut à chaque individu plusieurs lieués carrées, chez les peuples pasteurs plusieurs kilomètres carrés, chez les peuples agricoles quelques hectares suffisent, et au fur et à mesure qu'ils s'élèvent de la culture extensive à la culture intensive, la limite s'abaisse encore. La Chine, grâce à une culture intensive qui est presque devenue une culture maraîchère, arrive à faire vivre plusieurs hommes par hectare. Cependant la borne fatale, quoique sans cesse reculée, demeure et suffit pour inquiéter l'espèce humaine sur ses destinées futures.

Il est évident que la terre étant limitée en étendue ne peut nourrir qu'une quantité limitée d'habitants. C'est ce qui fait le fondement des fameuses lois de Malthus que nous verrons plus loin. La nature, disait-il, se charge, par la famine, la peste et la guerre, de supprimer l'excédent et de ramener la population à un chiffre en rapport avec l'étendue et la fertilité des pays.

La découverte du Nouveau Monde, de l'Afrique Australe, de l'Australasie, a assuré une place suffisante pour bien des générations encore. Mais avec un accroissement de l'espèce humaine qui n'est guère inférieur à 15 millions d'hommes par an, ces réserves de l'avenir s'épuiseront vite. Et nous n'avons plus d'espoir d'en découvrir de nouvelles. Avant qu'un demi-siècle se soit écoulé la dernière terre vacante aura été occupée, le dernier jalon aura été planté, et désormais l'espèce humaine sera bien obligée de se contenter de son domaine de 13 milliards d'hectares, sans pouvoir espérer l'agrandir par de nouvelles conquêtes. La seule consolation alors pour elle sera de se répéter le vers que Regnard avait inscrit, avec un orgueil assez peu justifié d'ailleurs, sur un rocher de Laponie :

Hic stetimus tandem nobis ubi defuit orbis !

II

La matière première.

Les *matériaux bruts* qui composent l'écorce terrestre jusqu'à la très petite profondeur à laquelle nous pouvons pénétrer et les *substances organisées* provenant des êtres vivants (végétaux ou animaux) qui peuplent sa surface, fournissent à l'industrie la matière première qui lui est indispensable et constituent l'élément originaire de toute richesse.

Il est certains de ces matériaux que la nature a répandus à profusion et d'autres dont elle s'est montrée très avare.

Cependant ceux-là même dont la quantité est très considérable peuvent néanmoins être rares si l'on considère telle région déterminée. L'eau douce est citée en général comme exemple d'une richesse surabondante : cependant il n'est point de grande ville où l'eau ne soit insuffisante et où des travaux très coûteux et parfois colossaux ne soient nécessaires pour s'en procurer. Et il est beaucoup de pays où, même pour la culture, le transport de l'eau par sa propre pente, ou plus rarement par des machines élévatoires, l'*irrigation*, est une question vitale, tellement qu'on peut parler d'une « politique hydraulique[1] ». Et elle a fait naître des formes très curieuses de propriété, généralement différentes de celles de la propriété de la terre. Parfois, comme en Égypte et dans le Tell algérien, l'eau est la propriété de l'État qui la répartit gratuitement mais qui, par le fait même de cette répartition, exerce un pouvoir souverain. Parfois, comme dans les célèbres *huertas* de Valence ou dans les oasis d'Algérie, elle appartient à des communautés qui la font payer.

Quand il s'agit de matériaux transportables l'industrie humaine peut remédier à l'inconvénient d'une inégale répartition, en les déplaçant. C'est pour cela que, comme nous le verrons plus loin, le *transport* constitue véritablement un acte de production. Mais comme la matière, par sa pesanteur et son inertie, oppose au déplacement une résistance qui peut être fort considérable, et comme l'effort et les frais

---

[1] Voir le beau livre de M. Brunhes, l'*Irrigation dans la Péninsule Ibérique et dans l'Afrique du Nord*, et ce tableau par Fromentin du « répartiteur des eaux » à Laghouat. « C'est un vieillard à barbe grisonnante, une sorte de Saturne armé d'une pioche en guise de faux, avec un sablier à la main. Une ficelle tenant au sablier, et divisée par nœuds, lui sert à marquer le nombre de fois qu'il a retourné son horloge... Quand il est au bout de sa ficelle, c'est que les jardins du canton ont assez bu et que le moment est venu de changer le cours de l'eau. Alors il se lève, démolit d'un coup de pioche le barrage et reconstruit l'autre avec des cailloux, de la terre et de la paille ».

Il y a non pas *une*, mais *quatre* questions de l'eau : 1° l'*eau potable* pour l'approvisionnement des villes, problème qui devient presque insoluble et, en tout cas, de plus en plus onéreux pour les grandes villes; 2° l'*eau d'irrigation* pour les cultures; 3° l'*eau force motrice* pour l'industrie, houille blanche et houille verte; 4° l'*eau, route et moyen de transport* soit par cours d'eau naturels, soit par canaux.

nécessaires pour vaincre cette résistance grandissent proportionnellement à la distance, l'industrie des transports ne peut pas supprimer absolument les inégalités naturelles des pays. La houille, précisément à raison de sa faible densité économique (c'est-à-dire de son poids relativement à sa valeur), ne peut guère se transporter que par mer ou par canaux. S'il n'y a que la route de terre ou même le chemin de fer, elle est inutilisable au delà d'un rayon assez court.

Enfin quant aux matériaux naturels qui sont absolument rares et dont le moule semble avoir été brisé, il est possible que l'homme, retrouvant les procédés de la nature, puisse les recréer artificiellement : par exemple, fabriquer les diamants en faisant cristalliser le charbon. Il est possible aussi que l'homme trouve quelque *succédané*, c'est-à-dire une substance analogue par ses propriétés à celle qui lui fait défaut. Il y réussit souvent et y réussirait toujours si sa science était plus grande, parce que, dans l'infinie variété des corps organisés ou bruts, il en est beaucoup qui présentent des caractères similaires et peuvent, par conséquent, se suppléer dans une certaine mesure : par exemple, la soie faite avec la cellulose à la place de celle faite par le ver à soie, la végétaline faite avec la noix de coco à la place du beurre, l'acétylène à la place du gaz d'éclairage. Ce remplacement n'est d'ailleurs qu'une application de « la loi de substitution » dont nous avons déjà parlé (p. 48).

III

Forces motrices.

Le travail de production consiste uniquement, comme nous l'avons vu, à déplacer la matière. La résistance qu'elle oppose en vertu de son inertie est souvent considérable et la force musculaire de l'homme est peu de chose. De tout temps, donc — mais surtout depuis que l'abolition de l'esclavage ne lui a plus permis d'employer gratuitement la force de ses semblables — l'homme a cherché à suppléer à sa faiblesse à l'aide de certaines forces motrices que la nature lui fournit.

C'est à l'aide des machines que l'homme utilise les forces naturelles. La machine n'est qu'un outil, avec cette différence qu'au lieu d'être mû par la main de l'homme, il est actionné par une force naturelle (chute d'eau, vapeur, etc.)[1].

Il est à remarquer que d'autant plus puissantes sont ces forces naturelles, et d'autant plus de temps et de peine il a fallu à l'homme pour les utiliser et les faire servir à ses fins. Il est naturel qu'il en soit ainsi : *la résistance grandit en raison directe de la puissance.*

Voilà pourquoi il n'en est que quatre ou cinq que l'homme ait su utiliser pour la production : la force musculaire des *animaux*, la force motrice du *vent* et des *cours d'eau*, la force expansive des *gaz* (surtout sous forme de vapeur d'eau, un peu sous forme de gaz explosif), enfin, depuis peu de temps, l'*électricité* (qui d'ailleurs n'est généralement qu'une transformation des deux précédentes). Mais il en est une infinité d'autres, connues ou inconnues. Les vagues que le vent soulève sur la surface des mers, ou le flot de la marée qui deux fois par jour vient ébranler des milliers de lieues de côtes, constituent des réservoirs de force véritablement iné-

[1] Il est vrai que dans le langage courant les instruments mûs directement par l'homme sont qualifiés de machines toutes les fois qu'ils sont compliqués — machine à coudre, machine à écrire, bicyclette — mais cette terminologie n'est pas scientifique.

Du reste les outils ou instruments peuvent aussi multiplier la force de l'homme. Ainsi, à l'aide d'une presse hydraulique, un enfant peut exercer une pression théoriquement illimitée et, avec un levier et un point d'appui, Archimède se vantait avec raison de pouvoir soulever le monde. Toutefois on s'est amusé à calculer que, en supposant même qu'il eût trouvé ce point d'appui qui lui faisait défaut, il n'aurait réussi à soulever la terre, en y travaillant pendant quelques millions d'années, que d'une quantité infiniment petite. C'est en effet une loi de la mécanique qu'à l'aide des instruments l'homme *perd comme temps ce qu'il gagne comme force.* Or le temps, ainsi que nous l'avons vu, étant un élément très précieux et dont nous devons être très avares, l'avantage qu'on trouve dans l'emploi des instruments est en pratique assez limité.

puisables. Et celles qu'on voit ne sont rien à côté de celles que l'on devine, ne fussent que les énergies latentes dans les combinaisons moléculaires que le radium a révélées. D'après M. Gustave Le Bon, l'énergie intra-atomique contenue dans *un gramme* de matière, par exemple dans une pièce de un centime, si elle pouvait être dégagée, suffirait pour faire parcourir à un train de marchandises plus de quatre fois la circonférence du globe terrestre !

La domestication de certains animaux, cheval, bœuf, chameau, éléphant, renne ou chien d'Esquimau, etc., a fourni aux hommes la première force naturelle dont ils aient fait usage pour le transport, pour la traction, pour le labourage. C'était déjà une précieuse conquête, car l'animal est proportionnellement plus fort que l'homme. La force d'un cheval est évaluée à 7 fois celle d'un homme, tandis que son entretien représente une valeur moindre. Mais le nombre de ces animaux est restreint — d'autant plus restreint qu'un pays devient plus peuplé, car il faut beaucoup de place pour les nourrir ; — aussi ne représentent-ils qu'une force motrice relativement peu considérable. Cependant la France emploie encore aujourd'hui, malgré le chemin de fer et les automobiles, plus de 3 millions de chevaux quadrupèdes, sans compter 2 millions de bœufs de labour.

La force motrice du vent et des rivières a été utilisée de tout temps pour le transport, mais jusqu'à ces derniers temps elle n'avait guère reçu d'autre application industrielle que de faire tourner les roues des moulins à vent ou à eau. Le moulin à eau, qui date des premiers siècles de l'ère chrétienne, marque la date d'invention de la première machine proprement dite, dans le sens de force naturelle asservie à la production [1].

Mais de ces deux forces naturelles, l'une, le vent, est trop faible, généralement du moins, ou en tout cas trop intermittente ; l'autre, si elle est plus puissante et plus facile

---

[1] Aussi cette découverte du moulin à eau a-t-elle été célébrée dans des vers lyriques souvent cités d'un poète grec de l'anthologie, Antiparos.

à capter, a le grave inconvénient d'être localisée sur certains points. Ce n'est que lorsque Newcomen (1705) et plus tard James Watt (1769) eurent employé la chaleur à dilater de la vapeur d'eau enfermée dans un réservoir clos, que fut créé ce merveilleux instrument de l'industrie moderne qui s'appelle la machine à vapeur [1]. Et ce qui a fait jusqu'à ce jour la supériorité de la vapeur c'est qu'elle est *artificielle*, en ce sens que ce n'est pas la nature qui l'a créée, c'est l'homme. C'est précisément pour cette raison qu'elle présente cet avantage inappréciable que l'homme peut l'employer *où il veut*, *quand il veut*, *comme il veut*. Elle est mobile, portative, continue, elle peut se développer à 1, 2, 3, 4..., 10 atmosphères, et sans qu'il y ait, théoriquement du moins, de limite assignable [2].

Mais voici que l'eau en tant que force motrice est en train de conquérir une place de premier ordre, depuis que l'on a trouvé le moyen de rendre cette force transportable à des centaines de kilomètres, et non seulement *transportable* mais *divisible* à l'infini, en sorte que la force de l'eau peut rayonner à volonté autour du point où la nature semblait l'avoir enchaînée. C'est ainsi que le Rhône qui, depuis qu'il coule, se dépensait inutilement à user des galets, va aujourd'hui dans les chambres hautes de la Croix-Rousse faire marcher les métiers des canuts Lyonnais! Déjà la force motrice se distribue à domicile comme l'eau et le gaz et il

---

[1] Je dis « merveilleux » en raison des services rendus. En réalité, la machine à vapeur est, au contraire, un instrument très défectueux, en ce sens qu'elle n'utilise qu'une très faible partie, 1/10e tout au plus, de la chaleur développée par la combustion du charbon. Il y a déperdition énorme du foyer à la chaudière et déperdition considérable encore, quoique moindre, de la chaudière à la machine proprement dite. Aussi, M. le Dr Gustave Le Bon, a-t-il pu écrire : « J'espère bien qu'avant vingt ans, le dernier exemplaire de ce grossier appareil aura été rejoindre, dans les musées, les haches de pierre de nos primitifs aïeux ».

[2] Il suffirait de chauffer l'eau à 516°, ce qui n'est pas une température bien élevée, pour développer une pression de 1.700.000 atmosphères, plus que suffisante pour soulever l'Himalaya! La seule difficulté serait de trouver une enveloppe qui pût résister.

suffit de tourner un robinet ou de presser sur un bouton pour se la procurer.

Mais comme l'eau agit non par sa masse mais par sa vitesse — car quel parti tirer, en tant que force motrice, des milliards de mètres cubes qui dorment dans un lac ou même dans un fleuve à cours paisible comme la Seine? — on a été amené à utiliser l'eau surtout à son maximum de pente, c'est-à-dire à la cascade, et à remonter ainsi le plus près possible des sources des fleuves et des réservoirs où ils s'alimentent, des glaciers. C'est pour cela que M. Bergès, l'ingénieur de Grenoble, a donné, il y a quarante ans déjà (1868), à cette force nouvelle le nom, qui a fait fortune, de *houille blanche*. Il entendait par là, non point, comme on le croit généralement, l'eau des fleuves, mais le glacier en tant que réservoir de forces emmagasinées.

Par un heureux hasard, où l'on aurait vu autrefois une harmonie providentielle et qui doit bien tenir à quelque cause inconnue, ce sont précisément les pays les plus pauvres en houille noire qui ont été le plus richement dotés par la nature en fait de houille blanche et *vice versa*. Ainsi en Europe, la Suisse, l'Italie du Nord, les États Scandinaves qui n'ont pas un atome de houille noire, ont de magnifiques ressources en houille blanche, tandis que l'Angleterre, la Belgique et l'Allemagne, si riches en mines, n'ont que peu de chutes et de cours d'eau utilisables comme force motrice. De même en Amérique, le Canada et le Brésil, qui ne paraissent guère avoir de mines de houille, ont des forces formidables en chutes d'eau. La France est assez bien partagée puisque, sans être déshéritée pour la houille noire (voir ci-dessus, p. 90), elle possède une armée de chevaux hydrauliques évaluée à plus de 6 millions chevaux-vapeur. Si elle sait l'utiliser, cela suffira non seulement pour la libérer du tribut qu'elle paie annuellement à l'étranger par l'achat de 20 millions de tonnes de charbon par an, mais encore pour lui permettre d'en exporter un peu. Malheureusement déjà l'accaparement de ces forces par des spéculateurs met de graves obstacles à leur utilisation.

Toutefois, houille noire et houille blanche sont l'une et l'autre limitées. La première s'épuise par l'usage, comme un trésor enfoui depuis les temps paléontologiques où nous puisons en prodigues et qui bientôt sonnera creux. La seconde a l'avantage de ne pas se consommer par l'usage — nous n'usons ici que du revenu et non du capital — mais nous n'avons aucune chance de voir la quantité augmenter au fur et à mesure des besoins, si tant est même que la diminution constatée des glaciers, et celle soupçonnée des pluies, ne nous menace pas d'une décroissance de la force motrice de l'eau. Il est donc permis de se demander avec quelque anxiété ce qu'il adviendra de l'industrie humaine, si un jour, la houille noire et la houille blanche venant à lui faire défaut, il lui faut éteindre ses feux ou arrêter ses dynamos?

Il est vrai qu'on rêve d'aller chercher à la source de toute force, au soleil lui-même, la chaleur dont nous avons besoin. Mais, en admettant qu'on y réussisse, cette force empruntée au soleil aura, plus encore que les autres forces naturelles, l'inconvénient de ne pouvoir être développée ni où l'on veut, ni quand on veut, ni comme on veut. Le soleil ne brille ni toujours ni partout. Si c'est lui qui doit faire marcher un jour nos usines, quel coup pour l'Angleterre, bien pis que la concurrence de la houille blanche! Les brouillards de la mer du Nord deviendront son linceul et ce sera désormais au fond du Sahara que l'industrie humaine devra aller bâtir ses capitales.

IV

Loi du rendement non proportionnel.

Puisque, comme nous venons de le voir, le terrain, les matières premières et même les forces naturelles, du moins celles présentement utilisables, sont en quantité limitée, il est impossible que la production dont ils constituent les facteurs nécessaires ne se trouve pas limitée par contre-coup. Il en est ainsi, en effet.

C'est dans l'industrie extractive que la limitation est la plus évidente. Quand la mine est épuisée, il faut bien s'arrêter, et généralement même on est obligé de s'arrêter, bien avant qu'elle soit vide, parce que l'extraction cesse d'être rémunératrice — quoiqu'elle puisse le redevenir le jour où la métallurgie aura fait des progrès.

La chasse, qui tenait une si grande place dans les sociétés primitives, a disparu de la liste des industries productives dans les pays civilisés, par cette fort bonne raison qu'elle a cessé de donner un produit rémunérateur, malgré tous les règlements faits pour la protéger. Même dans les déserts de l'Afrique, même dans les solitudes des pôles, les dépouilles des éléphants, des autruches, des castors, des loutres, des baleines, commencent à faire défaut aux explorateurs qui vont les y poursuivre. La pêche maritime, à raison de l'immensité du réservoir où l'homme puise cette richesse naturelle, est encore une grande industrie qui fait vivre en France 150.000 personnes et produit environ 150 millions de francs, mais l'épuisement des mers qui baignent nos rivages est un sujet d   mentation pour nos populations maritimes, qui déjà sont   ées d'aller poursuivre le poisson dans la haute mer et d'armer des bateaux plus forts. L'extermination des oiseaux — pour les mettre sur les chapeaux des dames, ou pour les manger, ou par stupidité toute pure — a pour conséquence le pullulement des insectes et de toutes les vermines qui dévorent les récoltes. La disparition des forêts, et par suite du bois d'œuvre, est déjà un fait accompli dans plusieurs pays d'Europe, notamment en Angleterre. La France, qui du temps des Gaulois ne formait qu'une forêt et que, même au Moyen âge, les moines d'Occident n'avaient qu'incomplètement défrichée, n'a plus aujourd'hui que 1/6 de son territoire environ en forêts (9 millions et demi d'hectares sur 53 millions.). La proportion est inférieure encore en d'autres pays (pas même 5 p. 0/0 en Angleterre), mais supérieure dans d'autres pays : environ

1/4 en Allemagne, 1/3 en Autriche-Hongrie et Russie, et près de moitié en Suède. On aurait pu croire que la substitution de plus en plus complète du fer au bois dans la construction des maisons, comme dans celle des navires, aurait pour résultat de prolonger la vie des forêts. Mais d'autres industries sont nées qui en consomment plus encore. La plus grande mangeuse de forêts en ce moment c'est l'industrie du papier, spécialement pour les journaux. Tel grand journal quotidien des États-Unis dévore à lui seul une forêt par an. Les forêts de châtaigniers de la Corse sont en ce moment complètement détruites pour la fabrication de l'acide gallique [1].

Il est vrai que quand il s'agit des êtres vivants, animaux ou végétaux, l'industrie peut conjurer dans une certaine mesure le sort qui les menace en transformant ses procédés. Au lieu de faire la chasse, on peut faire de l'*élevage*; au lieu de faire la pêche, on peut faire de la *pisciculture*; au lieu de défricher la forêt, on peut faire du *reboisement*; — c'est-à-dire qu'on peut s'élever de la catégorie de l'industrie simplement extractive à celle de l'industrie agricole,

[1] Une conférence, composée des gouverneurs et d'experts spéciaux des différents États des États-Unis, s'est réunie en 1908 pour « la conservation des ressources nationales ». Le président des États-Unis, M. Roosevelt, a ouvert la conférence par cette déclaration :

« Les ressources naturelles du pays, qui sont la base finale de la puissance et de la durée de la nation, sont en train de s'épuiser rapidement. Déjà l'on voit apparaître la limite des terres non encore livrées à la culture. Les États-Unis ont commencé avec un héritage sans pareil de forêts; or déjà la moitié du bois de construction a disparu. Les États-Unis ont commencé avec des gisements de charbon plus étendus que ceux d'aucune autre nation, avec du minerai de fer qui passait pour inépuisable; or, beaucoup de personnalités compétentes déclarent maintenant que la fin du charbon et du fer approche. Les accumulations énormes d'huile minérale et de gaz ont disparu en grande partie.

« Les voies navigables naturelles existent toujours; mais elles ont été tellement dégradées par suite de négligences et d'autres causes que la navigation y est inférieure à ce qu'elle était il y a cinquante ans. Enfin, les États-Unis ont trouvé à leurs débuts des terres d'une fertilité sans exemple, et ils les ont appauvries de telle manière que leur faculté de production décroît au lieu d'augmenter ».

mais celle-ci à son tour rencontre une double limite :

1° D'abord la production agricole est limitée par la quantité d'*éléments minéraux* indispensables à la vie des plantes. Toute terre, même la plus fertile, n'en contient qu'une proportion déterminée (azote, potasse, acide phosphorique) et chaque récolte les enlève petit à petit. Sans doute, l'art de l'agriculture réussit non seulement à restituer à la terre les éléments qui lui sont enlevés, mais encore à l'enrichir en lui apportant des éléments nouveaux. Mais il faut remarquer que les sources auxquelles puise l'agriculteur pour enrichir le sol sont elles-mêmes limitées, puisque les engrais naturels ne font que restituer à la terre une partie de ce que les bestiaux ont consommé, et que les engrais chimiques sont des minerais (phosphates, nitrates, guano, etc.) dont les gisements sont rares et rapidement épuisables.

2° De plus, la production agricole est limitée par les conditions de l'*espace* et du *temps* indispensables à la vie végétale ou animale et qui sont bien plus rigides et bien moins modifiables que dans la production industrielle. L'agriculteur est réduit à un rôle presque passif : il regarde patiemment la nature accomplir son œuvre, suivant des lois qu'il ne connaît qu'imparfaitement encore et dont il ne peut changer les conditions. Il faut de longs mois avant que le grain qui dort dans le sillon se soit transformé en épi et de longues années avant que le gland soit devenu chêne. Il faut aussi à toute plante, blé ou chêne, pour étendre ses racines et respirer, un certain espace qu'on ne peut réduire. Au contraire, l'industriel, dans ses usines, fait subir à la matière des transformations qui sont en général simples et dont les lois physiques ou chimiques sont beaucoup moins mystérieuses que celles de la vie. La preuve c'est qu'il les a domestiquées et les fait travailler sous ses ordres avec une précision mécanique. Il n'est pas enfermé dans le cycle inexorable des saisons; été et hiver, jour et nuit, il peut chauffer ses fourneaux ou faire marcher ses métiers[1].

---

[1] On peut se poser toutefois la question suivante. Puisque la limitation

Sans doute, il n'est peut-être pas une seule terre dont l'agriculteur ne pût, à la rigueur, accroître le rendement : seulement, passé un certain stage de l'industrie agricole, il ne peut le faire *qu'au prix d'un travail qui va croissant*, en sorte qu'il arrive un moment où l'effort à exercer pour forcer le rendement serait hors de proportion avec le résultat.

Soit un hectare de terre qui produit 15 hectolitres de blé, ce qui est à peu près la moyenne de la France. Supposons que ces 15 hectolitres de blé représentent 100 journées de travail ou 300 francs de frais. Eh bien ! *la loi du rendement non proportionnel* (non proportionnel au travail) affirme que pour faire produire à cette terre deux fois plus de blé, soit 30 hectolitres, il faudra dépenser *plus de 200* journées de travail ou *plus de 600* francs de frais ! Pour doubler le produit, il faudra peut-être tripler, peut-être quadrupler, peut-être même décupler le travail et les frais !

Elle est certainement confirmée par la pratique de tous les jours. Interrogez un agriculteur intelligent et demandez-lui si sa terre ne pourrait pas produire plus que ce qu'elle

que rencontre l'industrie agricole tient à ce fait qu'elle opère sur des êtres vivants, pourquoi n'essaierait-elle pas de surmonter cet obstacle en se passant hardiment du concours que lui apportent les forces mystérieuses de la vie et en s'efforçant de fabriquer de toutes pièces les substances alimentaires, tout comme un industriel fabrique les produits chimiques? — Nous savons en effet, que tous les tissus des êtres vivants, animaux ou végétaux, sont formés exclusivement d'oxygène, d'hydrogène, d'azote surtout de carbone, et, pour une très petite part, de quelques sels miné, raux, tous éléments qui peuvent être considérés comme existant en quantité surabondante dans l'écorce terrestre et dans l'atmosphère. Le problème ne paraît donc pas insoluble théoriquement et les chimistes le considèrent comme à la veille d'être résolu. Certes, si l'un d'eux y réussit, il aura réalisé beaucoup plus que le Grand OEuvre rêvé par les alchimistes : il aura changé de fond en comble toutes les lois de l'économie politique. Car si jamais les aliments pouvaient être manufacturés de toutes pièces dans des fabriques, alors *l'agriculture deviendrait inutile* et, l'homme ne demandant plus à la terre que ce qu'il lui faut de place pour y poser son pied et y bâtir son toit, il n'y aurait pas un hectare de terre qui ne pût nourrir une population aussi dense que celle qui s'entasse dans nos grandes villes. — Mais jusqu'à présent la loi *omne vivum ex vivo* n'a pu être tournée.

donne.? Il vous répondra : « Assurément. La récolte de blé serait plus considérable si je voulais mettre plus d'engrais, donner des labours plus profonds, purger le sol des moindres racines de chiendent, défoncer à bras d'hommes, au besoin repiquer chaque grain de semence à la main, ensuite protéger la moisson contre les insectes, contre les oiseaux, contre les herbes parasites. — Et pourquoi ne le faites-vous pas? — Parce que je n'y trouverais pas mes frais : ce supplément de récolte coûterait beaucoup plus qu'il ne vaudrait. — Il y a donc dans la production d'une terre quelconque un point d'équilibre qui marque la limite qu'on ne dépassera pas, non point qu'on ne pût la dépasser si on le voulait à tout prix, mais on ne le veut pas parce qu'il n'y a *aucun intérêt individuel ni social à le faire.*

S'il pouvait en être autrement, c'est-à-dire si on pouvait augmenter indéfiniment la production d'une superficie de terrain donné, à la seule condition d'augmenter proportionnellement le travail et les frais, les propriétaires, certes, ne manqueraient pas de le faire ; au lieu d'étendre leur exploitation sur un domaine plus ou moins vaste, ils la concentreraient sur le plus petit espace de terrain possible ; ce serait beaucoup plus commode. Mais en ce cas aussi la face du monde serait tout autre qu'elle n'est. Le simple fait que les choses ne se passent point ainsi et que l'on étend sans cesse la culture à des terrains moins fertiles ou moins bien situés, démontre suffisamment que l'on ne peut pas en pratique demander à un même terrain au delà d'un certain rendement (Voir au Livre III, *la Rente foncière*).

La loi du rendement non proportionnel n'est pas d'ailleurs spéciale, comme on le croyait, à l'industrie agricole ou extractive. C'est une loi générale de la production qu'on peut formuler ainsi : au delà d'un certain point tout accroissement de rendement exige un accroissement plus que proportionnel de force. C'est ainsi que pour doubler la vitesse d'un navire ou d'un ballon dirigeable il faudrait peut-être centupler la force du moteur.

V

Les illusions qu'ont fait naître les machines.

Les forces naturelles captées par les machines font des prodiges sur lesquels l'habitude nous a blasés. Non seulement elles permettent d'exécuter les mêmes travaux qu'autrefois dans des conditions de *rapidité*, de *facilité*, de *précision* stupéfiantes, mais surtout elles ont permis d'accomplir des travaux auxquels on n'aurait pu songer autrefois. Pour ne citer que deux exemples entre cent, le journalisme et les chemins de fer qui ont si profondément modifié toutes les conditions, non seulement économiques, mais politiques, intellectuelles et morales, de la vie moderne, sont l'un et l'autre des créations de la machine à vapeur [1].

Il faut cependant se mettre en garde contre les espérances folles qu'ont fait surgir ces merveilles. On voit déjà l'homme presque libéré de la loi du travail pour le pain quotidien, ne travaillant plus que 3 ou 4 heures, par jour — un socialiste a même calculé 1 heure 20 minutes ! — et néanmoins produisant plus de richesses qu'il n'en faut pour faire vivre tout le genre humain dans l'abondance.

N'y a-t-il pas déjà en France, à cette heure, près de 11 millions de chevaux-vapeur qui développent une force supérieure à celle de 110 millions d'hommes [2]? Or, comme

---

[1] Un numéro de journal, comme le *Times* ou certains grand journaux américains, avec les annonces, représente à peu près la moitié d'un volume comme celui-ci, et même, les jours où il y a un supplément, le volume tout entier. En admettant que le journal tire à 100.000 exemplaires, c'est donc l'équivalent de 50.000 volumes comme celui-ci. Combien faudrait-il de copistes pour reproduire à la main ces 50.000 volumes dans dix heures, c'est-à-dire dans le même temps que le journal s'imprime ? En supposant que chacun écrivit 5 pages par heure, il faudrait au moins 600.000 copistes.

[2] Le cheval-vapeur calculé à 75 kilogrammètres représente une force un peu supérieure à celle d'un cheval ordinaire — et comme la force de celui-ci est évaluée à 7 fois celle d'un homme, on peut dire que la force

c'est tout au plus s'il y a en France 8 à 10 millions d'hommes en âge de fournir un travail productif, on peut dire que la force productive de chacun d'eux est multipliée par 12, ou si l'on préfère cette image plus pittoresque, que chaque travailleur français a désormais une douzaine d'esclaves à son service, ce qui devrait lui procurer une situation quasi-équivalente à celle des patriciens de Rome, c'est-à-dire lui permettre de cumuler les agréments de la richesse et ceux de l'oisiveté. Dès lors pourquoi, grâce à ce nouveau régime d'esclavage qui remplacera les antiques servitudes, pourquoi les hommes de demain ne pourraient-ils pas vivre de la vie noble des anciens, et comme les Grecs sur l'Agora ou les Romains au Forum, consacrer à la vie politique, aux délassements artistiques, aux exercices gymnastiques ou aux nobles spéculations de la pensée, les heures dérobées au travail matériel — avec cette différence que ce qui était alors le privilège d'un petit nombre deviendra le lot de tous!

Pour dissiper cette ivresse, surtout celle des socialistes qui exultent, on pourrait d'abord faire remarquer qu'il n'est pas bien sûr qu'un semblable état social fût désirable. Sismondi, au commencement du XIXe siècle, s'était montré sceptique et même inquiet à l'égard des bienfaits du machinisme et, quoique ce pessimisme lui ait été sévèrement reproché par tous les économistes et même l'ait fait taxer d'ignorant, il contenait une part de vérité. L'esclavage antique n'a pas été moins funeste aux maîtres qu'aux esclaves en faisant perdre à ceux-là l'habitude de l'effort et le goût du travail, et dès lors, il y aurait tout lieu de craindre que l'esclavage des forces naturelles ne produise pour les hom-

d'un cheval-vapeur représente environ 10 fois celle d'un homme. Mais comme cette force peut être continue, par exemple sur les navires à vapeur, tandis que celle de l'homme ou du cheval ne peut dépasser 8 à 10 heures par jour, on peut dire que le travail fourni par un cheval-vapeur dans une machine à feu continu représente 20 à 25 fois celle d'un homme. Les machines des paquebots géants qu'on construit aujourd'hui vont jusqu'à 40.000 et 50.000 chevaux : c'est donc l'équivalent de plus d'un million de rameurs.

mes du xxe siècle les mêmes effets désastreux. Il faudrait
préalablement, en tout cas, leur créer un autre idéal que
celui des citoyens romains : *panem et circenses*.

Mais surtout, il suffit d'analyser ces chiffres fantastiques
pour voir qu'il y a beaucoup à en rabattre. Sur cette armée
de chevaux-vapeur, plus des trois quarts sont affectés uniquement au transport, sous forme de locomotives ou de
bateaux à vapeur. Or, ceux-ci ont produit certainement une
révolution considérable en reculant les limites que la distance imposait aux déplacements des individus, à l'échange
des produits et à la communication des idées, en portant au
plus haut point la solidarité du genre humain — et à ce
point de vue ils rendent un service moral dont on ne saurait
exagérer l'importance — mais on ne saurait dire précisément qu'ils multiplient les produits. Ils les multiplient pour
le moment *en les apportant des pays d'outremer*, mais il est
clair que c'est là une situation provisoire et qui tient simplement à ce que ces pays sont encore déserts et n'ont pas
besoin de garder pour leur consommation tout ce qu'ils produisent.

Même dans l'industrie et l'agriculture beaucoup de machines n'ont d'autre résultat que d'accélérer le travail, mais non
d'augmenter la quantité des produits. La machine à battre
le blé, pas plus que la machine à casser le sucre n'ajoutent un atome à la somme de nos richesses : au contraire !
car il y a toujours un peu de déchet. Beaucoup de machines
et de forces ne sont employées, comme l'a fait remarquer
M. Leroy-Beaulieu, qu'à produire *d'autres machines*. Nous
ne songeons pas à contester que les machines ne restent une
magnifique application du principe hédonistique en ce sens
qu'elles peuvent réduire quasi indéfiniment le travail pour
un résultat donné — quoiqu'en fait nous allons voir que la
classe qu'elles touchent immédiatement, la classe ouvrière,
ne semble pas, même à ce point de vue, en avoir beaucoup
bénéficié — mais nous disons seulement qu'elles n'ont point
augmenté la somme des produits autant qu'on le croit.

Les produits dont la multiplication pourrait apporter la

plus notable amélioration dans la condition des hommes, seraient les produits agricoles, car la première condition du bien-être matériel, c'est de se nourrir et s'il se peut, de se bien nourrir. Or tel est précisément le domaine dans lequel jusqu'à présent le machinisme s'est le moins développé. Il n'y avait en France (en 1905) pas même 200,000 chevaux-vapeur employés dans l'agriculture, soit moins de 2 p. 0/0 du total! Ce lent développement du machinisme dans l'industrie nourricière est-il dû seulement, comme on le croit, à l'esprit routinier des populations agricoles ou ne serait-il pas dû plutôt à la nature même de la production agricole? C'est cette dernière explication qui nous paraît être la vérité. La terre est le laboratoire de la vie et la vie a des lois de développement qui lui sont propres (voir ci-dessus, p. 102).

Il y a aussi une industrie qui est d'une importance capitale au point de vue du bien-être : c'est la construction des maisons. Or, les machines ne s'appliquent guère à ce genre de production, si ce n'est dans des conditions exceptionnelles.

C'est donc dans un domaine plus restreint qu'on ne pense, — dans la fabrication seulement — que l'utilisation des forces naturelles a donné tout ce qu'on pouvait en attendre en fait d'abondance et de bon marché. On peut même dire qu'en cette partie elle a dépassé la mesure puisqu'elle aboutit à la surabondance et que, comme nous le verrons, elle force les grands industriels à s'entendre pour restreindre leur production[1].

---

[1] Les manufactures anglaises produisent assez de mètres de cotonnade pour faire 120 fois le tour du globe terrestre (5 milliards de yards). Rien ne les empêcherait d'en fabriquer assez pour revêtir notre globe tout entier d'un fourreau de cotonnade, si seulement elles trouvaient à le vendre! L'usine Baldwin à Philadelphie produit 5 à 6 locomotives *chaque jour.*

Les fabriques de montres sont arrivées à faire une montre en une série innombrable d'opérations parcellaires dont la durée totale ne dépasse pas 2 heures 40 minutes, ce qui permet de la vendre (en gros) au prix stupéfiant de 2 fr. 75!

Enfin on n'aperçoit nullement que le machinisme ait réduit la contribution de travail que doit fournir l'espèce humaine, pas même celle de la classe ouvrière, dans un pays quelconque. Stuart Mill, il y a 50 ans, avait écrit cette parole mélancolique : « c'est une question de savoir si toutes les inventions mécaniques ont abrégé le labeur quotidien d'un être humain quelconque ». Il est bien vrai que depuis qu'elles ont été prononcées la durée de la journée de travail a été beaucoup abrégée par tout pays ; seulement cette réduction n'est point due au machinisme mais tout au contraire à l'excès de durée dû au machinisme, lequel a fini par provoquer l'intervention du législateur, et surtout à ce que le raccourcissement de la journée de travail a été compensé par une intensification de travail — plus nerveuse que musculaire, il est vrai, mais qui n'en use pas moins les forces, plus rapidement peut-être [1].

On peut mettre aussi au compte des machines beaucoup des maux qui tourmentent nos sociétés modernes : crises, concentration de l'industrie et de la population dans des cités sordides, dans « les villes tentaculaires », et surtout le chômage. C'est ici la conséquence la plus remarquable de l'emploi des machines et celle qui pendant si longtemps a soulevé contre elles l'irritation des classes ouvrières. Elle vaut bien un chapitre spécial.

VI

Si les machines portent préjudice à la classe ouvrière.

Il semble que si un cheval-vapeur fait le travail de 10 hommes, chaque nouveau cheval-vapeur créé va permettre à un seul homme de faire *le travail de 9 travailleurs* et par

---

[1] Il est tel métier qui porte 1.000 à 1.400 broches tournant à raison de 180 tours par seconde. L'ouvrier doit les suivre toutes de l'œil et doit conduire 2, et aux Etats-Unis 4 ou 5 ! de ces métiers.

conséquent, va condamner ceux-ci au chômage. Et comme chacun de ces 9 hommes s'efforce de conserver sa place, il s'établira entre eux une surenchère au rabais qui avilira les salaires.

Et c'est parce que cette fatale conséquence a paru évidente aux ouvriers qu'en mainte circonstance ils ont démoli les machines comme récemment encore à Concarneau pour les machines à souder les boîtes de sardines.

Sont-ils complètement dans l'erreur? Les économistes classiques, préoccupés de prouver qu'il ne saurait exister dans notre organisation économique de contradiction entre l'intérêt social et les intérêts individuels, se sont évertués à démontrer que les machines donnent au contraire aux ouvriers, plus de travail et plus de bien-être.

Voici les trois arguments classiques :

1° *Bon marché*. — Toute invention mécanique, dit-on, a pour résultat un abaissement dans le coût de production et par conséquent dans les prix. En admettant même que le salaire baisse, l'ouvrier bénéficiera donc, en tant que consommateur, de la baisse des prix dont il souffrira en tant que producteur.

A cela on peut répondre d'abord qu'il n'obtiendra aucune compensation si le produit en question ne rentre pas dans sa consommation. ce qui est fort possible. La fabrication de certaines dentelles à la mécanique a pu en abaisser le prix mais comme la pauvre femme qui les faisait n'a pas l'habitude de s'en parer, cela ne la dédommage en aucune façon.

En admettant même que le produit en question rentre dans la consommation du travailleur, il n'y entrera sans doute que pour une part infime et la compensation sera dérisoire. L'ouvrière qui tricotait des bas et qui, par suite de l'invention d'une machine à tricoter, perd son salaire, ne s'en consolera pas aisément par la perspective d'acheter désormais ses bas à bon compte chez le marchand.

Pour que la compensation dont on parle fût réelle, il faudrait que le *progrès mécanique se réalisât à la fois dans toutes les branches de la production*, de telle façon que la baisse des prix qui en est la conséquence fût générale et simultanée. En ce cas, oui! on pourrait dire qu'il importerait peu à l'ouvrier de toucher un salaire réduit de moitié, si toutes ses dépenses se trouvaient aussi réduites de moitié. Malheureusement nous avons constaté tout à l'heure que les découvertes mécaniques n'ont pas lieu dans toutes les branches de la production, mais seulement dans un petit nombre d'entre elles, et qu'elles n'affectent que dans une faible mesure les dépenses qui occupent la plus grande place dans le budget de l'ouvrier, à savoir la nourriture et le logement (p. 107).

2° *Accroissement de production*. — Toute invention mécanique, continue-t-on, par cela seul qu'elle amène une baisse des prix, doit provoquer une augmentation de débit correspondante, et par conséquent elle finit toujours par rappeler les travailleurs qu'elle avait momentanément expulsés. Au lieu de leur enlever de l'ouvrage, elle leur en crée. Et les exemples à l'appui abondent : par suite de la multiplication des livres depuis l'invention de l'imprimerie, combien plus d'ouvriers typographes que de copistes au Moyen âge[1]!

A cela on peut répondre d'abord que, quoique l'accroissement du débit soit une conséquence fréquente de l'abaissement des prix, ce n'est pas vrai dans les cas suivants : —
a) Toutes les fois qu'un produit ne répond qu'à un besoin limité. L'exemple des cercueils est classique mais il est bien d'autres produits (blé, sel, parapluies, lunettes, instruments) pour lesquels une baisse de prix n'augmenterait que

---

[1] Autre exemple plus précis. En Angleterre, en 1835, le nombre des ouvriers employés dans les filatures et manufactures de tissus de coton était de 220.000; il est aujourd'hui de plus de 700.000. Cependant c'est là surtout que les machines ont fait merveille.

D'ailleurs les machines ont créé une quantité d'industries tout à fait nouvelles (et parmi elles, la construction des machines elles-mêmes) qui ouvrent par conséquent au travail des débouchés nouveaux. La toute récente industrie des automobiles et cycles occupe en France 100.000 ouvriers.

faiblement la consommation et même, pour certains articles de luxe, il se pourrait qu'elle la diminuât. On peut même dire que les marchandises pour lesquelles la consommation augmente exactement en raison inverse de la baisse du prix sont très rares. Croit-on que si le prix des chaussures diminue de moitié, on en usera deux fois de plus? — *b*) Toutes les fois qu'une industrie est solidaire d'autres industries. C'est un cas très fréquent. La production des bouteilles et des tonneaux est limitée par celle du vin, et le prix des bouteilles et des tonneaux aura beau baisser, on n'en vendra pas davantage si on n'a pas plus de vin à y mettre. De même, la production des ressorts de montres est limitée par celle des montres, la production des boulons par celle des rails ou des chaudières, celle des rails et chaudières est limitée à son tour par d'autres causes indépendantes des prix, telles que le développement des transports, la production minière, etc.

De plus, en admettant même une augmentation de consommation proportionnelle ou plus que proportionnelle à l'abaissement des prix, encore faudra-t-il un temps plus ou moins long et peut-être même plusieurs générations avant que cette évolution s'accomplisse. Il faut du temps pour que les prix anciens s'abaissent, d'autant plus que la résistance intéressée des fabricants et les habitudes acquises en ralentissent la chute; la concurrence finit bien par l'emporter, mais des industries rivales ne s'établissent pas en un jour. Il faut plus de temps encore avant que l'abaissement des prix ait fait pénétrer le produit dans ces nouvelles couches de la société qui ne changent pas en un jour leurs goûts et leurs besoins. Et pendant ce temps, que fera l'ouvrier qui est obligé de vivre au jour le jour? — pour ses petits-enfants peut-être il y aura compensation, mais non pas pour lui.

3° *Restitution du travail supprimé.* — Tout emploi de machine qui économise la main-d'œuvre, dit-on enfin, ntraîne nécessairement un gain pour quelqu'un, gain réalisé *soit par le producteur sous forme d'accroissement de profit*, s'il continue à vendre ses produits à l'ancien prix, *soit par le consommateur sous forme de diminution de dépenses* si, ce qui est le plus vraisemblable, le prix du produit s'abaisse au niveau du nouveau coût de production. L'argent qui se trouve en moins dans la poche des ouvriers congédiés n'est donc pas perdu : il se retrouve dans la poche du fabricant ou dans celle des consommateurs. Or, que fera le fabricant de ses nouveaux profits ou le consommateur de ses nouvelles épargnes? Il les placera ou les dépensera : pas d'autre alternative. Donc, dans un cas comme dans l'autre, il faudra bien que cet argent aille encourager quelque industrie et développer la production, soit en achetant de nouveaux produits, soit en fournissant à la production de nouveaux capitaux.

En fin de compte donc, toute invention mécanique aurait pour résultat de rendre disponible, de « dégager », comme on dirait en termes de chimie, non seulement une certaine quantité de travail, mais aussi une certaine quantité de capital, et comme ces deux éléments ont une grande affinité l'un pour l'autre, et que même ils ne peuvent se passer l'un de l'autre, ils finiront bien par se retrouver et se combiner.

C'est là surtout l'argumentation de Bastiat. Elle est vraie *in abstracto* : seulement il faut se demander où et quand se fera cette combinaison. Sera-ce dans dix ans, sera-ce à l'autre extrémité du monde? Peut-être les économies réalisées par le consommateur s'emploieront-elles à construire un canal à Panama ou un chemin de fer en Chine. Le capital une fois dégagé n'est pas en peine de trouver où se placer; il a des ailes, il peut s'envoler n'importe où. Le travailleur n'est pas aussi mobile : il n'est pas propre à n'importe quel emploi et ne peut aisément aller le chercher au bout du monde. Il finira cependant par se décider à un changement de métier. Mais il est probable qu'il y perdra une partie de ses capacités acquises et que par conséquent son salaire en sera réduit. En tout cas la crise sera longue et douloureuse. Et comme elle se renouvelle à chaque invention nouvelle, elle entretient le chômage à l'état chronique. Et cette population flottante d'ouvriers sans travail, qui représente de 5 à 10 p. 0/0 de la population occupée, pèse sur le marché et déprécie les salaires en offrant ses bras à vil prix.

Les ouvriers, victimes au moins temporaires de l'expropriation causée par les machines, ne se plaignent donc pas tout à fait à tort [1].

Faut-il donc — c'était le programme de Ruskin et de ses disciples — prêcher aux hommes l'abandon des machines à vapeur, le retour au travail manuel ou aux forces naturelles plus humaines, celles de l'eau et du vent ?

Non, car il n'y a rien ici de spécial aux machines. *Tout progrès économique*, qu'il s'agisse d'invention mécanique ou de mode nouveau d'organisation du travail, *ne peut avoir pour effet que de rendre inutile une certaine quantité de travail*. Et étant donnée l'organisation de nos sociétés modernes fondée sur la division du travail, où chacun de nous vit d'un genre de travail déterminé, il est impossible que ce progrès, quel qu'il soit, ne rende pas inutile le travail de quelqu'un et ne lui enlève pas du même coup son gagne-pain. Là est la contradiction fatale.

Tout au plus est-il permis d'espérer que la grande transformation économique et mécanique dont le xix° siècle a été le témoin touche à son terme.

L'histoire nous montre en effet, dans l'évolution économi-

---

[1] Au reste ce n'est plus contre les machines que protestent aujourd'hui les ouvriers, mais contre leur *appropriation* par les capitalistes. Ils admettent qu'elles n'auraient que des bienfaits, pour eux comme pour tous, si elles appartenaient à la Société, car en ce cas elles n'auraient d'autre effet que de réduire la part de travail de chacun — mais non plus de supprimer le gagne-pain de personne.

Et, en attendant, ce qu'ils réclament, c'est qu'en cas d'invention nouvelle, personne ne soit renvoyé. Ainsi, en juillet 1908, le Congrès des allumettiers a adopté l'ordre du jour suivant :

« Le Congrès, considérant que les bénéfices réalisés par les progrès dans le machinisme ne doivent pas seulement affluer dans la caisse patronale, mais doivent aussi être affectés à l'amélioration de la condition des travailleurs, décide de s'opposer en principe à toute réduction nouvelle du personnel ».

que de l'humanité, des périodes de transformation brusques suivies de longues périodes d'un état plus ou moins stationnaire : il est donc vraisemblable que la grande révolution économique de notre temps sera suivie d'un long temps de repos ou du moins de progrès très lents, semblable à la période de plusieurs milliers d'années qui l'a précédée. L'invention de la machine à vapeur a donné déjà, sans doute, à peu près tout ce qu'elle pouvait donner. On en inventera une autre plus parfaite, dit-on. Qu'en sait-on? et quand bien même cette prévision se réaliserait, il est vraisemblable que la substitution de cette machine innommée à la machine à vapeur ne produirait pas une révolution comparable à celle qui a substitué la machine à vapeur elle-même au métier à bras. Le réseau des télégraphes électriques et des chemins de fer est fait ou sera terminé d'ici à un demi-siècle dans le monde entier ; voilà encore une transformation définitive et qui ne sera plus à faire. Admettons que l'on dirige des ballons : peut-on imaginer que le transport par ballon ou par aéroplane des voyageurs et surtout des marchandises aura les mêmes conséquences économiques que le remplacement du roulage par les chemins de fer? Enfin l'espèce humaine, d'ici à peu de générations, va être casée dans ce qui reste de place à la surface de notre planète; il n'y aura plus de terres vacantes, et la révolution économique provoquée par la concurrence des pays neufs sur nos vieux marchés cessera aussi[1].

---

[1] Stuart Mill, dans une page éloquente et souvent citée, a prophétisé que la baisse indéfinie des produits amènera un « état stationnaire », dans lequel « on verra, en fin de tout, le fleuve de l'industrie humaine aboutir à une mer stagnante ».

CHAPITRE II

LE TRAVAIL

I

Du rôle que joue le travail dans la production.

Pour réaliser ses fins, et principalement pour satisfaire aux nécessités de son existence, tout être qui vit est forcé d'accomplir un certain travail. La graine elle-même fait effort pour soulever la croûte de terre durcie qui la recouvre et venir respirer l'air et la lumière. L'huître attachée à son banc ouvre et referme ses écailles pour puiser dans le liquide qui la baigne les éléments nourriciers. L'araignée tisse sa toile. Le renard et le loup vont en chasse. L'homme n'échappe pas à la loi commune; lui aussi doit faire des efforts persévérants pour suffire à ses besoins. Cet effort, inconscient dans la plante, instinctif dans l'animal, devient chez l'homme un acte réfléchi et prend le nom de *travail*.

N'y a-t-il pas pourtant certaines richesses que l'homme peut se procurer sans travail, celles que la nature lui octroie libéralement? C'est une question délicate.

Il faut remarquer d'abord que pour cette catégorie de richesses qui s'appellent des *produits*, il n'en est pas un seul qui ne suppose dans une mesure grande ou petite l'intervention du travail Cela résulte de l'étymologie même du mot produit, *productum, tiré de quelque part*. Or, qui l'aurait ainsi retiré, sinon la main de l'homme? Pour que des fruits puissent servir à la satisfaction de nos besoins, même

ceux que la nature nous donne d'elle-même, fruit de l'arbre
à pain, bananes, dattes, ou tous les crustacés et coquillages
que l'on appelle en Italie *frutti di mare*, encore faut-il que
l'homme ait pris la peine de les ramasser. Or, la cueillette
représente certainement un travail, et qui peut devenir fort
pénible.

Il faut remarquer d'ailleurs que l'on ne se fait pas d'ordinaire une idée juste du rôle considérable que joue le travail,
même dans la création de ces produits qualifiés souvent très
inexactement de « naturels ». On est disposé à croire, par
exemple, que tout ce qui pousse sur la terre, céréales,
légumes, fruits, est une libéralité de cette terre, *alma parens
rerum*. En réalité, la plupart des plantes qui servent à l'alimentation des hommes ont été, sinon créées, du moins
tellement modifiées par la culture et les travaux de centaines de générations qu'à cette heure encore les botanistes
n'ont pu retrouver leurs types originaires. Le froment, le
maïs, la lentille, la fève, n'ont pu être découverts nulle
part à l'état spontané. Même les espèces que l'on retrouve
à l'état de nature sont singulièrement différentes de leurs
congénères cultivées. Entre les grains acides de la vigne
sauvage et nos grappes de raisins, entre les légumes ou les
fruits succulents de nos vergers et les racines coriaces ou
les baies âpres, vénéneuses quelquefois, des variétés sauvages, la différence est telle que l'on peut bien considérer
ces fruits ou ces légumes comme des produits artificiels,
c'est-à-dire de véritables créations de l'industrie humaine[1].
Et la preuve, c'est que si le travail incessant de culture vient
à se relâcher pendant quelques années, ces produits ne tardent pas, comme l'on dit, à dégénérer, ce qui signifie simplement qu'ils retournent à l'état de nature en perdant toutes
les vertus dont l'industrie humaine les avait dotés.

Enfin même pour ces richesses qui ne sont pas « des
produits » *parce qu'elles préexistent à tout acte de produc-*

---

[1] « Les dieux, dit Xénophon, nous vendent tous les biens au prix de
notre travail ».

tion, telles que la terre d'abord et tous les matériaux à l'état brut ou organisé qu'elle nous fournit, la source jaillissante d'eau ou de pétrole, la forêt sur pied, la prairie naturelle, la carrière de pierre, la mine de métal ou de charbon, la chute d'eau qui fait tourner la roue du moulin ou la turbine, le gisement de guano déposé par les oiseaux de mer, la pêcherie abondante en poissons, en coquillages ou en corail — encore faut-il remarquer :

1° Que ces richesses naturelles n'existent en tant que richesses, c'est-à-dire en tant que choses utiles et valables, qu'autant que l'intelligence humaine a su d'une part *découvrir leur existence* et, d'autre part, *reconnaître en elles les propriétés qui les rendent aptes à satisfaire quelqu'un de nos besoins.* Prenez une terre quelconque, une terre à blé en Amérique, par exemple. Si elle est une richesse, c'est parce qu'un explorateur ou un pionnier quelconque, marchant dans la voie que Christophe Colomb avait ouverte le premier, a révélé l'existence de cet emplacement particulier. Or, le fait de la découverte, qu'il s'applique à un Nouveau Monde ou à des champignons, suppose toujours un certain travail ;

2° Que ces richesses naturelles ne pourront être *utilisées*, c'est-à-dire servir ultérieurement à la satisfaction des besoins de l'homme, qu'autant qu'elles auront subi plus ou moins l'action du travail ; s'il s'agit d'une terre vierge, qu'autant qu'elle aura été défrichée ; s'il s'agit d'une source d'eau minérale, qu'elle aura été captée et mise en bouteilles ; s'il s'agit de champignons ou de coquillages, qu'ils auront été cueillis et le plus souvent mis à cuire dans la casserole.

II

De quelle façon le travail produit.

Il faut distinguer trois aspects du travail :

1° Le travail *manuel* est indispensable pour toute production des richesses corporelles, car il faut toujours, comme nous venons de le dire, transformer ou tout au moins extraire la matière première de toute richesse. Et c'est la main de l'homme qui est l'agent non pas unique, mais initial, de cette transformation.

Les merveilles infiniment variées sorties de cette main tiennent du prodige. Et pourtant l'homme n'a point des « doigts de fée ». Sa main n'est qu'une force musculaire assez faible[1], mais dirigée par une intelligence : ils ne sauraient donc produire d'autres effets que ceux d'une force motrice quelconque, à savoir *un déplacement*[2].

Ce déplacement peut consister soit dans un *changement de lieu de l'objet lui-même*, soit dans un *changement de place de ses parties constitutives*. Dans ce dernier cas, nous disons bien que l'objet a subi « une transformation », mais toute transformation se réduit en somme à un déplacement. Les formes exquises que revêt l'argile sous la main du potier ou du statuaire, les dessins riches et compliqués que suit le fil sous les doigts de la dentellière, ne sont que les effets produits par les déplacements des molécules de l'argile ou des fils du tissu. Tout ce que peut faire le travail de l'homme, c'est remuer, séparer, réunir, intervertir, superposer, arranger, rien que des mouvements. Prenez par exemple la production du pain : passez en revue les divers actes de cette production, labourer, semer, moissonner, vanner, moudre, bluter, pétrir, enfourner, et vous verrez que tous ne représentent que certains déplacements imprimés à la matière. Mais quant aux vraies transformations qui s'opèrent dans la constitution des corps, qui modifient leurs propriétés physiques ou chimiques et concourent par là à la production, l'évolution mystérieuse qui avec un germe fait une plante, la fermentation qui avec un jus sucré fait de l'alcool, la combinaison chimique qui avec du fer et du charbon fait de

---

[1] Toutefois il faut dire que si l'homme a moins de vigueur musculaire que les animaux, il a en général plus de dextérité et il la doit surtout (comme le nom l'indique assez, *dextera*) à ce merveilleux organe qui s'appelle la main.

[2] C'est ce qu'avait fait remarquer dès 1771 l'économiste italien Verri.

l'acier — celles-là ne sont plus le fait du travail manuel : l'homme s'est borné à disposer les matériaux dans l'ordre voulu, le blé dans la terre, la vendange dans la cuve, le minerai dans le haut-fourneau ; — c'est la nature qui a fait tout le reste.

En constatant combien faible est cette force motrice et combien limité est son mode d'action, on s'étonnera d'autant plus qu'elle suffise à transformer le monde!

2° Le travail d'*invention* est purement intellectuel, mais il n'est pas moins indispensable à la production que le travail manuel, car il n'est pas une seule des choses utilisées par l'homme, pas un seul de ses gestes productifs, qui n'ait dû être inventé. C'est grâce à elle que le patrimoine de l'humanité s'agrandit tous les jours de quelque nouvelle conquête. Tantôt, avec cette argile qui fait la boue de nos rues, l'industrie fabrique ce métal étincelant, solide et léger à la fois, qui s'appelle l'aluminium, et tantôt elle convertit les résidus infects de la houille en parfums ou en couleurs plus splendides que la pourpre de Tyr. Toutefois, bien courte encore est la liste des choses dont nous savons user relativement au nombre immense de celles dont nous ne faisons rien. Sur les 140.000 espèces connues du règne végétal, la culture n'en utilise pas 300 ; sur les centaines de mille espèces que compte le règne animal, il en est à peine 200 dont nous avons su tirer parti[1], et, dans les corps inorganiques, la proportion n'est guère plus favorable. Mais le catalogue de nos richesses s'allonge chaque jour et il y a tout lieu de penser que si notre science était parfaite, il n'y aurait pas dans ce vaste monde un seul brin d'herbe, pas un atome de poussière dans lequel nous n'eussions su découvrir une utilité quelconque.

Ce ne sont pas seulement les richesses qui doivent être découvertes, c'est la façon de les transformer et de les utiliser — c'est-à-dire le travail manuel lui-même sous toutes ses formes, chaque mouvement des doigts du tisse

[1] De Candolle, *Origines des plantes cultivées*, p. 366.

rand ou des bras du forgeron — qui n'ait dû être inventé par un premier artisan. Et il ne faut pas croire qu'en ce domaine l'invention s'arrête jamais complètement : elle se mêle au travail le plus humble et l'empêche de se cristalliser dans la routine. L'invention, au sens économique du mot, ce n'est pas l'éclair qui jaillit du cerveau d'un homme de génie : c'est simplement l'adaptation d'un moyen nouveau à une fin quelconque.

Il est à remarquer que toute invention, une fois faite, a ce privilège de pouvoir servir à un nombre indéfini d'actes de production ou, pour mieux dire, de reproduction. C'est même ce qui rend si difficile pour le législateur de régler et de protéger le droit de propriété de l'inventeur.

3° Enfin, toute entreprise productive, quand elle ne s'exerce plus à l'état isolé, mais sous une forme collective, exige une certaine *direction* : or, la direction constitue elle-même un mode de travail très efficace et dont l'importance va grandissant à mesure que l'industrie dans nos sociétés modernes tend à prendre les formes de la grande production (Voir aux Ch. de *l'Entreprise* et du *Profit*).

III

De l'évolution des idées en ce qui concerne la productivité du travail.

C'est une curieuse histoire que celle qui nous montre comment ce titre de « productif », d'abord réservé à une seule catégorie de travaux, s'est peu à peu élargi et a fini par être décerné indistinctement à tous, et de suivre la filiation des doctrines économiques sur cette question.

1° L'école des physiocrates réservait le titre de productif au seul travail *agricole* (et aussi chasse, pêche, mines) et le refusait à tout autre, même au travail manufacturier. La raison qu'elle en donnait est que seules ces industries fournissent les matériaux de toute richesse, matériaux que les autres industries se bornent à mettre en œuvre.

2° La définition des physiocrates était incontestablement trop étroite. Tels qu'ils nous sont livrés par les industries agricoles ou extractives, les matériaux sont en général absolument impropres à notre consommation, et ils ont besoin de subir de nombreuses modifications qui sont justement le fait de l'industrie *manufacturière*. Celle-ci est donc le complément indispensable des premières et le procès de la production est aussi incomplet sans elles qu'un drame dont on aurait supprimé les derniers actes. A quoi servirait le minerai sur le carreau de la mine, s'il ne devait passer par la forge ou la fonderie? A quoi bon le blé, s'il ne devait passer par les mains du meunier et du boulanger? Sans le travail du tisserand, le lin ne serait pas plus utile que l'ortie. De quel droit donc refuser à ces travaux le titre de productifs, puisque sans eux ces richesses nous seraient inutiles, en un mot ne seraient même pas des richesses?

Quant à croire que les industries extractives et agricoles *créent* la richesse, tandis que l'industrie manufacturière ne ferait que la *transformer*, c'est une erreur. L'agriculteur ne crée rien : il ne fait que transformer, lui aussi, les éléments simples empruntés au sol et à l'atmosphère. Il fait du blé avec de l'eau, de la potasse, de la silice, des phosphates, des nitrates, absolument comme le fabricant de savon fait le savon avec de la soude et des corps gras.

Aussi, à partir d'Adam Smith, personne n'a plus hésité à étendre le titre de productif aux travaux manufacturiers.

3° Pour les travaux de *transport*, on a hésité plus longtemps, par cette raison que le fait du transport n'imprime, semble-t-il, aucune modification à l'objet. Le colis n'est-il pas le même à la gare d'arrivée qu'à la gare de départ? C'est là, disait-on, une différence caractéristique avec l'industrie manufacturière.

Cette distinction est peu philosophique, car tout déplacement constitue une modification essentielle des corps, et c'est même, à vrai dire, comme nous l'avons vu tout à l'heure, la seule modification que nous puissions imposer à la matière (voir ci-dessus, p. 119). Si d'ailleurs on estimait qu'un déplacement ne constitue pas une modification assez essentielle pour être qualifiée de productive, alors il faudrait refuser le titre de productives aux industries extractives, car quelle différence peut-on établir entre le travail du mineur qui transporte le minerai ou la houille du fond du puits à la surface du sol, et celui du voiturier qui prend ce minerai ou cette houille sur le carreau de la mine et le transporte dans l'usine? — à moins de prétendre que le déplacement n'est productif que quand il s'opère dans le sens vertical, et qu'il cesse de l'être quand il s'opère dans le sens horizontal! Inutile d'ailleurs de faire remarquer que, de même que l'industrie manufacturière est le complément indispensable des industries agricoles et extractives, de même l'industrie des transports est le complément indispensable de celles qui précèdent. A quoi servirait-il d'écorcer les arbres à quinquina dans les forêts du Brésil, d'extraire le guano des îles du Pérou, de faire la chasse aux dents d'éléphant dans l'Afrique Australe, si l'on n'avait des marins et des voituriers pour transporter ces produits-là où on doit en faire usage? A quoi sert à un propriétaire la plus belle récolte du monde s'il ne peut la transporter faute de route?

4° Pour l'industrie *commerciale*, l'hésitation a été encore plus longue.

En effet, on peut faire observer que l'opération commerciale réduite à l'acte purement juridique — c'est-à-dire au fait d'acheter pour revendre (telle est la définition légale de l'acte de commerce) — ne suppose aucune création de richesse. C'était la doctrine des Physiocrates et même de Dunoyer. L'échange peut, disaient-ils, faire gagner beaucoup d'argent à celui qui s'y livre, mais il n'ajoute rien à la richesse générale.

Mais, d'autre part, il faut considérer que l'industrie commerciale ne peut guère se séparer des industries de transport. Cette séparation, comme nous le verrons ci-après, ne s'est même faite qu'assez tard. Aujourd'hui encore les commerçants sont les vrais directeurs des transports dans le monde : l'industrie voiturière ne fait qu'exécuter leurs ordres De plus, ils s'occupent de *conserver* les marchandises sous forme d'approvisionnement. Ils leur font subir aussi certaines *modifications* : le marchand d'étoffes coupe les « coupons », l'épicier fait griller le café, etc. Enfin, même réduit à l'échange pur et simple, le simple fait de faire parvenir la propriété d'une chose des mains de celui qui ne peut rien en faire entre les mains de celui qui peut et veut l'utiliser, doit être considéré comme productif, car *rendre utile une chose inutile* c'est tout le secret de la production (voir ci-après, *L'échange*).

5° En dernier lieu, c'est pour les travaux qui ne consistent que dans des services rendus, tels que les *professions libérales*, que la discussion a été la plus vive. Il peut paraître bizarre, par exemple, de déclarer « productif » le travail du juge qui rend un arrêt ou celui du chirurgien qui ampute une jambe. Où sont leurs produits? Où sont « les richesses » qu'ils ont créées?

Mais il suffit de remarquer :

a) Que s'ils ne créent pas des richesses matérielles, ils créent néanmoins des utilités sous forme de services rendus et que c'est l'utilité, non la matière à laquelle elle peut être attachée, qui est le but de la production;

b) Que dans l'organisme social, grâce à la loi de la division du travail que nous verrons plus loin, il y a une telle solidarité entre tous les travaux des hommes qu'il n'est pas possible de les séparer, et les services immatériels sont une condition indispensable de la production de toute richesse matérielle. Voici par exemple la production du pain. Sans doute nous allons ranger sans hésiter parmi les travaux productifs ceux des laboureurs, semeurs, moissonneurs, voituriers, meuniers, boulangers, en commençant par le Triptolème quelconque qui a inventé le blé et par tous ses successeurs qui ont découvert telle ou telle variété de céréales, qui ont inventé la rotation des cultures ou les procédés de la culture intensive. Mais nous ne pouvons nous en tenir aux travaux manuels proprement dits. Il est clair que le travail du fermier ou du maître du domaine, encore qu'il n'ait pas mis lui-même la main à la charrue, est très utile pour la production du blé, non moins que celui du berger pour la production de la laine, encore que celui-ci n'ait pas fait la tonte lui-même. On ne peut négliger non plus le travail de l'ingénieur qui a dressé le plan d'un système d'irrigation, de l'architecte qui a construit les bâtiments d'exploitation et les greniers.

Faut-il s'arrêter là? On le peut sans doute, et c'est ici que beaucoup d'économistes tracent la ligne de démarcation entre les travaux qui doivent être appelés productifs parce qu'ils ajoutent à une chose une utilité nouvelle — et les travaux qui, quoique utiles assurément, ne devraient pas être appelés productifs parce qu'ils consistent seulement en services rendus (voir ci-dessus, p. 53, la distinction entre la *richesse* et le *service*). Mais pourtant le travail du garde champêtre qui a effrayé les maraudeurs, celui du procureur de la République qui les a poursuivis, du juge qui les a condamnés, du soldat qui a protégé les récoltes contre ces dévastateurs de pire espèce que sont les armées ennemies, n'ont-ils pas, eux aussi, contribué à la production du blé! Et que dire du travail de ceux qui ont formé l'agriculteur lui-même et ses gens, de l'instituteur qui leur a inculqué des notions d'agriculture ou les moyens de les acquérir, du médecin qui les a entretenus en bonne santé? Est-il donc indifférent, même à ne considérer que la production du blé, que les travailleurs soient instruits et bien portants, qu'ils possèdent l'ordre et la sécurité et qu'ils jouissent des bienfaits d'un bon gouvernement et de bonnes lois? A-t-on même le droit d'écarter comme indifférents à la production du blé les travaux les plus étrangers à l'agriculture, tels que ceux des littérateurs, poètes, artistes? Pense-t-on que le goût des travaux agricoles ne puisse être utilement développé dans une société par les romanciers qui nous retracent les scènes de la vie rustique ou les poètes qui célèbrent les charmes des travaux des champs et qui nous ont appris à répéter avec l'auteur des *Géorgiques* :

O fortunatos nimium sua si bona norint
Agricolas!

Où donc s'arrêter ? nous voyons le cercle des travaux productifs s'étendre à l'infini jusqu'aux extrêmes confins de la
société — tout comme ces cercles concentriques qui vont
s'élargissant sur la surface des eaux autour du centre que
l'on a touché et se perdre au loin sans que le regard puisse
saisir la limite où ils s'arrêtent. Sans doute on peut dire que
les travaux que nous venons de considérer n'ont pas contribué tous de la même façon à la production du blé; ceux-ci
ont agi d'une façon directe, ceux-là d'une façon indirecte,
mais il suffit de constater que depuis le travail du laboureur
jusqu'à celui du Président de la République, *on n'en pourrait supprimer aucun sans que la culture du blé en souffrît.*
   Il n'y a même pas lieu d'établir entre eux une hiérarchie
au point de vue de leur utilité économique. D'après l'ordre
des besoins économiques auxquels ils répondent, on pourrait
être tenté de classer au premier rang les travaux de découverte et d'invention, puis les travaux agricoles, puis ceux des
manufactures, puis ceux du transport, et au dernier rang
ceux du commerce et des fonctions publiques. Mais il suffit
de remarquer que si le pays est mal gouverné ou s'il n'a
point de moyens de transport, toutes ses richesses agricoles
ne lui serviront de rien. Cependant ce serait tomber dans
une erreur non moins grave, quoiqu'inverse, de croire que
parceque tous métiers ou professions peuvent être également
productifs, il importe peu que tel s'étende plus ou moins
que tel autre. La vérité c'est que si toute profession peut
être utile dans les limites du besoin à satisfaire, elle devient
nuisible au delà puisqu'elle dégénère en parasitisme. Ce
qu'il faut c'est *la juste proportion entre l'effectif de chaque
groupe professionnel et l'importance du besoin auquel il doit
satisfaire.* Or, malheureusement, ce juste équilibre est loin
d'être réalisé dans nos sociétés civilisées. C'est ainsi que
nous voyons certains pays, par exemple, dépenser des milliards pour développer leurs moyens de transport sans se

préoccuper de savoir s'ils auront des produits à transporter. C'est ainsi que, alors que les travaux agricoles sont de plus en plus désertés, nous voyons le nombre des personnes engagées dans le petit commerce ou dans les fonctions publiques augmenter tous les jours, et ce n'est certes pas sans raison que l'on se plaint de l'accroissement du nombre des intermédiaires et des fonctionnaires et du prélèvement usuraire que les uns et les autres exercent sur le produit du travail de tous. Nous verrons plus loin que les sociétés coopératives de consommation ont précisément pour but de remédier au mal résultant de la multiplication des commerçants.

IV

De la peine considérée
comme élément constitutif du travail.

C'est un fait indiscutable que l'homme ne travaille guère spontanément mais seulement sous la pression de causes extérieures, telles que, pour l'enfant, la punition, les prix, l'émulation, et pour l'homme, le besoin, l'appât du gain, l'ambition, l'honneur professionnel. La plupart des hommes ne travaillent avec ardeur que pour hâter l'heure où ils pourront ne plus travailler. Il faut donc en conclure que tout travail productif implique une certaine *peine*. C'est là une loi d'une importance capitale en économie politique. Si le travail n'était pas une peine, on peut affirmer que tous les phénomènes économiques seraient autres qu'ils ne sont : par exemple ni l'esclavage ni le machinisme n'auraient existé puisqu'ils n'ont eu pour but que de dispenser d'un certain travail.

Mais pourquoi le travail est-il pénible? Quoique tout le monde le sente, il n'est pas facile de dire pourquoi. Car le travail, en somme, n'est qu'une forme de l'activité humaine : or, l'activité n'a en soi rien de pénible : agir, c'est vivre; c'est au contraire l'inaction absolue qui est un supplice, et si atroce que, lorsqu'elle est trop prolongée dans l'emprisonnement cellulaire, elle tue le patient ou le rend fou.

Est-ce parce que le travail implique toujours un certain *effort* et que l'homme est un animal naturellement paresseux? Ce n'est pas une explication suffisante, puisque beaucoup d'exercices qui sont considérés comme des plaisirs — ascension de montagne, canotage, bicyclette, sports de toute nature, y compris même la danse — exigent des efforts plus intenses que ceux du travail et que pourtant beaucoup d'hommes s'y livrent avec passion.

Mais dans le jeu l'effort est volontaire et libre, il cherche et trouve sa satisfaction en lui-même : il est sa propre fin. Au contraire, dans le travail l'effort est imposé par la nécessité d'atteindre un certain but qui est la satisfaction d'un besoin : l'effort n'est plus que *la condition préalable d'une jouissance ultérieure*, il est, comme l'on dit, « une tâche » et voilà pourquoi il est pénible. Entre un canotier qui rame pour s'amuser et un batelier qui rame pour travailler, entre un alpiniste qui fait une ascension et le guide qui l'accompagne, entre une jeune fille qui passe sa nuit au bal et une danseuse qui figure dans un ballet, je ne vois qu'une différence, c'est que les uns rament, grimpent, dansent, à seule fin de ramer, grimper ou danser, tandis que les autres, rament, grimpent ou dansent pour gagner leur vie; mais cette différence suffit pour que ces mêmes modes d'activité soient considérés par les uns comme un plaisir et par les autres comme une peine. Il était agréable pour Candide de « cultiver son jardin » : cela lui aurait été désagréable s'il avait dû le cultiver pour y faire pousser des légumes et aller les vendre au marché. Le touriste qui suit une route uniquement pour s'y promener y prend plaisir, mais le facteur rural qui la parcourt matin et soir pour arriver à un but déterminé la trouve toujours longue et fatigante. Or, pour la presque totalité de l'espèce humaine, le travail n'est qu'une voie dans laquelle elle est engagée par la nécessité de vivre. Elle travaille pour gagner sa vie : elle ne travaille pas « pour son plaisir ».

Ce qui prouve que la pénibilité du travail tient bien à son caractère de condition imposée, c'est qu'elle varie en raison directe de la contrainte et en raison inverse de la liberté. Elle était à son maximum pour l'esclave romain attaché à la meule ou pour le galérien lié sur son banc : elle est grande encore pour le salarié qui doit gagner son pain quotidien. Elle est à son minimum pour le paysan qui laboure avec amour son propre champ, pour le directeur de trusts qui dirige la bataille des milliards de dollars comme un général son corps d'armée, et pour l'artiste qui évoque l'idée sur la toile ou dans le marbre.

De là à conclure que le travail pourrait se dépouiller complètement de tout caractère pénible sous un régime social où la pression de la misère et de la faim ne se ferait plus sentir, il n'y a qu'un pas. Et ce pas a été franchi par la plupart des socialistes. Fourier avait donné pour pivot à la société future, qu'il se proposait d'organiser, le *travail attrayant*. Il déclarait que si le travail est pénible, cela tient uniquement à une organisation vicieuse de nos sociétés modernes, et il se faisait fort, dans son phalanstère, de transformer le travail en plaisir par le libre choix des vocations, la variété des occupations, la brièveté des tâches, l'esprit de corps, l'émulation, et mille autres combinaisons, les unes ingénieuses, les autres fantasques, en un mot de faire du travail du laboureur, du forgeron, du charpentier, du cordonnier, etc., autant de variétés du sport. Si le roi Louis XVI, dit-il, prenait son plaisir à fabriquer des serrures, pourquoi tous les hommes aussi ne pourraient-ils pas arriver à travailler par plaisir?

On doit admettre en effet que le travail deviendra de moins en moins pénible au fur et à mesure que les hommes deviendront plus riches et plus indépendants, parce qu'alors le travail perdra de plus en plus son caractère de tâche imposée par la nécessité pour prendre le caractère d'une activité libre. Cependant, alors même que la loi du travail cessera d'être une fatalité économique, elle restera une loi morale, un devoir de solidarité sociale. Et il serait contradictoire de supposer que le travail devienne jamais un jeu.

En tout cas, présentement tout homme qui travaille est soumis à l'action de deux forces opposées : d'une part *le désir de se procurer une jouissance quelconque*, d'autre part *le désir de se soustraire à la peine que le travail lui cause*. Suivant que l'un ou l'autre de ces deux mobiles fera pencher le plateau de la balance, il poursuivra son travail ou s'arrêtera.

Comme l'a fait remarquer très ingénieusement Stanley Jevons, la peine supportée par le travailleur va toujours croissant à mesure que le travail se prolonge, tandis que la satisfaction qu'il en attend va sans cesse diminuant au fur et à mesure que ses besoins les plus pressants commencent à être satisfaits[1] — en sorte qu'entre ces deux désirs, celui qui le pousse à travailler et celui qui le pousse à s'arrêter, il est évident que le second finira tôt ou tard par remporter la victoire. Considérez un travailleur qui tire des seaux d'eau d'un puits. La fatigue augmente à chaque nouveau seau d'eau qu'il faut tirer; d'autre part, l'utilité de chaque seau diminue, car si le premier est indispensable pour l'alimentation, le second ne servira qu'à abreuver les bestiaux, le troisième à des soins de propreté, le quatrième à arroser le jardin, le cinquième à laver le pavé, etc. A quel chiffre s'arrêtera-t-il? Cela dépend dans une certaine mesure de sa résistance à la fatigue, mais surtout de l'échelle de ses besoins. L'Esquimau, qui ne voit d'autre utilité à l'eau que celle de se désaltérer, s'arrêtera au premier ou au deuxième seau, mais le Hollandais qui éprouve le besoin de laver jusqu'au toit de ses maisons, aura peut-être à en puiser cinquante avant de s'estimer suffisamment pourvu.

Si au stimulant des besoins présents et actuels vient se joindre le stimulant des besoins à venir — si, par exemple, dans un pays où l'eau est rare, le travailleur songe à remplir une citerne pour les jours de sécheresse — l'activité productrice peut se trouver singulièrement accrue. Mais

[1] Voir ce que nous avons dit, ci-dessus, de l'utilité finale, p. 67.

cette faculté de mettre en balance une peine immédiate et
une satisfaction lointaine, faculté qui de son vrai nom s'appelle la *prévoyance*, n'appartient qu'aux races civilisées et,
parmi elles, aux classes aisées. Le sauvage et l'indigent sont
également imprévoyants.

V
Le temps comme élément constitutif du travail.
La durée de la vie utile.

Nous avons dit ci-dessus que le temps pouvait être considéré comme un des facteurs de la production quand il s'a-
git de la nature — il faut du temps pour mûrir les fruits et
pour bonifier le vin dans les bouteilles : — à plus forte raison le temps tient-il une place énorme quand il s'agit du
travail de l'homme. Entre le moment où le travail commence
et celui où il donnera les résultats qu'on en attend, il s'é-
coule toujours un temps plus ou moins long.

En règle générale, cette durée est d'autant plus longue
que l'opération doit être plus productive. Quand il s'agit de
travaux qui font vivre l'homme au jour le jour, *from hand
to mouth* (de la main à la bouche) comme disent les Anglais,
tels que la chasse, la pêche, ou la cueillette des fruits sauvages, quelques heures suffisent; mais quand il s'agit de
travaux agricoles, d'entreprises industrielles ou de ces travaux d'art qui sont l'honneur de notre temps, tels que mines, puits artésiens, chemins de fer, tunnels ou canaux, le
temps nécessaire devient énorme et se proportionne à la
grandeur des résultats. Combien d'années s'écouleront entre
le jour où a été donné le premier coup de pioche dans
l'isthme de Panama, il y a trente ans, et le jour où le premier navire y passera?

Seulement si, lorsqu'il s'agit de la nature, on peut dire
que le temps est un facteur de la production, quand il s'agit
de l'homme au contraire il apparaît comme un obstacle, du
même genre que la peine et l'effort. En effet on ne peut

dire de lui comme on dit de la nature, que le temps ne lui coûte rien — le temps coûte beaucoup à l'homme; le proverbe anglais dit *time is money*, et le proverbe français plus pittoresque dit : le temps est l'étoffe dont la vie est faite. Or cette étoffe est parcimonieusement mesurée à l'homme et plus encore au travail. Car l'homme est bien loin de pouvoir consacrer au travail toute sa vie. Sans compter même le temps incalculable gaspillé par la paresse ou le mauvais emploi, il faut noter que l'homme ne peut :

1° Ni travailler *toutes les heures du jour*. Il faut bien déduire le temps du sommeil et le temps des repas, et l'expérience a prouvé que l'on ne gagnait rien, au point de vue de la productivité, à vouloir forcer la durée de la journée de travail. Elle était autrefois de 14 à 15 heures. La pression des syndicats ouvriers ou la loi l'ont réduite, dans presque tous les pays, à 10 ou 11 heures, et même déjà parfois à 8 heures, ce qui fait le tiers seulement de la journée.

2° Ni travailler *tous les jours de l'année*. Il n'y a aucun pays où il n'y ait un certain nombre de jours fériés. L'Angleterre et l'Amérique observent avec rigueur le repos dominical : les Anglais s'accordent en plus l'après-midi du samedi. En Russie il y a un nombre incroyable de jours où l'on fête quelque saint. Il y a d'ailleurs à faire la part des jours de maladie. Il est rare qu'un ouvrier, même des plus laborieux, atteigne une moyenne de 300 jours de travail dans l'année ; le nombre donné par la statistique officielle en France est de 295.

3° Ni travailler enfin *toutes les années de la vie*, car il faut déduire les années de l'enfance et celles de la vieillesse. La vie utile, c'est-à-dire celle où l'homme peut produire, quand il s'agit d'un ouvrier, commence à 14 ou 15 ans et ne se prolonge guère au-delà de 55 ans, soit une durée de 40 ans. Pour les professions libérales, la vie utile peut se prolonger beaucoup plus tard, mais elle commence beaucoup plus tard aussi.

En somme, sur une vie de 80 ans, la période productive n'en représente guère plus de la moitié et le nombre d'heures consacrées effectivement au travail, guère plus de la sixième partie.

La situation démographique la plus favorable pour un pays est celle où le nombre de personnes appartenant à la période utile[1] de la vie est proportionnellement le plus élevé. L'idéal (au point de vue purement économique, bien entendu) serait celui où il n'y aurait point d'enfants ni de vieillards puisque ces deux catégories sont improductives. Évidemment la chose est impossible : pourtant les pays neufs, qui se peuplent surtout par l'immigration, se rapprochent beaucoup de cette situation ; car les immigrants y arrivent déjà à l'âge d'homme ou avec des enfants déjà grands, et parfois ils ne sont pas reçus au-dessus d'un certain âge. C'est certainement un des facteurs de leur prospérité économique.

Les pays où la natalité est très faible, comme en France, se trouvent aussi dans une situation démographique assez avantageuse (compensation d'ailleurs bien insuffisante à un grand danger), puisque la catégorie des enfants étant moins nombreuse, celle des adultes l'est davantage *relativement* — et celle des vieillards est plus nombreuse aussi, ce qui diminue l'avantage économique.

La nécessité du temps pour toute opération productive — et d'un temps d'autant plus long que l'entreprise doit être plus productive, constitue, comme nous le verrons, une des principales causes de l'importance des capitaux et de la situation privilégiée faite à ceux qui les possèdent. En effet il faut bien que le travailleur, en attendant les fruits de son travail vive sur des *avances*, et ces avances c'est le capitaliste seul qui est en état de les fournir. Naturellement il ne le fera pas gratis.

---

[1] La *vie utile* n'est pas dans un rapport nécessaire avec la *vie moyenne*. Car imaginez deux pays : l'un où tout le monde meurt à 30 ans ; l'autre où la moitié meurt à la naissance et l'autre moitié ne meurt qu'à 60 ans. La vie moyenne sera la même dans les deux pays et pourtant combien le second sera plus favorisé que le premier au point de vue de la vie utile ! elle y sera de 40 ans au lieu de 10.

CHAPITRE III

LE CAPITAL

I

Les deux conceptions du capital.

Aucune conception économique, après celle de la valeur, n'a fait surgir plus de théories que celle du capital. C'est parce qu'elle comporte deux significations très différentes.

Voici la première.

De tous les innombrables auteurs qui nous ont raconté des histoires de Robinsons et se sont proposé de nous montrer l'homme seul aux prises avec les nécessités de l'existence, il n'en est pas un seul qui n'ait eu soin de doter son héros de quelques instruments ou provisions sauvés d'un naufrage. Ils savaient bien, en effet, que sans cette précaution il leur faudrait arrêter leur roman dès la seconde page, l'existence de leur héros ne pouvant se prolonger au delà. Cependant tous ces Robinsons n'avaient-ils pas pour vivre les ressources de leur travail et les trésors d'une nature féconde, quoique vierge? Oui, mais quelque chose pourtant leur faisait défaut et, comme ils n'auraient pu s'en passer, il faut bien que l'auteur s'arrange par un artifice quelconque pour le leur procurer : ce quelque chose indispensable, c'est le *Capital.*

Il n'est pas besoin du reste d'aller chercher l'exemple d'un Robinson pour se convaincre de l'utilité du capital. Au milieu de nos sociétés civilisées, la situation n'est pas différente. Il n'est pas de problème plus difficile à résoudre, dans le monde où nous vivons, que d'acquérir quelque chose quand on ne possède rien. Considérez un prolétaire, c'est-à-dire un individu sans aucune avance ; que fera-t-il pour produire ce qui lui est nécessaire pour vivre, pour gagner sa vie, comme on dit ? Un peu de réflexion suffit pour montrer qu'il n'est aucun genre d'industrie productive qu'il puisse entreprendre ; pas même celle de braconnier, car il lui faudrait un fusil ou du moins des collets ; pas même celle de chiffonnier, car il lui faudrait un crochet et une hotte[1]. Il se trouve aussi misérable, aussi impuissant, et serait aussi sûrement condamné à mourir de faim qu'un Robinson qui n'aurait rien sauvé du naufrage — si, par le salariat, il ne pouvait entrer au service d'un capitaliste qui lui fournit, sous certaines conditions, les matières premières et les instruments nécessaires pour la production.

Sans doute les animaux sont bien obligés de se contenter de leur travail et de la nature pour suffire à leurs besoins. L'homme primitif a été nécessairement dans le même cas. Il est bien évident que *le premier* capital de l'espèce humaine a dû être formé sans le secours d'aucun autre capital. Il a bien fallu qu'un jour l'homme sur cette terre, plus déshérité que Robinson dans son île, résolût le difficile problème de produire la première richesse sans le secours d'une richesse préexistante. C'est réduit au seul secours de ses mains que l'homme a dû mettre en branle l'immense roue de l'industrie humaine. Mais une fois mise en mouvement, le plus difficile était fait et la plus légère impulsion a suffi pour lui imprimer une vitesse sans cesse accrue. La première pierre ramassée à ses pieds, le silex éclaté au feu des anthropopithèques, a servi d'abord d'auxiliaire pour en créer une

---

[1] La production intellectuelle ne fait pas exception. Les professions d'avocat, de médecin, de magistrat, etc., supposent l'utilisation et la préexistence d'une certaine quantité de richesse, non seulement sous forme d'instruments de travail — bibliothèque, trousses, laboratoire, voiture, costume, etc., — mais surtout sous forme d'avances en argent pendant les années d'études et de noviciat.

nouvelle dans des conditions un peu plus favorables et celles-ci à leur tour ont servi à en créer d'autres. La faculté de la production croît suivant une progression géométrique, en raison de la quantité de richesse déjà acquise. Mais on sait que si une progression géométrique, arrivée à un certain point, s'accroît avec une rapidité vertigineuse, au contraire pendant les premiers termes, l'augmentation est lente. Ainsi nos sociétés modernes qui, vivant sur les richesses accumulées de mille générations, se font un jeu de multiplier la richesse sous toutes ses formes ne doivent pas oublier combien lente et périlleuse a dû être dans les débuts l'accumulation des premières richesses et pendant combien de siècles ont dû se traîner les premières sociétés humaines à travers les âges obscurs de la pierre taillée et de la pierre polie avant de réunir les premiers capitaux. Certes, beaucoup ont dû périr de misère en traversant ce redoutable défilé : il n'a été donné qu'à un petit nombre de races d'élite de le franchir heureusement pour s'élever au rang de sociétés vraiment capitalistes, *ad augusta per angusta.*

Voilà la signification du capital qui est toujours donnée dans les traités d'économie politique. Elle est en effet essentielle. Il y en a pourtant une autre et c'est celle-ci qui est la plus usuelle.

Dans le langage courant, le capital ce n'est point l'instrument de production, c'est *toute richesse qui sert à procurer un revenu à son possesseur indépendamment du travail de ce possesseur* — ou, comme l'on dit, *à rapporter une rente.* Mais cette définition suppose évidemment une certaine condition économique et sociale, notamment le fait que la richesse peut être prêtée à intérêt, ou qu'elle peut être employée à faire travailler des gens pauvres et qui seront trop heureux de se louer pour vivre.

Elle suppose évidemment l'existence de la propriété et, bien qu'elle soit aussi ancienne que la propriété privée elle-même, cependant elle a pris une plus grande extension depuis que le crédit a multiplié les formes d'investissement et de mobilisation du capital (voir ci-après les *Sociétés de ca-*

pitaux). Ce qui caractérise donc cette seconde conception du
capital, ce n'est plus la *productivité*, mais la *rentabilité*[1],
non pas la vertu de produire comme instrument de travail,
mais le pouvoir de commander le travail d'autrui et par conséquent de se procurer un revenu sans travail personnel —
du moins sans autre travail que celui qui consiste à surveil-
ler l'emploi de son capital et à en recueillir les fruits.

Voilà pourquoi les socialistes insistent uniquement sur
cette seconde signification du capital. Ils n'admettent pas que
l'arc du sauvage et le rabot de Robinson puissent être cités
comme exemples du capital. Il est clair, en effet, que le sauvage ni Robinson n'auraient pu s'en faire des « rentes » :
donc ce n'étaient pas des capitaux. Ils raillent ce qu'on
pourrait appeler la conception *naturaliste* du capital et la
remplacent par la conception *juridique*[2]. Le capital n'est
pour eux qu'une « catégorie historique » qui a apparu à son
heure et disparaîtra de même.

Ce qui a établi une opposition violente entre ces deux
théories c'est qu'on a voulu en faire des machines de guerre,
la première pour légitimer, et la seconde pour décrier le rôle
du capital. Les uns disent : voyez quel serviteur utile puisque même un Robinson ne peut vivre sans lui ! Les autres disent : voyez quel tyran puisqu'il ne s'alimente que du travail d'autrui ! — Mais ceci sont des considérations de finalité
que nous ajournons au moment où nous nous occuperons de
la répartition des richesses. Le seul point que nous ayons à
éclaircir pour le moment, c'est de savoir quelle est la véritable fonction du capital dans la production.

Or il n'y a pas de contradiction nécessaire entre ces deux

---

[1] « On ne peut, dit Rodbertus, considérer comme il faut la plupart
des problèmes de notre science et notamment de la situation de la classe
ouvrière, tant qu'on ne s'est pas approprié la distinction de ces deux sens,
qu'on ne se l'est pas rendue familière » (*Le Capital*, p. 248).
[2] C'est l'expression employée par M. Chatelain, voir *Revue d'Economie
Politique* (1905, p. 673). *Le Capital économique et le capital juridique*. Dans les éditions antérieures, j'avais dit : conception *historique*,
ce qui est moins bon.

théories, puisque l'une envisage le capital dans ses caractères naturels, permanents, économiques, et l'autre dans ses caractères acquis, relatifs, juridiques. L'une et l'autre par conséquent peuvent être vraies et le sont en effet, comme nous allons le voir dans le chapitre suivant.

Il est certain que le rôle du capital s'est modifié avec l'évolution économique. D'abord modeste instrument du travailleur manuel, il s'est peu à peu détaché de ses mains; il a passé entre celles des riches. D'abord simple instrument de production, il est devenu instrument de lucre. Il ne se borne plus à aider le travail : il le commande. C'est ce régime social nouveau que les socialistes appellent le *capitalisme.*

Néanmoins le jour où le « capitalisme » aura disparu, le « capital » en tant que moyen de production demeurera tout de même. J'estime donc que la définition des économistes est d'une vérité supérieure, précisément parce qu'elle envisage dans le capital les caractères essentiels et nécessaires, tandis que l'autre n'y voit que les caractères contingents et éphémères.

Le fait qu'aucune richesse ne peut être produite sans le secours d'une autre richesse préexistante est une loi économique d'une importance telle qu'on ne saurait certes l'exagérer. Oui, de même que le feu ne peut être allumé, du moins dans les conditions ordinaires de la vie, sans une parcelle de matière en ignition (allumette, tison, briquet), — de même qu'un mélange explosif ne peut pas détoner sans être provoqué par le choc d'une parcelle explosive qui s'appelle l'amorce, — de même qu'un être vivant ne peut être produit sans la présence d'une certaine portion de matière vivante préexistante (germe, cellule, protoplasma), — de même aussi nulle richesse ne peut être produite, dans les conditions économiques normales, sans la présence d'une certaine portion de richesse préexistante qui joue le rôle d'*amorce*. Il faut bien donner un nom à cette richesse préexistante dont la fonction est si caractéristique? Nous lui donnons celui de *capital.* Si les socialistes ne veulent pas de ce nom, ils ont le droit d'en proposer un autre, — mais comme ils ne l'ont point fait, en attendant gardons celui-ci.

II

Capitaux productifs et capitaux lucratifs.

Les richesses paraissent, à première vue, se classer en deux catégories assez nettement distinctes.

Les unes servent directement à satisfaire à nos besoins, à nous procurer une jouissance quelconque, fugitive ou permanente. Inutile de les énumérer : c'est tout ce qui figure sur notre table et dans notre maison, tout ce qui contribue à notre bien-être. On peut les appeler *les biens de consommation*[1].

Mais derrière cette première catégorie de biens nous en voyons beaucoup d'autres qui par eux-mêmes sont impropres à nous procurer aucune jouissance et qui ne servent qu'à produire précisément les biens de la première catégorie — ils n'ont été faits que pour cela : instruments et machines, véhicules, fabriques, fermes, routes, ponts, charbon, matières premières, et tout produit en cours de transformation mais non encore parvenu à son état définitif. C'est à cette seconde catégorie que l'on réserve le nom de *capitaux*.

Toutefois il ne faut pas comprendre dans cette seconde catégorie la terre et les agents naturels, puisqu'ils constituent un facteur originaire de la production qui ne doit pas rentrer, sous peine de confusion, sous la rubrique du capital[2]. La caractéristique du capital, c'est d'être une *richesse créée*

---

[1] Quelques économistes disent aussi les *revenus*, mais ce mot est trompeur parce qu'il implique le fait d'être mangé ou dépensé, tandis que la consommation ne l'implique pas nécessairement. Un tableau, de l'argenterie, un château, une maison, sont des biens de consommation, mais ne sont pas des revenus.

[2] Cependant, dans la mesure où la terre peut être considérée elle-même comme un produit, à savoir pour tout ce qui lui est superposé sous

non pour elle-même, mais pour créer de *nouvelles richesses*, ou, comme le dit brièvement et élégamment M. de Bœhm-Bawerk, *une richesse intermédiaire.*

Cette distinction entre ce qui est capital et ce qui ne l'est pas, paraît très nette. Entre les deux catégories, il semble qu'il y ait une ligne de démarcation, un fossé, même un abîme! Cependant ce n'est pas si simple que cela en a l'air.

D'abord, il faut remarquer que beaucoup de choses possèdent des propriétés multiples, sont à double fin, en sorte qu'elles sont à cheval sur la ligne de démarcation et qu'on peut les classer, selon celle de leurs propriétés qu'on utilise, soit dans la première, soit dans la deuxième catégorie. Un œuf est à la fois un germe et un aliment : il est donc capital si on utilise ses propriétés germinatives pour le faire couver, et objet de consommation si on utilise ses propriétés alimentaires pour le servir sur le plat. Le charbon est capital s'il sert à chauffer une locomotive et objet de consommation s'il sert à chauffer les pieds. Une maison est indispensable pour produire, mais elle peut aussi ne servir qu'à l'habitation.

D'autre part il n'y a aucun bien, même parmi ceux qui par leur nature ne peuvent servir qu'à la consommation personnelle et à l'agrément, qui ne puisse être vendu, loué, prêté, et par là ne puisse rapporter un revenu, un profit, à son propriétaire. Or comme le fait de rapporter un revenu est le trait caractéristique du capital, il faut donc reconnaître qu'il n'y a pas un seul bien qui ne puisse devenir un capital si le propriétaire, au lieu de l'employer à ses besoins per-

forme de bâtiments, amendements et labours, on peut lui donner le titre de Capital.

Si la Nature ne doit pas être confondue avec le Capital, il faut dire de même du Travail : et cependant plusieurs économistes qualifient de capitaux *les connaissances acquises :* par exemple, dans les professions libérales ou les fonctions publiques celles qui sont constatées par les diplômes. Il est vrai que ces connaissances pourront être des sources de revenus, mais ces revenus n'en seront pas moins les fruits du travail. Ce qu'il faut dire, c'est que ces connaissances n'ont pu être acquises et ces diplômes conquis que grâce à la possession d'un certain capital argent, mais ceci est une autre question.

sonnels, s'en fait un instrument de lucre. Non seulement une automobile, une villa de bains de mer, un costume de carnaval, peuvent être *loués* et par là devenir capital, mais n'importe quelle denrée qui se mange ou se boit, n'importe quel article de parure ou d'amusement, peut servir d'objet à un *commerce* et par là devenir ce qu'on appelle précisément « un fonds de commerce », c'est-à-dire un capital.

Ainsi les *maisons*, par leur nature, ne sont que des objets de consommation, puisque, comme les vivres ou les vêtements, elles sont des produits définitifs et effectivement employés à satisfaire aux besoins de ceux qui y habitent, et c'est bien ainsi que dès le début Adam Smith les avait classées. Mais elles peuvent devenir des capitaux lucratifs pour leur propriétaire s'il les loue au lieu de les habiter, et même des capitaux productifs si elles ne servent pas à l'habitation, mais à la production, comme bâtiments d'exploitation (usines, fermes, magasins)[1].

Ainsi ce qui constitue par excellence « les capitaux » dans le langage courant, par opposition à la propriété immobilière, à savoir toutes les *valeurs mobilières* représentées par des titres de rente sur l'État, obligations ou actions, créances hypothécaires, etc., ne sont que des capitaux *lucratifs*, en ce sens qu'ils ne correspondent à aucun capital réellement productif et ne tirent leur revenu que de la bourse du débiteur ou du contribuable. Seules les valeurs mobilières qu'on appelle des « actions » représentent des capitaux productifs existant quelque part sous forme de mines, chemins de fer, usines, banques, etc., mais elles n'en sont que les *titres juridiques*, le signe : il faudrait donc, même pour celles-ci, se garder de les compter deux fois dans la

[1] Cependant, je dois dire que cette distinction est vivement contestée. Beaucoup d'économistes estiment qu'une maison est toujours capital, même quand elle ne sert qu'à l'habitation, parce qu'elle est toujours productive d'un revenu qui est l'abri, le confort, le service rendu. — Mais si l'on raisonne ainsi le fauteuil où je m'assieds devrait être de même un capital productif de revenu, car il me rend aussi des services? — Et en effet certains économistes, notamment MM. Walras et Irving Fisher, vont jusque-là.

fortune d'un pays, une fois en titres et une seconde fois en nature.

Ainsi en est-il surtout de l'*argent*, du numéraire, qui est tout ce qu'on veut. Nous croyons qu'on peut le classer parmi les capitaux de production, au même titre que les poids et mesures ou que les wagons, puisque comme eux il est un instrument et un véhicule de l'échange[1]. Mais il est aussi, quand il est prêté, le capital lucratif par excellence. Et enfin, si l'argent est employé à l'ornement, comme les sequins que les femmes d'Orient portent à leur cou, en ce cas il n'est plus du tout capital, ni lucratif, ni productif, mais « bien de consommation ».

En tout cas, ce qu'il importe de retenir c'est que autre chose est un capital qui sert à produire une richesse nouvelle, autre chose est un capital qui sert à produire un revenu. Le revenu que donne celui-ci n'est pas une richesse nouvelle créée pour la Société : c'est simplement un prélèvement opéré sur le revenu du locataire, de l'emprunteur, ou de l'acheteur.

Pour marquer cette distinction nous appelons les biens qui servent effectivement à la production *capitaux productifs*, et ceux qui ne servent qu'à procurer un revenu à leur propriétaire *capitaux lucratifs*[2].

---

[1] Cette solution a été critiquée. M. Chatelain notamment ne veut voir dans l'argent qu'un capital lucratif, parce que par lui-même il ne peut rien produire mais n'a d'autre rôle, quand il est placé ou mis dans le commerce, que de procurer un profit. Mais la balance et la pierre de touche que le marchand chinois porte à sa ceinture ne produisent rien non plus, et n'ont pour but que de vérifier la valeur des lingots d'argent. Cependant si elles sont indispensables au commerce, elles sont un capital : alors pourquoi le petit lingot d'argent lui-même ne le serait-il pas ?

[2] M. de Bœhm-Bawerk, dans son livre déjà cité, approuve cette classification et cette terminologie ; toutefois il préfère appeler les capitaux productifs *capital social*, et les capitaux lucratifs *capital individuel*. Il veut dire que les premiers seuls sont capitaux pour la Société ; les seconds, seulement pour l'individu — ce qui est très vrai. Néanmoins l'expression peut induire en erreur car, à un autre point de vue, les capitaux lucratifs ne peuvent se concevoir que dans la vie de société, tandis que les capitaux productifs existent même pour un Robinson.

Mais ceci exige quelques explications sur ce qu'il faut entendre par la productivité des capitaux.

III

Dans quel sens faut-il entendre la productivité des capitaux?

Le rôle que joue le capital dans la production donne lieu à de fâcheuses confusions.

Généralement on dit que tout capital donne un revenu : cela paraît être dans sa nature. Et on s'imagine qu'il le donne de la même façon qu'un arbre donne des fruits ou qu'une poule donne des œufs : en sorte qu'on voit dans le *revenu* un produit formé exclusivement par le capital et sorti de lui, et qu'on pense que si un capital ne produit pas des revenus c'est qu'il est frappé de quelque infirmité congénitale !

Et ce qui contribue à propager cette idée fausse, c'est que la plupart des capitaux nous apparaissent sous la forme de titres de rentes, d'actions ou d'obligations, desquels, suivant la formule consacrée, on *détache des coupons* qui représentent le revenu. Pendant six mois ou un an, suivant la nature du titre, le coupon grossit ; le jour de l'échéance arrivé, il est mûr : on peut le cueillir, et en effet on le sépare d'un coup de ciseau.

Bien plus : de même, que quand le fruit ou le grain est cueilli, on peut le semer de nouveau et faire pousser une nouvelle plante qui donnera de nouveaux fruits, ou de même que lorsque l'œuf est pondu, on peut le mettre à couver et faire éclore un poussin qui donnera de nouveaux œufs, — de même, en plaçant ce coupon, on peut créer un nouveau capital qui donnera de nouveaux coupons d'intérêt, et on croit voir ainsi le capital croître et se multiplier suivant les mêmes lois que celles qui président à la multiplication des espèces végétales ou animales. Mais la loi de l'*intérêt com-*

posé, car c'est ainsi qu'on l'appelle, est bien autrement merveilleuse que la multiplication des harengs ou des microbes. Car un simple sou, placé à intérêts composés au premier jour de l'ère chrétienne, aurait produit aujourd'hui une valeur égale à celle de quelques milliards de globes d'or massif du volume de la terre; ce petit calcul d'arithmétique est resté célèbre.

Il faut dissiper toute cette fantasmagorie qui échauffe si fort, et non sans raison, la bile des socialistes. Cette espèce de force productive et mystérieuse que l'on attribue au capital et qui lui serait propre, cette vertu génératrice, est pure chimère. Quoi qu'en dise le dicton populaire, l'argent ne fait pas de petits, et le capital pas davantage. Non seulement un sac d'écus n'a jamais produit un écu, comme l'avait déjà remarqué Aristote, mais un ballot de laine ou une tonne de fer n'ont jamais produit un flocon de laine ou un atome de fer, et s'il est vrai que des moutons reproduisent d'autres moutons — comme le disait Bentham pensant réfuter par là Aristote — ce n'est point du tout parce que les moutons sont des capitaux, mais tout simplement parce qu'ils sont... des moutons et que la nature a doué les êtres vivants de la propriété de reproduire des individus semblables à eux-mêmes. Le capital n'est qu'une matière inerte par elle-même, absolument stérile. Par conséquent quand nous disons, comme tout à l'heure, capital « productif » en l'opposant à capital lucratif et quand nous parlons de la « productivité » des capitaux, il faut l'entendre simplement au sens d'*instrument d'un travail productif*.

Il est vrai que, comme nous l'avons vu (p. 134), le travail lui aussi, dans les conditions économiques actuelles, est stérile sans le concours du capital. On pourrait donc être tenté de conclure qu'ils sont l'un et l'autre sur le même pied, également inféconds tant qu'ils sont séparés, créateurs dès qu'ils sont réunis, et sans qu'on puisse distinguer la part de chacun d'eux, pas plus que celle des deux sexes dans la génération. Pourtant il ne faut pas les mettre sur le même pied, car nous avons vu (p. 84) que le capital n'est lui-même

qu'un produit du travail. Dire que le travail est stérile sans
le concours du capital, cela veut dire tout simplement que
le *travail présent* ne peut produire qu'avec la collaboration
du *travail passé*. Une charrue avec son attelage, entre les
mains du laboureur, peut lui permettre de produire beaucoup plus de blé que le seul travail de ses mains. Et c'est
ce supplément de blé qui constitue le soi-disant revenu du
capital. Néanmoins, il ne vient pas de la charrue. Il vient
de l'homme aidé par la charrue. Et la charrue elle-même
vient du travail d'un homme présent ou passé. C'est le cas de
rappeler ici cette belle pensée de M. Alfred Fouillée que
l'inventeur de la charrue continue à labourer invisible à
côté du laboureur.

Ce qui trouble les idées, c'est qu'on voit bon nombre de
rentiers vivre sans rien faire et même accroître rapidement
leur fortune. Alors leur revenu ne peut provenir, semble-t-
il, que du capital même qui le produirait spontanément? —
En réalité, ce revenu est parfaitement le produit d'un travail, seulement d'un travail qu'on ne voit pas, car *il y a
toujours quelque part, au loin ou auprès, des hommes qui
travaillent avec ces capitaux empruntés et dont le travail
produit les intérêts, profits ou dividendes touchés par le
rentier*. Les coupons d'intérêt des actions ou obligations de
charbonnage représentent la valeur des tonnes de houille
extraites par le travail des mineurs, et les coupons des actions ou obligations de chemins de fer représentent les
résultats du travail des mécaniciens, hommes d'équipe, chefs
de gare, aiguilleurs, qui ont coopéré au transport[1].

Il en est ainsi lors même que le capital entre les mains de
l'emprunteur a été dissipé ou consommé improductivement.
En ce cas, les intérêts touchés par le prêteur ne représentent
plus le produit du travail de l'emprunteur, mais toujours

---

[1] De ce fait les socialistes tirent cette conclusion que le prélèvement
exercé par les capitalistes sous forme de revenu (intérêt, profit, etc.),
constitue une spoliation de travailleurs. Ceci est une autre question que
nous retrouverons à propos des revenus. Voir au Liv. III, *L'intérêt* et
le profit.

celui de quelqu'autre qu'il faut chercher plus loin. Par
exemple, les coupons de titres de rentes sur l'État ne représentent pas généralement des richesses produites par le
travail ou l'industrie de l'État, puisque celui-ci a l'habitude
de dépenser improductivement la plupart des capitaux à
lui prêtés, mais ils représentent le produit du travail de tous
les Français qui, sous forme de contributions, a été versé
annuellement dans les caisses du Trésor et passe de là dans
les mains des rentiers. Et quand un fils de famille emprunte
de l'argent pour le manger, les intérêts qu'il paie à l'usurier
ne représentent certes pas le produit de son travail, mais
peut-être celui de ses fermiers ou bien, s'il doit payer sur son
héritage, le produit du travail de son père. Et longtemps
après que l'argent aura été dissipé en débauches par le fils
de famille ou qu'il se sera dissipé en fumées sur les champs
de bataille, il pourra rester tout de même en tant que capital lucratif pour l'usurier ou pour le rentier sur l'État.

IV

Capitaux fixes et capitaux circulants.

Le capital de *production* n'est pas éternel. Généralement
même il ne dure pas très longtemps parce qu'il se détruit
par l'acte même de production, mais, selon que sa durée
sera plus ou moins longue, il pourra servir à un nombre
d'actes de production plus ou moins considérable.

On désigne sous le nom de capitaux *circulants* ceux qui
ne peuvent servir qu'une seule fois, parce qu'ils doivent
disparaître dans l'acte même de production, par exemple le
blé qu'on sème, l'engrais qu'on enfouit dans le sol, la houille
qu'on brûle, le coton qu'on file; — et sous le nom de capitaux *fixes* ceux qui peuvent servir à plusieurs actes de production, depuis les instruments les plus fragiles, comme
une aiguille ou un sac, jusqu'aux plus durables, comme un
tunnel ou un canal, lesquels néanmoins ne peuvent subsister

qu'à la condition d'être entretenus, c'est-à-dire refaits sans cesse.

Le capital *lucratif* au contraire a une durée illimitée car, bien loin de s'user par la production, il se renouvelle constamment par le remboursement ou l'amortissement. Qu'est-ce en effet que le capital lucratif? Une valeur prêtée à un emprunteur qui doit payer éternellement l'intérêt, tel le prêt fait à l'État en *rente perpétuelle*, ou qui doit la rendre intégralement à l'échéance, ce qui permettra de la prêter de nouveau et ainsi de suite indéfiniment; ou bien c'est une valeur mise dans l'industrie ou le commerce par son propriétaire, laquelle doit reproduire non seulement un revenu, mais aussi une plus-value suffisante pour se reconstituer elle-même en cas de perte. C'est ce qui explique la comparaison mythologique, appliquée fréquemment au capital par les économistes, de Protée ou du phénix renaissant de ses cendres.

Il y a un grand avantage pour la production à employer des capitaux à longue durée. En effet, si considérable que soit le travail exigé pour leur établissement et si minime que l'on veuille supposer le travail épargné annuellement par leur concours, il doit arriver nécessairement un moment, un peu plus tôt ou un peu plus tard, où le travail épargné égalera le travail dépensé. Ce moment arrivé, le capital se trouvera *amorti*, pour employer l'expression consacrée, c'est-à-dire que dorénavant le travail économisé constituera un gain net pour la Société. A dater de ce jour, et pour tout le temps que le capital durera encore, le service rendu par lui sera désormais gratuit. Aussi les progrès de la civilisation tendent-ils incessamment à remplacer des capitaux de moindre durée par des capitaux plus durables.

Toutefois il ne faut oublier :

1° Que la formation de semblables capitaux exige généralement *d'autant plus de travail qu'ils doivent durer davantage*, que, par conséquent, il y a ici une balance à établir. On peut dire seulement que l'augmentation dans la quantité de travail dépensé n'est pas en général proportionnelle a l'accroissement de durée obtenue et c'est là justement ce qui rend profitable l'emploi de semblables capitaux.

2° Que la formation des capitaux fixes exige un sacrifice immédiat sous la forme d'une grande quantité de travail ou de frais, tandis que la rémunération qui doit en résulter, sous forme de travail supprimé ou de frais économisés, est ajournée et en général *d'autant plus reculée que la durée du capital est plus longue*. Si la construction d'un canal maritime, tel que celui de Panama, par exemple, doit coûter 2 milliards et ne doit être amortie qu'au bout de 99 ans, il faut alors mettre en balance, d'une part, un sacrifice immédiat de 2 milliards, d'autre part une rémunération qui se fera attendre tout un siècle. Or, pour établir une semblable balance, il faut être doué à un haut degré de prévoyance et de hardiesse et avoir une foi inébranlable dans l'avenir, toutes conditions qui ne se trouvent réunies que dans les milieux très civilisés. C'est pour cette raison que les peuples dont l'état social est peu avancé et dont la constitution politique offre peu de sécurité, n'emploient guère de capitaux fixes. Toutes leurs richesses affectent la forme d'objets de consommation ou de capitaux circulants[1].

3° Enfin, il faut remarquer encore, au désavantage des capitaux fixes, que si leur durée est trop longue *ils risquent de devenir inutiles*, et que par conséquent il faut une grande prudence dans les prévisions que nous indiquions tout à l'heure. En effet, la durée matérielle du capital n'est pas tout, c'est la durée de son utilité qui seule nous intéresse; or, si on peut compter jusqu'à un certain point sur la première, on ne le peut jamais absolument sur la seconde. L'utilité, nous le savons, est instable, et au bout d'un certain temps, celle que nous croyons la mieux établie peut s'évanouir. Rien ne nous garantit, quand nous perçons un tunnel ou que nous creusons un canal, que d'ici à un siècle ou

---

[1] Comparez, par exemple, les royaumes de l'Inde ou de la Perse, où l'on trouve encore tous les trésors des Mille et Une Nuits, mais ni chemins de fer, ni routes, ni mines, ni machines.

deux le trafic ne prendra pas quelque autre route. Or, si le jour où cette révolution se produira, le capital engagé dans le tunnel n'a pas été encore amorti, il en résultera qu'une grande quantité de travail aura été inutilement dépensée. Il est donc prudent, étant donnée notre incertitude de l'avenir, de ne pas bâtir pour l'éternité et, à ce point de vue, l'emploi de capitaux trop durables peut constituer une dangereuse opération.

Cette réserve est vraie même pour les capitaux lucratifs. Jamais un particulier, ni une banque, ni un Crédit foncier, ne consentiront à avancer des capitaux qui ne pourraient être amortis ou remboursés qu'au bout de deux siècles. Pourquoi? Parce que des résultats qui ne doivent se produire qu'au bout d'un si long temps n'entrent pas dans les prévisions humaines. On peut poser en fait que tout emploi de capital qui ne donne pas l'espoir de le reconstituer au cours de trois générations sera écarté dans la pratique.

V

Comment se forme le capital.

Tout capital étant *un produit* ne peut être formé, comme tout produit, que par les deux facteurs originaires de toute production : le Travail et la Nature. Il suffit de passer en revue tous les capitaux que l'on peut imaginer, outils, machines, travaux d'art, matériaux de toute catégorie, pour s'assurer qu'ils n'ont pu avoir d'autre origine que celle que je viens d'indiquer[1].

Il n'y aurait pas lieu de s'arrêter sur un point aussi évident si l'on n'avait voulu voir à l'œuvre, dans la formation du capital, un agent nouveau et d'une nature spéciale qu'on

---

[1] L'expression de Karl Marx que le capital est « du travail cristallisé » serait juste, s'il n'omettait de parti pris la part de la nature dans la formation du capital, fidèle à son principe que toute valeur est due uniquement au Travail.

appelle *l'épargne*[1] : c'est même un dicton de la sagesse populaire qu'on ne peut s'enrichir que « par le travail et l'épargne ». Le travail nous le connaissons. Mais l'épargne, qu'est-ce que ce nouveau personnage qui apparaît sur la scène? —Serait-ce un troisième facteur originaire de la production que nous aurions oublié? Non : on n'en saurait point imaginer d'autres que le travail et les forces naturelles. —Serait-ce un mode spécial du travail? On l'a soutenu, mais qu'y a-t-il de commun entre ces deux actes : travailler qui est agir, épargner qui est s'abstenir[2]? On ne conçoit pas comment un acte purement négatif, une simple abstention, pourrait *produire* n'importe quoi. Montaigne a beau dire qu'il « ne connaît pas de faire plus actif et plus vaillant que ce non-faire », cela peut être vrai au point de vue moral, mais cela n'explique pas que ce non-faire puisse créer seulement une épingle.

Donc quand on dit que le capital est créé par l'épargne, on veut dire tout simplement que si la richesse était consommée au fur et à mesure qu'elle prend naissance, le capital ne se formerait jamais. Il est évident en effet que si la fermière ne laissait pas d'œufs dans le poulailler pour faire couver, il n'y aurait jamais de poulets. Néanmoins si à un enfant qui demanderait d'où viennent les poulets, on répondait que le seul moyen de produire des poulets, c'est de s'abstenir de manger les œufs, il serait en droit de considérer cette réponse comme un bon conseil, mais comme une sotte explication.

Or, le raisonnement qui fait de l'épargne la cause origi-

---

[1] C'est l'économiste anglais Senior qui a dit que le troisième facteur originaire de la production, après le Travail et la Nature, ne devait pas être appelé le Capital — puisque le capital n'est qu'un produit et par conséquent un facteur de seconde main — mais l'*Abstinence*.

[2] C'est pourtant ce qu'affirme Courcelle-Seneuil : l'épargne n'est « qu'une forme du travail » (Voyez dans le *Journal des Économistes* de juin 1890, l'article sous ce titre). C'est vrai qu'elle est *une peine* quelquefois — pas toujours pourtant (voir au Liv. IV l'*Épargne*) — mais il ne suffit pas qu'un acte soit pénible pour constituer un travail. Ne pas boire quand on a soif est très pénible; ce n'est pas un travail.

naire de la formation des capitaux ne nous paraît guère plus satisfaisant. Il revient à dire que la non-destruction doit être classée parmi les causes de la production, ce qui paraît une logique bizarre.

En somme, la naissance du capital suppose toujours un excédent de la richesse produite sur la richesse consommée, mais qui peut se présenter de deux façons : soit que la production ait surpassé les besoins, soit que la consommation ait été ramenée péniblement au-dessous des besoins. C'est le premier cas qui est heureusement de beaucoup le plus fréquent et c'est de cette façon seule, historiquement, que s'est formé le capital. Tout ce qu'on peut dire c'est que si l'homme n'avait pas — comme la fourmi d'ailleurs et d'autres animaux — la faculté de prévoir les besoins futurs, il est certain que toute la richesse produite aurait été au jour le jour consommée ou gaspillée, comme c'est le cas d'ailleurs dans certaines tribus sauvages — et que par conséquent le capital ne se serait jamais formé. Qu'on dise donc que la prévoyance, la sobriété et autres vertus morales, sont des conditions indispensables à la formation originaire et même à la conservation du capital, rien de mieux. Mais les économistes, en donnant pour cause efficiente au capital l'épargne (qu'ils appellent même pour mieux souligner son aspect pénible, l'*abstinence*), le font, inconsciemment ou non, dans le désir de justifier l'intérêt du capital en tant que rémunération de cette abstinence.

Ce qui a suggéré et accrédité l'idée de l'épargne comme mère du capital, ç'a été l'emploi de la monnaie comme forme presque exclusive de la richesse. En remontant à l'origine de tout capital-argent, on voit un certain nombre de pièces de monnaie qui ont été *mises de côté*, comme on dit, c'est-à-dire enfermées dans une tirelire ou dans un coffre-fort ou à la Caisse d'épargne. Et c'est aussi l'habitude que nous avons de ne regarder qu'au capital lucratif. Or, pour celui-ci, il est vrai que je ne prête ou ne place que ce dont je n'ai pas besoin pour moi-même, et que par conséquent tout prêt ou tout placement suppose au préalable un excédent du revenu sur la dépense, et, en ce sens, une épargne. Et on en conclut que tous les vrais capitaux, les capitaux de production, ont dû avoir aussi la même origine. Mais c'est là l'erreur !

Qu'on nous cite une seule richesse créée par l'abstinence ? La première hache de pierre de l'homme quaternaire a été taillée par un travail surnuméraire, à la suite d'une journée de chasse heureuse qui lui avait rapporté plus de vivres que de coutume et lui avait donné une journée de liberté pour créer ce premier capital. Pense-t-on que pour passer de l'état de peuple chasseur à l'état agricole, les peuples aient dû préalablement épargner des approvisionnements pour toute une année ? Rien de moins vraisemblable. Ils ont tout simplement domestiqué les bestiaux et ce bétail, qui a été leur premier capital, leur a donné, avec la sécurité du lendemain, le loisir nécessaire pour entreprendre les longs travaux. Mais en quoi, comme le fait très bien remarquer Bagehot[1], un troupeau représente-t-il une épargne quelconque ? Son possesseur a-t-il dû s'imposer des privations ? Tout au contraire, grâce au lait et à la viande, il a été mieux nourri ; grâce à la laine et au cuir, il a été mieux vêtu.

Nous n'entendons nullement, du reste, contester l'importance de l'épargne. Mais si l'épargne joue un rôle considérable dans la consommation, où nous la retrouverons, il ne faut pas la mettre dans la production. Il faut mettre chaque chose à sa place. L'épargne n'agit sur la production que lorsqu'elle se fait *placement*, c'est-à-dire lorsqu'elle retourne à la production pour s'y consommer[2].

[1] *Economics Studies*. — *Growth of capital*, p. 166, 167.
[2] Voy. au liv. IV sur la Consommation, *Qu'est-ce que l'épargne ?*

DEUXIÈME PARTIE

L'ORGANISATION DE LA PRODUCTION

CHAPITRE 1

COMMENT SE RÈGLE LA PRODUCTION

I

De l'entreprise et du coût de production.

Nous venons d'étudier séparément chacun des facteurs de la production. Mais nous avons vu aussi que séparément ils ne pouvaient rien. Il faut donc pour qu'ils puissent agir qu'ils soient réunis dans la même main ou tout au moins sous la même direction. Comment s'opère cette combinaison?

Il est possible qu'une même personne fournisse à la fois les trois facteurs : la main-d'œuvre en travaillant elle-même, la terre et le capital en étant propriétaire. Le paysan qui cultive sa propre terre, de ses propres mains et avec le cheval et la charrue qui lui appartiennent, constitue la forme type de ce premier mode de production. On l'appelle *le producteur autonome*.

Mais le plus souvent le même individu n'aura pas les trois facteurs de la production. L'un aura bien ses bras et sa terre, mais pas de capital : ce sera un paysan qui empruntera sur hypothèque. Tel autre aura son travail et son capital, mais il n'aura pas de terrain et sera obligé de le louer: ce sera le fermier qui afferme une terre ou le commerçant qui loue un magasin. D'autres, inversement, auront la terre et le capital mais ils ne peuvent ou ne veulent pas fournir le travail : alors ils embaucheront des ouvriers.

On peut même supposer le cas où le producteur ne pouvant fournir lui-même ni le travail, ni le capital, ni les agents naturels, devra emprunter le tout. Telles les entreprises de mines ou de chemins de fer ou du canal de Suez, qui se procurent le terrain (sol ou sous-sol) par le moyen de concessions à long terme, le capital par des emprunts et des émissions d'actions, et la main-d'œuvre par l'embauchage de milliers de travailleurs.

Or dans tous ces cas où celui qui a l'initiative de la production emprunte au dehors tout ou partie des moyens de production, il porte le nom d'*entrepreneur*. Et son rôle, qui est d'ailleurs le tout premier rôle, est de combiner tous ces éléments de la production pour en tirer le meilleur parti possible.

L'entreprise est donc le pivot de tout le mécanisme économique. C'est sur elle que tout tourne. C'est là que convergent tous les facteurs de la production : c'est de là aussi, comme nous le verrons, que divergent tous les revenus, puisque ce qu'on appelle les revenus sous les noms divers d'intérêts, dividendes, rentes, fermages, loyers, salaires, traitements, etc., ne sont que le prix touché pour la location du capital, de la terre, ou de la main-d'œuvre. L'entrepreneur est à la fois le grand metteur en œuvre et le grand répartiteur.

Nous savons, par l'étude des facteurs de la production, que pour produire n'importe quelle richesse il faut nécessairement consommer une certaine quantité de richesses préexistantes : la somme de ces richesses est ce qu'on appelle dans la langue des économistes le *coût de production* et parfois, dans celle des commerçants, *le prix de revient* (Voir ci-après le Chap. *Le coût de production*).

9*

Voici, par exemple, l'exploitation d'une mine. L'entrepreneur inscrit dans ses frais de production :

1° Le salaire qu'il paie aux ouvriers qu'il a embauchés;

2° L'intérêt et l'amortissement qu'il paie pour le capital qu'il a emprunté;

3° Le loyer du terrain qu'il occupe, si, comme en Angleterre, la propriété du sous-sol suit la propriété du sol.

Alors même que l'entrepreneur serait propriétaire du terrain et du capital employé, cela ne changerait rien à ce compte, car il compterait néanmoins dans ses frais de production l'intérêt du capital propre qu'il a placé dans l'entreprise et de l'argent avec lequel il a acheté le terrain.

Si nous passons de l'industrie primaire que nous avons prise pour exemple aux industries de transformation et que nous suivions la matière première, qui est ici le minerai, entre les mains du maître de forge, du fabricant de fers de charrues ou d'aiguilles à coudre, etc., il est évident que le coût de production originaire va se grossir, comme une boule de neige, de couches superposées de frais de production, mais qui seront toujours les mêmes : à savoir le prix de location du travail, du capital et du terrain ; — le salaire, l'intérêt et le loyer[1].

L'entrepreneur fait donc une balance entre la somme des valeurs détruites et la valeur créée; naturellement il ne marche que s'il calcule que la seconde sera supérieure à la première. C'est une sorte d'échange qu'il fait : il échange *ce qui est* contre *ce qui sera*. Il peut arriver qu'il se trompe dans son compte, mais c'est accidentel.

On dit souvent, et bien des économistes même ont enseigné autrefois, que la valeur est *déterminée par le coût de production*. Cette affirmation est sans fondement. On pourrait dire aussi bien, et même à plus juste titre, que c'est le coût de production qui est déterminé par la valeur de l'objet

[1] En outre de ces trois catégories fondamentales de frais de production, il y en a quelques autres qui figurent dans la comptabilité de l'entrepreneur, tels que l'*assurance* contre l'incendie et les accidents, et *les impôts*.

qu'on veut produire. En effet, la première règle de l'art de l'entrepreneur, avant d'entreprendre la production d'un article nouveau, c'est de se demander à quel prix il pourra le vendre et ensuite de s'arranger de façon à ne pas dépenser pour le produire plus qu'il ne vaudra. A plus forte raison s'il s'agit d'un article déjà coté sur le marché. Celui qui veut entreprendre une exploitation de charbon se dit : « le charbon valant tant la tonne dans cette région, voyons si je pourrai l'extraire à un prix plus rémunérateur, c'est-à-dire qui me laisse une marge de bénéfices ». S'il a mal fait ses calculs, s'il est obligé de dépenser pour l'extraction plus que le charbon ne vaudra, sa sottise n'aura pas pour effet d'augmenter d'un centime la valeur du charbon. Elle aura pour effet de le ruiner et de faire fermer la mine : voilà tout.

Pourtant n'est-il pas incontestable qu'en fait pour presque tous les objets que nous voyons, le prix de vente tend à se rapprocher du prix de revient ou tout au moins à le suivre dans ses variations tout comme s'il y avait entre eux une solidarité nécessaire, un lien ? — Il est vrai, mais ce phénomène s'explique de la façon la plus simple. Il n'y a pas ici une relation de cause à effet, mais l'action d'une cause extérieure qui est la concurrence et qui tend toujours, comme une sorte de pression atmosphérique, à rapprocher et même à faire *coïncider le coût de production et la valeur de chaque produit*, et elle agit avec une pression d'autant plus grande que l'écartement des deux valeurs tend à s'accroître. — Il est facile de comprendre en effet que sitôt qu'elles s'écartent l'une de l'autre, c'est-à-dire qu'elles laissent une marge considérable de bénéfices à l'*entrepreneur*, tous les concurrents se précipitent de ce côté et ont bientôt fait, en multipliant le produit, d'en rabaisser la valeur. On peut même affirmer que sous un régime de libre concurrence parfaite, la coïncidence serait parfaite aussi[1]. C'est là une des lois les plus im-

---

[1] Cependant il faut noter deux exceptions en sens inverse :

a) Il peut arriver que la valeur de certains produits demeure d'une façon permanente très *au-dessus du coût de production* : c'est le cas

portantes de l'économie politique parce que c'est elle qui règle automatiquement la production, comme nous le verrons dans le chapitre suivant.

Mais voici la difficulté qui se présente à l'esprit. Si vraiment la valeur de toutes choses tend à coïncider avec leur coût de production, alors il semble que le genre humain fait un métier de dupe, tout pareil à celui des Danaïdes qui remplissaient un tonneau sans fond. Car si chaque acte de production ne fait que reproduire, sous forme de valeurs nouvelles, les valeurs anciennes qui ont été détruites, où est le profit, où est le progrès? — Cela paraît incompréhensible, car il suffit d'y réfléchir un moment pour voir que jamais la civilisation n'aurait pu se développer et l'humanité n'aurait même jamais pu sortir de l'animalité si la production ne laissait pas normalement *un produit net* qui sert à l'élargissement de ses consommations et à l'accroissement de son capital. Il est clair que si l'homme ne récoltait jamais plus de blé qu'il n'en consomme pour la semence et pour se nourrir, il n'aurait pu avoir une famille.

Pour résoudre cette apparente contradiction, il suffit, comme pour d'autres difficultés de la science économique,

du monopole, c'est-à-dire le cas où la concurrence n'agit plus, ou, du moins, où elle n'exerce de pression que jusqu'à un certain niveau — jusqu'au niveau du coût de production le plus élevé, laissant au-dessus des autres une marge qui, comme nous le verrons ci-après, est ce que les économistes appellent *la rente*.

b) Il peut arriver que la valeur de certains produits tombe *au-dessous du coût de production* sans que néanmoins la production s'arrête. C'est lorsque, par suite d'un progrès industriel, le prix de revient d'un objet va s'abaissant graduellement. En ce cas la concurrence ramène sans cesse le prix au niveau du coût de production, ou plutôt du coût de reproduction — lequel pour les produits industriels est généralement inférieur au coût originaire.

Il est possible aussi que le capital engagé dans l'entreprise ne puisse plus être dégagé, par exemple dans des mines ou des chemins de fer. Dans ce cas, alors même que l'entreprise ne couvrirait plus l'intérêt et l'amortissement de ce capital de premier établissement, il suffira qu'elle rapporte un peu plus que les frais d'exploitation pour qu'elle continue tout de même.

de distinguer entre le coût de production individuel et le coût de production social.

Pour l'entrepreneur individuel, ce qu'il appelle avec raison ses dépenses, ses frais, ses sacrifices, ne sont en réalité que les revenus de ses collaborateurs : ce sont, comme nous l'avons vu, le salaire, l'intérêt, le loyer, c'est-à-dire les revenus des ouvriers, des capitalistes et des propriétaires. Donc alors même que, par l'effet de la concurrence, la valeur des produits ne laisserait rien de plus que ces frais de production, ce pourrait être fâcheux pour l'entrepreneur[1], mais la Société gagnerait tout de même une bonne partie de ce que touchent tous ces collaborateurs sous forme de revenus. Pour elle donc le produit net pourrait être énorme quoiqu'il fût nul pour l'entrepreneur.

Cependant, même à considérer la Société dans son ensemble, il doit bien y avoir un coût de production, car elle n'a pas la vertu de produire sans consommer ? — Sans doute, mais pour elle le coût de production se compose seulement des valeurs effectivement consommées par le coût de la production, des matières premières détruites, des instruments usés.

II

Comment se règle la production.

L'état de santé pour le corps social, comme pour tous les corps vivants du reste, consiste dans un juste équilibre entre la production et la consommation.

Ne pas produire assez est un mal, puisqu'une certaine catégorie de besoins reste en souffrance : produire trop est

---

[1] Du reste nous verrons plus loin (voir *Profit*) que l'entrepreneur, même en ce cas, ne serait pas trop à plaindre, car il toucherait encore une part, sinon comme entrepreneur, du moins au triple titre de travailleur, de capitaliste et de propriétaire : seulement ces parts-là doivent-être inscrites non dans les profits mais dans les frais de production.

un autre mal, moindre que le premier si l'on veut, mais
réel pourtant. Tout excès de production en effet entraîne
nécessairement non seulement un gaspillage de richesse,
mais surtout une déperdition de forces, et par suite une peine
inutile.

Là où chaque homme produit pour lui-même ce qu'il
doit consommer, comme Robinson dans son île ou plutôt
comme dans la première phase de l'industrie domestique,
dans la famille antique ou dans la communauté du Moyen
Âge, cet équilibre s'établit aisément. Chacun de nous individuellement, ou chaque petit groupe, est capable de prévoir
ses propres besoins et — quoique ses prévisions ne soient
pas infaillibles, — de régler sa production en conséquence.

Le problème devient déjà plus difficile lorsque le producteur ne produit plus pour lui et pour les siens, mais pour le
client, pour autrui, car il est évidemment plus malaisé de
prévoir les besoins d'autrui que les nôtres. Et pourtant,
même sous le régime de la division du travail et de l'é-
change, l'équilibre entre la production et les besoins n'est
pas encore trop difficile à établir tant que le producteur travaille *sur commande*, ou du moins tant que les habitudes de
chaque client sont connues et sa consommation facile à prévoir : le boulanger ou le pâtissier calculent assez exactement le nombre de pains ou de gâteaux qu'ils débiteront
chaque jour.

Mais le problème devient vraiment difficile sous un régime économique comme le nôtre où le marché est devenu
immense, où l'industriel n'attend plus les commandes du
consommateur, mais marche sur les ordres de commerçants,
d'intermédiaires et de spéculateurs — qui eux-mêmes vont
de l'avant, achetant et vendant *à terme*, anticipant sur les
besoins du public[1].

---

[1] C'est ce souci de régler la production sur les besoins qui explique,
au moins pour partie, les réglementations rigoureuses de l'industrie dans
les civilisations passées, soit le régime des castes où chacun en principe
ne devait avoir d'autre métier que celui de son père, soit le régime corporatif où nul ne pouvait prendre un métier sans l'autorisation du roi

Cependant c'est précisément à l'avènement de la grande industrie que le législateur, abandonnant toute réglementation, a décidé que la production n'aurait plus d'autre règle que la liberté. On sait que ce fut la Révolution française, de par la loi célèbre du 17 mars 1791, qui abolit le régime corporatif, c'est-à-dire le régime sous lequel un individu ne pouvait prendre un métier qu'autant qu'il avait satisfait à certaines conditions, et proclama *la liberté du travail*, c'est-à-dire le droit pour tout individu de produire ce que bon lui semble. Cette réforme, saluée par des acclamations unanimes, ne tarda pas à être imitée dans toute l'Europe.

Mais cette liberté pour chacun de produire ce qu'il veut, ajoutée au fait de produire par anticipation sur les besoins, n'a-t-elle pas inauguré l'anarchie dans la production?

C'est ce qu'ont affirmé les socialistes, surtout ceux de la première moitié du XIXᵉ siècle. Mais les économistes, au contraire, se sont généralement pâmés d'admiration au spectacle de l'ordre et de l'équilibre qui règne dans la production.

Le fait est que c'est un phénomène assez inexplicable au premier abord que, chaque jour, des centaines de millions d'hommes, sans s'être entendus entre eux, trouvent chacun ce qu'il lui faut — du moins celui qui a les moyens de le payer. Quelle providence, quelle force occulte, règle donc ainsi au jour le jour la production des richesses, de telle sorte qu'il n'y en ait ni trop, ni trop peu?

L'explication qu'en donnent les économistes est très simple. Ils disent que la production se règle de la façon la plus sûre et la plus rapide, et très simplement, par *la loi de l'offre et de la demande* qu'on peut formuler ainsi : les choses valent plus ou moins suivant qu'elles sont en quantité plus ou moins suffisante pour nos besoins.

(Esmein, *Histoire du Droit*). Et ce n'étaient pas seulement les métiers, c'était aussi la production agricole et le commerce qui étaient réglementés à outrance. Il était, par exemple, défendu de remplacer une terre à blé par un vignoble, afin d'éviter une disette du blé ou la surproduction du vin.

S'il arrive que telle ou telle branche d'industrie ne se trouve pas suffisamment pourvue de bras et de capitaux, le besoin auquel elle correspond se trouvant en souffrance, ses produits acquièrent une valeur plus haute. Les producteurs, particulièrement l'entrepreneur qui est le principal agent de la production et le premier à profiter de la hausse des prix, réalisent de plus gros profits. Attirés par l'appât de ces profits supérieur au taux normal, d'autres producteurs, capitalistes ou travailleurs, s'engagent dans cette voie. La production de la marchandise augmente donc jusqu'à ce que la quantité produite se soit élevée au niveau de la quantité demandée.

Toutes les fois, au contraire, qu'une marchandise quelconque se trouvera avoir été produite en quantité supérieure aux besoins, sa valeur doit baisser. La baisse de valeur a pour effet de réduire le revenu des producteurs et en particulier les profits de l'entrepreneur — celui qui ressent directement tous les contre-coups. Donc il se retire d'une voie dans laquelle il éprouve des mécomptes et des pertes, et la production de la marchandise se ralentit jusqu'à ce que la quantité produite soit retombée au niveau de la quantité consommée.

Telle est la très belle harmonie et très justement célébrée, notamment par Bastiat, de l'organisation spontanée de la production. C'est une sorte de mécanisme qui se règle automatiquement et combien supérieur, dit-on, à toute réglementation artificielle, si savante fût-elle[1] !

Cette loi est vraie en principe et comme tendance, mais, pour qu'elle opère en fait, il faut beaucoup de conditions qui ne sont que rarement remplies.

Il faut que l'offre réponde instantanément à la demande. Il faut donc des facteurs de la production absolument mobiles et se déplaçant avec la rapidité de l'électricité des points où ils sont surabondants vers les points où ils sont insuffisants.

---

[1] Ils donnent comme exemple le blé. En effet bien que le commerce du blé soit libre et non réglementé, les famines ont disparu de nos pays.

Il faut un marché mondial unique, ou du moins des marchés solidaires, comme des vases communiquants, pour que l'équilibre sitôt troublé s'y rétablisse quasi-instantanément. — Or si l'on peut admettre que le monde économique tend vers cet état, il faut avouer qu'il est loin encore de l'avoir réalisé. En effet, toute production agricole ou industrielle suppose des capitaux engagés pour un temps plus ou moins long (voir ci-dessus *Capitaux fixes et circulants*) et qui, par le fait même qu'ils sont devenus « fixes », cessent d'être mobiles. On dit de temps en temps aux viticulteurs en France qu'ils produisent trop de vin et qu'il faut faire « autre chose » : et il est probable en effet que la loi de l'offre et de la demande — qu'ils ne trouvent ni harmonieuse, ni bienfaisante — les y contraindra tôt ou tard. Mais que faire des sept ou huit milliards de capitaux enfouis dans la terre sous forme de plantations et de celliers ?

Ce n'est pas tout. Là même où la loi de l'offre et de la demande agit pleinement, elle opère sans aucun souci de l'utilité sociale. Elle distribue les services nullement d'après les vrais besoins des hommes, mais d'après les chances de profits qui s'offrent dans telle ou telle carrière.

Il en résulte que les fonctions les plus utiles, telles que celles de l'agriculture, tendent à être délaissées, alors que les plus improductives, par exemple, celles des boutiquiers dans les villes, pour ne pas parler de tant de fonctions publiques parasitaires, sont ridiculement multipliées. Si l'on compare les deux recensements de 1896 et 1901, on voit que dans cette courte période de cinq ans le nombre des ouvriers des campagnes en France est descendu de 3.736.000 à 3.407.000 (soit une diminution de près de 9 p. 0/0), tandis que le nombre des commerçants s'est élevé de 1.604.000 à 1.822.000 (soit une augmentation de plus de 13 p. 0/0), sur lesquels près de 500.000 débitants de boissons ! D'autres professions, comme les médecins, ont un effectif qui serait suffisant, s'ils étaient mieux répartis, mais ils sont presque tous concentrés dans les villes où beaucoup, faute de clients, sont réduits pour vivre aux pires expédients, et il n'en reste qu'un nombre insuffisant pour la population rurale. A propos d'une épidémie de petite vérole qui éclata en Bretagne (janvier 1893), les journaux ont signalé ce fait qu'il ne s'est pas trouvé un seul médecin à 15 kilomètres à la ronde[1].

Enfin, il faut remarquer que « la demande » ne vient pas directement des consommateurs, mais des intermédiaires, des commerçants et spéculateurs, que c'est une demande fondée moins sur des besoins réels et présents que sur des besoins futurs et présumés, et qu'elle est, par conséquent, sujette à erreur. Il est possible que la spéculation ait escompté des besoins qui ne se réaliseront pas; alors il y aura surproduction. Il est possible qu'à l'inverse elle soit restée au-dessous de ces besoins; en ce cas il y aura déficit[2]. C'est ce que nous verrons tout à l'heure aux chapitres des *surproductions* et des *crises*.

III

De la concurrence

La loi de l'offre et de la demande implique, pour pouvoir pleinement fonctionner, la liberté du travail; et la liberté du travail sous sa forme active s'appelle *la concurrence*. La concurrence apparaît donc comme le grand régulateur de

---

[1] L'industrie des automobiles, qui a pris en France dans ces dernières années un développement merveilleux, n'a rendu jusqu'à présent que peu de service à l'agriculture et au transport des marchandises (sauf pour quelques livraisons en ville des grands magasins). Pourquoi? Parce que les fabriques ont peine à suffire aux commandes des clients riches qui emploient l'automobile pour s'amuser, et n'ont aucun intérêt à répondre aux demandes de ceux pour qui l'automobile serait un instrument de production.

[2] Il n'en faut pas conclure, comme on se hâte parfois un peu trop de le faire, que la spéculation, c'est-à-dire le fait d'anticiper sur des événements futurs, soit nécessairement un mal. Au contraire le spéculateur qui achète en prévision de la disette et vend en prévision de l'abondance peut exercer une action régulatrice très bienfaisante. Mais enfin la spéculation se trompe souvent, surtout quand elle devient un jeu à la Bourse.

tout le mécanisme économique dans nos sociétés modernes.

Il était de règle autrefois, dans les traités d'économie politique, de reconnaître à la concurrence les vertus suivantes :

1° Adapter la production à la consommation et maintenir par là l'*équilibre économique*;

2° Stimuler le *progrès* par l'émulation entre les industries concurrentes, et au besoin éliminer par la ruine les industries routinières;

3° Entraîner une baisse graduelle des prix et par là réaliser le *bon marché* pour le plus grand profit de tous, et en particulier des classes pauvres;

4° Amener une *égalisation progressive des conditions* en réduisant les profits et les salaires à peu près au même niveau dans toutes les industries.

Et les économistes de l'école optimiste, tels que **Bastiat**, se plaisaient à nous faire admirer « ces harmonies », non moins merveilleuses pour eux que celle que Pythagore entendait descendre des célestes sphères. Ils l'appelaient organisation *spontanée* ou *naturelle* et en concluaient qu'elle est parfaite en son genre et définitive[1].

Cet enthousiasme s'est un peu refroidi aujourd'hui. L'observation plus attentive des faits et la pratique de la liberté n'ont pas justifié cette foi optimiste. On a reconnu que le régime de la concurrence n'est ni plus ni moins naturel et spontané que les formes d'organisation préexistantes, telles qu'étaient l'industrie de famille, le régime des castes ou des corporations, puisque celles-là aussi étaient le résultat naturel de l'évolution historique. Et quant à ses effets bienfaisants, ils sont assez douteux, car on a reconnu au contraire :

1° Qu'en ce qui concerne l'équilibre entre la production et les besoins, la concurrence ne l'assure que d'une façon très irrégulière, si tant est qu'elle ne le compromette pas. Nous renvoyons au chapitre suivant sur la *Surproduction*.

2° Que si la libre concurrence stimule en général les pro-

---

[1] Voy. la description, fort belle d'ailleurs, qu'en donne **Bastiat** dans ses *Harmonies*, au Chap. de l'*Organisation naturelle*.

ducteurs par l'émulation qu'elle entretient entr'eux, à d'autres égards elle l'enraye, par exemple, au point de vue de la *qualité* des produits. Chaque concurrent, pour mieux soutenir la lutte, s'ingénie à substituer des matières premières de qualité inférieure et à vil prix à celles qui sont de qualité supérieure et partant plus chères, en sorte que, en fait de progrès, le plus remarquable peut-être est celui de la falsification des denrées qui est devenu un art véritable, mettant à contribution toutes les découvertes de la science[1].

Le monopoleur, au contraire, en général a un grand intérêt et se fait même un point d'honneur de maintenir la qualité supérieure de ses produits, la réputation de sa marque.

3° Qu'elle n'assure pas toujours le bon marché et peut même dans bien des cas provoquer la cherté. Il est bien vrai que la concurrence, partout où elle peut agir pleinement, tend à ramener la valeur de toute chose au niveau du coût de production. Mais comment le fait-elle? Par deux actes successifs : *a*) multiplication des producteurs; *b*) abaissement des prix par la lutte qui s'établit entre eux. Or, très souvent il arrive que le premier acte seul est réalisé : le second ne l'est pas, car les nouveaux producteurs s'entendent avec les anciens (sans même qu'il soit besoin de coalition expresse) pour élever le prix à un niveau suffisant pour permettre à tous de vivre. Ainsi il ne reste de la concurrence que l'effet malfaisant, non celui qui serait bienfaisant. L'exemple le plus frappant est celui de deux ou trois lignes de chemins de fer se faisant concurrence entre deux villes : il est clair que le trafic, qui reste le même, doit supporter doubles ou triples frais de premier établissement et d'exploitation. Un excellent exemple aussi est la boulangerie. Le nombre des boulangers est ridiculement exagéré. Chacun d'eux, vendant de moins en moins, par suite de la concur-

---

[1] Les exemples seraient innombrables. On est arrivé à faire du vin potable sans raisins, des confitures sans fruits et sans sucre, du beurre sans lait, du lait sans vache, même des œufs sans poules, et à fabriquer des soieries qui contiennent 5 p. 0/0 de soie et 95 p. 0/0 de matière minérale.

rence, est obligé de se rattraper en gagnant davantage sur chaque article. Un nouvel arrivant ne peut pas abaisser les prix, puisqu'ils sont déjà juste suffisants pour permettre aux anciens producteurs de vivre, et il va les faire surhausser, au contraire, puisqu'il faudra dorénavant en faire vivre un de plus sur la même quantité vendue[1].

En sens inverse, le régime du monopole n'est pas le régime du bon plaisir; les prix n'y sont pas plus arbitraires que sous le régime de la concurrence, car, dans un cas comme dans l'autre, ils sont soumis à la loi générale des valeurs, le prix d'un objet quelconque ayant pour limites les désirs des consommateurs pour cet objet et les sacrifices qu'ils sont disposés à faire pour se le procurer. Sans entrer dans la question difficile de la détermination des prix sous un régime de monopole, il suffit de remarquer que tout monopoleur a intérêt à baisser ses prix pour augmenter ses ventes et à prendre pour devise celle du magasin du *Bon Marché* : « vendre bon marché pour vendre beaucoup ».

Il n'est pas sûr non plus que la concurrence n'élimine que les routiniers et les incapables. Si la concurrence n'était qu'une forme de *l'émulation*, elle assurerait la victoire au plus moral, au plus dévoué, au plus altruiste, et alors elle serait un instrument de progrès et de sélection véritable. Mais comme elle est surtout une forme de la *lutte pour la vie*, elle assure la victoire surtout au plus fort et au plus habile, et par là elle peut même entraîner une véritable rétrogradation morale, puisque, comme dit le proverbe : « on est obligé de hurler avec les loups ». Il peut très bien

---

[1] Autrefois, le nombre des boulangers dans chaque ville était fixé en raison du chiffre de la population, et le pain était relativement moins cher qu'aujourd'hui. A Paris, il y a 30 ans seulement, on comptait un boulanger pour 1.800 habitants ; aujourd'hui on en compte un pour 1.800 habitants, et même, si l'on compte les succursales, 1 pour 800. Il en résulte que, pour pouvoir vivre, un boulanger doit gagner 12 centimes par kilo de pain (c'est l'évaluation officieuse publiée périodiquement par la Préfecture de la Seine), tandis que les grandes boulangeries coopératives peuvent couvrir leurs frais avec 2 ou 3 centimes seulement par kilo.

arriver qu'elle élimine le plus honnête : tels le commerçant scrupuleux qui ne voudra pas falsifier ses produits ou qui fermera son magasin le dimanche, le fabricant qui ne voudra pas diminuer le salaire de ses ouvriers ou augmenter la durée de leur journée de travail. Nous verrons plus loin que l'industrie honnête ne peut guère soutenir la concurrence du *sweating system*[1].

4° Qu'elle n'amène pas nécessairement l'égalisation des profits et des fortunes, puisque, en somme, la concurrence est une véritable guerre qui assure la victoire aux forts par l'écrasement des faibles. Or, on ne voit pas que les guerres politiques aient pour résultat d'assurer l'égalité des forces entre nations, ni que la concurrence vitale, le *struggle for life*, entre les espèces végétales ou animales, ait pour effet de contenir leur développement dans des limites égales. C'est précisément le contraire qui est vrai. Et de même aussi les pays où la concurrence industrielle bat son plein, comme aux États-Unis, par exemple, sont ceux où surgissent les fortunes les plus colossales.

5° Enfin, le résultat le plus inattendu et le plus curieux c'est que l'état de concurrence ne paraît pas un état stable, puisque l'expérience semble indiquer qu'il tend à se détruire lui-même en engendrant le monopole! Il tend, précisément par l'élimination des petits au profit des gros, à constituer des entreprises géantes qui cherchent à supprimer toute

---

[1] Le mot de concurrence comporte en effet deux idées très distinctes quoiqu'elles soient généralement, mais à tort, confondues :

L'une, c'est celle de la *liberté du travail*; à chacun de suivre la voie qu'il préfère. Comme nous l'avons dit, elle date en France de la Révolution de 1789.

L'autre, c'est celle de la *lutte pour la vie*; à chacun d'arriver le premier s'il le peut. Cette seconde conception ne s'est dégagée que beaucoup plus tard sous l'influence des idées de Spencer et Darwin.

Sous le premier aspect, la concurrence, quoiqu'elle n'ait pas toutes les vertus qu'on lui prête, ne peut qu'être approuvée. Mais sous le second aspect elle a plus de dangers que de vertus et a besoin d'être très contrôlée. Voir notre conférence *Concurrence* et *Coopération*, dans le livre *La Coopération*.

concurrence. Et ces grands producteurs cherchent à s'unir à leur tour en gigantesques syndicats nationaux (appelés *Trusts* aux États-Unis, *Cartels* en Allemagne) qui régissent despotiquement, au moins pour un certain temps, toute une branche de la production. Ceux-ci rendent de réels services, comme nous le verrons plus loin : néanmoins pour garantir le public contre leur puissance et leur monopole de fait, l'État tend à intervenir sous forme de réglementation — en attendant que les consommateurs eux-mêmes s'organisent défensivement sous la forme de fédérations de consommateurs.

Nous pouvons très bien concevoir et nous commençons déjà à voir réalisé un régime où l'entente — soit entre les fabricants et les ouvriers par des syndicats parallèles, soit entre les producteurs et les consommateurs par des associations coopératives — pourra faire disparaître la plupart des maux de la concurrence sans toutefois remettre la liberté du travail sous le joug d'une réglementation officielle comme celle du passé.

IV

La surproduction et la loi des débouchés.

Nous avons vu que les besoins sont illimités (p. 44), et que la production au contraire est limitée (p. 99). Il semble donc qu'il doit en résulter nécessairement que la production restera toujours en arrière des besoins. Et pourtant c'est tout au contraire la crainte d'un excès de production, d'un encombrement général des produits (*general glut*, disent les économistes anglais), qui tourmente les fabricants et les hommes d'affaires et c'est d'elle qu'on entend parler le plus souvent. Comment est-ce possible?

Les économistes précisément ont toujours nié que la chose fût possible. Ils ne nient pas, certes, qu'il ne puisse arriver, dans certaines branches et même dans beaucoup de branches de l'industrie, que la production dépasse les demandes parce qu'elle a mal fait ses prévisions. Mais ils dénient toute existence réelle au fait d'une surproduction *générale* et l'attribuent à une pure illusion d'optique dont il est d'ailleurs facile de comprendre la cause. Les producteurs dont les produits sont surabondants sur le marché, et par conséquent se vendent mal, poussent les hauts cris, mais ceux dont les produits sont rares, et par suite se vendent bien, ne disent rien. De là vient qu'on n'entend jamais parler que de surproduction et on finit par croire qu'elle est partout.

Bien plus! ils estiment que, étant donné l'engorgement dans une branche quelconque de la production, le remède le plus efficace qu'on puisse apporter à ce mal c'est précisément de pousser à un accroissement proportionnel dans les autres branches de la production. La crise résultant de l'abondance ne peut se guérir que par l'abondance elle-même, conformément à la devise d'une école célèbre en médecine : *similia similibus*. Ainsi, tous les producteurs se trouvent intéressés à ce que la production soit aussi abondante et aussi variée que possible. Cette théorie est connue sous le nom de *loi des débouchés*. C'est J.-B. Say qui l'a formulée le premier et il s'en montrait très fier, disant « qu'elle changerait la politique du monde ». On peut la présenter de la façon suivante : *chaque produit trouve d'autant plus de débouchés qu'il y a une plus grande variété et abondance d'autres produits.*

Pour comprendre cette théorie, il faut commencer par faire abstraction de la monnaie et supposer que les produits s'échangent directement contre des produits, comme sous le régime du troc. Supposons, par exemple, un marchand qui arrive sur un des grands marchés de l'Afrique centrale, à Ghadamès ou à Ségou : n'a-t-il pas d'intérêt à trouver le marché aussi bien approvisionné que possible de produits nombreux et variés? Sans doute, il n'a pas d'intérêt à y rencontrer en quantité considérable *la même marchandise* que celle qu'il peut offrir, par exemple des fusils, mais il a intérêt à en trouver le plus possible de toutes les autres, ivoire, gomme, poudre d'or, arachides, etc. Chaque marchandise nouvelle qui apparaît sur le marché constitue un placement ou, comme on dit dans cette théorie, un *débouché* pour sa

propre marchandise : plus il y en a, mieux cela vaut. Et
même si notre marchand a cette malchance d'avoir apporté
trop de fusils, eh bien ! ce qui peut arriver de plus heureux
c'est que d'autres aussi aient apporté sur ce même marché
trop d'autres marchandises : alors les fusils mêmes ne se
trouveront plus en excès relativement aux autres produits
car, comme le dit très bien J.-B. Say : « ce qui peut le mieux
favoriser le débit d'une marchandise, c'est la production d'une
autre ».

Les choses ne se passent pas autrement, dit-il, sous le régime de la vente et de l'achat. Chacun de nous a d'autant
plus de chance de trouver le placement de ses produits ou de
ses services que les autres ont plus de ressources, et ils
auront d'autant plus de ressources qu'ils auront produit
davantage. Ce qu'on peut donc souhaiter de plus heureux à
un producteur qui a *trop* produit d'un article quelconque,
c'est que les autres producteurs aient *trop* produit aussi de
leur côté ; la surabondance des uns corrigera la surabondance
des autres. L'Angleterre a-t-elle produit trop de cotonnades ?
Si elle a la bonne fortune que l'Inde ait produit trop de blé,
elle y écoulera bien plus facilement ses cotonnades. Ou bien
encore voilà l'industrie qui, grâce au prodigieux accroissement de sa puissance mécanique, jette sur le marché une
quantité énorme de marchandises. Il en résulte un *general
glut*. Pourquoi ? Parce que la production agricole n'a pas
marché du même pas : ses produits ne se sont accrus que
dans une faible mesure : leur valeur, respectivement à la
valeur des produits manufacturés, s'est élevée : les consommateurs, obligés de dépenser beaucoup pour se procurer les
objets d'alimentation, n'ont plus assez de ressources pour
acheter beaucoup de produits manufacturés. Mais supposez
que la production agricole vienne à marcher du même pas
que la production mécanique, et l'équilibre va se rétablir.
Le consommateur, dépensant moins pour se nourrir, absorbera sans peine l'excès des produits manufacturés.

Cependant, même dans l'hypothèse où tous les produits
sans exception viendraient à augmenter de quantité, il se peut

que les prix baissent et qu'il y ait encore une mévente.
Comment l'expliquer? C'est qu'il reste, dans cette hypothèse,
un produit, un seul, le numéraire, qui n'a pas augmenté en
quantité. Le rapport des valeurs entre le numéraire et les
marchandises en général a donc changé : le numéraire étant
relativement rare, les prix ont baissé. Mais *si vous pouviez
multiplier le numéraire dans la même proportion que les autres marchandises*, le mal serait guéri ! car alors le rapport
des valeurs qui s'appelle « prix » ne changerait pas, et la
crise ne se produirait pas. Donc cette hypothèse même ne fait
que confirmer la loi.

En somme donc, la théorie des débouchés tend simplement
à prouver que l'excès de production n'est jamais à redouter
*toutes les fois que l'accroissement de la production et des
besoins s'opère simultanément et proportionnellement dans
toutes les branches*. En effet, il est clair que dans ce cas les
rapports entre les quantités échangées ne seront pas modifiés.

Malheureusement, l'accroissement de la production ne se
manifestera jamais dans les conditions voulues par la théorie des débouchés. On pourrait démontrer mathématiquement sans doute qu'il n'y a pas une chance sur un million
de voir un accroissement simultané et égal dans toutes les
branches de la production. C'est par à-coups, par poussées
intermittentes et localisées, que l'accroissement de la production se manifeste. D'ailleurs il faudrait, pour que la loi
des débouchés pût s'appliquer, que les pays ne fussent pas
séparés par les cloisons étanches des droits protecteurs, qui
empêchent les produits en excès de se déverser d'un pays
dans l'autre et un niveau général de s'établir sur le marché
universel.

Voilà pourquoi la loi des débouchés, quoique vraie en
principe, n'empêche pas d'incessantes ruptures d'équilibre
dans l'échange, lesquelles provoquent des *crises*. Et voilà
pourquoi, aussi, les producteurs cherchent aujourd'hui à
les prévenir par des ententes commerciales (*Cartels, Truts*),
qui sont un des phénomènes les plus intéressants de notre
époque et que nous étudierons plus loin. Elles ont pour

caractère essentiel des engagements réciproques pris par des producteurs, dans une même branche d'industrie, de ne pas produire au delà d'un certain chiffre fixé selon l'état du marché.

L'État peut-il faire quelque chose pour éviter les crises de surproduction, tout au moins de surproduction partielle? Des expériences intéressantes ont été faites récemment par quelques gouvernements, ainsi au Brésil pour le café. L'État de Sᵗ-Paul a acheté une énorme quantité de café qui a été mis en réserve pour décharger le marché en temps de surabondance et écouler peu à peu ce stock dans les années maigres. Ce procédé, qu'on a appelé « la valorisation du café », rappelle celui de Joseph en Égypte quand il fit remplir les greniers publics pendant la période des sept vaches grasses pour vendre le blé pendant la période des sept vaches maigres. Et il semble avoir donné d'assez bons résultats, quoique pourtant discutés [1].

V

Les crises.

Les crises ont été souvent comparées à des maladies de l'organisme économique : elles présentent des caractères aussi variés que les innombrables maladies qui affligent les hommes. Les unes ont un caractère périodique, les autres sont absolument irrégulières. Les unes sont courtes et violentes comme des accès de fièvre; elles se manifestent de même par une forte élévation de température suivie d'une brusque dépression, les autres sont lentes « comme des anémies », dit M. de Laveleye. Les unes sont localisées à un pays déterminé ; les autres sont épidémiques et font le tour du monde.

[1] Le gouvernement grec et celui de Portugal, pour remédier à la surproduction des raisins secs et du vin, ont prohibé ou limité la plantation de vignes nouvelles.

Mais ce sont là des métaphores. Regardons à la réalité. Nous venons de voir comment dans nos sociétés modernes l'équilibre entre la production et les besoins se maintient tant bien que mal. Or ce serait miracle qu'un équilibre qui n'a pour régulateur que le jeu de l'offre et de la demande fût parfait. En fait, il est très instable.

Sans doute il se rétablit automatiquement quand il est désaccordé, mais il ne se rétablit pas sans une petite secousse. Quand la secousse est forte elle s'appelle une crise, et elle est d'ailleurs, quoique désagréable, bienfaisante puisqu'elle est précisément nécessaire pour rétablir l'équilibre.

Il est donc très naturel que ces crises constituent un phénomène normal, nécessairement lié à l'organisation économique et se reproduisant, par une loi rythmique, périodiquement. On a même essayé de calculer la durée de ces périodes. Stanley Jevons a essayé de démontrer que les crises se reproduisaient régulièrement par cycles de dix ans. Depuis le commencement du siècle, il comptait, en effet, les neuf suivantes : 1815, 1827, 1836, 1839, 1847, 1857, 1866, 1873, 1882. Cette périodicité décennale se rattachait d'ailleurs, d'après Jevons, à une périodicité analogue dans les mauvaises récoltes, qui avait elle-même pour cause une périodicité décennale dans les taches du soleil! En sorte que la question des crises, de leurs causes et de leur développement, se ramenait à une loi astronomique.

Mais ce brillant roman n'a pas été confirmé par les faits, ni en ce qui concerne la cause attribuée aux crises, ni même en ce qui concerne la périodicité décennale, quoique, il est vrai, le rythme dont nous venons de parler ne laisse généralement pas un intervalle de plus d'une dizaine d'années entre deux crises. A l'énumération des crises que nous venons de donner, il faut ajouter celle de 1890, une de peu d'importance en 1900, et une très forte en 1907. Cela fait trois en 25 ans.

Ce n'est pas aux taches du soleil mais au capitalisme que les socialistes font remonter la responsabilité des crises.

Ils affirment non seulement que les crises sont une nécessité de l'organisation économique actuelle, du régime capitaliste, mais encore ils affirment que ces crises sont destinées à devenir de plus en plus graves, jusqu'au jour où elles enseveliront sous ses ruines le régime capitaliste et qu'ainsi celui-ci est destiné à périr par les conséquences mêmes qu'il a engendrées. Seulement, pour les socialistes, la crise n'a pas pour unique cause la surproduction due à l'avidité des capitalistes qui, sous la pression de la concurrence et par suite de la baisse du taux des profits, cherchent à « se rattraper sur la quantité », mais plus encore la *sous-consommation* due à l'insuffisance des ressources de la grande masse des consommateurs, de la classe ouvrière, des salariés, qui n'ont pas les moyens de racheter les produits de leur propre travail. En effet, il ne sert à rien de dire que les besoins des hommes sont illimités ou indéfiniment extensibles, il ne suffit pas, pour écouler un article, de trouver des gens qui en aient envie, encore faut-il trouver des gens qui aient *les moyens de l'acquérir*. Or l'accroissement du revenu de la masse de la population n'a pas marché en général d'un pas aussi rapide que l'accroissement de la production manufacturière. Et comme ces deux causes inverses mais aboutissant au même résultat — d'une part, la nécessité croissante pour les fabricants d'étendre le plus possible leur production ; d'autre part, le nombre croissant des salariés et l'insuffisance du salaire — vont s'intensifiant sans cesse, l'équilibre troublé, au lieu de se rétablir automatiquement comme le croient les économistes, deviendra de plus en plus instable jusqu'à l'effondrement final.

Mais c'est là aussi un roman comme celui de Jevons, et moins poétique. Rien ne justifie ces prévisions pessimistes. La baisse du taux des profits, quoique réelle, aboutirait plutôt à ce que Stuart Mill appelait « l'état stationnaire » (voir ci-dessus, p. 115) qu'à la surproduction — et l'insuffisance du salaire, quoique réelle aussi, tend à s'améliorer de jour en jour. La puissance de consommation des classes ouvrières grandit rapidement et les sociétés coopératives de consommation (voir ci-après L. IV) la développeront énor-

10*

mément. D'ailleurs, en admettant même que la classe salariée continuât à être spoliée indéfiniment du produit de son travail, nous ne voyons pas pourquoi il devrait en résulter une insuffisance générale de la consommation, car il n'y aurait là en tout cas qu'un simple transfert de la puissance de consommation d'une classe à une autre : et dès lors, pourquoi les voleurs ne pourraient-ils pas consommer autant que les volés?

Laissons donc de côté ces deux théories systématiques des crises, et bornons-nous à voir en elles des phénomènes inhérents à la vie économique, nullement signes de mort, mais plutôt d'une vitalité excessive, et qui seront d'autant plus fréquents que l'organisation économique sera plus compliquée et plus sensible.

La rupture d'équilibre qui prépare et caractérise la crise peut se présenter sous deux aspects inverses : *surproduction* ou *déficit*, quoiqu'on ne parle presque jamais du second.

§ 1. Les crises de surproduction peuvent tenir :

a) Soit à un excès de production parce que les fabricants ont anticipé des besoins qui ne se sont pas réalisés. Remarquons qu'il n'est point nécessaire que la surproduction soit générale et que même si la surproduction était absolument générale et proportionnellement la même pour tous les produits, *y compris la monnaie* (hypothèse d'ailleurs absolument invraisemblable), il n'y aurait pas de crise, ainsi que nous l'avons montré p. 170. Ce sont des surproductions spéciales à certaines industries qui déclanchent la crise puis elle se généralise.

Remarquons qu'il est très possible que l'excès de production ne soit pas réel, mais virtuel, c'est-à-dire non point encore sous forme de produits créés par des fabricants mais sous forme d'entreprises lancées sur le marché financier par des spéculateurs. Ceci suffit très bien pour provoquer la crise. C'est même une des causes les plus fréquentes. On croit que les besoins des automobiles, ou du caoutchouc, ou des phosphates, etc., vont être énormes. On crée une foule de ces entreprises : on émet des liasses de titres de toute couleur. Toutes ces valeurs montent pendant quelque temps. Puis un jour on s'aperçoit que tel produit ne peut s'écouler : les titres qui représentaient la mise en monnaie de ces entreprises ou, comme dit éloquemment M. Seligman, « qui représentaient la capitalisation de tant d'espoirs » et de tant de revenus anticipés, s'effondrent, et de proche en proche tous les titres tombent comme des châteaux de cartes [1].

b) Soit à une restriction de la consommation, si, par exemple, un pays étant ruiné par une guerre ou simplement appauvri par une mauvaise récolte, tous se trouvent obligés de réduire leurs dépenses. Mais le plus souvent ces crises de sous-consommation ne sont que consécutives à une crise de surproduction. C'est après que celle-ci a ruiné beaucoup d'industriels par la faillite, privé de salaire beaucoup d'ouvriers par le chômage et appauvri beaucoup de rentiers par la baisse de leurs valeurs, que chacun restreint sa consommation. La crise de 1907, qui a eu son point de départ en Amérique, a eu pour conséquence en 1908 une diminution générale de consommation, laquelle s'est révélée clairement dans les statistiques par les diminutions notables du commerce international et du rendement des impôts.

Toutes les crises de surproduction sont annoncées par les mêmes signes précurseurs qui sont : — activité grandissante dans le mouvement des affaires, des ventes, des placements, des escomptes, dans la hausse de prix des marchandise et du cours des valeurs à la Bourse;

Et elles ont les mêmes suites qui sont :

en ce qui concerne les marchandises : la mévente, la baisse des prix, la faillite des maisons de commerce;

en ce qui concerne les capitaux au contraire : la raréfaction du capital-argent, la difficulté de se le procurer [2], la

---

[1] C'est ainsi que la crise de 1907, qui a fait tant de ravages aux États-Unis, a eu pour cause initiale une hausse démesurée de cuivre et de toutes les valeurs cuprifères et minières, suivie en août 1907 par un effondrement des cours du cuivre et desdites valeurs.

[2] Au moment le plus aigu de la crise de 1907 à New-York, il devint impossible, même aux personnes les plus riches, de trouver de l'argent.

hausse du taux de l'intérêt et de l'escompte, peut-être la suspension des paiements ou le cours forcé des billets de banque.

Que la crise de surproduction entraîne un avilissement de prix des marchandises, cela s'explique assez, mais on s'explique moins qu'elle entraîne ce second effet, qui au premier abord paraît tout contraire, à savoir un renchérissement de l'argent? — Cela s'explique pourtant parce que les commerçants, ne pouvant plus faire d'argent par la vente de leurs marchandises, sont bien obligés de se procurer cet argent par l'emprunt ou l'escompte, et la crise de surproduction des produits crée ainsi par contre-coup une crise déficitaire du capital-argent.

§ 2. Les crises de déficit tiennent : — *a*) soit à une défaillance dans la production, mais ceci n'arrive guère que dans la production agricole; et même alors ces crises n'entraînent guère de conséquences graves, sinon dans les pays pauvres comme la Russie ou les Indes; — *b*) soit à une poussée brusque de certains besoins en face desquels la production se trouve prise au dépourvu.

Il va sans dire que la crise de déficit entraîne des effets inverses de ceux de la surproduction — en général le renchérissement des marchandises. Cependant il peut arriver, quoique ceci paraisse très paradoxal, que cette crise par insuffisance de production produise indirectement les mêmes effets que la crise par excès de production, à savoir un engorgement général sur le marché et une dépréciation des marchandises! Il suffit de remarquer que, puisque l'insuffisance dans la récolte du blé, par exemple, va entraîner une hausse dans le prix du blé — par suite, tous les consommateurs de blé dont les ressources sont limitées, c'est-à-dire

Et les banques furent assiégées par un *run* éperdu qui contraignit beaucoup d'entre elles à suspendre leurs paiements — quoiqu'elles fussent parfaitement solvables — jusqu'à ce qu'on eut fait venir 600 millions d'or d'Europe. Pourtant la quantité de numéraire dans le monde, et même aux États-Unis, n'avait jamais été plus abondante (33 dollars par tête au lieu de 22 en 1897). Mais l'organisation défectueuse des banques ne permettait pas de disposer de cet or. Voir ci-après *Banques*.

l'immense majorité des hommes, seront obligés de restreindre leurs dépenses sur tous les autres articles de leurs budgets : dès lors une masse d'objets n'étant plus demandés ne pourra plus s'écouler ou ne le pourra qu'avec perte. C'est ainsi que les disettes dans l'Inde se répercutent généralement par une crise pour les manufactures anglaises. On se rappelle encore en Angleterre les désastres causés par la disette de coton (*cotton famine*) à la suite de la guerre de Sécession des États-Unis.

Quoique les crises doivent être considérées comme salutaires en fin de compte puisqu'elles ont pour rôle de rétablir l'équilibre troublé, néanmoins il va sans dire que ces secousses sont douloureuses et par conséquent très redoutées. Heureusement les conséquences des crises en sont en même temps les remèdes ; elles fonctionnent à la façon des freins automatiques des chemins de fer.

En effet, il est évident que la mévente, la baisse des prix, la difficulté de se procurer de l'argent, et le spectacle des faillites, constituent précisément les meilleurs moyens d'effrayer les producteurs et ne peuvent manquer d'enrayer la surproduction.

Mais c'est justement parce que le remède est efficace que les crises de surproduction ne sont pas aussi redoutables qu'on pourrait le croire et n'entraîneront vraisemblablement aucun des cataclysmes dont les socialistes nous menacent.

Les conséquences des crises de déficit tendent aussi à enrayer ces crises, mais avec moins d'efficacité, car la hausse du prix du charbon, par exemple, ne réussira pas à supprimer la disette du charbon si les mines sont épuisées ; mais du moins elle pourra lui créer des succédanés par la loi de substitution des besoins.

Quand la rupture d'équilibre ne porte que sur un seul produit, elle n'entraîne pas de crise générale[1]. Cependant il

---

[1] Les crises qui ne portent que sur un seul produit sont incessantes : en France et au Portugal pour le vin, en Grèce pour les raisins secs ; au Brésil pour le café.

est un produit pour lequel la rupture d'équilibre entre la
production et les besoins entraîne une crise qui se répercute
sur tous les autres produits sans exception, mais pour lequel
les conséquences sont *inverses* de celles inhérentes aux crises
affectant tout autre produit : en effet sa surabondance
entraîne une hausse générale des prix et une baisse de l'intérêt ou du moins de l'escompte, et sa disette une baisse
générale des prix et une hausse de l'escompte! Il est facile
de deviner cette énigme : c'est de la monnaie qu'il s'agit
(métallique ou de papier). Ces crises spéciales, qu'on appelle
les *crises monétaires*, sont les plus dangereuses en ce sens
qu'elles paraissent avoir au plus haut degré le caractère épi-
démique, mais ce sont aussi celles qui ont été le mieux
étudiées, dont on peut le mieux prévoir la venue et que,
par suite, on peut le mieux conjurer (voy. ci-après *La hausse
du taux de l'escompte*)[1].

Nous venons de voir comment la production se règle tant
bien que mal, et plutôt mal que bien, par la loi de la concurrence. Mais cette loi n'est pas la seule qui gouverne l'évolution industrielle; il en est d'autres, et notamment trois
qu'il convient d'étudier séparément :

La loi de la division du travail ;

La loi de concentration ;

La loi d'association.

---

[1] Voir pour plus de détails sur les crises et quant aux explications
qu'on peut en donner, le livre de M. Lescure, *Des crises générales et
périodiques de surproduction.*

CHAPITRE II

LA DIVISION DU TRAVAIL

I

Les divers modes de la division du travail.

Si le travail qu'il s'agit d'exécuter est absolument simple (défoncer la terre, soulever un poids, ramer, couper du bois), ce travail ne se prête pas à une division quelconque : chacun exécutera de son côté les mêmes mouvements. C'est ce qu'on pourrait appeler la coopération simple.

Mais pour peu que l'opération soit complexe et comprenne des mouvements variés, il y a tout avantage à décomposer ce travail — qui, considéré dans son ensemble, apparaissait comme une tâche unique — en une série de tâches parcellaires, en nombre aussi grand qu'il convient, et à assigner à chaque individu une seule de ces tâches. C'est ce qu'on appelle *la division du travail* et qu'on pourrait appeler la coopération complexe.

C'est par un exposé de la division du travail que s'ouvre le livre célèbre d'Adam Smith. Par là ce grand esprit montrait l'importance qu'il attribuait à ce fait et, depuis lui, on a vu dans ce fait une loi dont l'importance, non seulement au point de vue économique mais social et même moral, n'a fait que grandir. Elle déborde indéfiniment les limites de l'atelier où Adam Smith l'avait d'abord admirée [1].

---

[1] La division du travail professionnelle et son utilité sociale avait été cependant signalée dès l'antiquité. Dans sa *République*, Platon fait dire

Mais commençons par le plus simple. La division du travail est un des rares faits économiques qui se retrouve chez certaines espèces animales — avec l'épargne. Dans l'espèce humaine, la première forme sous laquelle se présente la division du travail, c'est la division du travail par *sexes* et les fonctions différentes, même au point de vue économique, qui en résultent. Elle correspond à la première phase industrielle, celle appelée l'industrie de famille.

Cette division des travaux est loin de correspondre à ce que nous appellerions aujourd'hui les aptitudes propres à chaque sexe : à l'homme les travaux de force, à la femme les travaux du ménage. Nullement. L'homme a pris les travaux nobles, c'est-à-dire la guerre, la chasse, la garde du bétail, et la femme les travaux vils, non seulement ceux du ménage, du tissage, mais aussi du transport, comme de vraies bêtes de somme, et même de la culture : *cura agrorum feminis delegata*, dit Tacite en parlant des Germains[1] — et c'est ce que nous voyons aujourd'hui encore chez toutes les peuplades de l'Afrique. La femme a été le premier esclave : et l'esclavage proprement dit, celui des captifs, a été pour elle sa première émancipation, notamment l'a libérée du travail écrasant qui consistait à broyer le grain et à tourner la meule.

Dès l'antiquité, la division du travail apparaît sous la

à Socrate : « Les choses se font mieux et plus aisément lorsque chacun fait celle pour laquelle il est propre et qu'il est dégagé de tout autre soin ». Et l'apologue célèbre de Ménénius Agrippa dit de même.

[1] D'après Bücher, l'homme aurait eu comme tâche de se procurer la nourriture animale (chasse, puis garde des troupeaux) et la femme la nourriture végétale (cueillette, puis agriculture). Et cette division des tâches ne paraît nullement découler d'aptitudes spéciales à l'un ou à l'autre de ces travaux, mais avoir uniquement des origines religieuses. En tout cas, il semble que ce ne soit qu'assez tard, peut-être dans l'antiquité grecque, que la femme a été cantonnée dans les travaux du ménage (Voir un exposé très complet de la division du travail préhistorique dans les articles de M. René Maunier, *Revue de Sociologie*, 1908). Encore de nos jours dans l'île bretonne de Sein, dit M. le Goffic : « le champ du labeur humain est ainsi divisé : la mer aux hommes, la terre aux femmes ».

forme *professionnelle* avec les différents *métiers*. Doit-elle sa première origine aux aptitudes naturelles des individus[1]? C'est possible, pour les travailleurs libres. Mais il ne faut pas oublier que ces travailleurs libres étaient rares. L'esclave n'avait qu'à faire ce que le maître lui ordonnait. Et même pour l'homme libre il paraît plus probable que les travaux assignés à chacun l'ont été par des raisons sociales, politiques, religieuses, rituelles — telles que le régime des castes — et que l'aptitude professionnelle n'est venue qu'après coup, par la pratique et la transmission héréditaire.

Sous le régime corporatif la séparation des métiers devient plus accentuée parce que chaque « corps de métier » ne fait qu'un genre de travail, et même les règlements veillent avec un soin jaloux à ce que chacun reste enfermé dans sa spécialité. La même industrie se subdivise en *branches divergentes* (l'industrie du bois subdivisée en menuisiers, charpentiers, charrons, etc.), ou en *tranches successives* (le bois brut passant successivement des mains des bûcherons à celles des scieurs de long, etc.), dont chacune forme un métier spécial. Et ces subdivisions et ramifications vont progressant sans cesse parallèlement à la multiplication des besoins, chaque nouveau besoin correspondant à un nouveau métier.

Mais c'est seulement sous le régime de la manufacture qu'apparaît la division du travail *technique*. Tout travail industriel étant, comme nous l'avons vu déjà (p. 119), une simple série de mouvements, on s'applique à décomposer ce mouvement complexe en une série de mouvements aussi simples que possible que l'on confie à autant d'ouvriers différents de façon que chacun d'eux n'ait autant que possible à exécuter qu'un seul mouvement, toujours le même. C'est

[1] « C'est surtout des modes d'activité intellectuelle et artistique que procèdent les premières professions. Le prêtre, le devin, le médecin, le sorcier, le chanteur, le danseur, qui sont doués de talents particuliers, arrivent les premiers à une situation à part. En général le forgeron leur succède; les autres artisans viennent longtemps après » (Bücher, *Études, De la division du travail*).

ce mode de division du travail, observé dans une fabrique d'épingles, qui a frappé pour la première fois Adam Smith et lui a inspiré une page admirable partout citée.

Il est à remarquer qu'à la différence des modes précédents de division du travail, qui sont naturels et spontanés, celui-ci est inventé et combiné, comme d'ailleurs tous les gestes du travail.

En même temps que la division du travail s'intensifiait en s'enfermant dans la fabrique, elle s'élargissait par le développement des transports et des échanges internationaux et devenait elle-même *internationale*, chaque peuple se consacrant plus spécialement à la production des denrées qui paraissent le mieux appropriées à son sol, à son climat ou aux qualités propres de sa race (voir plus loin, *Protectionnisme*), l'Angleterre au charbon et aux cotonnades, les États-Unis aux machines, la France aux articles de luxe, le Brésil au café, l'Australie à la laine, etc.

La dénomination « division du travail » a été critiquée comme trop étroite et en effet l'ordre de faits qu'elle embrasse s'est tellement élargi qu'il a fait craquer la formule verbale dans laquelle Adam Smith l'avait enfermé. Les mots de division du travail ne sont vraiment à leur place que là où le travail est réellement morcelé : dans l'intérieur de la fabrique, par exemple, lorsque la fabrication d'une chaussure ou d'une montre comporte 50 ou 100 opérations différentes. Mais il ne convient guère pour exprimer la séparation des métiers, là où le cordonnier fait le soulier tout entier — ici il vaudrait mieux dire la *spécialisation du travail;* — et moins encore pour exprimer ce que nous avons appelé la division du travail internationale, c'est-à-dire là où certaines branches de la production se localisent dans certaines régions de la terre : ici c'est plutôt de la *localisation du travail* qu'il faudrait parler.

Mais l'expression division du travail a pour elle, comme beaucoup d'autres dénominations imparfaites, la consécration de l'usage.

II

Les conditions de la division du travail.

La division du travail technique est d'autant plus parfaite que l'on peut décomposer le travail en un plus grand nombre de tâches parcellaires. Mais le nombre d'ouvriers devra être nécessairement en rapport avec le nombre de ces opé-, rations distinctes[1] : or, il est clair que le nombre d'ouvriers qu'un industriel peut employer dépend de l'étendue de la production. Et comme l'étendue de la production dépend nécessairement de l'étendue du marché, on peut dire, en dernière analyse, que la division du travail est en raison directe de *l'étendue du marché.*

C'est pour cette raison que, comme on l'a fait remarquer souvent, la division du travail n'existe guère que dans les grands centres et est inconnue à la campagne ou au village. Là on trouvera pêle-mêle dans une même boutique, épicerie, charcuterie, jouets d'enfants, papeterie, mercerie, tous les articles qui constitueraient dans une grande ville autant de commerces différents[2]. La raison en est évidente. L'homme, au village, est obligé de faire tous les métiers par la bonne raison qu'un seul ne suffirait pas à lui faire gagner sa vie.

---

[1] Ce serait un très faux calcul de croire qu'on pourra réaliser la division du travail en employant un seul ouvrier pour chaque opération distincte; il en faut en général beaucoup plus. Supposons que la fabrication d'une aiguille comprenne trois opérations, la pointe, la tête et l'œil. Supposons qu'il faille 10 secondes pour chaque pointe, 20 pour la tête et 30 pour percer l'œil. Il est clair que pour tenir pied au seul ouvrier des pointes, il faut deux ouvriers pour les têtes et 3 pour les œils; il faut donc en tout non pas 3, mais 6 ouvriers, sans quoi le premier restera une partie de la journée les bras croisés.

[2] On pourrait croire, à première vue, que les grands bazars des capitales, Louvre ou Bon Marché, sont dans le même cas, puisqu'ils vendent toute espèce d'objets? Mais point du tout, car chaque rayon a sa spécialité (voir dans le *Cours* le chap. sur les Grands Magasins).

Au contraire quand une industrie peut avoir pour marché le monde entier, alors elle peut non seulement se spécialiser dans la production de certains articles ne répondant qu'à un besoin très limité — parce que le nombre immense des consommateurs compense comme débouchés l'étroitesse du besoin — mais de plus, dans cette industrie spécialisée, elle peut pousser à ses extrêmes limites la division technique du travail. C'est une des raisons pour lesquelles les pays tiennent tant à s'assurer une large exportation. Cette exportation, en permettant à leurs industries de pousser à fond la division du travail, leur assurera les supériorités industrielles qui en dérivent.

On indique généralement une seconde condition comme indispensable à la division du travail, c'est la *continuité du travail.* En effet si le travail est intermittent, comme l'ouvrier ne peut rester oisif dans l'intervalle, il faudra bien l'occuper à autre chose et dès lors il ne pourra plus se cantonner dans une seule occupation. C'est une des raisons pour lesquelles l'industrie agricole ne se prête guère à la division du travail comme nous le verrons ci-après. Cependant cette condition est moins impérieuse que la précédente, car un homme peut très bien, sans perdre les bénéfices de la spécialisation, s'adonner à des travaux différents s'ils ne sont pas simultanés mais successifs et par périodes assez longues. On peut même dire que tout au contraire il y aurait là, comme nous allons le voir, un correctif bienfaisant à certains inconvénients de la division du travail continu [1].

---

[1] Le socialiste Fourier posait comme conditions du travail attrayant qu'il devait être à la fois : — *a) très divisé* : il poussait même cette division jusqu'à l'extravagance, organisant autant de groupes de travailleurs que d'espèces végétales (choutistes, ravistes, poiristes, cerisistes, etc.), et même autant de sous-groupes qu'il pouvait exister de variétés dans la même espèce ; — *b) très diversifié*, chaque travailleur ne devant consacrer qu'un temps très court, une ou deux heures, à chaque occupation : par là ce régime qu'il appelait « des courtes séances » devait offrir pour chaque journée un menu de travail, si j'ose ainsi dire, très varié. C'est ainsi que Fourier donnait satisfaction à la passion qu'il appelait pittoresquement *la papillonne!*

III

Les avantages et les inconvénients de la division du travail.

La division du travail accroît la puissance productive du travail dans des proportions inconcevables. En voici les raisons :

1º Le travail le plus compliqué, ainsi que nous l'avons expliqué, se trouve *décomposé en une série de mouvements très simples,* presque mécaniques et qui par ce moyen deviennent d'une exécution très aisée, ce qui facilite singulièrement la production.

On peut même arriver par là à des mouvements si simples que l'on s'aperçoit que l'intervention de l'homme n'est plus nécessaire pour les exécuter et qu'une machine suffit. Et c'est, en effet, par ce procédé d'analyse technique que l'on est arrivé à faire exécuter mécaniquement les travaux qui semblaient les plus compliqués à première vue[1].

2º La diversité des tâches qui sont ainsi créées, toutes différentes au point de vue de la difficulté, de la vigueur ou de l'attention qu'elles requièrent, permet d'*approprier chaque tâche aux capacités individuelles des travailleurs.* On peut utiliser ainsi les aptitudes naturelles de chacun et éviter le gaspillage de temps, de forces et même de capitaux, qui résulterait du fait que tous, forts ou faibles, ignorants ou intelligents, auraient à accomplir la même œuvre : — gaspillage du travail des plus forts ou des plus capables sur une tâche trop facile pour eux, ou à l'inverse, déperdition du travail des plus faibles ou des plus ignorants sur une tâche au-dessus de leurs forces.

3º *La répétition continue du même exercice* crée chez tous les hommes une dextérité qui est véritablement merveil-

---

[1] Voilà pourquoi l'invention des principales machines (à tisser, à filer, etc.), a coïncidé précisément avec l'apogée de la division du travail dans les manufactures.

leuse, de même que dans les travaux de l'ordre intellectuel
une application soutenue et persévérante développe singulièrement les facultés mentales et par conséquent la puissance
productrice. Médecins, avocats, peintres, romanciers, savants, chacun aujourd'hui se fait *spécialiste :* chacun trouve
profit à se cantonner dans un petit coin du savoir humain
pour le mieux fouiller et en tirer meilleur parti.

A ces causes de supériorité, on en ajoute en général trois
autres de moindre importance :

4° *L'économie de temps,* qui résulte de la continuité du
travail. Un ouvrier qui change souvent de travail perdra chaque fois, non seulement l'intervalle de temps pour passer
d'une opération à l'autre, mais surtout le temps nécessaire
pour la *mise en train.*

5° *L'économie des outils* qui est portée au maximum
quand chaque travailleur n'emploie qu'un seul instrument et
l'emploie constamment.

6° Enfin *la moindre durée de l'apprentissage,* apprentissage d'autant plus long que le métier est plus compliqué.

Mais, en regard de ces avantages, on a dénoncé depuis
longtemps des inconvénients graves :

1° *Abrutissement* du travailleur, réduit par la répétition
d'un même mouvement aussi simplifié que possible, à un
rôle purement machinal, ce qui rend dorénavant tout apprentissage inutile. Que de fois on a répété la phrase de Lemon-
tey : « C'est un triste témoignage à se rendre que de n'avoir
jamais fait dans sa vie que la dix-huitième partie d'une épingle » ! Et un plus illustre que lui, celui-là même qui a révélé l'importance et les bienfaits de la division du travail,
Adam Smith, avait dit en termes encore plus durs :
« l'homme dont la vie entière se passe à accomplir un petit
nombre d'opérations simples devient généralement aussi stupide et aussi ignorant qu'il est possible à une créature humaine de le devenir » !

2° *Dépendance* extrême de l'ouvrier qui est incapable de
rien faire en dehors de l'opération déterminée et spécialisée
dont il a pris l'habitude et qui, par suite, se trouve à la

merci d'un chômage ou d'un renvoi. Comme les pièces mêmes qu'il façonne et qui ne valent que par l'assemblage qui en fera un tout, on peut dire que lui-même ne vaut que comme rouage de cette grande machine qu'on appelle une manufacture : en dehors d'elle, il n'est bon à rien.

Il est assez facile de répondre à ces critiques. Sans doute il y a dans le travail manuel beaucoup de besognes abrutissantes, mais ce n'est point seulement parce qu'il est divisé : c'est malheureusement parce qu'il y a un grand nombre de travaux qui, quoique nécessaires, seront toujours, par leur nature même, sans joie. Le travail du balayeur des rues, ou du vidangeur, ou du casseur de pierres sur la grande route, n'est point du tout divisé; est-il plus noble que celui d'un ouvrier qui fait toujours des boulons? Et comme on l'a dit spirituellement, pense-t-on que l'ouvrier qui ne fait que des têtes d'épingles, gagnerait beaucoup intellectuellement et moralement s'il faisait l'épingle tout entière? Si la division du travail peut avoir quelques effets fâcheux au point de vue de la monotonie du travail, ceux-ci sont atténués ou corrigés :

a) Par l'éducation professionnelle générale qui permettra à l'ouvrier, chargé d'une tâche parcellaire, de prendre conscience de la place qu'il occupe dans l'ensemble, et au besoin de changer de métier, et qui en cela est supérieure à l'apprentissage.

b) Par l'emploi des machines, car sitôt qu'on en est arrivé à simplifier une opération technique au point de la rendre purement *machinale*, on ne tarde pas à remplacer le travailleur par une *machine*, car en pareil cas on trouve toujours économie à le faire. Or la direction d'une machine est un travail souvent fatigant (non par l'effort musculaire mais par la tension nerveuse qu'il exige), mais qui n'est pas abrutissant. La machine savante d'aujourd'hui exige des ouvriers d'élite. A mesure qu'elle devient plus automatique, l'ouvrier cesse de l'être.

c) Par la limitation de la journée de travail qui laisse à l'ouvrier le loisir d'occuper de façons différentes son corps

et son esprit[1] et par là l'empêche de tomber dans cet abrutissement redouté par Adam Smith.

Il est à remarquer d'ailleurs que les critiques ci-dessus ne
visent que la division *technique* du travail. Mais la division
du travail *professionnelle*, par spécialisation de fonctions,
de métiers, d'études, n'a jamais donné prise au premier
grief, celui d'abrutissement : tant s'en faut! Quant au second grief, celui de dépendance, elle ne crée en tout cas
qu'une dépendance mutuelle, et par suite, au lieu d'y voir
une infériorité, on y voit plutôt une supériorité économique,
et surtout morale, et, sous le nom d'*interdépendance* des
ndividus, on en fait le fondement de la loi de solidarité. La
division du travail, par la dépendance réciproque qu'elle
établit entre les hommes, semblable à la division du travail
physiologique qui existe entre les organes d'un corps vivant, semble faire de tous les membres d'une société *les
membres d'un même corps* et par là semble réaliser l'idéal de
l'école solidariste. Beaucoup de sociologues insistent avec
amour sur cette analogie[2].

[1] Le système des courtes journées permet de réaliser dans une certaine mesure l'idéal fouriériste des « courtes séances » et de la variété
des travaux. Le mineur, en sortant de la mine à 2 heures de l'après-
midi, après avoir pris son bain, a le temps de cultiver son petit jardin
et même, s'il le veut, d'y cultiver des roses. L'ouvrier des arsenaux de
Brest et de Toulon, après sa journée de 8 heures, se livre à de petits
travaux en dehors de sa profession.

[2] M. Durkheim (dans son livre déjà cité, *De la division du travail
social*) fait de la division du travail la loi sociale fondamentale. Il y voit
même le fondement de la *morale*, car c'est cette différentiation entre les
individus qui, en rendant chacun d'eux incapable de se suffire à lui-même,
les oblige à se rendre des services réciproques et crée l'aide mutuelle.
Elle est, d'après lui, l'effet et en même temps le correctif de la lutte
pour la vie : *l'effet*, car, comme la lutte est d'autant plus vive que les
individus sont plus semblables et ont les mêmes besoins, il en résulte
que chacun cherche à se spécialiser pour faire autre chose que son voisin ; — *le correctif*, car précisément les possibilités qu'elle ouvre aux
individus d'échapper à la concurrence leur permettent du même coup
d'échapper à la ruine ou à la mort.
Cependant nous répugnons à donner pour fondement à la solidarité la
division du travail parce que celle-ci implique la *différentiation* crois-

Et pourtant il ne faut pas considérer comme un idéal très désirable une nation où chaque homme ne serait que l'homme d'un seul métier et où son esprit et son corps porteraient le pli indélébile du travail professionnel. Il en résulterait quelque dommage, croyons-nous, pour le développement intégral de la personne humaine et même pour le progrès social, car la Société risque ainsi de se stéréotyper comme sous le régime des castes. Nous sommes bien disposés à reconnaître, avec M. Espinas, que « l'aptitude à l'isolement n'est qu'un caractère très inférieur de l'individualité », voire même que c'est là un trait propre au sauvage — et certes « le sauvage » n'est plus pour nous, comme pour les littérateurs du XVIII° siècle, le type idéal de l'humanité — mais tout de même c'est une force et une supériorité pour l'homme que l'aptitude à changer de profession ou de métier. La plupart des hommes qui, aux États-Unis, sont parvenus aux plus hautes situations ont fait dans leur vie vingt métiers. C'est le caractère d'une société dynamique et progressive que de pouvoir utiliser tous ses membres à plusieurs fins, et les seuls moyens d'y arriver sont : d'une part, une *instruction* qui doit être assez générale, même lorsqu'elle est exclusivement technique, pour ouvrir à l'homme un grand nombre de voies et lui permettre d'en changer; — d'autre part, des lo: ··· suffisants pour permettre à l'homme d'utiliser ses aptitudes à des fins diverses et d'exercer son activité dans des domaines variés, tous ceux de la vie domestique, civique, intellectuelle, religieuse, esthétique, etc.

sante des individus, tandis que la vraie solidarité implique leur *communion* croissante. Comme l'ont dit les philosophes Charles Secrétan et Fouillée, être solidaire c'est avoir conscience de l'unité du genre humain, c'est s'efforcer de réaliser et d'anticiper cette unité en agissant comme si nous étions tous **Un**.

CHAPITRE III

LA CONCENTRATION DE LA PRODUCTION

I

Les étapes de l'évolution industrielle.

Nous avons vu dans le Chap. I comment se maintient —
ou parfois se rompt — l'équilibre de la production et des
besoins. Mais nous plaçant maintenant, non plus au point
de vue statique, mais au point de vue dynamique, voyons
comment la production peut suivre le mouvement sans
cesse ascensionnel des besoins. Pour cela, elle a dû passer
par des formes diverses.

L'École historique, surtout en Allemagne, a eu, entre autres mérites, celui de découvrir et de dégager les types
successifs de l'évolution industrielle.

On s'accorde généralement à en reconnaître cinq :

1° *L'industrie de famille* ou *domestique*. C'est elle qui
règne non seulement dans les sociétés primitives mais
même dans celles de l'antiquité et se prolonge jusque dans
la première période du Moyen âge. Les hommes sont divisés par petits groupes autonomes au point de vue économique, en ce sens qu'ils se suffisent à eux-mêmes, ne produisant guère que ce qu'ils doivent consommer. L'échange
et la division du travail n'existent qu'à l'état embryonnaire (Comparez ci-après *Historique de l'échange*).

Chaque groupe est constitué par une famille : seulement,
il faut prendre ce mot dans un sens beaucoup plus large
que celui qu'il comporte aujourd'hui. Non seulement la

famille patriarcale était beaucoup plus nombreuse que de
nos jours, mais encore elle était grossie artificiellement
d'éléments étrangers — esclaves, plus tard serfs — qui lui
sont incorporés. Les esclaves à Rome étaient désignés
juridiquement par le terme *familia*. La villa du riche propriétaire romain avec son armée d'esclaves faisant tous les
métiers, la seigneurie du baron du temps féodal avec ses
serfs, appartiennent à cette même période économique.

2° *Le métier* exercé par l'artisan. Cette seconde phase ne
s'est guère développée qu'au Moyen âge. Ce qui la caractérise, c'est que le producteur travaille non plus pour lui-
même ni pour les siens, mais pour le public, pour le *client*,
personnage nouveau qui apparaît sur la scène économique.
Le travailleur, du moins dans les villes, est autonome : il
produit avec des matières premières et des outils qui lui
appartiennent[1] : il est devenu ce qu'on appelait sous le régime corporatif *un maître*. Toutefois il ne travaille encore
que sur commande, ou du moins il ne produit que pour le
petit marché de la ville où il habite et qu'il se réserve
avec un soin jaloux. Il est associé, pour un but d'aide et
de défense mutuelle, avec les ouvriers du même métier que
le sien et forme avec eux ces corporations qui ont joué un
rôle si important dans l'histoire économique et même politique du Moyen âge et dont les règlements ont été codifiés
au XIVᵉ siècle dans le *Livre des métiers*.

[1] Cependant il arrivait souvent autrefois, et encore aujourd'hui dans
les campagnes, que l'artisan ne possède pas la matière première qu'il
doit transformer. C'est le cas de *l'ambulant* qui va de maison en maison pour exécuter certains travaux — par exemple la couturière, le ré-
mouleur, le raccommodeur de chaudrons ou de paniers, etc. C'est aussi
le cas du petit meunier qui moud le grain que lui apporte le paysan :
seulement celui-là est sédentaire.

L'école historique allemande (voir notamment les études de Bücher
déjà indiquées) fait de ce mode de travail une phase spéciale (la 2ᵉ de
l'évolution industrielle) sous le nom de *travail loué*. On le peut, sans
doute, mais il nous semble que ce n'est là qu'une modalité « du métier »,
car tous ceux qui louent ainsi leur travail possèdent leurs instruments
de travail et travaillent pour le client.

3° *L'industrie à domicile* (qu'il faut se garder de confondre avec l'industrie de famille, quoique l'une et l'autre s'effectuent à la maison)[1]. Les artisans perdent peu à peu leur indépendance : au lieu de produire directement pour le compte de leurs clients ou du public, ils produisent désormais pour le compte d'un gros marchand, d'un *entrepreneur*. Voici encore un nouveau personnage, un grand premier rôle, qui apparaît. Ils travaillent chez eux et conservent généralement la propriété de leurs outils, mais non celle de la matière première qui leur est désormais fournie par le marchand. En tout cas, la propriété du produit manufacturé ne leur appartient plus : c'est le marchand qui se charge de la vente. Et comment cet intermédiaire s'est-il glissé entre eux et le public? Parce que le petit marché urbain ayant été détruit et remplacé par le marché national, ou même international, les artisans se sont trouvés trop pauvres et trop faibles et produisaient trop chèrement pour suffire à ce grand marché. Tel est le cas des tisserands de soieries à Lyon, les « canuts », qui sont propriétaires de leurs métiers mais reçoivent des patrons (dits faussement *fabricants*, quoiqu'en réalité ils ne soient que *marchands*) les fils de soie qu'ils tissent chez eux : ils rapportent au patron l'étoffe faite.

4° *La manufacture.* L'intermédiaire, l'entrepreneur, réunit ces travailleurs dispersés dans un même local. Il y trouve divers avantages, notamment celui de pouvoir établir entre eux une division du travail savante qui multiplie la puissance productive tout en abaissant les frais de production (voir ci-dessus, pp. 183 et 185). Dès lors, l'ouvrier ne possède plus ni matière première, ni instruments, il ne travaille

---

[1] Le Play, qui a le premier signalé l'importance de cette forme industrielle, l'a baptisée du nom de *fabrique collective*. Ce nom ne nous paraît pas heureux, car il suggère précisément l'idée contraire à celle qu'il veut exprimer, celle d'un groupement des ouvriers dans un même local. Ce qui au contraire caractérise cette phase industrielle, c'est un nombre plus ou moins considérable d'ouvriers travaillant pour un même patron, mais chacun chez soi : la *fabrique dispersée*.

plus chez lui, il est devenu le *salarié*. C'est l'intermédiaire qui possède tout cela et qui est devenu le *patron*. Mais ce fabricant ne peut être qu'un gros capitaliste puisqu'il a précisément pour fonction de fournir à tous les ouvriers qu'il emploie les capitaux qui leur sont indispensables pour produire. Cette quatrième phase n'a donc pu commencer que lorsque de grands capitaux ont été amassés et réunis entre les mains des marchands.

C'est vers le xvi° siècle que cette transformation commence à s'accomplir. Ce n'est pas sans lutte que l'organisation plus perfectionnée de l'industrie manufacturière a éliminé l'industrie corporative et a pu conquérir le marché qui lui était fermé par les règlements des corporations. En France, il n'a fallu rien moins que l'intervention de l'État qui a créé — sous Sully et sous Colbert notamment — des manufactures avec privilèges spéciaux, dont quelques-unes même (les tapis des Gobelins, etc.) sont restées encore aujourd'hui manufactures d'État. En Angleterre, l'exportation pour l'étranger et les colonies a suffi pour permettre aux manufactures nouvelles de se constituer et de briser les cadres de l'organisation corporative.

5° *La fabrique* caractérisée par l'emploi du moteur mécanique. C'est la forme-type de l'industrie moderne, la phase dans laquelle nous vivons. Elle a commencé avec l'application de la vapeur à l'industrie, c'est-à-dire à la fin du xviii° siècle. On ne peut guère en effet compter comme inaugurant l'ère de la fabrique des usines hydrauliques qui ont commencé à fonctionner dès le xiii° siècle et moins encore les moulins à eau connus dès la fin de l'empire romain.

Elle a porté au maximum la puissance de production, mais n'a fait guère cependant que développer la plupart des caractères de la période précédente : agglomération sur un même lieu de masses ouvrières de plus en plus considérables, travail de nuit, réglementation quasi-militaire, emploi des femmes et des enfants — et comme nécessairement la fabrique exige des capitaux très considérables, elle constitue le trait caractéristique de ce que les socialistes appellent *le régime capitaliste.* Le régime de fabrique a aussi ses maux qui servent de thème, trop souvent justifié, aux accusations contre le régime actuel : accidents, chômage chronique, surproduction et crises, création en haut de fortunes colossales, en bas d'un prolétariat famélique contraint souvent à se vendre pour un morceau de pain — et apparition d'une catégorie spéciale de propriétaires qui s'appellent des *actionnaires* et qu'il n'est pas facile de distinguer à première vue de simples parasites. Tous ces traits seront expliqués plus clairement dans les chapitres suivants.

Ce serait une erreur de croire que chacune de ces formes a éliminé définitivement les formes antérieures : chacune a passé tour à tour au premier plan, voilà tout : mais même de nos jours, bien que l'usine soit le mode caractéristique de l'industrie, toutes les formes antérieures se retrouvent encore. On peut trouver bien des restes d'industries de famille dans ces maisons de paysans où la femme file le lin qui servira à faire le linge de la maison; et dans les villes on trouve un grand nombre d'artisans se livrant à des métiers divers et travaillant pour le compte de leurs clients comme au Moyen âge. Il va sans dire aussi qu'on trouve encore des manufactures qui n'emploient que la main de l'homme.

Et même, par une véritable surprise de l'évolution, il est un de ces modes de travail qui, loin de disparaître peu à peu comme on le croyait naguère, reprend une nouvelle vie et un développement inattendu : c'est le travail à domicile. Dans les grandes villes, certaines grandes industries, notamment celle des tailleurs, s'exécutent aujourd'hui presque exclusivement sous cette forme. Il est possible que cette curieuse réviviscence n'ait pour cause que l'intervention récente du législateur dans l'organisation du travail et ne soit que provisoire. Comme les nouvelles réglementations législatives ne s'appliquent qu'aux fabriques, beaucoup d'industries trouvent plus commode de leur échapper en faisant travailler à domicile (voir ci-après le chapitre *Industrie à domicile*).

II

La loi de concentration.

Nous venons de voir que, pour pourvoir à des besoins croissants et pour approvisionner un marché dont la circonférence s'élargit sans cesse, l'industrie tend à évoluer depuis les modes les plus humbles de la production individuelle ou familiale jusqu'à ceux de la grande entreprise groupant des milliers de travailleurs et des millions de capitaux. Cette tendance à grouper, à concentrer sur un point le maximum de forces productives, est dite *la loi de concentration*, et c'est elle qui a créé le régime de « la grande production »[1].

Les économistes et les socialistes attr   ent les uns et les autres — c'est même un des rares points sur lesquels ils se trouvent d'accord — une grande importance à la loi de concentration. Ils la considèrent comme absolument démontrée et comme devant régir de plus en plus le monde économique.

[1] La concentration n'implique pas nécessairement la réunion de tous les ouvriers et des machines dans un même local : elle n'est pas incompatible avec la manufacture à domicile dont nous avons parlé dans le chapitre précédent. Cependant elle tend à ce groupement toutes les fois que des causes accidentelles n'agissent pas pour l'empêcher (voir ci-après l'*Industrie à domicile*).

On parle souvent aussi de la loi de concentration, non plus dans le domaine de la production mais dans celui de la répartition : on entend par là une tendance (d'ailleurs non tout à fait démontrée) de la richesse (terres ou capitaux) à se concentrer entre les mains d'un nombre de plus en plus restreint de personnes et à créer ainsi, par la disparition des classes moyennes, des fortunes colossales.

Il ne faut pas confondre ces deux aspects de la concentration. Ils ne sont pas toujours solidaires, car d'une part les plus grandes entreprises, sous forme de grandes Compagnies, impliquent au contraire la division du capital sous forme d'actions et obligations — et d'autre part la concentration de la propriété n'est pas incompatible avec la petite production : par exemple un grand domaine peut être découpé en un grand nombre de fermes indépendantes.

Il est incontestable que la grande production, en groupant tous les facteurs de la production, main-d'œuvre, capitaux, agents naturels, emplacement, réussit à les économiser, c'est-à-dire qu'elle arrive à produire la même quantité de richesses avec moins de frais, ou, ce qui revient au même, à en produire davantage avec les mêmes frais.

1° Économie de *travail* d'abord.

Ce premier avantage tient surtout à la possibilité d'établir une division du travail plus perfectionnée, comme nous venons de le voir. Mais il résulte déjà du simple fait du groupement des travailleurs. Dans la production morcelée, il y a beaucoup de temps perdu. Les heures pour chaque travailleur restent souvent inoccupées. Voici 100 maisons de commerce qui entretiennent chacune 10 employés. Réunissez-les en une seule : il ne sera pas nécessaire évidemment, pour faire un chiffre d'affaires égal à celui de ces 100 maisons séparées, de conserver tous leurs employés. Point n'est besoin de 100 caissiers ou de 100 teneurs de livres. Chaque employé, pouvant travailler désormais d'une façon continue, pourra faire deux ou trois fois plus de travail et par conséquent remplacer à lui seul deux ou trois travailleurs.

2° Économie d'*emplacement*.

Pour avoir cent fois plus de place dans un magasin ou dans une usine, il n'est pas nécessaire d'occuper une superficie centuple, ni d'employer cent fois plus de matériaux pour construire le local. Le calcul le plus simple démontre que lorsque les volumes de deux cubes sont entre eux comme 1 est à 1.000, leurs surfaces sont entre elles comme 1 est à 100. Or ce sont les surfaces seules qui coûtent. — D'ailleurs, à défaut de calcul mathématique, l'expérience suffit à apprendre que le coût d'une construction, ou le prix du loyer, ne grandit pas proportionnellement à la place occupée. Le moindre magasin à Paris, faisant pour 500 francs d'affaires par jour, paiera 6 ou 8.000 francs de loyer. Mais le loyer du « Bon Marché », lequel vend, un jour dans l'autre, pour plus de 500.000 francs par jour et fait par conséquent mille fois plus d'affaires, est loin d'être mille fois plus élevé, ce qui le porterait à 6 ou 8 millions : il est évalué à moins de 1 million de francs, ce qui ne représente donc que l'équivalent de deux journées de vente.

3° Économie de *capitaux*.

Une puissante machine à vapeur consomme relativement beaucoup moins de charbon qu'une plus faible, la différence peut aller du simple au décuple. L'éclairage électrique est plus économique que l'éclairage au gaz, mais seulement quand on l'emploie pour éclairer de vastes espaces : sur une petite échelle, il est plus onéreux. Les résidus de la fabrication, les sous-produits, ne peuvent être utilisés — précisément parce qu'ils sont en proportion infinitésimale — que quand on opère sur de grandes masses.

Le capital circulant ou fonds de roulement d'un grand magasin peut être très inférieur à celui d'un petit magasin proportionnellement au chiffre de ses affaires : pour deux raisons : — *a*) parce qu'achetant ses marchandises en grandes quantités, ou même les faisant fabriquer directement, il a moins d'argent à débourser pour se les procurer; — *b*) parce que ses marchandises ne restent que quelques jours ou quelques semaines sur ses rayons, au lieu d'y rester des mois et des années comme dans le petit magasin, et que par conséquent son argent lui rentre beaucoup plus rapidement. Il est clair qu'un capital de 100 équivaut à un capital de 1.000 s'il se renouvelle dix fois plus vite. De plus, c'est un attrait pour les consommateurs, car les marchandises seront d'autant plus fraîches, d'autant plus à la mode, d'autant plus *des nouveautés*, que le renouvellement sera plus rapide; — *c*) et enfin la grande entreprise se procure le capital dont elle a besoin à meilleur compte que la petite, car généralement elle obtient, ayant plus de crédit, un taux d'intérêt ou d'escompte plus bas.

La tendance à la concentration s'explique donc très bien par les avantages qu'elle procure aux entrepreneurs et même à la Société, puisqu'en somme tout le monde a intérêt à ce que les forces productives soient employées de la façon la plus économique.

Néanmoins il y a le revers de la médaille, car la perspective qui s'offre à nous, si le mouvement que nous venons d'étudier devait aller toujours progressant, ce serait de voir disparaître peu à peu de la scène économique tous ceux qui travaillent pour leur propre compte : petits artisans, petits boutiquiers, petits propriétaires, tous *producteurs autonomes*, pour les voir reparaître sous la figure de commis, d'employés, c'est-à-dire de *salariés* travaillant pour le compte d'immenses entreprises dirigées par des capitalistes milliardaires ou par des sociétés anonymes.

Mais voilà précisément pourquoi la loi de concentration tient tant à cœur aux socialistes marxistes et pourquoi, jusqu'à ces derniers temps, ils en faisaient la pierre angulaire de leur doctrine ! C'est parce qu'ils pensent que du jour où la loi de concentration aura aggloméré tous les instruments de production entre les mains de quelques individus et réduit tous les producteurs indépendants au rôle de salariés des premiers — alors l'édifice capitaliste sera comme une pyramide reposant sur sa pointe ! Au moindre choc elle culbutera pour se remettre sur sa base. Il suffira d'exproprier ces quelques gros capitalistes au profit de tous, sans rien changer d'ailleurs à l'organisation de la production. Les collectivistes applaudissent même aux trusts parce qu'ils y voient comme les jalons d'une route royale qui conduit directement au collectivisme[1].

D'ailleurs, ils professent un souverain mépris pour la petite production, pour l'entreprise individuelle. « Ce régime, dit Karl Marx, exclut la concentration, la coopération sur une grande échelle, le machinisme, la domination sa-

---

[1] Ce raisonnement pèche par une observation incomplète. Il suppose que la concentration de la production et de la direction s'accompagne toujours de *la concentration de la propriété*. Il présente la grande entreprise sous l'aspect d'une pieuvre à mille bras avec une seule tête — qu'il sera facile de couper ; — mais c'est oublier que le plus souvent la grande entreprise, évoluant en sociétés par actions, a autant de têtes que de bras : la concentration de la production s'accompagne de *la division de la propriété* sous forme d'actions et d'obligations.

vante de l'homme sur la nature, le concert et l'unité dans les fins, les moyens et les efforts de l'activité collective. Il n'est compatible qu'avec un état de la production et de la société étroitement borné. Perpétuer le régime de la production isolée, ce serait décréter la médiocrité en tout ».

Nous nous permettrons d'en appeler de ce jugement un peu sommaire.

Le régime de la petite industrie (nous ne disons pas de l'industrie à domicile — ce qui est très différent, voir ci-après, p. 203) serait très favorable à la paix sociale et à une bonne répartition des richesses. A raison de sa simplicité extrême, il préviendrait la plupart des conflits qui surgissent aujourd'hui entre les diverses classes de copartageants, notamment entre le travail et le capital. Il ne ferait pas régner l'égalité absolue — et ce serait tort heureux — mais il ne connaîtrait guère d'autres inégalités que celles qui tiennent à la puissance inégale des terres et des instruments de production employés, ou celles aussi qui tiennent aux vicissitudes bonnes ou mauvaises intimement liées à tous les faits de l'homme[1].

Même au point de vue productif, la petite production n'est pas si impuissante et si arriérée qu'on le pense. Des producteurs autonomes peuvent s'associer et adopter certains procédés de la grande production et de la division du travail — sans sacrifier leur indépendance, leur initiative, leur responsabilité, leur intérêt personnel, tous ressorts puissants de la production que l'entreprise collective risque toujours de détendre un peu. Nous le voyons en France pour les paysans dans les associations agricoles. On peut le voir en Allemagne pour les artisans qui s'associent pour acheter en commun les matières premières ou pour vendre en commun. Il est possible aussi que les nouveaux procédés de distribution de force motrice à domicile par les usines hydroélectriques fournissent aux métiers de la petite industrie le

[1] Voir le livre très impartial et très documenté de Brants, *La petite industrie contemporaine.*

moyen de produire à bon marché et même fassent surgir des formes nouvelles de petite industrie. Entre la grande et la petite industrie il n'y a pas nécessairement concurrence, mais il peut y avoir division du travail.

D'autre part, même dans les entreprises qui se prêtent le mieux à la concentration, il n'est pas démontré que l'évolution dans le sens de la grande production soit indéfinie. Il est probable au contraire qu'elle ne dépassera pas certaines limites. La croissance des organisations sociales, tout comme celle des organismes vivants, paraît astreinte par la nature à certaines limites[1]. De grands magasins comme le *Louvre* ou le *Bon marché* paraissent avoir atteint, depuis déjà un certain nombre d'années, l'état stationnaire. On peut d'ailleurs en donner une raison économique, c'est qu'au delà d'une certaine limite la proportion des frais généraux grandit au lieu de diminuer et qu'ainsi l'économie résultant de la grande production s'évanouit[2].

En tout cas, les faits, plus décisifs que les raisonnements, ne nous montrent nullement la disparition de la petite industrie ou du petit commerce ni, bien moins encore celle de la petite culture[3]. Et cela est si vrai qu'une partie de l'école marxiste, avec Bernstein, a abandonné la fameuse loi de la concentration des entreprises.

III

La spécialisation et l'intégration de l'industrie.

La grande industrie n'a pas pour unique caractère la concentration des capitaux et de la main-d'œuvre. Elle a deux

[1] Voir Vilfredo Pareto, *Cours d'Économie politique.*
[2] On commence à reconnaître aujourd'hui que les frais généraux sont à peu près les mêmes dans la grande que dans la petite industrie, non que les causes d'économie ci-dessus indiquées soient inexactes, mais parce qu'elles sont compensées par d'autres causes qui agissent en sens contraire : frais de publicité, surveillance, coulage, etc.
[3] Voir dans le *Cours* le chap. *sur l'Évolution industrielle dans l'agriculture.*

autres traits distincts : le premier qui est de se cantonner de plus en plus dans une branche déterminée de la production, le second, à première vue contradictoire, qui est d'accaparer toutes les industries complémentaires de la production spéciale dans laquelle elle s'est engagée. C'est ce qu'on appelle la *spécialisation* et l'*intégration* de l'industrie.

La spécialisation croissante de l'industrie n'est qu'une application de la loi de la division du travail : elle s'explique par les mêmes causes. Naturellement un entrepreneur qui se consacrera uniquement à la production d'un seul article sera mieux en situation de pousser cette production jusqu'aux approches de la perfection. Ainsi non seulement l'horlogerie formera une industrie spéciale, mais dans cette industrie les uns s'occuperont des montres, les autres des horloges dites coucous, les autres des réveille-matin ; et, dans les montres elles-mêmes, tel fabricant se consacrera aux montres de précision, tel autre aux montres à bon marché faites à la mécanique. — Et de même aussi, dans le commerce, on voit dans les grandes villes tel magasin uniquement pour les bronzes, tel autre pour la vannerie, tel autre pour les malles et articles de voyage, etc.

Mais en même temps qu'on voit cette spécialisation s'accentuer, on voit aussi par un phénomène singulier certaines fabriques et certains magasins qui semblent prendre le contre-pied des précédents en multipliant les branches de leur industrie ou les rayons de leurs magasins.

Dans la grande industrie de plus en plus nombreuses aujourd'hui sont les fabriques qui s'annexent toutes les opérations *préalables* ou *consécutives* à la production propre qui fait l'objet de leur entreprise. Si c'est une fabrique de chocolat, elle aura un atelier de menuiserie pour la fabrication de ses caisses d'emballage, une papeterie et une imprimerie pour la confection de ses boîtes et de ses étiquettes, peut-être même aura-t-elle outre-mer des plantations de cacao et des navires pour les apporter. Si c'est une filature de laine, elle aura une usine chimique pour le traitement des matières extraites du suint de la laine et même une savonnerie pour faire avec ces matières grasses du savon. L'utilisation des sous-produits est, comme nous l'avons dit, une des causes de la supériorité de la grande industrie.

Dans le commerce le phénomène est bien plus apparent encore. Il se manifeste avec une publicité incomparable dans l'apparition de nos grands magasins appelés *bazars* où le client peut trouver absolument tout ce dont il a besoin — non seulement comme au *Louvre* ou au *Bon Marché*, tout article de vêtement et de mobilier, mais même, comme chez Witheley à Londres qui prenait le titre de pourvoyeur universel (*universal provider*), un éléphant s'il le désire.

La contradiction entre ces deux mouvements n'est qu'apparente. L'intégration ne porte pas atteinte à la spécialisation. Dans la fabrique comme dans le magasin chaque atelier comme chaque rayon est spécialisé et a son autonomie technique. Il y a dans un grand magasin le rayon des soieries, le rayon du blanc, le rayon des tapis, dont chacun a son personnel et ses acheteurs spéciaux. Seulement ces spécialités, au lieu d'être dispersées dans des mains différentes, se trouvent groupées sous une même direction et se prêtent un mutuel appui. L'intégration de la production n'est autre chose qu'un degré plus élevé de la spécialisation, la spécialisation coopératisée[1].

[1] Il ne faut pas confondre la spécialisation et la *localisation* des industries, quoiqu'il y ait une certaine parenté entre les deux mouvements. La localisation est la tendance de certaines industries à s'établir dans la même région : la soierie à Lyon, les laines de Roubaix, l'horlogerie dans le Jura, les fabriques d'aluminium dans le Dauphiné, etc. Aussi longtemps que les fabriques d'une même industrie travaillent pour le marché local, il est clair qu'elles ont tout intérêt à s'éloigner le plus possible les unes des autres. Mais du jour où elles produisent surtout pour l'exportation elles ont intérêt à se rapprocher car leur concurrence n'est point aggravée et elles trouvent au contraire divers avantages — soit dans la proximité de certaines sources de matières premières et de force, soit dans la création d'un grand marché régional qui attire plus d'acheteurs.

IV

L'industrie à domicile.

L'industrie à domicile constitue une exception à la loi de concentration. Il s'agit de certaines industries qui non seulement n'ont pas évolué vers le mode de production en fabrique, mais qui même, par une régression inattendue, sont parfois revenues au logis après dissociation de la fabrique.

C'est surtout dans l'industrie du vêtement (lingerie, confection, bonneterie, gants, dentelles, etc.) et aussi dans quelques autres, telles que jouets, que ce mode de production subsiste et même, d'après quelques-uns, serait en voie d'extension. Pourtant l'industrie du vêtement semble une de celles qui s'adaptent le mieux au machinisme et à la division du travail et pour laquelle par conséquent la supériorité de la fabrique semblerait le mieux établie? — Il est vrai et aussi bien y a-t-il lieu de croire que celle-ci aura finalement le dernier mot. Mais d'autre part la résistance de l'industrie à domicile dans cette branche peut s'expliquer aisément par les causes suivantes :

1° Parce qu'il s'agit de produits de petite dimension — vêtements ou pièces de vêtements — dont la production n'exige pas beaucoup de place ni beaucoup de force mécanique et qui par conséquent peuvent très bien être confectionnés en chambre, à la main, ou avec une petite machine (machine à coudre), ou avec un petit moteur, électrique ou à gaz, d'un quart de cheval et moins encore [1]. Il ne faut pas confondre l'industrie du vêtement avec l'industrie textile.

D'autre part la division du travail peut être très bien organisée sous le régime de l'industrie à domicile, et sans concentration en fabrique, en distribuant aux ouvriers ou ouvrières

[1] Et parfois même lorsqu'il s'agit de produits de luxe, dentelle, lingerie, etc., le client n'accepte pas ceux qui sont faits à la machine.

des pièces différentes qui seront rajustées ou montées après coup;

2° Parce que la production à domicile est très appréciée par beaucoup d'ouvriers, à raison de l'indépendance qu'elle leur laisse, si précieuse pour eux qu'ils ne craignent pas de la payer par une forte diminution de salaire. Ils sont obligés généralement, pour pouvoir gagner autant qu'en fabrique, de travailler beaucoup plus longtemps, mais du moins ils travaillent quand ils veulent, ils règlent l'emploi de leur temps à leur gré. Et quant aux femmes surtout, le travail à domicile leur offre cet avantage de leur permettre de vaquer aux soins de leur ménage et de leurs enfants.

Parfois même quand il s'agit d'un travail pour femmes, celles-ci ne le font qu'à leurs moments perdus et ne lui demandent qu'un salaire d'appoint, qui, si maigre soit-il, en s'ajoutant au salaire ou au traitement du mari, arrondira un peu le budget familial[1].

3° Parce que les patrons de leur côté y trouvent l'immense avantage : a) d'économiser la dépense de construction d'une fabrique et d'un coûteux outillage; b) d'échapper à toutes les lois de réglementation du travail et à la surveillance des inspecteurs chargés de les appliquer; c) d'avoir à payer des salaires moindres, par le motif indiqué ci-dessus. Ces avantages sont tels qu'ils peuvent l'emporter sur ceux qui résulteraient de la grande production en fabrique et suffiraient à eux seuls pour expliquer la survivance ou même l'extension de ce mode d'industrie[2].

---

[1] Il y a même des femmes ou filles d'employés ou de petits fonctionnaires relativement à l'aise qui acceptent des travaux à domicile et les font en cachette. — Voir le volume publié par la Direction du Travail, *l'Industrie à domicile.*

[2] Les rapports des inspecteurs du travail dans ces dernières années signalaient fréquemment des cas d'industrie en fabrique transformés en industries à domicile et les attribuaient aux causes ci-dessus indiquées et surtout à la deuxième. Cependant il semble maintenant que les patrons reconnaissent que, tout mis en balance, la production en fabrique leur est plus avantageuse. — Voir certaines déclarations intéressantes dans l'enquête citée ci-dessus.

Or si l'industrie à domicile est dans certains cas inoffensive et parfois même bienfaisante, le plus souvent elle a des conséquences désastreuses pour les salaires et même pour la santé des ouvriers et se pose aujourd'hui par tout pays comme un des plus gros problèmes sociaux et des plus difficiles à résoudre. Mais, pour l'expliquer, il faut analyser d'un peu plus près ce qu'on appelle l'industrie à domicile, car elle comporte des modes très divers.

D'abord quand il s'agit de celui qui travaille chez lui avec son petit capital et pour son propre compte, de celui qu'on appelait autrefois l'*artisan* et dont on dit quelquefois qu'il a *un métier* — le cordonnier, le serrurier, le relieur, le peintre, le maréchal-ferrant, etc. — on doit y voir à bien des égards l'idéal de la vie ouvrière.

Quant à l'homme qui travaille chez soi, mais pour un patron, sa situation est moins bonne. Cependant même en ce cas il faut croire que les avantages de l'indépendance l'emportent sur le préjudice d'un salaire inférieur à la moyenne puisque les ouvriers eux-mêmes préfèrent ce régime à celui de la fabrique, tels les ouvriers tisseurs de Lyon et de Saint-Étienne, les ouvriers horlogers du Jura français et suisse, etc. Cet ouvrier tient le milieu entre le salarié et le producteur autonome. Il diffère de celui-ci en ce qu'il ne possède jamais la matière première, parfois pas l'instrument, et surtout en ce qu'il ne vend pas directement le produit au public mais au patron; néanmoins on peut dire qu'il vend la façon, aussi l'appelle-t-on souvent *le façonnier*.

Seulement, s'il s'agit d'un travail d'appoint et comme tel payé à vil prix, celui qui s'y livre, la femme le plus souvent, devrait avoir conscience du préjudice qu'elle porte par là aux vraies ouvrières, à celles qui n'ont que ce travail pour unique ressource et subissent directement cette concurrence homicide.

Mais c'est pour l'ouvrier travaillant pour le compte d'un *sous-entrepreneur* que le travail à domicile devient terrible. Or ce cas est très fréquent et constitue même l'état normal dans la plupart des industries de confection.

En effet, dès qu'il s'agit d'une entreprise un peu importante, le patron n'a ni le temps ni les moyens d'aller racoler chaque ouvrier qu'il lui faut : il ne peut se passer d'intermédiaires. Or, l'intervention de celui-ci a généralement pour conséquence une réduction du salaire, puisque c'est snr le salaire des ouvriers que l'intermédiaire prélève ses propres profits — ce qui ne veut pas dire d'ailleurs qu'il fasse fortune : souvent il travaille aussi dur et ne gagne guère plus que ses ouvriers. De plus si le sous-entrepreneur fait travailler les ouvriers chez lui, alors pour ceux-ci ce n'est plus même le travail chez soi ! c'est le travail à l'atelier; mais dans un atelier étroit, sordide, nid de tuberculose et de maladies infectieuses, dépourvu de toute la protection de la législation ouvrière. C'est ici que le travail à domicile devient plus spécialement ce qu'on appelle le *sweating system*, le système qui consiste à faire tirer d'un travailleur tout ce qu'il peut rendre.

C'est sous cette forme que la question du travail à domicile a fortement ému l'opinion publique, d'autant plus qu'on a signalé les périls que faisaient courir à la santé des clients les produits infectés sortis de ces antres — et on a proposé divers remèdes dont malheureusement l'efficacité est très douteuse. L'assimilation de ces ateliers aux fabriques au point de vue de la législation et du contrôle des inspecteurs serait peu pratique, car non seulement il faudrait accroître énormément le nombre des inspecteurs, mais encore ceux-ci se trouveraient le plus souvent dans l'impossibilité de distinguer l'atelier du sous-entrepreneur, qu'on voudrait atteindre, de l'atelier familial qu'il faut pourtant bien respecter chez le pauvre aussi bien que chez le riche. Le remède le plus efficace, quoiqu'il ne comporte qu'une sanction morale, c'est celui appliqué par la loi anglaise et à l'état de projet de loi en France, à savoir l'obligation pour le patron d'inscrire sur un registre les noms et adresses des ouvriers qu'il fait travailler à domicile, des salaires qu'il leur paie et autres conditions de travail, et surtout le contrôle exercé par les Ligues sociales d'acheteurs (voir p. 637).

CHAPITRE IV

L'ASSOCIATION POUR LA PRODUCTION

I

Les associations de travail.

« Aujourd'hui, jour du Vendredi-Saint, écrivait Fourier
en 1818, j'ai trouvé le secret de l'Association universelle ».
Il se vantait ; il ne l'avait certes pas découverte, bien qu'il
l'ait mise en relief avec une singulière vigueur, car l'association n'est pas de l'ordre de ces phénomènes qu'il faut découvrir : elle éclate à tous les yeux. C'est la plus générale
probablement de toutes les lois qui gouvernent l'univers,
puisqu'elle se manifeste non seulement dans les rapports
des hommes vivant en société, mais aussi dans ceux qui
unissent les mondes en systèmes solaires et les molécules
ou les cellules en corps bruts ou organisés, et jusque dans
les rapports logiques qui nous permettent de penser. Les
animaux eux-mêmes connaissent les lois de l'association et
quelques-unes de ces sociétés animales, abeilles, fourmis ou
castors, ont été de tout temps pour les hommes un inépuisable sujet d'instruction et d'admiration.

L'association s'applique à toutes fins, mais nous n'avons
ici à nous occuper que de l'association en vue de la production, en prenant ce mot non dans le sens qu'il comporte
généralement, celui d'une association contractuelle[1], mais

---

[1] Quoique les deux mots d'*association* et de *société* s'emploient couramment comme synonymes, la loi établit entre eux une distinction es-

dans le sens le plus large d'un groupement quelconque d'individus travaillant à une fin commune. En ce sens, elle s'impose aux hommes pour tous les travaux qui excèdent les forces individuelles, ne fût-ce qu'un poids à soulever, et aussi pour ceux qui étant solidaires doivent être nécessairement exécutés en commun, tels que les travaux du semeur et du laboureur qui marche derrière lui pour recouvrir la semence, ou du mécanicien et du chauffeur sur la même locomotive. La division du travail, telle que nous l'avons vue, suppose toujours une association consciente ou inconsciente.

L'association des hommes a passé par trois phases :

1º Elle a été d'abord *instinctive*, tout comme pour les animaux. Ce n'est pas seulement pour la lutte que les hommes se groupent instinctivement, c'est aussi pour le travail et pour le jeu : ils n'aiment pas plus le travail solitaire que le jeu solitaire. L'instinct sexuel aussi a créé la plus naturelle et certainement la première des associations, celle de l'homme et de la femme et des enfants. On dira peut-être que celle-ci n'a aucun caractère économique. C'est une erreur. Il semble au contraire que le mariage, ou plutôt le *ménage*, a été au début une association surtout économique. Quand on demandait aux Indiens de l'Amérique du Nord pourquoi ils se mariaient, ils répondaient : « Parce que nos femmes vont chercher le bois, l'eau, les aliments et portent tout notre bagage ». Il est même très probable que c'est ce caractère

---

sentielle. Le nom de société implique comme but le profit, un partage de bénéfices, tandis que celui d'association exclut au contraire ce but lucratif et ne convient par conséquent qu'aux groupements qui visent quelque intérêt social, religieux, politique, etc. Cependant le langage courant ne tient pas toujours compte de cette différentiation juridique: ainsi on dit « sociétés de secours mutuels », quoiqu'elles aient pour but seulement l'aide mutuelle.

Notons seulement que, contrairement à ce qu'on pourrait croire au premier abord, le législateur s'est toujours montré très méfiant vis-à-vis des associations sans but lucratif et même, en France, les a prohibées jusqu'à une date récente (1901) — tandis qu'il a toujours favorisé les sociétés à but lucratif.

économique qui a conféré au mariage le caractère permanent que l'instinct sexuel ou même l'instinct paternel aurait
été impuissant à lui donner.

2° L'association est devenue ensuite *coercitive*, d'abord
sous la forme d'esclavage. Nous avons déjà dit (p. 190) que
l'esclavage doit être considéré comme un simple élargissement de la famille primitive déterminé par des causes économiques, le besoin de constituer une association plus puissante. Du reste, il n'y a pas à s'étonner, dans un temps où
les femmes elles-mêmes étaient souvent le fruit de la conquête (enlèvement des Sabines), si la conquête a servi
aussi à amener à la famille des travailleurs étrangers. D'ordinaire, ils finissaient par devenir membres adoptifs de la
famille, ainsi qu'on peut le voir aussi bien dans les tragé-
dies grecques qui datent de 2.500 ans, que dans les récits de
voyageurs au Maroc aujourd'hui.

C'est par cette association coopérative imposée que les
hommes d'autrefois, attelés ensemble par centaines et s'é-
branlant au rythme d'un instrument d'airain frappé par une
sorte de chef d'orchestre, comme nous le montrent les bas-
reliefs égyptiens, ont pu élever les pyramides d'Égypte ou
faire voguer les galères à trois ou quatre rangs de rames.

L'association devient moins strictement coercitive avec
le *servage*, en tant du moins que les relations entre le
maître et le travailleur se sont détendues. Mais l'association
entre le travailleur et la terre s'est ici, au contraire, resserrée puisqu'on sait que le trait caractéristique du servage
c'est que le serf est attaché à la terre (serf de la glèbe).

L'association garde encore un caractère semi-coercitif sous
le *régime corporatif*. Elle est obligatoire en ce sens que nul ne
peut exercer un travail sans faire partie de la corporation à
laquelle ce genre de travail est dévolu, et seulement en se
conformant aux règlements imposés par la corporation ou
plus tard par le gouvernement. Mais l'obligation ici, au lieu
de constituer une servitude, constitue un privilège. C'est un
avantage et un honneur que d'être admis dans cette association de métiers qui s'appelle la corporation. On n'y est admis

qu'après avoir fait un long apprentissage et avoir subi un
examen de capacité qui consiste à exécuter un chef-d'œuvre.
Plus tard, le chef-d'œuvre fut remplacé par des droits à
payer, de plus en plus élevés, et la capacité technique fut un
moindre titre à l'admission que l'argent, la faveur ou la
parenté avec l'un des maîtres. C'est ainsi que se creusa le
premier fossé — qui devait peu à peu se transformer en
abîme — entre l'ouvrier et le maître. Les ouvriers *compagnons* ou *varlets*, comme on disait alors, se virent fermer
l'accès de la maîtrise, c'est-à-dire de la production indépendante, et condamnés à rester définitivement de simples salariés. Ce fut alors qu'ils opposèrent aux corporations devenues exclusivement des associations de maîtres (*les maîtrises*, on disait bien), des associations composées uniquement
d'ouvriers qui furent les *compagnonnages* et dont le rôle fut
grand dans l'histoire des classes ouvrières.

3° Ainsi l'évolution qui au Moyen âge semblait devoir
réunir dans une même association le capital et le travail,
échoua. Néanmoins elle a abouti à une nouvelle forme d'association, celle désignée aujourd'hui sous le nom d'*entreprise* (c'est le terme technique dans le vocabulaire de l'économie politique), c'est-à-dire de groupes plus ou moins considérables d'individus dans lesquels l'un, le patron, fournit
le capital, les instruments, la terre, et les autres, les salariés, la force de travail ?

Cette forme n'est-elle pas l'association *contractuelle et
libre* et ne constitue-t-elle pas ainsi le terme définitif, sauf
perfectionnement de détails, de l'évolution sociale ? C'est
ce qu'affirme l'école classique. Cependant il est bien digne
de remarque que les ouvriers n'ont pas le moins du monde
le sentiment d'être associés dans une œuvre commune avec
le patron : en effet, quoiqu'ils soient associés de fait pour
la production, ils ne le sont nullement pour la direction ni
pour la répartition. Non seulement ils ne sont pas associés
dans le sens juridique et précis que comporte le mot de
société, mais on peut même se demander s'ils sont vis-à-vis
du patron dans les rapports d'un contrat quelconque, con-

trat de louage ou contrat à forfait? car en fait le soi-disant
« contrat de travail » n'est qu'une embauche ; c'est le mot
technique.

Cependant nous verrons plus loin que la loi tend aujour-
d'hui à conférer au salariat le caractère d'un contrat synallagmatique en appelant les ouvriers à participer à la rédac-
tion des « règlements d'ateliers », ou en imposant des dom-
mages-intérêts en cas de rupture des engagements; et les
parties en présence, patrons et ouvriers, tendent même à
lui conférer certains caractères de la société proprement dite
par des institutions que nous indiquerons plus loin, telles
que la participation aux bénéfices.

4° Enfin ne peut-on pas espérer que cette association
imparfaite qu'on appelle l'entreprise fera place à son tour à
une dernière phase qui sera l'association libre et intégrale,
c'est-à-dire embrassant la direction et la répartition aussi
bien que la production, et dans laquelle *chacun aura la
claire conscience qu'il fait partie d'une œuvre collective et
la ferme volonté d'y coopérer?*

Oui, puisque cette forme d'association existe déjà sous le
nom de *association coopérative de production.* Ce sont des
associations d'ouvriers produisant par leurs propres moyens,
pour leur propre compte, et gardant pour eux l'intégralité
du produit de leur travail. Mais ce régime ayant pour but
l'abolition du salariat, il sera mieux de l'exposer quand
nous en serons à ce chapitre. Disons seulement que ce mode
d'entreprise n'occupe encore qu'une place infime et ne s'é-
tend que très lentement.

II

Les associations de capitaux.

Il résulte de ce que nous venons de dire que l'association
vraiment libre n'a guère encore fonctionné sur terre en ce
qui concerne le travail. Il n'en est pas de même en ce qui

concerne le capital. Même sous forme d'instrument de production le capital jouit d'une liberté d'allures, d'une facilité de déplacement, que le travail ne possède pas, et le développement du crédit accroît sa mobilité chaque jour. Pour que des travailleurs ou des propriétaires fonciers puissent coopérer à une entreprise productive, il faut que cette entreprise prenne naissance sur les lieux mêmes, et dès lors elle ne peut réunir que des personnes vivant dans la même région. Le travail ne se déplace qu'avec la personne du travailleur, lequel ne se déracine pas aisément du lieu où il a vécu : quant à la terre elle est immuable. Le capital seul a les ailes de l'aigle et il sait accourir des extrémités du monde partout où il voit quelque profit à gagner.

Toutes les fois qu'une entreprise prend des proportions considérables — et nous verrons tout à l'heure que telle est la tendance générale — l'entrepreneur ne peut plus fournir à lui seul des capitaux en quantité suffisante et proportionnée au nombre des travailleurs, pas plus qu'il ne peut fournir à lui seul la main-d'œuvre nécessaire. Alors un nombre plus ou moins grand de capitalistes se réunissent pour fournir les capitaux nécessaires et l'entreprise se trouve constituée sous la forme dite de *société par actions*, forme inventée en Hollande au XVIIe siècle et qui se multiplie extraordinairement de nos jours, du moins dans le commerce et l'industrie

Ce qui caractérise cette forme de société, c'est que le capital nécessaire à l'entreprise est divisé en fractions de minime valeur — de 500 francs en France, 25 francs [1] (une livre) en Angleterre — qui s'appellent des *actions*, autrement dit des parts de propriété dans la société [2]. Ainsi une société

---

[1] En France aussi, l'action peut être abaissée à 25 francs quand le capital social ne dépasse pas au début 200.000 francs.

[2] Légalement l'action n'est pas une part de copropriété dans le capital social, car le capital social n'est pas à l'état de copropriété indivise entre tous les associés ; il appartient à la personne juridique qui est la société elle-même et qui ne se confond avec celle d'aucun des associés. Mais ce n'est là qu'une fiction juridique.

au capital de 50 millions émettra 100.000 actions du type français ou 2 millions d'actions du type anglais. Et chacun en prendra ce qu'il voudra, selon sa fortune ou selon le degré de confiance qu'il accorde à l'entreprise, une seule s'il veut. Il va de soi qu'il n'aura à toucher sur les bénéfices de l'entreprise qu'une part proportionnelle au nombre de ses actions : cette part s'appelle le *dividende*. Mais ce qui séduit surtout l'actionnaire c'est que sa responsabilité et ses risques aussi sont limités au montant des actions qu'il a souscrites, différence essentielle avec les autres sociétés. Aussi en Angleterre, c'est le mot *limited* qui est imposé par la loi pour désigner toute société par actions. Cette dilution des risques à dose infinitésimale a rendu possible les entreprises les plus aventureuses. Jamais les chemins de fer n'auraient été créés, jamais l'isthme de Suez n'eût été percé si la société par actions n'avait été inventée[1].

Ces sociétés ont d'ailleurs, pour attirer les capitalistes grands ou petits, d'autres modes de participation que l'action ordinaire. Aux capitalistes prudents qui cherchent surtout la sécurité du placement et la régularité du revenu, elles offrent des *obligations* qui diffèrent de l'action (la valeur est généralement la même : 500 francs) en ce qu'elles donnent droit à un revenu fixe qu'on appelle *intérêt* et qui est toujours payé, que l'année soit bonne ou mauvaise. L'obligataire est donc un vrai créancier qui ne court de risques qu'au cas où la société deviendrait insolvable et, même en ce cas, il serait payé avant l'actionnaire. Inversement, aux capitalistes les plus audacieux, la plupart des sociétés offrent des *parts de fondateur* qui ne donnent droit à une part des profits qu'au delà d'un certain chiffre et après les actions, en sorte qu'elles ne conviennent qu'à ceux qui ont foi dans l'avenir de l'entreprise.

[1] Aucun capitaliste, si riche fût-il, n'aurait eu et n'aurait pu fournir les 1.300 millions dépensés par la Compagnie de Lesseps pour le percement de l'isthme de Panama, à cause des risques à courir, tandis que ces risques divisés à l'infini n'ont plus effrayé même les petites bourses et, par le fait, cet immense écroulement n'a ruiné que peu de gens.

Ces sociétés par actions ont pris par tout pays un développement prodigieux à tel point qu'elles tendent à devenir le mode normal de la production. Chaque année des milliers de sociétés par actions sont créées réunissant des milliards de capitaux. Il est vrai que toutes ne sont pas des entreprises nouvelles, beaucoup ne sont que des entreprises naguère sous forme d'entreprises individuelles et qui sont transformées en sociétés[1].

La société par actions a généralement un autre caractère qui sert également à la qualifier : elle est *anonyme*, ce qui veut dire qu'elle n'est point une association de personnes, comme les associations de travail ou les coopératives du chapitre suivant, mais une association de capitaux. Sans doute ces capitaux ont des propriétaires, mais on ne s'occupe pas d'eux. Encore pourrait-on connaître leurs noms si les actions sont nominatives, mais si elles sont *au porteur*, ce qui devient de plus en plus fréquent, l'anonymat est complet. C'est la perfection de l'association capitaliste : ce n'est plus une association d'hommes mais une association de sacs d'écus.

Il faut bien pourtant qu'il y ait quelqu'un pour diriger ? Assurément. Il y a des administrateurs en petit nombre, qui forment un conseil avec un président, mais leur responsabilité n'excède pas non plus le montant de leurs apports; ils sont le gouvernement représentatif de la société, élus par l'assemblée générale des actionnaires et tenus seulement à lui rendre compte de leur mandat une fois par an, sans d'ailleurs qu'aucun contrôle efficace soit possible de la part des actionnaires.

Ce n'est pas seulement dans la production des richesses que la société par actions a fait une révolution en permettant des entreprises colossales par la concentration des capitaux, c'est aussi la répartition qu'elle est en train de révo-

---

1. Il existait, dans le monde, au commencement de 1907, plus de 730 milliards de morceaux de papiers négociables, appelés rentes, actions, obligations, parts d'intérêts, etc., et sur lesquels environ 100 milliards appartiennent aux Français.

lutionner par une opération qui paraît à première vue inverse de la première, en disséminant la propriété des capitaux en un nombre infini de parts. Mais nous retrouverons ceci au Livre III.

On peut bien penser que de si puissantes organisations ne sont pas sans danger — surtout lorsque, comme nous allons le voir, elles prennent la forme de trusts, et même sans cela — danger pour le public qu'elles tentent par l'appât d'un profit toujours promis, souvent réalisé, et avec des risques très limités. La facilité avec laquelle les entreprises les plus extravagantes, dès qu'elles sont mises en actions, ont pu trouver des souscripteurs crédules et enthousiastes a été constatée depuis longtemps et trouve tous les jours de comiques ou tragiques illustrations. Même quand il s'agit d'entreprises réellement productives, le public est très souvent dupé par la majoration de valeur du capital réel. Telle entreprise de mine ou d'électricité, dont la valeur réelle serait d'un million, est offerte au public sous forme de 10.000 actions de 500 francs qui représentent 5 millions. On dit aux États-Unis, où ce procédé est courant, que le capital est arrosé (*watered*). Une réclame endiablée pousse les cours au moment de l'émission. Peut-être pendant un an ou deux des dividendes fictifs, prélevés sur le capital emprunté, les soutiendront-ils encore — jusqu'au moment où les fondateurs s'étant débarrassés de toutes les actions, et en ayant réalisé la valeur, laisseront l'affaire s'effondrer.

Aussi ne saurions-nous nous associer à l'espoir de quelques économistes qui pensent que la société anonyme est destinée non seulement à devenir le mode type de toutes les entreprises, mais encore à s'étendre à tous les domaines de l'activité humaine[1]. Nous ne saurions nous résigner à y voir la forme de l'avenir. Son anonymat, c'est-à-dire le fait pré-

[1] M. de Molinari surtout a développé cette thèse dans tous ses ouvrages et notamment dans son livre très intéressant *L'Évolution économique au xix° siècle*. Pour lui les services publics, la police, l'instruction publique, etc., et les États eux-mêmes, les patries! deviendront des sociétés par actions.

cisément *qu'elle n'associe que des capitaux et non des individualités* et supprime presque toutes les responsabilités, nous
paraît constituer plutôt une cause d'infériorité, sinon économique, du moins morale. Nous espérons que l'association
deviendra plutôt coopérative en réunissant tous les collaborateurs, travailleurs, capitalistes et clients aussi, par un lien
plus personnel et plus solidaire.

III

Les Trusts et Cartels.

Les associations de capitalistes ont pris, depuis quelques
années, une forme colossale qui a vivement frappé et même
inquiété les gouvernements. Nous voulons parler des *Trusts*
et des *Kartells*, ainsi nommés dans les États-Unis et en Allemagne qui sont surtout leurs pays d'origine et ceux où ils
ont pris le développement le plus grandiose.

Le *Cartel* (charte, contrat) ou, plus simplement en français
le *syndicat de production*, ou *entente commerciale*, est la
forme la plus simple de l'association entre producteurs[1].
Elle est née d'un sentiment de réaction contre la concurrence
ruineuse que les producteurs se faisaient entre eux. Elle
laisse à chaque entreprise son individualité, son autonomie
intérieure, et se borne à grouper ces entreprises en vue de
la vente de leurs produits dans les meilleures conditions
possibles et, pour cela, elle a recours à diverses méthodes
qui toutes ont le même but : empêcher ou régulariser la
concurrence. Ces moyens sont :

1° La délimitation de zones qui seront réservées à chacun
des associés, c'est-à-dire l'attribution à chacun d'eux d'un
monopole régional ;

---

[1] En Allemagne les cartels ont pris un grand développement, spécialement dans les mines de charbon, et aussi dans certaines industries
semi-agricoles, l'alcool, le sucre.

2° La fixation pour chaque entreprise d'un minimum de production qu'elle ne devra pas dépasser;

3° La fixation d'un prix de vente auquel tous devront se conformer; cette règle ne supprime pas la concurrence mais tend à remplacer la concurrence au rabais par la concurrence à supériorité de qualité. Mais comme les conditions de la production sont très inégales d'une entreprise à l'autre, cette égalisation des prix est peu pratique et souvent injuste;

4° Chacun de ces trois moyens s'étant montré peu efficace, malgré les cautionnements et les amendes destinés à les sanctionner, on en est arrivé à une quatrième forme qui supprime la vente directe au client de la part des associés et fait du cartel un intermédiaire obligatoire entre le producteur et le public. C'est lui qui achète aux producteurs associés leurs produits — les quantités à fournir par chacun et les prix à payer étant fixés d'avance — et c'est lui qui se charge de vendre pour le mieux. Par là le cartel devient une véritable association coopérative de production.

Avec le *trust*[1] nous allons encore plus avant dans la voie de la concentration et du monopole. L'entente devient une fusion. Au reste, les trusts, tout comme les cartels, ont essayé de moyens très divers, d'autant plus que, comme nous le verrons, ils étaient traqués par les lois et obligés de se réfugier d'un asile dans un autre. On peut indiquer trois formes qui se sont succédées :

a) La première ne différait guère du cartel : c'était une entente entre grands industriels ou grandes Compagnies à l'effet de régler les prix. Mais ces ententes, désignées plutôt sous le nom de *pools*, se trouvèrent frappées à partir de 1890 par la loi dite Sherman Act comme portant atteinte à

---

[1] Le mot *trust* est un très vieux mot de la langue anglaise qui veut dire confiance. Les représentants des fondations philanthropiques ou autres sont dits *trustees*, à peu près comme qui dirait fidéicommissaires. De même sont les directeurs des trusts : on leur confie les intérêts de tous. Les banques de « dépôt » aux États-Unis sont appelées aussi *Trust Companies*, mais il ne faut pas les confondre avec les trusts industriels.

la liberté du commerce, tout comme le fait la loi française
d'ailleurs (art. 419, Code pénal).

b) On passa alors au système dit de la *consolidation*, par
lequel toutes les entreprises associées abandonnaient leur
autonomie pour se fondre en une seule. A cet effet on fixait
la valeur de chaque usine et cette valeur était payée à son
propriétaire sous forme d'actions de la société nouvelle, du
trust. Les directeurs de celui-ci tenaient donc tout dans
leurs mains et gouvernaient à son gré cette agglomération
d'entreprises, supprimant au besoin celles qui leur paraissaient en moins bonne situation. Mais des lois furent votées
pour empêcher aussi cette monopolisation.

c) Enfin on en arriva au système qui est le plus en usage
aujourd'hui. Laissant à chaque entreprise son autonomie
nominale et légale, on se contenta de la supprimer en fait
en attribuant à une société en dehors d'elles la majorité des
actions de chacune de ces entreprises : cette société étant
toute-puissante dans l'administration de chaque fabrique, elle
l'est aussi en fait pour l'administration de toutes ensemble:
c'est ce qu'on appelle le *Holding Trust.* C'est ainsi que le fameux trust du pétrole, pour donner en apparence satisfaction
à la loi, s'est divisé en une vingtaine de sociétés soi-disant
indépendantes : mais la presque totalité de leurs actions est
entre les mains d'une seule d'entre elles. Pourtant le législateur et les tribunaux n'ont pas lâché prise, et la dissolu-
tion du Trust vient d'être prononcée. Mais la lutte entre le
législateur et cet insaisissable Protée n'est certainement pas
encore finie !

Le trust se distingue du cartel non pas seulement par le
lien plus étroit qui unit les associés et va jusqu'à la fusion
mais aussi parce qu'il n'est pas seulement une organisation
commerciale mais une organisation de production. Il pousse
au maximum les traits caractéristiques de la grande industrie[1], tels que la concentration, la spécialisation et l'intégra-

---

[1] C'est ainsi que le trust de l'acier ne se contente pas de grouper les
forges mais aussi les mines de fer, et même les chemins de fer et canaux
qui transportent les minerais.

tion, et aussi il pousse à l'extrême les abus des sociétés par actions, tels que la surcapitalisation [1].

Les trusts, dont bien peu de personnes connaissaient le nom il y a vingt ans et que nous n'avions pas jugé utile de mentionner dans les premières éditions de ce livre, sont devenus le phénomène le plus symptomatique du mouvement économique contemporain. Leur nombre grandissant et surtout les proportions colossales qu'ils ont déjà atteintes stupéfient même le public indifférent. Le pétrole, l'acier, la viande, le whiskey, le tabac, les chemins de fer, la marine, tout devient matière à trust. C'est comme une faune monstrueuse subitement engendrée par l'âge capitaliste, et que socialistes et économistes de l'école libérale contemplent avec une égale curiosité quoique dans des sentiments opposés : les premiers y saluant déjà le dernier degré de concentration capitaliste après lequel il ne restera plus que le collectivisme ; les seconds, plutôt gênés par ce résultat paradoxal de la libre concurrence, mais fidèles à l'espoir que, nonobstant, la même liberté qui les a fait naître suffira à les tuer ou à les rendre inoffensifs.

Au reste, la question de savoir si dans ce mouvement le bien l'emporte sur le mal, ou *vice versa*, n'est pas encore résolue.

En faveur des trusts on peut faire valoir deux arguments de poids : — 1° économie réalisée sur le coût de production laquelle est le vrai critérium du progrès économique. Un des exemples les plus remarquables de la réduction de frais de production réalisée par les trusts c'est le réseau de tuyaux en fer établi sur des longueurs de milliers de kilomètres pour transporter le pétrole des lieux de production aux lieux de consommation sans avoir besoin de recourir aux chemins de fer ; — ou bien encore, dans la même industrie, c'est l'utilisation des sous-produits : plus de vingt pro-

[1] La *surcapitalisation* c'est l'émission d'actions à un taux majoré. Elle prend d'ailleurs ici pour excuse l'anticipation des bénéfices qui sont attendus précisément de la constitution du monopole.

duits différents sont extraits du pétrole par le trust qui porte ce nom. On peut citer aussi la suppression ou tout au moins la diminution du nombre des voyageurs de commerce et des frais de publicité ; en un mot, de tous les frais nécessités par la concurrence, lesquels deviennent inutiles du jour où une industrie étant investie d'un monopole n'a plus besoin de courir après le client, mais n'a qu'à attendre qu'il vienne. Ajoutez encore la suppression des usines mal situées et la localisation de la production sur les points les plus favorables. Remarquez que les cartels, ou simples ententes commerciales, sont impuissants à atteindre de tels résultats; — 2° maintien de l'équilibre entre la production et la consommation que le régime de libre concurrence s'est montré impuissant à réaliser, et, grâce à cet équilibre, suppression des crises et fixation des prix. D'ailleurs les avocats des trusts nient qu'ils aient relevé les prix et citent au contraire de nombreux exemples d'une diminution progressive[1]. La politique du trust vise aussi bien à empêcher la hausse exagérée que la baisse. Du reste, ajoute-t-on, quand bien même le prix serait un peu relevé, les consommateurs trouveraient une compensation avantageuse dans sa stabilité.

Mais contre les trusts les arguments ne manquent pas non plus.

Il suffit d'abord de penser à ceci qu'il est bien invraisemblable, dans l'ordre économique aussi bien que dans l'ordre politique, qu'un pouvoir sans contre-poids n'abuse pas de sa puissance ou du moins ne la mette pas au service de ses propres intérêts. — 1° En admettant que les trusts n'aient pas toujours surélevé les prix, en admettant même qu'ils aient fait bénéficier le consommateur, dans une faible mesure, des économies réalisées sur le coût de production, il est certain qu'ils en ont employé la plus grande partie à enrichir les actionnaires et à accumuler entre les mains de quelques-

---

[1] C'est ainsi que le prix du pétrole est tombé de 24 cents le gallon (en 1871) à 6 cents en 1906, soit de 28 centimes à 7 centimes le litre, mais à cela on répond que sans le trust le prix serait encore plus bas. C'est difficile à vérifier.

uns d'entre eux des fortunes fabuleuses, comme celle de M. Rockfeller, le roi du pétrole. C'est le trust qui a créé l'espèce, jusqu'alors inconnue, du milliardaire; — 2° Non seulement ils n'ont pas toujours fait bénéficier le consommateur de l'abaissement du coût de production, mais encore ils ont montré dans certaines industries, dans le trust de la viande, par exemple, un cynisme qui a été révélé par les scandales des conserves de Chicago. — 3° Ils ont férocement écrasé toute concurrence — non pas seulement par la supériorité de l'organisation et le moindre coût de revient, ce qui serait légitime et bienfaisant — mais par des procédés de pirates : soit en faisant vendre à perte sur les points où surgit un concurrent[1], soit en imposant aux Compagnies de chemins de fer des traitements de faveur, contrairement à la loi[2]. Or, sans professer une foi aveugle dans les vertus de la concurrence, on peut cependant estimer que le gouvernement industriel de quelques magnats autocrates serait un pire régime; — 4° Enfin, au point de vue politique, l'avènement de ces géants, armés de tout le pouvoir de corruption que donne une richesse illimitée, peut fausser tous les ressorts du gouvernement, et plus spécialement dans les sociétés démocratiques.

Y aurait-il quelque moyen de conserver les avantages économiques des trusts tout en les rendant impuissants pour le mal? Tel est, en effet, le problème, quelque peu

---

[1] M. Martin Saint-Léon cite ce passage d'une enquête officielle faite sur le trust du pétrole. Le président de la Commission dit au vice-président du trust : « Vous avez bien pour règle de maintenir vos prix au-dessous du prix de revient jusqu'à ce que votre rival disparaisse ? — Oui ».

[2] Les lois américaines interdisent aux Compagnies de chemins de fer de consentir des réductions de tarif individuelles, mais il y a cent moyens de tourner la loi. Tantôt la Compagnie modifie brusquement ses tarifs, soit en hausse, soit en baisse, et prévient à l'avance le trust qui peut ainsi en profiter le premier. Tantôt elle fait passer les expéditions du trust toujours avant celles de ses concurrents. On cite même le cas d'une Compagnie qui reversait au trust une partie des péages prélevés sur ses malheureux concurrents !

contradictoire, à la solution duquel s'évertuent les économistes et les législateurs, mais sans beaucoup de succès. On sait que l'ex-Président des États-Unis, M. Roosevelt, avait pris cette tâche à cœur.

Il y a une vingtaine d'années qu'une loi contre les Trusts, dite Sherman Act, a été votée. Mais si la loi peut empêcher des sociétés de se fusionner en formant une société au second degré, ou si elle peut empêcher les Compagnies de chemin de fer de faire des discriminations de tarifs, comment pourrait elle empêcher de richissimes capitalistes d'acquérir les actions de ces sociétés et de ces chemins de fer et de s'entendre entre eux? Le trust aujourd'hui n'est plus qu'un *agreement*, un accord, qui échappe à toute répression.

Les économistes pensent que si l'on pouvait arriver à l'abolition du régime protectionniste, alors les trusts, qui jusqu'à présent ont grandi à l'abri des barrières douanières, se trouveraient suffisamment matés par la concurrence internationale. Ils peuvent citer à l'appui de cette thèse l'Angleterre où les trusts n'ont pas pris un très grand essor. Cependant rien n'autorise à croire qu'aux États-Unis ou en Allemagne les trusts et les cartels seraient tués par la concurrence étrangère. Il paraît plus probable au contraire qu'ils supporteraient le coup bien mieux que les entreprises plus faibles. L'effet du libre-échange généralisé serait probablement non de supprimer les trusts, mais de les transformer, de nationaux qu'ils sont, en internationaux, ce qui ne les rendrait pas moins redoutables : tant s'en faut!

Peut-être le contre-poids le plus efficace aux trusts des producteurs se trouvera-t-il un jour dans les fédérations d'achat des sociétés coopératives qui sont de véritables trusts des consommateurs. Si chimérique que puisse paraître aujourd'hui une telle solution, étant donnée l'extrême inégalité des forces en présence, toujours est-il qu'en Angleterre en 1906 un trust du savon, qui était déjà constitué, a dû se dissoudre à la suite de la campagne menée contre lui par la grande Fédération coopérative de Manchester.

CHAPITRE V

LA PRODUCTION PAR L'ÉTAT

I

Le développement des entreprises d'État et municipales.

Après la production sous forme d'entreprise individuelle et celle sous forme d'association, il convient de parler de celle organisée par l'État, en entendant par l'État non seulement le gouvernement central, mais les municipalités et généralement les pouvoirs publics, et même les établissements publics[1].

Ce n'est pas chose précisément nouvelle que l'État entrepreneur, puisque quelques-unes des manufactures nationales de la France remontent à Colbert : cependant la tendance au développement des entreprises d'État, et plus encore des entreprises municipales, est caractéristique de l'époque actuelle. Elle tient à deux causes :

1° Une cause *fiscale* qui est la nécessité de trouver des ressources nouvelles pour pourvoir à des dépenses sans cesse

---

[1] C'est-à-dire les établissements qui, tout en ayant un caractère officiel, en étant des organes de l'État, ont cependant une personnalité distincte et une organisation autonome : telle l'assistance publique.

L'État peut intervenir dans la production de deux façons très différentes : soit en qualité d'*entrepreneur* pour se substituer à l'entreprise privée, soit en qualité de *législateur* pour réglementer ou stimuler l'entreprise privée.

Mais en ce qui concerne ce second mode d'intervention, il est inutile de lui consacrer une section spéciale, et il est plus méthodique de l'étudier à propos de chacun des cas spéciaux qui motivent cette intervention.

grandissantes sans écraser le contribuable. Celui-ci, exas-
péré des exigences croissantes du fisc, se tourne vers l'État
et lui dit : « S'il vous faut tant d'argent, faites comme
nous : gagnez-le vous-même » ! C'est ainsi que l'État se
trouve poussé à se faire industriel et commerçant. Les bénéfices qu'il peut en tirer sont en effet énormes : l'État russe
gagne 1.500 millions de francs sur la vente de l'eau-de-vie,
l'État prussien 350 millions de francs sur ses chemins de
fer, l'État français près de 400 millions fr. net sur la vente
du tabac, nombre de municipalités de divers pays quelques
millions de francs d'entreprises diverses. Cela est bien ten-
tant pour les États et les villes obérés !

2° Une cause *sociale* qui est l'hostilité contre le capitalisme et l'idée que les profits et dividendes des grandes
Compagnies sont un vol fait au peuple et qu'il faut les rendre au peuple. Pour cela le moyen le plus sûr n'est-ce pas
que le peuple lui-même, représenté par l'État ou par la Commune, prenne en main les entreprises lucratives? Aussi
donne-t-on généralement à cette tendance le nom de socialisme d'État ou socialisme municipal, quoiqu'à vrai dire là
où elle a trouvé le plus d'applications elle n'a été nullement
inspirée par un esprit socialiste ou collectiviste au sens où
l'on prend ce mot : exemples l'État prussien ou les municipalités anglaises.

3° Une cause *politique* qui est le désir du gouvernement
d'étendre ses attributions pour avoir plus de force et plus de
solidité, pour s'attacher un plus grand nombre d'électeurs.
Dans les pays de suffrage universel comme la France, c'est
peut-être des trois causes que nous venons d'indiquer, la
plus agissante. Il est facile de comprendre que ce n'est pas
peu de chose pour un gouvernement que d'enrôler à son
service 300.000 employés de chemin de fer.

Cette tendance à l'étatisation ou à la municipalisation des
entreprises est plus accentuée dans certaines industries que
dans d'autres.

Celles qui s'y prêtent le mieux sont tout naturellement
celles qui sont déjà constituées sous la forme de monopoles

et qui, à raison de leur nature, ne peuvent l'être autrement :
postes et télégraphes, monnayage, chemins de fer, distribution des eaux dans les villes, éclairage, tramways, etc. En
effet, actuellement quand des entreprises de cette nature
doivent être constituées, comme elles ne peuvent fonctionner qu'investies d'un monopole légal, qu'arrive-t-il? C'est
que l'État ou la ville leur concède ce privilège pour une
durée plus ou moins longue. Alors il se dit : Pourquoi ne
pas me le concéder à moi-même? Pourquoi confier bénévo-
lement à des actionnaires le privilège de toucher les profits
que je n'ai qu'à garder dans ma caisse? Et, monopole pour
monopole, pourquoi le mien ne vaudrait-il pas autant que
celui d'une Compagnie?

Pour les entreprises qui ne sont pas monopolisées mais
qui fonctionnent généralement sous le régime de la libre concurrence, l'étatisation ou la municipalisation est moins indiquée. Elle est même beaucoup plus malaisée, car de deux
choses l'une : — ou bien l'État acceptera de rester sous le
régime de la libre concurrence, mais alors les entreprises
similaires se trouveront vis-à-vis de lui dans une situation
singulièrement inégale et même très injuste, puisque l'État
leur fera concurrence non seulement avec le prestige qui
s'attache généralement à tout ce qui porte un caractère officiel, mais sans avoir à s'inquiéter des risques de perte, sans
avoir à redouter la faillite et en se servant de capitaux qui,
étant pris sur les contribuables, sont pris en partie sur les
producteurs eux-mêmes auxquels l'État fait concurrence! Ce
ne serait assurément pas des conditions de lutte loyales que
celles où l'une des deux parties doit fournir à l'autre les ver-
ges pour se faire battre; et si, par hasard, nonobstant toutes ces causes d'inégalité, l'État se fait battre, ce qui est
arrivé plus d'une fois, il jouera un rôle assez ridicule; —
ou bien l'État, reconnaissant ce que cette situation a d'intolérable pour ses concurrents et peut-être pour lui-même,
convertira cette entreprise en monopole artificiel, comme il
l'a déjà fait, par exemple, pour les tabacs, les allumettes et
les téléphones, et peut-être demain pour la vente de l'alcool

13*

ou les assurances. Mais alors il faut exproprier, avec une juste indemnité, les entreprises déjà existantes : c'est fort onéreux pour le budget et c'est en outre courir une grosse aventure que de faire rentrer de force une industrie libre dans l'étau du monopole[1].

Ces objections, si graves qu'elles soient, ne sont pourtant pas décisives. On comprend très bien que l'on passe outre quand il s'agira d'entreprises ayant un caractère d'utilité publique suffisamment marqué : — 1º tout d'abord pour celles qui intéressent la santé publique, telles que pharmacies, bains et douches, inhumations, désinfections, halles et marchés, abattoirs; — 2º ensuite, quoique ceci puisse entraîner un peu loin, pour la construction de maisons hygiéniques et à bon marché, car il n'est rien qui soit plus important pour la santé (nous ne disons pas seulement celle des locataires, mais de tous les habitants d'une ville) que le logement; et aussi pour l'approvisionnement du lait, service si utile pour lutter contre l'énorme mortalité infantile; — 3º enfin même pour le pain et la viande s'il arrivait que les besoins de la population fussent en souffrance, soit au point de vue de la qualité, soit au point de vue du prix, il faudrait bien reconnaître aux municipalités le droit d'ouvrir des boulangeries et des boucheries; et cela vaudrait peut-être mieux que la taxe du pain et de la viande qui a été maintenue en France depuis plus d'un siècle comme la seule arme des municipalités pour défendre les consommateurs contre les abus de ces deux grands commerces.

Mais la marche des faits n'a pas été si logique et c'est un

[1] Cette distinction est celle adoptée par le Conseil d'État en France. Il a toujours refusé aux municipalités l'autorisation de créer des entreprises commerciales qui seraient de nature à faire concurrence aux entreprises privées. C'est ainsi qu'en 1892 il a refusé à la Ville de Roubaix d'établir une pharmacie municipale, quoique pourtant elle dût livrer les médicaments à prix coûtant et pût être considérée ainsi comme faisant œuvre d'assistance. Il est vrai que le Conseil d'État a autorisé d'autres villes à créer des bains payants, à construire des maisons à louer et même à se charger de l'éclairage au gaz (Tourcoing), ce qui montre que sa jurisprudence est un peu flottante.

peu au hasard des circonstances que ce mouvement s'est développé. Voici dans quelles industries il est le plus avancé.

En ce qui concerne l'étatisation, les Postes sont service d'État par tous pays ; les télégraphes dans presque tous les pays (sauf aux États-Unis), pour les lignes de terre, car les câbles sous-marins appartiennent à des Compagnies ; les téléphones seulement dans quelques pays (en France notamment où les abonnés ne s'en félicitent pas). Les chemins de fer appartiennent à l'État en Allemagne, Russie, Danemark, Belgique, Suisse, Italie, Australie et, pour une fraction du réseau, en France. En dehors de ces grands services, très variées sont les industries exercées par l'État. En Prusse, il a des mines, vignobles, fabriques de porcelaine, le tout donnant des revenus considérables. En France, en dehors des grands monopoles fiscaux du tabac, des allumettes, de la poudre, l'État a quelques industries de peu d'importance : porcelaine de Sèvres, tapis des Gobelins, gravures du Louvre, imprimerie nationale, etc. Et pour beaucoup de pays (Italie, Espagne, plusieurs États d'Allemagne, etc.) il faut ajouter une industrie peu recommandable mais très lucrative : l'État s'est fait entrepreneur de loterie!

En ce qui concerne la municipalisation, c'est chose faite dans la plupart des villes pour la distribution de l'eau et les services d'hygiène urbaine énumérés ci-dessus. Pour l'éclairage, soit au gaz, soit à l'électricité, elle est réalisée dans plus de 500 villes aux États-Unis, dans un grand nombre en Allemagne ; elle se développe en Grande-Bretagne, Suisse et Italie : en France, elle n'existe encore que dans une douzaine de villes (dont Grenoble, Tourcoing, Valence, etc.). Pour les tramways, la municipalisation est très avancée en Angleterre, plus de la moitié des entreprises (176 municipales contre 146 privées en 1905) : elle existe aussi en totalité ou en partie à Berlin, Cologne, Francfort, Bâle, Berne, Zurich, Saint-Gall, Saint-Pétersbourg, etc. : elle commence seulement aux États-Unis et en Italie. Pour la construction de maisons, elle marche grand train en Angleterre, et un peu plus lentement en Allemagne et en Suisse. La

ville de Genève distribue à domicile la force motrice. Enfin
on trouve en Angleterre des essais de municipalisation dans
les branches les plus diverses et les plus imprévues, non
seulement bains, lait stérilisé, mais glace artificielle, brasse-
ries, sous-produits divers extraits des ordures ménagères,
et même à Glascow des fleurs pour la vente. Il y a des boulangeries municipales à Catane et à Palerme et des boucheries municipales à Lisbonne.

II

Les dangers de l'étatisation et de la municipalisation.

Il va sans dire que le mouvement que nous venons d'exposer suscite de vives appréhensions et de vertes critiques
de la part des économistes de l'école libérale, et cela tant
au point de vue des résultats financiers que des conséquences
économiques et sociales. Même le public, en Angleterre du
moins, s'est ému et les élections à Londres et dans d'autres
villes ont été faites contre le socialisme municipal. Les arguments classiques contre l'étatisation et contre la municipalisation, sont :

1° L'affirmation de l'incapacité de l'État (ou de tout corps
politique) à exercer les fonctions d'entrepreneur. Il n'a pour
cela, dit M. Paul Leroy-Beaulieu [1], ni *esprit d'initiative*
parce qu'il n'est pas stimulé par la concurrence, ni *compétence* parce qu'il n'est pas organisé en vue de ce rôle, ni
esprit de suite parce que ses représentants sont soumis à
toutes les vicissitudes de la politique et des élections. D'où
il résultera que l'État produira plus chèrement que l'entreprise privée, autrement dit que l'on ira en sens contraire du
principe hédonistique qui vise au maximum de satisfaction
pour le minimum de frais.

[1] *Précis d'Économie politique* et, pour plus de détails, voir son livre
sur *l'État*.

2º La contradiction entre les deux buts poursuivis, l'un qui est le but fiscal, l'autre le but socialiste.

Pour atteindre le premier, qui est de procurer des ressources par un moyen plus commode que l'impôt, il faudrait faire payer les services rendus le plus cher possible, comme fait l'État français pour ses tabacs. Pour atteindre le second, qui est de se rapprocher progressivement du communisme, il faudrait rendre ces services gratuitement ou tout au plus au prix de revient, comme fait l'État, à peu près partout, pour les Postes et mieux encore pour l'instruction. Les socialistes comptent bien qu'un jour non seulement l'eau, mais les tramways, et peut-être le pain et le théâtre, seront gratuits pour tous et qu'on reviendra ainsi au *panem et circenses*. — Mais entre ces deux buts, il faudra pourtant opter. Or il y a toute raison de penser que c'est le second but qui prévaudra et que sous la pression de la masse, pression irrésistible dans un pays de suffrage universel, l'abaissement continu de tous les tarifs annulera les recettes.

3º Le danger politique d'un fonctionnarisme grandissant et qui finira par encroûter la majorité des citoyens, tous les modes d'activité économique se trouvant peu à peu convertis en « places » à conquérir par examens, concours, ou, bien plus souvent, par népotisme et favoritisme : un Saint-Simonisme moins la maxime « à chacun selon ses œuvres ». Et dans chaque entreprise d'État ou municipale le nombre des places sera mesuré non aux besoins du service, mais au nombre des clients à placer.

Pour répondre à ces objections, il faudrait distinguer celles d'ordre politique de celles d'ordre économique. En ce qui concerne ces dernières, elles ne semblent pas décisives. Sans doute on ne peut attendre de l'État entrepreneur les qualités propres à l'entreprise individuelle, mais on ne voit pas de raison de principe pour qu'il soit plus incompétent que toute autre organisation collective, grande Compagnie, trust ou société coopérative : or ce n'est plus entre l'entreprise individuelle et l'entreprise d'État, mais le plus souvent entre l'entreprise collective privée et l'État que l'alternative se pose. On ne voit pas pourquoi les conseils d'administration des chemins de fer d'État, par exemple, ne pourraient pas être composés d'hommes aussi compétents que ceux des grandes Compagnies : quant aux ingénieurs ce sont les mêmes pour les unes que pour les autres. Sans doute une entreprise d'État ne cherchera pas les profits, mais pourvu qu'elle cherche à satisfaire le public c'est tant mieux, car l'idéal d'une bonne organisation économique doit être non le profit à réaliser mais le service à rendre. Quant à la contradiction entre le but fiscal et le but social, elle se résoudra d'elle-même. Pour les services qui sont utiles à tout le monde ou tout au moins à la grande majorité des citoyens, pour les consommations nécessaires et désirables, on s'acheminera en effet probablement vers la gratuité, mais pour les services qui n'intéressent qu'une minorité ou les consommations de luxe, on maintiendra les hauts prix et les bénéfices. Il n'y aurait rien de choquant à voir des majorations de prix imposées aux fumeurs de tabac ou aux buveurs d'alcool pour servir à fournir gratuitement l'eau, le transport, l'éclairage et peut-être même le chauffage et la force motrice, à tous les citoyens[1]. Enfin, en ce qui concerne l'accroissement du nombre de fonctionnaires, cette évolution peut trouver un correctif dans une évolution en sens inverse du fonctionnarisme lui-même qui, par la voie de l'association syndicale, par exemple, se décentraliserait et se rapprocherait de l'entreprise privée.

D'autre part, ceux qui comme nous croient à l'avenir de l'association coopérative de consommation ne peuvent écarter la municipalisation qui n'est, en réalité, qu'une association coopérative en vue de pourvoir au moindre coût possible aux besoins les plus nécessaires et les plus généraux de tous les membres de la cité.

Mais si l'État est constitué de telle façon que son fonctionnement économique ne soit que le reflet de son fonc-

---

[1] La ville de Glascow observe une règle moins compliquée : c'est que chacun de ses services doit se suffire, c'est-à-dire ne faire ni profits, ni pertes.

tionnement politique, si les conseils d'administration de ses entreprises ne sont que des délégations du Parlement, il est probable en effet que ses entreprises marcheront mal. Seulement ici nous sortons du domaine économique, et en effet la question du rôle de l'État dans la production est une question d'ordre politique plutôt d'ordre économique. On ne peut donner une solution générale : on comprend très bien qu'on puisse être, par exemple, pour le rachat des chemins de fer par l'État dans certains pays, par exemple en Allemagne ou en Angleterre, et contre dans d'autres pays, par exemple en France, en Suisse ou aux États-Unis. Car les pays les plus démocratiques, qui sont précisément ceux où l'extension des attributions économiques de l'État est la plus désirée, sont précisément ceux où sa mise en pratique est la plus difficile.

On pourrait pourtant remédier dans une certaine mesure à ces inconvénients en se conformant aux règles suivantes :

1º Conférer aux entreprises d'État ou municipales une organisation autonome, une personnalité morale distincte, un conseil d'administration pris en dehors des corps politiques et élu au second degré, un budget spécial, et leur imposer les mêmes règles de comptabilité qu'aux entreprises privées ;

2º Soumettre ces entreprises, qu'elles soient d'État ou municipales, à une responsabilité de droit commun, identique à celle qui incombe aux simples particuliers. C'est une condition *sine qua non* et sans laquelle l'extension des attributions économiques de l'État deviendrait la plus intolérable tyrannie. La responsabilité est déjà reconnue dans certaines entreprises, par exemple pour les chemins de fer de l'État en cas de faute dans le transport, mais elle est souvent déclinée quand il s'agit du service des postes, télégraphes ou téléphones. C'est un abus de pouvoir.

A défaut des principes, que nous enseignent les faits ? Les services d'État ou municipaux, là où ils ont été organisés, fonctionnent-ils bien ? Donnent-ils de gros bénéfices aux villes ou donnent-ils satisfaction aux consommateurs ?

— Rien de plus contradictoire que les réponses données par les faits ainsi consultés, ce qui justifie la réponse que nous donnions tout à l'heure, à savoir que cela dépend des circonstances, aussi bien de celles relatives à la nature de l'industrie que de celles relatives à l'organisation politique de l'État.

Au point de vue des consommateurs les résultats obtenus par les entreprises municipales paraissent généralement satisfaisants. Pour les entreprises d'État c'est plus variable. Par exemple en France, les postes et télégraphes marchent assez bien, les chemins de fer passablement, le téléphone très mal.

Si l'on étudie les municipalités anglaises au point de vue de leurs recettes, on constatait en 1900 (Rapport de M. Fowler), pour 1029 entreprises municipales, un produit net de 378.000 £ (9 ½ millions fr.). Il est vrai que le capital engagé dans ces entreprises étant de 121 millions £ (plus de 3 milliards fr.), cela ne fait qu'un intérêt dérisoire de 3 p. *mille*. De plus l'amortissement est à peu près nul, 1 ½ p. 1.000 ! Si on l'élevait à 5 p. 0/0, ce qui serait un minimum pour toute entreprise privée, alors ce petit bénéfice se transformerait en 140 millions francs de perte! Ces moyennes sont donc, au point de vue fiscal, peu encourageantes; mais elles n'empêchent que les villes bien administrées ne trouvent dans ces entreprises des sources importantes de revenus : elles prouvent seulement que les municipalités qui remplissent ces conditions sont encore en petit nombre.

III

Les divers modes d'entreprises d'État.

Quand l'État ou les pouvoirs publics veulent créer quelque entreprise nouvelle, ils recourent à l'un des quatre modes suivants :

1° Le plus simple est quand l'État exploite directement

par ses propres agents : c'est ce qu'on appelle *la régie*. C'est celui que nous avons supposé jusqu'à présent et dont nous venons d'exposer les avantages et les inconvénients;

2° Si l'État ne se soucie pas de prendre l'entreprise à son compte il peut la céder à un entrepreneur privé : c'est ce qu'on appelle *la concession*[1]. C'est le système qui était presque uniquement employé jusqu'à présent et est encore de beaucoup le plus pratiqué. La concession ne veut pas dire que l'État se désintéresse absolument de l'entreprise. Généralement l'État y reste intéressé à divers points de vue : — *a*) en fixant dans le cahier des charges certaines conditions à remplir au point de vue de la bonne exécution des travaux, de la protection des ouvriers et des satisfactions à donner aux consommateurs : un tarif est toujours annexé à la concession; — *b*) en limitant la durée de la concession et en se réservant le droit de retour à l'expiration du terme convenu. Tel a été le cas pour les chemins de fer, pour le canal de Suez, et pour tant d'autres. Ce terme mis à la concession est nécessaire mais il n'est pas sans produire des effets fâcheux, car, lorsqu'il approche, le concessionnaire n'ayant plus d'intérêt à bien gérer, ne se préoccupe que de tirer le profit maximum du temps qui lui reste, à moins qu'il ne puisse obtenir un renouvellement de la concession; — *c*) en subventionnant parfois l'entreprise, le plus souvent sous forme de garantie d'intérêts. Tel a été le cas pour les che-

---

[1] S'il s'agit d'entreprises qui ne sont pas destinées à donner un revenu, l'ouverture d'une route, le percement d'un tunnel, la construction d'un édifice quelconque, alors on n'emploie pas le mot de concession, qui indique une entreprise de longue durée et lucrative, mais celui d'*entreprise de travaux publics*.

D'ailleurs pour les entreprises de travaux publics il y a aussi des cahiers des charges. L'entreprise doit en principe être donnée par adjudication à la sous-enchère (c'est-à-dire à l'entrepreneur qui consent le plus fort rabais) et non de gré à gré — tandis que pour la concession cette condition n'est pas obligatoire ni même usitée. Aussi ces concessions donnent-elles lieu trop souvent à des « pots-de-vin », qui ont provoqué parfois, surtout aux États-Unis, de honteux scandales et que le système de l'adjudication a précisément pour but d'éviter.

mins de fer en France et pour acclimater diverses industries dans des pays neufs.

3° Entre le système de la régie et celui de la concession il y a un, et même deux systèmes intermédiaires qui consistent en une sorte d'association entre l'État et l'entrepreneur : ou bien on convient d'un certain partage de bénéfices entre les deux, c'est ce qu'on appelle *la régie intéressée* ; — ou bien l'État stipule une redevance fixe et se comporte ainsi comme un propriétaire vis-à-vis de son fermier : c'est ce qu'on appelle *la ferme*.

Ce dernier système, fort usité autrefois — on sait que le recouvrement des impôts s'effectuait sous la forme d'entreprises exploitées par de riches traitants qu'on appelait « les fermiers généraux » — est aujourd'hui presque absolument abandonné. Mais la régie intéressée est au contraire un système qui tendra sans doute à se développer, car il résout assez heureusement le problème qui nous préoccupait tout à l'heure : il donne à l'État ou à la municipalité à peu près les mêmes avantages que la régie simple, tout en les dispensant de la direction technique. L'État se trouve vis-à-vis de l'entrepreneur à peu près dans la situation d'un commanditaire et avec cette supériorité qu'il n'a pas à fournir de capitaux. Déjà à Paris quatre entreprises, le gaz, les omnibus, le métropolitain et l'électricité, sont sous le régime de la régie intéressée[1]. Ce régime permet, par des combinaisons ingénieuses, d'associer les intérêts de quatre parties, qui sont les quatre facteurs de la vie économique — l'État ou la Ville, l'entrepreneur, c'est-à-dire le capital, les ouvriers, c'est-à-dire le travail, et les consommateurs — les trois premiers sous la forme de participation aux bénéfices, le dernier sous forme de réduction de prix.

[1] Ce mot de régie *intéressée* paraît bizarre, car n'est-ce pas la régie simple qui est la plus intéressée, puisque l'État prend tout ? Mais aussi n'est-ce pas à l'État que s'applique ce qualificatif : c'est à l'entrepreneur et aux employés. On veut dire qu'au lieu d'être de simples salariés de l'État, ils sont intéressés dans l'affaire.

LIVRE II

LA CIRCULATION

Dans les premières éditions de ce traité, nous avions fait rentrer la circulation dans le même Livre que la production. Nous avions été frappé par ce fait que la circulation n'est pas un but en soi, les richesses ne circulant pas pour circuler. L'*échange* et le *crédit* qui forment les deux parties essentielles de la circulation des richesses, et qui d'ailleurs, ainsi que nous le verrons, ne font qu'un, ne nous apparaissaient que comme des modes *d'organisation du travail* ayant absolument le même but que l'association et la division du travail, à savoir faciliter la *production*.

Si néanmoins nous nous sommes décidé à adopter la division classique et à faire les honneurs d'une section spéciale à l'échange et au crédit, ce n'est point seulement parce qu'il est plus commode pour l'enseignement de faire des coupures symétriques, ce n'est point seulement parce que celle-ci correspond à la distinction banale entre *le commerce* et *l'industrie*, c'est surtout parce que ces nouveaux modes d'organisation du travail nous transportent vraiment dans un domaine différent. La richesse est désormais créée : il s'agit maintenant de la transférer. Elle ne changera plus de *forme* : elle changera seulement de *propriétaire*. Elle n'est plus ici l'objet de transformations techniques, mais elle devient l'objet de contrats [1].

---

[1] Cependant on place généralement dans la circulation (voir notre *Cours*) non seulement les modes de *transfert* mais les modes de *trans-*

CHAPITRE I

L'ÉCHANGE

I

Historique de l'échange.

La place qu'occupe l'échange dans la vie moderne est incalculable.

Pour s'en faire quelque idée, il suffit de remarquer que la presque totalité des richesses n'ont été produites que pour être échangées. Prenez les récoltes dans les greniers ou dans les celliers des propriétaires, les vêtements dans les ateliers de confection, les chaussures chez le cordonnier, les bijoux chez l'orfèvre, le pain chez le boulanger... et demandez-vous quelle est la part de ces richesses que le producteur destine à sa propre consommation! Elle est nulle ou insignifiante. Ce ne sont que des *marchandises*, c'est-à-dire, comme le nom l'indique assez, des objets destinés à

port, lesquels ont bien un caractère purement économique et technique, mais c'est qu'en fait ceux-ci ne peuvent guère se séparer de ceux-là.

Dans le traité classique de J.-B. Say, la circulation se trouve aussi incluse dans la *production*. Mais dans les traités les plus récents on tend plutôt à inclure la circulation dans la *répartition*, et cela par la raison même que nous indiquons dans le texte, à savoir que la circulation implique un transfert de propriété, un contrat d'échange ou de crédit. Or les modes de répartition, d'où dérivent tous les revenus, tels que le salaire, le fermage, et l'intérêt, etc., ne sont eux-mêmes que des modes d'échange ou de crédit. Et cette façon de voir peut très bien se défendre aussi. Voir notamment l'excellent traité de M. Pierson, *Principles of Economics* (traduit du hollandais en anglais).

être vendus Notre industrie, notre habileté, nos talents, sont aussi le plus souvent destinés à satisfaire les besoins des *autres* et non les *nôtres*. Arrive-t-il jamais que l'avocat, le médecin, le notaire, aient à travailler pour eux-mêmes, à plaider leurs propres procès, à soigner leurs propres maladies ou à dresser des actes pour leur propre compte? Eux aussi donc ne considèrent ces services qu'au point de vue de l'échange. Et voilà pourquoi quand il s'agit d'estimer nos richesses, nous les apprécions non point d'après leur plus ou moins d'utilité pour nous, mais uniquement d'après leur valeur d'échange, c'est-à-dire leur utilité pour autrui.

Mais il ne faut pas croire qu'il en ait été ainsi de tout temps. L'échange n'est pas un procédé aussi simple que l'association ou la division du travail, ceux-ci si naturels que certaines espèces animales elles-mêmes savent les mettre en pratique[1]. Loin d'être instinctif il paraît avoir été d'abord antipathique à la nature humaine! L'homme primitif considérait ce qu'il avait fait, les produits de son travail, comme inhérents à sa personne. De là les formalités étrangement solennelles dont l'aliénation est entourée à ses origines (par exemple la *mancipatio* du droit romain). Chose curieuse! le don paraît avoir été pratiqué avant l'échange et on croit même que c'est lui qui a donné naissance à l'échange sous la fiction d'un don réciproque.

Dans la première phase d'organisation industrielle, celle de la famille, il est évident qu'il ne peut y avoir lieu à aucun échange, chaque groupe formant un organisme auto-

---

[1] A première vue on pourrait croire que l'échange a dû précéder la division du travail, puisque chaque individu n'a pu historiquement se spécialiser dans une seule tâche qu'autant qu'il savait pouvoir obtenir des autres hommes de quoi satisfaire à ses autres besoins. Et c'est bien ce que disait Adam Smith. Mais la vérité paraît être en sens inverse. C'est la division du travail qui a précédé l'échange, car elle peut très bien fonctionner sans échange dans l'état de communauté de la famille ou même de la tribu, — tandis qu'il n'est guère facile de concevoir l'échange fonctionnant sans division du travail, c'est-à-dire sans une certaine spécialisation de la production. Voir cependant pour cette seconde thèse, Bücher, *Etudes d'histoire économique* (traduction française).

nome qui se suffit à lui-même. C'est uniquement par le travail de ses membres et de ses esclaves, plus tard par les corvées de ses serfs, que le groupe pourvoit à ses besoins. Tout au plus l'échange intervient-il, sous forme extraordinaire ou accidentelle, pour certains produits exotiques que des marchands étrangers apportent du dehors (voir ci-après, *Les marchands*).

Dans la seconde phase, celle de l'industrie corporative, l'échange apparaît nécessairement avec la séparation des métiers. Toutefois, il est renfermé dans les murailles de la même ville : c'est sur le marché urbain que se rencontrent les producteurs et consommateurs qui sont concitoyens. Les marchands du dehors arrivent pourtant à pénétrer dans la cité, mais non sans peine et sans luttes et seulement sous certaines conditions rigoureuses.

A la troisième phase, celle de l'industrie des manufactures, le marché s'élargit et devient *national :* alors commencent véritablement l'échange et le commerce. Et on a fait remarquer que l'établissement du marché national coïncide avec la constitution des grands États modernes — et aussi avec le système des fortifications nationales de Vauban substitué aux fortifications urbaines, ce qui prouve que l'évolution économique, politique, militaire, etc., suit partout des voies parallèles.

Le marché s'élargit encore en devenant colonial et c'est alors que se créent, au XVIIIᵉ siècle, ces grandes compagnies de commerce qui jouèrent un rôle si considérable, par exemple, la Compagnie des Indes anglaises. Puis finalement dans la quatrième phase, celle de l'industrie mécanique et des chemins de fer, le marché devient vraiment *mondial* et désormais le commerce prend les grandes allures qui ont si profondément modifié les rapports économiques de notre vieille Europe et qui ont fait de cette question de commerce international une des plus importantes de notre temps.

II
La décomposition du troc en vente et achat.

Lorsque l'échange se fait directement, marchandise contre marchandise — il porte alors le nom de *troc* — c'est la plus incommode et souvent même la plus impraticable des opérations. Il faut, en effet, pour que le troc aboutisse, que le possesseur d'un objet quelconque se mette en quête d'une personne *disposée à acquérir la marchandise qu'il possède* et (coïncidence bien plus difficile encore à réaliser !) qui se trouve disposée *à lui céder précisément l'objet dont il a besoin*. Ce n'est pas tout : il faut encore, en admettant que cette rencontre heureuse puisse s'effectuer, que *les deux objets à échanger soient de valeur égale*, c'est-à-dire répondent à des désirs égaux et inverses, troisième improbabilité[1].

L'invention d'une *marchandise tierce* remédie en effet à ces inconvénients. Elle suppose évidemment une certaine convention expresse ou tacite établie entre les hommes vivant en société, à savoir que chacun consentira à recevoir en échange de ses produits cette marchandise tierce. Ceci admis, l'opération marche à souhait. Soit le métal argent choisi à cette fin. En échange de la marchandise que j'ai

[1] Le lieutenant Cameron dans son voyage en Afrique (1884), nous raconte comment il dut s'y prendre pour se procurer une barque : « L'homme de Saïd voulait être payé en ivoire et je n'en avais pas On vint me dire que Mohammed Ibn Sélib avait de l'ivoire et qu'il désirait de l'étoffe : malheureusement comme je n'avais pas plus de l'un que de l'autre, cela ne m'avançait pas beaucoup. Mais Ibn Guérib qui avait de l'étoffe manquait de fil métallique dont j'étais largement pourvu. Je donnai donc à Ibn Guérib le montant de la somme en fil de cuivre : il me paya en étoffe que je passai à Ibn Sélib ; celui-ci en donna l'équivalent en ivoire à l'agent de Saïd et j'eus la barque ! ».

Combien le troc est encore plus difficile quand il s'agit de troquer des services ! L'Almanach des missions de Bâle de 1907 nous apprend que dans le Groënland, à Godhab, chez les Esquimaux, il y a un journal fait par des missionnaires dont l'abonnement coûte une *oie sauvage* par trimestre et un *phoque* pour l'année.

produite et dont je veux me défaire, j'accepte volontiers une certaine quantité d'argent, alors même que je n'en ai que faire : et pourquoi cela ? Parce que je sais que lorsque je voudrai acquérir l'objet dont j'ai besoin, je n'aurai qu'à offrir à son possesseur cette même quantité d'argent et qu'il l'acceptera par la même raison qui me l'a fait accepter à moi-même.

Il est clair que par là toute opération de troc va se trouver décomposée en deux opérations distinctes. Au lieu d'échanger ma marchandise A contre votre marchandise B, j'échange ma marchandise A contre de l'argent pour échanger ensuite cet argent contre la marchandise B. La première opération porte le nom de vente et la deuxième d'achat (du moins quand la marchandise tierce se présente sous la forme de monnaie proprement dite). Il semble donc qu'il y ait là une complication plutôt qu'une simplification. Mais le chemin le plus court n'est pas toujours la ligne droite et ce détour ingénieux supprime au contraire une quantité incalculable de peine et de travail. Ce qui rendait en effet le troc impraticable, c'est que, comme nous l'avons dit, un producteur quelconque, Primus, devait rencontrer comme co-échangiste une autre personne, Secundus, qui fût disposée tout à la fois : 1° à acquérir la chose dont Primus voulait se défaire; 2° à lui céder précisément la chose que Primus voulait acquérir. Dorénavant le producteur Primus aura bien à se préoccuper de trouver preneur de sa marchandise, mais il n'aura plus besoin de demander à ce preneur la marchandise dont il a besoin lui-même. C'est à une autre personne, dans un autre moment, dans un autre lieu, qu'il s'adressera pour cela. C'est l'*indivisibilité de ces deux opérations qui les rendait très difficiles :* une fois rompu le nœud qui les unissait, chacune d'elles séparément devient assez simple. Il ne sera pas très difficile de trouver quelqu'un qui ait besoin de votre marchandise, c'est-à-dire un acheteur. Il sera bien moins difficile encore de trouver quelqu'un d'autre, qui soit disposé à vous céder la marchandise dont vous avez besoin, c'est-à-dire un vendeur.

Et comme dans l'échange sous forme de troc l'évaluation est très difficile, elle donne lieu aux pires exploitations. Dans le commerce avec les indigènes de l'Afrique centrale quand on donne au nègre des fusils ou des cotonnades en échange de caoutchouc ou de l'ivoire, le produit qui sert à l'achat est majoré de quatre fois sa valeur et la valeur du produit acheté est diminuée de moitié, ce qui fait que l'Européen donne 1 contre 8 — encore est-ce là un taux honnête. Dans bien des cas le rapport est de 1 à 100! A cet égard on peut bénir l'intervention de la monnaie : elle a été entre les hommes un instrument de moralisation, d'égalisation, de justice.

Mais il ne faut pas oublier que, quoique désormais séparées, ces deux opérations continuent pourtant à former un tout et que l'une ne saurait se concevoir sans l'autre. Nous sommes trop disposés, dans la vie de tous les jours, à nous imaginer qu'une vente ou un achat sont des opérations indépendantes et qui se suffisent à elles-mêmes. C'est une illusion. *Tout achat suppose une vente préalable*, car avant de pouvoir échanger son argent contre des marchandises, il faut au préalable avoir échangé ses marchandises contre de l'argent. A l'inverse, *toute vente présuppose un achat pour l'avenir*, car si on échange ses marchandises contre de l'argent ce n'est que pour échanger plus tard cet argent contre d'autres marchandises : sinon, qu'en ferait-on ? — Toutefois comme l'argent peut se conserver indéfiniment sans être employé, il est possible qu'il s'écoule un entr'acte très long, plusieurs années, peut-être même plusieurs générations, entre les deux actes de la pièce, entre la vente et l'achat complémentaire. Mais la pensée doit rapprocher ces deux actes, et, en réalité, malgré l'intervention de la marchandise tierce et la complication qu'elle introduit, tout homme, dans nos sociétés civilisées aussi bien que dans les sociétés primitives, vit encore en échangeant ses produits ou ses services, présents ou passés, contre d'autres produits ou d'autres services présents ou passés. Nul, même le rentier oisif, ne peut dépenser si quelqu'un de ses ancêtres ou de ses débiteurs n'a vendu les produits de son travail et ne lui a transmis l'argent reçu.

C'est cette marchandise intermédiaire, servant à décomposer le troc en vente et achat, qui s'appelle *la monnaie*. Son rôle dans la science économique aussi bien que dans la vie pratique est énorme. Nous devons lui consacrer plusieurs chapitres.

III

La valeur d'échange et le prix.

Les anciens économistes, à commencer même par Aristote et après lui Adam Smith, distinguaient deux valeurs : celle qu'ils appelaient *valeur d'usage*, et qu'il vaudrait mieux appeler « valeur individuelle », et celle qu'ils appelaient *valeur d'échange* et qu'il vaudrait mieux appeler « valeur sociale ». Et ils montraient qu'elles pouvaient être fort divergentes. Ainsi, pour un savant myope, des lunettes ont une valeur d'usage inappréciable, mais inversement leur valeur d'échange est très modique, tandis que des pendants d'oreille en brillants, dont la valeur d'échange peut être fort considérable, n'ont pour lui qu'une valeur d'usage absolument nulle [1].

Pourquoi cette antinomie? Parce que la valeur d'usage d'une chose est déterminée uniquement par les besoins et les désirs, par les appréciations personnelles, d'un individu déterminé : elle n'a d'autre fondement que *l'utilité subjective* pour cet individu : elle varie au gré des besoins ou des caprices de cet individu et n'a aucun caractère général ni

---

[1] Nous avons déjà fait remarquer (p. 48) qu'une pièce de vingt francs n'a pas la même valeur d'usage (la même *utilité*) pour un millionnaire que pour un pauvre homme : car, pour celui-ci, elle représente plusieurs jours de vie et pour celui-là quelques colifichets. Et pourtant, il n'est pas moins évident que la pièce de vingt francs dans la main du riche a la même *valeur d'échange* que dans celle du pauvre : toutes les pièces de vingt francs se valent.

aucune importance sociale. La valeur d'échange est plus stable parce qu'elle est déterminée par les besoins et les désirs de tous ceux qui dans un pays, ou dans le monde entier peut-être, veulent ou peuvent l'acquérir. La valeur d'un portrait de famille peut être grande pour moi; mais cela ne lui confère aucune valeur d'échange si ce portrait est une croûte. Si au contraire, il est de Van Dyck ou de Rembrandt, il a une valeur d'échange mondiale déterminée par le désir de tous les amateurs de tableaux.

Il est évident que pour l'homme vivant en société, comme nous tous, la valeur d'échange est incomparablement plus importante que la valeur d'usage, non seulement pour la société, cela va de soi, mais même pour son possesseur. Car si la valeur d'usage peut exister sans valeur d'échange, la réciproque n'est pas vraie. Toute valeur d'échange implique nécessairement une grande valeur d'usage, puisque l'échange est lui-même un très fréquent et très important usage de la richesse pour son possesseur et que, indépendamment même de la possibilité de vente, la possession d'un objet de valeur est une cause de grande satisfaction. Dans l'exemple précédent, il est probable que le possesseur du portrait de Van Dyck y tient encore plus qu'au portrait de son grand-père.

La valeur d'échange, étant comme la moyenne des désirs d'un grand nombre de personnes, a un caractère général : elle a un *cours*, comme on dit, ou une *cote*, qui, bien que formée par l'ensemble des appréciations individuelles, s'impose à chacune d'elles isolément. Vendeurs et acheteurs doivent, comme on dit, « suivre le cours ».

La valeur d'échange est ce qu'on appelle aussi *le prix*.

Ce n'est pourtant point la même chose, puisque nous avons vu ci-dessus que le prix n'est qu'une des mille expressions possibles de la valeur. La valeur est un rapport établi entre deux choses quelconques : *le prix est un rapport dans lequel l'un des deux termes est toujours la monnaie.* — Je ne dis point nécessairement monnaie métallique et frappée, ou monnaie de papier, car en Afrique, là où on emploie encore pour monnaie des pièces de cotonnade ou des verroteries, la valeur des marchandises ainsi exprimée est aussi leur prix, mais je veux dire que le prix implique toujours une commune mesure, un étalon pris comme terme de comparaison.

Mais, cette réserve faite, il n'y a pas d'objection à se conformer à l'usage et à employer le mot prix comme expression normale de la valeur d'échange[1].

Voyons maintenant quelles sont les conditions auxquelles la valeur d'échange, le prix courant, doit satisfaire.

On peut les formuler ainsi :

1° Le prix qui s'établit sur un marché à un moment donné pour des produits identiques ne peut être qu'un *prix unique.* C'est ce que Stanley Jevons a appelé la *loi d'indifférence.* Il entend par là que toutes les fois qu'il est absolument indifférent d'acquérir l'un ou l'autre de plusieurs objets, parce qu'ils sont identiques — en d'autres termes, lorsque nous n'avons aucun motif pour *préférer* l'un à l'autre — nous ne consentirons pas à payer l'un plus cher que l'autre.

Au premier abord on pourrait penser le contraire : car voici sur un marché dix vendeurs de blé avec dix sacs ayant chacun des prétentions différentes et voici d'autre part dix acheteurs de blé attribuant chacun au blé qu'il désire une valeur différente. Pourquoi n'y aurait-il pas autant de prix différents qu'il y aura de couples d'échangistes, l'acheteur disposé à payer le plus cher s'entendant avec le vendeur le plus exigeant, tandis que l'acheteur le moins pressé par le besoin s'entendra avec le vendeur le moins exigeant à un prix très inférieur? — Parce que nul acheteur ne consentira, si désireux soit-il d'acheter, à donner un prix supérieur à celui de ses concurrents ; et nul vendeur si coulant soit-il, ne consentira à céder son blé à un prix inférieur à celui de ses confrères. Les uns et les autres attendent donc que le prix du marché soit établi.

[1] Le mot prix s'emploie même pour exprimer la valeur d'usage non échangeable. On dit couramment « j'attache un grand prix à tel souvenir ». Mais ceci alors est du style de littérateur.

C'est ce prix unique du marché, à un moment donné, qui est ce qu'on appelle le *cours*[1]. Ce cours est publié dans les journaux spéciaux pour tous les biens de quelque importance, blé, vins, charbons, coton, laine, cuivre, etc., de même que pour les valeurs mobilières et les fonds d'État. Et ce cours sert de base à toutes les opérations commerciales.

2° Ce prix unique doit être tel *qu'il fasse coïncider la quantité offerte et la quantité demandée*.

Il est de toute nécessité que ces deux quantités coïncident, car il serait absurde et contradictoire de supposer qu'il peut y avoir plus de sacs de blé vendus que de sacs de blé achetés — puisque ce sont les mêmes !

Seulement on n'arrive pas tout de suite à cette coïncidence ; elle ne se réalise qu'à la suite d'une série d'oscillations entre les quantités offertes et les quantités demandées, correspondant à des oscillations de prix : dès que l'équilibre est établi, le prix courant apparaît. Voici nos vendeurs de blé qui offrent 10 sacs à 10 acheteurs, mais ils en demandent 22 francs. A ce prix une partie des acheteurs se retirent effrayés et il n'en reste que 5. Les 10 vendeurs, prévoyant que leur blé leur restera sur les bras, font sous-enchère pour obtenir la préférence des 5 acheteurs ; ils descendent à 20 fr. A ce prix-là une partie des acheteurs qui avaient fui reviennent et les voici 8 maintenant qui demandent 8 sacs. Si tous les 10 vendeurs sont décidés à vendre à tout prix il faudra qu'ils se résignent à baisser encore le prix (par exemple à 18 francs), afin de rappeler les 2 acheteurs les plus timorés et de faire monter la demande au niveau de l'offre, c'est-à-dire à 10 sacs. Mais il est possible aussi que

---

[1] Il faut entendre par *marché*, dans le sens économique du mot, non pas seulement une même place ou un même local, mais toute sphère dans laquelle le déplacement des marchandises et les communications des vendeurs et acheteurs sont assez rapides pour qu'un même prix s'établisse. L'étendue du marché varie donc suivant la nature de la marchandise : la France constitue presque un seul marché pour le blé : le monde, un seul marché pour l'or.

2 des vendeurs préfèrent remporter leurs sacs plutôt que de descendre au-dessous de 20 francs. En ce cas le prix de 20 francs restera le prix du marché, car, à ce prix, il y a 8 sacs vendus, 8 sacs achetés : chaque demande trouve sa contre-partie. La coïncidence nécessaire se trouve réalisée.

3° Le prix du marché doit être tel *qu'il donne satisfaction au plus grand nombre possible de couples de vendeurs et d'acheteurs* présents sur le marché.

Représentons les vendeurs et acheteurs en face les uns des autres sur le marché au blé, et exprimons en chiffres leurs prétentions dans l'ordre décroissant, — c'est-à-dire en numérotant les vendeurs V depuis celui qui prétend au prix le plus élevé jusqu'à celui qui se contente du moindre, et les acheteurs A depuis celui qui est le plus serré dans ses offres jusqu'à celui qui est le plus large.

V^1 demande....	22 fr.	A^1 offre....	18 fr.
V^2	.... 21 fr.	A^2	.... 19 fr.
V^3	.... 20 fr.	A^3	.... 20 fr.
V^4	.... 19 fr.	A^4	.... 21 fr.
V^5	.... 18 fr.	A^5	.... 22 fr.

Supposons que ce soit V^1 qui ouvre le feu en demandant 22 francs. A ce prix, il n'y a qu'un seul acheteur, A^5, qui soit disposé à répondre, car aucun des quatre autres ne veut aller jusque-là. Il n'y aurait donc à ce prix qu'un seul marché conclu, un seul sac vendu, tandis qu'il y a quatre autres vendeurs qui sont désireux de vendre, et même à un prix inférieur. D'ailleurs, A^5 ne sera pas assez naïf pour donner 22 francs, le prix maximum, s'il peut obtenir le blé au-dessous. Il attendra donc que les autres vendeurs moins exigeants aient fait leurs demandes... Alors, vient V^2 qui ne demande que 21 francs. Cette demande fait accourir un second acheteur, A^4. Les voici donc deux disposés à répondre, mais d'autre part, il y a 3 acheteurs qui ne veulent pas aller jusque-là.

Enfin vient V^3 qui ne demande que 20 francs. A ce prix-là 3 acheteurs sur 5, donc la majorité, sont prêts à répondre

et puisqu'il y a précisément 3 vendeurs disposés à s'en contenter, il y aura donc 3 couples sur 5 qui obtiendront satisfaction. Aucun autre prix ne donnerait le même résultat.
C'est donc celui-là qui fera la loi du marché.

Quant à V^1 et à V^2 d'une part, A^1 et A^2 d'autre part, s'ils
ne veulent pas baisser leurs prétentions, ils s'en iront du
marché : ils ne concourront pas à l'établissement du prix.

IV

La loi de l'offre et de la demande.

Autrefois, dans tous les traités classiques d'économie politique, il y avait une formule simple et claire, en apparence du moins, pour expliquer tout ce qui concerne la
valeur : on disait que *la valeur d'échange varie en raison
directe de la demande et en raison inverse de l'offre.*

Cette formule est aujourd'hui fort discréditée, un peu trop
peut-être. On peut certainement lui reprocher :

1° D'être, dans ses prétentions mathématiques, en contradiction avec les faits. Une réduction de *moitié* dans la
quantité offerte n'entraîne pas nécessairement un *doublement*
des prix. Si l'offre du blé venait à diminuer de moitié dans
un pays fermé, le prix du blé ferait beaucoup plus que doubler : il quintuplerait — et *vice versa.*

2° De prendre l'effet pour la cause. Si l'accroissement de
la demande fait hausser le prix, il est clair que la hausse
du prix à son tour va faire décroître la demande : et si
l'accroissement de l'offre fait baisser le prix, il est clair que
la baisse du prix à son tour tend à restreindre l'offre. En
d'autres termes, au lieu de dire que l'offre et la demande
règlent le prix, on pourrait aussi bien dire que le prix règle
l'offre et la demande[1].

3° De n'attribuer aux mots *offre* et *demande* aucun sens
intelligible. Encore, par le mot offre peut-on comprendre

[1] Prenons une valeur quelconque sur le marché de la Bourse, la rente

la quantité de marchandises, le stock existant sur le marché (quoique dans bien des cas, une raréfaction purement virtuelle, par exemple la crainte d'une mauvaise récolte, produise le même effet) — mais qu'entendre par demande? La quantité demandée est absolument indéterminée puisqu'elle dépend précisément de la valeur d'échange, du prix de l'objet : à un sou la bouteille, la demande du vin de Bordeaux serait presque illimitée; à 100 francs la bouteille, elle serait presque nulle. Donc, nous tournons dans un cercle vicieux.

Pour sortir de ce cercle les économistes, abandonnant la recherche vaine de savoir si c'est l'offre et la demande qui déterminent le prix ou le prix qui détermine l'offre et la demande, s'attachent seulement à préciser les rapports qui existent entre ces divers faits, et cette analyse a été poussée à fond par les économistes contemporains.

On constate d'abord cette loi absolument générale que *toutes les fois que les prix augmentent, la demande diminue* jusqu'à un certain prix auquel elle devient nulle. On traduit cette loi par une figure très simple. Prenons une marchandise quelconque. Tracez une ligne horizontale sur laquelle vous marquerez à des intervalles équidistants des prix croissants : 1, 2, 3, 4, 5...10, etc., chiffres conventionnels qui représentent les prix, en centimes, francs, ou louis,

---

3 p. 0/0 par exemple, et supposons-la à 100 francs. Il y a continuellement une certaine quantité de rentes offerte et une certaine quantité demandée. Je suppose qu'à l'ouverture de la Bourse, le chiffre de rentes demandé se trouve être le double du chiffre de rentes offert. Qui pourra imaginer que le prix de la rente doive *doubler* et s'élever à 200 francs? Et cependant c'est bien le phénomène qui devrait se produire si la formule ci-dessus était exacte. Or, en réalité, le cours de la rente ne s'élèvera peut-être pas même de 1 franc. Et cela, par la raison toute simple que le plus grand nombre de personnes qui se portaient acheteurs à 100 francs, se retirent dès que le prix s'élève. Il est clair que si le chiffre de rentes demandées diminue au fur et à mesure que le prix monte, en même temps et pour la même raison, le chiffre de rentes offertes augmente. Il arrivera donc nécessairement un moment où la demande qui décroît et l'offre qui croît seront égales, et à ce moment l'équilibre se rétablira. Mais une hausse de *quelques centimes* est d'ordinaire suffisante pour amener ce résultat.

cotés sur un marché. Représentez par une ligne verticale d'une hauteur quelconque la quantité demandée au prix de 1 franc, par exemple le nombre de kilos ou de mètres ou de litres d'une marchandise quelconque — puis, par d'autres verticales et à la même échelle, la quantité de la même marchandise demandée aux prix de 2, de 3, de 4, de 5... de 10 francs, etc. On verra ces lignes verticales aller en décroissant, de plus en plus petites, jusqu'à zéro. Reliez enfin les sommets de toutes ces verticales par une même ligne : cette ligne, toujours descendante, plus ou moins rapidement infléchie, mais qui finit toujours, à un point donné, par s'évanouir dans l'horizontale, montre par une frappante image comment varie la demande en rapport du prix. On l'appelle *la courbe de la demande*[1].

Ce n'est pas pour rien qu'on dit « la courbe » : ce serait un hasard bien invraisemblable qu'elle fût droite comme le côté d'un triangle, car cela supposerait que la demande varie exactement en rapport du prix, ce qui n'arrive guère. Le plus souvent la demande décroît plus vite que

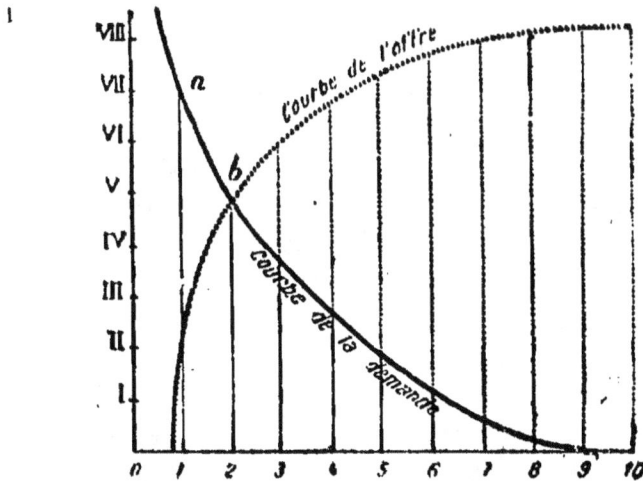

Dans ces figures les verticales s'appellent *les ordonnées*, et les distances marquées sur l'horizontale *les absoisses*.

le prix ne monte, par la raison très simple que, les riches
étant beaucoup moins nombreux que les pauvres, il suffit
d'une faible hausse de prix pour rendre le produit inaccessible à la foule, ce qui donne à la courbe une forme concave.
Mais la forme de cette courbe varie selon chaque marchandise. Il en est pour lesquelles la courbe est convexe parce
que la demande ne fléchit que très lentement, malgré la hausse
des prix. Il n'y en a pas deux semblables, en sorte qu'un
économiste bien renseigné pourrait, rien qu'à l'aspect d'une
de ces courbes et sans autre indication, dire : Tiens! Voilà
le charbon! ou : Voilà le cuivre! Ainsi chaque marchandise pourrait avoir son portrait schématique, son signalement, sa fiche, comme les individus qui ont passé au service anthropométrique ou, si l'on préfère une comparaison
plus noble, comme ces raies du spectre solaire qui permettent au physicien de reconnaître chaque élément.

Et l'offre, que fait-elle? Elle varie naturellement en sens
inverse. *A chaque accroissement de prix, la quantité offerte
augmente,* et l'on peut aussi tracer la courbe de l'offre qui
n'aura pas une physionomie moins curieuse que celle de la
demande. Elle est même beaucoup plus variée encore, car
en fin de compte de quoi dépend l'offre ? De la production.
Selon donc qu'il s'agira d'une production strictement limitée (objets d'art, crus fameux, etc.), ou d'une production
à rendement non proportionnel (c'est-à-dire où les frais de
production augmentent plus que la quantité produite, par
exemple les produits agricoles, voir ci-dessus), ou au contraire d'une production où plus on produit et plus le coût
de production diminue (ce qui est le cas de la plupart des
produits industriels), l'essor de la courbe de l'offre sera
plus ou moins gêné ou plus ou moins hardi.

Et maintenant superposons, dans un troisième diagramme,
les deux courbes déjà tracées, celle de la demande et celle
de l'offre : elles se croiseront nécessairement puisqu'elles
vont en sens inverse. Ce point d'intersection est d'une importance capitale, car il marque précisément le moment
psychologique où les quantités offertes et demandées étant

égales, l'échange se fait instantanément, comme une combinaison chimique. Et si l'on abaisse de ce point une verticale sur l'horizontale où sont inscrits les prix, elle indiquera, comme l'aiguille d'une balance, le prix du marché, le prix courant : c'est la ligne *b* b.

Et après? diront les sceptiques. Que nous apprend tout cela? Toutes ces courbes permettront-elles de savoir quand le café ou le pain haussera? — Hélas! non. Mais c'est quelque chose que de serrer dans des formules élégantes et précises des notions qui n'étaient que des à peu près.

Nous avons supposé jusqu'à présent un nombre quelconque de vendeurs et acheteurs — c'est-à-dire précisément ce qu'on appelle le régime de libre concurrence — mais si l'on suppose un seul vendeur ou un seul acheteur, tout change. Le second cas est très rare, mais le premier, qui s'appelle le monopole (μονος seul) est très fréquent.

Supposons donc le cas d'un seul vendeur : par exemple, comme Cournot qui le premier a étudié la loi des prix sous le régime du monopole, supposons le propriétaire d'une source minérale douée de vertus curatives uniques. On pourrait croire qu'il dépend de lui de fixer le prix qu'il veut et que par conséquent il n'y a plus ici de loi. Il n'en est rien. Si ce monopoleur essaie du prix de 10 francs la bouteille, il verra qu'il n'en vend qu'un petit nombre et que par conséquent il gagne peu : il en vendra 1.000 bouteilles, par exemple, ce qui fera 10.000 francs. S'il baisse à 1 franc, il en vendra 100.000 bouteilles, ce qui lui fera 100.000 fr., car il trouvera aussitôt un débouché dans la masse des classes moyennes. En ceci donc son intérêt se trouve d'accord avec l'intérêt des consommateurs. Mais, encouragé, voici qu'il baisse à 0 fr. 40 la bouteille : alors, comme le nombre d maladies est limité et qu'en somme on ne boit pas l'eau minérale pour son plaisir, il n'en vend que deux fois plus, soit 200.000 bouteilles, et il est désagréablement surpris de voir sa recette tomber à 80.000 francs. Il se hâtera donc de relever son prix jusqu'à ce qu'il arrive à un prix tel que, en le multipliant par la quantité vendue, il trouve le produit maximum. En ceci donc l'intérêt du monopoleur n'est plus d'accord avec l'intérêt du consommateur.

Remarquez que nous ne disons pas, comme on pourrait le croire, à un prix tel qu'il permette d'écouler toute la quantité produite, toute l'eau de la source dans l'espèce. Point du tout! Si nous supposons que le prix trouvé le plus avantageux pour lui soit celui de 1 franc, qui correspond à une vente de 100.000 litres, et que le débit de la source soit de 300.000 litres, il se gardera bien de chercher à placer ces 300.000 litres, car il lui faudrait peut-être pour cela abaisser le prix à 0 fr. 10, ce qui ne lui donnerait plus que 30.000 francs de recettes. Il préférera laisser perdre les 200.000 litres de trop. Voilà pourquoi, à ce qu'on raconte, certain éditeur mit au pilon une partie des exemplaires de l'Encyclopédie, et la Compagnie des Indes Hollandaises, les années de grandes récoltes d'épices, en faisait brûler une partie pour mieux vendre le restant. Si les viticulteurs du midi de la France, en 1906 et 1907, avaient pu s'entendre pour la même exécution, ils n'auraient pas hésité à le faire. Ici encore l'intérêt du monopoleur est évidemment en conflit avec l'intérêt général [1].

V

Les variations de prix.

Le prix c'est la quantité de monnaie qu'il faut donner, en échange d'un bien ou d'un service quelconque, pour se le procurer. Il est évident que plus la valeur d'un objet sera grande et plus grande sera la quantité de monnaie qu'il faudra donner pour l'acquérir — ou, ce qui revient au même, plus petite sera la quantité de cet objet qu'on pourra acquérir

[1] Aujourd'hui pourtant les monopoleurs emploient des procédés moins barbares; ils ne détruisent pas l'excédent de production mais se contentent de ne pas l'apporter sur le marché et de le mettre en réserve pour les années maigres. C'est ce qu'a fait par exemple l'État de Saint-Paul au Brésil pour le café.

avec une somme déterminée de monnaie (voir p. 73).

Le prix n'est donc en somme — comme la valeur elle-même dont il n'est qu'une des expressions (voir ci-dessus, p. 57) — qu'un rapport. Or on sait que si l'on en change l'un des deux termes du rapport, change nécessairement le rapport lui-même.

Donc si, par une cause quelconque, la valeur de la monnaie vient à changer, le prix aussi doit changer.

Supposez, en effet, que la valeur de l'or ou de l'argent ne soit pas restée la même d'hier à aujourd'hui ? Il est clair que la valeur de tout objet que vous aurez mesurée avec cet or ou cet argent se trouvera avoir changé, c'est-à-dire que son prix aura varié, et qu'il devra avoir varié précisément en raison inverse de la variation de valeur des métaux précieux.

Si la longueur du mètre, ou plutôt si la longueur de la circonférence terrestre, dont le mètre n'est qu'une subdivision, n'était plus demain que la moitié de ce qu'elle est aujourd'hui, par exemple par suite de la contraction du globe terrestre, n'est-il pas évident que tous les objets que nous mesurerions désormais nous paraîtraient plus longs ou plus hauts puisque là où nous comptions 1 mètre, nous en trouverions désormais 2 ? Cependant il n'en serait rien : en réalité, il n'y aurait là qu'une illusion produite par le raccourcissement de l'unité de mesure. De même, si l'or et l'argent venaient à perdre la moitié de leur valeur par suite de quelque cause beaucoup moins miraculeuse, par exemple par suite de leur surabondance, il est clair que le prix de tous les objets, c'est-à-dire leur valeur exprimée en monnaie, nous paraîtrait avoir doublé.

Nous pouvons donc formuler cette loi : toute variation dans *la valeur de la monnaie* entraîne une variation *inversement proportionnelle dans les prix.*

Il y a donc deux catégories de causes à étudier : 1° celles qui agissent sur la valeur de cette marchandise unique qui est la monnaie; 2° celles qui agissent sur la valeur de la marchandise quelconque qui est achetée.

§ 1. — Voyons d'abord celles qui agissent sur la monnaie:

a) La *plus ou moins grande quantité de numéraire* est le principal élément qui agit sur la valeur de la monnaie. On peut donc poser cette seconde formule : toute variation *dans la quantité de monnaie* entraîne une variation *directement proportionnelle dans les prix*. Si, par exemple, la quantité de monnaie vient à doubler dans un pays, on peut tenir pour certain que, toutes choses égales d'ailleurs, les prix hausseront beaucoup, quoiqu'il fût téméraire d'affirmer qu'ils doubleront exactement.

Cette formule, désignée sous le nom de *théorie quantitative* de la monnaie et dont la découverte fut un des titres de gloire de Ricardo, est aujourd'hui très discréditée.

C'est le sort de toutes les théories dites classiques. Admirées d'abord, on finit par trouver qu'elles ne serrent pas d'assez près la vérité et ne sont que grossièrement approximatives. Puis viennent des économistes critiques démontrant qu'elles sont totalement inexactes. Tel a été le sort de la théorie fameuse de l'offre et de la demande (voir ci-dessus, p. 248); Elle avait pourtant du bon à telles enseignes qu'on ne peut guère s'en passer dans le langage courant. Il en est de même de la théorie quantitative de la monnaie. Sans doute si on la prend dans un sens absolu, si l'on affirme par exemple que toutes les fois que la quantité de monnaie doublera dans un pays les prix doubleront, on risquera de recevoir des faits un démenti catégorique, car la quantité de monnaie n'est qu'un des facteurs qui agissent sur les prix et il y en a beaucoup d'autres. Mais il est indéniable que c'est un de ces facteurs et vraisemblablement le plus important. L'économiste a parfaitement le droit, tout comme fait l'expérimentateur, de ne regarder qu'à l'une des causes d'un phénomène, en faisant abstraction de toutes les autres. Donc pour restituer aux formules ci-dessus énoncées leur vérité, il suffit d'ajouter cette réserve « toutes choses égales d'ailleurs » et c'est bien ainsi d'ailleurs que l'entendaient ceux qui l'ont d'abord énoncée. Ils n'étaient pas assez aveugles pour ne pas voir que d'autres causes agissaient sur la monnaie — sans parler même de celles qui agissent directement sur les marchandises — et qu'elles peuvent se neutraliser.

Mais c'est un fait universellement constaté que partout où la monnaie est surabondante les prix sont très élevés : par exemple dans toutes les régions où sont les mines d'or, tout se paie à des prix fabuleux. Et aussi toutes les fois que dans l'histoire la quantité de métaux précieux s'est brusquement accrue, il y a eu une forte hausse des prix : par exemple au XVIᵉ siècle après la découverte de l'Amérique, et au milieu du XIXᵉ siècle après la découverte des mines de Californie et d'Australie.

b) La plus ou moins grande rapidité de circulation de la monnaie équivaut à une variation dans la quantité et par conséquent produit le même effet. Il est évident que si une Compagnie de chemins de fer ou de transport maritime peut faire parcourir à ses wagons ou à ses navires deux fois plus de chemin dans le même temps, cela revient au même que si elle en avait le double. C'est pour cela qu'un navire à vapeur, même à tonnage égal, est compté pour le triple d'un voilier. De même si une pièce d'or peut servir à deux fois plus d'échanges dans la journée c'est comme s'il y en avait deux.

Et la rapidité de la circulation de la monnaie à son tour dépend de la densité de la population. Une même pièce a passé par bien plus de mains, à la fin de la journée, dans une grande ville qu'à la campagne.

c) Le plus ou moins grand nombre d'actes d'échange (ventes, prêts, escomptes, paiements de salaires, etc.) agit aussi sur la valeur de la monnaie, mais en sens inverse des deux précédents, c'est-à-dire que plus il y a d'échanges à faire, plus la monnaie est demandée, et par conséquent plus sa valeur monte.

Comme le plus souvent ces deux dernières causes agissent simultanément elles tendent à se neutraliser. Si la 2ᵉ agissait seule les prix seraient toujours bien plus élevés dans les grandes villes que dans les campagnes. Et c'est généralement le cas en effet, mais pourtant pas autant que si cette cause opérait seule parce que c'est aussi dans les grandes villes que la 3ᵉ cause se fait le plus sentir.

d) Le degré de perfectionnement des modes de crédit qui permettent de se passer de monnaie et qui par conséquent rendent la monnaie moins utile et moins demandée.

En ce qui concerne le papier monnaie et le billet de banque, ils équivalent simplement à un accroissement de monnaie métallique : il faut tenir compte cependant : 1° de la quantité de monnaie immobilisée dans l'encaisse des banques et que le billet ne fait que remplacer dans la circulation; 2° de la quantité de monnaie métallique que le papier monnaie a pu chasser à l'étranger.

Mais c'est surtout par le chèque et les compensations que le crédit se substitue à la monnaie [1]. Sans cela celle-ci n'aurait pu suffire, malgré les nouvelles mines d'or, à l'accroissement énorme des besoins du commerce, et très probablement nous aurions vu un renchérissement énorme de la monnaie et une baisse consécutive des prix.

§ 2. — Si maintenant nous voulons rechercher les causes de variation des prix en considérant celles qui agissent directement sur les marchandises, la valeur de la monnaie étant supposée fixe, nous nous égarons dans une forêt, car il n'est pour ainsi dire pas un seul événement, je ne dirais pas seulement de l'ordre économique, mais de l'ordre politique et social, qui n'ait quelque influence sur les prix en général ou tout au moins sur les prix de certains produits. Ce problème a été précisément très discuté ces derniers temps. Depuis 1902 une hausse très forte et générale des prix par tout pays a fait surgir nombre d'interviews dans les journaux et de discussions dans les sociétés savantes [2].

---

[1] Voir ci-après le *Crédit* et notamment le Chap. *Comment on arrive à se passer de monnaie métallique.*

[2] En France, tous les articles de ménage ont augmenté dans des proportions qui varient entre 15 p. 0/0 et 50 p. 0/0, et dans tous les pays, depuis la Russie jusqu'aux États-Unis, la hausse a été plus forte encore, jusqu'à 100 p. 0/0. Cette universalité prouve assez qu'il faut chercher une cause universelle aussi, et on n'en voit guère d'autre que la monnaie.

Les uns, dont nous partageons l'opinion, attribuent cette hausse assez imprévue à la grande production des mines d'or qui a quadruplé depuis vingt ans. Mais la plupart, rejetant cette explication, en cherchent d'autres dans les causes qui ont affecté les marchandises elles-mêmes et chacun a indiqué la sienne : celui-ci le protectionnisme, celui-là les impôts croissants; l'un les grèves incessantes, l'autre la législation ouvrière et le repos hebdomadaire; ou même encore la multiplication des intermédiaires, le goût croissant du luxe, la guerre russo-japonaise, etc., etc. C'est donc une recherche vaine que celle de découvrir des causes générales qui détermineraient le prix des marchandises, et l'étude ne peut être fructueuse qu'en prenant chaque produit séparément. Il n'y a de causes *générales* de variation de prix que celles qui agissent sur l'étalon des prix, sur la monnaie.

VI

Les avantages de l'échange.

Voici les avantages de l'échange :

1° L'échange permet *d'utiliser pour le mieux les richesses qui sans lui seraient restées inutiles.*

Sans l'échange, que ferait l'Angleterre de sa houille, le Transvaal de son or, la Tunisie de ses phosphates, le Brésil de son café ou de son quinquina? En analysant la notion de la richesse nous avons constaté que la condition indispensable pour qu'un objet quelconque figure parmi les richesses c'est qu'on puisse l'utiliser (p. 85). Or pour qu'une richesse puisse être utilisée, il faut que l'échange la mette entre les mains de celui qui doit s'en servir, la quinine entre les mains du fiévreux, le phosphate entre celles du cultivateur, la houille entre celles de l'usinier. Imaginez que demain, en vertu d'un décret, l'échange soit partout supprimé et que chaque homme et chaque pays soit obligé de garder chez soi et pour soi la totalité des richesses qu'il possède : pensez alors quelle énorme quantité de richesses se trouveraient du même coup frappées d'inutilité et bonnes seulement à laisser pourrir sur place! Non seulement il faut dire que sans l'échange la plupart des richesses resteraient inutiles, mais encore il faut dire que sans lui elles n'auraient jamais été produites. L'échange crée donc un accroissement d'utilité et souvent crée l'utilité elle-même.

Il faut voir dans l'échange le dernier acte de cette série d'actes de production qui commence par l'invention, acte immatériel aussi, et qui se poursuit à travers toute la série des opérations agricoles, manufacturières et de transport, acheminant les produits, étape par étape, vers leur destination définitive qui est d'arriver entre les mains de celui qui doit en user. Changement *de forme*, changement *de lieu*, changement *de mains*, tous les trois sont également indispensables pour arriver au résultat final.

Il est vrai qu'il y a certaines opérations d'échange et de crédit, comme les ventes de maisons, celles des valeurs mobilières à la Bourse qui se chiffrent par milliards, celles des objets d'art ou des meubles, à l'hôtel des ventes, dont on ne saurait dire qu'elles constituent des actes de production, car qu'importe à la production que telle action ou telle obligation, tel titre de rente, tel tableau ou telle maison, appartienne à Pierre ou à Paul? Ce sont des actes de transfert, purement juridiques. Aussi bien n'ont-ils d'intérêt que pour le jurisconsulte et non pas l'économiste, et c'est de la première catégorie seulement, ceux qui sont liés à la production, que nous avons à nous occuper.

Et encore est-on en droit de dire, même quand il s'agit de ventes ou de locations ayant pour objet soit des produits définitifs, soit des capitaux ou des terres, mais en tout cas d'opérations en dehors de l'industrie et du commerce, que pourtant elles peuvent être considérées comme *créatrices d'utilité* et par conséquent productives, en ce sens que la chose vendue ou louée acquiert plus d'utilité puisqu'elle est plus désirée, évidemment par l'acheteur ou l'emprunteur que par le vendeur ou le prêteur. C'est l'évidence même, car s'il n'en était pas ainsi, ni le vendeur ne l'aurait vendue, ni le bailleur ne l'aurait louée.

2° L'échange permet *d'utiliser pour le mieux les personnes et leurs capacités productrices qui sans lui seraient restées inactives.*

Remarquez en effet que si l'échange n'existait pas, chaque homme devrait se préoccuper de produire tout ce qui est nécessaire à ses besoins, et en supposant que ses besoins fussent au nombre de dix par exemple, il devrait faire dix métiers différents : qu'il les fît bien ou mal, il n'importe, il serait obligé de régler sa production *non point sur ses aptitudes mais sur ses besoins.* Du jour où l'échange est mis en pratique, la situation est complètement intervertie : chaque homme, sûr désormais de pouvoir se procurer par l'échange tout ce qui lui sera nécessaire, se préoccupe seulement de faire ce qu'il pourra faire le mieux ; il règle désormais sa production *non sur ses besoins mais sur ses aptitudes* ou ses moyens. Avant l'échange, chacun en ce monde devait se préoccuper de produire ce qui lui était le plus nécessaire ; depuis l'échange, chacun en ce monde se préoccupe seulement de produire ce qui lui est le plus aisé. Voilà une grande et merveilleuse simplification.

On peut dire que les avantages que nous venons de signaler ressemblent beaucoup à ceux que procure la division du travail, et en effet, ce sont bien les mêmes, mais combien singulièrement agrandis et multipliés ! Si l'échange n'existait pas, l'association et la division du travail exigeraient nécessairement un concert préalable entre les coopérateurs : il faudrait que tous s'entendissent pour concourir à l'œuvre commune. Mais l'échange *dispense de cet accord préalable* et par là permet à la division du travail de franchir le cercle étroit de l'atelier ou de la communauté de famille, pour rayonner sur toute la surface d'un vaste pays et jusqu'aux extrémités de la terre. Chacun désormais, de près ou de loin produira suivant ses aptitudes naturelles ou acquises, suivant les propriétés naturelles de la région qu'il habite ; il pourra se consacrer tout entier à un seul travail et jeter toujours le même produit sur le marché, assuré qu'il est, grâce aux mécanismes ingénieux que nous étudierons plus loin, de retirer en échange n'importe quel autre produit dont il aura besoin. On a souvent fait remarquer que ce que chacun de nous consomme dans un jour était le résultat combiné de l'action de centaines et peut-être de milliers de travailleurs tous réunis par le lien d'une association très réelle quoique inconsciente [1].

L'échange serait presque impossible s'il ne s'était créé lui-même certains organes indispensables :

1° *Moyens de transport* destinés à faciliter et à accélérer le déplacement des marchandises ;

2° Lieux de rendez-vous appelés *marchés* pour permettre aux propriétaires d'objets différents de se rencontrer ;

3° Professionnels désignés sous le nom de *marchands* ou *commerçants* pour servir d'intermédiaires entre producteurs et consommateurs ;

4° Instruments dits *poids et mesures* pour mesurer les quantités échangées,

5° Marchandise tierce désignée sous le nom de *monnaie* et destinée à décomposer le troc en vente et achat.

Nous n'étudierons ici que le dernier de ces organes de l'échange, le plus important d'ailleurs [2].

[1] On raconte que le milliardaire américain, M. Carnegie, en offrant un splendide festin aux membres du congrès pan-américain de 1890, leur dit fièrement : « Le monde presque entier a contribué au menu qui va vous être servi ». Sans doute, mais ce qui est mieux, c'est qu'un pauvre homme pourrait en dire exactement autant de son diner ! Comme le dit mieux encore M. de Laveleye : « Le plus pauvre ouvrier consomme les produits des deux mondes. La laine de ses habits vient d'Australie ; le riz de sa soupe, des Indes ; le blé de son pain, de l'Illinois ; le pétrole de sa lampe de Pensylvanie, son café, de Java... » (*Éléments d'Économie politique*, p. 198).

[2] Pour les quatre autres facteurs de l'échange se référer à notre *Cours d'Économie Politique*.

CHAPITRE II

LA MONNAIE MÉTALLIQUE

I

Historique de la monnaie.

Ce n'est pas en vertu d'une convention expresse que certains objets ont pu devenir le *medium* des échanges, mais par suite de certains avantages qui les imposaient au choix des hommes et les prédestinaient à cette haute fonction.

Les difficultés du troc (voy. ci-dessus, p. 240) ont forcé les hommes à choisir une marchandise tierce destinée à figurer dans chaque échange. Ils ont choisi naturellement celle qui leur était la plus familière et de l'usage le plus général, par exemple, pour les hommes primitifs, des silex taillés.

Dans les sociétés patriarcales, c'est naturellement le bétail, bœuf ou mouton, qui paraît avoir joué ce rôle de marchandise tierce, et la plupart des langues indo-européennes, même la langue basque, nous ont transmis le souvenir de cette forme primitive de la monnaie dans le nom même qu'elles lui donnent[1].

Nombre d'autres marchandises ont aussi, suivant les cas

---

[1] C'est ainsi, pour ne citer que la plus connue, que le mot latin *pecunia* désignait, à l'origine, le bétail, le troupeau. Et même dans Homère on voit que les valeurs, celles des armures de Diogène et de Glaucus, par exemple, sont évaluées en « bœufs ». De là l'expression, qui a paru si risible, de Leconte de Lisle dans sa traduction d'Eschyle, dire pour acheter le silence de quelqu'un : « Mettre un bœuf sur sa langue ! ».

et suivant les pays, joué le rôle de marchandises tierces : —
riz au Japon, briques de thé dans l'Asie centrale, fourrures
sur le territoire de la Baie d'Hudson, cotonnades dites gui-
nées ou barres de sel dans l'Afrique centrale ; — mais il
est, entre tous, une certaine catégorie d'objets qui ont eu le
privilège d'attirer de bonne heure l'attention des hommes
et qui n'ont pas tardé, dans toutes les sociétés tant soit peu
civilisées, à détrôner toute autre marchandise, je veux parler des métaux dits précieux, l'or, l'argent et le cuivre.

Grâce à leurs propriétés chimiques qui les rendent relativement inaltérables, ce sont les seuls qu'on trouve dans la
nature à *l'état natif* — l'or mieux que l'argent et l'argent
mieux que le cuivre ; et par conséquent les hommes ont pu
les connaître et les exploiter avant que leurs connaissances
métallurgiques leur permissent de connaître et d'exploiter
d'autres métaux, tels que le fer. Il est à remarquer que la
vieille légende des quatre âges, âge d'or, d'argent, de cuivre
et de fer, range les quatre métaux précisément dans l'ordre
où ils ont été connus des hommes. Leurs propriétés physiques, éclat, couleur, malléabilité, rares aussi et qui les ont
fait rechercher de tout temps, soit pour l'ornementation,
soit pour certains travaux industriels, justifieraient assez le
rôle incomparable qu'ils ont joué chez tous les peuples civilisés.

Ces propriétés naturelles entraînent certaines conséquences
économiques de la plus grande importance et qui confèrent
aux métaux précieux une supériorité très marquée sur
toute autre marchandise :

1° *Facilité de transport.* — Aucun autre objet n'a une si
grande valeur sous un si petit poids. Le poids qu'un homme
peut transporter sur son dos est d'environ 30 kilogrammes.
Or 30 kilogrammes en charbon représenteraient à peine une
valeur de 1 franc ; en blé, de 6 francs ; en laine, 30 à 40
francs ; en cuivre, 50 francs ; en ivoire, 7 à 800 francs ; en soie
grège, 1.500 francs ; en argent 3.000 francs ; et en or pur
100.000 francs.

L'importance de ce premier caractère est énorme, beaucoup plus grande qu'on ne peut le penser à première vue. Voici pourquoi.

Il est clair que si la difficulté de transport pouvait être supprimée pour une marchandise quelconque, si on pouvait lui conférer le don d'ubiquité, si le monde ne constituait pour elle qu'un seul marché, on arriverait à ce résultat que sa valeur serait exactement la même sur tous les points du monde (voir p. 246 et note). Suppose-t-on, en effet, qu'elle fût moins élevée sur tel point du monde que sur tel autre? On ne manquerait pas de venir la chercher sur le premier de ces points pour la transporter sur le second, et comme le transport, par hypothèse, ne présenterait aucune difficulté ni aucun frais, la plus légère différence suffirait pour que l'opération fût profitable. L'équilibre, en le supposant rompu, se rétablirait donc instantanément comme le niveau se rétablit instantanément dans un liquide dont les molécules sont parfaitement fluides.

Or, les métaux précieux étant de toutes les marchandises hormis les pierres précieuses, celles qui ont la plus grande valeur sous le plus petit volume, ce sont celles dont le transport est le plus aisé et dont la valeur par conséquent reprendra le plus rapidement son niveau normal. Moyennant 1 p. 0/0 de sa valeur, fret et assurance compris, on transportera une masse d'or et d'argent d'un bout du monde à l'autre (voir ci-après *Le Change*), tandis que le même poids de blé devrait payer, suivant les distances, 20, 30 et 50 p. 0/0 de sa valeur. Il résulterait de là que la valeur des métaux précieux devrait être la même, à 1 p. 0/0 près, sur tous les points du monde. Ce serait là, toutefois, une conclusion exagérée. Il est certain, au contraire que la valeur des métaux précieux n'est pas là même partout et que notamment elle est plus dépréciée sur les lieux de production — ce qui explique les prix incroyables qui ont été cités tant de fois pour les régions minières où l'or sort de terre (en Australie, il y a un demi siècle, au Transvaal ou Klondyke aujourd'hui) mais néanmoins on peut dire que la valeur de ces métaux satisfait très suffisamment à la première condition d'une bonne mesure des valeurs, invariabilité dans l'espace.

2° *Durée indéfinie.* — A raison de leurs propriétés chimiques qui les rendent réfractaires presque à toute combinaison avec l'air, l'eau, ou tout autre corps, l'or et l'argent peuvent se conserver, indéfiniment sans altération. Il n'est aucune autre richesse dans la nature dont on puisse en dire autant ; les produits d'origine animale et végétale se gâtent et même les métaux, tel que le fer, s'oxydent et finissent par tomber en poussière.

Cette propriété a une importance presque égale à la précédente. Elle a produit dans le *temps* le même effet que l'autre dans l'*espace*, à savoir une invariabilité au moins relative de la valeur d'une époque à une autre. A raison de leur durée, qui fait que les mêmes particules de métal monnayées et remonnayées peuvent traverser les âges, les métaux précieux s'accumulent petit à petit en une masse imposante — plus de soixante milliards aujourd'hui, dont 40 milliards or (sur lesquels les États-Unis, la France, la Russie, l'Allemagne et l'Angleterre, en détiennent 25 environ) — dans laquelle la production annuelle se déverse comme dans un réservoir toujours grandissant et dans laquelle, par conséquent, les variations accidentelles vont s'atténuant de plus en plus. Dans un torrent qui se précipite les moindres crues se manifestent par des changements de niveau énormes, mais les plus fortes crues du Rhône n'élèvent le niveau du lac de Genève que de quelques centimètres.

Combien diffère le blé, par exemple ! Il ne dure pas, il se consomme par le premier usage. Aussi quand survient chaque nouvelle récolte annuelle, les greniers où elle se déverse sont à peu près vides. Supposez que la récolte de blé vienne une année à doubler dans le monde entier ! le stock se trouvant également doublé. l'avilissement du prix du blé sera effroyable. Or depuis vingt-cinq ans la production des mines d'or a plus que quadruplé, s'élevant de 500 millions fr. en 1884 à près de 2.500 millions aujourd'hui : cependant comme cette production ne représente qu'une petite fraction (5 p. 0/0 environ) du stock bi-métallique existant, l'effet produit sera peu de chose.

Et toutefois ces variations finissent par être sensibles à la longue, puisque, par exemple, au taux de production actuelle le stock or doublerait en 20 ans. Si donc la valeur des métaux précieux présente des garanties suffisantes de stabilité dans le temps, quand on s'en tient à de courtes périodes, elle est loin de les présenter au même degré quand on embrasse de longues périodes. De là des inconvénients graves sur lesquels nous aurons à revenir.

3° *Identité de qualité.* — Les métaux étant, comme on dit en chimie, des corps simples, sont partout identiques à eux-mêmes. Un négociant expérimenté saura distinguer le blé d'Odessa du blé de Californie, ou une touffe de laine d'un mouton d'Australie de celle prise sur le dos d'un mérinos d'Espagne, mais l'orfèvre le plus habile ou le chimiste armé des plus puissants réactifs ne trouvera aucune différence entre l'or d'Australie et celui de l'Oural. Il n'est pas besoin ici « d'échantillons ».

4° *Difficulté de falsification.* — Chacun des métaux précieux est reconnaissable à la fois, à l'œil par sa couleur, à l'ouïe par sa sonorité, au toucher par son poids, et par là se distingue assez aisément de tout autre corps [1].

5° *Divisibilité parfaite.* — Cette divisibilité doit s'entendre non seulement au sens mécanique de ce mot (l'or et l'argent étant en effet extraordinairement divisibles, soit à la filière, soit au laminoir), mais encore au sens économique. Divisez un lingot en cent parties, vous n'en changez en rien la valeur : chaque fragment a une valeur précisément proportionnelle à son poids et tous les fragments réunis ont une valeur précisément égale à celle du lingot primitif [2].

---

[1] Les pièces d'argent donnent une sensation tactile nettement différente de celles de nickel, par exemple.

[2] Les pierres précieuses, qui présentent une supériorité sur les métaux précieux au premier point de vue — grande valeur sous un petit volume — sont, à tous les autres, dans des conditions très défavorables. Elles sont très variables en qualité, susceptibles d'être imitées à s'y

Autre chose est employer les métaux précieux comme instrument d'échange, autre chose est employer la *monnaie* proprement dite [1]. C'est une évolution qui a passé par trois étapes très distinctes.

1° On a commencé par se servir de métaux précieux sous la forme de lingots bruts. Il fallait donc dans tout échange les *peser* d'abord, les *essayer* ensuite. Les actes juridiques du vieux droit romain, la *mancipatio* par exemple avec son *libripens*, conservaient le symbole de ce temps où l'instrument des échanges, argent ou bronze, était pesé. Aujourd'hui encore en Chine, où la monnaie frappée n'est pas en usage, on voit les marchands porter à leur ceinture la balance et la pierre de touche.

2° Las d'être obligés de se livrer à chaque échange à cette double opération, les hommes ont eu l'idée de se servir de lingots taillés dont le poids et le titre étaient déterminés à l'avance et au besoin garantis par quelque sceau, quelque poinçon officiel. Le législateur qui a eu cette idée ingénieuse peut revendiquer la gloire d'avoir véritablement inventé la monnaie, car désormais on ne *pèsera* plus les lingots, on les *comptera* et telle est la caractéristique de la monnaie. Il paraît probable que c'est un roi de Lydie, un successeur de Gygès, vers l'an 650 à 700 avant Jésus-Christ, qui a fait frapper la première monnaie, dont on peut voir encore les spécimens au Musée Britannique. Elle n'est ni en or ni en argent, mais en alliage des deux métaux que les Grecs nommaient « electrum », et elle n'a pas encore la forme d'un disque, mais celle d'un lingot ovoïde, d'un haricot,

---

tromper et surtout elles ne peuvent être divisées sans que leur valeur soit pour ainsi dire anéantie.

[1] « De grands et puissants empires comme ceux de l'Égypte, de la Chaldée et de l'Assyrie, ont traversé des milliers d'années d'existence dans la richesse et la prospérité, avec des relations commerciales aussi étendues qu'ont jamais pu l'être celles d'aucun peuple de l'antiquité, en se servant constamment de métaux précieux dans les affaires de négoce mais ignorant absolument l'usage de la monnaie » (*Monnaies et médailles*, ch. I). — Les Égyptiens les employaient surtout sous la forme d'anneaux.

portant seulement la marque de quelques raies et de trois poinçons. Tel est à peu près, de nos jours, le cas pour la Chine où les lingots sont souvent revêtus de la marque de certaines maisons de commerce, destinée à certifier leur poids et leur titre.

3° Il restait encore un pas à faire. Non seulement la forme du lingot cubique ou irrégulière est peu commode, mais, malgré l'empreinte du poinçon, rien n'est plus aisé que de le rogner sans que cette falsification soit reconnue. Il est donc toujours prudent de le peser pour s'assurer qu'il est intact. C'est pour remédier à ces difficultés pratiques qu'on a été conduit à adopter cette forme de la monnaie frappée qui est familière à tous les peuples civilisés, à savoir celle de petits disques revêtus d'empreintes en relief sur la totalité de leur surface, la face, le revers et le cordon, de façon qu'on ne puisse limer ni altérer la pièce sans laisser des traces visibles sur le dessin qui la recouvre de toutes parts.

Désormais on est arrivé au type de la pièce de monnaie proprement dite, qui depuis des siècles ne s'est pas sensiblement modifié et pour lequel on peut adopter la définition donnée par Stanley Jevons : *lingots dont le poids et le titre sont garantis par l'État et vérifiés par l'intégrité des empreintes qui en recouvrent la surface.*

II

Si le numéraire occupe un rang hors pair parmi les richesses.

Si l'on consulte l'opinion courante, la réponse à cette question ne sera pas douteuse. De tout temps, en tout lieu, sauf chez les sauvages, le numéraire a tenu une place hors rang dans les préoccupations et dans les désirs des hommes. Ils l'ont considéré, sinon comme la seule richesse, du moins comme la plus importante de beaucoup et, à vrai dire, ils semblent n'estimer toute autre richesse qu'en raison de la quantité de numéraire qu'elle représente et qu'elle permet d'acquérir. Être riche, c'est avoir soit de l'argent, soit les moyens de s'en procurer.

Il serait curieux de suivre à travers l'histoire les manifestations diverses de cette idée qui confond l'or avec la richesse : — dans les tentatives des alchimistes du Moyen âge pour changer en or les métaux et réaliser ainsi ce qu'ils appelaient « le Grand Œuvre », entendant par là bien moins une découverte chimique qu'une révolution économique ; — dans l'enthousiasme qui saisit le vieux monde à l'arrivée des premiers galions d'Amérique et lui persuada qu'il allait trouver dans ce pays d'Eldorado la fin de toutes ses misères ; — dans les systèmes compliqués essayés par tous les gouvernements durant les XVIe et XVIIe siècles, pour faire affluer le numéraire dans les pays qui n'en possédaient pas ou l'empêcher de sortir de ceux qui en étaient pourvus ; — et, à cette heure encore, dans les préoccupations avec lesquelles hommes d'État et financiers surveillent de l'œil les entrées et sorties du numéraire, causées par les différences des exportations et des importations.

Mais si on s'adresse aux économistes la réponse sera bien différente. On peut dire que c'est par une protestation contre cette idée, qu'elle qualifie de préjugé que l'économie politique a révélé pour la première fois son existence. Elle venait à peine de naître et balbutiait encore avec Boisguillebert (1697) que déjà par sa bouche elle affirmait : « qu'il est très certain que l'argent n'est point un bien de lui-même et que la quantité ne fait rien pour l'opulence d'un pays ». Et depuis lui, il n'est pas d'économiste qui n'ait traité le numéraire avec un parfait dédain et n'ait affirmé que ce n'est qu'une marchandise comme toutes les autres, et même bien inférieure à toute autre, car par elle-même elle est incapable de satisfaire directement aucun besoin ou de nous procurer aucune jouissance, et c'est en conséquence *la seule dont on puisse dire que son abondance ou sa rareté sont choses également indifférentes.* S'il y a peu de pièces de monnaie dans un pays, chacune aura un pouvoir d'acquisition plus considérable; s'il y en a beaucoup, chacune aura un pouvoir d'acquisition moindre. Que nous importe.

Ces deux opinions, si contradictoires qu'elles paraissent, se concilient très bien. Le public a raison au point de vue *individuel*, le seul qui l'intéresse; les économistes ont raison en faisant abstraction des individus. Voici l'explication :

Toute pièce de monnaie doit être considérée comme un bon portant sur l'ensemble des richesses existantes et donnant droit au porteur de se faire délivrer une portion quelconque de ces richesses à son choix jusqu'à concurrence de la valeur indiquée sur sa pièce [1].

Il est clair que l'intérêt de chacun de nous c'est d'avoir le plus grand nombre possible de ces « bons », et que plus nous en aurons, plus nous serons riches. Sans doute, nous savons bien que par eux-mêmes ces bons ne peuvent ni nous rassasier ni nous désaltérer ; nous ne sommes pas si stupides, et longtemps avant que les économistes eussent découvert cette vérité, la légende antique nous l'avait enseignée en nous dépeignant le roi Midas mourant de faim au milieu des richesses que sa sottise avait transformées en or. Mais nous estimons néanmoins qu'il est infiniment plus commode d'avoir ces bons que n'importe quelle autre richesse, et nous avons parfaitement raison de penser ainsi. En effet, étant donnée l'organisation de nos sociétés, nous savons que toute personne qui désire se procurer un objet qu'elle n'a pas produit directement (et c'est le cas de l'immense majorité) ne peut se le procurer que par une double opération qui consiste : 1° à échanger les produits de son travail lui-même contre du numéraire, ce qui s'appelle *vendre;* 2° échan-

---

[1] Un bon qui présente cette supériorité sur les titres de crédit de porter son gage avec lui; il est garanti en effet, du moins en partie, par la valeur du métal que contient la pièce. « Si vous savez lire avec les yeux de l'esprit les inscriptions dont un écu est chargé, vous déchiffrerez distinctement ces mots : Rendez au porteur un service équivalent à celui qu'il a rendu à la Société, valeur constatée, prouvée et mesurée par celle qui est en moi-même » (Bastiat, *Maudit argent*). — Faisons toutefois certaines réserves sur le postulat optimiste que toute pièce de monnaie représenterait *un service rendu.*

ger ce numéraire contre les objets qu'elle désire, ce qui s'appelle *acheter*. Or, de ces deux opérations, la seconde, l'achat, est très aisée : avec de l'argent, il est toujours facile de se procurer ce que l'on veut. La première opération, la vente, est au contraire beaucoup plus difficile; avec un objet quelconque même de grande valeur, il n'est pas toujours aisé de se procurer de l'argent. Le possesseur de numéraire se trouve donc dans une position bien plus avantageuse que le possesseur d'une marchandise, car le premier pour arriver à la satisfaction de ses besoins, n'a qu'une seule étape à franchir et très aisée, tandis que le second en a deux et dont l'une est souvent très malaisée. Comme on l'a fort bien dit, une richesse quelconque ne permet de satisfaire qu'*un besoin spécial et déterminé* au lieu que le surnuméraire permet de satisfaire un besoin quelconque *à notre choix*. Le possesseur d'une marchandise même très utile ne peut savoir qu'en faire. Le possesseur de monnaie n'est pas en peine; il trouvera toujours preneur, et si par hasard il ne trouvait pas à l'employer, il aurait du moins la ressource de la garder indéfiniment en attendant une meilleure occasion, ce qui n'est pas toujours possible pour toute autre marchandise.

Le numéraire, en dehors de cette qualité d'être *le seul instrument d'acquisition* direct, en possède une autre fort importante . il est *le seul instrument de libération*. Il n'est aucune autre richesse qui jouisse de cette vertu singulière, car la loi, comme l'usage, ne reconnaît d'autre mode de libération que la monnaie. Il n'est personne, dans le monde commercial ou industriel, qui ne soit toujours débiteur de sommes plus ou moins considérables. Or, vainement le commerçant ou le fabricant posséderait-il en magasin des marchandises supérieures au montant de ses dettes (et il arrive en effet plus d'une fois, que dans une faillite l'actif se trouve, tout compte fait supérieur au passif) : — s'il n'a pas au moment voulu. pour faire honneur à sa signature, cette richesse spéciale qui s'appelle des espèces monnayées, il est déclaré en faillite. Est-

il donc surprenant qu'on attache une importance si grande
à une marchandise de la possession de laquelle peut dépendre à tout instant notre crédit et notre honneur ?

Mais si, au lieu de considérer la situation d'un individu,
nous considérons l'ensemble des individus constituant une
société, le point de vue change. La thèse des économistes
en vertu de laquelle le plus ou moins de numéraire est
chose indifférente, devient plus exacte. Peu importe, en
effet, de voir décuplée la quantité de numéraire que je puis
avoir en ma possession *si pour tous les autres membres de
la société il en est de même.* Dans cette hypothèse, en effet,
je ne serai pas plus riche, car la richesse est chose purement relative, et je ne pourrai pas me procurer une plus
grande somme de satisfactions que par le passé, puisque,
la somme totale de richesses sur laquelle portent ces « bons
ne se trouvant pas accrue, chaque bon désormais ne donnera droit qu'à une part dix fois moindre : en d'autres termes, chaque pièce de numéraire aura un pouvoir d'acquisition dix fois moindre, ou, en d'autres termes encore,
tous les prix se trouveront décuplés — et ma situation restera la même.

Et pourtant *dans leurs rapports les uns vis-à-vis des autres*
les pays ont intérêt, tout comme les individus dans leurs
rapports entre eux, à être bien pourvus de numéraire. Si
la quantité de numéraire existant en France venait à décupler, cela ne changerait rien sans doute à la situation respective des Français les uns vis-à-vis des autres (en supposant que l'augmentation fût proportionnelle pour tous) mais
cela changerait fort la situation de la France vis-à-vis des
pays étrangers, et les économistes ont eu quelquefois le tort,
dans leur lutte contre le système mercantile, de sembler
nier un fait aussi évident. Il est bien vrai que, en raison
même de leur abondance, les pièces de monnaie se trouveraient dépréciées en France, mais elles conserveraient
intact leur pouvoir d'acquisition sur les marchés étrangers :
la France les emploierait à acheter des marchandises étrangères, et, par conséquent, elle pourrait se procurer un ac-

croissement de satisfactions proportionnel à l'accroissement de son numéraire.

La thèse des économistes que le plus ou moins d'abondance du numéraire est chose indifférente, ne devient donc absolument vraie que du moment où l'on embrasse par la pensée, non plus certains individus ni même certains pays, mais *le genre humain dans son ensemble*. Alors il devient parfaitement exact d'affirmer que la découverte de mines d'or cent fois plus abondantes que celles qui existent à ce jour ne serait d'aucun avantage pour les hommes : ce serait même un événement plutôt désagréable, car l'or, en ce cas, ne valant pas plus que le cuivre, nous serions obligés de surcharger nos poches d'une monnaie aussi encombrante que celle de Lycurgue voulut imposer aux Lacédémoniens[1].

III

Si la monnaie métallique est destinée à baisser indéfiniment de valeur.

La dépréciation continue de la monnaie métallique est un fait démontré par tous les documents historiques, tout au moins depuis un millier d'années. Cette dépréciation est même énorme[2]. La valeur de l'argent était environ *neuf* fois

[1] Adam Smith avait dit : « Les mines les plus abondantes de métaux précieux n'ajouteraient rien à la richesse du globe, un produit qui fonde sa principale valeur sur sa rareté étant nécessairement déprécié lorsqu'il abonde ».

[2] Voir Leber, *Appréciation de la fortune privée au Moyen âge*, et d'Avenel, *Histoire des prix*. La baisse, du reste, n'a pas été régulière et souvent la valeur de la monnaie a remonté. Voici les maxima et les minima de la courbe historique d'après M. d'Avenel :

850..	9
1375...	3
1500...	6
1600...	2 1/2
1750...	3
1890...	1

Le fait le plus saillant mis en relief par ces chiffres est la chute

plus grande du temps de Charlemagne qu'aujourd'hui ; elle était encore *six* fois plus grande à la veille de la découverte de l'Amérique ; elle était *deux* fois plus grande à l'époque de la Révolution française. La prévision que cette courbe descendante doit continuer indéfiniment paraît donc très légitime. D'ailleurs l'industrie humaine devient chaque jour plus ingénieuse pour découvrir les cachettes où la nature a enfoui ses trésors et plus habile pour les exploiter économiquement. L'argent ni même l'or ne sont pas si rares qu'on le croit ; il y en a partout[1] — en quantité infinitésimale, il est vrai, mais les perfectionnements de l'art métallurgique abaissent progressivement la limite au-dessous de laquelle le traitement du minerai cesse d'être rémunérateur. Il est donc vraisemblable que les métaux précieux deviendront de plus en plus abondants et par suite de plus en plus dépréciés.

On pourrait répliquer que la demande de ces métaux, par suite de l'accroissement de la population et du développement des échanges, suffira à contrebalancer l'offre croissante, mais il faut penser que cette cause est à son tour plus que contrebalancée par le perfectionnement des moyens de crédit et la rapidité des communications. Nous verrons que dans les plus grands centres financiers on arrive à supprimer presque complètement la monnaie métallique par des systèmes ingénieux de compensation et de crédit.

Faut-il se réjouir ou s'attrister de ce fait que le numéraire augmente en quantité et se déprécie en raison de cette abondance ? Qu'importe, dira-t-on ? Personne n'en sera ni plus riche ni plus pauvre. Le seul résultat fâcheux c'est que nous risquerons d'avoir une monnaie de plus en plus lourde relativement à sa valeur :

énorme de la valeur du numéraire au cours du xvie siècle, conséquence de la découverte de l'Amérique.

[1] Dans les corps les plus communs, dans l'eau de mer, dans l'argile. Il est démontré que l'intérieur du globe terrestre est composé de matériaux beaucoup plus lourds que la surface, donc probablement de métaux. Et comme l'or est un des plus lourds métaux connus, peut-être la terre a-t-elle un noyau d'or massif ?

Comment en un plomb vil l'or pur s'est-il changé ?

Et encore, grâce à l'intervention des billets de banque et des chèques, cette éventualité ne sera pas bien gênante. Et si d'ailleurs il arrivait que les métaux dits précieux devinssent un jour des métaux vils, même dans cette éventualité on ne manquerait pas de trouver d'autres métaux plus rares pour remplacer ces majestés détrônées[1].

Cependant ce n'est pas une question indifférente. En réalité, la dépréciation continue de l'étalon monétaire est un phénomène d'une haute importance sociale et dont les effets doivent être considérés, à notre avis, comme bienfaisants.

D'abord, la dépréciation de la monnaie a pour conséquence ordinaire, comme nous le savons, une hausse des prix[2]. Or la hausse des prix est un stimulant utile à la production : elle tient en haleine l'esprit d'entreprise, elle favorise la hausse des salaires, elle agit comme un tonique, elle est un syptôme de bonne santé économique.

Aussi le public s'en réjouit-il inconsciemment, même quand il n'y a pas sujet pour cela. Dans les pays de l'Amérique du Sud par exemple, où la multiplication inconsidérée du papier-monnaie a provoqué une hausse énorme des prix, les producteurs et industriels se félicitent de cette hausse et se montrent en général hostiles aux mesures financières nécessaires pour la faire disparaître, telle que le retrait du papier-monnaie.

De plus, la dépréciation de la monnaie favorise les débiteurs, puisqu'ils pourront se libérer en donnant une valeur moindre que celles qu'ils ont reçue; elle apporte, pour

[1] Il y a des métaux plus précieux que l'or. Le platine vaut un peu plus; le lithium, le zirconium et le vanadium, coûtent 20 et 40 fois plus que l'or, sans parler du radium qui vaudrait, à l'état pur, environ 600.000 francs *le gramme!* Il est vrai que la quantité totale existant dans les laboratoires ne dépasse pas 10 *grammes!*

[2] Sur la question de savoir si toute variation dans la quantité de monnaie entraîne une variation proportionnelle dans les prix, ce qu'on appelle *la théorie quantitative* de la monnaie, voir ci-dessus, Chap. du *Prix.*

répéter un mot fameux appliqué à la découverte des mines
du Nouveau Monde, la libération des vieilles dettes. Elle
agit dans le même sens que l'abaissement du taux de l'intérêt ou, mieux encore, comme un amortissement fatal du
capital. Or, il est très bon que les vieilles dettes soient amor-
ties et ne pèsent pas jusqu'à la centième génération sur les
fils et petits-fils de l'emprunteur. Cela est précieux surtout
pour les États qui sont les plus gros débiteurs et les seuls
vraiment perpétuels.

Il est vrai que, dans la mesure même où la dépréciation
de la monnaie favorise le producteur et le débiteur, elle
porte préjudice au consommateur et au créancier. Mais ce
préjudice lui-même est un bien. En ce qui concerne le consommateur d'abord, s'il est également producteur, il se
rattrape aisément de l'accroissement des dépenses par la
plus-value de ses produits ou de ses salaires[1]. S'il consomme
sans rien produire, tant pis pour lui : la hausse des prix le
frappe justement. En ce qui concerne le créancier, si sa
créance est à courte échéance, comme celles en usage dans
le commerce, la dépréciation de la monnaie lui est insensible,
si sa créance est à long terme ou perpétuelle, si elle est
sous forme de placement (rente sur l'État, rente foncière
sous forme de fermage, obligations à long terme de chemins
de fer ou de villes, etc.), eh bien ! alors, il est bon que la
réduction croissante de ses revenus l'avertisse qu'il joue en
ce monde le rôle de parasite et qu'il fera bien, s'il veut
conserver ou transmettre aux siens une situation sociale
équivalente à la sienne, de s'évertuer ou du moins d'apprendre à ses enfants à jouer un rôle actif. Il y a déjà longtemps qu'un homme qui n'était rien moins que socialiste,
un grand financier de la Restauration, Laffitte, disait en
parlant du rentier : « Il lui faut ou travailler ou se réduire.

---

[1] Malheureusement les salaires ne suivent que de très loin, *pede
claudo*, la hausse des prix là où les ouvriers sont inorganisés, mais ils
savent bien la rattraper partout où ils sont soutenus par des Trade-
Unions.

Le capitaliste a le rôle de l'oisif : sa peine doit être l'économie et elle n'est pas trop sévère[1] ».

Pour faire la contre-épreuve, supposons que nos prévisions au sujet de la baisse des métaux précieux ne viennent pas à se réaliser — et au bout du compte elles sont loin d'être infaillibles, — nous verrions alors se produire les effets inverses de ceux que nous venons d'indiquer : une dépression constante des prix peser sur l'industrie et décourager l'esprit d'entreprise, les États accablés sous le poids d'une dette grossissante et acculés à la banqueroute, et les rentiers s'enrichissant plus sûrement par l'oisiveté que les autres classes de la population par leur travail. Rien ne serait plus propre à provoquer une révolution sociale. Réjouissons-nous donc de la dépréciation des métaux précieux, pour autant qu'elle dure : elle sert d'huile dans les rouages.

IV

Les conditions que doit remplir toute bonne monnaie.

Toute monnaie légale doit avoir une valeur métallique rigoureusement égale à sa valeur nominale. Tel est le principe dominant en cette matière.

Nous savons que la monnaie a une double fonction : celle d'être le seul instrument d'acquisition et le seul instrument de libération (voir ci-dessus, p. 271). L'une et l'autre sont nées de l'usage, mais l'une et l'autre doivent être sanctionnées par la loi. La loi seule en effet peut imposer au créancier et au vendeur l'obligation de recevoir telle monnaie en paiement.

---

[1] D'ailleurs, les rentiers intelligents ont bien des moyens pour éluder la dépréciation de valeur de la monnaie, soit en achetant des titres « au-dessous du pair » (c'est-à-dire au-dessous du prix que le débiteur a promis de rembourser), soit en plaçant une partie de leur fortune en *actions* de compagnies industrielles, titres qui, à la différence des *obligations* ou *titres de rente*, suivent toujours dans leurs cours la hausse du prix des produits (voir p. 213).

C'est ce privilège qui constitue ce qu'on appelle le *cours légal*. Mais ce privilège suppose une condition, celle-là même que nous venons d'indiquer. Voici une pièce d'or de 20 francs. En faisant graver sur cette pièce le chiffre de 20 francs en même temps que les armes de l'État, le Gouvernement entend certifier que la pièce a bien réellement une valeur de 20 francs et que chacun peut la recevoir en toute confiance. Si la pièce n'a pas la valeur qu'il lui attribue, l'État commet un véritable faux. Pendant de longs siècles, malheureusement, les souverains ont eu peu de scrupules à cet égard; mais aujourd'hui c'est une question de dignité et de loyauté dans laquelle un gouvernement n'oserait se laisser prendre en faute.

Toute pièce de monnaie doit donc être considérée sous un double aspect : — *En tant que pièce de monnaie frappée. elle a une valeur déterminée, qui est inscrite sur l'une des faces;* — *En tant que lingot, elle a une valeur identique au prix du métal sur le marché,* car il y a des marchés et des prix cotés pour l'or et pour l'argent. tout aussi bien que pour le blé ou le coton.

Toutes les fois que ces deux valeurs coïncident — toutes les fois, par exemple, que le petit lingot de 6 grammes 451 milligr. au titre de 9/10, qui constitue notre pièce de 20 francs, a sur le marché une valeur de 20 francs (ce qui correspond au prix de 3.100 francs le kil.[1]) — on dira que la monnaie est bonne ou, pour employer l'expression technique, qu'elle est *droite*[2]. Reste à savoir comment on assurera et on maintiendra cette coïncidence parfaite.

---

[1] Nous parlons du kil. or, au titre de 9/10 qui est le titre de notre monnaie, car il va sans dire que le kil. or *pur* vaut 1/9 de plus, soit 3.444 fr. 44.

[2] Il semble cependant que le lingot d'or une fois monnayé devrait valoir toujours un peu plus que le lingot brut, par la même raison que tout objet vaut plus quand il a été manufacturé que quand il est à l'état brut, et la différence devrait être égale aux frais de fabrication? — Certainement, et tel est bien le cas pour la monnaie, mais les frais de fabrication sont ici si peu de chose qu'ils n'entraînent pas de différence sensible.

Premier cas. —Si la valeur du lingot est supérieure à celle
de la pièce, si, par exemple, alors que la pièce ne vaut
légalement que 20 francs, le poids de métal fin qu'elle contient
vaut 21 ou 22 francs, on dit que la monnaie est *forte.*

C'est un beau défaut, pourtant c'est un défaut et qui
même, comme nous le verrons bientôt, peut avoir d'assez
graves inconvénients. Toutefois il n'y a pas lieu de s'inquiéter beaucoup de cette éventualité : — 1° parce qu'il n'arrivera pas souvent qu'un gouvernement s'avise de frapper
de la monnaie trop forte ; s'il le fait, ce ne peut être que par
ignorance, car cette opération le constitue évidemment en
perte : frapper des pièces d'or qui ne valent que 20 francs,
avec des lingots qui en valent 21 ou 22, serait une opération
aussi ruineuse que celle d'un industriel qui fabriquerait des
rails à 100 francs la tonne avec du fer qui en vaudrait 110 ;
— 2° parce que, même en admettant que le fait se produise
par suite de certaines circonstances que nous verrons plus
tard (par exemple une hausse dans le prix du métal surve-
nue après coup), il ne peut être de longue durée. En effet,
du jour où le public saurait que la pièce de 20 francs vaut
comme lingot 21 ou 22 francs, chacun, pour réaliser ce bénéfice, s'empresserait d'employer sa monnaie comme une marchandise en la vendant au poids et cette opération continuerait jusqu'à ce que les pièces d'or eussent complètement disparu. Nous verrons que dans les systèmes bi-métallistes cette
situation se présente assez fréquemment.

Deuxième cas. — Si la valeur du lingot est inférieure à celle
de la pièce, si, par exemple, alors que la pièce vaut légalement 20 francs, le poids du métal qu'elle contient ne vaut
que 18 ou 19 francs, on dit que la monnaie est *faible.*

Cette éventualité est beaucoup plus à redouter que l'autre
pour deux raisons : — 1° parce que, à l'inverse de la précédente, elle est de nature à induire en tentation un gouvernement[1]. Faire des pièces de 20 francs avec des lingots qui

---

[1] On sait que l'unité monétaire sous l'ancien régime s'appelait la *livre.*
Mais on ne sait pas d'ordinaire que ce nom lui vient de ce qu'à l'origine,

n'en valent que 18 ou 19 est une opération assez séduisante
pour un gouvernement besogneux et peu scrupuleux, et,
par le fait, nombreux sont ceux qui s'y sont laissés entraîner : il suffit de rappeler le nom de « faux-monnayeur »
que le ressentiment public a attaché à la mémoire de certains rois de France, Philippe le Bel entr'autres (assez injus-
tement d'ailleurs paraît-il); — 2° parce que, une fois qu'une
semblable monnaie est entrée dans la circulation, elle ne
s'élimine pas du tout par la force des choses comme la monnaie forte, elle demeure au contraire! et on a même, comme
nous le verrons tout à l'heure (voir *Loi de Gresham*), toutes
les peines du monde à s'en débarrasser.

Pour maintenir l'équivalence entre la valeur du lingot et
celle de la pièce, il est de règle dans tout bon régime monétaire — et c'est ici un principe capital — de laisser à quiconque voudra transformer un lingot en monnaie, la faculté
de le faire (non pas chez lui, bien entendu), mais par l'intermédiaire de l'Hôtel des Monnaies : c'est ce qu'on appelle
la *liberté du monnayage*. Aussi longtemps qu'elle existe, elle
garantit l'équivalence, car s'il arrivait que la valeur de la
pièce d'or fût supérieure à celle du lingot, chacun s'empresserait de profiter du bénéfice qui résulterait de la fabrication
de cette monnaie : chacun achèterait des lingots d'or et les
porterait à l'Hôtel des Monnaies pour les faire transformer
en monnaie, jusqu'à ce que la raréfaction du métal or et

---

du temps de Charlemagne, elle représentait réellement un poids d'une
livre d'argent (la livre carolingienne était de 408 grammes seulement),
c'est-à-dire qu'elle représentait un poids égal à celui de 82 francs d'aujourd'hui! Comment est-elle tombée de chute en chute à ce poids de
5 grammes qui était à peu près celui de la livre à la fin de l'ancien régime et qui est devenu celui de notre franc? — Uniquement par une série continuelle d'émissions de monnaies de plus en plus faibles; chaque
roi rognait un peu sur le poids de l'ancienne livre, tout en essayant de
lui maintenir son ancienne valeur légale — L'histoire de la livre anglaise est à peu près la même, un peu plus honorable cependant pour le
Gouvernement anglais, puisque, étant partie du même point de départ,
elle s'est arrêtée dans sa chute à la valeur de 25 francs qui est sa valeur actuelle.

l'augmentation de l'or monnayé eussent rétabli l'égalité entre les deux valeurs. La bonne monnaie doit pouvoir être fondue sans rien perdre de sa valeur[1]. C'est ici l'application d'un axiome économique, à savoir que toutes les fois que deux objets peuvent se transformer à volonté l'un dans l'autre, ils ont nécessairement une valeur égale[2].

Il existe cependant, par tous pays, certaines catégories de pièces qui ne satisfont pas à la condition précédente, c'est-à-dire qui n'ont qu'une valeur intrinsèque plus ou moins inférieure à leur valeur légale : on les appelle monnaies de *billon.* Ce sont, en général, des pièces de peu de valeur, le plus souvent de cuivre, quelquefois aussi d'argent, dont on n'a pas l'habitude de se servir pour des paiements importants, mais seulement comme *appoint.* Dans ces conditions, le législateur peut sans inconvénient se départir de la rigueur des principes. Mais en abandonnant le principe de l'équivalence des deux valeurs, il doit sacrifier du même coup les caractères de la bonne monnaie, c'est-à-dire : 1° *Il refuse à la monnaie de billon le caractère de monnaie légale :* personne ne sera tenu de la recevoir dans les paiements[3]; 2° *Il suspend pour la monnaie de billon la liberté du monnayage,* sans quoi tout le monde ferait frapper du métal en monnaie de billon pour gagner la différence entre sa valeur métallique et sa valeur légale. C'est le gouvernement seul qui se réserve le droit d'en émettre telle quantité qu'il jugera utile aux besoins et il doit se faire une règle de ne jamais en émettre une proportion exagérée.

[1] C'est pour cela que les Anglais disent dans une formule pittoresque que la bonne monnaie se reconnaît à « l'épreuve du feu » — en souvenir de l'épreuve du feu, qui, dans la procédure du Moyen âge, était employée pour reconnaître le bon droit.

[2] Voy. note, *La loi d'indifférence.*

[3] Ainsi en France on n'est forcé de recevoir les pièces de cuivre que pour une somme inférieure à 5 francs (et même, comme nous le verrons, les petites pièces d'argent que pour une somme inférieure à 50 francs).

V

De la loi de Gresham.

Dans tous pays où deux monnaies légales sont en circulation, la mauvaise monnaie chasse toujours la bonne.

C'est en ces termes que l'on formule une des lois les plus curieuses de l'économie politique, ainsi baptisée du nom d'un chancelier de la reine Elisabeth qui l'a découverte, dit-on, il y a trois siècles. Mais longtemps avant lui, Aristophane, dans sa pièce des *Grenouilles*, avait signalé ce fait curieux que les hommes de son temps déjà préféraient la mauvaise monnaie à la bonne[1].

Ce qui donne à ce fait et à la loi qui l'exprime un caractère d'étrangeté tout particulier, c'est qu'il serait incompréhensible pour tout autre objet que la monnaie. Comment comprendre que les hommes eussent le goût assez dépravé pour préférer d'une façon générale la mauvaise marchandise à la bonne? L'organisation économique de toutes nos sociétés, avec liberté du travail et concurrence repose tout entière sur ce postulat qu'en toute circonstance, l'homme préférera le produit qui est de meilleure qualité, qui répond le mieux à ses besoins. Pourquoi alors agit-il d'une façon inverse quand il s'agit de la monnaie?

L'étonnement cesse si l'on réfléchit que la monnaie n'est pas, comme toute autre richesse, destinée soit à notre consommation, soit à la production, mais uniquement à l'échange. Entre deux fruits, nous préférons le plus savoureux, et entre deux montres, celle qui marche le mieux; mais entre deux pièces de monnaie de qualité inégale, peu nous importe d'employer l'une plutôt que l'autre, car nous ne les destinons

[1] « Nous avons souvent remarqué que dans cette ville (Athènes) on en use à l'égard des honnêtes gens comme à l'égard de l'ancienne monnaie. Celle-ci est sans alliage, la meilleure de toutes, la seule bien frappée, la seule qui ait cours chez les Grecs et chez les Barbares, mais *au lieu d'en user, nous préférons de méchantes pièces* de cuivre nouvellement frappées et de mauvais aloi ».

16*

point à notre usage personnel, et tout ce que nous leur de-
mandons c'est de servir à payer nos créanciers et nos fournisseurs. Dès lors nous serions naïfs de leur donner les meilleures pièces : au contraire, nous avons tout intérêt à choisir les plus mauvaises et c'est ce que nous ne manquons pas
de faire ! — à une condition toutefois, c'est que le créancier
ou le fournisseur ne puisse les refuser, c'est-à-dire que la
mauvaise monnaie ait force libératoire aussi bien que la
bonne. Et c'est bien dans cette hypothèse en effet que s'applique la loi de Gresham : c'est lorsqu'il s'agit de deux monnaies qui sont l'une et l'autre monnaie légale.

Ceci nous explique pourquoi la mauvaise monnaie reste
dans la circulation, mais ne nous explique pas encore pourquoi la bonne disparaît. Que devient-elle donc?

Nous l'employons là où elle peut être utilisée mieux que
la mauvaise, et ceci se réalise dans les trois cas suivants
qui sont comme les trois issues par lesquelles fuit la bonne
monnaie : la thésaurisation, les paiements à l'étranger et la
vente au poids.

1° La *thésaurisation* d'abord. Quand les gens veulent se
faire une réserve de monnaie, c'est-à-dire la garder en cas
de besoin, ils ne manquent pas cette fois de se conformer à
la règle commune et ils ne sont pas assez sots pour jeter leur
dévolu sur les mauvaises pièces. Ils choisissent les meilleures, parce qu'ils les gardent pour eux-mêmes et que ce sont
celles qui leur offrent le plus de garantie. Les gens effrayés
qui, durant la Révolution française, voulaient thésauriser,
ne s'amusaient pas à le faire en assignats, mais en bons
louis d'or. Ainsi font les banques aussi. La Banque de France
cherche à grossir surtout son encaisse or. Par cette voie déjà
une certaine quantité de la meilleure monnaie peut disparaître de la circulation. Toutefois, cette première cause de
déperdition n'est pas définitive, mais seulement temporaire.

2° Les *paiements à l'étranger* ont un effet plus considérable. — Bien qu'un pays n'ait jamais à solder en numéraire qu'une petite partie de ses importations, cependant il
y a toujours des remises en espèces à faire à l'étranger. Or

si, quand il s'agit de payer nos dettes à l'intérieur et vis-à-vis de nos concitoyens, nous avons de par la loi la faculté de nous servir de la mauvaise monnaie aussi bien que de la bonne, cette alternative nous fait défaut quand il s'agit de régler un achat fait à l'étranger. Le créancier étranger n'étant nullement tenu de prendre notre monnaie, ne l'acceptera que pour le poids de métal fin qu'elle contient, c'est-à-dire pour sa valeur réelle. Nous ne pouvons donc songer à lui envoyer de la monnaie faible. La conclusion qui s'impose, c'est que nous devons garder celle-ci pour le commerce intérieur, puisque dans ce domaine elle rend les mêmes services que l'autre, et réserver la bonne pour notre commerce extérieur. Et c'est là une seconde et importante cause de déperdition de la bonne monnaie.

3° Mais la cause qui fait disparaître le plus rapidement la bonne monnaie, c'est la vente, *la vente au poids*. — Vendre de la monnaie au poids! Voilà une opération bien singulière en apparence et dont on ne s'explique pas bien l'utilité. Elle est pourtant fort simple. Sitôt que par suite d'une hausse dans la valeur de l'or, la pièce d'or se trouve avoir une valeur métallique supérieure à sa valeur légale, sitôt qu'*elle vaut plus comme lingot que comme monnaie*, on a un intérêt évident à ne plus s'en servir comme pièce de monnaie, mais à s'en servir comme lingot. On la retire donc de la circulation et on l'envoie sur le marché des métaux précieux. Si la valeur du bronze haussait notablement, ne pense-t-on pas que nombre d'objets en bronze, cloches, canons, statuettes, seraient détruits pour réaliser la valeur du métal qu'ils contiennent? Ou bien encore, quand l'alcool vient à augmenter de prix dans des proportions très considérables, beaucoup de vin est envoyé à la distillerie pour être converti en alcool. De même quand le métal précieux hausse de valeur, les pièces de monnaies frappées avec ce métal perdent leur caractère de monnaie et deviennent des marchandises que l'on s'empresse de réaliser, c'est-à-dire de vendre.

La loi de Gresham trouve son application dans trois cas :

1° Toutes les fois qu'une *monnaie usée* se trouve en circulation avec une *monnaie neuve*.

C'est précisément en pareille circonstance que la loi fut
observée par Thomas Gresham. On avait fait frapper, sous
le règne d'Élisabeth, une monnaie neuve pour remplacer
celle en circulation qui était tout à fait détériorée, plus encore par la rognure que par l'usure, et l'on constata avec stu-
peur que les pièces neuves ne tardaient pas à disparaître,
tandis que les anciennes pullulaient plus que jamais[1]!

Il importe donc à un gouvernement de procéder à des refontes fréquentes pour entretenir toujours sa monnaie à l'état
de neuf, sans quoi il rencontrera plus tard de grandes difficultés à remplacer la monnaie vieillie par la neuve.

2° Toutes les fois qu'une *monnaie de papier dépréciée* se
trouve en circulation avec une *monnaie métallique*.

Dans ce cas et pour peu que la dépréciation du papier
soit un peu forte, l'expulsion du numéraire s'opère sur la
plus vaste échelle. Nous avons vu autrefois les deux pays qui
sont précisément les pays producteurs de métaux précieux,
les États-Unis et la Russie, ne pouvoir réussir à conserver
chez eux leur monnaie métallique. Pourtant ils en fournis-
saient la matière première au monde entier! mais vainement
essayaient-ils d'en frapper pour elles-mêmes avec l'or de
leurs mines : leur papier-monnaie déprécié l'expulsait impitoyablement.

3° Toutes les fois qu'une *monnaie faible* se trouve en circulation avec une *monnaie droite*, ou même toutes les fois qu'une
monnaie droite se trouve en circulation avec une *monnaie forte*.

En ce cas, la plus faible des deux monnaies expulse l'autre. C'est le cas le plus intéressant : il se présente presque
dans tous les pays qui ont adopté à la fois la monnaie d'or
et la monnaie d'argent. Mais l'examen de ce cas nous amène
à la question du mono-métallisme et du bi-métallisme, que
nous allons traiter dans le chapitre suivant.

[1] Dans le cas signalé par Aristophane c'était l'inverse : la monnaie
neuve chassait l'ancienne. Mais c'est parce que cette monnaie neuve était
frappée à un titre inférieur. Et ceci rentre dans notre 3° cas.

CHAPITRE V

LES SYSTÈMES MONÉTAIRES

I

De la nécessité de prendre plusieurs métaux et des difficultés qui en résultent.

La discussion qui s'est engagée depuis longtemps sur cette célèbre question ne porte pas, comme on pourrait le croire, sur le point de savoir si un pays doit employer plusieurs métaux pour constituer son appareil monétaire ou s'il doit se contenter d'un seul. Cette question ne se pose pas, parce qu'il est bien évident que tout pays civilisé est dans l'obligation d'avoir à la fois des pièces d'or, des pièces d'argent et des pièces de cuivre ou d'un métal similaire[1]. Comment pourrait-on songer, par exemple, à n'employer que l'or? La pièce d'or de cinq francs est déjà incommode par sa petitesse; que serait une pièce d'or de 1 sou? un grain impalpable. Bien moins encore pourrait-on songer, à moins de nous ramener aux premiers temps de Rome, à n'employer que le cuivre, puisqu'une pièce de 20 francs en cuivre pèserait une dizaine de kilogrammes! Même l'argent seul, quoique moins incommode à raison de sa valeur intermédiaire, ne pourrait suffire, la pièce de 5 francs étant déjà trop grosse et la pièce de 20 centimes trop petite pour l'usage courant. Il faut donc de toute nécessité employer au moins trois métaux à la fois.

[1] En France, il y a même quatre métaux en circulation : or, argent, nickel (pour la pièce de 25 centimes) et bronze (qui doit être remplacé bientôt par le nickel).

Mais ce n'est pas une nécessité que de les employer tous les trois *en qualité de monnaie légale;* de fait, nous savons que l'un des trois, le cuivre, n'a jamais cette qualité : il est toujours monnaie de billon et monnaie d'appoint. Restent les deux autres : convient-il de reconnaître le caractère et les attributs de monnaie légale à tous les deux ou à un seul seulement? Voilà la question qu'on désignait autrefois sous le nom de question du « simple et du double étalon » et qu'on désigne plus correctement aujourd'hui sous le nom de *mono-métallisme* ou *bi-métallisme.*

Si l'on ne reconnaît le titre de monnaie légale qu'à *un seul* des deux métaux, l'or, par exemple, en ce cas, il n'y a point de difficultés. La monnaie d'argent est reléguée, comme la monnaie de cuivre, au rang de monnaie de billon : on lui attribue une valeur purement conventionnelle, mais aussi ne force-t-on personne à la recevoir dans les paiements. La monnaie d'or est la seule qui ait cours légal : c'est la seule donc pour laquelle on ait à se préoccuper de maintenir toujours une parfaite équivalence entre sa valeur légale et sa valeur intrinsèque.

Si l'on veut reconnaître aux *deux* monnaies à la fois le caractère de monnaie légale, en ce cas la situation devient beaucoup plus compliquée. Prenons, pour nous rendre mieux compte de ces difficultés, le système français, qui peut être considéré comme le type du système bi-métalliste, et reportons-nous au moment où le législateur l'organisait de toutes pièces (Loi du 7 germinal an XI, 28 mars 1803).

L'unité monétaire était l'ancienne livre transformée en franc. C'était une pièce d'argent : l'argent fut donc pris comme monnaie légale; du reste, à cette époque, nul n'aurait songé à lui contester ce titre. Mais on ne pouvait faire moins pour l'or que de le lui accorder aussi.

Prenons, pour plus de clarté, les deux pièces similaires qui existent l'une et l'autre dans notre système monétaire, la pièce de 5 francs d'argent et la pièce de 5 francs d'or. Nous voulons que l'une et l'autre soient monnaie légale : il faut donc que l'une et l'autre aient une valeur métallique rigoureusement égale à leur valeur légale ; c'est une condition *sine qua non*, nous le savons. Pour la pièce d'argent, il n'est pas difficile de satisfaire à cette condition. L'argent vaut, [ou du moins valait à l'époque où nous nous sommes reportés, 200 francs le kilogramme : donc un lingot de 25 grammes valait juste 5 francs ; nous devons donc donner à notre pièce de 5 francs d'argent un poids de 25 grammes, et, en ce q vi la concerne, la condition voulue sera remplie. Mais pour la pièce d'or de 5 francs, quel poids devons-nous lui donner ? Le kilogramme d'or vaut 3.100 francs (au même titre que l'argent, 9/10) : si donc, avec un kil. d'or, on frappe 620 pièces, chacune d'elles vaudra exactement 5 francs (car 620 × 5 = 3.100) et chacune pèsera 1 gr. 613 : la condition sera remplie aussi pour celle-ci.

Prenons ces deux pièces et mettons-les dans les deux plateaux d'une balance ; nous verrons que *pour faire équilibre à la pièce d'argent de 5 francs, il faut mettre dans l'autre plateau 15 pièces d'or de 5 francs plus une demie*, ou si l'on aime mieux, que pour faire équilibre à 2 écus de 5 francs il faut mettre dans l'autre plateau 31 pièces d'or de 5 francs. Cela nous prouve que l'opération a été bien faite. En effet, le kil. or valait à cette époque tout juste 15 fois et demie le kil. argent (3.100 fr. le kil. or contre 200 fr. le kil. argent). Retenons ce rapport de 15,50, c'est le rapport légal entre la valeur des deux métaux, il est aussi célèbre en économie politique que le fameux rapport $\pi = 3,1416$ en géométrie. Jusqu'à présent donc tout marche à souhait, mais attendons la fin.

En 1847, on découvre les mines d'or de la Californie : en 1851, celles d'Australie. La quantité d'or produite annuellement se trouve quadruplée [1]. Par contre, l'argent se raréfie par suite du développement du commerce dans l'Inde qui en absorbe des quantités considérables. Il en résulte que la valeur respective des deux métaux change sur le marché

---

[1] La production de l'or de 1841 à 1850 était évaluée comme moyenne annuelle à 184 millions. De 1850 à 1860 elle fut de 700 millions.

des métaux précieux : pour se procurer 1 kil. or, il n'est pas nécessaire de donner comme autrefois 15 ¼ kil. argent, il suffit d'en donner 15; ce qui revient à dire que l'or a perdu environ 3 p. 0/0 de sa valeur. Dès lors il est clair que ces petits lingots d'or qui constituent les pièces d'or ont subi une dépréciation proportionnelle : la pièce de 5 francs d'or ne vaut plus en réalité que 4 fr. 85.

Que faut-il faire pour rétablir l'équilibre? Évidemment ajouter un peu plus d'or à chaque pièce d'or — 3 p. 0/0 de plus environ. Il aurait fallu, pour rétablir l'équivalence entre la valeur intrinsèque et la valeur légale, que la pièce de 5 francs d'argent fît équilibre à 15 pièces de 5 francs d'or (et non plus à 15 ¼). Alors c'est toute la monnaie d'or qui est à refondre ! ... Attendons encore.

Vingt ans plus tard, en 1871, changement inverse. La production de l'or, par suite de l'épuisement des mines d'Australie et de Californie, diminue de moitié : au contraire par suite de la découverte des *bonanzas* de l'Ouest américain, la production de l'argent augmente de moitié. En même temps l'Allemagne, adoptant l'étalon d'or, démonétise sa monnaie d'argent et fait refluer sur le marché ses thalers dont elle ne veut plus. Encore une fois la valeur respective des deux métaux change, mais cette fois en sens inverse : sur le marché des métaux précieux, avec un kil. d'or on peut se procurer non plus seulement 15 ¼ kil. d'argent, mais 16, 17 18, et jusqu'à 20 kil. d'argent! Ce qui revient à dire que l'argent a perdu plus d'un quart de sa valeur relativement à l'or. Dès lors il est clair que chaque lingot d'argent qui constitue une pièce d'argent a subi une dépréciation proportionnelle : la pièce de 5 francs d'argent ne vaut plus en réalité que 3 fr. 50. Qu'aurait-il fallu faire pour établir l'équilibre? Évidemment mettre beaucoup plus d'argent dans chaque pièce, augmenter d'un quart leur poids, faire que la pièce d'argent de 5 francs pesât autant que 20 pièces d'or de 5 francs : alors l'équivalence entre la valeur métallique et la valeur légale aurait été établie : mais c'est toute notre monnaie d'argent qui était à refondre!

Mais quoi ! si nous voulons conserver à nos deux monnaies leur caractère de monnaie droite, c'est-à-dire l'équivalence rigoureuse entre la valeur intrinsèque et leur valeur légale, faudra-t-il donc refondre perpétuellement tantôt l'une, tantôt l'autre des deux monnaies pour accommoder leur poids aux variations de valeur des deux métaux ? C'est, semble-t-il, la conclusion qui s'impose. Mais c'est impraticable et absurde[1]. Nous allons voir au chapitre suivant à quel expédient on s'est arrêté.

II

Comment les pays bi-métallistes se trouvent en fait n'avoir qu'une seule monnaie.

Tout système bi-métalliste présente, comme nous venons de le voir, cet inconvénient grave qu'il ne réussit guère à maintenir, pour chacune des deux monnaies à la fois, cette équivalence entre la valeur intrinsèque et la valeur légale

---

[1] Pour peu qu'on y réfléchisse, on voit bien qu'il suffirait de faire varier le poids *d'une seule* des deux monnaies, en prenant l'autre, toujours la même, pour unité : par exemple, en prenant pour unité le franc d'argent de 5 grammes, faire varier le poids des pièces d'or, tantôt au-dessus, tantôt au-dessous du poids légal, suivant les variations de valeur du métal or. Mais, malgré cette simplification, ce ne serait guèr plus pratique.

On pourrait aussi, dans la même hypothèse, laissant le poids des pièces d'or invariable, effacer l'indication de la valeur légale qui y est gravée et laisser leur valeur osciller librement suivant les lois de l'offre et de la demande, comme variait dans certains pays, dans l'Indo-Chine naguère, la valeur de la piastre. Les législateurs de germinal an XI qui, en organisant notre système monétaire, avaient parfaitement prévu les difficultés qui pourraient en résulter, avaient précisément proposé ce système. Et quelques économistes aujourd'hui y voient la seule solution possible. Mais alors les pièces d'or ne seront plus, à vrai dire, des pièces de monnaie; elles ne seront plus que des lingots qui circuleront comme une marchandise quelconque. Il y aura un cours coté pour les pièces de 20 francs, comme pour les cotons ou le blé et qui variera de même. Quelle complication dans les affaires, et surtout quel piège tendu aux simples !

qui doit être le caractère de toute bonne monnaie. Sans cesse, suivant les variations de valeur des deux métaux, l'une des deux se trouvera trop forte ou trop faible.

On pourrait penser, peut-être, que cet inconvénient est plus théorique que pratique. Qu'importe, dira-t-on, que nos pièces d'or ou d'argent aient une valeur légale un peu supérieure ou un peu inférieure à leur valeur réelle ? Personne n'y fait attention et, en tout cas, personne n'en souffre.

C'est une erreur : il y a dans cette situation un inconvénient très réel, plus que cela, un véritable péril, et voici lequel : la monnaie qui est la plus faible des deux expulsera peu à peu de la circulation la monnaie forte, en sorte que tout pays qui est soi-disant au régime du double étalon se trouve en fait dans cette singulière situation qu'il *ne conserve jamais dans sa circulation qu'une seule des deux monnaies et justement la plus mauvaise*. Un mouvement de flux et de reflux périodique emporte le métal qui est en hausse et ramène le métal qui est en baisse.

C'est l'application pure et simple de la loi de Gresham que nous avons déjà étudiée, mais l'histoire de notre système monétaire depuis quarante ans en offre une merveilleuse démonstration.

Quand, sous le second Empire, l'or se trouva en baisse par suite des circonstances que nous avons indiquées dans le chapitre précédent, notre monnaie d'argent commença à disparaître et à être remplacée par la monnaie d'or, par ces beaux « napoléons », monnaie à laquelle on était encore peu habitué, que l'on admirait fort et dans laquelle les courtisans saluaient la richesse et l'éclat du nouveau règne, mais qui, en réalité, n'était si abondante que parce qu'elle était faite avec un métal déprécié. Et ce phénomène de la transmutation des métaux s'explique très aisément.

Le banquier de Londres qui voulait se procurer de l'argent pour l'envoyer aux Indes, cherchait naturellement à l'acheter là où il pouvait le trouver à meilleur compte. A Londres, avec 1 kil. or, il n'aurait guère pu se procurer que 15 kil. argent. Mais en envoyant son kil. or à la Monnaie de Paris, il pouvait faire frapper 3.100 francs or, et échanger ensuite ces 3.100 francs or contre 3.100 francs d'argent qui pèsent tout juste 3.100 × 5 gr. = 15 kil. ½. Avec son kil. or, il avait donc réussi en définitive à se procurer 15 ½ kil. argent[1].

Il est facile de voir que, grâce à ce commerce, une certaine quantité de monnaie d'argent était sortie de France et qu'elle avait été remplacée par une quantité égale de monnaie d'or. C'est justement le jeu de la loi de Gresham : la monnaie forte est remplacée par la monnaie faible. C'est par pleines cargaisons que l'on emportait aux Indes les pièces d'argent de France. On les achetait à leur poids d'argent pour les vendre aux hôtels des monnaies de Bombay et de Madras et les convertir en roupies. Durant cette période, ces hôtels transformèrent en monnaie indienne pour plus de deux milliards francs de nos pièces françaises.

On ne tarda pas à souffrir d'une véritable disette de monnaie d'argent. Pour arrêter sa fuite, on n'aurait pas manqué au temps jadis de recourir à des mesures prohibitives et peut-être à des pénalités contre les gens qui exportaient la monnaie d'argent. La science économique, en indiquant la cause du mal, permettait d'apporter un remède bien plus efficace. La monnaie d'argent disparaissait parce qu'elle était trop forte; il suffisait donc de l'affaiblir en diminuant son poids ou simplement sa proportion de métal fin et on pouvait être certain qu'on lui aurait coupé les ailes : elle ne bougerait plus. C'est ce que firent d'un commun accord la France, l'Italie, la Belgique, la Suisse, par la convention

---

[1] L'opération pouvait se faire encore d'une façon inverse. Un banquier de Paris réunissait 3.000 pièces de 1 franc argent qui pèsent tout juste 15 kil. (3.000 × 0,005 = 15). Il envoyait ces 15 kil. argent à Londres et obtenait en échange 1 kil. or, puisque telle était la valeur marchande de ces deux métaux. Il se faisait renvoyer de Londres son kil. or, et le faisait frapper à la Monnaie de Paris sous la forme de 3.100 francs or. Il gagnait donc 100 francs brut sur cette opération, soit un peu plus de 3 p. 0/0, et, déduction faite du prix de monnayage et de transport, l'opération était encore très lucrative.

du 23 décembre 1865[1]. Le titre de toutes les pièces d'argent, *hormis des pièces de 5 francs,* fut abaissé de 900/1.000 à 935/1.000, ce qui leur enlevait un peu plus de 7 p. 0/0 de leur valeur. *Toutes ces pièces devinrent donc et sont restées depuis monnaie de billon* et, suivant les principes invariables en cette matière, elles ont perdu depuis ce jour leur caractère de monnaie légale et n'ont plus été reçues que comme monnaie d'appoint[2]. Pourquoi fit-on exception pour la pièce de 5 francs ? Il n'y avait aucune bonne raison pour cela, mais ce fut la France qui l'exigea. Billonner toutes les pièces d'argent, c'eût été abandonner complètement la monnaie d'argent comme monnaie légale, c'eût été devenir franchement mono-métalliste or, comme l'Angleterre, et cette révolution dans notre système monétaire effraya le Gouvernement français. On maintint donc la pièce de 5 francs avec son poids et son titre et son caractère de monnaie légale. Naturellement elle continua à fuir, mais on pouvait plus aisément se passer d'elle que de la monnaie divisionnaire : au besoin, on pouvait la remplacer par la pièce de 5 francs d'or.

A partir de 1871, nous avons vu qu'une révolution in verse s'était accomplie dans la valeur respective des deux métaux et que l'appareil monétaire français s'était trouvé de nouveau désaccordé, mais cette fois en sens inverse. Ce fut la monnaie d'or qui se trouva trop forte et qui, par conséquent, commença à émigrer. Ce fut la monnaie d'argent

---

[1] C'est ce qu'on appelle l'*Union Latine* (quoiqu'elle ne comprenne pas l'Espagne et le Portugal). Peu après la Grèce s'y est jointe. A l'origine il était convenu que les pièces frappées dans l'un quelconque de ces cinq pays auraient droit de circulation dans tous. Mais cette libre circulation a été retirée en 1893 aux monnaies d'argent divisionnaires (c'est-à-dire inférieures à la pièce de 5 francs d'Italie et tout récemment de la Grèce). Ce n'est pas contre ces pays mais sur leur demande que cette mesure a été prise, parce que le change qui leur était défavorable faisait sortir ces petites pièces de monnaie et elles leur faisaient faute. Voir ci-après au Ch. *Du change.*

[2] Jusqu'à concurrence de 50 francs entre particuliers et de 100 francs — mais en fait sans limitation — dans les caisses publiques. Il est juste en effet que l'État ne puisse refuser la monnaie qu'il émet lui-même.

qui se trouva trop faible et qui commença à pulluler.

Les mêmes opérations que nous avons expliquées tout à l'heure recommencèrent, mais en sens inverse. Toutefois recommençons l'explication, pour éviter toute obscurité sur ce point essentiel.

Un banquier à Paris se procurait 3.100 francs d'or, en pièces de 20 francs ou de 10 fr., il n'importe. Cela fait tout juste un kilo d'or. Il les mettait dans un sac et les expédiait à Londres. Sur le marché des métaux précieux, à Londres avec un kilo or on pouvait avoir jusqu'à 20 kilos argent. Il achetait donc 20 kilos argent, se les faisait réexpédier à Paris et les faisait monnayer à l'Hôtel des Monnaies. Comme avec un kilo argent, la Monnaie devait frapper 40 pièces de 5 francs (c'est-à-dire 200 francs), elle délivrait à notre banquier 20 × 200 = 4.000 francs, en pièces de 5 francs. Bénéfice brut 900 francs. Déduisez les frais de transport, de monnayage, etc., et aussi la prime nécessaire pour se procurer les pièces d'or à mesure qu'elles devenaient rares, l'opération n'en était pas moins très lucrative. Et il est clair que pour la France l'opération se traduisait par une diminution de la monnaie d'or et une augmentation de la monnaie d'argent. Répétée indéfiniment, cette opération devait avoir pour résultat inévitable de substituer complètement dans la circulation la monnaie d'argent à la monnaie d'or.

Il fallut donc que les puissances, qui avaient formé l'Union Latine (la Grèce depuis s'y était adjointe) se concertâssent pour remédier à ce nouveau danger. De même qu'en 1865 elles avaient arrêté la fuite de la monnaie d'argent en affaiblissant son titre, de même elles auraient pu arrêter la fuite de la monnaie d'or en affaiblissant son titre ou en diminuant son poids. Mais ces refontes incessantes, portant tantôt sur une monnaie, tantôt sur l'autre, auraient fini par désorganiser tout le système monétaire. On préféra recourir à un procédé plus simple. *La convention du 5 novembre 1878 a suspendu la frappe de la monnaie d'argent*[1]. Depuis lors

___

[1] Du moins pour la pièce de 5 francs, la seule monnaie d'argent

l'opération que nous venons de décrire est devenue impossible. Il n'y a plus de profit à acheter des lingots d'argent à l'étranger, puisque dorénavant on ne peut plus les convertir en monnaie[1].

Aussi bien cette mesure réussit pleinement à conserver à la France son beau stock métallique or, qui n'avait pas encore été sensiblement entamé. Mais comme on peut bien le penser, cette convention, qui fermait au métal argent un marché de près de 80 millions d'hommes et restreignait d'autant ses débouchés, eut pour effet de précipiter encore la dépréciation du métal argent, c'est-à-dire d'aggraver le mal. C'est alors qu'on a vu le métal argent, qui jusqu'alors n'avait guère perdu que 10 à 12 p. 0/0, tomber de chute en chute au-dessous de 100 francs le kilogr., ce qui fait moins de la moitié de sa valeur légale (200 fr.) et correspond au rapport de 1 à 31 entre la valeur des deux métaux !

Dans ces conditions, la frappe libre de la monnaie d'argent n'a pas été reprise, et nul ne sait si on la reprendra jamais. Dès lors, on peut dire que, quoique les pays de l'Union Latine soient encore légalement sous le régime bi-métallique, en fait ils sont à peu près devenus mono-métallistes or. *De toutes leurs pièces d'argent il n'en est plus qu'une seule qui soit encore monnaie légale, et celle-là justement on ne la frappe plus !*

III

S'il convient d'adopter le système mono-métalliste?

Il semble, d'après les explications qui précèdent, qu'il n'y ait plus lieu d'hésiter. Le système mono-métalliste est infi-

ayant cours légal. Car pour les petites pièces d'argent, chaque État s'est réservé le droit d'en frapper une certaine quantité déterminée par le chiffre de sa population.

[1] Toutefois, ce danger n'est peut-être pas absolument conjuré, car il faut prévoir la possibilité d'une fabrication clandestine de monnaie d'argent — non de fausse monnaie, mais de bonne monnaie ayant le

niment plus simple, il coupe court à toutes les difficultés que nous venons de signaler. Pourquoi ne pas l'adopter?

Tel est le parti qu'ont pris déjà la plupart des pays, l'Angleterre la première en 1816. Il ne reste plus guère, comme pays bi-métallistes, que le groupe dit de l'Union Latine (France, Italie, Belgique, Suisse et Grèce), la Hollande, l'Espagne, les États-Unis et le Mexique. Et même parmi les pays bi-métallistes que nous venons d'énumérer, les principaux sont-ils de fait mono-métallistes or, en ce sens qu'ils ne se servent que de l'or pour leurs échanges internationaux : tels la France, les États-Unis, la Hollande.

En ce qui concerne l'Union Latine, nous avons vu tout à l'heure combien est faible le lien qui la rattache au bi-métallisme légal, presque purement nominal. De même aussi les États-Unis. Un parti puissant, celui des *Silvermen* (les métallistes argent), a fait campagne pour établir légalement et même propager au dehors la frappe libre de l'argent : il avait même obtenu le vote d'une loi célèbre, en 1890, obligeant le Gouvernement à acheter chaque mois pour quelque 25 millions de francs de lingots d'argent. Mais dans les campagnes électorales les *Silvermen* ont été battus et la loi du 14 mars 1900 a déclaré expressément que le dollar *or* serait étalon de valeur : toutefois le dollar argent conserve le pouvoir libératoire illimité, mais sa frappe est limitée.

Pourquoi donc ces États ne coupent-ils pas le fil si ténu qui les rattache encore au bi-métallisme et n'adoptent-ils pas, comme les autres, le mono-métallisme?

Il y a deux difficultés, l'une de fait, l'autre de principe :

1° Obstacle de fait, c'est que l'adoption de l'étalon d'or entraîne la démonétisation de l'argent : car si on enlève à la pièce de 5 francs le caractère de monnaie légale, il faut la

---

poids et le titre légaux — laquelle fabrication procurerait tout de même au contrefacteur l'énorme bénéfice de 100 p. 0/0 que l'État réalise aujourd'hui sur la frappe. Et il est certain que cette opération illicite s'effectue en effet et probablement dans de plus grandes proportions qu'on ne pense. Il en résulte que la quantité de monnaie d'argent en circulation doit être un peu supérieure à la quantité frappée.

retirer, pour la plus grande partie, de la circulation. Or,
on estime qu'en France ces pièces de 5 francs, les écus,
comme on les appelle, représentent 3 milliards francs, valeur nominale, mais, vendus au poids d'argent, vaudraient
moins de 1.500 millions. Les frais de cette opération s'élè-
veraient donc à 1.500 millions francs — et probablement
beaucoup plus encore, car il est évident qu'une semblable
mesure aurait pour effet de précipiter encore plus bas la
chute du métal argent[1].

2° Objection de principe, c'est que les variations du prix
sont beaucoup plus à redouter avec un seul étalon des valeurs qu'avec deux.

Nous savons que toute variation dans la valeur de la monnaie a pour conséquence immédiate une variation inverse
dans les prix (voir p. 254) : or, quand il n'y a qu'une seule
monnaie, il est à craindre que ces variations ne soient fréquentes et brusques, qu'elles ne détraquent tout l'organisme
commercial et ne provoquent des crises incessantes.

Quand on emploie au contraire, pour mesurer les valeurs,
deux monnaies, alors *il s'établit entre elles une sorte de compensation* très favorable à la stabilité des prix et par suite
aussi à la prospérité du commerce, car, dans les affaires,
c'est surtout la stabilité qui est à considérer. L'explication
de ce phénomène de compensation est un peu délicate, mais
il est facile cependant de s'en faire une idée.

Il suffit de se rappeler que la principale cause de la supériorité des métaux précieux, en tant que mesure des valeurs,
tient à ce fait que les variations de quantité sont peu de
chose relativement à la masse existante (voir ci-dessus,

---

[1] On dira peut-être que l'État n'aurait qu'à laisser la perte pour
compte aux porteurs des écus de 5 francs? D'abord ce serait un procédé peu honorable de la part de l'État qui a garanti la valeur de ces
pièces par le fait qu'il a inscrit cette valeur sur la pièce elle-même ; —
et, en tout cas, ce serait la ruine de la Banque de France, car elle a
dans son encaisse près de 900 millions de francs en argent sur lequel
elle se trouverait perdre environ 450 millions, c'est-à-dire plus du
double de son capital-actions.

p. 265). Mais cette condition est d'autant mieux remplie que le stock métallique est plus considérable et qu'il s'alimente à des sources différentes. Composé de deux métaux, il formera d'abord une masse double, et, de plus, comme il est peu probable que les causes qui amènent un surcroît de production de l'un ou de l'autre des deux métaux coïncident, les variations seront moins sensibles. C'est ainsi que les crues d'un fleuve sont d'autant moins soudaines et moins à redouter que ses affluents sont plus nombreux et qu'ils prennent leur source dans des régions plus éloignées et plus différentes par leurs caractères géologiques ou climatériques. Les inondations de la Seine, dont les affluents sont nombreux et ont la forme rayonnante, sont très rares[1], tandis que celles de la Loire ou de la Garonne, dont les grands affluents prennent tous leur source dans la même région, sont fréquentes[2]. A ce point de vue, il est préférable que notre réservoir métallique soit alimenté par deux affluents d'origine différente, par l'or et l'argent, que par un seul, et s'il y en avait trois ou quatre le niveau serait d'autant plus stable, en sorte que théoriquement le *poly*-métallisme vaudrait encore mieux que le bi-métallisme. En fait, s'il n'y avait eu que le métal or la découverte des mines d'or de Californie et d'Australie aurait causé la plus profonde perturbation par une hausse démesurée des prix, et tel pourra être l'effet des mines du Transvaal ou du Klondyke. Leur épuisement en causerait une inverse encore plus redoutable.

[1] La crue de janvier 1910, d'autant plus désastreuse qu'elle était plus inattendue, n'avait pas eu de précédent depuis un siècle et demi.

[2] Pour parler sans métaphore, ce n'est ici qu'un cas particulier de *la loi de substitution* (voir ci-dessus) qui veut que toutes les fois qu'un produit peut être substitué à un autre dans la consommation, leurs valeurs s'égalisent nécessairement. Si l'électricité peut remplacer parfaitement le gaz pour l'éclairage et *vice versá*, le prix de celui-ci se règle nécessairement sur celui-là. Or, il n'est aucun cas de substitution plus parfaite que celle du franc d'argent au franc d'or — ou *vice versá* — en supposant un régime de bi-métallisme vrai, c'est-à-dire la frappe libre des deux métaux. Donc, tant qu'on peut indifféremment employer l'un pour l'autre, l'un ne saurait valoir plus ou moins que l'autre.

Il n'importe guère que les prix soient hauts ou bas, mais ce qui importe beaucoup, c'est qu'on ne voie pas brusquement les bas prix succéder à de hauts prix et *vice versâ.* L'idéal d'un bon système monétaire c'est la *stabilité des prix.*

Non seulement les bi-métallistes ne sont pas disposés à renoncer à leur système, mais encore ils voudraient y convertir les pays mono-métallistes or et prétendent qu'aucune des difficultés que l'on redoute ne se produirait si ce système était consacré par un accord international de tous les grands pays sur le pied de 15 ½, ou tout autre rapport à déterminer, 1 à 33 si l'on veut.

Cette affirmation paraît choquante aux économistes de l'école classique. Il ne saurait dépendre, disent-ils, de la volonté d'un gouvernement, ni même de tous les gouvernements réunis, de fixer la valeur respective de l'or et de l'argent *ne varietur*, pas plus que la valeur respective des bœufs et des moutons ou celle du blé et de l'avoine. La valeur des choses est fixée uniquement par la loi de l'offre et de la demande et échappe complètement à la réglementation du législateur : celle des métaux précieux ne fait pas exception à la règle.

Ce raisonnement de l'école classique nous paraît trop absolu. L'or et l'argent ne sont point des marchandises qui puissent être assimilées aux bœufs ni aux moutons, ni à toute autre marchandise, et voici pourquoi : c'est que leur principale utilité est justement de servir à fabriquer la monnaie. Par conséquent, quand on parle de la demande des métaux précieux, il faut entendre par là presque exclusivement la demande qu'en font une douzaine de grands États pour les Hôtels des monnaies. Or il n'y a rien d'absurde à penser que si cette douzaine d'acheteurs s'entendaient pour fixer les prix respectifs des deux métaux, ils ne pussent, en effet y réussir. S'ils déclarent qu'ils achèteront tous le kilo or sur le pied de 3.100 francs, et le kilo argent sur le pied de 200 francs, il est fort probable qu'ils feront la loi au marché.

On dit qu'il serait absurde de décréter qu'un bœuf vaudra toujours dix moutons ou qu'un hectolitre de blé vaudra

toujours deux hectolitres d'avoine! Oui sans doute, parce
que le marché de ces marchandises est immense et que chacun de nous par ses achats personnels contribue à en régler
les cours. Mais s'il n'y avait de par le monde qu'une
douzaine de personnes qui fissent usage de bœuf ou de mouton, il est très vraisemblable qu'il dépendrait d'elles, en se
coalisant, d'en fixer les prix sur le pied de 1 à 10 ou
sur tout autre pied qu'il leur plairait. Un pareil résultat a
été obtenu très souvent, et malgré des conditions bien
moins favorables, dans les spéculations commerciales formées par de grands commerçants coalisés, que nous avons
déjà vues sous le nom de *Cartels* ou *Trusts*[1].

Sans doute, il ne faut pas pousser cette conclusion à l'absurde. Il va sans dire qu'il ne serait pas au pouvoir des
gouvernements, fussent-ils unanimes, de décréter que le
rapport entre l'or et l'argent sera désormais sur le pied
d'égalité, ou mieux encore, que le rapport sera renversé et
que désormais 1 kil. d'argent vaudra 15 kil. ½ or! Pourquoi une telle déclaration serait-elle lettre morte? Parce
que l'emploi industriel des métaux précieux, bien que de
moindre importance que l'emploi monétaire (il absorbe
actuellement environ 1/3 de la production), ne saurait
cependant être négligé et il serait suffisant pour empêcher la
fixation d'un rapport aussi extravagant que celui que nous
venons d'indiquer. Tous les gouvernements du monde auraient beau décréter que l'argent vaudra autant que l'or,
jamais hommes et femmes ne paieront pour une montre ou
pour une bague d'argent le même prix que pour une montre ou pour une bague d'or[2].

---

[1] On peut citer d'ailleurs maintes preuves de cette influence exercée
par le législateur sur le cours des métaux précieux : — par exemple, la
stabilité du rapport entre la valeur des deux métaux qui s'est prolongée
près de trois quarts de siècle, grâce à la loi française; — et, en sens
inverse, la baisse de l'argent produite par la démonétisation de l'Allemagne, aggravée plus tard par la convention qui a supprimé la frappe
de ce métal dans l'Union Latine, et précipitée récemment par la suppression de la frappe dans l'Inde anglaise.

[2] Ajoutons que si, dans une telle hypothèse, on parvenait à maintenir

Mais dans les limites raisonnables, nous n'hésitons pas à croire qu'un accord international serait efficace pour fixer la valeur respective des deux métaux et pour supprimer par conséquent le principal inconvénient du système bi-métalliste, à savoir la fuite de l'une des deux monnaies. Où fuirait-elle, puisque par tout pays elle serait soumise à la même loi?

Seulement cet accord international est-il possible en fait? Ceci est une autre question. Il ne le semble pas, car chaque pays met un point d'honneur à adopter l'étalon d'or, et notamment le Gouvernement anglais, dont le concours serait indispensable au rétablissement du bi-métallisme, l'a toujours repoussé. D'ailleurs, les pays qui ont fixé un rapport entre les deux métaux ont établi les rapports les plus différents (Autriche 1 à 18, 22, Russie 1 à 23, 25, Japon 1 à 32, 33, etc.).

Le mieux donc pour les pays bi-métallistes paraît être de garder le *statu quo* : et c'est aussi ce qu'ils font. Cette politique pouvait présenter quelques dangers, il y a une dizaine d'années, alors que la production de l'or se raréfiait étonnamment et qu'on pouvait se demander s'il y en aurait assez pour tous les États qui voudraient le prendre comme étalon et si ceux qui tardaient à se décider n'arriveraient pas trop tard, mais dans les dernières années du xixᵉ siècle, la production de l'or a énormément augmenté et il y a lieu de penser qu'elle augmentera encore, peut-être autant et plus, toutes proportions gardées, que celle de l'argent. En sorte

la valeur de l'or au même niveau que celle de l'argent, comme les frais de production de l'or sont beaucoup plus considérables que ceux de l'argent, il en résulterait que la production argentifère déborderait, tandis que les mines d'or ne tarderaient pas à être abandonnées parce qu'elles ne donneraient plus de bénéfices ; et une semblable mesure aurait finalement pour résultat de supprimer la production de l'or dans un délai plus ou moins éloigné. De même que si l'on décrétait qu'un bœuf ne vaudra pas plus qu'un mouton et qu'on réussît à imposer cette base d'évaluation, on peut tenir pour certain que partout on renoncerait à l'élevage des bœufs pour celui des moutons et qu'au bout d'un certain temps la race bovine aurait disparu.

que la différence de valeur entre les deux métaux va peut-être diminuer et nous verrons un moment de bascule inverse de celui qui s'est produit de 1870 à 1895.

Depuis une vingtaine d'années, la production de l'or a plus que quadruplé. La production annuelle, qui était tombée au-dessous de 500 millions en 1884, atteindra bientôt 2 ¼ milliards francs. Et on découvre chaque jour des terrains aurifères nouveaux.

Il est vrai que la production de l'argent a beaucoup augmenté aussi : elle avait monté de 2.150.000 kilos en 1875 à plus de 5 millions de kilos en 1893 (quantité qui d'ailleurs, vu la baisse de valeur de l'argent, ne représentait pas une valeur supérieure à celle de 1875, soit 500 millions francs environ). Mais depuis cette époque, et précisément à raison de la baisse du métal argent, la production n'augmente plus que très faiblement. Elle est aujourd'hui de 5 ¼ millions de kilos. Aussi la valeur de l'argent tend-elle à se relever un peu. Tombée à 80 francs le kilo en 1902, elle était remontée en 1906 à 110 francs, et, après quelques oscillations, reste aujourd'hui à ce cours.

La question du bi-métallisme a donc perdu beaucoup de son acuité. Il n'y a pas péril en la demeure pour les États bi-métallistes à le rester, et s'ils veulent un jour adopter le mono-métallisme or le passage sera moins onéreux qu'aujourd'hui. La solution devient chaque jour plus facile, en même temps que moins urgente.

Seulement, comme l'or est devenu en fait la seule monnaie internationale, il faut que les pays bi-métallistes veillent à s'en assurer un stock suffisant. Si non, ils seront obligés d'en acheter pour faire leurs paiements à l'étranger, ce qui sera onéreux (voir ci-après, *Du change*).

CHAPITRE VI

LA MONNAIE DE PAPIER

I

Si l'on peut remplacer la monnaie métallique par de la monnaie de papier?

Si nous ne savions déjà par une expérience journalière que l'on peut substituer la monnaie de papier à la monnaie métallique, nous aurions quelque peine à le croire et la question inscrite en tête de ce chapitre paraîtrait bizarre.

Assurément on ne saurait remplacer du blé ou du charbon, ou une richesse quelconque, par de simples feuilles de papier sur lesquelles on aurait fait graver ces mots : « cent hectolitres de blé » ou « cent quintaux de charbon ». Ce ne sont pas ces feuilles de papier qui pourront nous nourrir ou nous chauffer. Et si même nous nous servions des pièces de monnaie, comme les filles d'Orient de leurs sequins d'or ou d'argent, pour les suspendre à notre cou, il est clair que des morceaux de papier multicolores ne pourraient en tenir lieu. —. Mais nous savons que la monnaie n'est pas une richesse comme une autre et que dans nos sociétés civilisées son utilité est toute immatérielle. Une pièce de monnaie n'est pas autre chose qu'un *bon* qui nous donne le droit de nous faire délivrer, sous certaines conditions, une part des richesses existantes (voir p. 270). Or ce rôle de « bon » peut être joué par une feuille de papier aussi bien que par un morceau de métal. Le financier Law — qui d'ailleurs par ses expérimentations prématurées mena la France à la banqueroute — a eu le mérite de parfaitement comprendre et montrer cette possibilité.

Pour mieux éclaircir ceci, il nous faut distinguer trois espèces de monnaies de papier :

1° La monnaie de papier *représentative* est celle qui ne fait que représenter une somme égale de numéraire déposée quelque part, par exemple dans les caisses d'une Banque, et qui lui servira de gage. C'est ainsi que lorsque le public trouve les écus d'argent trop encombrants, la Banque les garde dans sa caisse et les remplace dans la circulation par des billets qui, précisément parce que ce sont des feuilles de papier, sont d'un maniement plus commode. — Cette première forme de monnaie de papier ne peut présenter aucune difficulté.

2° La monnaie de papier *fiduciaire* est celle qui se présente sous la forme d'un titre de crédit proprement dit, d'une promesse de payer une certaine somme d'argent. Il est clair que la valeur de cette créance dépend uniquement de la solvabilité du débiteur : si donc on a pleine confiance dans cette solvabilité, si, comme on le dit quelquefois dans le langage des affaires, « la signature vaut de l'or », il est clair qu'il n'y a pas de raison pour que cette feuille de papier ne circule aussi facilement que la monnaie métallique. Les billets de banque rentrent en général dans cette seconde catégorie, sauf dans quelques cas particuliers que nous verrons ci-après.

3° La monnaie de papier *conventionnelle* est celle qui ne représente rien du tout et ne donne droit à rien. C'est pour celle-ci qu'il convient de réserver le nom de *papier-monnaie* dans le sens strict. Ce sont des feuilles de papier émises par un État qui n'a point de numéraire. Ces feuilles portent, il est vrai, ces mots inscrits « billets de cent francs ou de mille francs » et par là revêtent l'apparence, comme les précédents, d'une promesse de payer une certaine somme d'argent. Mais on sait que c'est une pure fiction et que l'État ne les remboursera point, puisqu'il n'a point d'argent pour cela en caisse et qu'il n'y en a même point en circulation.

C'est sous cette dernière forme surtout que la substitution de la monnaie de papier à la monnaie métallique paraît difficile à comprendre, et certes elle n'est point aussi aisée à réaliser. Cependant des expériences, cent fois répétées dans tous les pays, ont prouvé que, sous certaines conditions, cette substitution était possible et que même les peuples s'en accommodaient assez aisément. La Russie et les républiques de l'Amérique du Sud sont à ce régime depuis plusieurs générations. Pourquoi pas en effet? Si par la volonté de la loi et par le consentement général — qui doit toujours ratifier dans une certaine mesure les déclarations du législateur — ces morceaux de papiers blancs ou bleus sont investis de la propriété de servir à payer nos achats, nos dettes, nos impôts, pourquoi ne circuleraient-ils pas tout aussi bien que les pièces blanches ou jaunes? Car celles-ci ne nous servent pas à autre chose.

Cependant il faut avouer qu'entre la valeur de la monnaie métallique et celle de la monnaie de papier, il y aura toujours de graves différences. Celle-ci sera toujours plus précaire, plus resserrée, plus variable :

1° La valeur du papier est *précaire*, car elle repose uniquement sur la volonté du législateur, et la même loi qui l'a créée peut aussi l'anéantir. Si la loi démonétise le papier-monnaie, il ne restera rien entre les mains du porteur qu'un chiffon sans valeur : quand il a perdu sa valeur légale, il a tout perdu. Il n'en est pas tout à fait de même de la monnaie métallique. En dehors de sa valeur légale, elle a aussi une valeur naturelle qu'elle doit aux propriétés industrielles et rares du métal dont elle est composée. Sans doute, si l'or et l'argent étaient démonétisés *par tous pays*[1], la monnaie métallique perdrait la plus grande partie de sa valeur : il n'y a pas d'illusions à se faire à cet égard[2], et la preuve

---

[1] Par tous pays, disons-nous, car s'il n'est démonétisé que dans un seul, cela ne diminuera pre sensiblement sa valeur. Et voilà justement ce qui constitue pour le ro.er du numéraire la plus grande sécurité !

[2] C'est cependant une .llusi. a que se font même quelques économistes ou

c'est qu'il a suffi que quelques pays seulement aient démonétisé leur monnaie d'argent pour causer une baisse considérable dans la valeur du métal blanc. Toutefois même dans
cette hypothèse, les métaux précieux conserveraient encore
une certaine utilité, puisqu'ils pourraient être affectés à des
usages industriels; et comme ces emplois industriels deviendraient d'autant plus importants et d'autant plus nombreux
que la valeur du métal baisserait, il est possible que cette
baisse de valeur ne fût pas aussi grande qu'on le pense.
Mettons qu'elle fût des deux tiers ou des trois quarts de la
valeur actuelle. Encore resterait-il, entre les mains du porteur
de pièces de monnaie, une certaine valeur que la loi n'aurait pu lui ravir, probablement même une valeur supérieure

du moins contre laquelle ils ne mettent pas assez en garde leurs lecteurs.
La plupart semblent dire que le sceau de l'État imprimé sur les pièces
d'or et d'argent ne fait que constater leur valeur réelle, comme ces
étiquettes que les marchands piquent sur leurs marchandises. Mais la
déclaration que la pièce d'or de six grammes vaut 20 francs n'est pas
seulement *déclarative*, elle est en partie *attributive* de valeur. C'est
parce que la volonté du législateur, ratifiée, si l'on veut, par la volonté
des hommes, a choisi l'or et l'argent comme monnaie, que ces métaux
ont acquis la plus grande partie de leur valeur, et ils en perdraient au
moins la moitié et probablement davantage sitôt que cette loi ou cette
adhésion viendrait à disparaître.

Mais il ne faudrait pas tirer de ce fait, comme l'ont fait en sens inverse
d'autres économistes et Cernuschi notamment, cette conclusion que la
valeur des métaux précieux est purement *conventionnelle*. Pour qu'un
objet quelconque ait une utilité et une valeur reconnue, il faut toujours
que la volonté et le choix des hommes interviennent; mais si cette volonté et ce choix sont déterminés par *des causes naturelles*, la valeur
qui en résultera sera elle-même naturelle et nullement conventionnelle.
Or le choix des hommes, en se portant sur les métaux précieux, n'a rien
eu d'arbitraire, car il a été édicté par les qualités très réelles que possèdent ces métaux et que nous avons indiquées. Le blé lui-même ne doit
sa valeur qu'au fait que la plupart des hommes civilisés ont adopté cette
céréale, entre tant d'autres, pour leur alimentation, et si jamais ils la remplacent par une autre, nul doute que sa valeur ne soit anéantie; pourtant personne ne songera à dire que la valeur du blé est conventionnelle!
Il en est de même des métaux précieux. La seule différence c'est qu'il
est plus aisé de remplacer les métaux précieux comme monnaie que de
remplacer le blé comme aliment.

à celle de n'importe quelle autre marchandise qu'on aurait pu choisir comme monnaie légale.

2° La valeur de la monnaie de papier est plus *resserrée,* car comme elle est conférée par la loi, elle ne peut s'étendre en dehors des limites du territoire que cette loi régit[1]. Elle ne peut donc servir à régler les échanges internationaux. Au contraire, la valeur de la monnaie métallique, étant réglée par celle du métal, reste à peu près la même par tout pays civilisé : elle peut donc circuler partout, sinon comme monnaie frappée, du moins comme lingot. Voilà pourquoi la monnaie métallique est essentiellement une monnaie universelle et internationale, tandis que la monnaie de papier reste essentiellement une monnaie nationale.

3° Enfin la valeur de la monnaie de papier est généralement plus *variable* que celle de la monnaie métallique et cela par la raison que la quantité de monnaie de papier dépend de la volonté des hommes, tandis que la quantité de monnaie métallique ne dépend que de causes naturelles, à savoir la découverte de nouvelles mines. L'une est émise par les gouvernements, l'autre par la nature. Il est donc au pouvoir du législateur imprévoyant de déprécier la monnaie de papier en en émettant une quantité exagérée, et le fait n'est que trop fréquent ! tandis qu'il n'est au pouvoir d'aucun gouvernement de déprécier de cette façon la monnaie métallique.

Il est vrai que la découverte de mines exceptionnellement riches peut aussi jeter dans le monde, à un moment donné, une quantité considérable de métaux précieux, et, par suite faire baisser la valeur de la monnaie métallique. Il est vrai aussi que lorsqu'une période de dépression succède à une période d'activité, la monnaie métallique qui a été attirée dans un pays peut se trouver en excès. Le fait s'est produit

---

[1] Sans doute un billet de la Banque de France peut être accepté à l'étranger par un changeur ou par quiconque connaît la Banque de France et sait ce que vaut sa signature. Mais en ce cas on le reçoit, non comme une monnaie, mais comme un titre de créance, c'est-à-dire *avec l'intention de se le faire payer* — tout comme on accepterait aussi par tout pays un billet signé de MM. de Rothschild.

plus d'une fois, mais ces variations n'ont jamais l'amplitude et les fatales conséquences qu'entraîne toute variation dans la quantité de papier-monnaie, parce qu'elles s'étendent sur toute la surface du monde civilisé : partout recherchés et reçus, les métaux précieux, s'ils sont en excès dans un pays, ne tardent pas à refluer d'eux-mêmes dans les autres pays, tandis que les crues subites du papier-monnaie — étant toujours renfermées dans les limites d'un pays déterminé, qui forme comme réservoir clos et en dehors duquel elles ne peuvent se déverser — sont désastreuses.

Tels sont les inconvénients qui font du papier-monnaie un instrument si imparfait comparativement à la monnaie métallique. Mais ajoutons qu'ils pourraient être très atténués et même disparaître presque complètement, si l'on imaginait une convention internationale conclue entre tous les pays civilisés et par laquelle ils s'engageraient tous :

1° à donner cours légal à un même papier-monnaie;

2° à n'en pas augmenter la quantité, ou à ne l'augmenter que dans une proportion déterminée à l'avance, calculée pour chaque pays, par exemple, d'après l'accroissement de sa population.

En ce cas, la valeur du papier-monnaie, quoique toujours conventionnelle, artificielle si l'on veut, néanmoins par le seul fait qu'elle reposerait sur le consentement unanime des peuples, aurait désormais une assiette aussi large et plus stable que la valeur de la monnaie métallique elle-même. Car si, comme nous l'avons dit tantôt, celle-ci est émise par la Nature et celle-là par les Gouvernements, il faut remarquer que la Nature est aveugle, tandis que les Gouvernements ne doivent pas l'être ! Ils ont aujourd'hui, comme nous le verrons ci-après, assez de moyens de se renseigner, pour pouvoir régler l'émission du papier-monnaie d'après les besoins de la circulation. Dès lors, comme sa quantité serait réglée par les prévisions scientifiques et non plus par le jeu du hasard, il est à croire que sa valeur serait moins sujette à varier. C'est probablement sous cette forme que sera la monnaie de l'avenir.

Le caractère de la monnaie de papier d'être artificielle
n'est point du tout un signe d'infériorité : bien au contraire !
Le chronomètre est un instrument artificiel pour mesurer
les heures, tandis que le soleil est un instrument naturel.
Cela n'empêche pas que le premier ne soit, pour cet usage,
fort supérieur au second. C'est la caractéristique même du
progrès de remplacer les instruments naturels par des instruments artificiels : le [bâton par le fusil, le cheval par la
locomotive, la lumière du soleil par la lampe électrique et
sa chaleur par le calorifère.

II

Si la création d'une monnaie de papier équivaut à une création de richesse.

Les hommes qui les premiers ont eu l'idée de créer de la
monnaie de papier[1] se flattaient par là d'accroître la richesse
générale, de la même façon que s'ils avaient découvert une
mine d'or ou réalisé le Grand-OEuvre de la permutation des
métaux rêvé par les alchimistes.

Sous cette forme l'idée était évidemment absurde, car elle
suppose une création de richesses *ex nihilo*. Et pourtant on
l'a trop tournée en ridicule, caril est très vrai que l'émission
d'une monnaie de papier peut accroître dans une certaine
mesure la quantité de richesses existant dans un pays. Mais
de quelle façon ? C'est Adam Smith qui le premier en a

[1] Qui a inventé la monnaie de papier? On ne sait. Elle était connue
en Chine de temps immémorial et le voyageur Marco Polo au xive siècle
en avait rapporté la description. L'antiquité nous a laissé maints exemples
de monnaies, sinon de papier, du moins de cuir ou d'une valeur purement conventionnelle, que l'on appelait monnaies *obsidionales* parce
qu'elles avaient été en général émises dans des villes assiégées, pour
suppléer à la monnaie métallique qui faisait défaut. C'est le financier
Law qui a fait le premier sur une grande échelle, en 1721, l'émission
de la monnaie de papier : tout le monde sait à quelle catastrophe aboutit
son système.

donné l'explication. Il fait observer que la monnaie métallique qui circule dans un pays est un capital improductif et que la substitution de la monnaie de papier, en rendant disponible ce capital, permet de l'utiliser et de lui donner un emploi productif. C'est ainsi, dit-il, dans une comparaison restée célèbre, que si l'on trouvait le moyen de voyager dans les airs, on pourrait restituer à la culture et à la production toute la surface du sol occupée par les routes.

La comparaison ingénieuse d'Adam Smith laisse cependant quelque obscurité dans l'esprit. On voit bien clairement que du jour où l'on n'aurait plus besoin des routes ni des chemins de fer, on pourrait défricher le terrain qu'ils occupent et rendre ainsi à la culture et à la production environ 400.000 hectares, rien que pour la France, — mais on ne voit pas aussi clairement ce qu'on pourra faire de la monnaie métallique du jour où l'on aura trouvé le moyen de s'en passer. La fera-t-on fondre pour en faire de la vaisselle ou des pendants d'oreilles ? Le gain sera bien mince. — Non ! mais on l'emploiera en achats ou en placements à l'étranger : voilà le bénéfice. La France a un capital de 6 milliards environ sous forme de monnaie d'or et d'argent. Ce capital énorme ne lui rapporte rien. Supposons qu'on trouve le moyen de le remplacer par du papier : voilà 6 milliards qu'elle pourra placer à l'étranger, soit en achetant des titres de rentes, des actions de chemins de fer, des terres, des navires, soit en renouvelant son outillage industriel ou agricole, et qui, d'une façon ou de l'autre, pourront lui rapporter 4 ou 5 p. 0/0, c'est-à-dire 2 ou 300 millions de revenus.

Ainsi font ces familles qui, possédant une argenterie ou des bijoux d'une valeur considérable, les remplacent par un métal d'imitation ou des pierres fausses et réalisent le capital ainsi investi pour grossir leurs revenus. Ou encore comme ces particuliers bien avisés qui, sachant que l'argent ne rapporte rien aussi longtemps qu'il dort dans leur poche ou dans leur coffre-fort, ont soin de n'en garder chez eux que le strict nécessaire et de placer tout le reste. Les plus riches sont le plus souvent ceux qui ont le moins d'argent chez eux. Le paysan économe a un tiroir secret plein de napoléons ou d'écus, mais le millionnaire n'a, pour payer son fournisseur, qu'un carnet de chèques.

Les nations peuvent faire de même. Tandis que la France emploie 6 à 7 milliards de numéraire, l'Angleterre, plus experte en fait de crédit, se contente de 3 ; elle n'en est pas plus pauvre pour cela, au contraire !

Quand donc on pose cette question : Peut-il dépendre d'un État ou même des banques, en émettant du papier-monnaie, d'augmenter réellement la richesse du pays? il ne faut pas répondre par une négation absolue. En réalité la chose est faisable, mais *seulement jusqu'à concurrence de la quantité de monnaie métallique existante*. En remplaçant les 6 milliards de numéraire que possède la France par égale somme en billets, l'émission du papier-monnaie pourrait en effet procurer à la France un supplément de richesses de 6 milliards — pas un sou de plus, et encore est-ce là un maximum théorique, car en fait il serait bien téméraire d'aller jusqu'à cette limite.

Il importe de remarquer encore que si le gain que nous venons d'indiquer peut être réalisé par certains pays, il ne saurait l'être *par tous à la fois*. Un pays peut bien utiliser son stock métallique d'une façon productive en l'écoulant à l'étranger, mais si chacun voulait en faire autant, il est clair qu'aucun n'y réussirait. Les espèces d'or et d'argent étant offertes par tous les pays qui chercheraient à s'en débarrasser   r̃ étant plus demandées par aucun, deviendraient une marchandise encombrante et désormais sans valeur [1].

Et toutefois, même dans cette hypothèse, fort invraisemblable d'ailleurs, le genre humain trouverait encore son compte à se passer des métaux précieux. Il économiserait en

---

[1] C'est en cela que la comparaison d'Adam Smith pèche un peu. Car si l'on découvrait le moyen de se passer de routes, il en serait autrement : *tous les pays à la fois* pourraient bénéficier également de l'utilité nouvelle qu'ils trouveraient dans les terrains autrefois consacrés au transport et désormais devenus disponibles.

effet désormais tout le travail qu'il consacre annuellement à entretenir son stock métallique, à convertir les lingots en monnaie, à combler le vide que le fret et les pertes accidentelles y causent chaque jour, et surtout à en maintenir la masse au niveau qu'exigent les besoins d'un commerce et d'une population toujours grandissante. Pense-t-on que ce travail-là soit peu de chose? L'extraction des mines, la fonte, le transport, le monnayage, le change, représentent le travail d'au moins 200,000 travailleurs, toute une armée. Supprimez la nécessité d'employer les métaux précieux et tous ces bras vont devenir disponibles pour une production nouvelle. La force productive de l'humanité en sera accrue d'autant.

En résumé, on voit que la réponse à la question qui fait le titre de ce chapitre est bien différente de celle qu'on donnait autrefois. Il ne faut plus dire que la monnaie de papier accroît la richesse d'un pays *dans la mesure où elle augmente son stock monétaire*, mais au contraire *dans la mesure où elle permet de le diminuer*.

Tel est l'avantage *économique* que peut procurer l'émission du papier-monnaie à un pays. Mais il n'intéresse guère que les économistes et ce n'est pas ce motif-là qui détermine les gouvernements à émettre du papier-monnaie. Le but qu'ils visent par là est plus pratique et plus simple : c'est un avantage *financier*. Quand un gouvernement se trouve à court d'argent, la création d'un papier-monnaie est pour lui un moyen très commode de payer ses fournisseurs, ses fonctionnaires, ses dépenses, *sans être obligé d'emprunter et par conséquent sans avoir besoin de payer d'intérêt*. Quand un gouvernement est dans cette situation, il est probable qu'il ne jouit pas d'un crédit très élevé, et que, s'il est forcé d'emprunter, le taux d'intérêt sera très onéreux. Voilà pourquoi le papier-monnaie peut lui procurer en ce cas une économie qui n'est pas à dédaigner. Beaucoup d'États y ont eu recours et en somme ne s'en sont pas mal trouvés, à la condition, bien entendu, de ne pas dépasser dans leurs émissions la limite que nous avons fixée et qui est repré-

sentée par la quantité de monnaie métallique en circulation [1].
Toute émission qui dépasserait cette limite ne pourrait avoir
pour résultat que de déprécier la monnaie de papier et elle
infligerait au pays et à l'État lui-même des pertes bien supérieures à l'économie dont nous venons de parler.

III

Des dangers qui résultent de l'emploi
du papier-monnaie et des moyens de les prévenir.

Les avantages que peut procurer la monnaie de papier soit
à un pays, soit à un gouvernement, sont donc réels, mais il
se peut qu'ils soient payés bien cher, plus cher peut-être
qu'ils ne valent. Et on a même pu dire que le papier-monnaie « est le plus grand fléau des nations; il est au moral ce
que la peste est au physique [2] ».

Toutefois il est bon de remarquer que ces fâcheux effets
sont dus plutôt à l'imprudence des gouvernements qu'à la
nature même du papier-monnaie. Ils ne se manifestent en
effet que lorsque le gouvernement a voulu franchir la limite
que nous avons déjà marquée et émettre de la monnaie de

---

[1] Pendant la guerre franco-allemande, le Gouvernement français eut
besoin d'argent : il émit pour 1.500 millions de francs en billets. S'il les
avait demandés à l'emprunt, il aurait dû payer 6 p. 0/0 environ, soit
90 millions par an. S'il avait voulu émettre directement ce papier-monnaie, il aurait pu ne rien débourser du tout, excepté les frais de fabrication. Mais il préféra, avec grande raison d'ailleurs, recourir à l'intermédiaire de la Banque de France, en lui payant un droit de commission
de 1 p. 0/0, ce qui ne lui coûta que 15 millions par an. Quant au pays il
y gagna aussi, parce qu'il ne restait plus qu'une quantité d'argent tout
à fait insuffisante en circulation, soit qu'il eût été exporté pour les achats
d'armes à l'étranger, soit plutôt qu'il se cachât. L'émission de ces billets
fut donc un bienfait pour tous; même la quantité émise resta au-dessous
des besoins, puisque plusieurs banques privées durent se syndiquer pour
émettre de petits billets au-dessous de 5 francs que le public réclamait.

[2] Circulaire du 25 octobre 1810 de M. de Montalivet, parlant au nom
de Napoléon I⁰ʳ.

papier en quantité supérieure aux besoins (besoins qu'on peut très suffisamment mesurer par la quantité de monnaie métallique habituellement en circulation). Malheureusement la tentation est grande, pour un gouvernement obéré, de franchir ce cercle fatal : beaucoup l'ont fait et ceux-là ont fini par la banqueroute[1].

Toutefois on peut dire que, dans l'état actuel de la science économique, un gouvernement qui franchit la limite est vraiment inexcusable. Il y a en effet des signes certains, familiers à l'économiste et au financier, qui permettent de reconnaître le danger, même à distance, et qui donnent des indications plus sûres que celles que le plomb de sonde ou les amers peuvent donner au pilote :

1° Le premier, c'est la *prime de l'or*. Du jour où le papier-monnaie a été émis en quantité exagérée relativement aux besoins, il commence à se déprécier suivant la loi constante des valeurs, et le premier effet de cette dépréciation, le pre-

---

[1] Tout le monde connaît la lamentable histoire des *assignats* qui furent émis par la Convention et le Directoire jusqu'au chiffre extravagant de 45 milliards, c'est-à-dire vingt fois probablement la quantité du numéraire existant à cette époque ! Alors même que cette émission se serait faite en bonnes pièces d'or et d'argent, elle n'en aurait pas moins entraîné une dépréciation considérable de la monnaie métallique, puisque celle-ci se serait trouvée vingt fois supérieure aux besoins. On peut penser dès lors quelle dut être la dépréciation d'une simple monnaie de papier ! L'assignat de 100 francs finit par tomber, en février 1796, à 7 sous ! et on vit une paire de bottes se vendre 4.000 francs.

Sans remonter si loin, en 1903, en Colombie, la piastre en papier, qui au pair vaut 5 francs, est tombée à moins de 5 centimes. Aussi un œuf s'y vendait 2 piastres 1/2 (12 fr. 50) et une mule environ 30.000 piastres (150.000 fr.) !

L'expérience a démontré que lorsque l'émission de la monnaie de papier est confiée à des banques, au lieu d'être faite directement par le gouvernement, elle s'opère en général avec beaucoup plus de mesure et présente beaucoup moins de dangers — parce que les banquiers sont plus vigilants pour défendre leurs intérêts ou du moins ceux de leurs actionnaires que ne l'est le Trésor, hélas ! pour défendre les intérêts du public. Aussi la plupart des gouvernements ont-ils recours aujourd'hui à ce procédé (Voy. au chapitre du Crédit, *De la différence entre le billet de banque et le papier-monnaie*).

mier signe qui la révèle, alors qu'elle n'apparaît point
encore aux yeux du public, c'est que la monnaie métallique fait prime. La monnaie métallique n'est point englobée,
en effet, dans cette dépréciation commençante de l'instrument monétaire : pourquoi le serait-elle, puisque l'or et l'argent ont conservé partout leur ancienne valeur? Les banquiers et les changeurs commencent à la rechercher pour
l'envoyer à l'étranger sous forme de lingots et ils paient une
petite prime pour se la procurer. Voici alors pour les financiers le moment d'ouvrir l'œil !

2º Le second, c'est la *hausse du change*. Les créances
payables sur l'étranger, c'est-à-dire les lettres de change,
donnent lieu dans toutes les places commerciales du monde
à un grand mouvement d'affaires. Elles ont un cours public,
comme toute autre marchandise, qui est justement ce qu'on
appelle le cours du change. Or, ces créances sur l'étranger
sont toujours payables en or ou en argent, le plus souvent
en or, puisque c'est la monnaie internationale. Si donc la
France était au régime du papier-monnaie et que ce papier
fût déprécié, on verrait aussitôt les créances sur l'étranger,
sur Londres par exemple, hausser de prix comme l'or lui-
même, puisqu'en effet elles valent de l'or — et quand la
pièce d'or ferait prime de 2 p. 0/0 et se vendrait 20 fr. 40,
la lettre de change de 25 francs sur Londres ferait une prime
égale et se vendrait 25 fr. 50 (voir ci-après *Du change*).

3º Le troisième, c'est la *fuite de la monnaie métallique*.
Si faible que soit la dépréciation de la monnaie de papier, si
cette dépréciation n'est pas immédiatement conjurée par le
retrait du papier en excès et si on la laisse se prolonger et
s'aggraver, on verra disparaître le peu de monnaie métallique qui restait encore. Ce phénomène est tout à fait caractéristique : il se manifeste dans tous les pays où l'on a abusé
du régime du papier-monnaie, en Russie, dans toute l'Amérique du Sud (pays de mines d'or ou d'argent cependant!)
Nous l'avons expliqué en détail à propos de la loi de Gresham : nous n'y revenons pas (voir p. 285).

4º Le quatrième, c'est la *hausse des prix*. Il n'apparaît que plus tard et indique que le mal est déjà grave et que la limite permise a été beaucoup dépassée. Aussi longtemps, en effet que la dépréciation du papier-monnaie est faible, par exemple de 2 ou 3 p. 0/0, les prix ne s'en ressentent guère (excepté le prix des lingots d'or ou d'argent). Le marchand en détail ou même en gros ne majorera pas le prix de ses marchandises d'une si petite différence, et le ferait-il que le public ne s'en inquiéterait pas. Mais du jour où la dépréciation de la monnaie de papier atteint 10, 12 ou 15 p. 0/0, alors tous les marchands ou producteurs haussent leurs prix proportionnellement. Le mal, qui jusqu'alors était à l'état latent, fait éruption au dehors et se révèle au grand jour[1].

5° Enfin, il faut remarquer que les anciens prix ne changent pas pour les personnes qui peuvent payer en monnaie métallique, si toutefois il leur en reste encore : celle-ci en effet n'a rien perdu de sa valeur, bien au contraire. On assiste donc à un curieux spectacle, celui du *dédoublement des prix;* chaque marchandise se trouve avoir désormais deux prix, l'un payable en monnaie métallique, l'autre payable en monnaie de papier et la différence entre les deux mesures est précisément la dépréciation de celle-ci.

Sitôt donc qu'un gouvernement constate les signes précurseurs, à savoir la prime de l'or ou la hausse du change[2], son premier devoir est de s'interdire absolument toute émission nouvelle du papier-monnaie : il a atteint en effet la limite à laquelle il faut s'arrêter. S'il a eu le malheur de la

---

[1] Les commerçants et les producteurs ne sont pas fâchés de cette hausse, et ils s'y habituent si bien qu'on les voit même s'attacher au régime du papier-monnaie et s'opposer à son abolition qui aurait pour résultat de rétablir les anciens prix. Quand les États-Unis étaient au régime du papier-monnaie, il y avait tout un parti désigné sous le nom assez significatif d'*inflationists*, qui a fait tous les efforts possibles pour le maintenir; et le même parti revit aujourd'hui dans la République Argentine. Pour l'explication de ce fait, voir p. 275.

[2] Quand, après la guerre de 1870, la France était sous le régime de la monnaie de papier et que tout son or passait en Allemagne pour payer l'indemnité de guerre, l'or fit prime un moment de 2 1/2 0/0 (0 fr. 50 pour une pièce d'or de 20 fr.). C'était peu, mais ce fut assez pour donner l'éveil au Gouvernement, et le danger fut conjuré.

franchir et s'il voit se manifester conséquences plus redoutables de la hausse et du dédoublement des prix qui lui crient :
casse-cou! il doit faire machine en arrière et détruire tout
le papier-monnaie au fur et à mesure qu'il rentre dans ses
caisses, jusqu'à ce qu'il l'ait ramené à de justes proportions.
Mais ce remède héroïque, puisqu'il implique le sacrifice
partiel des revenus de l'État, n'est pas à la portée de tous
les gouvernements. La condition *sine qua non* pour qu'ils
puissent l'employer, c'est qu'ils soient en mesure de se passer d'une partie de leurs revenus, c'est-à-dire qu'ils trouvent
des excédents dans leurs budgets.

IV

Le chèque.

Si la monnaie de papier a l'avantage d'économiser la
monnaie métallique, ce n'est, comme on peut le voir, qu'au
prix de graves inconvénients et même de grands dangers.
Si donc on pouvait trouver quelque moyen d'économiser la
monnaie métallique sans recourir à ce dangereux substitut,
ce serait, certes un grand bienfait.

Or, ce moyen existe : il est à la fois plus radical et plus
inoffensif que la monnaie de papier. Il n'expulse pas la monnaie métallique, mais il dispense de s'en servir. C'est le billet
de banque et mieux encore le chèque. Ne parlons pour le
moment que de celui-ci.

Voici comment les choses se passent en pratique, par
exemple en Angleterre. Chaque fois qu'un Anglais a un
paiement à faire, même pour ses dépenses courantes, à un
fournisseur par exemple, il lui remet un *chèque*, c'est-à-dire
un ordre de payer sur son banquier (cet ordre suppose naturellement un dépôt d'argent fait préalablement chez le banquier)[1]. Le fournisseur ne se donne pas la peine d'aller tou-

---

[1] C'est en effet le caractère juridique et économique du chèque qu'il

cher ce chèque, mais il le remet à son propre banquier, et celui-ci, le plus souvent, ne le touche pas davantage. Voici pourquoi. C'est que tous les banquiers, en Angleterre, se trouvant réciproquement créanciers et débiteurs les uns des autres pour des sommes énormes, leurs correspondants à Londres n'ont qu'à s'entendre et à balancer leurs comptes. C'est justement ce qu'ils font en se réunissant tous les jours dans le *Clearing-House* (Chambre de liquidation)[1] où se règle ainsi par de simples compensations un chiffre de transactions qui s'élève annuellement à plus de 300 milliards de francs, donc en moyenne 1 milliard de francs *par jour!* Les Chambres de compensation des États-Unis liquident des sommes encore plus colossales (près de 800 milliards en 1907), mais c'est parce que les opérations de Bourse y sont comprises. Pour régler les différences sur ces énormes opérations, on n'a besoin de recourir à la monnaie métallique que dans des proportions infimes (3 p. 0/0 environ).

Ce système de compensation est facilité par l'emploi très habituel en Angleterre du *chèque barré* (*crossed*), c'est-à-dire ne pouvant être payé à une personne quelconque, mais seulement au banquier nominativement désigné entre deux

suppose toujours une somme d'argent, une *provision*, comme on dit, chez le banquier. C'est donc un instrument de paiement et [non un instrument de crédit. Par là il se distingue des titres de crédit que nous étudierons plus loin, de la lettre de change et même du billet de banque qui ne suppose pas nécessairement une somme égale en argent dans l'encaisse de la Banque.

Néanmoins, en fait, le chèque est sur la limite qui sépare la monnaie du crédit, car souvent il est payé par le banquier alors même que celui-ci n'a pas la somme correspondante au compte de son client, s'il est avec lui en compte-courant. Et, en tout cas, le créancier qui reçoit un chèque en paiement fait acte de foi car il n'est jamais sûr qu'il sera payé : il se peut, en effet, que la provision n'existe pas ou que la signature soit fausse ou que le chèque ait été volé.

[1] Ils ne s'y réunissent pas tous, cela va sans dire ! mais au nombre de 18 qui viennent y apporter les chèques de tous les autres banquiers leurs correspondants. Chacun inscrit ce qu'il doit et ce qui lui est dû et les différences sont portées au compte de chacun à la Banque d'Angleterre où tout vient se centraliser.

barres transversales tracées obliquement sur le chèque. Et ce banquier lui-même généralement ne le touche jamais en argent mais le règle par compensation avec ses confrères. Aussi a-t-on pu définir humouristiquement le chèque barré : un chèque fait pour n'être jamais payé. L'avantage de ce chèque c'est qu'il ne peut servir à personne autre qu'au banquier dont il porte le nom, et par conséquent peu importe qu'il soit volé ou perdu[1].

En France l'usage du chèque est beaucoup moins répandu et bien moins encore celui du chèque barré. Le chèque est très employé dans les affaires, mais peu dans les dépenses quotidiennes. C'est que le Français de classe moyenne garde chez lui ses valeurs et touche directement les coupons, et il paie lui-même ses fournisseurs. Il n'a donc pas besoin de chèques. Du reste un fournisseur ne peut accepter un chèque en paiement que d'une personne honorable, car rien ne lui garantit qu'il sera payé. Par là l'usage du chèque implique un état moral assez élevé[2].

On peut même aller plus loin et supprimer le chèque. Supposons que tous les Français sans exception aient un compte ouvert dans une même maison de banque qui sera chargée d'encaisser, pour chacun de ses clients, toutes leurs recettes qu'elle porte à leur *crédit*, et de régler pour eux toutes leurs dépenses qu'elle porte à leur *débit*. Dans une semblable organisation, on pourrait supprimer la monnaie jusqu'au dernier centime. Toutes les fois que je ferais un

[1] Dans certains pays, notamment en Autriche et en Suisse, l'administration des Postes remplit aussi pour les petites bourses et sur une petite échelle encore, mais qui va rapidement grandissant, ce rôle de banque de compensation.

[2] Le chèque est employé aussi bien aux plus gros paiements qu'aux besoins du ménage. Lors du paiement de l'indemnité de guerre de la Chine au Japon, en 1896, un à-compte de 8.250.000 liv. sterling (206 millions fr.) a été payé par l'ambassadeur de Chine à l'ambassadeur du Japon en un simple chèque sur la Banque de Londres sans qu'un penny ait été déplacé, et de même, après la guerre russo-japonaise en 1906, un chèque de 121 millions francs a été remis par l'ambassade de Russie à Londres à l'ambassadeur du Japon.

achat, au lieu de payer mon fournisseur, je me bornerais à dire à la Banque de porter la somme due à mon débit, et au crédit du marchand : celui-ci à son tour, toutes les fois qu'il aurait acheté des fournitures quelconques, ferait de même. Si, au lieu de solder des dépenses j'avais à faire un placement, on procéderait de la même façon : la Banque porterait à mon débit la somme représentant la valeur du titre acheté et une valeur égale au crédit de la Compagnie qui l'a émis ou du précédent titulaire qui me l'a vendu. A la fin de l'année, la Banque enverrait à chacun son compte. Il se solderait par une balance, soit en faveur de la Banque, soit en faveur du client. On reporterait ce solde pour l'année suivante, soit au débit du client dans le premier cas, soit à son crédit dans le second cas, et ainsi de suite. Il est clair qu'en généralisant ce système on pourrait théoriquement régler la totalité des transactions par de simples règlements d'écritures par des *virements de parties*, comme l'on dit.

V

Comment les perfectionnements de l'échange tendent à nous ramener au troc.

L'évolution que nous venons de retracer appelle notre attention sur un fait des plus curieux. Il est évident qu'elle tend, comme l'avait fait remarquer Stanley Jevons, en supprimant complètement l'instrument des échanges, à nous ramener à l'échange direct de marchandises contre marchandises c'est-à-dire, en somme, au troc. Il y a, en effet, dans les procédés savants et compliqués qui constituent le dernier mot du progrès économique, une curieuse ressemblance avec les procédés primitifs des sociétés encore barbares. Ce n'est pas la première fois que l'on signale dans le développement historique des peuples cette marche singulière de l'esprit humain qui, parvenu au terme de sa carrière, semble revenir tout près de son point de départ ayant décrit ainsi, sinon

un de ces grands cercles qui avaient si fort frappé l'imagination de Vico, du moins une courbe en forme de spirale
ascensionnelle[1].

C'est bien à une sorte de troc que l'on arriverait dans l'hypothèse que nous avons supposée, celle où tous les habitants d'un pays seraient clients d'une même banque : un
tel régime social, où nul n'aurait plus besoin de monnaie, ne
pourrait fonctionner que parce que chacun paierait les produits ou les services qu'il consommerait avec ses propres
produits ou ses propres services.

C'est bien une sorte de troc qui est réalisé dans cette merveilleuse institution du *Clearing-House*, car ces liasses mon-
strueuses de chèques, lettres le change, effets de commerce,
qui sont échangés et compensés chaque jour, ne sont que
les signes représentatifs de monceaux de caisses, de ballots,
de barriques, qui ont été échangés en nature et, pour qui
sait regarder derrière les coulisses, le *Clearing-House* apparaît comme un grandiose marché analogue à ceux des peuplades africaines ou des cités disparues, avec cette seule différence qu'au lieu d'échanger des marchandises en nature on
échange les titres qui les représentent.

Et, comme nous le verrons dans le chapitre suivant, le
commerce international entre deux pays tend toujours à
prendre la forme du troc; chacun importe autant qu'il
exporte et *vice versa*.

Il est vrai que si les métaux précieux perdent leur fonction d'instruments d'échange, ils conservent toutefois leur
autre fonction de mesure des valeurs, car il est clair que la

---

[1] C'est un phénomène analogue à celui qui tend à supprimer le marchand pour revenir à la mise en contact du producteur et du consommateur.

On pourrait en trouver dans les autres sciences sociales bien d'autres
exemples non moins curieux : — le formalisme littéral des législations
primitives tend à revivre dans les législations avancées, sous forme de
mentions inscrites sur des registres; — le gouvernement direct par le
peuple des cités antiques reparaît dans le *referendum* des Constitutions
modernes; le service militaire obligatoire pour tous les citoyens nous
ramène à l'état qui a précédé l'institution des armées permanentes, etc.

valeur de tous ces papiers, billets de banque, etc., repose en fin de compte sur la monnaie métallique. Seulement cette base devient chaque jour de plus en plus étroite relativement à l'énorme édifice que le crédit bâtit sur elle. C'est, comme on l'a dit, une pyramide grandissante qui repose sur le sommet, ou une toupie tournant avec une rapidité vertigineuse sur une pointe de métal immobile, et dans ces conditions l'équilibre paraît terriblement instable. Dès que la toupie cesse de tourner, elle tombe !

Et il n'est pas dit que, même comme mesure des valeurs, les métaux précieux ne perdent un jour leur antique privilège. On peut très bien concevoir un état social dans lequel l'unité de valeur servant à régler les comptes serait purement nominale et ne correspondrait à aucune pièce existante dans la circulation. On peut trouver dans l'histoire bien des monnaies de compte de ce genre, à commencer par le *mark banco* des banques du Moyen âge, la *livre tournois* de l'ancien régime en France, ou la *guinée* des Anglais aujourd'hui pour certains paiements honorifiques.

Et c'est seulement quand la monnaie sera devenue une pure abstraction que l'état social que nous avons indiqué dans le chapitre précédent — celui où tous les rapports économiques entre les hommes seront réglés par de simples écritures — pourra être pleinement réalisé.

CHAPITRE VII

L'ÉCHANGE INTERNATIONAL

I

Ce qu'il faut entendre par balance du commerce.

On appelle *balance du commerce* le rapport qui existe entre
la valeur des importations et celle des exportations. Si nous
consultons les statistiques des exportations et des importations, nous voyons que cette égalité n'existe presque jamais :
la balance du commerce penche tantôt du côté des importations, tantôt du côté des exportations : toutefois le premier cas est le plus fréquent.

Prenons pour exemple la France. Voici les chiffres du
commerce de la France (commerce spécial)[1] dans les cinq
dernières années :

1907...	Importations	6.223 millions		Exportations	5.596 millions.
1908...	—	5.640	—	—	5.051	—
1909...	—	6.246	—	—	5.718	—
1910...	—	7.173	—	—	6.234	—
1911...	—	8.160	—	—	6.172	—
	Total..	33.442			28.771	

On voit que les chiffres des importations et exportations diffèrent notablement et le plus souvent les premières

---

[1] On entend par *commerce général* le mouvement de toutes les marchandises qui entrent en France ou en sortent, ne fût-ce que pour toucher terre, et par *commerce spécial* seulement le mouvement des marchandises qui ont été produites à l'intérieur ou qui sont destinées à la
consommation intérieure : il ne comprend donc ni les marchandises en

l'emportent. Une seule fois depuis trente ans, en 1905, ce sont les exportations qui l'ont emporté.

Néanmoins il résulte donc de ces chiffres que dans une période de cinq ans seulement, la France a acheté à l'étranger pour 4.671 millions fr. de marchandises de plus qu'elle ne lui en à vendu, ce qui représente un excédent annuel des importations sur les exportations de 934 millions, près de 1 milliard.

Faut-il conclure de ces chiffres que la France est obligée de payer tous les ans à l'étranger environ 1 milliard fr. en monnaie par an? Ce n'est pas probable, car il est facile de constater par l'observation la plus superficielle que la quantité de monnaie en circulation ne paraît pas avoir sensiblement diminué. Mieux que cela! elle a augmenté. En effet, les mêmes douanes qui enregistrent les exportations et les importations de marchandises, enregistrent aussi les entrées et les sorties de métaux précieux. Or voici les chiffres relatifs à la même période :

1907.....	Entrées...	805 millions.	Sorties...	371 millions.
1908.....	—	1.173 —	—	184 —
1909.....	—	540 —	—	361 —
1910.....	—	405 —	—	389 —
1911.....	—	455 —	—	290 —
		3.378		1.595

Le stock numéraire de la France s'est donc accru, durant cette même période, de 1.783 millions, soit 357 millions par an, 1 million par jour! C'est donc précisément l'inverse!

Si nous prenions l'Angleterre, les chiffres seraient plus surprenants encore. L'excédent annuel des importations sur les exportations y dépasse régulièrement 5 milliards fr., c'est-à-dire que six mois devraient suffire pour enlever tout le numéraire de l'Angleterre, car il ne dépasse pas trois

transit, ni les admissions temporaires. Le commerce spécial est nécessairement inférieur au commerce général : cette différence, pour la France, est de plusieurs milliards. La proportion est plus considérable dans d'autres pays à raison de leur situation géographique : en Suisse, par exemple.

milliards de francs! Il n'en est rien pourtant et nous voyons au contraire, là comme en France, les entrées de numéraire dépasser ordinairement les sorties.

Quel est donc le mot de l'énigme? Celui-ci tout simplement : pour savoir si le commerce extérieur d'un pays est en équilibre, ce n'est point uniquement la balance de ses exportations et de ses importations qu'il faut considérer, comme on le fait généralement dans le public, mais bien la *balance de ses créances et de ses dettes*. Or, la balance des comptes n'est pas la même que la balance du commerce : à vrai dire, les exportations constituent bien une créance sur l'étranger et même la principale, mais il peut en exister d'autres : les importations constituent bien aussi la principale dette vis-à-vis de l'étranger, mais elle n'est pas la seule.

Et quelles sont donc ces créances ou ces dettes internationales, distinctes des exportations et des importations, que l'on a appelées très bien des exportations ou importations *invisibles?*

Elles sont nombreuses[1], voici les principales :

1° Les *frais de transport* des marchandises exportées, c'est-à-dire le fret et l'assurance. — Si le pays qui exporte fait lui-même le transport de ses marchandises, ce qui n'est pas toujours le cas, il acquiert une créance sur l'étranger qui assurément ne figurera pas dans les exportations, puisqu'elle ne prend naissance qu'après que la marchandise est sortie du port et en route pour sa destination. Un pays comme l'Angleterre a de ce chef une créance énorme sur l'étranger : elle a été évaluée par le *Board of Trade* à 2,255 millions fr. par an; non seulement en effet l'Angleterre transporte la totalité de ses propres marchandises, mais encore la

---

[1] Mais il faut se garder d'y faire figurer, comme le font nombre de traités d'économie politique, les *profits* des exportateurs. Ces profits sont déjà comptés dans la valeur des exportations et cela ferait donc double emploi. Cette valeur est fixée par une commission dite *Commission des valeurs en douane*, d'après le cours des marchandises; or, ce cours correspond aux prix de vente et comprend naturellement les profits des fabricants.

plus grande partie des marchandises des autres pays et naturellement elle ne le fait pas gratis[1].

La France au contraire a, de ce chef, une dette évaluée à
300 ou 400 millions francs. Elle ne transporte guère en effet
sur ses propres navires que la moitié de ses exportations et
le tiers de ses importations.

2° Les *intérêts des capitaux placés à l'étranger*. — Les
pays riches placent à l'étranger une grande partie de leurs
épargnes et, de ce chef, ont à toucher au dehors tous les ans
des sommes très considérables en coupons de rentes, d'actions ou d'obligations, ou même sous forme de fermages ou
de profits d'entreprises industrielles ou commerciales. On
évalue ainsi à plus de 2 milliards francs le tribut que l'Angleterre prélève de ce chef sur l'étranger ou sur ses propres
colonies. Non seulement c'est sur la place de Londres que les
Indes et les colonies d'Australasie ont négocié la presque
totalité de leurs emprunts, mais encore que d'entreprises les
Anglais dirigent ou commanditent dans le monde entier!
Ils se sont rendus acquéreurs aux États-Unis de terrains

---

[1] Cette majoration, dont les frais de transport surchargent la valeur
des marchandises, explique le fait suivant qui, au premier abord, paraît
inexplicable. Si on fait le total des exportations et des importations de tous
les pays du monde, on constate une supériorité constante des importations sur les exportations. C'est ainsi que, d'après l'Office de Statistique
universelle d'Anvers en 1904, la valeur totale des importations du monde
était de 67 milliards de francs, tandis que la valeur totale des exportations n'était que de 63 milliards, soit 4 milliards de moins. Or si, au
lieu de comparer les *valeurs* des marchandises entrées et sorties, on
comparait leurs *quantités*, il est bien évident que les deux totaux seraient égaux, car il est clair qu'*il ne peut pas y avoir de par le monde
plus de marchandises entrées que sorties*, à moins de supposer qu'elles
se multiplient en route? Tout au contraire, comme une partie se perd en
route par le fait des naufrages et déchets, il est certain que les marchandises arrivées doivent être un peu inférieures en quantité aux marchandises expédiées. Mais puisque, au lieu de considérer les quantités,
on considère les valeurs, et puisque ces valeurs grossissent en route
précisément à cause des frais de route, il n'est pas étonnant que les marchandises importées, c'est-à-dire rendues à destination, représentent une
valeur plus considérable que les marchandises exportées, c'est-à-dire
prises au point de départ.

dont la superficie est évaluée à 8 millions d'hectares, la superficie de l'Irlande ! La France aussi a des créances considérables
sur l'étranger. D'après une évaluation officielle, datant déjà
de quelques années, elles s'élèvent à près de 30 milliards de
francs en capital et à 1.134 millions en revenus, mais ce chiffre doit être aujourd'hui majoré considérablement.

L'Allemagne aussi est créancière de ce chef pour une
somme probablement peu inférieure, en tout cas rapidement
croissante.

Au contraire, l'Espagne, la Turquie, l'Égypte, les Indes,
les républiques de l'Amérique du Sud, figurent à ce chapitre comme débitrices.

Toutefois remarquez que lorsque les pays obérés émettent
un emprunt — et aussi longtemps que cet emprunt n'est
pas entièrement souscrit — les rôles sont renversés : ce sont
eux qui deviennent momentanément créanciers des pays qui
ont à leur envoyer des fonds, et ce sont ceux-ci qui sont cons-
titués leurs débiteurs. Tous les ans la France fait des placements nouveaux à l'étranger et doit par conséquent envoyer
de l'argent qui est à déduire de celui qu'elle fait venir pour
les intérêts de ses placements anciens. Il peut même y avoir
telle année où elle ait plus à envoyer qu'à recevoir.

3° Les *dépenses faites par les étrangers* résidant dans le
pays. — Comme l'argent qu'ils dépensent n'est pas le produit de leur travail, mais qu'ils le tirent de leurs terres ou
des capitaux placés dans leur pays d'origine, il y a là, pour
tout pays fréquenté par de riches étrangers, un courant de
créances continu. Elles ont été évaluées à 350 millions fr.
pour l'Italie, à 200 millions fr. pour la Suisse. Elles doivent s'élever au moins à 300 millions fr. pour la France, qui
héberge à Paris, à Nice, à Pau, etc., un nombre considérable de rentiers étrangers.

Au contraire, les États-Unis, l'Angleterre et la Russie, sont
débitrices de ce chef de centaines de millions. C'est comme
un prix de pension qu'ils ont à payer pour leurs nationaux en séjour à l'étranger.

4° Les *commissions des banquiers* quand ils étendent leurs

opérations à l'étranger. — Des places comme celles de Londres, de Paris ou de Berlin, reçoivent des ordres et font des opérations pour le monde entier, et, comme elles ne le font pas gratis, elles sont créancières de ce chef de sommes considérables.

5° La *vente des navires*. — Les navires achetés ne figurent pas sur les registres des douanes, pas plus à l'entrée qu'à la sortie. Or, l'Angleterre, qui construit des navires pour tous les pays est créancière de ce c ° d'une somme énorme, tandis que la France à cet égard ... débitrice.

Si l'on pouvait connaître assez exactement le montant des créances et des dettes de chaque pays — y compris, bien entendu, les exportations et les importations — on saurait quel est le solde qui reste au crédit ou au débit de chaque pays, et on verrait que la quantité de numéraire qui entre ou qui sort est égale à ce solde.

Ainsi pour la France puisque dans ces cinq dernières années elle a eu un excédent annuel d'importations de 934 millions, et que néanmoins elle a touché année moyenne, 357 millions francs en numéraire, c'est donc que la balance de ses créances et de ses dettes sur l'étranger lui laisse un solde créditeur de 934 + 357 = 1.291 millions fr.

II

Comment se maintient la balance des comptes.

Abandonnons donc la vieille et absurde idée — encore souvent ressassée dans des journaux importants — qu'un pays marche à sa ruine quand il importe plus qu'il n'exporte. Mais la question n'est que déplacée, car, remplaçant alors les mots « balance du commerce » par ceux de « balance des comptes », nous devons la formuler ainsi : un pays ne risque-t-il pas de se ruiner quand, tout compte fait, il a plus à payer à l'étranger qu'à en recevoir?

A cette question les économistes de l'école classique répondaient hardiment : non ! Et ils donnaient, à l'appui de leur dire, une très élégante démonstration.

Supposons qu'il s'agisse de la France.

Admettons que le manque d'équilibre entre les créances et les dettes entraîne un drainage continu du numéraire. La fuite du numéraire aura pour effet, pour autant que la théorie quantitative de la monnaie est vraie (voir ci-dessus, p. 255), l'accroissement de valeur de la monnaie et, par voie de conséquence, une baisse générale des prix. Mais si les prix baissent ce sera un grand stimulant pour l'exportation, puisque les étrangers auront tout avantage à venir faire leurs achats chez nous — le commerce acheteur court toujours au meilleur marché — et ce sera du même coup un frein énergique à l'importation puisque les étrangers ne trouveront plus profit à venir vendre chez nous et que nos nationaux pourront s'approvisionner désormais à meilleur compte en France : on ne voit guère les marchandises aller des endroits où elles sont chères aux endroits où elles sont bon marché, pas plus qu'on ne voit les fleuves remonter vers leurs sources ! En fin de compte, cette situation doit tendre au *relèvement des exportations* et à la *réduction des importations*. Voilà précisément le remède qui convient à la situation. Et finalement le numéraire reviendra comme il était parti.

Supposez que la France émette du papier-monnaie pour remplacer son numéraire, même résultat et accentué. La monnaie métallique rare fera prime et une prime d'autant plus forte que l'on a émis plus de papier-monnaie. Alors les producteurs français trouvent un grand avantage à vendre à l'étranger puisqu'ils sont payés avec une monnaie qui fait prime et que cette prime leur procure un bénéfice. L'exportation est donc fortement stimulée. Et réciproquement l'importation est découragée, car les étrangers n'aiment pas à vendre dans un pays à monnaie de papier dépréciée, ou, s'ils le font, ils ne pourront le faire qu'en élevant leurs prix, ce qui aura également pour effet de restreindre leur clientèle.

Il n'est même pas besoin d'attendre que la baisse des prix

se soit produite pour que le courant des importations et des exportations se renverse : un mécanisme plus subtil devance ce moment. C'est *la hausse du change* qui produit les mêmes effets : stimuler les exportations et restreindre les importations (voir ci-après *Le Change*).

En résumé, il y a un jeu automatique dans la balance des comptes qui lui permet de reprendre d'elle-même la position d'équilibre quand elle s'en est écartée — comme ces régulateurs des machines à vapeur qui tendent à ramener toujours la vitesse de la machine à sa position d'équilibre. Le courant ne peut jamais persister dans le même sens, pas plus qu'un courant de marée : tôt ou tard il se renverse et, après avoir emporté le numéraire, il le rapporte.

C'est Ricardo qui a donné à cette démonstration une formule très frappante en disant que l'*échange international tend toujours à prendre la forme du troc* — comme chez les sauvages, sauf, bien entendu, la supériorité des procédés employés. Toute dette vis-à-vis d'un pays étranger est payée par une exportation de marchandises vers ce même pays — et, réciproquement, toute créance sur un pays étranger est payée par une importation de marchandises de ce même pays, tout comme si l'argent n'existait pas [1].

Et mieux encore, dit-on, l'expérience a démontré que toutes les fois que, à la suite d'un traité de commerce ou par toute autre cause, un pays a vu ses importations augmenter dans une forte proportion, il n'a jamais manqué de voir ses exportations augmenter parallèlement. Et réciproquement si, par le moyen d'un tarif protectionniste, il réussit à dimi-

---

[1] Cependant M. Herckenrath, dans la traduction hollandaise, fait remarquer que pour les pays, comme pour les individus, l'échange ne se fait pas toujours *marchandise* contre *marchandise*, mais peut se faire *marchandise* contre *service* ou *vice versa*. Cela est vrai : lorsque, par exemple, la Suisse donne, en échange de l'argent des touristes, *la vue* de ses cascades, ou l'Italie celle de ses tableaux, ces pays n'ont besoin de fournir aucune marchandise comme contre-partie. Il faut donc prendre le mot de troc dans le sens le plus large comme embrassant les services aussi bien que les marchandises.

nuer ses importations, il doit s'attendre à voir diminuer proportionnellement ses exportations.

Cette théorie trouve certainement une confirmation dans les faits, puisque les statistiques (voir p. 323), démontrent que le numéraire n'intervient que pour une très faible part dans le règlement du commerce international — 6 à 7 p. 0/0 environ. Il faut donc bien admettre que la balance des comptes se règle d'elle-même et que créances et dettes tendent à s'équilibrer. C'est ce que, dans l'école de Bastiat, on appelait une « harmonie économique ».

Néanmoins aujourd'hui on n'est pas si affirmatif et on admet que c'est une situation fâcheuse pour un pays que d'avoir — nous ne disons plus une balance du commerce défavorable, ce qui, en effet, ne signifie rien — mais une balance des comptes qui le constitue débiteur de l'étranger.

En effet la diminution de son stock monétaire implique un appauvrissement — sinon en soi, du moins relativement aux autres pays — et la baisse des prix, avec la baisse des salaires qui en résultera, en admettant qu'elle soit le remède, n'en est pas moins un mal aussi : tous les producteurs en savent quelque chose.

D'autre part ce solde débiteur, en dehors même de ses conséquences, est souvent la révélation d'une situation fâcheuse : — ou que le pays ne peut suffire à ses besoins ni payer avec son travail ce qu'il demande à l'étranger ; — ou qu'il doit payer tribut à des citoyens absentéistes qui vont manger leurs revenus au dehors.

Si, pour remplacer le numéraire qui s'en va, le pays émet du papier-monnaie, le voilà sur la pente qui le conduit à la banqueroute. Et le pire sera si le pays, n'ayant pas d'argent pour payer le solde débiteur, *emprunte pour s'acquitter*, comme ces fils de famille qui font renouveler à chaque échéance les billets qu'ils ont souscrits ! Alors il marche à la banqueroute. Ç'a été l'histoire de plus d'un État

III

En quoi consistent les avantages de l'échange international.

Pour apprécier les avantages du commerce international on s'est placé, chose bizarre! à deux points de vue précisément inverses.

L'école classique pose en principe :

1° Que l'échange international est nécessairement avantageux aux deux pays, car, s'il ne l'était pas, pourquoi le ferait-on? Il faudrait alors supposer que celui des deux pays qui y perd joue, de gré ou de force, le rôle de dupe.

2° Que c'est dans l'importation que consiste pour chacun des deux pays l'avantage de l'échange. C'est l'importation qui est le but et la seule raison d'être de l'échange international : quant à l'exportation, elle n'est qu'un moyen, le seul moyen pour un pays d'acquérir les marchandises qu'il importe, le prix en nature dont il les paie. Et la supériorité de valeur des marchandises importées sur les marchandises exportées mesure précisément l'avantage que l'échange international lui procure. Acquérir, par exemple, une somme de marchandises importées valant 8 milliards en donnant en échange des marchandises exportées qui ne valent que 6 milliards, voilà une opération qui représente 2 milliards de bénéfices pour le pays. Car moins on a à donner en échange de ce qu'on veut acquérir et plus l'échange est lucratif!

D'après cette théorie quand deux pays échangent, par exemple quand l'Angleterre et la France échangent la houille de l'une contre le vin de l'autre — une tonne de houille contre un hectolitre de vin — l'Angleterre compare ce que lui coûte la production de la tonne de houille et ce que lui coûterait la production d'un hectolitre de vin. Et comme ce dernier coût serait infiniment plus grand — car comment l'Angleterre pourrait-elle produire du vin? — il en résulte que l'avantage de l'échange est immense pour elle. Il est moindre sans doute pour la France, parce qu'elle a aussi des mines de houille, mais réel pourtant parce que le coût de production de la houille est plus élevé chez elle qu'en Angleterre.

3° Que l'avantage est le plus grand pour celui des deux pays qui est dans la situation la plus défavorable — soit à raison de la pauvreté de son sol, ou de l'infériorité de ses forces productives, ou de l'absence d'industrie, etc. — parce que c'est pour celui-là que l'effort et le coût épargné par l'échange est le plus grand.

Au contraire, l'école protectionniste et même l'opinion publique, pour apprécier les avantages du commerce international, regardent uniquement du côté des *exportations*; c'est en ceci, seulement, que consisterait le véritable profit du commerce international. L'importation n'apparaît ici que comme une fâcheuse nécessité à laquelle il faut bien qu'un pays se résigne dans le cas où il ne peut produire lui-même ce qui est indispensable, mais qu'il doit s'efforcer de réduire le plus possible, car elle constitue le pays en dépense. C'est l'exportation seule qui représente un enrichissement, une recette. Donc l'avantage du commerce international se mesure par la supériorité des exportations sur les importations, des recettes sur les dépenses. Si la France exportait pour 8 milliards de marchandises et n'en importait que pour 6 milliards, on en conclurait qu'il y a 2 milliards de bénéfices pour le pays.

Ces deux façons de raisonner procèdent l'une et l'autre d'un point de vue par trop simpliste : l'assimilation entre la situation des pays et celle des individus. Non : un grand pays ne peut pas être assimilé, comme le font les libre-échangistes, à un sauvage qui cherche dans l'échange sous forme de troc uniquement le moyen de se procurer ce qui lui manque; et pas davantage, comme le font les protectionnistes, à un marchand n'achetant que pour revendre et trouvant son bénéfice dans l'excédent du prix de vente sur le prix l'achat. Il n'y a jamais « un pays » qui vende à un autre « pays », comme on dit par métaphore, mais des milliers d'individus dont chacun achète ou vend sans s'inquiéter des autres. Et entre les exportations et importations il n'y a aucune solidarité réfléchie. Il ne s'agit pas ici du sauvage qui donne de l'ivoire *pour* avoir un fusil, pas plus que du marchand qui achète *pour* revendre. Le fabricant français d'automobiles qui vend à un Anglais ne le fait pas avec l'intention de se procurer en échange du charbon — et l'Anglais qui achète l'automobile ne le fait pas en vue de la revendre. Sans doute il y a, comme nous l'avons vu, certaines lois générales qui dominent la m'lée des actes individuels et ramènent à un certain équilibre les importations et les exportations. Mais l'optimisme finaliste seul peut croire que tous ces actes individuels conspireront au bien de tous.

Les avantages de commerce international ne sont pas susceptibles d'être calculés par des opérations d'arithmétique : ils ne sont pas mesurables en argent ; ils sont complexes et il faut les chercher à la fois, suivant les cas, soit du côté des importations, soit du côté des exportations.

Voici d'abord ceux des importations :

1° *Accroissement de bien-être,* dans le cas où il s'agit de denrées que le pays ne saurait produire à raison de son sol ou de son climat — les denrées coloniales pour les pays d'Europe, le vin ou le raisin sec pour l'Angleterre, le sel pour la Norvège, le cuivre pour la France, la houille pour la Suisse, etc. Cet avantage-là est indiscutable.

2° *Supplément de nourriture* là où le territoire est trop limité pour nourrir la population. Déjà l'Angleterre, pour nourrir sur son île étroite sa population chaque jour grandissante, est obligée de demander à l'importation pour près de 6 milliards de francs d'aliments, ce qui représente *la moitié* de ce qu'elle consomme en fait de céréales, viandes et boissons. De même l'Allemagne doit demander à l'étranger plus d'un quart de sa nourriture.

C'est là un fait général et qui ne fera que s'accentuer avec le temps : au fur et à mesure que la population des pays d'Europe s'accroîtra il faudra bien que ceux-ci fassent venir de l'étranger une quantité de plus en plus considérable d'aliments. Cet avantage-ci est plutôt un moindre mal qu'un bien. Il vaut mieux évidemment pour un peuple faire venir de l'étranger le pain qui lui manque que de voir une partie de sa population mourir de faim, mais s'il n'y a pas d'inconvénient pour un simple particulier à compter sur le boulanger pour lui fournir son pain quotidien, on comprend aisément que cela ne soit pas sans danger pour un pays.

3º *Économie de travail* dans le cas où il s'agit de richesses que le pays importateur pourrait produire, s'il le fallait, mais qu'il ne pourrait produire qu'avec plus de frais que le pays d'origine, parce que celui-ci se trouve dans des conditions de supériorité naturelle ou acquise. La France, par exemple, pourrait bien faire elle-même ses machines et elle en fait de très belles, ne fussent que les moteurs de ses automobiles et de ses aéroplanes, mais elle a souvent plus d'avantage à les faire venir d'Angleterre ou des États-Unis, ces pays étant par la nature mieux approvisionnés de fer et de houille et aussi ayant un outillage mécanique plus perfectionné.

Cet avantage de l'échange international suppose ordinairement une infériorité de production relative chez le pays qui importe; pourtant ce n'est point toujours le cas. Un pays peut avoir avantage à se procurer par l'importation certaines richesses, *alors même qu'il serait en mesure de les produire dans des conditions plus favorables que le pays qui les lui vend.* Supposons que les Antilles puissent produire du blé dans des conditions plus favorables que la France, par exemple avec *trois* journées de travail par quintal au lieu de *six*, ne semble-t-il pas qu'il serait plus avantageux pour elles, en ce cas, de produire directement leur blé plutôt que de le faire venir de France? — Et cependant il est très possible que les Antilles trouvent leur compte à importer leur blé de France. Il suffit de supposer qu'elles trouvent le moyen de payer ce blé français avec une denrée qu'elles pourront produire dans des conditions encore plus favorables que le blé, par exemple, avec du sucre qui ne leur coûtera qu'une journée de travail. Il est clair que cette opération leur sera très avantageuse puisqu'elle leur procurera la même quantité de blé avec un travail trois fois moindre que si elles le produisaient elles-mêmes.

Un pays pourrait donc être en situation de produire toutes choses à moins de frais que ses voisins et avoir néanmoins intérêt à importer leurs produits. Car, même en ce cas, il trouverait avantage à se consacrer à la production des articles pour lesquels sa supériorité est la plus grande et à les offrir à ses voisins moins privilégiés pour se procurer en échange les produits pour lesquels sa supériorité, quoique réelle encore, est pourtant moins accentuée[1]. En ce cas, l'exportation n'est plus qu'un moyen d'obtenir une importation, c'est un *do ut des*.

Quant à l'exportation, ses avantages sont les suivants :

1° Utiliser certaines richesses naturelles ou forces productives qui resteraient sans emploi si elles ne trouvaient un débouché au dehors. Sans l'exportation, le Pérou ne saurait que faire de son guano ou de ses nitrates, l'Australie de ses laines, la Californie de son or, l'Espagne de ses vins.

2° Servir à acheter les produits, matières premières et denrées alimentaires, qui font défaut dans le pays ou ne se trouvent qu'en quantité insuffisante pour les besoins. C'est grâce à leur exportation d'articles fabriqués que l'Angleterre, la Belgique, l'Allemagne, peuvent alimenter de matières premières leur industrie et leur population.

3° Abaisser le prix de revient des produits industriels et par là même, développer l'industrie nationale, car nous savons que la division du travail et les progrès de la grande

[1] C'est Ricardo d'abord et ensuite Stuart Mill qui ont attiré l'attention sur ce fait curieux qu'on pourrait appeler un paradoxe économique, car il n'est pas normal que si A peut faire une chose plus facilement que B, il ait l'idée de l'acheter à B. Cependant ce cas, quoique rare, n'est pas spécial à l'échange entre pays, car, comme l'avait fait remarquer déjà Ricardo (et M. Herckenrath, dans la traduction de ce livre), cela peut se présenter aussi pour des individus. Un professeur de botanique ou un docteur peut être très habile jardinier et néanmoins, même en ce cas, il trouve avantage à confier son jardin à un jardinier, quoique moins habile que lui, pour consacrer tout son temps à ses malades ou à ses études.

production sont en raison de l'étendue des débouchés (voir ci-dessus, p. 183). L'Angleterre, si elle n'avait exporté dans le monde entier, n'aurait pu pousser aussi loin qu'elle l'a fait les perfectionnements de son outillage industriel. Par exemple, c'est parce que ses chantiers de construction maritime travaillent pour tous les pays qu'ils peuvent se spécifier et s'outiller grandement et construire des navires meilleur marché que partout ailleurs.

IV

Comment l'échange international porte nécessairement préjudice à certains intérêts.

Il ne faudrait pas conclure de ce que nous venons de dire que le commerce international n'a que des avantages sans inconvénients. Ce serait mal comprendre ses effets. Il résulte des explications ci-dessus que l'importation a pour but et pour résultat l'économie d'une certaine quantité de travail. Or, étant donnée notre organisation sociale fondée sur la division du travail, on ne saurait économiser une certaine quantité de travail *sans rendre inutile une certaine catégorie de travailleurs*. Le commerce des soies avec la Chine est un avantage pour les consommateurs français puisqu'il leur permet de se procurer des soies avec moins de dépenses et moins de travail : mais les agriculteurs et travailleurs des Cévennes qui vivaient de cette industrie se trouvent en quelque sorte expropriés.

Il est bien vrai, comme nous l'avons expliqué déjà (pp. 328-329), que toute importation nouvelle tend à déterminer une contre-exportation correspondante et que les soies de Chine seront payées, par exemple, avec des articles de Paris qu'il faudra produire à cet effet. Mais il ne faut pas oublier que les soies importées de Chine représentent évidemment une valeur *moindre* que les soies françaises qu'elles ont remplacées dans la consommation : sans cela, elles n'auraient pu se substituer à elles sur le marché. Elles représentent par exemple une valeur de 100 millions seulement, tandis que la production séricicole française représentait une valeur de 120 millions. Donc, pour faire face à cette importation par une contre-exportation équivalente, il suffira que l'industrie parisienne envoie à la Chine (ou ailleurs) pour 100 millions d'articles de Paris. Le résultat final sera donc bien une diminution de 20 millions pour la production indigène, représentant une diminution de travail correspondante.

N'y aurait-il d'ailleurs d'autre effet produit qu'un déplacement de travail — celui-ci saute aux yeux — il n'en constituerait pas moins un préjudice grave pour certaines classes de la population. Il est clair que les fabricants de soie de Cévennes, ne pouvant pas convertir leurs filatures en fabriques d'articles de Paris, devront perdre les capitaux engagés dans leurs usines sous la forme de capitaux fixés; et comme les fileuses qu'ils employaient ne peuvent pas non plus aller faire de la bimbeloterie pour les Chinois, il n'est pas sûr qu'elles trouvent un autre métier. C'est donc la ruine pour les premiers, le chômage et la misère pour les seconds.

Cependant on peut faire valoir certaines circonstances atténuantes. On peut dire, de même que pour les machines (voir pp. 109-113), que le commerce international, par ses conséquences indirectes, pourra augmenter la quantité de travail qu'il avait commencé par diminuer, et cela de deux façons différentes :

1° Parce que l'abaissement des prix, résultant du libre-échange lui-même, entraînera *un accroissement de consommation* et par conséquent un accroissement de production. Par exemple, la baisse des soies fera que nous en consommerons davantage. En admettant même que cette demande accrue ne porte que sur les soies de Chine et non sur les soies françaises, il faudra néanmoins, pour payer cette importation grossissante, une exportation grossissante aussi d'articles de Paris, représentant non plus seulement 100 millions comme tout à l'heure, mais peut-être 120 millions comme auparavant;

2° Parce que l'abaissement des prix, en diminuant les dépenses des consommateurs sur un article déterminé, peut leur permettre de *reporter l'économie ainsi réalisée sur d'autres dépenses, ou de la placer.* Par conséquent, tout ce qui est enlevé au travail d'un côté peut aller par une autre voie, sous forme d'épargnes ou de dépenses nouvelles, alimenter d'autres industries, et il est probable qu'en définitive la quantité de travail national employé restera la même.

Mais ce n'est pas seulement l'importation, c'est l'exportation elle-même qui peut avoir certains effets fâcheux. Par exemple, les pays qui exportent régulièrement leur blé et leur fourrage et qui ne réparent pas par des engrais chimiques l'appauvrissement de leur sol, comme la Russie, finissent par appauvrir leurs terres de tous les éléments fertilisants que ces récoltes enlèvent au sol; c'est comme s'ils exportaient petit à petit la terre elle-même! Le Pérou qui a déjà exporté tout son guano et qui est en train d'exporter tous ses nitrates, quelque argent qu'il puisse y gagner provisoirement, dévore les réserves fertilisantes de l'avenir.

CHAPITRE VIII

LA POLITIQUE COMMERCIALE

I

Historique du commerce international.

Le commerce international, durant l'antiquité et le Moyen âge, n'avait pas le caractère général qu'il a revêtu de nos jours. Il était aux mains de quelques petits peuples qui, à raison de leur situation maritime — Tyr et Carthage dans l'antiquité, les républiques d'Italie ou les villes de la Hanse au Moyen âge, la Hollande au commencement de l'histoire moderne — avaient pris le monopole du commerce et des transports. Les autres peuples jouaient un rôle purement passif. Ils accueillaient les commerçants étrangers comme les peuplades nègres de l'Afrique reçoivent aujourd'hui les marchands musulmans ou européens — avec une certaine bienveillance, puisqu'ils se procuraient par là des marchandises qu'ils n'auraient pu produire eux-mêmes : ils cherchaient même à les attirer, ils leur concédaient au besoin des privilèges[1]. Toutefois ils leur faisaient payer, en échange de la protection qu'ils leur accordaient, certains droits qui étaient comme une sorte de participation sur leurs bénéfices;

[1] Quand Louis XI, fort en avant des idées de son temps, voulut, en 1482, organiser un système protectionniste et écarter les marchands étrangers, il se heurta à l'opposition des députés marchands de toutes les villes de France convoqués à Tours, qui voulaient attirer « toutes nations estranges » (Voir dans la *Revue des questions historiques*, juillet 1895, un article de M. de la Roncière).

ainsi font les petits rois africains sur les caravanes qui traversent leurs territoires. Les droits de douane, si on peut leur donner déjà ce nom, n'avaient donc au début qu'un caractère *fiscal* et nullement protecteur. Qu'auraient-ils protégé en effet puisqu'il n'y avait point d'industrie nationale ?

Quand les grands États modernes commencèrent à se constituer, au XVIe et au XVIIe siècles, la question changea de face, et cela pour deux raisons :

1° Parce que ces grands États émirent la prétention de se constituer en marchés nationaux, de produire ce qui leur était nécessaire et de se suffire à eux-mêmes ;

2° Parce que l'ouverture des grandes routes maritimes du monde donna au commerce international un développement inconnu jusqu'alors. La concurrence internationale — dont il ne pouvait être question quand le commerce ne transportait guère que des objets de luxe : pourpre de Tyr, brocarts de Venise, lames d'épées de Tolède, épices, — commença à se faire sentir du jour où ce commerce fut assez bien outillé pour transporter des articles de consommation courante, tels que les draps des Flandres.

Ce fut alors que se constitua un ensemble de théories et toute une politique que l'on a appelé *le système mercantile*. On a un peu défiguré ce système par la façon dont on l'exposait dans les traités classiques. On disait que les mercantilistes croyaient que l'argent était la seule et véritable richesse, que par conséquent un pays ne pouvait s'enrichir qu'en se la procurant ; et que pour cela, lorsqu'il n'avait pas la chance d'avoir des mines d'or ou d'argent, il n'avait d'autre moyen que de vendre le plus possible aux autres pays qui avaient de l'argent et par là de le leur soutirer peu à peu. Si au contraire il avait l'imprudence d'acheter au dehors, il se dépouillait par là de son numéraire. — Donc exporter le plus possible, importer le moins possible, en un mot chercher à avoir toujours une balance du commerce favorable, telle était la conclusion du système mercantile.

Aujourd'hui on estime que cette façon de présenter le

mercantilisme est un peu simpliste, sinon même caricaturale.
Elle conviendrait plutôt à ceux qui ont précédé les mercantilistes et qu'on appelle quelquefois les *bullionistes* (du mot
anglais *bullion*, lingots) à raison de l'importance qu'ils attribuaient en effet aux métaux précieux — importance d'ailleurs
qui n'était pas si puérile qu'on le croit, à une époque où l'or
et l'argent étaient plus rares qu'ils ne l'ont été peut-être à
toute époque de l'histoire, alors que les besoins grandissants
du commerce et de l'industrie, sans parler des budgets des
États nouveau-nés, créaient une véritable famine de monnaie, et que l'on commençait à peine à inventer les moyens
de crédit qui allaient permettre de la mieux utiliser. Si la
découverte des mines du Nouveau Monde fut pour les hommes
de ce temps un éblouissement et provoqua de si grandes
convoitises, ce n'était point sans sujet; c'est qu'elle vint juste
au moment psychologique, providentiel, aurait dit Bastiat.

Mais quant aux mercantilistes, tout en attribuant au numéraire une importance justifiée, ils ne le confondirent point
avec la richesse ou le capital et n'assignèrent point pour unique but à la politique commerciale des peuples d'en acquérir le plus possible. Leur but c'était de créer l'industrie nationale. En cela ils furent les collaborateurs des hommes
d'État qui créèrent ces États modernes dont nous venons de
parler et les précurseurs de ceux que l'on appelle aujourd'hui
les économistes nationalistes. D'ailleurs les droits de douane
et les prohibitions ne furent pas les seules mesures qu'ils
préconisèrent. Ils fondèrent les premières manufactures nationales, et cherchèrent surtout à attirer les bons ouvriers
qui leur paraissaient aussi précieux que l'or.

Cependant il est vrai qu'ils conçurent l'idée de faire servir les droits de douane à écarter la concurrence étrangère
et à développer l'industrie nationale : avec eux ces droits
perdirent leur caractère *fiscal* pour devenir *protecteurs*.
Cromwell en Angleterre, Colbert en France, furent les premiers hommes d'État qui créèrent de toutes pièces un vrai
système protectionniste. Le système de Colbert se formulait
en trois points :

1° repousser par des droits protecteurs l'importation des produits fabriqués;

2° au contraire favoriser, par une réduction des droits, l'importation des matières premières et de tout ce qui sert aux fabriques;

3° surtout favoriser, par des encouragements aux manufactures ou par des primes, l'exportation des produits du pays.

Ce système, qu'on désigne généralement sous le nom de *Colbertisme*, a régné sans conteste jusqu'à l'apparition des Économistes. On sait que les Physiocrates démolirent impitoyablement toutes les théories du mercantilisme, que, prenant le contre-pied, ils arborèrent la devise : « laissez faire, laissez passer », et qu'ils ne combattirent pas moins énergiquement pour la liberté des échanges contre le système protectionniste que pour la liberté du travail contre le régime corporatif. Mais la Révolution française, qui fit triompher leur doctrine en ce qui concerne la liberté du travail, ne la réalisa nullement en ce qui concerne la liberté du commerce. Il est vrai que les vingt ans de guerre européenne qui suivirent n'étaient guère propres à préparer l'avènement du libre-échange.

En Angleterre, cependant, les idées d'Adam Smith avaient mûri. Au reste l'Angleterre n'avait jamais été très protectionniste sinon pour s'assurer le commerce maritime et le monopole avec ses colonies. Les traités célèbres de Methuen avec le Portugal en 1703 et d'Eden avec la France en 1786 (ainsi appelés des ministres qui les négocièrent) seraient considérés aujourd'hui comme libre-échangistes. Et dès que les guerres avec Napoléon eurent cessé, on commença à abaisser les droits sur les produits industriels. Sur les céréales le Gouvernement anglais resta longtemps intraitable parce que l'aristocratie anglaise, où se recrute la Chambre des Lords, y était intéressée. Aussi fut-ce précisément contre ces droits protecteurs du blé (*Corn Laws*), que, en 1838, Cobden commença, à Manchester, la mémorable campagne qui devait renverser le système protecteur. C'était en effet un spectacle particulièrement odieux que de voir les lords d'Angleterre, propriétaires par droit de conquête de presque toutes les terres du royaume, repousser le blé étranger pour vendre plus cher le leur, et profiter des besoins croissants de la population pour toucher des rentes de plus en plus élevées! La Chambre des lords se trouvait donc en mauvaise posture pour résister au mouvement d'indignation déchaîné par la Ligue et, en 1846, à la suite de la conversion éclatante du ministre sir Robert Peel, elle fut obligée de céder. Les droits sur les blés une fois abolis, tout le reste de l'édifice protectionniste (y compris le fameux « Act de Navigation » de Cromwell auquel on attribuait la grandeur maritime de l'Angleterre) croula.

En France, une ligue fondée par Bastiat en 1846, à l'exemple de la ligue anglaise, échoua, les conditions sociales étant bien différentes. Mais l'empereur Napoléon III, dont la politique fut fondée sur l'alliance avec l'Angleterre et dont les instincts étaient assez démocratiques, profita du pouvoir qu'il s'était réservé par la Constitution pour signer avec le Gouvernement anglais, sans consulter la Chambre, un traité de commerce. Ce traité fameux de 1860, que la France subit d'assez mauvaise grâce, eut un retentissement prodigieux en Europe et fut immédiatement suivi de la conclusion de traités analogues entre toutes les puissances européennes, en sorte qu'on crut partout qu'il marquait la fin du régime séculaire du protectionnisme et ouvrait l'ère du libre-échange définitif.

Cependant le règne du libre-échange ne devait pas être de longue durée. D'abord les États-Unis étaient restés en dehors de ce mouvement libre-échangiste. Ils ont toujours été protectionnistes, non seulement dans les faits mais aussi dans la doctrine, puisque c'est là que se sont formés les deux plus grands théoriciens du protectionnisme, Carey et aussi List, quoique celui-ci fût Allemand. Les États-Unis furent protectionnistes de naissance, peut-on dire, puisque la principale cause de leur révolte contre la mère-patrie fût que celle-ci ne leur permettait pas de faire même un fer à cheval, et qu'il était naturel que leur première préoccupation fût de reconquérir leur autonomie industrielle. Mais les droits protecteurs, très modérés au début, allèrent s'aggravant de période en période et toujours par quelque motif nouveau. D'abord ce fut pour protéger leur industrie naissante : ceci devint le système de List, — après 1866, ce fut pour payer les frais de la guerre de sécession (voir p. 353, note 1); — plus tard, cette raison disparut, car la plus grande partie de leur dette étant remboursée, les États-Unis ne surent plus que faire de l'argent de leurs douanes, tellement que pour l'utiliser ils distribuèrent un milliard de pensions à de soi-disant invalides de la guerre, mais alors on donna pour but aux droits de douane de défendre les hauts prix et les hauts salaires d'Amérique contre les bas prix et les bas salaires d'Europe. Toutefois il faut remarquer que les États-Unis sont une Union de 49 États dont quelques-uns sont aussi grands que la France et entre lesquels le libre-échange est absolu; c'est donc à peu près la même chose que si tous les États d'Europe s'unissaient en une Union douanière et opposaient une barrière aux produits américains.

En 1872, à la suite de la guerre franco-allemande, la France sous le gouvernement de M. Thiers, essaya de suivre l'exemple des États-Unis en rejetant sur les produits étrangers le poids des impôts nouveaux qu'elle était obligée de créer pour payer ses défaites, mais cette tentative échoua par suite des traités alors encore en vigueur. Ce fut l'Allemagne, par l'initiative du prince de Bismarck, en 1879, qui inaugura en Europe le retour à une politique résolument protectionniste.

L'Allemagne a eu une politique très opportuniste, en matière commerciale, et qui lui a très bien réussi. En 1833, par l'Union douanière entre les différents États allemands, elle prépare son unité politique. Quand vint la période libre-échangiste elle s'y rallia pleinement. Mais quand son unité politique fut faite, elle eut l'ambition de devenir une grande puissance industrielle et fit volte-face vers le protectionnisme. Enfin plus récemment (1892-1894) lorsque, ayant atteint rapidement ce but, elle a dû chercher des débouchés au dehors, elle a adopté le système mixte des traités de commerce qui est comme une amorce d'un nouveau Zollverein embrassant toute l'Europe centrale.

En 1892, la France, libérée alors des traités de commerce conclus sous l'Empire et renouvelés ensuite, redevint aussi protectionniste et n'a fait depuis lors qu'accentuer sa marche en ce sens — et en 1910 encore par une aggravation de ses tarifs de douane.

Enfin il n'est pas jusqu'à l'Angleterre, la terre classique du libre-échange, où il ne commence à être ébranlé. Ce néo-protectionnisme s'est présenté d'abord sous la forme d'un impérialisme, c'est-à-dire inspiré surtout par un motif politique, celui de réunir par des liens d'intérêt les peuples qui composent l'immense Empire britannique. Pour cela il faudrait que les colonies, pour la plupart déjà fortement protectionnistes, accordassent des réductions de droits aux produits de la métropole — et inversement que l'Angleterre réservât la libre entrée aux produits de ses colonies, ce qui implique l'établissement de droits sur les produits étrangers. Mais plus encore que l'ambition impérialiste, d'autres forces poussent l'Angleterre, comme les autres pays, dans la voie protectionniste. Entr'autres la nécessité de se procurer des ressources pour l'accroissement énorme des dépenses militaires et des dépenses de solidarité sociale, notamment pour les pensions de retraite aux ouvriers indigents. Si elle ne les demande pas aux douanes il faudra qu'elle les demande aux riches, aux lords : tel est le programme du parti libéral, mais naturellement les riches propriétaires préfèrent le protectionnisme et, pour gagner la classe ouvrière, le présentent comme un remède au chômage.

Il n'y a donc plus guère en Europe à cette heure, en dehors de l'Angleterre, que quelques petits pays, Hollande, Norvège, Danemark, qui soient restés fidèles au *free trade* parce que leur étendue est trop limitée pour qu'ils puissent prétendre se suffire ; partout ailleurs, même en Suisse, les barrières de douane ont été relevées et les guerres de tarifs ont remplacé les traités de commerce.

Il faut bien qu'il y ait des causes générales pour expliquer cette épidémie soudaine, irrésistible et grandissante, du protectionnisme, mais il n'est pas très aisé de les découvrir ou du moins de les préciser. Il y a sans doute quelque chose d'analogue aux causes qui créèrent le mercantilisme au xvɪᵉ siècle, une poussée de l'esprit nationaliste. Le principe de nationalité dans la seconde moitié du xɪxᵉ siècle a créé deux grands États, et a éveillé les ambitions de beaucoup d'autres. Tout pays, pourvu qu'il ait une certaine étendue territoriale, prétend se suffire à lui-même et voit dans cette indépendance économique une condition de son indépendance politique. D'autre part, rien n'est contagieux comme le protectionnisme, car dès qu'un pays l'adopte, les autres suivent de crainte de jouer le rôle de dupe. Ajoutez enfin que la foi dans le libre-échange a été singulièrement ébranlée depuis que l'exemple des États-Unis et de l'Allemagne ont montré que le protectionnisme pouvait tout aussi bien conduire un pays à la suprématie industrielle. Quand fut promulgué le tarif Mackinley, un économiste anglais disait : « Si ce tarif doit réussir, notre politique économique est fondée sur une erreur colossale qui amènera notre ruine comme nation ». Or le tarif a parfaitement réussi en ce qui concerne les États-Unis. Comment se défendre d'un certain scepticisme et ne pas se demander si la protection ou le libre-échange sont vraiment aussi puissants pour le bien ou pour le mal que le prétendent leurs partisans ou leurs adversaires? Nous croyons vraiment que la prospérité industrielle d'un pays tient à d'autres causes, que le système douanier n'en est qu'un des moindres facteurs et qu'on s'en est singulièrement exagéré l'importance.

D'autre part la réaction qui s'est manifestée de nos jours contre l'école classique, bien qu'elle n'ait pas porté spécialement sur la question du protectionnisme, a cependant contribué à ébranler la foi dans les principes absolus, et ceux-là qui se rallient à l'école historique ou réaliste admettent que le régime commercial de chaque pays doit être approprié à sa situation particulière. Néanmoins, on ne con-

state pas dans la doctrine une réaction protectionniste aussi
marquée que dans la politique commerciale : on peut même
dire que la majorité des économistes est restée fidèle aux
doctrines libre-échangistes, quoique dès 1841 List (Allemand), dans son *Système National d'Économie Politique*,
et plus tard Carey (Américain), dans ses *Principes de Science
Sociale* (1859), aient fait brèche à la doctrine de Manchester
à l'époque même où celle-ci était à l'apogée. List est un
héritier direct des mercantilistes en ce que le protectionnisme n'est pour lui qu'un moyen de développer l'industrie
nationale, mais destiné d'ailleurs à disparaître dès que le
but sera atteint.

En tout cas, les opinions sont si divisées sur cette grave
question que le mieux est d'exposer d'abord objectivement et
impartialement les deux thèses.

II

La thèse protectionniste.

Pourquoi le commerce international implique-t-il ce qu'on
appelle une « question »? Et pourquoi même n'est-il pas de
question qui ait soulevé plus d'agitations, fait écrire plus de
volumes et même fait tirer plus de coups de canons?

Le commerce de pays à pays n'est-il pas de tous points
semblable au commerce de particulier à particulier? N'est-il
pas, tout comme celui-ci, une forme ordinaire et normale
et l'échange et dès lors à quoi bon une théorie spéciale pour
le commerce international? Si l'échange en lui-même est un
bien, pourquoi deviendrait-il dangereux par cette circonstance accidentelle que les deux coéchangistes se trouvent
séparés par un poteau-frontière?

Tel est en effet le point de vue de l'économie politique
classique. Elle n'admet pas et ne comprend pas que le commerce international puisse être réglé par d'autres principes
qu'un commerce quelconque. Pour elle, cette célèbre ques-

tion n'en est pas une : elle doit être rayée de nos préoccupations. L'échange n'est qu'une forme de la coopération et de
la division du travail dont nous avons expliqué les merveilleux effets ; ses avantages sont réciproques et égaux pour
chacune des deux parties. Qu'importe donc que les échangistes appartiennent à un même pays ou à des pays différents?
Le libre-échange entre tous les peuples du monde sera la
dernière étape de cette évolution qui a successivement remplacé le marché domestique par le marché urbain et celui-
ci à son tour par le marché national : le voici devenu mondial. Et tous les avantages que nous avons signalés à propos de l'échange, à savoir la meilleure utilisation des choses et des hommes, ne font que grandir au fur et à mesure
que s'agrandit le champ de l'échange.

Mais l'opinion publique ne professe pas cette indifférence
superbe. Elle ne conteste guère que le libre-échange ne soit
le système qu'on dût préférer au point de vue théorique, ni
même qu'il ne soit le plus conforme au bien général de l'humanité. Les protectionnistes ne se donnent même nullement
comme ennemis du commerce international, et ils le prouvent d'ailleurs surabondamment par les efforts mêmes qu'ils
font pour se le disputer et par les subventions qu'ils donnent
à la marine marchande ou aux grands ports de commerce
en vue de le développer : seulement ils veulent en garder le
bénéfice. Les peuples et ceux qui les gouvernent n'ont pas
l'habitude de spéculer sur les intérêts généraux de l'espèce
humaine : ils ne se préoccupent que des intérêts particuliers
du pays où ils vivent et on ne saurait leur en faire un crime.
Ils jugent — à tort ou à raison, c'est là toute la question —
que le commerce international laissé à lui-même risque de
ruiner l'industrie d'un pays, de restreindre ou même d'étouf-
fer ses forces productives et de porter même indirectement
atteinte à l'existence nationale. Ils estiment que l'échange
international non seulement ne confère pas des avantages
égaux et réciproques aux deux parties, mais encore qu'il
peut souvent ruiner l'une des deux en enrichissant l'autre
et qu'il s'agit de ne pas jouer le rôle de dupe!

Loin de considérer le commerce comme une des formes de la division du travail et de la *coopération*, ils le considèrent comme un état de guerre, une des formes de *la lutte pour la vie* entre nations. Or, de même que tout l'art de la guerre consiste à envahir et à occuper le territoire ennemi, sans laisser envahir ni occuper notre propre territoire, de même toute la tactique du commerce international doit consister, d'après eux, à envahir le territoire étranger par nos exportations, sans laisser pénétrer chez nous les importations étrangères. Il s'agit de constituer une industrie nationale assez vigoureuse pour être en mesure de repousser les produits des industries étrangères et même de lutter victorieusement contre ces industries étrangères sur leur propre terrain. Tel est le problème que le protectionnisme se pose depuis quelques siècles et dont il poursuit la solution par toute une tactique très compliquée.

Voici le résumé de son argumentation :

1° Si le commerce international a pris de nos jours le caractère d'une lutte pour la vie, il doit produire les fâcheux effets qui sont inhérents à la concurrence, même entre individus, à savoir *l'écrasement des faibles*. Ainsi les États-Unis à raison de l'étendue de leurs exploitations agricoles, de la fertilité de certaines régions qui les dispensent des engrais, du bas prix des terres, de la modicité des impôts, peuvent produire le blé dans des conditions beaucoup plus économiques que dans nos contrées d'Europe. Alors si l'importation du blé américain ne permet plus aux cultivateurs français de produire du blé, que feront-ils ? Qu'ils fassent du vin, dira-t-on ! Mais l'Espagne et l'Italie, à raison de leur climat, peuvent produire des vins beaucoup plus alcooliques que les nôtres et, grâce au bas prix de leur main-d'œuvre, bien meilleur marché. Et même infériorité pour la soie vis-à-vis de la Chine, pour la laine vis-à-vis de l'Australie, pour la viande vis-à-vis de la République Argentine... Alors quoi ? Faudra-t-il donc que nos cultivateurs, qui représentent la moitié de la population française abandonnent la terre pour refluer dans les villes ! En ce cas, quels dangers pour le pays n'entraînera pas un semblable déplacement, non seulement au point de vue économique, mais au point de vue de la santé publique, de la moralité, de la stabilité politique, de notre force militaire, de l'avenir du pays! Et qui nous assure d'ailleurs que ces populations chassées des campagnes trouveront dans les villes un travail plus rémunérateur? N'est-il pas possible que l'industrie manufacturière succombe à son tour sous l'importation étrangère? Si un pays a le malheur de se trouver inférieur à certains pays étrangers dans toutes les branches de la production, il sera successivement délogé de toutes ses positions, et il ne restera plus qu'une ressource : ce sera de transporter la population et les capitaux, qui peuvent lui rester encore dans les pays mêmes qui lui font cette concurrence victorieuse, afin d'y bénéficier tout au moins des conditions qui leur assurent cette supériorité[1]. Si la France ne peut plus soutenir la concurrence de l'Amérique, qu'elle émigre en Amérique! Telle serait la conséquence logique d'un système qui ne voit dans le commerce international que le mode d'organisation le mieux fait pour tirer le meilleur parti possible de la terre et des hommes qui la peuplent sans s'inquiéter de ce fait que ces hommes sont divisés par nations et que chacune de ces nations a la volonté et le droit de vivre.

On comprend à la rigueur, quand il ne s'agit que des individus, qu'un darwinien convaincu puisse les sacrifier en vue des intérêts généraux de l'espèce, mais on ne peut demander à un pays de se laisser immoler au nom des intérêts généraux de l'humanité. Ce serait d'autant plus absurde qu'il n'y a ici en jeu qu'une question de supériorité écono-

---

[1] Remarquez que c'est précisément le résultat que produit le commerce intérieur entre les différentes parties d'un même pays. N'est-ce pas la liberté et la facilité des communications entre le Cantal ou les Basses-Alpes et Paris qui entraînent la dépopulation et la mort industrielle de ces départements? Mais ici, comme c'est une portion de la France qui gagne ce que l'autre perd, il n'y a pas lieu, au point de vue national, d'intervenir.

mique et commerciale : or un peuple a un autre rôle à jouer en ce monde que celui de simple producteur économique. Faut-il donc courir le risque que quelque Grèce nouvelle se trouve un jour éliminée d'entre les nations parce que son sol aride ne lui aura pas permis de produire à aussi bon marché que ses rivales ?

Si on ne veut pas aller jusqu'à supprimer la concurrence étrangère, tout au moins est-il indispensable de rétablir l'égalité dans cette concurrence. Si un pays étranger — à raison de ressources naturelles, par exemple de la possession de mines d'or ou de fer ou d'une terre encore vierge, ou parce qu'il n'a pas à supporter dans son budget les conséquences d'un lourd passé historique — peut produire à 10 p. 0/0 au-dessous du prix auquel nos industriels peuvent produire, il est juste que des *droits compensateurs* de 10 p. 0/0 à l'importation viennent rétablir l'égalité des charges, de même qu'on le fait dans les courses de chevaux quand les jockeys n'ont pas le même poids.

2° En admettant même qu'aucun pays ne succombât dans cette lutte internationale et que chacun réussît à trouver une branche de production où il conserverait sa supériorité et où il ferait refluer toutes ses forces productives, serait-ce là un résultat désirable ? — L'école libre-échangiste l'affirme parce qu'elle ne voit là qu'une vaste application de la loi de la division du travail ; elle se plaît à considérer le monde comme un immense atelier où chaque peuple ne fera qu'une seule chose, celle qu'il est prédéterminé à faire le mieux, et où par conséquent se trouvera réalisée la meilleure utilisation possible des forces productives de notre planète et de l'humanité. La France ne fera que des vins fins, des chapeaux de dames et des soieries, l'Angleterre des machines et des cotonnades, la Chine du thé, l'Australie de la laine, la Russie du blé, la Suisse des fromages ou des horloges, et la Grèce des raisins secs !

Mais ici encore l'intérêt national est absolument sacrifié à un prétendu intérêt général qui n'est qu'une abstraction. Un semblable idéal, en admettant qu'il pût être réalisé, entraînerait la dégradation de tous les pays et, par voie de conséquence, du genre humain lui-même qui n'a pas d'existence propre en dehors des nations qui le constituent. Si, en effet, il a été reconnu que, même pour les individus, la spécialisation dans un même travail est funeste à leur développement physique, intellectuel et moral (voir p. 186), que dire pour un peuple! Un pays où, en poussant le système à l'extrême, tous les hommes feraient le même métier, ne serait plus qu'une masse amorphe, sans organisation. La biologie nous enseigne que le développement d'un être organisé et son rang sur l'échelle de la vie sont en raison de la variété et de la multiplicité de ses fonctions et de la différentiation des organes qui y pourvoient. Il en est exactement de même d'un peuple; s'il veut s'élever à une vie intense et riche, il doit s'efforcer *de multiplier chez lui toutes les formes d'activité sociale*, toutes ses énergies, et veiller par conséquent à ce que la concurrence étrangère ne vienne pas les détruire l'une après l'autre.

3° L'importation des produits étrangers, quand elle n'a pas comme contre-partie une exportation correspondante, risque de ruiner le pays : *d'abord en lui enlevant son numéraire*, et subsidiairement en *le réduisant à la condition de débiteur*. Le pays importateur paie avec son argent tant qu'il en a et, quand il n'en a plus, il en emprunte, le plus souvent au pays même qui lui vend : alors sa situation ne fait qu'empirer parce que désormais. au solde débiteur résultant déjà des importations, vient s'ajouter le solde débiteur résultant des intérêts à payer[1]. Il se trouve ainsi acculé progressivement à la banqueroute. Telle a été l'histoire, par

---

[1] C'est dans le même sens que le vieux Caton disait : *Patrem familias vendacem, non emacem esse oportet (De Agricultura)*. La loi de Moïse dit (Deutéronome, XV, 6) : « Mets soigneusement en pratique le commandement que je te prescris aujourd'hui. Tu prêteras à beaucoup de nations et tu n'emprunteras point : ainsi tu domineras sur beaucoup de nations et elles ne domineront point sur toi ». Il est vrai qu'il s'agit là du prêt et non de la vente; mais, disent les protectionnistes, cela revient au même, car le pays vendeur finit par devenir le pays créditeur.

exemple, du Portugal, de la Turquie, etc. (voir ci-dessus, p. 330).

4° Les droits de douane sont le meilleur des impôts puisque *c'est l'étranger qui les paie*. Un pays ne doit donc pas hésiter à y recourir, puisqu'il y trouve l'avantage non seulement de protéger son industrie, mais de se procurer des ressources qui ne coûtent rien à ses citoyens[1].

5° Enfin, l'intérêt de la *sécurité nationale* suffirait à lui seul pour justifier le système protectionniste. Nous voyons chaque peuple s'évertuer à se créer, au prix des plus lourds sacrifices, des forteresses, des flottes de guerre, des fabriques d'armes. Mais les industries indispensables à la sécurité d'un pays ne sont pas seulement telle ou telle fabrique d'armes ou de biscuits, c'est la houille sans laquelle les trains ne pourraient marcher, ni par conséquent la mobilisation s'effectuer, c'est le fer, ce sont les chevaux, c'est le blé, la viande, le drap, le cuir, tout ce qui est nécessaire pour entretenir et faire vivre des millions d'hommes en temps de guerre. Si l'Angleterre peut se permettre d'importer de l'étranger la moitié de son alimentation[2], c'est parce qu'elle est maîtresse

---

[1] M. Méline, le *leader* protectionniste, disait à la tribune de la Chambre (séance du 28 février 1898) : « C'est l'étranger qui paie les droits de douane ».

Après la guerre de sécession aux États-Unis, M. Lawrence, contrôleur du Trésor aux États-Unis, disait : « Par notre tarif douanier, nous informerons le manufacturier étranger qu'il peut écouler ses produits chez nous, mais qu'il lui faut payer ce privilège. Il est ainsi forcé de réduire ses prix et ses profits et de contribuer à la formation de ce revenu qui nous permet d'acquitter notre dette publique et de servir des pensions à nos soldats mutilés ou blessés pendant la guerre civile. Ceci est de la justice distributive, puisque de la sorte nous forçons l'Angleterre et la France de prendre leur part des dépenses d'une rébellion qu'elles avaient méchamment encouragée! » (Cité par l'*Économiste français*, 1882, 1er volume, p. 411).

[2] On a fait le compte que la quantité de produits alimentaires importés en Angleterre représentait presque la nourriture de la population pendant six mois et en Allemagne pendant trois mois, ou, en d'autres termes, que la moitié de la population de l'Angleterre et le quart de la population allemande est nourrie par l'étranger. Il n'en est pas de même pour la France, sa population étant peu dense et son sol très fertile.

des grandes routes maritimes et parce qu'elle dépense des
sommes colossales pour garder sa supériorité en cas de
guerre. Mais si jamais elle avait lieu de craindre que ses
communications fussent coupées, nul doute qu'elle ne prît
alors des mesures pour accroître sa production agricole,
fût-ce même par des procédés artificiels. Étant donnée la
forme monstrueuse de la guerre moderne, qui armera la population tout entière et absorbera toutes les ressources économiques de la nation, il n'est pour ainsi dire plus une seule
industrie dont on puisse dire qu'elle soit inutile à la défense
nationale.

III

La thèse libre-échangiste.

Les libre-échangistes commencent par réfuter les arguments que nous venons d'exposer.

1° L'argument tiré du danger de la concurrence étrangère produit un grand effet. Mais voyez, disent-ils, quelle
singulière déviation a subi cet argument et à quelles contradictions il conduit!

Autrefois on disait : il faut protéger les faibles contre les
forts, les jeunes contre les vieux, c'est ce qu'on appelait la
protection-tutelle. On faisait remarquer que les industries
naissantes ont à lutter contre de grands désavantages. Il ne
leur est pas facile de tenir tête à des industries déjà
anciennes en possession de vastes marchés et qui, grâce à
l'étendue de leur production, peuvent pousser au dernier
degré les perfectionnements de la division du travail et de la
production sur grande échelle. La lutte est d'autant plus
difficile que dans ces pays neufs les salaires sont plus élevés
et les ouvriers moins expérimentés. On sait bien qu'il n'est
pas facile de faire pousser de jeunes arbres dans le voisinage
des vieux, parce que ceux-ci, ayant déjà accaparé toute la
lumière du ciel et toute la sève du sol, ne leur laissent guère
la place d'étendre leurs racines ni leurs branches

L'argument paraissait plausible. Il semblait confirmé par l'expérience des pays neufs, par exemple par celle des jeunes colonies anglaises, telles que l'Australie et le Canada qui ont sucé le lait de la pure doctrine libre-échangiste et pourtant n'ont pas hésité à élever, comme d'instinct, un rempart protectionniste contre la mère-patrie elle-même.

On invoquait surtout l'exemple des États-Unis. L'industrie américaine aurait-elle grandi si vite si elle avait eu à lutter dès ses débuts contre les manufactures anglaises, et n'aurait-elle pas été écrasée dans l'œuf par sa puissante rivale ?

Très bien : mais aujourd'hui voici que les États-Unis ont brillamment fait leur évolution économique et sont devenus un des premiers pays manufacturiers du monde. Aujourd'hui que les voilà grands et forts, ont-ils renoncé à l'abri du rempart qui a protégé leur enfance ? Nullement. Ils continuent à être protectionnistes tout en repoussant du pied, comme outrageant, l'argument de la « protection-tutelle ». Ils déclarent maintenant, par un argument inverse, qu'un pays avancé en civilisation, riche et payant à ses ouvriers de hauts salaires, doit se protéger contre les États à civilisation arriérée et à bas salaires : c'est de notre Europe qu'il s'agit. De même, disent les économistes américains, que l'Europe et l'Asie abaissent notre civilisation et notre *standard of life* par l'envoi de leurs émigrants pauvres et faméliques, blancs ou jaunes, de même font-ils en nous envoyant leurs produits à bas prix, et il faut défendre notre état de civilisation et nos hauts salaires à la fois contre l'invasion des *travailleurs pauvres* et contre l'invasion des marchandises qui sont le *produit d'un travail pauvre*.

Et quand on demande de rétablir l'égalité dans la concurrence par des *droits compensateurs*, encore faudrait-il savoir de quel côté est l'infériorité, de quel côté penche la balance ? Nous disons en France que cette compensation doit être faite contre les Américains parce qu'ils ont plus de ressources naturelles, un sol non épuisé encore par vingt siècles de culture et un budget moins lourd. Mais les Américains disent que la compensation doit exister contre nous parce que les salaires inférieurs payés à nos ouvriers, les journées plus longues qui leur sont imposées, la moindre valeur de l'argent chez nous, nous permettent de produire à des prix très inférieurs aux leurs.

Alors que conclure et qui trompe-t-on ici ? A qui la production est-elle nécessaire ? Est-ce aux jeunes contre les vieux ou aux vieux contre les jeunes ? Est-ce aux faibles contre les forts ou aux forts contre les faibles ? Et qui sont les forts ou les faibles ? Et que penser d'un argument qui peut servir indifféremment à deux thèses contradictoires[1] ?

Chassons aussi cette crainte vaine qu'un pays puisse être jamais dépeuplé par le commerce international. Ce tableau effrayant d'un peuple délogé successivement par la concurrence étrangère de toutes les branches de la production, réduit à laisser sa terre en friche et à aller chercher un asile sur le territoire même de ses vainqueurs, est fantastique. Il est peu vraisemblable qu'un pays se trouve déshérité par la nature ou la fortune à un point tel qu'il se trouve inférieur aux autres dans toutes les branches de la production. Et si par malheur il en était réduit à cette extrémité, il est absurde de penser que la prohibition des produits étrangers pourrait rendre sa situation meilleure ou même pourrait empêcher ses capitalistes ou ses travailleurs d'aller chercher ailleurs des contrées plus heureuses. Une barrière de douanes ne peut pas tenir lieu d'un mur de prison et il n'est certes pas souhaitable qu'elle le fasse[2].

[1] En ce qui concerne l'inégalité des impôts, l'argument des droits compensateurs est fondé sur l'idée que les droits de douane sont supportés par les producteurs étrangers. Mais si, comme nous allons le voir, ces droits retombent le plus souvent, sous la forme d'une élévation des prix, sur les nationaux, alors on pourra apprécier l'ironie de cette soi-disant compensation qui, sous prétexte d'égaliser la lutte, met double charge sur les épaules de celui qui est déjà le plus lourdement chargé !

[2] Pense-t-on, pour prendre le fait cité plus haut comme argument, que si les départements du Cantal ou des Basses-Alpes eussent été entourés d'une barrière de douanes, cela les eût rendu plus riches et eût même empêché leurs habitants d'émigrer à Lyon ou à Paris ?

Tout pays, si pauvre soit-il, trouvera nécessairement quelque chose à produire pour le donner en échange aux pays plus favorisés. Et si, par impossible, il ne trouvait rien, en ce cas surtout les protectionnistes peuvent être rassurés, car *toute importation cesserait aussitôt* : les produits étrangers seraient arrêtés mieux que par n'importe quel droit prohibitif, par le fait qu'ils ne seraient plus payés! Nous savons en effet (voir p. 329) que les importations ne peuvent être payées que par des exportations : comment donc supposer qu'un pays achète tout de l'étranger sans lui rien donner en retour? — à moins d'admettre cette absurdité que l'étranger lui fournira *gratis* tout ce qu'il lui enverra, auquel cas la situation du pays importateur serait plus enviable que pitoyable et on ne voit pas comment elle aurait pour effet de le ruiner[1]!

2° La crainte de la spécialisation à outrance et de la déchéance du pays, comme résultat de l'échange international, paraît tout aussi chimérique. Sans doute, tout pays a le droit de développer toutes les énergies qui sont en lui, peut-être à l'état latent, non seulement dans l'agriculture mais dans l'industrie. Il doit s'efforcer de tirer le parti le plus avantageux de son sol, de son climat, des aptitudes de sa race. C'est entendu. Mais qu'est-ce qui vaut le mieux comme système pédagogique pour susciter et développer ces énergies? N'est-ce pas précisément la concurrence internationale, par la rude discipline qu'elle impose à un peuple en le forçant à faire ou mieux ou *autrement* que les autres? en le délogeant des positions déjà occupées pour le contraindre à se créer par ailleurs des ressources nouvelles? En fait

---

[1] A ceux qui s'obstinent à croire que c'est avec son argent que ce pays déshérité paiera les importations et que c'est ainsi qu'il se ruinera — il faut demander : D'où lui viendra ce numéraire s'il n'a rien à vendre?

Du reste nous avons déjà expliqué (p. 328) pourquoi, même pour le numéraire, il est peu à craindre qu'un pays puisse en être dépouillé par le jeu du commerce international. Dans les exemples qu'on cite (Républiques Sud-Américaines) la cause du mal doit en être cherchée plutôt dans les abus du papier-monnaie que dans les importations étrangères.

voit-on dans les pays libre-échangistes, comme la Hollande, la Belgique ou l'Angleterre, une industrie moins diversifiée que dans les pays protectionnistes? Nullement.

3° L'infériorité ou la ruine prophétisée aux peuples qui se résigneront à la situation d'acheteurs, en regard de ceux qui sauront garder la situation de vendeurs, n'est qu'une vaine menace. Sans doute, pour les peuples comme pour les individus, il vaut mieux être riche que pauvre, mais l'erreur est de croire que la situation d'acheteur est nécessairement inférieure à celle de vendeur. Est-ce que dans les relations sociales, nous, consommateurs, nous nous jugeons inférieurs à nos fournisseurs? Et qu'est-ce qu'un peuple importateur sinon celui qui fait travailler d'autres peuples pour lui — en les payant, bien entendu. Ce n'est certes pas un signe d'infériorité, ni moins encore de pauvreté.

Quant au raisonnement qui veut que tout pays importateur finisse par devenir pays débiteur, il assimile faussement un pays à un fils de famille achetant à crédit. L'échange international se fait au comptant, ou tout au plus à quelques mois d'échéance par les lettres de change. Puisque c'est une sorte de troc, le troc est ce qui ressemble le moins à l'achat à crédit. Sans doute il peut arriver qu'un peuple se ruine par l'emprunt — quoiqu'il arrive plus souvent en ce cas qu'il ruine ses prêteurs ! — mais alors ceci est une autre question et n'a rien à faire avec ses achats.

4° Il est absurde de prétendre, en thèse générale, que les droits protecteurs sont payés par l'étranger et que, loin d'imposer aucune charge au pays, ils constituent, au contraire, un supplément de revenus pour l'État. Ce serait vraiment trop commode si un pays pouvait se procurer ainsi des revenus en les prenant dans la poche des États voisins! En admettant que le protectionnisme eût ce pouvoir magique, comme chaque pays s'empresserait d'en profiter à son tour pour faire payer ses impôts par ses voisins, il est évident qu'aucun n'en serait plus avancé.

En vertu d'une loi connue en matière d'impôts sous le nom de « loi de répercussion », tout impôt payé par un producteur ou un commerçant est généralement reporté par lui sur sa facture et vient frapper le consommateur. A plus forte raison fera de même le producteur étranger [1].

Admettons même l'argument dans toute sa force. Supposons que les étrangers consentent à prendre à leur charge les droits protecteurs. Qu'en résultera-t-il? C'est que les prix des produits étrangers ne seront pas relevés : par conséquent leur concurrence et l'influence déprimante qu'ils pouvaient exercer ne sera pas atténuée ! et finalement l'industrie nationale n'obtiendra rien de ce qu'elle souhaitait — ni l'exclusion des produits étrangers ni le relèvement des prix; — et aux critiques que nous venons d'adresser au système des droits protecteurs, il faudra en ajouter une dernière et plus décisive encore : celle *de ne servir à rien !*

5° Enfin, quant à l'argument de la guerre toujours possible et de la nécessité de s'y préparer, ne faut-il pas plutôt se demander si le protectionnisme n'a pas précisément pour effet de créer le danger contre lequel il prétend nous défendre ? et si la guerre de tarifs ne risque pas de provoquer la guerre à main armée, tandis que le développement du libre-échange aurait, au contraire, ce bienfaisant effet de

---

[1] Cependant, il peut arriver que le producteur étranger supporte les droits dans certains cas exceptionnels qui ont été signalés par Stuart Mill. Toute élévation du prix entraîne une réduction dans la consommation. Le producteur étranger aura donc à se demander s'il n'est pas de son intérêt de consentir un sacrifice en abaissant le prix de ses articles d'une somme égale au montant du droit afin de conserver sa clientèle en lui maintenant ses anciens prix. Le droit qui frappe ses produits le met dans cette fâcheuse alternative ou *de restreindre le chiffre de ses ventes* ou *de faire un sacrifice sur le prix.* Il n'est pas impossible que, tout compte fait, son intérêt l'engage à choisir le second parti, c'est-à-dire à prendre à sa charge tout ou partie du droit. C'est ainsi que beaucoup de fabricants français, pendant la guerre commerciale franco-suisse de 1893 à 1895, pour ne pas perdre leur clientèle suisse, avaient pris à leur charge tout ou partie des droits établis par le nouveau tarif.

Seulement, pour que les producteurs étrangers se résignent à cette extrémité, il faut deux conditions préalables : 1° que le prix de revient le leur permette; 2° qu'ils ne trouvent pas le moyen d'écouler leurs produits sur un autre marché.

rendre la guerre presque impossible? Montesquieu a écrit :
« L'effet naturel du commerce est de porter à la paix[1] ».

Et l'expérience nous montre que les relations commerciales
entre les peuples sont en effet un obstacle très efficace à la
guerre. Il n'est pas sûr que, plus d'une fois depuis un siècle,
elles n'aient empêché la guerre d'éclater entre la France et
l'Angleterre.

Si toutefois on veut présenter la protection comme une
nécessité militaire, il faut alors la présenter comme une
dépense supplémentaire ajoutée au budget de la guerre et non
point comme une source de revenus. Je ne sais quel économiste américain faisait le compte qu'une certaine filature avait
coûté plus cher à son pays qu'un croiseur cuirassé. Voilà qui
est parler franc ! Oui, mieux vaut déclarer hardiment que les
droits protecteurs et les guerres de tarif valent ce que valent
la paix armée et la guerre à coups de canon, qu'ils ne sont
pas moins onéreux, mais qu'ils peuvent être non moins nécessaires à l'existence d'un peuple qui réclame sa place au
soleil. Mais les protectionnistes n'aiment pas à faire cet aveu
et préfèrent se leurrer par la perspective de gains imagi-
naires.

Les libre-échangistes ne se contentent pas de rétorquer les
arguments mis en avant par les protectionnistes. Ils prennent
l'offensive en énumérant les inconvénients des droits protecteurs :

1° Au point de vue de la *consommation*, les droits protecteurs tendent incontestablement à *renchérir le coût de la
vie* ou tout au moins à l'empêcher de diminuer. La plupart
des articles de grande consommation, ceux qui intéressent
l'ouvrier, sont meilleur marché dans des pays libre-échangistes, comme l'Angleterre, qu'en France ou en Allemagne[2].

---

[1] *Esprit des lois*, liv. XX, ch. 11.
[2] D'une enquête faite par les consuls anglais en Allemagne en 1907, il
résulte que le coût d'existence de l'ouvrier allemand est de 30 p. 0/0
supérieure à celle de l'ouvrier anglais, ce qui ne peut être attribué à une
autre cause qu'aux droits de douane sur les denrées alimentaires.

Les droits à l'entrée ont pour effet ordinaire de s'ajouter non seulement au prix des marchandises importées, mais au prix de toutes les marchandises similaires consommées à l'intérieur, en sorte que le public se trouve payer de sa poche, sous la forme de supplément de prix, dix fois ce que perçoit l'État. Supposons qu'il entre en France 10 millions de quintaux de blé étranger valant 20 francs au débarquement. Par suite de la concurrence de ce blé étranger, tous nos 80 millions quintaux de blé, qui constituent la production moyenne de la France, ne se vendent aussi que 20 francs, et c'est justement ce dont on se plaint. Mettons alors un droit de 7 francs à l'entrée du blé étranger. L'État touchera par la main de l'administration des douanes (en supposant que ce droit n'ait pas pour effet de réduire les quantités importées) $10 \times 7 = 70$ millions de francs. Mais regardons maintenant le public : non seulement il paiera 7 francs de plus pour chaque quintal de blé étranger, soit 70 millions — c'est-à-dire qu'il paiera de sa poche tout ce que l'État a perçu — mais de plus, les producteurs français s'efforçant naturellement de vendre leur blé au même prix que les producteurs étrangers, il paiera 7 francs de plus pour chaque quintal de blé produit en France, soit donc $80 \times 7 = 560$ millions de francs. C'est-à-dire en somme que ces droits protecteurs auront rapporté 70 millions à l'État et 560 millions aux producteurs nationaux, mais ils auront coûté 630 millions aux consommateurs.

Il est vrai que si, dans une année d'abondance, la production nationale du blé suffit à la demande et qu'on n'ait pas besoin du blé étranger, en ce cas le droit protecteur ne jouera plus ou ne jouera que pour partie. Et même il peut arriver que les droits protecteurs, en maintenant des prix artificiellement surélevés, poussent à la production à outrance et, par la surproduction, entraînent l'avilissement des prix : nous l'avons vu en France pour la production des vins.

Mais, en ce cas, où est l'avantage? Est-ce un bien que la France soit inondée de vin et de blé français au lieu de l'être par le vin et le blé étrangers? Je pense au contraire que la surproduction provoquée ainsi à l'intérieur est pire que celle qui vient de l'étranger, car contre celle-ci il est facile de se défendre, tout simplement en n'achetant plus dès qu'on a assez, tandis que, quand la surproduction est à l'intérieur, le refus d'acheter à un moment donné entraîne la ruine des producteurs nationaux.

2° Au point de vue de la *répartition*, les droits protecteurs créent une injustice, car ils ont pour effet de *garantir un revenu minimum aux propriétaires* [1] — et d'autant plus choquante que la loi refuse de garantir aux salariés le salaire minimum qu'ils réclament aussi.

Et l'avantage procuré est beaucoup plus grand pour les riches que pour les pauvres ! Les droits protecteurs aggravent les inégalités déjà existantes. Voici un droit de 7 francs par quintal de blé qui doit élever le prix du blé de 20 à 27 francs. Le propriétaire cultivant dans les terrains médiocres ou ne disposant que de ressources insuffisantes, qui ne produit que 10 quintaux par hectare, n'y trouvera qu'un supplément de revenu de 70 francs, ce qui ne sera peut-être pas suffisant pour couvrir ses frais ; mais le propriétaire déjà favorisé par la nature ou employant des procédés perfectionnés, qui récolte 30 quintaux par hectare — et qui, à raison même de sa situation privilégiée, pouvait très bien se passer de toute protection — y trouvera au contraire un supplément de revenu de 210 francs par hectare !

3° Au point de vue même de la *production nationale* qu'ils ont pour but de soutenir, ils lui portent un préjudice incontestable en *renchérissant ses matières premières et son outillage*. De là conflits permanents et insolubles entre les diverses branches de la production. Quand on a voulu

[1] M. Méline, le principal auteur du tarif douanier actuel en France, l'a dit aussi clairement que possible : « La philosophie de notre tarif de douane consiste à soutenir les cours de façon à donner à ceux qui voient baisser leurs bénéfices le maintien de prix rémunérateurs ».
Mais alors la justice commanderait d'inscrire dans la loi de douanes un minimum de salaire pour les ouvriers de l'industrie protégée ; c'est en effet ce qui a été proposé, sans succès d'ailleurs, au Parlement.

mettre des droits à l'entrée des soies pour protéger les producteurs de cocons des Cévennes et des bords du Rhône, on a soulevé les protestations violentes des filateurs de soie de Lyon. Si l'ont met des droits à l'entrée des fils de laine, de soie ou de cotons, on ruine les industries du tissage qui les emploient comme matières premières, etc. — Il est vrai qu'on a inventé, pour remédier à ce préjudice, les procédés compliqués de « l'admission temporaire », mais ce ne sont que des palliatifs inefficaces (voir *le Cours*).

4° Au point de vue du *commerce*, il ne faut pas oublier que les droits protecteurs, en réduisant les importations de marchandises *tendent à réduire en même temps les exportations* et constituent ainsi la plus monstrueuse contradiction avec les efforts que font les peuples pour faciliter les communications, pour percer les montagnes, couper les isthmes, sillonner les mers de lignes de paquebots subventionnés et de câbles télégraphiques, ouvrir des expositions internationales, établir des conventions monétaires, etc. Peut-on imaginer pire folie que de commencer par dépenser des centaines de millions pour percer des tunnels sous les Alpes ou jeter des ponts sur la Manche et, cela fait, mettre des douaniers à chaque bout pour arrêter ces marchandises ou les rançonner! On a dépensé des centaines de millions de francs sur la Seine, sur le Rhône, sur la Gironde, et des milliards en canaux, pourquoi?... pour abaisser de quelques centimes le coût de transport des marchandises qui viennent par là de l'étranger, mais en même temps on relève leur prix de 20 à 30 p. 0/0 par les droits de douane![1]

5° Au point de vue du *progrès industriel*, ils le ralentissent souvent en supprimant ou en atténuant le stimulant de

---

[1] « Un droit de 20 p. 0/0 équivaut à une mauvaise route, un droit de 50 p. 0/0 à un fleuve large et profond sans les moyens nécessaires de le traverser; un droit de 70 p. 0/0, c'est un vaste marais qui s'étend des deux côtés du fleuve; un droit de 100 p. 0/0, c'est une bande de voleurs qui dépouillent le marchand de presque tout ce qu'il a et l'obligent encore à se sentir heureux d'échapper avec la vie sauve! » (David Wells, *A primer of tarif reform*, 1885). Voir les non moins spirituels pamphlets de Bastiat sur cet argument.

la concurrence extérieure. Dans un discours, le prince de Bismarck parlait de ces brochets qu'on place dans les étangs peuplés de carpes afin de tenir celles-ci en haleine et les empêcher de prendre le goût de la vase. Cette comparaison serait de mise ici. Si l'on veut — et tel est précisément le but des protectionnistes — qu'un pays garde son rang de grande puissance industrielle et commerciale, il faut l'obliger à renouveler constamment son outillage et ses procédés, à éliminer sans cesse les organes usés ou vieillis, comme le serpent qui se rajeunit en changeant de peau : or, une telle opération étant toujours fort désagréable, il est douteux que les producteurs s'y prêtent de bonne grâce s'ils n'y sont contraints par une pression extérieure.

6° Au point de vue *fiscal* enfin, ils n'accroissent le revenu qu'au début mais finissent *par le diminuer ou le supprimer en tarissant sa source, c'est-à-dire l'importation.* Le président des États-Unis, Mac Kinley, en présentant son fameux tarif des douanes, le déclarait catégoriquement : « L'objet de ce tarif n'est pas d'augmenter notre revenu, mais au contraire de le réduire et finalement de le supprimer quand les droits auront atteint un niveau suffisant pour atteindre leur but ».

Au contraire quand les droits n'ont pas un caractère de protection — tels ceux que l'Angleterre impose aux produits exotiques qu'elle ne produit pas elle-même : thé, café, sucre, tabacs et vins — il est de l'intérêt du Gouvernement de les abaisser suffisamment pour développer l'importation des produits taxés et comme, de même que pour la plupart des taxes, le rendement de l'impôt augmente en raison de la modicité du taux, il peut y avoir là pour le Trésor une source considérable de revenus.

IV

Le régime des Traités.

Nous devons prendre pour idéal d'établir entre les nations les mêmes rapports qu'entre les individus. Or nous avons constaté que le commerce et la libre concurrence sont loin de servir pour le mieux les intérêts du consommateur. Nous devons haïr les systèmes protectionnistes en tant qu'ils ont pour but de réaliser pour chaque peuple le « chacun pour soi, chacun chez soi ». Mais nous ne pouvons pas non plus considérer comme très désirable le libre-échange absolu, le « laisser-faire, laisser passer », puisque ce n'est là qu'une forme de la concurrence anarchique.

Quel est donc le régime entre peuples qui se rapproche le plus de celui de la coopération entre individus? C'est celui des *traités de commerce*, soit qu'ils constituent simplement des contrats synallagmatiques entre deux pays, soit, bien mieux encore, quand ils constituent une *union commerciale* entre plusieurs pays. Là est, nous semble-t-il, l'avenir. Et en fait telle est bien la tendance actuelle. Par les freins qu'ils imposent aux prétentions excessives, par la réciprocité d'intérêts qu'ils établissent, par la solidarité qu'ils finissent par créer entre les nations contractantes, les traités de commerce paraissent la politique la plus sage qu'on puisse pratiquer.

Il est vrai que les traités de commerce supposent préalablement un tarif général et des droits protecteurs, à l'état virtuel tout au moins, car tout traité est un contrat synallagmatique, tout contrat implique l'échange de certains avantages. Or quels avantages un pays qui n'aurait point de droits à l'importation pourrait-il offrir en échange de ceux qu'il réclamerait? Il menacerait de fermer sa porte? Mais encore faut-il qu'il ait d'abord installé une porte et des verroux ! S'il y a « entrée libre », un traité n'a plus de raison d'être. C'est pour cette raison que l'Angleterre peut difficilement conclure des traités et c'est afin de se ménager cette faculté de négocier qu'elle incline maintenant vers l'établissement de droits.

Les traités de commerce offrent l'avantage :

1° D'assurer la *fixité* des tarifs pendant une longue période de temps (généralement dix ans), ce qui est très favorable aux opérations commerciales. Il est vrai que, par contre, ils lient les pays contractants et leur ôtent la possibilité de mo-

difier leurs tarifs suivant les circonstances, mais ce lien doit
être considéré comme un bien, non comme un mal, puisque,
grâce à lui, les fabricants peuvent calculer et établir leur
prix pour une période assez longue. C'est précisément le
principal grief des fabricants étrangers, et surtout anglais,
contre notre régime commercial qu'avec la faculté que le
Gouvernement se réserve de modifier les droits à son gré,
ils ne peuvent compter sur le lendemain.

Mais il faut dire que c'est précisément et en sens inverse
le gros grief que faisaient valoir nos producteurs en France
contre le régime des traités de commerce. Ils ne veulent pas
être liés afin de pouvoir élever les droits toutes les fois qu'ils
croiront en avoir besoin. C'est là une façon de voir les choses
qui est non seulement très anti-solidariste mais, en fait, peu
pratique. Cela est si vrai que, malgré les protestations de
nos industriels, le Gouvernement a été obligé dans certains
cas de *consolider* les droits pour pouvoir négocier avec les
autres pays, c'est-à-dire de prendre l'engagement de ne pas
les modifier — par exemple vis-à-vis de la Russie pour les
droits sur les blés.

2° D'établir une solidarité entre tous les pays, en dehors
même des deux parties contractantes, par la clause dite « de
la nation la plus favorisée », qu'il est d'usage d'insérer dans
tous les traités et en vertu de laquelle *toute concession faite
par un pays à un autre se trouve de plein droit étendue à
tous ceux avec lesquels il a déjà traité.* Par exemple, en
vertu de l'art. 11 du traité de Francfort de 1871, toute réduction de droits faite par la France ou l'Allemagne à un
des pays voisins [1] se trouve de plein droit étendue à l'autre
pays.

3° De conduire graduellement vers un régime *de plus en
plus libéral,* par les concessions réciproques que les parties

[1] Angleterre, Autriche, Russie, Belgique, Hollande et Suisse. Il faut
noter dans ce cas particulier que la clause, faisant partie intégrante du
traité imposé par la guerre, ne comporte pas de limitation de durée et
par là diffère des clauses ordinaires qui, comme les traités de commerce
dont elles font partie, ne sont conclues généralement que pour dix ans.

contractantes s'arrachent réciproquement à chaque renouvellement, tandis que l'expérience prouve que le système
protectionniste, une fois installé dans un pays, tend à s'aggraver et à se généraliser, chaque industrie venant réclamer
l'une après l'autre sa part[1].

Les traités de commerce permettent, d'autre part, de donner satisfaction à certaines réclamations du protectionnisme :

1° En imposant le principe de la *réciprocité* — ce que les
Anglais appellent le *fair trade* par opposition au *free trade*
— c'est-à-dire en ouvrant la porte des pays qui ouvrent la
leur et en la fermant à ceux qui la ferment.

Les économistes de l'école libérale ne se préoccupent guère
de la réciprocité. Sans doute, disent-ils, il est très désirable
que la porte soit grande ouverte de la part de chacune des
parties, mais si elle est fermée ou seulement entrebaillée
chez l'un des pays, ce n'est pas une raison pour que nous
fermions la nôtre. Mieux vaut encore qu'il y en ait une d'ouverte que toutes les deux fermées ! Si, par exemple, l'Europe
frappe de droits les produits américains, elle infligera un
préjudice aux États-Unis, mais elle s'en infligera un aussi à
elle-même, et le mal que nous pouvons faire à notre voisin
ne saurait être considéré comme une compensation que nous
nous faisons à nous-mêmes.

C'est certain ! les représailles ou *rétorsions*, comme on
dit, sont absurdes en tant que remède, si elles ont pour but
de guérir le mal qui nous est fait, mais elles peuvent se justifier, en tant que mesures de guerre, si elles ont pour but
de forcer l'agresseur à changer ses procédés. En tout cas, le
traité de commerce a précisément pour but d'éviter ces rétorsions et guerres de tarifs.

---

[1] La thèse qualifiée de « protection-tutelle » — qui recommande la
protection comme un état temporaire, indispensable pour les peuples enfants mais destiné à disparaître au jour de leur majorité économique —
est démentie par l'expérience, car celle-ci nous montre que le protectionnisme, une fois établi dans un pays, ne tend jamais à se supprimer ou à
se restreindre de lui-même, mais au contraire tend toujours à se développer.

2° En ménageant les *situations acquises*, les industries dont la ruine entraînerait une trop grande perturbation dans le pays ou celles dont le maintien paraît désirable aussi bien au point de vue politique et social qu'au point de vue économique. Si la France juge, par exemple, que l'industrie de la marine marchande au point de vue de la défense nationale, ou celle de la viticulture à raison de l'énormité du capital engagé et de l'abondance des salaires qu'elle distribue, doivent être maintenues à tout prix, les traités de commerce permettront peut-être de le faire.

3° En permettant certaines *différenciations* de droits pour tenir compte de la situation respective de chaque pays et de celles des industries qui, pour chacun d'eux, paraissent plus ou moins menacées par la concurrence, tandis que le tarif général des douanes est nécessairement uniforme et ne peut établir des droits différents selon le pays de provenance — ou du moins ce serait alors une mesure de guerre.

Il est vrai que cette différenciation des droits se trouve souvent annulée par la clause de la nation la plus favorisée dont nous venons de parler. Pas nécessairement pourtant, car la clause de la nation la plus favorisée ne s'étend qu'aux produits identiques : or dans la différenciation on peut préciser le produit favorisé de telle sorte que cette faveur ne puisse être étendue à d'autres : par exemple la faveur faite aux vins de Champagne ne s'étendra pas aux vins mousseux en général. C'est ce qu'on appelle la *spécialisation* et l'Allemagne y a eu souvent recours pour éluder la clause du traité de Francfort, en sorte que la France menace maintenant d'en faire autant de son côté.

4° En s'opposant aux actes de concurrence artificielle par lesquels l'étranger s'efforce de faire pénétrer chez nous certains produits — par exemple, quand le Trésor public donne des primes à l'exportation, comme naguère pour le sucre, ou quand les trusts vendent leurs produits à un prix inférieur à celui auquel ils les vendent à leurs nationaux : c'est ce qu'on appelle le *dumping*.

Où est le mal, dira-t-on ? Grâce aux primes que les États

producteurs de sucre avaient l'obligeance d'octroyer à leurs fabricants, l'Angleterre avait son sucre presque pour rien. C'était une bonne aubaine! — Oui, parce que l'Angleterre avait renoncé à faire du sucre, mais il n'est pas bon que l'industrie d'un pays se trouve ainsi à la merci des pouvoirs étrangers et attende de leur décision la ruine ou le salut. Quand un État juge, à tort ou à raison, qu'il a besoin de protéger telle ou telle industrie, il ne peut admettre que cette protection soit annihilée par l'étranger au moyen d'un abaissement artificiel du prix des produits concurrents qui n'a d'autre but que de forcer la porte.

Tels sont les avantages du régime des traités de commerce. Malheureusement la France suit une politique peu favorable à ce régime, car depuis la loi douanière de 1892 le Gouvernement peut seulement conclure des *accords* commerciaux mais toujours *révocables* au jour où il jugera bon de changer la loi des douanes[1], et il ne peut faire de concessions que dans les limites fixées par un double tarif *maximum* et *minimum*. Cette politique, inspirée par la haine des agrariens contre tout traité de commerce, est une des causes qui ont mis le commerce international de la France en arrière de celui de ses rivales. Pourtant si l'Angleterre finit par constituer en Union douanière tout son immense empire, si de leur côté les États-Unis réussissent, comme ils l'ont essayé dans divers congrès pan-américains, de constituer une Union douanière embrassant toutes les Républiques d'Amérique, alors, en face de ces deux Zollverein occupant chacun un tiers du monde, il faudra bien en créer un troisième une Union commerciale embrassant tous les États du continent Européen.

---

[1] C'est ce qu'il a fait en 1910 par un remaniement de tous les tarifs. — Voir pour la Législation douanière de la France, *le Cours*, p. 377-390.

CHAPITRE IX

LE CRÉDIT

I

Comment le crédit n'est qu'une extension de l'échange.

Le crédit n'est qu'un élargissement de l'échange, un échange qui se fait dans *le temps* au lieu de se faire dans *l'espace*. On peut le définir *l'échange d'une richesse présente contre une richesse future*.

Par exemple, je vous vends de la laine. Mais vous n'avez pas de quoi me payer, c'est-à-dire pas de richesse présente à me donner en échange de celle que je vous livre. Qu'à cela ne tienne! Vous me donnerez en échange la richesse future que vous vous proposez de créer avec cette laine, c'est-à-dire une valeur équivalente à prendre sur la valeur du drap quand il sera fabriqué.

Ici le fait de l'échange apparaît à l'œil nu : c'est bien une vente. La seule différence avec la vente ordinaire c'est qu'elle est faite *à terme* au lieu d'être faite au comptant. Mais cette différence, qui paraît de peu d'importance, a des conséquences énormes. Ce n'est pas peu de chose que de faire entrer l'avenir dans la sphère des contrats.

Voici un autre mode du crédit où l'acte d'échange est moins facile à voir, quoique virtuellement existant. Au lieu de vous vendre du blé, je vous le *prête*, c'est-à-dire que vous me le rendrez à la prochaine récolte. Bien entendu, vous ne me rendrez pas le même blé puisqu'il aura servi à ensemencer votre champ, mais un autre blé, celui que vous retirerez de la moisson. Les jurisconsultes romains disaient très bien que dans le prêt la chose était transférée en toute propriété — aussi l'appelait-ils *mutuum* (de mien tien) — et qu'il en était de même lors du remboursement de la chose similaire donnée en paiement. Si, au lieu de blé, nous supposons une somme d'argent, ce qui constitue aujourd'hui l'objet ordinaire du prêt, il n'est pas moins évident qu'ici encore il y a échange d'une richesse présente contre une richesse future [1].

Ces deux opérations, *la vente à terme* et *le prêt*, constituent précisément les deux formes essentielles du crédit.

Les caractères essentiels du crédit sont donc : 1º la *consommation de la chose prêtée ou vendue* ; 2º *l'attente de la chose nouvelle* destinée à la remplacer. Car, tandis que dans la location d'une maison ou d'une terre, le bailleur sait qu'elle lui sera restituée et ne la perd pas de vue un instant entre les mains de l'emprunteur, celui qui prête une chose destinée à être consommée sait qu'il s'en dépouille irrévocablement ; il sait qu'elle va être détruite et que telle est sa destination. Le sac de blé emprunté devra passer sous la meule pour devenir farine, ou être enfoui sous le sillon en attendant la moisson nouvelle. Le sac d'écus emprunté, quel que soit l'usage qu'on veuille en faire, devra être vidé jusqu'à sa dernière pièce en attendant l'argent futur que l'on espère gagner.

Or, c'est là une situation vraiment redoutable, aussi bien pour la personne qui emprunte que pour celle qui prête, car voici ce qui en résultera :

1º Quant au prêteur d'abord, il est exposé à des risques considérables. Sans doute il compte sur une richesse équivalente qui viendra remplacer celle qu'il a prêtée, mais enfin

---

[1] S'il s'agit du prêt d'un objet certain que l'emprunteur devra rendre tel quel, prêt d'une maison ou d'une terre (qui s'appelle bail à ferme ou à loyer), prêt d'un cheval ou d'un livre (qui s'appelle prêt à usage), en ce cas la définition que nous avons donnée ne s'applique plus : il n'y a plus d'échange, il y a *location* ; — mais aussi il n'y a plus de *crédit* dans le sens propre de ce mot.

elle n'existe pas encore ; elle devra être produite à cette fin et tout ce qui est futur est par là même incertain. Les législateurs se sont ingéniés à garantir le prêteur contre tout danger — et les précautions qu'ils ont imaginées à cet effet constituent une des branches les plus considérables de la législation civile : cautionnement, solidarité, hypothèques, etc.; néanmoins il faut toujours de la part du prêteur une certaine confiance, un acte de foi et voilà justement pourquoi on a réservé à cette forme particulière du prêt le nom de « crédit » qui suppose en effet, par son origine étymologique, un acte de foi (*creditum*, *credere*, croire). Et il est appelé à justifier de plus en plus ce beau titre puisque, comme nous le verrons, le crédit personnel tend à se substituer de plus en plus au crédit réel, soit dans les comptes-courants des banques, soit dans les sociétés de crédit mutuel. On dira, il est vrai, que c'est là un retour au passé, au temps antique de Rome où le créancier n'avait aussi d'autre gage que la personne même du débiteur, mais la différence est grande car alors c'était le corps même du débiteur qui servait de gage, un corps qu'on pouvait emprisonner, frapper, peut-être couper en morceau (*in partes secanto*, disait la Loi des XII Tables), tandis qu'aujourd'hui, dans le commerce ou dans les sociétés de crédit mutuel, le crédit personnel n'a pour gage que l'honorabilité du débiteur, non sa personne physique mais sa personne morale.

2° Quant à l'emprunteur, son obligation ne consiste pas seulement, comme celle du fermier ou du locataire, à conserver la chose prêtée et à l'entretenir en bon état pour la restituer au terme fixé ; il faut qu'après l'avoir utilisée, c'est-à-dire détruite, il travaille à en constituer une autre équivalente pour s'acquitter au jour de l'échéance. *Il faut donc qu'il ait grand soin d'employer cette richesse d'une façon productive.* S'il a le malheur de la consommer improductivement, pour des dépenses personnelles, par exemple, ou même simplement s'il ne réussit pas, par une raison quelconque, à reproduire une richesse au moins équivalente à celle qui lui a été prêtée, c'est la ruine. Et de fait l'histoire de tous les pays et de tous les temps est un véritable marty-rologe des emprunteurs qui se sont trouvés ruinés par le crédit.

Le crédit est donc un mode de production infiniment plus dangereux que tous ceux que nous avons vus jusqu'à présent et qui ne peut rendre des services que dans les sociétés dont l'éducation économique est très avancée [1].

II

Historique du crédit.

De tous les modes d'organisation sociale, le crédit est de beaucoup le plus récent. En effet, sa fonction, telle que nous venons de là définir, est trop compliquée pour avoir pu naître dans des sociétés primitives, car elle suppose, au préalable, l'accumulation des capitaux sous la forme monnayée. Autrefois pourtant le crédit a été pratiqué sous la forme de prêt de bétail.

Cependant, dira-t-on, le prêt (sinon la vente à terme) a déjà tenu une grande place dans l'antiquité et au Moyen âge? Il est vrai : mais uniquement comme mode d'assistance entre gens de même famille, de même classe, ou comme mode d'exploitation entre étrangers ou gens de classes différentes [2] — rarement comme mode de production. Et de là la défaveur qui s'est attachée à si juste titre à cette forme de contrat, les émeutes que cette question des dettes a si souvent provoquées, la remise des dettes si souvent réclamée et parfois accordée par les gouvernements populaires. Les canonistes du Moyen âge, en s'appliquant à dégager du contrat de prêt les cas où il était productif (et où ils admettaient l'intérêt comme légitime) de ceux où il

---

[1] Pour l'organisation des diverses formes de crédit, crédit foncier, crédit agricole, crédit populaire, crédit public, voir *le Cours*.

[2] « Tu pourras prêter à *i*ntérêt à l'étranger, mais non à ton frère » (Deutéronome, XXIII, 20).

était improductif (et où ils condamnaient l'intérêt comme usuraire), ne raisonnaient pas si mal qu'on l'a dit et leurs préoccupations répondaient très bien aux nécessités de leur temps.

Le crédit, en tant que mode de production, n'a véritablement pris naissance que du jour où les richesses futures, non encore existantes, qui constituent son véritable objet, ont été en quelque sorte réalisées et mises dans le commerce sous la forme de *titres négociables*. Il y a eu là une véritable révolution économique qu'on peut faire dater du XIII⁰ siècle. Voici comment il faut la comprendre.

Au début, la créance n'est pas conçue en tant que richesse car elle ne porte pas sur un objet matériel, sur une richesse quelconque : c'est un lien purement personnel entre le créancier et le débiteur. Selon la forte expression des glossateurs, l'obligation adhère au corps du débiteur, *ossibus hœret*. Et si le débiteur ne rembourse pas, le créancier ne peut se payer sur ses biens; il n'a point d'objet à saisir, sinon le corps même du débiteur, et voilà pourquoi, comme nous le rappelions tout à l'heure, il peut l'emprisonner ou même le couper en morceaux. Dans ces conditions l'idée de créances transmissibles, c'est-à-dire de la possibilité de mettre entre les mains de n'importe qui un tel pouvoir sur une personne ne peut même pas venir à la pensée.

Mais bientôt — et les jurisconsultes romains ont fait ce grand pas — les créances sont considérées comme des richesses (*bona*), et même on arrive par d'ingénieux détours à les rendre transmissibles (par la *novatio* et la *litis contestatio*) [1].

Cependant cette transmission est restée toujours plus difficile que celle des biens matériels — et encore aujourd'hui, d'après notre Code civil, la cession des créances exige des formalités assez compliquées, notamment la notification au débiteur.

Mais le droit commercial, qui, comme on l'a fait remar-

[1] Voir Paul Gide, *La Novation*.

quer souvent, devance toujours le droit civil et marche en
éclaireur, a réalisé dès le Moyen âge une double et admirable invention qui consiste à représenter le droit de créance par
un titre écrit, une lettre (*lettre de change* ou *billet à ordre*).

Le marchand de Venise, au lieu d'envoyer 1.000 ducats
à Amsterdam, remettait ces 1.000 ducats à un confrère de
Venise ayant des relations avec Amsterdam et celui-ci lui
remettait en échange une lettre ordonnant à son correspondant d'Amsterdam de payer 1.000 ducats à celui qui lui
présenterait la lettre. Ainsi le marchand de Venise n'envoyait que la lettre au lieu de monnaie. — Mais au début cette lettre ne pouvait être utilisée que par celui à qui
elle était adressée. Ce n'est que plus tard, au xv⁰ siècle, qu'on
imagina de la rendre négociable par une simple mention au
revers de la lettre, *un endossement* [1].

L'endossement était déjà une merveilleuse simplification,

---

[1] Les deux principales formes de titres de crédit sont les suivantes :

1° La *lettre de change*. Paul, qui a vendu à Pierre écrit ainsi : « Mont-
pellier, le 1ᵉʳ janvier 1908. — A quatre-vingt-dix jours de date, veuillez
payer à Jacques, ou à son ordre, la somme de 1.000 francs, valeur reçue
en marchandises ». Il ajoute en bas : « A M. Pierre à Paris ». Il signe :
« Paul », et il la remet à Jacques. Et quand Jacques voudra la transférer
il écrira derrière : Payez à l'ordre de Guillaume. Signé : « Jacques ». —
Et ainsi de suite.

2° Le *billet à ordre*. Pierre acheteur écrit ainsi : « A quatre-vingt-dix
jours de date je paierai à Paul ou à son ordre, la somme de 1.000 francs,
valeur reçue en marchandises. — Ce 1ᵉʳ janvier 1908. — Signé : Pierre ».

Le billet à ordre est donc simplement *une promesse de payer* faite
par le débiteur à son créancier. La lettre de change est plus compliquée : c'est *un ordre de payer* adressé par le créancier à son débiteur : ordre de payer à qui? non point au tireur, au créancier, mais *à
un tiers*. C'est grâce à cette forme que la lettre de change est spécialement employée pour régler les opérations *à distance* de lieu à lieu et de
pays à pays.

C'est chose grave pour le débiteur commerçant que de ne pas payer une
lettre de change, que de la laisser *protester*, comme on dit : il peut de ce
fait être déclaré en faillite. Si celui sur qui la lettre de change a été
tirée est insolvable, c'est celui qui l'a émise, le tireur, qui est responsable.
Et à défaut de celui-ci, c'est l'un quelconque de ceux par les mains de
qui la lettre a passé, et qui y a apposé sa signature pour l'endosser, qui est
responsable. La garantie que donne ce titre au créancier est donc parfaite.

mais pourtant c'est encore une formalité et non de peu d'importance puisqu'elle entraîne la responsabilité solidaire de tous ceux qui ont signé. On a fait un pas de plus en supprimant même l'endossement et en créant des titres de créance qui peuvent se transmettre simplement de la main a la main comme des pièces de monnaie (*titres* et *chèques au porteur*).

Cette fois le dernier terme est atteint. Et désormais des masses prodigieuses de richesses — non pas précisément fictives, mais futures, ce qui est bien différent — viennent s'ajouter à la masse des richesses existantes et vont circuler sous la forme de titres négociables ou au porteur. Ces titres font l'objet d'un commerce colossal dont on ne pouvait se faire autrefois aucune idée, et les marchands qui ont la spécialité de ce commerce-là s'appellent les banquiers.

Mais quelle utilité si grande peut-il y avoir, demandera-t-on peut-être, à représenter les créances par des titres négociables?

La voici : s'il est très avantageux pour l'emprunteur dans le prêt, ou pour l'acheteur dans la vente à terme, d'avoir un capital à sa disposition pendant un certain temps, à l'inverse il est très désavantageux pour le prêteur d'être réduit à s'en passer pendant le même laps de temps. Un fabricant a besoin tous les jours de faire des achats et de payer des salaires. Il ne peut marcher qu'à la condition de renouveler au jour le jour le capital qui lui est nécessaire par la vente de ses marchandises : mais s'il vend ses marchandises à terme, c'est-à-dire sans être payé, il semble qu'il va lui devenir impossible de continuer ses opérations.

Comment faire? On ne peut pourtant, semble-t-il, faire que le même capital se trouve *en même temps* à la disposition de deux personnes différentes, celle qui l'a prêté et celle qui l'a emprunté?

Si, vraiment, on y parvient! et c'est précisément le titre négociable qui réalise ce problème en apparence insoluble.

En échange du capital par lui cédé, le prêteur ou le vendeur à terme reçoit un titre, c'est-à-dire un morceau de papier sous diverses formes, billet à ordre, lettre de change, etc., et ce titre représente une valeur qui, comme toutes les valeurs, peut être vendue. Si donc le prêteur veut rentrer dans ses capitaux, rien de plus simple, il lui suffit de vendre, ou, comme on dit, de *négocier* son titre[1].

III

Comment le crédit permet de supprimer le paiement en argent.

Que le crédit permette d'ajourner le paiement, cela est évident et résulte de sa définition même. Mais qu'il permette de le supprimer, cela n'apparaît pas aussi clairement, car, dira-t-on, tôt ou tard quand l'échéance sera venue, il faudra bien s'exécuter[2]? Non! cela même n'est pas nécessaire!

Voici comment on procède. En premier lieu, on remplace, comme nous venons de le voir, la *vente au comptant*, c'est-à-dire l'échange de marchandises contre du numéraire, par la *vente à terme* ou *à crédit*, c'est-à-dire par l'échange d'une marchandise contre une créance. La vente à terme en effet

---

[1] Léon Say dit, dans sa préface à la *Théorie des changes* de Goschen : « Cette représentation absolue de la propriété par le titre a fait disparaître toutes les difficultés qui entravaient l'échange et la transmission es droits. On envoie aujourd'hui, dans une lettre, de France en Angleterre, d'Angleterre au Canada, de Hollande aux Indes et réciproquement, les usines, les fabriques, les chemins de fer, tout ce qui se possède, en un mot. La chose reste immobile, mais son image est sans cesse transportée d'un lieu à un autre. C'est comme un jeu de miroirs qui enverrait un reflet au bout du monde. Le miroir s'incline si le reflet va frapper plus haut, plus bas, à droite, à gauche. La chose est dans un lieu, mais on en jouit partout. Qui a le reflet la possède ».
Mais il faudrait ajouter que si le reflet vaut la chose c'est parce qu'il a vraiment une *valeur légale*. Voir toutefois ce que nous disons p. 381.

[2] Nous avons vu déjà (p. 316) comment on peut se passer de monnaie par l'emploi du chèque — mais payer avec un chèque c'est payer tout de même, d'autant plus que, comme nous le savons, le chèque suppose toujours une provision, c'est-à-dire une somme d'argent correspondante, tandis qu'ici nous cherchons le moyen de supprimer la monnaie elle-même.

n'est pas autre chose que cela : je vous livre ma marchandise et je reçois en échange une promesse de payer représentée par un billet à ordre ou une lettre de change.

Au lieu de payer A en argent, je lui donne un billet sur X ; A, au lieu de payer B, lui donne mon billet, B s'en sert pour payer C, etc. jusqu'à Z par exemple. En admettant que Z se fasse payer par moi, un seul paiement aura suffi pour liquider 10, 20 ou 100 échanges; mais il peut même arriver que Z se trouve être mon débiteur pour une raison quelconque, et en ce cas cet unique paiement se trouvera lui-même supprimé ! Toute la série d'échanges aura eu lieu sans emploi de numéraire.

Or la complication extrême des rapports sociaux et le fait que chacun de nous, ou du moins chaque producteur, se trouve tour à tour acheteur et vendeur, rend beaucoup plus facile qu'on ne pourrait l'imaginer à première vue l'emploi de ces divers modes d'extinction de créances.

Par exemple, je suis avocat, et un de mes clients, qui est marchand de vins, me doit une somme d'argent. Au lieu de me la payer, il me souscrit un billet. Quand je voudrai payer mon libraire, je pourrai lui donner en paiement ce billet. S'il arrive par hasard que le libraire se fournisse chez le marchand de vins, il n'aura à son tour, pour le payer, qu'à lui remettre ce billet.

Soit dans le monde trois pays, ou trois personnes, que nous appellerons A, B, C. Supposons que A est créancier de B, lequel est créancier pour la même somme de C, lequel à son tour est créancier de A, situation que nous représenterons par le diagramme suivant :

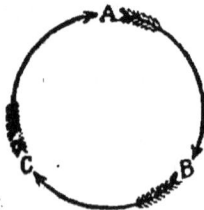

N'est-il pas évident qu'au lieu de faire faire un circuit

complet à la somme d'argent due respectivement par ces trois débiteurs à leurs trois créanciers, il est plus simple de tout régler sans débourser un sou?

Mais n'est-il pas bien invraisemblable, dira-t-on peut-être, que C soit justement créancier de A et se trouve là, comme à point nommé, pour fermer le cercle? — Sans doute, mais si C n'es. pas créancier de A, il sera peut-être créancier de D, de E, de F, de G, de H, etc., etc.? jusqu'à ce que finalement on arrive à quelqu'un qui se trouvera à son tour créancier de A, et alors le problème sera résolu, Plus il y aura de personnes qui entreront en jeu et évidemment *plus il y aura chance de fermer le cercle, de boucler la boucle.*

C'est dans le commerce international tout d'abord, dans l'échange de pays à pays, que l'on a appris à recourir au crédit pour se passer de monnaie. Ce furent les difficultés de transporter à de grandes distances de grosses quantités de numéraire qui suggérèrent aux Lombards, croit-on, l'idée de la *lettre de change.* Voyons comment on s'y prend dans la pratique pour atteindre ce résultat. Supposons que les commerçants français aient vendu pour 10 millions de francs de vin à l'Angleterre : il ont vendu à terme, c'est-à-dire qu'au lieu de toucher de l'argent, ils ont tiré pour 10 millions de francs de lettres de change sur leurs débiteurs anglais. Supposons que les Compagnies de houille anglaises aient de leur côté vendu 10 millions de francs de houille aux manufacturiers français et aient tiré valeur égale de lettres de change payables sur la France. Quand les manufacturiers français voudront régler leurs achats, enverront-ils 10 millions en espèces? Non : ils se feront céder tout simplement par les vendeurs de vins les 10 millions de créances payables en Angleterre (il ne leur sera pas difficile de se les procurer, car, comme nous le verrons, il y a des gens appelés banquiers qui ont précisément pour industrie de faire le commerce des lettres de change, c'est-à-dire de chercher le papier payable sur l'étranger pour le céder à ceux qui en ont besoin) et ils enverront alors à leurs créanciers, les Compagnies houillères, au lieu de 10 millions

d'espèces, la valeur correspondante en créances, en leur disant : « Faites-vous payer par vos compatriotes ». Ainsi
feront ceux-ci, et on aura évité l'absurdité de faire traverser
la Manche en sens inverse par deux courants de numéraire

Il est vrai que notre exemple suppose deux pays réciproquement créanciers et débiteurs l'un de l'autre pour une
somme précisément égale, hypothèse peu vraisemblable.
Mais si elle ne se réalise pas directement, on arrivera tout
de même au même résultat par un détour. Admettons que
la France ait acheté 10 millions fr. de thé à la Chine et ne lui
ait rien vendu. La compensation semble dès lors impossible,
puisque la France n'a point de créances sur la Chine. Ne
faudra-t-il pas, en ce cas, que la France paie en monnaie
les 10 millions dus à la Chine? Ce n'est peut-être pas nécessaire. Si nous, Français, n'avons rien vendu à la Chine, il y
a bien d'autres pays de par le monde qui lui ont vendu et qui
sont, en conséquence, ses créanciers. Nous n'avons qu'à
acheter sur le marché du monde — ce marché où les marchands s'appellent banquiers et où les marchandises sont du
papier — des traites sur la Chine, du papier payable sur
Shangaï ou Hong-Kong. — Mais, dira-t-on, même de cette
façon, il faudra bien que la France donne de l'argent pour
avoir ces 10 millions fr. de traites sur la Chine? — Pas nécessairement, car elle peut donner en échange des traites sur
n'importe quel pays. Par exemple, en achetant à Londres
les créances sur la Chine, elle les paiera avec ses propres
créances sur l'Angleterre. Ainsi le thé acheté par la France
à la Chine sera payé avec le vin vendu par la France à l'Angleterre, sans bourse délier.

Sans ces ingénieuses combinaisons, le commerce international serait vraiment impossible, car s'il fallait que la France
soldât en numéraire chaque année cinq ou six milliards d'importations, où prendrait-elle cette énorme quantité de monnaie? Elle n'en possède guère davantage. En fait, nous
l'avons dit dans le Chap. précédent, le numéraire qui voyage
d'un pays à l'autre ne représente qu'une faible fraction, $1/10^e$
tout au plus, de la valeur des marchandises échangées.

IV

Si le crédit peut créer des capitaux.

Le crédit a pris une telle importance dans nos sociétés modernes que l'on est tenté de lui attribuer des vertus miraculeuses. En parlant à chaque instant des grandes fortunes fondées sur le crédit, en constatant que les plus vastes entreprises de l'industrie moderne ont pour base le crédit, on se persuade invinciblement que le crédit est un agent de la production qui peut, tout aussi bien que la terre ou le travail, créer la richesse.

Il y a là une pure fantasmagorie. Le crédit n'est pas un *agent* de la production : il est, ce qui est fort différent, un *mode* spécial de production, tout comme l'échange, tout comme la division du travail. Il consiste, comme nous l'avons vu, à transférer une richesse, un capital, d'une main dans une autre, mais transférer n'est pas créer. Le crédit ne crée pas plus les capitaux que l'échange ne crée les marchandises. Comme le dit admirablement Stuart Mill : « Le crédit n'est que la permission d'user du capital d'autrui ».

Ce qui favorise l'illusion, c'est l'existence des titres de crédit. Nous avons vu que tout capital prêté était représenté entre les mains du prêteur par un titre négociable et de même valeur. Dès lors, il semble bien que le prêt ait cette vertu miraculeuse de faire *deux* capitaux d'un seul. L'ancien capital de 10.000 francs qui a été transféré entre vos mains et le nouveau capital qui se trouve représenté entre les miennes par un titre de 10.000 francs, cela ne fait-il pas deux? — Au point de vue subjectif, ce papier est en effet un capital : il l'est pour moi, mais il ne l'est pas pour le pays. Il est clair, en effet, qu'il ne pourra être négocié qu'autant qu'une autre personne voudra bien me céder en échange le capital qu'elle possède sous forme de monnaie ou de marchandise. Ce titre n'est donc point un capital par lui-même, mais il me donne simplement *la possibilité de me procurer un autre capital en remplacement de celui dont je me suis dessaisi.* Il est évident d'ailleurs que, quel que soit l'emploi que je veuille faire de cette valeur que j'ai en portefeuille, que je veuille la consacrer à mes dépenses ou à la production, je ne pourrai le faire qu'en convertissant cette valeur en objets de consommation ou en instruments de production déjà existants sur le marché. C'est avec ces richesses en nature que je produirai ou que je vivrai, non avec des chiffons de papier.

Si tout titre de crédit, c'est-à-dire si toute créance, constituait véritablement une richesse, il suffirait que chaque Français prêtât sa fortune à son voisin pour doubler du coup la fortune de la France et pour l'élever de 200 milliards à 400 milliards !

Ne peut-on dire du moins que ces titres représentent des *richesses futures?* Parfaitement ! mais c'est précisément parce qu'elles sont futures qu'on ne doit pas les compter. On les comptera le jour où elles auront pris naissance. Jusque-là, entre les richesses présentes et les richesses futures, il y aura toujours cette différence notable que les premières **existent**, tandis que les secondes n'existent pas. On ne produit pas et on ne vit pas avec des richesses en espérance. Autant vaudrait, en faisant le recensement de la population de la France, compter, à titre de membres futurs de la société, tous ceux qui naîtront d'ici à vingt ans.

Mais, si le crédit ne peut être qualifié de productif, en ce sens qu'il ne crée pas les capitaux, il rend cependant d'éminents services à la production en permettant *d'utiliser le mieux possible des capitaux existants* [1].

En effet, si les capitaux ne pouvaient pas passer d'une personne à une autre et si chacun en était réduit à faire valoir par lui-même ceux qu'il possède, une masse énorme de capitaux resterait sans emploi. Il y a dans toute société

[1]. Nous ne parlons ici, parce que nous sommes dans le livre de la production, que du crédit qui a pour but de faciliter la production, mais il y a aussi un crédit qui a pour but de faciliter la consommation. Seulement celui-là est peu à recommander.

civilisée nombre de gens qui ne peuvent tirer parti eux-mêmes de leurs capitaux, à savoir :

Ceux qui en ont *trop :* car dès qu'une fortune dépasse un certain chiffre, il n'est pas facile à son possesseur de la faire valoir par ses seules forces — sans compter que trop souvent, en pareil cas, il n'est guère disposé à prendre la peine nécessaire pour cela.

Ceux qui n'en ont *pas assez :* car les ouvriers, paysans, domestiques, qui ont fait quelques petites économies, ne sauraient donner eux-mêmes un emploi productif à ces capitaux minuscules, et pourtant ces petits sous, une fois réunis, peuvent former des milliards.

Ceux qui, à raison de leur *âge,* de leur *sexe* ou de leur *profession,* ne peuvent faire valoir par eux-mêmes leurs capitaux dans des entreprises industrielles : les enfants, les femmes, les personnes qui se sont consacrées à une profession libérale, avocats, médecins, militaires, prêtres, fonctionnaires et employés de tout ordre.

Et d'autre part, il ne manque pas de gens, par le monde, faiseurs d'entreprises, inventeurs, agriculteurs, ouvriers mêmes, qui sauraient tirer bon parti des capitaux, s'ils en avaient : malheureusement, ils n'en ont pas.

Dès lors si, grâce au crédit, les capitaux peuvent passer des mains de ceux qui ne peuvent ou ne veulent rien en faire aux mains de ceux qui sont en mesure de les employer productivement, ce sera un grand profit pour chacun d'eux et pour le pays tout entier. Or, c'est par milliards que se chiffrent dans un pays comme la France les capitaux ainsi soustraits soit à une thésaurisation stérile, soit à une consommation improductive, et fécondés par le crédit. On a dit avec raison que le crédit avait cette vertu de faire passer à l'état *actif* les capitaux qui étaient à l'état *latent.* En somme, le crédit joue vis-à-vis des capitaux le même rôle que l'échange vis-à-vis des richesses. Nous avons déjà vu que l'échange, en les transférant d'un possesseur à l'autre, ne les crée pas, mais sert à les mieux utiliser et à mieux utiliser aussi le travail de production (voir ci-dessus, p. 258).

CHAPITRE X

DES BANQUES

I

Les fonctions et l'évolution des banques.

Nous avons vu que l'échange des marchandises était à peu près impossible sans le secours de certains intermédiaires qui sont les marchands. De même, le commerce des capitaux serait impossible sans le secours de certains intermédiaires qui s'appellent les *banquiers*.

L'histoire des banques se rattache étroitement à l'histoire du commerce depuis le Moyen âge, et chaque grande banque créée marque une étape nouvelle du développement commercial. Les premières furent celles des Républiques italiennes : Venise (1400), Gênes (1407). La prééminence commerciale passe à la Hollande et nous voyons alors la grande et célèbre Banque d'Amsterdam (1609), suivie bientôt par celle de Hambourg et de Rotterdam. Enfin la création de la Banque d'Angleterre en 1694 nous apprend que cette nation va hériter de la suprématie commerciale dans le monde. La Banque de France n'est venue que beaucoup plus tard, au commencement du XIXᵉ siècle seulement. Toutefois, en 1716, Law avait fondé une banque, célèbre surtout par sa triste fin.

Les banquiers à l'origine ont été tout simplement des marchands d'argent, des *changeurs*, comme on dit aujourd'hui. A Londres, au XVIIᵉ siècle, c'étaient les orfèvres qui jouaient ce rôle. Mais tandis que les changeurs n'ont aujourd'hui qu'un rôle insignifiant — seulement dans les villes frontières ou les grands centres, là où les étrangers ont besoin de changer leur monnaie, — au Moyen âge, la multiplicité prodigieuse des monnaies (chaque seigneur avait le droit de faire battre monnaie) la fréquence des falsifications clandestines, souvent faites par le souverain lui-même, rendaient très important le rôle de ces boutiques où chacun pouvait trouver de la bonne monnaie en payant un agio.

En Hollande où venaient s'accumuler, par suite de son grand commerce, les monnaies de tous les pays, les commerçants avaient un grand avantage à déposer leur argent à la Banque d'Amsterdam, celle-ci leur garantissant qu'ils recevraient toujours le même poids d'argent, c'est-à-dire une valeur égale à la somme déposée. On faisait le compte en une monnaie idéale qu'on appelait l'*argent de Banque*. Aussi un crédit sur la Banque représentait toujours une valeur de 8 ou 10 p. 0/0 supérieure à la même somme en monnaie courante (voir le célèbre exposé d'Ad. Smith, Liv. IV, Ch. 3 sur ce sujet).

Les banquiers sont des commerçants tout comme les autres. Les commerçants opèrent sur des marchandises : les banquiers opèrent sur des capitaux représentés par des titres de crédit ou du numéraire. Les premiers achètent pour revendre, et trouvent leur bénéfice à acheter le meilleur marché possible pour vendre le plus cher possible. Les seconds empruntent pour prêter, et trouvent leur bénéfice à emprunter le meilleur marché possible pour prêter le plus cher possible. Voilà donc les deux opérations fondamentales de tout commerce de banque : emprunter et prêter, et comme ces emprunts se font d'ordinaire sous la forme de *dépôts*, et ces prêts sous la forme d'*escompte*, on les appelle ordinairement « banques de dépôts et d'escomptes ».

Il est cependant une troisième opération très distincte des deux autres, quoiqu'au fond elle constitue aussi un mode d'emprunt, c'est l'*émission de billets*. Pourtant cette opération n'est pas essentielle aux banques ; elle est même, le plus souvent, une fonction exceptionnelle et privilégiée qui n'appartient qu'à certaines banques désignées sous le nom de « banques d'émission ».

En dehors de ces opérations fondamentales, il en est beaucoup d'autres.

D'abord d'autres modes de prêt que l'escompte, à savoir : le *compte courant* qui est le prêt pur et simple sur la simple honorabilité de l'emprunteur ; l'*avance sur titres* qui est au contraire une sorte de prêt sur gage ; la *commandite directe* à des entreprises industrielles, opération dangereuse dont les banques en France s'abstiennent généralement mais que les banques allemandes pratiquent sur grande échelle et qui n'a pas peu contribué sans doute à l'essor industriel de ce pays [1].

Il y a la grande opération du *change* qui est le commerce des lettres de change sur l'étranger.

Il y a *l'émission des valeurs mobilières*, c'est-à-dire des actions et obligations des sociétés anonymes et des emprunts d'État, qui se chiffrent par milliards chaqu'. année et que le banquier se charge de lancer et de placer.

Dans le commerce de banque, comme dans les autres, la division du travail crée la spécialisation. Certaines banques ne s'occupent que des opérations de crédit proprement dites, certaines autres que des opérations financières qu'on appelait, autrefois en France (et encore aujourd'hui en Allemagne) de ce nom tout à fait inintelligible *le crédit mobilier*. On veut dire que celles-ci s'occupent de fournir aux entreprises industrielles les capitaux qui leur sont nécessaires.

La loi de concentration ne se fait pas moins sentir dans le commerce de banque que dans le commerce des marchandises. Il est naturel que le même mouvement qui a conduit aux Grands Magasins conduise aussi aux grandes banques. Cela est bien visible en France où depuis trente ans on a vu quelques établissements de banque, sous forme de sociétés

---

[1] Il y a aussi le *prêt hypothécaire* fait par les banques spéciales dites banques foncières, voir *Le Cours*.

par actions — dont les noms sont si connus du public, le *Crédit Lyonnais*, la *Société Générale*, le *Comptoir d'Escompte* — étendr leurs milliers de succursales sur tous les points de la France et faire aux banques locales, qui sont généralement des entreprises individuelles, une concurrence écrasante. Le même fait se manifeste dans les autres pays et surtout en Allemagne où sept grandes banques exercent leur contrôle sur une soixantaine d'autres banques, qui leur servent de « filiales », et groupent ainsi un capital-action de plus de 2 milliards fr.

Les causes de cette concurrence victorieuse sont les mêmes, à peu de chose près, que celles que nous avons déjà signalées dans les autres domaines (voir *La loi de concentration*, p. 197) : le crédit et le prestige d'une puissante maison, la possibilité d'abaisser les prix (c'est-à-dire le taux de l'escompte) par la multiplicité des opérations, la sélection de chefs capables par de gros traitements, sauf à se rattraper sur les traitements des employés inférieurs qui se consolent par l'espérance, etc. Néanmoins ici, pas plus que dans les autres branches de la production, il ne faut généraliser et se hâter de conclure à la disparition des petites ou moyennes banques. Celles-ci gardent des attraits suffisants pour retenir diverses catégories de capitalistes et notamment les rentiers. Ceux-ci, qui aujourd'hui aiment beaucoup à mouvementer leur portefeuille, y trouvent des conseils plus solides et plus désintéressés quant au placement de leurs capitaux — et peut-être un asile plus sûr, parce que plus modeste, contre les investigations du fisc qui menacent plus spécialement les grands établissements de crédit comme représentants du capitalisme et de ce qu'on appelle « l'oligarchie financière ». Il ne semble donc pas que cette concentration du commerce de banque marche vers le monopole (sauf en ce qui concerne l'émission des billets dont nous parlerons dans le chapitre suivant), pas plus que pour les grands magasins — ni même vers un trust ou un consortium des grandes banques. La concurrence entre celles-ci paraît assez active pour garantir les intérêts du public.

II

Les dépôts.

La première opération du banquier, c'est de se procurer les capitaux d'autrui. Sans doute il peut bien se servir de son capital propre, ou de ceux plus considérables qui peuvent être réunis par l'association et qui, dans nos grandes sociétés de crédit, peuvent s'élever à des centaines de millions. Mais si le banquier ne faisait des opérations qu'avec son capital individuel ou même avec un capital social, il ne ferait que peu de bénéfices : le public lui-même ne retirerait que peu d'avantages de ses opérations, nous allons voir pour quelles raisons. Il faut qu'il fasse ses opérations avec *l'argent du public* et que pour cela il le lui emprunte [1]. Ce mot d'une comédie qui a paru un trait sanglant : « les affaires c'est l'argent des autres » n'est, en matière de banques tout au moins, que l'expression de la pure vérité économique.

Mais comment le lui empruntera-t-il? Ce ne sera pas à la façon des États ou des villes ou des sociétés industrielles qui empruntent à long terme (sous formes de rentes, d'obligations, d'actions) les capitaux que leurs possesseurs cherchent à placer. Non : ce mode d'emprunt exige un taux d'intérêt trop élevé pour que le banquier pût y trouver son profit. Ce que le banquier demande au public c'est le capital circulant, flottant, qui se trouve sous forme de numéraire dans la poche de chacun de nous ou dans le tiroir de notre bureau. Il y a dans tous pays, sous cette forme, un capital considérable qui n'est encore fixé nulle part, qui ne fait rien, qui ne produit rien et qui attend le moment de

---

[1] Certaines grandes banques même n'emploient jamais leurs capitaux propres dans leurs opérations : elles les placent, soit en immeubles, soit en titres de rente comme une réserve ou une garantie pour leurs clients. C'est le cas, par exemple, de la Banque de France. Quant à la Banque d'Angleterre, presque tout son capital consiste en une créance sur l'État.

s'employer. Le banquier dit au public : « Confiez-le moi en attendant que vous ayez trouvé l'emploi : je vous éviterai l'ennui et le souci de le garder et vous le restituerai dès que vous en aurez besoin, à première réquisition : c'est déjà un service que je vous rendrai. De plus je vous en donnerai un petit intérêt, par exemple, 1 ou 2 p. 0/0 [1]. Ce sera toujours plus qu'il ne vous produit, puisque chez vous il ne rapporte rien. Enfin je vous rendrai encore un troisième service, celui d'être votre caissier, de toucher vos revenus, d'encaisser vos coupons et de payer vos fournisseurs sur les indications que vous me donnerez, ce qui vous sera très commode ».

Là où ce langage est écouté et compris du public, les banquiers peuvent se procurer ainsi, à très bon compte, un capital considérable, en drainant, pour ainsi dire, de la circulation tout le numéraire qui s'y trouve disséminé : il y a plus de 7 milliards de dépôts en France [2] et plus de 20 milliards en Angleterre où ils sont beaucoup plus usités. Nous avons dit maintes fois déjà qu'en Angleterre il est d'usage chez tous les gens riches de ne point garder d'argent chez eux et de tout déposer chez leurs banquiers. S'ils ont un paiement à faire à un fournisseur, à un créancier, ils

---

[1] Il pourrait même ne donner aucun intérêt. Certaines banques, telles que la Banque de France et d'Angleterre, n'en donnent point, en effet, car elles estiment qu'elles rendent un service suffisant aux déposants; et ce qui prouve bien qu'elles ont raison, c'est que, nonobstant, elles reçoivent des sommes énormes en dépôt. Bien mieux : autrefois les banques de dépôts, ces anciennes banques dont nous avons cité les noms, se faisaient payer par les déposants un droit de garde, parce qu'en ce temps-là elles ne touchaient pas à l'argent déposé chez elles et n'en tiraient aucun profit.

Mais toutes les banques privées aujourd'hui cherchent à employer productivement l'argent déposé chez elles : aussi la plupart ont l'habitude de faire bénéficier d'un petit intérêt les déposants, afin d'attirer par cette prime la plus grande quantité possible de dépôts. Elles donnent un intérêt un peu plus élevé si le déposant s'engage à ne pas réclamer son argent pendant un certain temps, six mois, un an, cinq ans.

[2] Non compris les sommes déposées dans les caisses d'épargne, lesquelles n'ont rien de commun avec les banques, et qui s'élèvent à un chiffre pas très différent, mais un peu supérieur — 4 1/2 milliards.

envoient tout simplement ce créancier se faire payer chez
leur banquier, en lui remettant un ordre de paiement rédigé
sur une feuille détachée d'un carnet à souches qui s'appelle
un *chèque*. Et cet usage tend à se généraliser par tous pays
(voir ci-dessus le Ch. sur le *Chèque*).

Ce sont ces fonds, gardés ainsi dans les Banques pour
être remboursés à la volonté du déposant, qu'on appelle *les
dépôts*[1].

III

L'escompte.

Ce capital une fois emprunté à bon compte par la banque, il s'agit pour elle maintenant de le faire valoir en le
prêtant au public.

Mais comment le prêter? Le banquier ne peut le prêter à
long terme, sous forme de prêt hypothécaire par exemple,
ou en commanditant des entreprises industrielles. Il ne
doit pas oublier, en effet, que ce capital n'est qu'un dépôt
chez lui, c'est-à-dire qu'il peut être tenu de le rembourser à
première réquisition; par conséquent, il ne doit s'en dessaisir que par des opérations à court terme qui ne lui enlèvent
la disposition de ce capital que pour peu de temps et qui,
en quelque sorte, le laissent à sa portée et sous son regard.

Peut-on trouver quelque opération de prêt qui se prête à
ces conditions?

Il en est une qui les remplit admirablement. Quand un
commerçant a vendu ses marchandises *à terme*, suivant usage
du commerce, s'il vient à avoir besoin d'argent avant l'arrivée
du terme, il s'adresse au banquier. Celui-ci lui avance la

[1] Il ne faut pas prendre ce mot de *dépôt* dans son sens juridique. Le
dépôt est, en droit, une chose sacrée à laquelle le dépositaire ne doit
jamais toucher. Le dépôt en Banque n'est qu'une sorte de prêt que le
banquier se propose parfaitement d'utiliser et qu'il n'accepte même que
pour cela. Il en est différemment cependant quand il s'agit d'un dépôt
de *titres*, que leur propriétaire laisse chez son banquier pour qu'il les
garde et en touche les revenus.

somme qui lui est due pour la vente de ses marchandises, déduction faite d'une petite somme qui constitue son profit, et se fait céder en échange par le commerçant sa lettre de change sur son acheteur. Le banquier serre la lettre de change dans son portefeuille et, au jour fixé pour l'échéance, il l'envoie toucher chez le débiteur; il rentre ainsi dans le capital qu'il avait avancé.

C'est là ce qu'on appelle l'*escompte.* C'est une forme de prêt, disons-nous : en effet, il est clair que le banquier qui, en échange d'une lettre de change de 1.000 francs payable dans trois mois, avance au commerçant 985 francs pour faire toucher à l'échéance les 1.000 francs chez le débiteur, se trouve en réalité avoir prêté son argent (pour une période de trois mois) à 6 p. 0/0 et même un peu plus. Et ce prêt est toujours à court terme, car non seulement les lettres de change négociées par le banquier sont payables à un terme qui dans l'usage, ne dépasse pas trois mois, mais encore ce délai est un maximum qui, en moyenne, n'est jamais atteint. Les négociants n'ont pas toujours besoin de négocier leurs lettres de change dès le lendemain du jour où ils ont vendu; il est possible qu'ils les gardent un certain temps en portefeuille, il est possible même qu'ils n'aient besoin de les négocier que la veille de l'échéance. La Banque de France ne peut accepter des traites *à plus de 90 jours* de date mais en fait le délai durant lequel les lettres de change restent dans son portefeuille varie de 21 à 25 jours. Ce n'est donc que pour bien peu de temps que le banquier se dessaisit de l'argent qu'il a en dépôt, puisque à bref délai chaque écu doit rentrer dans sa caisse.

On voit qu'il suffirait que les demandes en remboursement des dépôts fussent échelonnées sur une période de quatre semaines pour que le banquier fût toujours en mesure de faire face aux demandes, grâce à ses rentrées : or, il est peu probable que les demandes de remboursement de dépôts soient si fréquentes, en temps normal tout au moins. Il serait donc difficile de trouver une opération de prêt qui se conciliât mieux avec les exigences du dépôt.

Ajoutez que non seulement l'escompte est un mode de prêt commode, mais encore qu'il est extrêmement sûr, à raison de la solidarité de tous les co-signataires. En effet, il n'y a pas un seul débiteur, *le tiré*, comme on dit; il y en a toujours au moins deux, car à défaut du tiré c'est le *tireur* qui est responsable. Et s'il passe la lettre de change à un tiers, celui-ci, en cas de non-paiement, devient responsable aussi. En sorte que la situation est la même que si le débiteur avait autant de cautions qu'il y a eu de porteurs de la lettre, en comptant celui qui l'a émise. Donc plus elle circule, plus elle se couvre de signatures — parfois il faut mettre des rallonges en papier parce qu'il n'y a plus de place pour les mettre — et mieux sa valeur est garantie. La Banque de France exige *trois signatures*, c'est-à-dire qu'en dehors du tireur et du tiré, il faut un endosseur — généralement c'est une banque qui joue ce rôle. Or, les pertes pour la Banque de France résultant des effets non payés (en souffrance, comme on dit), n'atteignent pas, année moyenne, 5 millions fr. sur près de 13 milliards fr. d'escomptes, c'est-à-dire moins de 4 centimes par 100 francs !

Néanmoins, en temps de crise, il est évident que le banquier a certains risques à courir. Si tous les déposants se précipitent pour venir réclamer leur argent le même jour, la banque sera assurément dans l'impossibilité de les satisfaire, puisque son argent ou plutôt *leur* argent est en train de courir le monde. Il est vrai qu'il ne tardera pas à rentrer, mais enfin, entre les capitaux empruntés par la banque sous forme de dépôt et ceux prêtés par elle sous forme d'escompte, il y a toujours cette différence que les premiers peuvent lui être réclamés *sans délai*, tandis qu'elle ne peut réclamer les seconds qu'*au bout d'un certain temps*, et cette différence pourrait suffire, à un moment donné, pour entraîner la faillite de la Banque.

Mais ce danger si problématique est-il une raison suffisante pour empêcher les banques de faire valoir les capitaux déposés chez elles et pour les obliger à les garder intacts comme un véritable dépôt, à l'instar des vieilles banques de

Venise ou d'Amsterdam ? Certainement non. Tout le monde se trouverait fort mal de cette rigueur :

1° Les déposants eux-mêmes tout d'abord : car il est clair que si la banque devait garder leur argent dans ses caves sans l'employer, bien loin de pouvoir les bonifier d'un intérêt, elle devrait leur faire payer au contraire un intérêt pour ses frais de garde, comme les banques anciennes. Mieux vaut donc pour les déposants courir le risque d'attendre quelques jours leur remboursement que d'être obligés de garder chez eux leur argent improductif ou de payer pour qu'on le leur garde.

2° Le pays lui-même : car la fonction sociale des banques consiste à réunir les capitaux, qui étaient improductifs sous forme d'argent de poche ou de réserve, pour en faire un capital actif et productif, mais cette fonction deviendrait impossible évidemment du jour où elles ne pourraient plus employer leurs dépôts.

Aussi les banques n'hésitent-elles pas à faire emploi des sommes à elles confiées. Seulement elles ont soin, pour faire face aux demandes qui pourraient se produire, de conserver toujours une certaine *encaisse*.

Aucune proportion ne peut être établie *a priori* entre le montant de l'encaisse et celui des dépôts (voir ci-après *L'organisation des banques*). Une banque doit avoir une encaisse d'autant plus considérable que son crédit est moindre, que les gros dépôts sont plus nombreux, et elle doit surtout renforcer son encaisse au moment des crises commerciales, à l'approche des émissions de rentes ou d'obligations, en un mot dans toutes les circonstances où elle peut prévoir que les déposants auront besoin de leur argent.

Nous avons dit que l'escompte n'est pas la seule façon dont les banques emploient leurs capitaux. Elles les prêtent encore :

1° Sous la forme d'*avances sur titres*, c'est-à-dire en se faisant remettre en gage des valeurs mobilières et en prenant la précaution de ne prêter qu'une somme assez inférieure à la valeur réelle de ces valeurs. Ces avances sur

titres constituent une des opérations très importantes de la
Banque de France (près de 3 milliards fr.);

2° Sous forme de crédits qu'elles ouvrent à leurs clients.
On dit qu'elles sont avec eux en *compte-courant* quand elles
leur permettent de retirer de chez elles plus d'argent qu'ils
n'en ont déposé, ce qui équivaut évidemment à leur consentir un prêt. Toutefois, comme cette façon de prêter « à
découvert », comme l'on dit, est fort dangereuse et n'offre
aucune garantie réelle, comme elle exige de la part du
directeur de la banque une appréciation très exacte de ce
que vaut chacun de ses clients, certaines banques s'y refusent. Les règlements de la Banque de France la lui interdisent absolument.

IV

L'émission des billets de banque.

L'intérêt d'un banquier, comme de tout commerçant, c'est
d'étendre autant que possible ses opérations. En les dou-
blant il doublera ses bénéfices. Comment faire donc pour les
développer le plus possible ?

Si le banquier pouvait créer *ex nihilo* des capitaux sous
forme de numéraire, au lieu d'attendre patiemment que le
public voulût bien les lui apporter, il est clair que ce serait
un procédé infiniment avantageux pour lui.

Or, comme il a fallu attendre quelques siècles que le
public prît l'habitude de venir apporter son argent, des
banquiers eurent l'idée ingénieuse de créer de toutes pièces
le capital dont ils avaient besoin en émettant de simples
promesses de payer, des *billets de banque*, et l'expérience a
prouvé que le procédé était bon [1]. Il a admirablement réussi.

---

[1] C'est à Palmstruch, fondateur de la Banque de Stockholm, en 1656,
que l'on attribue cette ingénieuse invention.

Les anciens banquiers d'Italie et d'Amsterdam et les orfèvres de Londres au XVIIe siècle émettaient bien des billets, mais ces billets représentaient simplement le numéraire qu'ils avaient en caisse; c'étaient des ré-
cépissés de dépôt, non de véritables billets de banque.

En échange des effets de commerce qui leur sont présentés à l'escompte, les banques, au lieu de vous donner de l'argent, vous remettent donc leurs billets. Mais on peut s'étonner que le public accepte cette combinaison. Voici un commerçant qui vient faire escompter une lettre de change de 1.000 francs et il reçoit tout simplement en échange un autre titre de crédit, à savoir un billet de banque de 1.000 francs. « A quoi cela me sert-il ? pourrait-il dire. C'est de l'argent qu'il me faut, non des créances ; créance pour créance autant aurait valu garder celle que j'avais dans les mains! » — Mais qu'il réfléchisse que quoique le billet de banque ne soit qu'un titre de créance, tout comme la lettre de change, il représente pourtant un titre de créance infiniment plus commode. Il est très supérieur en effet aux titres de crédit, et notamment à la lettre de change, par les caractères suivants :

1° *Il est transmissible au porteur*, comme une pièce de monnaie ; — tandis que la lettre de change est soumise aux formalités et aux responsabilités de l'endossement.

2° *Il est payable à vue*, c'est-à-dire quand on veut : c'était même autrefois inscrit en toutes lettres sur le billet — tandis que l'effet de commerce n'est payable qu'à un terme déterminé.

3° Précisément parce qu'il est payable à vue, il ne peut donner lieu *à escompte ni à intérêt* — et il en résulte que sa valeur reste toujours la même et n'est pas sujette à varier, de même que celle de la monnaie, tandis que les effets de commerce, n'étant payables qu'à terme, valent plus ou moins selon que l'on est plus ou [moins rapproché du terme.

4° *Il reste toujours exigible* — tandis que les titres de créance sont prescriptibles par un certain laps de temps.

5° *Il a une valeur ronde*, en harmonie avec le système monétaire, 50 ou 100 ou 1.000 francs — tandis que les autres titres de crédit, représentant une opération commerciale, ont en général une valeur fractionnaire.

6° *Il est émis et signé par une banque connue* dont le nom est familier à tout le monde, même au public étranger aux affaires, telle que la Banque de France, par exemple — tan-

dis que les noms des souscripteurs d'une lettre de change
ne sont connus le plus souvent que par les personnes qui
sont avec eux en relations d'affaires.

Toutes ces considérations font que le billet de banque est
en réalité accepté par le public comme argent comptant;
c'est une monnaie de papier fiduciaire (voir p. 308).

Généralement les banques trouvent de grands avantages
à l'émission des billets : — d'une part, elles se procurent
par là les ressources nécessaires pour étendre indéfiniment
leurs opérations, dans les limites cependant que la prudence
leur commande et que nous examinerons tout à l'heure; —
d'autre part, ce capital, qu'elles se procurent ainsi sous forme
de billets, est bien plus avantageux que celui qu'elles se procurent sous forme de dépôts, puisque celui-ci leur coûte généralement, comme nous l'avons vu, un intérêt de 1 ou
2 p. 0/0, tandis que celui-là ne leur coûte *rien*, sauf les frais
de fabrication qui sont de peu d'importance.

Mais on ne peut se dissimuler que si cette opération est
susceptible de procurer de beaux bénéfices aux banques,
elle est faite aussi pour leur créer de graves dangers. En
effet, le montant des billets en circulation qui peuvent à tout
instant être présentés au remboursement représente une dette
immédiatement exigible, tout comme celle résultant des
dépôts, et, par suite, la banque se trouve exposée désormais
à un double péril : elle a à répondre à la fois du *remboursement de ses dépôts* et du *remboursement de ses billets*.

Si la nécessité d'une encaisse s'imposait déjà quand la
banque n'avait à faire face qu'au remboursement de ses dépôts, elle sera bien plus urgente quand la banque ajoutera
à la dette déjà résultant de ses dépôts à vue, celle résultant
de ses billets en circulation ! On comprend donc que, dans
plusieurs pays, la loi impose aux banques, quand elles veulent faire l'émission, l'obligation de garder toujours une certaine encaisse[1]. Et, à défaut de la loi, la prudence le commande. Mais, d'autre part, comme l'argent qui dort dans les

---

[1] Voy. plus loin le chapitre sur *la réglementation de l'émission*.

caves ne rapporte rien, l'intérêt des banques les pousse à réduire leur encaisse au minimum. Si la Banque de France était une banque tout à fait privée, il est certain que les actionnaires protesteraient contre l'immobilisation dans ses caves de plus de quatre milliards de numéraire et demanderaient qu'on les employât à des commandites ou à toute autre opération lucrative.

V

Des différences entre le billet de banque et le papier-monnaie.

Ils se ressemblent si bien que le public ne comprend guère cette distinction. L'un comme l'autre tient lieu de monnaie. Même le billet de banque, en France et en Angleterre, a cours légal, tout comme la monnaie d'or. — Pourtant le billet de banque est distinct du papier-monnaie émis par l'État, et il lui est supérieur par trois caractères :

1° D'abord en principe le billet de banque est toujours remboursable, toujours *convertible en espèces* au gré des porteurs — tandis que le papier-monnaie ne l'est pas. Celui-ci a bien l'apparence d'une promesse de payer une certaine somme, et en fait on peut bien espérer qu'un jour l'État revenu à meilleure fortune remboursera son papier; mais cette perspective plus ou moins lointaine ne peut guère toucher ceux qui reçoivent ces billets, car d'ordinaire ils n'ont pas l'intention de les thésauriser;

2° Ensuite le billet de banque est émis *au cours d'opérations commerciales* et seulement dans la mesure où ces opérations l'exigent, généralement pour une valeur égale à celle des lettres de change qui sont présentées à l'escompte — tandis que le papier-monnaie est émis par le Gouvernement pour subvenir à ses dépenses, et cette émission ne connaît dès lors d'autres limites ni d'autres freins que les nécessités financières du moment;

3° Enfin, comme le nom l'indique assez, il est émis *par*

une banque, c'est-à-dire par une société ayant pour unique objet des opérations commerciales et pour principal souci de ménager son crédit — tandis que le papier-monnaie est toujours émis par un État.

Ainsi donc le billet de banque ne doit pas être confondu avec le papier-monnaie. Cependant il peut arriver qu'il s'en rapproche jusqu'à se confondre presque avec lui, en perdant tout ou partie des caractères que nous venons de signaler :

1° Il est possible d'abord que le billet de banque reçoive *cours forcé*, c'est-à-dire cesse d'être remboursable, du moins pour une période plus ou moins longue. Cette éventualité s'est réalisée bien souvent à des époques de crise, pour les billets de presque toutes les grandes banques[1].

En ce cas, il reste encore entre le billet de banque et le papier-monnaie les deux autres différences que nous avons indiquées et principalement la deuxième : à savoir que la quantité émise n'est pas indéfinie ni fixée d'une façon arbitraire, qu'elle se trouve réglementée par les besoins mêmes du commerce. C'est une très sérieuse garantie.

2° Il est possible encore que non seulement le billet de banque reçoive cours forcé, mais qu'au lieu d'être émis au cours d'opérations commerciales, il soit émis à la seule fin de faire des avances à l'État et de lui permettre de payer ses dépenses. Voici, en ce cas, comment les choses se passent. L'État a besoin d'argent, il dit à la banque : « Fabriquez-moi quelques centaines de millions de billets que vous allez me prêter et je vous dispenserai de l'obligation de les rembourser en imposant le cours forcé ». C'est, par exemple, ce qui eut lieu pendant la guerre franco-allemande en 1870. Le

---

1 Il faut se garder de confondre le *cours légal* avec le *cours forcé*. Un billet a cours légal *quand les créanciers ou les vendeurs n'ont pas le droit de le refuser en paiement*. — Un billet a cours forcé *quand les porteurs n'ont pas le droit de demander à la Banque son remboursement en monnaie*. — Le cours forcé suppose toujours le cours légal, mais la réciproque n'est pas vraie. Les billets de banque ont cours légal en France et en Angleterre, mais ils n'ont pas cours forcé ; chacun est tenu de les prendre, mais chacun, s'il le veut, a la faculté de se les faire rembourser par la Banque.

Gouvernement emprunta à la Banque à diverses reprises une somme totale de 1.470 millions, mais, pour rendre cet emprunt possible, il commença par décréter le cours forcé.

En ce cas, la deuxième garantie disparaît à son tour. L'émission des billets n'a plus d'autre limite que les besoins de l'État, et alors le billet de banque ressemble tout à fait, il faut l'avouer, au papier-monnaie.

Pourtant, même alors, la troisième garantie demeure, à savoir la personnalité de l'émetteur, et, à elle seule, elle suffit encore pour que le billet de banque soit beaucoup moins sujet à se déprécier que le papier-monnaie. L'expérience l'a si bien prouvé que les États ont en général renoncé à l'émission directe du papier-monnaie pour recourir à l'intermédiaire des banques. Le public, en effet, pense que les banques résisteront autant que possible à une émission de billets exagérée qu'on voudrait leur imposer, car il y va pour elles de la ruine et il croit (non sans raison, hélas!) que la sollicitude d'une compagnie financière qui a à veiller sur ses propres intérêts est plus vigilante et plus tenace que celle d'un gouvernement ou d'un ministre des Finances qui n'a à s'occuper que de l'intérêt public.

VI

Monopole ou concurrence? — Banque d'État ou Banque privée?

Cette question [1] ne se pose qu'à propos de l'émission des billets de banque. Quand il s'agit en effet des opérations commerciales des banques, telles que l'escompte, il est bien

[1] Il ne faut pas confondre la question *libre concurrence ou monopole* que nous traitons dans ce Chapitre avec celle de la *réglementation de l'émission* que nous traiterons dans le Ch. suivant. Il peut très bien y avoir, comme nous le verrons, libre concurrence des banques avec réglementation très sévère de l'émission, ou inversement monopole avec une grande liberté dans l'émission.

vrai que, comme nous l'avons déjà vu, la loi de concentration tend à réduire le nombre des banques, mais néanmoins on est loin encore d'un monopole de fait et bien moins encore songe-t-on à investir une seule d'entre elles d'un monopole légal. Au contraire l'intérêt du commerce réclame la multiplicité et la concurrence des banques pour obtenir l'escompte à meilleur marché.

Mais quand il s'agit de l'émission des billets, les choses changent de face. Il ne s'agit plus ici de l'intérêt des commerçants mais de l'intérêt du public. Il ne s'agit plus d'obtenir des avances dans de bonnes conditions; il s'agit d'obtenir une bonne monnaie de papier équivalente à la monnaie métallique et qui donne autant de sécurité. Or quand il s'agit de l'émission de monnaie métallique, a-t-on recours à la libre concurrence? Point du tout, car on sait qu'en vertu de la loi de Gresham, la mauvaise monnaie chassant toujours la bonne, cette concurrence vouerait le pays à la plus mauvaise des monnaies fabriquées. La frappe de la monnaie est par tout pays un monopole et, qui plus est, un monopole d'État. Pourquoi en serait-il autrement quand il s'agit d'une monnaie, comme le billet de banque, destinée à remplacer la monnaie métallique et ayant comme elle cours légal? La diversité des billets est d'ailleurs si incommode qu'on en vient, comme aux États-Unis, à imposer à toutes les banques le même billet et même à le faire fabriquer par l'État. C'est ainsi qu'on se trouve conduit d'abord à la Banque d'émission unique, et subsidiairement à la *Banque d'État*.

Le monopole d'émission est déjà réalisé légalement en France, Autriche, Espagne, Belgique, et conféré à une banque plus ou moins privée : en Russie, en Suisse et dans la plupart des États de l'Amérique du Sud, il est conféré à une Banque d'État. Et même là où le monopole d'émission n'est pas encore pleinement établi, comme en Angleterre et en Allemagne, on y marche. En effet dans ces deux pays quand les banques qui ont conservé le droit d'émission viennent à mourir — les banques ne sont pas plus immortelles que les hommes, ou que, pour une cause quelconque, elles renoncent à leur droit d'émission — elles ne sont pas remplacées et c'est la Banque d'Angleterre ou la Banque impériale d'Allemagne qui héritent de leur droit d'émission.

Cette marche vers le monopole et même vers le monopole d'État n'est pas, comme on peut bien le penser, vue avec sympathie par les économistes de l'école libérale.

S'il ne s'agissait que de l'émission des billets, si la Banque d'État ne devait être, comme l'Hôtel des Monnaies dans chaque pays, qu'un atelier de fabrication de billets de banque, ils l'accepteraient aisément. Mais l'émission des billets ne peut se détacher ainsi des autres opérations de banque avec lesquelles elle est connexe. C'est par l'escompte ou le prêt que les billets pénètrent dans la circulation, non autrement. Comment donc une Banque d'État pourrait-elle fonctionner sans faire l'escompte? Les billets supposent une encaisse : l'encaisse vient des dépôts. Tout se lie. Et d'ailleurs c'est bien ainsi que l'entendent les partisans, socialistes ou radicaux-socialistes, de la Banque d'État ; ils ne l'admettent nullement réduite au rôle de guichet d'émission. Ils la veulent entière. Ils la veulent précisément pour lutter contre ce qu'on appelle l'oligarchie financière. Ils la veulent avec l'encaisse qui doit servir de trésor de guerre à l'État et avec la puissance que la fixation du taux de l'escompte confère sur tout le mouvement des affaires. Et dès lors nous retrouvons ici les arguments connus contre l'inaptitude de l'État à exercer les fonctions industrielles et surtout celles si délicates d'un magistère du crédit. On dira :

1° qu'une Banque d'État apportera forcément dans ses opérations des préoccupations politiques beaucoup plus que commerciales, qu'elle ne refusera jamais d'escompter le papier des amis influents du Gouvernement mais qu'elle refusera souvent celui de ses adversaires ;

2° qu'elle sera mise en demeure de faire du crédit populaire, d'aider les pauvres, de faire œuvre de solidarité [1] ;

[1] C'est ce qui s'est passé en 1910 lorsque l'État a imposé à la Banque de France une avance de 100 millions sans intérêts, pour secourir les

3° qu'elle ne pourra surtout refuser de prêter à l'État lui-même et que dès lors elle se trouvera à la merci de celui-ci, et entraîné à des émissions inconsidérées qui aboutiront à la dépréciation du billet;

4° qu'en cas de guerre malheureuse, le vainqueur, qui jusqu'à présent a respecté les banques privées, n'aura plus de raison pour respecter la Banque d'État et la considérera comme de bonne prise;

5° que lorsque l'État et la Banque ne feront qu'un, bien loin que le crédit de l'État bénéficie du crédit de la Banque, ce sera le crédit de la Banque qui, en temps de crise, subira le contre-coup ressenti par l'État. Lors de la guerre de 1870-1871 le cours de la rente 3 p. 0/0 tomba de 75 francs à 50 francs, c'est-à-dire perdit un tiers de sa valeur, tandis que le billet de banque de 100 francs ne subit qu'une dépréciation de 0 fr. 50 dont le public ne s'aperçut même pas. Si la Banque de France eût été Banque d'État, le billet n'aurait-il pas perdu autant que la rente?

6° Et finalement que l'État n'obtiendra nullement par là ni les bénéfices qu'il espère ni la puissance financière qu'il ambitionne. En effet, il est très probable que le commerce évitera d'avoir affaire à cette Banque d'État, qu'au besoin même il apprendra à se passer de billets de banque — l'exemple de l'Angleterre prouve que ce n'est pas difficile — et qu'ainsi cette Banque d'État demeurera solitaire et vide dans sa majesté officielle... à moins que pour en sortir elle ne s'attribue aussi le monopole de l'escompte et de toutes les opérations de banque! auquel cas on se trouvera en plein collectivisme.

Ces objections ont beaucoup de force et la dernière plus encore que les autres. Il est certain qu'une Banque d'État, comme n'importe quelle banque, ne peut réussir que si elle inspire confiance — crédit et banque sont inséparables — et il est possible qu'elle n'en inspire point. Mais c'est là une

victimes de l'inondation de la Seine. Et pourtant la Banque de France n'est pas tout à fait encore Banque d'État.

question de fait qui ne comporte pas de solution de principe.

Si le monopole est confié à *une banque privée*, les arguments précédents contre le monopole ne portent plus, quand bien même elle serait contrôlée par l'État, mais pourtant l'école libérale fait valoir quelques critiques contre ce régime aussi. Le monopole d'une Banque, même s'il est restreint à l'émission, réagit sur toutes les opérations de banque et entraîne une inégalité injuste pour les banques concurrentes et préjudiciable au public. En effet, le monopole de l'émission confère à la banque qui en est investie le droit de faire l'escompte avec des billets qui ne lui coûtent rien. Comment lutter dans ces conditions ? C'est ainsi, dit-on, qu'en France le monopole de l'émission a conféré à la Banque de France une prééminence qui n'était peut-être pas justifiée par son activité ni ses capacités commerciales, et a fait de toutes les autres banques ses vassales. On félicite la Banque de France pour avoir maintenu toujours son escompte à un taux plus modéré que dans les autres banques. Mais quel mérite a-t-elle à cela puisqu'elle fait cet escompte avec des billets qui ne lui coûtent que les frais de papier et de gravure ! D'ailleurs le commerce en profite-t-il? Non, car pour obtenir l'escompte à la Banque de France, il faut trois signatures. Donc le commerçant est obligé de passer par l'intermédiaire d'une banque ordinaire qui lui escompte son papier à 4 ou 5 p. 0/0, mais le fait réescompter à la Banque de France à 3 p. 0/0 et gagne ainsi la différence.

C'est vrai, répondent les partisans du monopole, mais cela prouve précisément combien on a tort de croire que le monopole de l'émission crée une situation privilégiée. En fait, la Banque de France n'y gagne que bien peu de chose. Elle fait moins d'escomptes que les banques concurrentes. Elle leur rend un grand service en les dispensant de garder du numéraire, car ces banques, au lieu d'accumuler un argent qui dort, garnissent leurs portefeuilles de *papier bancable* (c'est-à-dire que la Banque de France doit escompter), et quand elles ont besoin d'argent, elles le font chercher à la Banque de France qui leur sert ainsi de caissier. Celle-ci est donc la banque des banques. Et pour suffire à ce rôle de réserve de toutes les banques du pays, il faut qu'elle ait une encaisse énorme. Cela ne lui laisse pas une grande marge pour l'émission de ses billets ni par conséquent pour des bénéfices exceptionnels, surtout si l'on tient compte des charges nombreuses que l'État lui impose comme prix de ce privilège. D'ailleurs à l'étranger aussi le droit d'émettre des billets ne fait pas beaucoup de jaloux, et la preuve c'est que le bon nombre de banques, qui en jouissent encore en Allemagne et en Angleterre, l'abandonnent volontairement.

De cette discussion contradictoire nous croyons pouvoir conclure que le monopole d'émission conféré à une Banque unique — banque privée mais contrôlée par l'État — constitue la meilleure solution, du moins en pratique. Elle se trouve réalisée dans l'organisation de la Banque de France, qui a été mise à l'épreuve depuis un siècle et a subi victorieusement bien des crises politiques et économiques.

Qu'on adopte le régime du monopole ou celui de la libre concurrence, reste à savoir si, avec l'un ou avec l'autre, l'émission doit être réglementée? Ceci est une autre question.

VII

La réglementation de l'émission.

C'était, au beau temps de la doctrine libérale, un principe admis que toute réglementation légale de l'émission était inutile parce que la liberté suffisait parfaitement[1].

En effet, dit-on, qu'a-t-on à craindre du laisser-faire?

---

[1] C'est ce qu'on appelle le *banking principle* opposé au *currency principle* que nous allons voir tout à l'heure : le premier prétend que la circulation doit se régler uniquement sur les opérations de banque; le second prétend que la circulation doit être réglée uniquement sur la quantité de numéraire qui se trouve dans la caisse de la Banque. La lutte entre ces deux principes est célèbre dans l'histoire économique, et a tenu une grande place dans toutes les discussions de la première moitié du xixᵉ siècle

Une émission exagérée de billets? Ce danger est chimérique, car le simple jeu des lois économiques restreindra cette émission dans de justes limites, alors même que les banques voudraient les dépasser. Voici pourquoi :

a) D'abord les billets de banque ne sont émis qu'au cours d'opérations de banque, c'est-à-dire par des escomptes ou des avances sur titres. Il ne suffit donc pas, pour qu'un billet de banque pénètre dans la circulation, que la banque veuille l'y faire entrer : encore faut-il qu'il y ait quelqu'un disposé à l'emprunter. Ce sont donc les besoins du public et nullement les désirs de la banque qui règlent l'émission. *La quantité de billets qu'elle émettra dépendra du nombre des effets qu'on présentera à l'escompte*, et la quantité de ces effets eux-mêmes dépendra du mouvement des affaires.

b) Ensuite les billets de banque n'entrent dans la circulation que pour peu de temps : quelques semaines après être sortis, ils reviennent à la banque. Voici en effet un billet de mille francs qui sort en échange d'une lettre de change : mais dans quelques semaines, dans 90 jours au plus tard, quand la banque fera toucher cette lettre de change, le billet de mille francs lui reviendra. Ce ne sera pas le même, mais qu'importe? *Autant il en sort, autant il en rentre.*

Le flux les apporta; le reflux les remporte.

c) Enfin, en admettant même que la banque en puisse émettre une quantité exagérée, il lui serait impossible de les maintenir dans la circulation, car si le billet est émis en quantité surabondante, il sera nécessairement déprécié, et *sitôt qu'il sera déprécié, et si peu qu'il le soit, les porteurs du billet s'empresseront de le rapporter à la banque* pour en demander le remboursement. Elle aura donc beau s'efforcer d'en inonder le public, elle ne pourra y réussir car elle en sera inondée à son tour.

Cette argumentation renferme certainement une part de vérité et même l'expérience l'a généralement confirmée. Les banques ont rarement réussi à faire pénétrer dans la circulation plus de billets que n'en comportaient les besoins.

23*

Néanmoins on ne saurait se dissimuler que la liberté absolue d'émission ne puisse créer de graves dangers, sinon en
temps normal, du moins en temps de crise ; or les crises sont
un accident de plus en plus fréquent dans la vie économique
de nos sociétés modernes.

Sans doute, en théorie, il est vrai que la quantité de billets qui sera émise dépendra de la demande du public et non
de la volonté des banques. Remarquez cependant que si une
banque peu scrupuleuse se donne pour unique but d'attirer
les clients, elle pourra toujours, en abaissant suffisamment
le taux de l'escompte, accroître inconsidérément le nombre
de ses clients *en les enlevant aux autres banques* et par
conséquent aussi le chiffre de ses émissions.

Il est vrai encore que les billets émis en quantité exagérée par cette banque imprudente reviendront au remboursement sitôt qu'ils seront dépréciés : mais la dépréciation
ne se fait pas sentir instantanément : ce ne sera qu'au bout
de quelques semaines peut-être. Et si, pendant ce temps, la
banque a continué à jeter dans la circulation une quantité de
billets exagérée, le jour où ils lui reviendront il sera trop
tard ? elle ne sera plus en mesure de les rembourser et sera
submergée sous ce reflux dont nous parlions tantôt. Il est
vrai que la banque sera la première punie de son imprudence par la faillite. Mais que nous importe! Nous devons
nous préoccuper de prévenir la crise plutôt que d'en punir
les auteurs.

Et nous trouvons ici un sérieux argument en faveur du
monopole. Il y a lieu de penser, en effet, qu'une banque occupant une position éminente dans un pays, forte de son
histoire, de ses traditions, apportera dans l'émission de ses
billets toute la prudence désirable et que c'est même là la
seule garantie vraiment efficace.

L'expérience confirme, du reste, cette manière de voir
pour toutes les grandes banques et tout particulièrement
pour la Banque de France à laquelle on n'a guère pu reprocher, depuis près d'un siècle qu'elle existe, qu'une prudence
plutôt exagérée, car son encaisse dépasse généralement les

4/5 du montant de ses billets. Pourtant la Banque de France n'est soumise, en ce qui concerne le montant et la proportion de son encaisse, à aucune réglementation, comme nous allons le voir.

Aussi bien le système de la liberté absolue, sans aucune réglementation de l'émission, n'est réalisé dans aucun pays.

On peut classer les systèmes de réglementation qui ont été pratiqués dans les divers pays sous quatre chefs.

1° *Limitation du montant des billets en circulation au montant de l'encaisse.*

Dans ce cas le billet de banque n'est plus qu'une monnaie représentative (voir ci-dessus p. 303). Il présente une sécurité absolue, mais d'autre part il n'a plus guère d'utilité, sauf celle de tenir moins de place dans la poche que l'or et d'économiser *le frai* (c'est-à-dire l'usure) du métal. La Banque n'est plus alors un établissement de crédit : elle n'est qu'un coffre-fort.

Aussi cette règle n'est-elle nulle part appliquée tout à fait strictement, mais on peut s'en rapprocher plus ou moins.

Tel est le régime (le *currency principle*) qui a été imposé à la Banque d'Angleterre par l'*Act* fameux de 1844 dû à Robert Peel. Aux termes de cette loi, la Banque ne peut émettre de billets que jusqu'à concurrence du montant de son encaisse, *plus* une somme de 18.450.000 Liv. (465 millions de francs). Pourquoi cette marge ? Le législateur a estimé que jusqu'à cette limite le découvert était sans danger, parce que ces 465 millions de francs sont pleinement garantis. En effet, ils sont représentés pour la plus grosse part (275 millions) par une vieille créance sur l'État [1] dont le remboursement par conséquent est garanti par lui — et, pour le reste, ils sont garantis par le capital de la Banque, investi aussi sous forme de titres de rentes sur l'Etat.

---

[1] Quand le Gouvernement donna l'investiture à la Banque d'Angleterre en 1894 il lui prit en échange tout son capital et depuis lors ne le lui a jamais remboursé. Voir l'*Histoire de la Banque d'Angleterre*, par M. Andréadès.

En vue de mieux assurer l'observation de ce règlement, la Banque d'Angleterre est divisée en deux départements distincts : — l'un, chargé des opérations de banque, dépôts et escomptes (*banking department*), mais qui ne peut émettre aucun billet ; — l'autre, chargé de l'émission des billets (*issue department*), mais qui ne peut faire aucune opération de banque. Celui-ci délivre ses billets au département voisin au fur et à mesure de ses besoins seulement ; quand il lui en a délivré jusqu'à concurrence de 465 millions de francs, il ne lui en délivre plus désormais que contre espèces ou lingots.

Cette limitation ne pourrait être considérée comme donnant des garanties bien sérieuses s'il s'agissait de toute autre banque que la Banque d'Angleterre ; en effet, le capital d'une banque n'est pas un gage qui soit toujours et immédiatement réalisable, surtout lorsque, comme ici, il est représenté pour la plus grosse part par une simple créance sur l'État.

De plus, cette limitation se trouve avoir dans la pratique, et justement en temps de crise, de si grands inconvénients qu'à trois reprises différentes déjà il a fallu suspendre la loi et permettre à la Banque de franchir la limite fatale. Supposons qu'à un moment quelconque il arrive à la Banque d'avoir 465 millions d'encaisse et 930 millions de billets en circulation : elle sera obligée de refuser tout escompte. Avec quoi, en effet, pourrait-elle escompter le papier qu'on lui présenterait ? — en émettant des billets ? mais la marge de 465 millions est déjà atteinte : — en prenant du numéraire dans sa caisse ? mais si elle réduit son encaisse à 464 millions, la circulation des billets restant de 930 millions, la marge sera également dépassée. Pourtant la Banque d'Angleterre ne peut refuser l'escompte sans entraîner la faillite d'une partie du commerce du monde ! Le pire, c'est que, comme il s'agit de suspendre une loi, c'est le Gouvernement seul et non la Banque qui doit assumer cette terrible responsabilité.

2° Le second procédé consiste à fixer *une certaine pro-*

portion (généralement 1/3) *entre le montant de l'encaisse et celui des billets en circulation.* Cette règle est pratiquée en plusieurs pays (mais non pour la Banque de France, quoique cette erreur soit très accréditée dans le public et chez les étudiants).

Ce système est plus élastique que le précédent, mais il aboutit au même résultat qui est de rendre à un moment donné tout escompte et même tout remboursement de billets impossible et de créer par conséquent le danger qu'on voulait prévenir. Aussi est-on obligé, de même ici, de suspendre la règle en cas de crise.

3° Le troisième procédé consiste à fixer simplement un *maximum à l'émission.*

C'est le système qui est mis en pratique en France. Le maximum est de 5.800 millions. Mais qu'importe que la Banque ne puisse émettre qu'une quantité limitée de billets, si elle peut réduire son encaisse à zéro? Où sera la garantie pour le public? — Uniquement dans la prudence de la Banque qui s'appliquera à maintenir une sage proportion entre l'encaisse et la circulation : l'encaisse de la Banque de France est en ce moment (septembre 1912) de 4.062 millions. Autrefois même l'encaisse a dépassé la circulation. Mais alors, si l'on a confiance dans la sagesse de la Banque, à quoi bon imposer une limite légale! Il n'y a qu'à se fier pleinement au *banking principle.*

4° Le quatrième consiste à obliger les banques à *garantir les billets qu'elles émettent par des valeurs sûres,* en général par les titres de rentes sur l'État représentant une valeur au moins égale à celle des billets.

C'est le système pratiqué aux États-Unis. Chaque banque dite « nationale » (il y en a plus de 7.000) en représentation des billets qu'elle veut émettre (et qui lui sont délivrés par l'État, car elle ne peut les fabriquer elle-même) doit déposer au Trésor public des titres de rentes sur l'État pour une valeur égale à celle de l'émission.

Ce système fut imaginé par le Gouvernement, pendant la guerre de sécession, moins pour garantir les billets que

pour faire acheter ses propres titres qu'il était alors obligé
d'émettre par milliards, — exactement comme fait l'État
français en obligeant les caisses d'épargne et les établissements publics à placer leurs fonds en rentes sur l'État.
C'était d'ailleurs une très bonne affaire pour les banques
puisque ces titres de rente leur rapportaient 7 p. 0/0. Aujourd'hui la dette ayant été en grande partie remboursée,
ces titres sont devenus rares et il est difficile aux banques
qui se multiplient d'en trouver la quantité nécessaire; et
d'autre part, comme ils ne rapportent plus que 3 p. 0/0,
c'est une médiocre affaire pour elles. Aussi l'émission des
billets aux États-Unis est-elle devenue très difficile. C'est ce
qui a le plus aggravé la crise de 1907. On ne demandait
pas de l'or et on se serait très bien contenté de billets. Seulement ces billets les Banques ne pouvaient les émettre. Il
fallut user d'un détour et émettre des chèques non rembour-
sables en monnaie (c'est-à-dire payables seulement par
compensations) et des certificats gagés par des valeurs mobilières. Et d'autre part l'État dut faire un emprunt à seule
fin de se procurer de nouveaux titres pour les mettre à la
disposition des banques comme gage, et il dut aussi leur
permettre de lui remettre en garantie d'autres valeurs.

Cette garantie en fonds d'État est superflue pour assurer
le crédit d'une banque en temps normal; et en temps de
crise, justement alors que le remède serait le plus nécessaire,
elle pourrait bien ne plus jouer. En effet, en pareille occur-
rence, les cours de toutes les valeurs y compris les titres de
rente, seraient nécessairement dépréciés; et si, pour satisfaire aux demandes de remboursement des billets, il fallait
subitement réaliser la masse énorme de titres de rente qui
leur sert de gage, les cours de la rente s'effondreraient et le
remboursement serait impossible. En un mot les billets de
banque aux États-Unis ne sont que des titres de rente d'État
monnayés, donc des billets d'État, et les banques ne sont
que des guichets d'émission de ce papier-monnaie d'État.
Seulement l'émission est très strictement limitée.

Ces banques sont soumises en outre à un grand nombre

de restrictions, notamment : — ne pas émettre de billets au delà du montant de leur capital ; — garder une encaisse égale au quart du montant de leurs dépôts; — déposer dans les caisses publiques, en numéraire, une somme égale à 5 p. 0/0 du montant de leurs billets; — payer un impôt de 1 X p. C/0 sur la valeur des billets émis ; — justifier d'un capital minimum, variable selon l'importance de la ville, etc.

L'exemple des États-Unis nous montre que c'est précisément là où les banques d'émission sont les plus nombreuses et la concurrence la plus active que la réglementation de l'émission est la plus sévère. Au contraire, l'exemple de la France nous montre que le minimum de réglementation se trouve là où il y a monopole. Et il est naturel qu'il en soit ainsi, car le monopole est déjà par lui-même une très efficace garantie Il y a lieu de penser en effet qu'une banque occupant une situation unique dans un pays, forte de son histoire et de sa majesté, ayant le sentiment de sa responsabilité, apportera dans l'émission des billets toute la prudence désirable. L'expérience a confirmé ces prévisions pour toutes les grandes Banques et particulièrement pour la Banque de France à qui on ne peut guère reprocher depuis près d'un siècle qu'une circonspection peut-être excessive.

On voit que, somme toute, aucun des systèmes imaginés ne garantit absolument le remboursement des billets. En effet, les Banques sont et doivent être des institutions de *crédit*. Si l'on veut user du crédit, il faut en subir les inconvénients : c'est poursuivre la quadrature du cercle que de vouloir réunir à la fois les avantages du crédit et ceux du comptant : l'un exclut l'autre.

Ces grandes Banques sont nécessairement en relations les unes avec les autres. Il est même arrivé deux fois déjà que la Banque de France a prêté une centaine de millions d'or à la Banque d'Angleterre pour éviter à celle-ci d'élever le taux de l'escompte. Mais on pourrait concevoir, au lieu de ces relations intermittentes, un grand Conseil international, une sorte d'aréopage financier, où ces Banques seraient représentées, qui enverrait le numéraire dans les pays qui en manqueraient et qui pourrait ainsi maintenir l'équilibre monétaire et prévenir les crises. C'est un projet grandiose dont M. Luzzatti s'est fait l'apôtre en 1907.

VIII
Le change.

Il faut se garder d'entendre par ce mot de change, comme le font trop souvent les étudiants, l'opération qui consiste à changer des pièces de monnaie d'un pays contre celles d'un autre et qui n'intéresse nullement l'économiste. *Le change c'est le commerce des lettres de change.*

Les portefeuilles de toutes les grandes maisons de banque — de celles du moins dont les opérations s'étendent à l'étranger — sont bourrés de liasses de lettres de change payables sur tous les points du monde. Elles représentent des valeurs de plusieurs milliards et sont l'objet d'un commerce fort actif. On les désigne sous le nom de *papier sur Londres, sur New-York*, etc., suivant la place sur laquelle ces papiers doivent être payés.

Les banquiers qui les possèdent et qui en font le commerce ne sont évidemment que des intermédiaires. Il faut donc se demander chez qui ils achètent cette marchandise, ce papier, et à qui ils le revendent.

Chez qui l'achètent-ils d'abord? — Chez ceux-là qui le produisent, chez tous ceux qui pour une raison quelconque sont créanciers de l'étranger, notamment chez *les négociants français qui ont vendu des marchandises à l'étranger* et qui ont, à la suite de cette vente, tiré une lettre de change sur leur acheteur de Londres ou de New-York. S'il arrive que ce négociant ait besoin d'argent avant que l'échéance de la lettre soit arrivée, ou tout simplement s'il trouve incommode d'envoyer toucher sa créance à l'étranger, il s'adressera à un banquier qui la lui achètera, je veux dire qui lui escomptera sa traite.

A qui le vendent-ils maintenant? A tous ceux qui en ont besoin et ceux-là aussi sont très nombreux. Ce papier est fort recherché par toutes les personnes qui ont des paiements à faire à l'étranger, notamment par *les négociants français qui ont acheté des marchandises à l'étranger.* Si l'acheteur français, par exemple, n'a pu obtenir de son vendeur anglais qu'il fasse traite sur lui, il se trouvera dans la nécessité d'envoyer le montant du prix d'achat en livres sterling, au domicile de son créancier, ce qui n'est pas commode, et même pas toujours possible car il peut arriver qu'il se trouve dans un pays où il n'y a point de monnaie d'or ; il n'a sous la main que de l'argent ou du papier-monnaie; mais, s'il peut se procurer du papier payable sur la place où se trouve son créancier, il aura par là un moyen de se libérer plus commode et moins coûteux. C'est *faire une remise.*

Il semble que ce papier devrait se vendre, se négocier, pour un prix toujours égal à la somme d'argent qu'il donne droit de toucher. Une lettre de change de 1,000 francs ne devrait-elle pas valoir exactement 1,000 francs, ni plus, ni moins? — Il n'en est rien cependant. Il va sans dire d'abord que le plus ou moins de confiance que l'on accorde à la signature du débiteur et que le terme plus ou moins éloigné du paiement doivent faire varier la valeur du papier. Mais même en faisant abstraction de ces causes de variations évidentes par elles-mêmes, même en supposant que le papier soit de tout repos et payable à vue, malgré cela, sa valeur variera tous les jours suivant les oscillations de l'offre et de la demande, comme d'ailleurs la valeur de n'importe quelle marchandise, et ces variations sont ce qu'on appelle le *cours du change,* cours coté dans les journaux, comme le cours de la Bourse.

Il est aisé de comprendre comment il faut entendre le jeu de l'offre et de la demande appliqué aux effets de commerce. Supposons que *les créances* de la France sur l'étranger, soit à raison de ses exportations, soit pour toute autre cause, s'élèvent à 3 milliards francs. Supposez que *les dettes* de la France, vis-à-vis de l'étranger, à raison de ses importations,

de ses emprunts, ou pour toute autre cause, s'élèvent à
4 milliards. Il est certain qu'il n'y aura pas assez de papier
pour tous ceux qui en auront besoin, puisqu'on ne pourra
en offrir que jusqu'à concurrence de 3 milliards et qu'on en
aurait besoin jusqu'à concurrence de 4 milliards. Tous ceux
qui ont besoin de ce papier pour s'acquitter feront donc
surenchère et le papier sur l'étranger sera en hausse, c'est-
à-dire qu'une traite de 1.000 francs payable sur Bruxelles
ou sur Rome, au lieu de se vendre 1.000 francs, se vendra
1.002 ou 1.005 francs. Elle sera, comme l'on dit, *au-dessus
du pair* : elle fera *prime*.

À l'inverse, si l'on suppose que les créances de la France
sur l'étranger s'élèvent à 4 milliards francs tandis que les
dettes de la France vis-à-vis de l'étranger ne s'élèvent qu'à
3 milliards, il est certain que le papier sera surabondant
puisqu'il y en aura pour 4 milliards de disponible et que le
règlement des échanges ne pourra absorber que 3 milliards.
Un grand nombre de traites ne trouveront donc pas pre-
neurs et ne pourront être utilisées qu'en les envoyant à
l'étranger pour les faire toucher. Aussi les banquiers s'effor-
ceront-ils de s'en débarrasser en les cédant même au-dessous
de leur valeur. La traite de 1.000 francs sur Bruxelles sera
ainsi cédée à 998 francs ou peut-être même à 995 fr. : elle
tombera *au-dessous du pair*.

Toutes les fois que dans un pays quelconque, en France
par exemple, le papier sur l'étranger est coté *au-dessus du
pair*, on dit que le change est *défavorable* à ce pays, à la
France dans l'espèce. — Que veut-on dire par cette expression? Que le cours du papier est défavorable aux acheteurs? Soit, mais en sens inverse ne faudrait-il pas dire que
ce cours est favorable aux vendeurs? — On veut dire que
le cours du change, dans ces conditions, indique que *les
créances que la France peut avoir sur l'étranger ne sont pas
suffisantes pour faire équilibre à ses dettes vis-à-vis de l'é-
tranger* et que par conséquent elle aura, pour régler la
différence, à envoyer une certaine quantité de numéraire à
l'étranger. La hausse du cours du change, autrement dit la

cherté du papier sur l'étranger, présage donc, comme un symptôme infaillible, *une sortie de numéraire*, et c'est pour cela qu'on emploie cette expression de « change défavorable ». A l'inverse, toutes les fois qu'en France le papier sur l'étranger est coté *ou-dessous du pair*, on dit que le change est *favorable* à la France et le raisonnement est le même; la baisse du prix du papier sur l'étranger indique que, tout compte fait, la balance des comptes se soldera au crédit de la France et fait donc présager des arrivages de numéraire du dehors.

Sans doute il ne faut pas attacher à ces mots de favorable et de défavorable une importance exagérée. Nous savons que, pour un pays, le fait d'avoir à envoyer du numéraire à l'étranger ou d'en recevoir ne constitue ni un très grand péril ni un très grand avantage et qu'en tout cas il ne sera probablement que temporaire (voir p. 329). Mais au point de vue particulier des banquiers, cette situation a une très grande importance, car s'il y a du numéraire à envoyer à l'étranger, c'est dans leur caisse qu'on viendra le chercher : tous les signes qui la révèlent ont donc pour eux un intérêt capital : aussi ont-ils toujours les yeux fixés sur le cours du change, comme le marin qui redoute un orage sur l'aiguille du baromètre (voir plus loin, *De l'élévation du taux de l'escompte*).

Toutefois, il est à remarquer que les variations de prix du papier sont renfermées dans des limites beaucoup plus resserrées que celles des marchandises ordinaires. En temps normal (et sauf les exceptions que nous indiquerons tout à l'heure), ce prix n'est jamais coté ni très au-dessus ni très au-dessous du pair. Pourquoi? Ce fait s'explique par deux raisons.

1° Pourquoi celui qui est débiteur vis-à-vis de l'étranger recherche-t-il une lettre de change? — Uniquement pour s'épargner les frais d'envoi du numéraire et la conversion de la monnaie française contre la monnaie étrangère. Mais il est bien évident que si la prime qu'il devait payer pour se procurer la traite était supérieure à ces frais, qui sont en

somme peu élevés, il n'aurait aucune raison pour l'acheter.
De leur côté le négociant créancier de l'étranger ou le banquier qui lui sert d'intermédiaire, ne cherchent à négocier
ces lettres de change que pour s'éviter l'ennui de les envoyer
toucher à l'étranger et de faire revenir l'argent; mais plutôt
que de céder ces traites à trop vil prix, le négociant ou le
banquier préféreraient prendre ce dernier parti. En somme
donc, le trafic du papier *n'ayant d'autre but que de servir à
économiser les frais de transport et de change du numéraire,*
il est facile de comprendre que ce trafic n'aurait plus sa raison d'être du jour où il deviendrait plus onéreux pour les
parties que l'envoi direct du numéraire, c'est-à-dire du jour
où les variations de prix, soit au-dessus soit au-dessous du
pair, dépasseraient les frais d'envoi. Or, ces frais, même en
y comprenant l'assurance, sont très minimes : très minimes
aussi par conséquent devront être les variations du change.

On appelle *gold point* (point de l'or) le cours du change
au delà duquel il devient plus économique, pour le débiteur, d'envoyer du numéraire que d'acheter des lettres de
change. Ce *gold point* a une grande importance pour le banquier, car il est l'annonciateur de l'exode du numéraire et
par conséquent, comme nous le verrons au chapitre suivant,
des demandes de remboursement à la Banque [1].

2° Il existe une autre cause plus lointaine et plus subtile
en même temps (que nous avons déjà vue à propos de l'é-
change international, voir p. 328), qui limite ces variations.
Supposons que le prix de la lettre de change sur l'étranger
s'élève au-dessus du pair, c'est-à-dire que le négociant qui
a tiré sur son acheteur étranger une lettre de change de 1.000
francs, puisse la vendre 1.010 francs : il est clair que ces 10
francs seront autant d'ajouté à son bénéfice sur la vente. Au
lieu de gagner 10 p. 0/0 par exemple, comme il l'espérait,
il se trouvera gagner 11 p. 0/0. Ce supplément de bénéfices,

[1] Il y a toujours deux *gold points* qui se correspondent comme les
deux pôles, celui au-dessus du pair qui marque la sortie du numéraire,
celui au-dessous du pair qui marque l'entrée du numéraire.

pour tous ceux qui ont vendu à l'étranger, déterminera un grand nombre de négociants à suivre leur exemple ; en d'autres termes, *la hausse du change agit comme une prime à l'exportation.*

Mais, en raison même de l'accroissement des ventes à l'exportation, le nombre de lettres de change auxquelles chacune d'elles donne naissance se multipliera, et la valeur de ces lettres, suivant la loi générale de l'offre et de la demande, s'abaissera progressivement jusqu'à ce qu'elle soit redescendue au pair.

A l'inverse, si le papier descend au-dessous du pair, il est facile de démontrer par le même raisonnement que cette dépréciation entraînera une perte pour les négociants qui ont vendu à l'étranger et tendra par conséquent à réduire les exportations, puis à réduire par contre-coup l'offre de papier sur l'étranger jusqu'à ce que sa valeur ait été relevée au pair.

En somme, il n'y a rien de plus ici que le mécanisme ordinaire de l'offre et de la demande qui, toutes les fois que la valeur d'une marchandise s'écarte de sa position d'équilibre, tend à l'y ramener par un accroissement ou un resserrement de la production.

Nous avons dit que, exceptionnellement, le cours des changes pouvait varier dans des proportions assez considérables et même illimitées. Voici quels sont ces cas :

1° D'abord, s'il s'agit d'une place fort éloignée ou avec laquelle les moyens de communication ne sont pas faciles, les frais d'envoi du numéraire étant beaucoup plus considérables, les variations de prix des lettres de change pourront aussi être beaucoup plus accentuées. Il est clair qu'un négociant qui aurait à faire des paiements au Thibet ou aux villes qui viennent de naître aux bords du Yucon, pourra s'estimer très heureux de trouver du papier sur ces places, alors même qu'il devrait le payer 10 ou 12 p. 0/0 au-dessus de sa valeur nominale, et réciproquement le créancier qui aurait à les toucher là-bas s'empresserait de les négocier même à 10 ou 12 p. 0/0 au-dessous du pair !

2° Mais c'est surtout quand il s'agit d'un pays dont la monnaie est dépréciée que les variations du change peuvent être excessives et pour ainsi dire sans limites. Une lettre de change sur Rio-de-Janeiro ne vaut guère à Londres ou à Paris que la moitié de sa valeur nominale ; et cela par la raison que le milreis brésilien, dont la valeur nominale est de 2 fr. 83, ne vaut présentement (1908) que 1 fr. 60 environ : le titre payable en monnaie dépréciée doit subir nécessairement une dépréciation égale à celle de cette monnaie, tandis qu'à l'inverse une lettre de change sur Londres ou Paris est payée à Rio (en monnaie du pays) près du double de sa valeur nominale.

Ce n'est pas seulement la monnaie de papier, mais la monnaie métallique qui peut être dépréciée et alors cette dépréciation exerce la même influence sur le change. Tel est le cas aujourd'hui pour la monnaie d'argent, qui a perdu la moitié de sa valeur. Aussi toutes les créances sur les pays à monnaie d'argent, telles que celles sur les pays d'Asie ou même sur l'Espagne, perdent-elles le tiers ou la moitié de leur valeur au change : et *vice versa*, dans tous ces pays les créances sur les pays à monnaie d'or, c'est-à-dire payables à Londres, Paris, Berlin, bénéficient d'une prime énorme. Il en résulte une très grande perturbation dans les relations commerciales.

Il suffit donc de lire le cours des changes, quand bien même on n'aurait d'ailleurs aucune connaissance de l'état économique et financier des différents pays, pour se rendre un compte exact de leur situation, pour deviner s'ils achètent plus qu'ils ne vendent ou s'ils vendent plus qu'ils n'achètent, s'ils ont une monnaie dépréciée et quel est au juste le montant de cette dépréciation.

3° Enfin toutes les fois qu'un débiteur éprouve de la peine à se procurer de l'or, soit parce que le crédit est resserré, soit parce que les banques font des difficultés pour escompter, soit parce que la balance du commerce ou plutôt celle des dettes a drainé l'or du pays, il se peut que le cours du change s'élève fort au-dessus du pair. Par exemple, lors du paiement de l'indemnité de cinq milliards à l'Allemagne, la France aurait eu bien de la peine à ramasser assez d'or pour régler cette énorme rançon ; aussi le Gouvernement français, pour s'acquitter, recherchait-il partout du papier sur l'Allemagne ou même sur Londres, afin de payer par voie d'arbitrage [1] ; il en résulta que le cours du change sur l'Allemagne et même sur Londres se maintint longtemps, non seulement en France mais même à l'étranger, fort au-dessus du pair.

IX
L'élévation du taux de l'escompte.

Il est un cas dans lequel les banques courent le risque d'avoir à rembourser une grande quantité de leurs billets : c'est toutes les fois qu'il est nécessaire de faire de gros paie-

---

[1] L'*arbitrage* n'est qu'une opération de change, mais plus compliquée.

La voici en deux mots. Ce n'est pas seulement à Paris qu'on trouve du papier sur Londres, il en existe sur toutes les places commerciales du monde. Si par conséquent il est trop cher à Paris, on peut chercher une autre place, où, par suite de circonstances différentes, il sera à meilleur marché : or, cette opération qui consiste *à acheter le papier là où il est bon marché pour le revendre là où il est cher*, est précisément ce qu'on appelle l'arbitrage. Les arbitragistes passent leur temps au téléphone pour savoir les cours d'une place à l'autre.

L'arbitrage produit cet effet intéressant d'étendre à tous les pays les facilités du paiement par compensation. En effet la cherté du papier est ce qui caractérise les pays où les dettes dépassent les créances et qui en conséquence ne pourraient se libérer tout seuls par voie de compensation. Mais par le moyen du papier que les arbitragistes iront lui chercher à l'étranger (et qu'ils iront prendre précisément dans les places qui se trouvent dans une situation inverse, c'est-à-dire là où les créances dépassent les dettes, car c'est là seulement qu'on trouvera du papier à bon marché), ces pays pourront rétablir l'équilibre et régler la totalité de leurs dettes par compensation. — C'est très heureux, car si la compensation devait se faire seulement entre deux pays, elle serait la plupart du temps impossible : ce serait un grand hasard que les importations et les exportations respectives entre deux pays coïncident exactement. Par exemple, la France achète à la Russie beaucoup plus qu'elle ne lui vend et au contraire elle vend à l'Angleterre beaucoup plus qu'elle ne lui achète.

ments à l'étranger. Comme ces paiements ne pourront point être faits en billets, mais seulement en numéraire, il faudra bien qu'on s'adresse à la Banque pour convertir les billets en espèces.

Si, à la suite d'une mauvaise récolte, il faut acheter une vingtaine de millions de quintaux de blé à l'étranger, voilà une somme de 400 millions de francs environ qu'il faudra envoyer en Amérique ou en Russie, et la Banque doit compter que l'on viendra puiser dans sa caisse la plus grande partie sinon la totalité de cette somme. Les caves de la Banque, comme nous l'avons vu, sont le réservoir dans lequel vient s'accumuler la plus grande partie du capital flottant du pays sous la forme de numéraire et le seul dans lequel on ait la ressource de puiser en cas d'urgence. C'est une situation qui peut devenir périlleuse pour la Banque, si son encaisse, et surtout celle d'or, n'est pas énorme. Heureusement, elle est avertie à l'avance de cette situation par une indication plus sûre que celle que le baromètre peut donner au marin ou le manomètre au mécanicien — par le cours du change, par le *gold point* (voir au Chap. précédent). Si, en effet, le change devient défavorable, c'est-à-dire si le papier sur l'étranger se négocie au-dessus du pair, la Banque doit en conclure que les débiteurs qui ont des paiements à faire à l'étranger sont trop nombreux, beaucoup plus nombreux que ceux qui auront des paiements à recevoir et que, par conséquent, comme tout ne pourra pas se régler par voie de compensation, il faudra envoyer du numéraire au dehors pour solder la différence (voir ci-dessus, p. 416).

Même sans supposer une élévation du cours du change, l'accroissement progressif du nombre des effets de commerce, coïncidant avec une diminution du montant de l'encaisse, indique une situation inquiétante. C'est sur l'observation de ce double fait que M. Juglar a donné un moyen de prévoir les crises économiques et de les représenter par des graphiques. On trace deux courbes, l'une indiquant *le montant des traites* en portefeuille, l'autre *le montant de l'encaisse*. La crise est menaçante toutes les fois que les courbes du portefeuille et de l'encaisse sont rapidement divergentes, et au contraire la reprise est probable dès que les deux courbes tendent à se rapprocher. En effet l'élévation de la première indique que les affaires se multiplient et que l'on a recours au crédit, et la baisse de la seconde indique que l'on a besoin d'argent. L'expérience a généralement confirmé ces ingénieuses prévisions (voir ci-dessus *Les Crises*).

Le danger ainsi constaté, la Banque va prendre ses précautions. Pour parer à cette éventualité de remboursements trop considérables, il faut qu'elle prenne les mesures nécessaires *soit pour augmenter son encaisse, soit pour diminuer la quantité de ses billets* qui se trouvent en circulation.

Il n'est pas précisément au pouvoir de la Banque d'augmenter son encaisse, mais il dépend d'elle de ne plus mettre de billets en circulation, c'est-à-dire de ne plus faire de prêts au public, ni sous forme d'avances, ni sous forme d'escomptes (car c'est par ces deux opérations que la Banque introduit ses billets dans la circulation). Il est clair que ce moyen atteindrait parfaitement le but.

Car, d'une part, l'émission des billets étant arrêtée, la quantité existant déjà en circulation ne s'accroîtrait plus.

D'autre part, l'échéance successive des effets de commerce qui sont déjà dans le portefeuille de la Banque ferait rentrer chaque jour une quantité considérable — soit de billets, ce qui diminuerait d'autant la circulation — soit de numéraire, ce qui augmenterait d'autant l'encaisse.

La quantité de billets en circulation peut être comparée à un courant d'eau qui, entrant dans un circuit de tuyaux par un robinet et sortant par un autre, se renouvelle constamment. Le flot des billets entre dans la circulation par le robinet de l'émission, c'est-à-dire de l'escompte et, après avoir circulé, rentre à la Banque par le robinet des encaissements. Or si la banque ferme le robinet de l'émission, tout en laissant ouvert le robinet de retour, il est clair que la circulation ne tardera pas à tarir complètement.

Toutefois, cet arrêt complet des avances et de l'escompte que nous venons de supposer serait une mesure trop radicale. D'une part, il provoquerait dans le pays une crise terrible en supprimant tout crédit : d'autre part, il porterait préjudice à la Banque en supprimant ses opérations et, du même coup, ses bénéfices. Mais la Banque peut obtenir le même résultat, d'une façon plus douce pour le commerce et plus avantageuse pour elle-même, en restreignant simplement le montant de ses avances et de ses escomptes : il lui suffit pour cela soit *d'en élever le taux*, soit de se montrer plus exigeante pour l'acceptation du papier présenté à l'escompte en refusant celui dont l'échéance est trop éloignée ou dont la signature ne lui paraît pas assez solide[1].

Sans doute cette mesure, même appliquée avec modération, est peu agréable aux commerçants — d'autant moins qu'elle rend plus difficile de se procurer le numéraire justement au moment où l'on en a le plus besoin. On l'a même accusée d'avoir souvent provoqué des crises et nous le croyons sans peine. C'est un remède héroïque, mais, à cause de cela, c'est bien celui qui convient à la situation, et une Banque prudente ne doit pas hésiter à y recourir pour défendre son encaisse — on appelle cela « serrer l'écrou » ; — son efficacité a été pleinement démontrée par l'expérience.

Non seulement elle a d'heureux résultats pour la Banque en ce sens qu'elle pare le coup qui la menace, mais elle produit d'heureux effets pour le pays lui-même en modifiant d'une façon favorable sa situation économique.

Supposons, en effet, que la France soit menacée d'avoir à faire de gros paiements à l'étranger. Le relèvement du taux

---

[1] La Banque de France a un moyen beaucoup plus simple de défendre son encaisse or : c'est tout simplement d'user du droit qui appartient à tout débiteur, sous le régime bi-métalliste, en *payant en argent* (en pièces de 5 francs : elle en a pour un milliard). C'est ce qu'elle n'a pas manqué de faire toutes les fois qu'elle l'a cru nécessaire et notamment lors de la crise de 1907. Aussi a-t-elle pu maintenir le taux de son escompte à 3 p. 0/0 (et pendant peu de temps seulement, à 4 p. 0/0) alors que les Banques d'Angleterre et d'Allemagne l'élevaient à 7 et 7 1/2 p. 0/0. On l'a beaucoup admirée pour cela : mais c'était un facile mérite de sa part, puisque les autres banques n'avaient pas la même faculté qu'elle de se refuser à payer en or.

de l'escompte, fait à propos, va intervertir sa situation en la rendant créancière de l'étranger pour des sommes considérables et par conséquent va provoquer un afflux de numéraire étranger, ou tout au moins empêcher la sortie du numéraire national. Voici, en effet, ce qui va se passer :

Le premier résultat de l'élévation du taux de l'escompte, c'est une *dépréciation de tout papier de commerce*. La même lettre de change de 1.000 francs, qui se négociait à 970 fr. à Paris, quand l'escompte était à 3 p. 0/0, ne se négociera plus qu'à 930 francs quand l'escompte sera à 7 p. 0/0; c'est une dépréciation de plus de 4 p. 0/0[1]. Dès lors les banquiers de tous pays, ceux notamment qui font l'arbitrage (voir p. 419), ne manqueront pas d'envoyer de l'argent en France pour acheter ce papier, puisqu'il y est à bas prix, et le stock de numéraire de la France se grossira ainsi de tout le montant des sommes employées à ces achats.

Le second résultat, c'est *la dépréciation de toutes les valeurs de Bourse*. — Chaque financier sait que la Bourse est très impressionnée par le taux de l'escompte et qu'une élévation de l'escompte entraîne presque toujours une baisse des cours. C'est qu'en effet les valeurs de Bourse (en particulier celles qu'on appelle internationales parce qu'elles sont cotées sur les principales Bourses de l'Europe) sont souvent employées par les commerçants ou du moins par les banquiers, au lieu et place du papier de commerce[2], pour payer leurs dettes à l'étranger. Du jour où ils voient qu'ils ne peuvent faire argent avec leurs effets en portefeuille ou qu'ils ne le peuvent qu'avec de grosses pertes, ils préfèrent se procurer des fonds en vendant leurs titres de

---

[1] Nous supposons l'escompte calculé pour un an de terme.

[2] Si vous avez un paiement à faire à Londres, le plus simple est sans doute de chercher du papier de commerce payable à Londres, mais vous pouvez vous servir également des coupons de la rente italienne, des obligations des chemins de fer lombards, des actions de la Banque ottomane, des Mines d'or du Transvaal, du Rio Tinto, etc., qui sont également payables à Londres. Ce sont de véritables monnaies internationales et employées continuellement à cet effet.

rente ou valeurs mobilières quelconques. Celles-ci baissent donc et suivent le sort du papier de commerce. Mais de même que la baisse du papier attirait les demandes des banquiers étrangers, de même la baisse des valeurs de Bourse va provoquer de nombreux achats des capitalistes étrangers et ainsi la France va encore se trouver constituée créancière de l'étranger pour tout le montant des sommes considérables consacrées à ces achats.

Enfin si l'élévation de l'escompte est forte et suffisamment prolongée, elle amènera un troisième résultat, la *dépréciation de toutes les marchandises.* — Nous venons de dire que les commerçants qui ont besoin d'argent commençaient d'abord par s'en procurer en négociant leur papier de commerce, que si cette ressource leur faisait défaut ou était trop onéreuse, ils se rabattaient sur les valeurs de Bourse qu'ils pouvaient avoir en portefeuille, mais enfin, s'ils sont à bout de ressources, il faudra bien, pour se procurer de l'argent, qu'ils vendent, qu'ils « réalisent » les marchandises qu'ils ont en magasin. De là une baisse générale des prix. Mais cette baisse, ici encore, va produire les mêmes effets et sur une plus grande échelle, c'est-à-dire qu'elle va provoquer les achats de l'étranger, augmenter par là les exportations de la France et par suite la rendre créancière de l'étranger.

En somme, on peut résumer tous ces effets en disant que *la hausse du taux de l'escompte crée une rareté artificielle de monnaie*[1] *et par là provoque une baisse générale de toutes les valeurs* — ce qui est sans doute un mal, — mais elle provoque aussi, par voie de conséquence, des demandes considérables de l'étranger et par suite des envois d'argent — ce qui est un bien, et précisément le remède qui convient à la situation.

---

[1] Artificielle, disons-nous, mais qui correspond pourtant à une réalité ou du moins à une éventualité qui tend à se réaliser, à savoir la fuite du numéraire à l'étranger. On guérit le mal par un mal semblable : c'est le précepte de l'école homéopathique en médecine, *similia similibus.*

LIVRE III
LA RÉPARTITION

PREMIÈRE PARTIE
LES DIVERS MODES DE RÉPARTITION

CHAPITRE PREMIER
LE MODE EXISTANT

I

De quelle façon s'opère la répartition des biens.

Si chacun produisait isolément, comme Robinson dans son île, chacun garderait pour soi la chose qu'il aurait faite et la question de la répartition ne se poserait même pas. La règle : A chacun le sien, *cuique suum*, s'appliquerait par la force des choses.

Mais un semblable régime, qui exclurait par hypothèse tout échange et toute division du travail, est incompatible avec toute vie sociale. Même chez les sauvages qui vivent de chasse ou de pêche, il n'est jamais absolument réalisé. Et

dans nos sociétés combien chacun de nous serait désagréablement surpris si on voulait l'appliquer, si, par exemple, l'on
disait au boulanger ou au cordonnier : Vous avez produit
tant de pains ou de paires de chaussures, c'est bien : gardez-
les. Ce sera votre part !

Dans toute société civilisée nous voyons chaque individu
jeter sans cesse dans le torrent de la circulation, par la vente
de ses marchandises ou le louage de ses services, des *valeurs*, et sans cesse aussi en retirer, sous forme de revenus
divers, *d'autres valeurs*. Chacun de nous offre sur le marché ce qu'il possède : le propriétaire foncier, les récoltes de
sa terre, — le propriétaire de maisons, des logements, —
le capitaliste, des capitaux en monnaie, — le fabricant, les
produits de son usine, — et celui qui ne possède ni terre
ni capital, offre ses bras ou son intelligence. Naturellement,
chacun d'eux cherche à vendre ses produits ou à louer ses
services au meilleur prix possible, mais cela ne dépend pas
de lui, car ces produits ou ces services, se vendent sur le
marché au prix fixé par la loi de l'offre et de la demande, ce
qui revient à dire, si nous nous reportons aux explications
données sur la valeur (p. 72), qu'ils se vendent à un prix
plus ou moins élevé suivant qu'ils répondent à des désirs
plus ou moins intenses du public. Par conséquent, c'est le
public, le consommateur, qui, par le prix qu'il attribue à
nos produits ou à nos services et qu'il consent à nous payer,
fixe lui-même la part qui nous revient, et c'est ce prix
qui — sous les noms divers de *salaires, honoraires, loyers,
fermages, intérêts*, ou *profits* sur la vente des produits —
constitue notre revenu.

Toute la question de la répartition revient donc à savoir
*si chacun retire de la masse une valeur équivalente à celle
qu'il y a versée?*

Les économistes répondent affirmativement.

La loi de l'offre et de la demande qui maintient l'équivalence des valeurs échangées, disent-ils, n'est-elle pas précisément le mécanisme qui permet à chacun de retirer de la
masse une somme de valeurs équivalente à celle qu'il y a

versée? Et cette équivalence n'est-elle pas mesurée ainsi de la façon la plus impartiale et la moins arbitraire, puisque l'échange sur le marché c'est le libre contrat? N'est-il pas conforme à l'utilité sociale, et aussi à la justice, que les biens les plus désirés et les plus rares — c'est-à-dire qui répondent aux plus pressants besoins de la société et qui sont encore en quantité insuffisante pour y satisfaire — aient aussi le plus de valeur?

D'ailleurs ces inégalités trouvent une limite dans la concurrence. Celle-ci tend toujours à corriger les injustices qu'un pareil régime pourrait entraîner, car s'il arrive que tel produit ou tel service se trouve coté à un prix exagéré, immédiatement une foule de rivaux, désireux de profiter de cette bonne aubaine, se précipiteront dans la même industrie ou la même carrière et ne tarderont pas, par la multiplication de l'offre de ces mêmes produits ou de ces mêmes services, à en ramener la valeur au niveau du coût de production, c'est-à-dire que finalement la valeur de toute chose *tend à se régler sur la peine prise et les dépenses effectuées.* Que pourrait-on imaginer de mieux en fait de règle de répartition?

Telle est la façon dont les économistes expliquent et justifient le mode actuel de répartition des richesses. Comme explication, c'est fort bien; mais comme justification cela laisse fort à désirer.

Au point de vue pratique il est certain que le régime actuel de distribution possède une grande supériorité sur tous les autres systèmes qu'on a pu imaginer, c'est qu'*il va de lui-même* : il fonctionne automatiquement. La loi de l'offre et de la demande dispense de l'intervention de toute autorité : le législateur n'a pas à faire à chacun sa part — comme une mère de famille partageant un gâteau à ses enfants — puisque chacun se fait lui-même sa part. Il n'a à intervenir que pour empêcher de prendre la part d'autrui.

Mais il faut bien noter que si ce régime va tout seul, il ne s'est pas fait tout seul. S'il va de lui-même, c'est parce que maintenant le mécanisme est tout monté. Quand il s'est agi

de le mettre en branle, c'est-à-dire de créer la propriété individuelle avec tous ses attributs, fermages, rente, intérêt,
il a fallu la puissance des rois ou des nobles ou des Parle-
ments, des siècles de conquêtes, cent révolutions, mille lois.
Et à vrai dire ce travail de transformation se poursuit sans
cesse, en sorte qu'il serait bien difficile de découvrir ce qui
peut rester de l'ordre soi-disant naturel sous l'ordre économique existant.

D'autre part, qu'est-ce que cette prétendue équivalence
entre les apports et les revenus ?

D'abord cette loi de l'offre et de la demande, qui en est la
souveraine dispensatrice, est une loi naturelle, nous le voulons bien, mais précisément parce qu'elle est une loi *naturelle*, elle est absolument *amorale* — aussi étrangère à
toute préoccupation de moralité ou de justice que n'importe
quelle autre loi naturelle, celle de la circulation du sang qui
fait battre également les cœurs pour le bien ou pour le mal,
ou celle de la rotation de la terre qui, comme le dit l'Évangile, « fait lever le soleil et tomber la pluie sur les méchants comme sur les bons ».

Voici un balayeur de rues qui est payé 3 francs par jour
pour assurer la salubrité publique et nous préserver des
épidémies, et voici un pianiste qui est payé 12.500 francs
pour jouer deux heures dans un concert[1]. Voici des cham-
pions de la boxe à Paris et à Londres qui ont reçu pour un
combat, qui dure cinq minutes, 60.000 francs : c'est le
maximum de ce que le travail (si j'ose ainsi dire) a jamais
rapporté ! Si l'on demande pourquoi ceux-ci sont payés
cent mille fois plus que celui-là, l'école de Bastiat répondra
hardiment : « Parce que ceux-ci rendent à la société un service cent mille fois plus grand que celui-là... et *la preuve*
c'est que la société consent à le payer cent mille fois davan-

---

[1] « L'illustre pianiste P. vient de signer un engagement aux États-
Unis : il donnera cent concerts et touchera 1.250.000 francs (soit 12.500
fr. par concert). Il vient de recevoir un cachet de 35.000 francs pour
une seule audition à Chicago » (Extrait de journaux américains de 1895).
— Un ténor italien a déclaré récemment gagner 1.200.000 francs par an.

tage. Elle peut avoir tort, mais nous ne pouvons apprécier la valeur des services rendus que par le prix que la société leur attribue[1]. Le public, en attribuant à mes produits un prix élevé ou aux vôtres au contraire un prix vil, ne me-sure-t-il pas exactement par là le degré d'importance, le degré d'utilité sociale qu'il attribue à nos produits ou à nos travaux respectifs » — Il n'est pas bon juge, dira-t-on. — Qui donc le sera mieux que le consommateur?

Soit! mais qu'on ne parle plus alors de justice sociale puisque les services dont les hommes ne peuvent se passer pour vivre, depuis les travaux manuels jusqu'à ceux des inventeurs morts de misère, peuvent n'avoir presque aucune valeur d'échange, tandis au contraire que tels actes qui ne procurent qu'à un petit nombre de riches la plus fugitive, peut-être même la plus immorale jouissance, peuvent être recherchés à prix d'or et assurer la fortune à ceux qui savent les offrir à point[2].

Et quant à la concurrence, on ne peut guère compter sur elle pour corriger ces inégalités et ramener la rémunération de chacun à un taux mieux en rapport avec la peine ou le mérite, car la concurrence s'exerce surtout sur les travaux et les services les plus communs, les plus utiles aussi, pour les déprécier encore plus, tandis que les travaux de luxe, les services soi-disant nobles, sont toujours plus ou moins, et par définition même, des monopoles. Dans les exem-ples précités, c'est le balayeur de rues, mais non le virtuose

[1] Et on ne manquera pas de rappeler à ce propos le mot de je ne sais quelle cantatrice, répondant à l'impératrice Catherine qui se plai-gnait qu'elle osât demander un traitement plus considérable que celui de ses maréchaux : « Hé bien! faites chanter vos maréchaux! ».

[2] M. Herckenrath, dans sa traduction hollandaise, fait remarquer que ces injustices de la loi des valeurs tiennent surtout à ce fait que nos *appréciations* sont injustes, mais qu'un progrès dans l'éducation morale du genre humain pourrait changer ces appréciations et les rendre plus conformes à la justice. — C'est possible ; aussi ne disons-nous point que la loi de la valeur est immorale, mais seulement qu'elle est amorale. Si tous les hommes devenaient justes, la loi des valeurs le serait peut-être aussi.

ni le landlord, qui est le plus durement soumis à la loi de la concurrence.

Néanmoins, s'il n'y avait dans le mode actuel de répartition des richesses d'autre cause d'inégalité que celle résultant de la loi de l'offre et de la demande, ce mode pourrait être considéré comme réalisant tant bien que mal le principe de répartition posé ci-dessus, comme satisfaisant suffisamment à la justice commutative. On pourrait dire en effet que chacun est rétribué selon les services rendus, abstraction faite de toute appréciation quant à la valeur morale et sociale de ces services. Et d'ailleurs les inégalités qui en résulteraient seraient mobiles, comme la loi de l'offre et de la demande qui les déterminerait, et par là même plus facilement acceptées. Mais voici une autre cause d'inégalité plus grave et à plus longue portée : c'est celle qui résulte de *la propriété acquise.*

Ces personnes, qui viennent sur le marché échanger leurs produits ou leurs services, ne s'y présentent pas, en effet, dans des conditions égales, mais extraordinairement inégales, inégalité qui tient moins à leurs qualités individuelles qu'à la possession d'instruments de production plus ou moins puissants. Entre le manœuvre qui ne peut offrir que ses bras, c'est-à-dire une force surabondante sur le marché et par conséquent de peu de valeur, et le fabricant qui apporte ses machines de milliers de chevaux, le capitaliste qui apporte ses sacs d'or, le propriétaire foncier ou urbain qui apporte un terrain indispensable à la vie, quelle différence ! Sans doute on peut dire que ces derniers rendent d'immenses services, car c'est un service inappréciable que de fournir aux autres hommes les moyens indispensables pour qu'ils puissent travailler ou le logement nécessaire pour qu'ils puissent y naître, y vivre et y mourir. Mais on ne voit pas très clairement en vertu de quel principe de justice ou d'utilité sociale certains hommes sont investis de l'agréable privilège de pouvoir rendre à leurs semblables des services si précieux et si chèrement payés.

Il est donc évident que l'inégalité de rémunération obtenue résulte surtout de l'inégalité des apports. La répartition des revenus est nécessairement prédéterminée par l'appropriation des terres et des capitaux. Or pourquoi les uns arrivent-ils sur le marché, ou même arrivent-ils en ce monde en naissant, déjà nantis et presque sûrs d'avance de se faire la part du lion?

Et par qui donc ont-ils été nantis? — Est-ce par leur propre travail? — Est-ce par la loi? — Est-ce par la force? — Voilà ce qu'il faut maintenant examiner.

II

Le fondement du droit de propriété.

Comme nous venons de le voir dans le chapitre précédent, le droit de propriété individuelle est le grand ressort de tout le mécanisme de la répartition dans les sociétés civilisées. C'est lui qui met tout en branle : aussi est-il bien nécessaire de savoir sur quoi lui-même se fonde.

L'utilisation des choses implique presque toujours une certaine *appropriation*. Pour utiliser le pain, il faut le manger; le vêtement, il faut le porter; la maison, il faut l'habiter; la terre, il faut la cultiver.

Cependant on peut jouir d'une chose à titre d'usufruitier, de locataire, d'emprunteur, etc., sans en être propriétaire. La propriété n'apparaît que lorsque précisément l'appropriation se dégage de la simple utilisation personnelle des richesses; on n'est propriétaire que lorsqu'on a le droit soit de garder la chose sans l'utiliser soi-même mais en empêchant tout autre d'y toucher, soit de la faire utiliser par d'autres : c'est le droit d'en disposer sans conditions; c'est le *jus abutendi* (qu'il ne faut pourtant pas traduire : droit d'abuser!) Telle est du moins la conception la plus absolue du droit de propriété individuelle, celle que le droit romain a coulée en bronze.

Quels sont les modes d'acquisition de la propriété? — Les

plus importants sont l'achat, la donation et l'hérédité, soit testamentaire, soit *ab intestat*, mais il faut bien remarquer que tous ces modes-là sont *dérivés*, comme disent les jurisconsultes, c'est-à-dire de seconde main : ils impliquent tous un transfert qui s'opère par la volonté des parties (dans les trois premiers cas) ou par la loi (dans le dernier), et par conséquent ils présupposent l'existence d'une propriété déjà constituée. Ce que nous voudrions savoir c'est comment la propriété s'est constituée *originairement* [1].

Or ici les jurisconsultes ne nous indiquent que trois modes qui d'ailleurs, comme nous allons le voir, peuvent se ramener à un seul : la *possession*.

C'est d'abord l'*occupation* qui figure comme le fait initial d'où découle tout droit de propriété. « Historiquement et logiquement l'appropriation précède toute production... Les races primitives regardent la possession comme le meilleur titre de propriété. La priorité d'occupation est le seul titre qui puisse être préféré au droit du plus fort » [2]. En effet l'occupation suppose la prise de possession d'un bien qui n'appartient à personne et par conséquent vaut mieux que l'expulsion du faible par le fort ; elle représente un progrès sur le droit de conquête [3]. Néanmoins, parce qu'elle

---

[1] Nous n'avons pas à parler ici des modes d'acquérir la propriété qui sont *le vol* sous ses formes diverses, ou *le hasard*, sous forme de jeu, de pari, et de loterie. Quoiqu'ils représentent par tout pays des sommes considérables, leur action est cependant négligeable dans l'ensemble des transferts. Si, au dire des socialistes, ils figurent à l'origine de toute propriété, si la propriété elle-même, selon une définition célèbre, est le vol, c'est parce que ceux-ci croient les découvrir, latentes, sous les formes des modes d'acquisition consacrés par la loi. C'est précisément ce grief que nous aurons à examiner.

[2] Graham Sumner, *Des devoirs respectifs des classes de la Société*.

[3] Dans les sociétés antiques c'était bien sur le droit de conquête que la propriété était fondée. Le type de la propriété quiritaire à Rome c'est celle qui a été acquise *sub hasta*, sous la lance. Et une vieille chanson grecque dit : « Ma richesse est ma lance, mon glaive, et mon beau bouclier rempart de mon corps ; c'est avec cela que je laboure, que je moissonne, que je vendange le vin de ma vigne » (Cité par Guiraud, *La propriété en Grèce*, p. 127).

n'implique pas non plus le fait du travail (découverte d'un trésor, occupation d'une terre vierge), elle n'a pas une valeur économique et morale suffisante pour qu'on puisse y asseoir un droit perpétuel et exclusif[1].

L'*accession* ou *incorporation* est un mode d'acquisition fondé sur le principe que l'accessoire suit le principal. C'est ce mode qui attribue au propriétaire du sol la propriété des constructions ou des plantations élevées sur son terrain par le travail d'autrui, ou au patron, qui a fourni la matière première, la propriété de l'objet fabriqué avec elle. Elle n'est donc qu'une sorte d'extension du droit d'occupation et ne saurait avoir d'autres vertus que celui-ci.

Mais ces deux modes d'acquisition sont relégués dans l'ombre par le troisième, la *prescription* (ou *usucapion*, comme disait le vieux droit romain) qui attribue la propriété de toute chose à celui qui l'a possédée pendant un certain temps — et même sans qu'aucun laps de temps soit nécessaire, s'il s'agit d'un objet mobilier. La prescription quand il s'agit d'immeubles, dispense de remonter au fait originaire de l'occupation dont la vérification serait impossible; et quand il s'agit de produits, elle dispense de vérifier s'il y a eu ou non accession. En fait donc voilà le seul fondement juridique de la propriété. Or il n'y a là rien de plus, par définition même, qu'un fait brutal destitué de toute valeur morale. Sans doute il est possible que la prescription et l'occupation coïncident avec le travail et l'épargne (nous le rechercherons plus loin) mais légalement ce n'est point du tout nécessaire.

On comprend donc qu'on se soit évertué à rechercher pour le droit de propriété un fondement plus solide que le simple fait de la possession. Mais lequel alors?

1° Sera-ce *le droit naturel ?* — C'est une thèse classique, mais bien discréditée aujourd'hui : car si elle peut expli-

[1] L'occupation n'est pas nommée dans le Code Napoléon, mais elle est visée implicitement à propos de la chasse, de la pêche, du trésor et des épaves.

quer le droit de propriété en tant qu'utilisation des choses et satisfaction donnée à nos besoins, elle ne s'adapte guère au droit de propriété en tant que puissance sur autrui (voir p. 54). Et d'autre part, aucune théorie n'est plus révolutionnaire, car si la propriété est de droit naturel, que dire à tant d'hommes qui en sont privés et qui la réclament? — De cet argument il reste cependant ceci : c'est que la propriété est une condition indispensable de l'indépendance personnelle, puisque celui qui ne possède rien se trouve dans la nécessité de se mettre au service d'autrui pour gagner sa vie — et que, par conséquent il faudrait se donner pour but d'assurer à chaque homme un minimum de propriété.

2° Sera-ce *le travail?* — De grands efforts ont été faits pour le démontrer. Les économistes (et même le pape Léon XIII dans son encyclique, *De conditione opificum*) définissent le droit de propriété « le droit de l'homme sur le produit de son travail personnel ». L'homme serait donc propriétaire de toutes choses qu'il aurait créées par son activité et qui ne seraient en quelque sorte que l'extension légitime de sa personnalité. Mais celui qui voudrait se servir de ce critérium dans la pratique s'exposerait à d'étranges déceptions. Faisons l'inventaire de votre patrimoine : Cette maison est-elle le produit de votre travail? — Non : elle vient de ma famille. — Cette forêt, ces prairies, sont-elles le produit de votre travail? — Non : elles ne sont le produit du travail de personne. — Ces marchandises qui remplissent vos magasins ou ces récoltes qui remplissent vos greniers, sont-elles le produit de votre travail? — Non : elles sont le produit du travail de mes ouvriers ou de mes fermiers. — Mais alors... ?

Les jurisconsultes sont plus prudents et plus exacts. Ils définissent simplement le droit de propriété individuelle par ses attributs sans se préoccuper de le justifier : pour eux, c'est le droit qu'une personne peut exercer *sur une chose à l'exclusion de toute autre personne*. C'est un fait bien digne de remarque que ni les textes du droit romain, ni même les articles du Code Civil français, issu pourtant de la Révolution, dans les définitions qu'ils donnent du droit de propriété, n'y ont fait entrer le travail ! Rien de plus surprenant pourtant que de ne pas voir figurer le travail au nombre des divers modes d'acquisition de la propriété qu'ils énumèrent. On comprend que dans l'antiquité le travail ne pouvait servir à acquérir la propriété, puisqu'il était presque uniquement servile, c'est-à-dire que le travailleur était lui-même la propriété du maître. Hé bien ! aujourd'hui encore le travail *à lui seul* ne fait généralement jamais acquérir à l'ouvrier le produit de ce travail : la caractéristique du « contrat de travail », comme on l'appelle, c'est que le travailleur salarié n'a aucun droit à exercer sur le produit de son travail. C'est celui qui le fait travailler, le patron comme on dit, qui acquiert la propriété du produit (voir ci-après, *Le salaire*). Et même dans les cas où l'ouvrier, producteur autonome, par exemple le paysan ou l'artisan, a droit à la propriété des produits, ce n'est nullement parce qu'ils sont les fruits de son travail mais parce que, étant propriétaire de la terre ou de la matière première, son droit de propriété s'étend à tout ce qui vient de celle-là ou à tout ce qui s'ajoute à celle-ci (voir ci-dessus *l'accession*).

3° Sera-ce *l'utilité sociale?* — C'est en effet sur ce roc que se sont réfugiés les défenseurs de la propriété individuelle, mais il est solide et suffisant pour résister aux assauts. L'histoire et les faits nous montrent que la propriété individuelle a été jusqu'à présent le meilleur moyen et même la condition *sine qua non* de l'utilisation des richesses, le plus énergique stimulant de la production. Sans doute on peut citer des cas dans lesquels l'intérêt du propriétaire va à l'encontre de l'intérêt général : — l'exemple de la forêt que le propriétaire a intérêt à couper, tandis que la nation a intérêt à la conserver, est classique ; il y en a d'autres, nous les signalerons. Mais qu'importe, si bien plus graves et plus nombreux sont les cas de dilapidation ou de stérilisation imputables à l'absence de propriété individuelle ?

Seulement si tel est le fondement du droit de propriété,
il en résulte alors que l'individu n'est pas propriétaire pour
lui-même mais pour la Société, que la propriété est, dans
le sens le plus auguste et le plus littéral à la fois de ce mot,
une *fonction publique*. Elle ne sera donc plus absolue dans
le vieux sens romain du mot, mais seulement dans la mesure
où la souveraineté sur les choses et le droit de libre disposition seront indispensables pour tirer le meilleur parti de
ces choses. Elle pourra varier selon les circonstances et le
milieu. On pourra admettre qu'un droit de propriété absolu
soit nécessaire au pionnier du nouveau monde comme le
dominium ex jure Quiritium l'était au paysan romain, sans
être tenu d'en conclure qu'il en doit être de même de la
propriété sur une fabrique, une mine ou un chemin de fer.

Voyons maintenant sur quels *objets* peut porter le droit
de propriété, quelles *personnes* peuvent l'exercer, et quels
pouvoirs il confère.

III

Le droit de propriété quant à son objet
et quant à son sujet.

Aujourd'hui, toute richesse, à la seule exception de celles qui par leur nature même sont rebelles à toute appropriation, telles que la mer, les grands cours d'eaux — peut
faire l'objet d'un droit de propriété individuelle et, en fait,
dans tous les pays d'Europe, la presque totalité des richesses sont appropriées. Mais il n'en a pas toujours été ainsi.
Il fut un temps au contraire où la sphère de la propriété
individuelle était infiniment petite.

Elle n'a compris au début que certaines richesses — et
d'abord celles qui précisément ont cessé depuis longtemps
d'être l'objet du droit de propriété dans tous les pays civilisés, je veux dire les esclaves et les femmes. Elle comprenait aussi les objets servant directement à la personne, les
bijoux, les armes, le cheval, et dont l'appropriation indivi-

duelle se reconnaissait à ce signe qu'on les enfermait avec
le propriétaire dans son tombeau (y compris assez souvent
les esclaves et les femmes!).

Puis elle comprit aussi, sinon encore à titre de propriété
individuelle, du moins comme propriété familiale, la maison, parce que la maison c'était le foyer, c'étaient les dieux
pénates, et que les dieux appartenaient à la famille[1].

Puis elle s'étendit à quelque portion de terre, d'abord
celle où étaient les tombeaux des ancêtres, car les ancêtres
aussi étaient une sorte de propriété de famille. Mais malgré
ce premier pas, la propriété individuelle sur le bien par
excellence, presque l'unique richesse des anciens, la terre,
fut très lente à s'établir[2]. En étudiant le revenu foncier,
nous verrons comment la terre à son tour est rentrée, en
droit, dans le domaine de la propriété et y rentre, en fait,
tous les jours par les progrès de la colonisation et des défrichements, en sorte que le temps n'est pas loin où la propriété individuelle aura recouvert la terre entière et tout ce
qu'elle porte à sa surface.

Tour à tour et suivant l'époque, telle ou telle propriété
prend une importance particulière : le bétail chez les peuples pasteurs; — la terre sous le régime féodal ; — les mines de charbon dès que vient l'ère de la machine à vapeur.
La propriété individuelle s'est même créé de nos jours des
objets nouveaux, inconnus des anciens : — 1° d'abord ce
qu'on appelle les valeurs mobilières, c'est-à-dire des créances ou des parts de propriété mises sous la forme de titres
de crédit au porteur, des feuilles de papier qu'on glisse dans
un portefeuille et qui constituent aujourd'hui la forme la
plus commode et la plus enviée de la richesse. Sur les 230

---

[1] Voir *La Cité antique* de Fustel de Coulanges.

[2] « D'après Meyer, la langue hébraïque n'a pas de mot pour exprimer
la propriété foncière. D'après Mommsen, l'idée de propriété chez les
Romains n'était pas primitivement associée aux possessions immobilières,
mais seulement aux possessions en esclaves et en bétail, *familia pecu-
niaque*. Voyez aussi l'étymologie du mot *mancipatio* qui suppose évidemment un objet mobilier » (Herbert Spencer, *Sociologie*, tome II).

milliards qui constituent la richesse totale de la France, plus
du tiers, 100 milliards environ, appartiennent à cette catégorie nouvelle [1]; — 2° de plus, les œuvres immatérielles de
la littérature, de la science, de l'art, sont devenues des objets de propriété, sous la forme de propriété littéraire, artistique, et de brevets d'invention.

Il est possible que dans l'avenir la propriété individuelle
revête d'autres formes dont nous ne pouvons présentement
nous faire aucune idée.

Le même élargissement progressif s'est montré en ce qui
concerne *les personnes* à qui la propriété peut être dévolue.

A l'origine leur nombre était très restreint : il n'y avait
que le souverain, plus tard que le chef de famille : en tout
cas les esclaves et les étrangers, parfois les femmes, en
étaient exclus.

Aujourd'hui non seulement le droit de propriété est reconnu à tout être humain, mais même on l'a étendu à des
personnes fictives qui s'appellent *personnes morales*. Les
premières qui aient commencé par être revêtues de la personnalité morale furent les dieux : ils purent ainsi posséder
des richesses et hériter — au grand profit de leurs prêtres.
Puis les États et les corps publics tels que les villes. Plus
tard les associations privées ont pu devenir propriétaires.
Ce n'est pas pourtant sans résistance de la part de l'État que
ce droit leur a été reconnu. C'est aux associations à caractère économique, aux *sociétés*, comme on dit plutôt, à celles
qui poursuivent un profit industriel ou commercial, que le
droit de posséder a été accordé le plus facilement. Mais c'est
aux associations sans but lucratif, comme dit la loi, c'est-à-
dire à celles qui poursuivent des fins supérieures et désintéressées de bienfaisance, d'enseignement, de science, de
religion, de politique, que, contrairement à ce qu'on aurait

---

[1] Comme le dit avec esprit M. Jaurès, dans ses *Études socialistes* :
« C'est en lisant son journal que le possédant aujourd'hui a des nouvelles
de sa propriété ». Il est certain que c'est là une forme de la propriété
individuelle qui n'a plus qu'une faible ressemblance avec celles du temps
passé et que les hommes d'autrefois n'auraient guère appréciée.

pu croire, ce droit a été très longtemps refusé, surtout en
France ; et à cette heure encore, il ne leur est accordé que
d'une main avare. Dans cette vieille antipathie pour ce qu'on
appelle *la main-morte*, il y a à la fois une cause économique — l'idée que les biens appartenant à des collectivités seront mal administrés et en tout cas retirés à la circulation et
au commerce pour une durée indéfinie — et plus encore une
cause politique, la crainte de voir ces associations devenues
puissantes se dresser contre l'État et se substituer à lui
pour les grands services sociaux. Dans le droit français,
(en dehors de certaines associations privilégiées comme les
syndicats professionnels et les sociétés de secours mutuels
qui peuvent acquérir même par legs) aucune association
en principe ne peut acquérir par donation ou legs sans une
autorisation du Conseil d'État, une générale d'abord et une
spéciale pour chaque nouvelle acquisition. Remarquez cependant que c'est la seule façon dont ces associations puissent se constituer un patrimoine, puisque par définition il
s'agit de celles sans but lucratif qui ne se livrent ni à l'industrie ni au commerce.

Cette terreur de la main-morte, qui remonte aux vieux
légistes français, nous paraît bien surannée. Il est très à
souhaiter qu'il y ait une part des richesses qui soit soustraite
aux intérêts individuels et consacrée à des fins désintéressées.
L'objection économique de la mise hors commerce n'a de
valeur que s'il s'agit de la terre, mais aucune quand il s'agit
de la propriété sous forme de titres ou même de celle sous
forme d'édifices. Qu'on se contente donc de limiter le droit
de propriété des personnes morales en ce qui concerne la
terre : on peut admettre que celle-ci, étant en quantité limitée,
doit être réservée aux personnes vivantes ; mais pour la
propriété mobilière des personnes morales il n'y a pas de
raison économique pour lui fixer d'autres limites que celles
qui peuvent résulter du but visé par l'association ; car le législateur peut exiger cette garantie — qu'elle devra être
toujours spécialisée.

On a fait un pas de plus. On a attribué le droit de pro-

priété non pas même à des associations, mais à des œuvres,
— on pourrait dire à des idées. C'est ce qu'on appelle les
fondations [1]. Il suffit qu'un homme ait voulu se rendre utile
après sa mort et qu'il ait assuré à cette œuvre un patrimoine
suffisant pour la faire vivre, pour qu'elle vive en effet et
possède à perpétuité et s'enrichisse même d'acquisitions
nouvelles. Toutefois ici la loi française est plus rigoureuse
encore que quand il s'agit de la personnalité morale des
associations. L'État seul peut consacrer leur existence et il
pourra la leur retirer le jour où elle n'aura plus de raison
d'être. Et cela se comprend. Car une association est une
sorte d'être vivant qui sans cesse se renouvelle, et meurt
dès qu'il ne sert plus à rien. Mais une fondation est comme
un mort qui se survit, embaumé, immuable, incapable de
changer et par conséquent de s'adapter aux inévitables changements des choses. Une fondation pour le culte de Jupiter
ne peut durer quand Jupiter n'a plus d'autel, et des fondations pour messes tomberaient nécessairement dans un pays
qui passerait du catholicisme au protestantisme [2]. Cependant
d'autres législations, notamment la législation anglaise, sont
plus larges. Les fondations privées, administrées par des
trustees qui se remplacent indéfiniment, sont légales à la
seule condition qu'elles aient un objet d'utilité générale et
non pas purement individuelle [3]. Elles sont surveillées par
un Conseil supérieur (*Charity Commission*) composé de ju-

[1] Par exemple la fondation Nobel pour répartir tous les ans environ
un million de francs entre cinq personnalités éminentes à un titre quelconque, et tant d'autres.
[2] On a cité le fait de la Faculté de Droit Canonique à Paris au xvii°
siècle où il n'y avait plus qu'un seul professeur, lequel, pour garder tous
les revenus, se refusait obstinément à se donner des collègues (Liard,
L'enseignement supérieur en France, t. I, p. 71). Voir aussi une étude
de M. Charmont sur la propriété corporative (*Le droit et l'esprit démocratique*).
[3] La loi anglaise n'admet la fondation qu'autant qu'elle est une *charity*,
mais la jurisprudence interprète ce mot dans le sens le plus large de
tout ce qui peut servir au bien de tous. On n'admettrait pas cependant
une fondation perpétuelle pour l'entretien d'un tombeau, par exemple,
parce qu'ici il n'y a en jeu qu'un intérêt privé.

risconsultes chargés de veiller à ce qu'elles restent fidèles à leur destination, et au besoin à modifier celle-ci quand le cours des choses l'exige.

IV

Le droit de propriété quant à ses attributs. — L'hérédité.

« Le droit de propriété, dit l'article 544 du Code Napoléon, est le droit de jouir et de disposer des choses *de la façon la plus absolue* ». Quoique cette disposition ait cessé d'être tout à fait vraie parce que le droit de propriété est soumis aujourd'hui à des restrictions qui vont se multipliant, elle met vigoureusement en relief ce qu'est la propriété — un droit absolu : — 1° absolu en ce qu'il embrasse la totalité des satisfactions qu'on peut tirer d'une chose, y compris même celle stupide de la détruire [1] ; — 2° absolu en ce qu'il n'est pas limité dans le temps ou ne l'est du moins que par la durée de son objet. — Donc *perpétuité* et *libre disposition*, voilà la double caractéristique du droit de propriété.

§ 1. — Quand le droit de propriété n'a pour objet, que les biens qui périssent par la consommation ou dont la durée est éphémère, sa perpétuité n'a pas un grand intérêt économique puisqu'elle ne se réalise pas en fait. Mais quand le bien approprié est de sa nature perpétuel ou tout au moins de très longue durée, alors le droit de propriété, se dilatant à la mesure de son objet, apparaît dans toute sa grandeur et avec toutes ses conséquences.

Sont-ils nombreux ces objets de perpétuelle durée? Il y a d'abord la terre dont la durée n'a d'autre terme que celle de la planète qui nous porte ou du moins des cycles géologiques qui modèlent sa surface. Aussi est-ce bien à cause de cela que la propriété foncière a toujours eu un caractère

---

[1] Cependant le propriétaire ne peut pas mettre le feu à sa maison — nous trouvons ici une première restriction au droit de propriété. C'est à raison des dangers que l'incendie ferait courir aux voisins.

exceptionnel, et que nous aurons à lui consacrer un chapitre
spécial. Les maisons n'ont pas, en tant qu'édifices, le même
caractère de perpétuité mais elles y participent tout au moins
en ce qui concerne le terrain sur lequel elles sont bâties.
Les objets d'art, surtout ceux taillés dans le marbre ou
coulés dans le métal, peuvent aussi aspirer à l'immortalité.
Et il en est de même de la monnaie métallique. Toutefois
pour ces richesses, et surtout pour la dernière, la fréquence
des échanges, qui les fait rentrer à chaque instant dans le
tourbillon de la circulation, enlève en fait presque toute
importance à la perpétuité du droit de propriété, sauf le cas
de thésaurisation [1].

[1] Et, même en ce cas, la monnaie subissant une moins-value, au lieu
d'une plus-value comme la terre, ne confère pas au propriétaire un pouvoir grandissant. Il en est autrement des objets d'art — quand ils restent
dans la même maison, ce qui est rare. L'énorme plus-value des objets
d'art depuis un quart de siècle a été un phénomène vraiment remarquable.

On peut penser au premier abord que toute fortune, même mobilière,
est de sa nature perpétuelle, à moins d'accident. Car, tout capital ne se
renouvelle-t-il pas indéfiniment? (voir p. 145). — Non; il y a là une
confusion. Les capitaux en nature, en tant qu'instruments de la production, sont périssables et même très rapidement. Les capitaux sous forme
de valeurs mobilières, de titres, d'actions ou d'obligations ou de créances
hypothécaires, sont de plus longue durée parce qu'en réalité ils ne portent pas sur des choses à proprement parler, mais sur les produits sans
cesse renouvelés d'une entreprise. Pourtant eux-mêmes ont toujours une
durée limitée à celle de l'entreprise qui les alimente et qui, pour les plus
grandes Compagnies, celles de chemins de fer ou du canal de Suez, ne
dépasse pas 99 ans. Il est vrai que l'on s'arrange pour que les obligations
et même les actions soient remboursées avant l'expiration de l'entreprise, en sorte que leur possesseur peut les placer à nouveau et ainsi
de suite indéfiniment. Mais ce n'est qu'une perpétuité apparente, résultant d'un renouvellement perpétuel; telle une maison qu'on réparerait
au fur et à mesure qu'elle se dégrade jusqu'à ce qu'il ne reste plus rien
de la maison primitive, ou le couteau de Janot dont on a changé la
lame, puis le manche, mais qui est toujours le même couteau.

Il n'y a que les titres de rentes sur l'État qui ont une durée théoriquement illimitée, puisque n'étant jamais remboursés; aussi les appelle-t-
on des *rentes perpétuelles.*

Du reste, juridiquement, les valeurs mobilières ne sont pas des droits
de propriété puisqu'elles sont des créances ou des actions.

Mais si l'objet du droit de propriété est parfois perpétuel, le sujet, lui, ne l'est jamais. Il meurt. C'est un moment critique pour le droit de propriété. Que va-t-il devenir? Puisqu'il ne meurt pas, il faut qu'il passe sur la tête de quelque autre titulaire. De qui? — De celui-là que le défunt aura désigné? C'est de droit en effet quoique, comme nous allons le voir tout à l'heure, c'est là un droit qui n'a pas été reconnu sans hésitation. — Mais si le défunt n'a désigné personne, alors ce sont les plus proches parents qui le remplacent. Or quelle est la raison de cette dévolution *ab intestat*, comme on dit?

Il n'y en a point de rationnelle [1]. C'est une survivance du temps où la propriété n'existait encore que sous la forme *familiale* et où par conséquent — le titulaire étant une personne morale qui ne meurt point, la Famille — il n'y avait jamais d'interruption ni de transfert de la propriété. Si elle passait en apparence du père aux enfants c'était par *continuation* et non par succession proprement dite. Aussi bien le père n'avait-il point le droit de déshériter

[1] On pourrait chercher à justifier la succession *ab intestat* :

a) Comme *interprétation raisonnable de la volonté du testateur quand il n'a rien dit.* Il est naturel en effet de penser, quand il s'agit de proches parents, enfants, époux, père, mère, ou même frère ou sœur, que si le décédé avait voulu les déshériter, il l'aurait dit expressément : s'il n'a rien dit, on peut présumer qu'il a voulu leur laisser ses biens. Mais d'abord quand il s'agit d'un cousin ou même d'un neveu, il est absurde de faire le même raisonnement et d'interpréter le silence du défunt comme leur constituant un droit. Et de plus cette interprétation reçoit un démenti formel du fait que les proches parents ont droit à une part (*La réserve*) même quand le défunt les a formellement déshérités.

b) Comme application de l'*obligation alimentaire* consacrée par la nature et par toutes les législations vis-à-vis de certains parents, les enfants, les pères et mères, et les conjoints — c'est-à-dire vis-à-vis de ceux à qui nous avons donné la vie, de ceux de qui nous l'avons reçue, de celui où celle avec qui nous l'avons partagée. Il y a là des obligations que la mort ne peut supprimer, et que la plupart des législations consacrent au profit de ces parents sous le nom de *réserve légale*. Toutefois, si la réserve légale n'avait d'autre fondement que l'obligation alimentaire, elle ne devrait pas dépasser les limites d'une pension alimentaire.

les siens ni même les fils celui de refuser l'hérédité [1].

On ne peut dire que ce droit d'hérédité *ab intestat* soit utile pour fortifier l'esprit de famille, surtout quand il va jusqu'à prévaloir sur la volonté du chef de famille. Cela est si vrai que l'École de Le Play, qui cherche à faire de la famille la base de l'ordre social, demande précisément que la liberté de tester soit rendue au chef de famille ou tout au moins que la part réservée aux héritiers du sang soit très restreinte. On ne peut point dire non plus que ce mode de succession ait un effet économique bienfaisant, mais bien plutôt malfaisant, soit qu'en assurant aux enfants l'héritage paternel sans qu'ils aient rien fait pour le mériter, il les dispense de tout effort; soit qu'en faisant échoir à quelque arrière-petit-cousin l'héritage d'un oncle d'Amérique, il introduise dans la dévolution légale des fortunes les procédés de la loterie.

Aussi beaucoup d'économistes, même non-socialistes, sont-ils disposés aujourd'hui à abandonner la succession *ab intestat*, tout au moins en ligne collatérale [2].

Ce qui maintient encore la succession *ab intestat*, c'est qu'on ne sait à qui attribuer la fortune vacante. A l'État ? Mais on estime, non sans quelque raison, que la voir s'engloutir dans le gouffre immense du budget de l'État est le pire sort qui puisse lui être réservé. Tout au moins faudrait-il que les successions acquises à l'État reçussent une affectation spéciale : par exemple une caisse de retraite pour les vieillards ou quelque chose de semblable.

§ 2. — L'autre attribut essentiel du droit de propriété c'est, nous l'avons dit, le droit de *libre disposition*. Nous

---

[1] C'est ainsi qu'à Rome, même quand le droit de succession *ab intestat* proprement dit fut organisé, les membres de la famille appelés à hériter étaient désignés sous le nom de *heredes necessarii* — les héritiers forcés.

[2] Ainsi M. Colson (*Cours d'Économie Politique*, tome II, p. 182) demande la limitation au 6ᵉ degré. D'après le Code civil le droit successoral va jusqu'au 12ᵉ degré. Du reste les successions *ab intestat* ne sont pas bien nombreuses, et elles le seraient bien moins encore si elles devaient revenir légalement à l'État.

venons de rappeler la définition du Code civil français : le droit de jouir et de disposer des choses de la manière la plus absolue. Dans cette définition, comme le savent tous les étudiants en droit, c'est le droit de disposer — le *jus abutendi*, comme dit avec plus de force le droit romain — qui est le seul attribut caractéristique du droit de propriété.

Mais ce droit « de disposer à son gré de sa chose » — celui qui confère à la propriété ce caractère absolu qui lui paraît si inhérent que sans lui nous ne la reconnaîtrions plus — n'a pas toujours existé. Ce n'est que peu à peu que la propriété s'est ainsi élargie : à ce point de vue elle a accompli la même évolution progressive que quant à son objet. Et le titre de gloire des Romains, au point de vue juridique, c'est justement de lui avoir conféré ce caractère souverain qu'elle n'avait point eu jusqu'alors — et que d'ailleurs elle commence à perdre en partie sous l'influence des idées nouvelles [1].

Voici dans quel ordre la propriété s'est enrichie successivement de ses attributs essentiels :

1° Le premier vraisemblablement, a été le droit de *faire valoir* son bien, c'est-à-dire de l'exploiter par le travail d'autrui — autrefois par le travail d'esclaves, actuellement par le travail d'hommes libres salariés. C'est cet attribut de la propriété qui a créé la classe « noble », puisqu'il permettait de se dispenser d'un travail personnel.

2° Le droit de *donner* paraît avoir été un des modes les plus anciens de disposer de la richesse — du moins pour les objets mobiliers — et antérieur même au droit de vendre (voir ci-dessus, p. 238). Et en effet, si le propriétaire a le droit de consommer une chose pour sa propre satisfaction, pourquoi n'aurait-il pas le droit de la faire consommer à un autre? S'il peut la détruire, pourquoi ne pourrait-il pas la donner? Le plus noble et le plus enviable privilège du droit de propriété, n'est-il pas de pouvoir en communiquer aux autres le bienfait?

[1] Voir le livre de M. Charmont, *Les transformations du Droit.*

3° Les droits de *vendre* et de *louer* paraissent n'avoir apparu que beaucoup plus tard — du moins pour la propriété immobilière. Aristote (au IVe siècle avant J.-C.) déclare que c'est là un attribut nécessaire du droit de propriété, mais il n'a pas l'air de dire que de son temps déjà cet attribut fût généralement reconnu. En effet, il y avait beaucoup de raisons pour qu'il ne le fût pas. D'abord, tant que la propriété est sous la forme familiale et sous le sceau d'une consécration religieuse — ce qui était le caractère de la propriété antique — l'aliénation n'est pas possible et, en tout cas, constitue un acte impie de la part d'un membre quelconque de cette famille. De plus, la division du travail et l'échange n'existant pas encore, chaque famille se suffisant à elle-même, les objets mobiliers étant rares d'ailleurs — chacun les gardait, parfois même jusque dans son tombeau où on les enfermait avec lui — dans ces conditions, la vente ne pouvait être qu'un acte exceptionnel, anormal. Aussi, quand elle commence à apparaître, nous la voyons entourée de solennités extraordinaires : c'est une sorte d'événement public. C'est ainsi que la *mancipatio* doit être faite en présence de cinq témoins qui représentent les cinq classes du peuple romain.

4° Le droit de *léguer*, c'est-à-dire de donner par testament qui a toujours été considéré comme l'attribut le plus important et le couronnement du droit de propriété, parce qu'il prolonge ce droit au delà de la mort, a été encore plus lent à se greffer sur le droit de propriété. Le droit de disposer de ses biens à sa mort, loin d'être lié à l'hérédité *ab intestat*, s'est trouvé de tout temps et se trouve encore aujourd'hui, dans la plupart de nos législations modernes et notamment dans notre Code Civil, en conflit avec elle. Ce conflit apparaît notamment dans le fait que certains héritiers dits *réservataires* ont droit à une portion de la fortune paternelle nonobstant la volonté contraire du père de famille. Voilà donc deux idées — celle de la propriété individuelle progressivement élargie jusqu'à la liberté de tester, et celle de l'antique propriété familiale avec conserva-

tion des biens dans les familles — qui entrent ici en lutte.
On croit que même à Rome, où la propriété individuelle a
évolué avec tant de vigueur, le père de famille n'avait pas
le droit de tester jusqu'à la loi de XII Tables (450 av. J.-C.).
Et la solennité dont fut entouré cet acte, qui devait se faire
en prenant à témoin (*testamentum*) le peuple rassemblé dans
ses comices et qui répétait ainsi les formes de la promulgation des lois — *Uti pater legassit ita jus esto*, dit la loi des
XII Tables (*legassit*, a fait la loi!) — montre assez clairement
qu'il ne s'agissait pas d'un acte banal. Aujourd'hui en permettant de faire un testament sous la forme dite *olographe*,
c'est-à-dire simple écrit dépourvu de toute forme autre que
la date et la signature, la loi a singulièrement rabaissé la
majesté de ce droit. Il y aurait beaucoup à dire sur l'usage
qu'en fait le testateur. Peu nombreux ceux qui sont en
état d'exercer une telle magistrature. Et même lorsque le
testament, en permettant à tel qui a vécu en égoïste de finir
en philanthrope sans qu'il lui en coûte rien, sert à créer des
fondations utiles, il arrive souvent que ses bons effets sont
annihilés ou très réduits par les clauses qu'impose la vanité
du défunt. Faut-il donc supprimer le droit de tester, comme
nous avons vu qu'on inclinait à supprimer la succession *ab
intestat*? Non certes! Car d'abord, si aveugle que puisse
être la volonté du testateur, elle le sera toujours moins que
le hasard de la dévolution *ab intestat*. De plus il faut prendre garde, en enlevant aux hommes le droit de disposer de
leur bien, d'affaiblir un des plus puissants ressorts de la production. Des biens dont nous ne pourrons plus disposer,
qu'il nous sera interdit de donner ou de léguer à qui bon
nous semble, perdront par là même une grande partie de
leur utilité : ils *seront moins désirés* et on fera moins d'efforts pour les produire. Nombreux en ce monde, disons-le
à l'honneur de la nature humaine, sont les hommes qui
travaillent et qui épargnent moins pour eux-mêmes que
pour d'autres. Si vous les forcez à ne songer qu'à eux-mêmes, ils travailleront moins et dépenseront davantage. Que
de richesses en ce cas jetées à la consommation improduc-

tive par une dissipation égoïste ! Que d'années soustraites
au travail productif par une retraite prématurée ! [1]

Désormais, par ces quatre attributs, voilà le droit de propriété définitivement constitué et il va agir avec une force
irrésistible comme instrument de répartition.

Par l'hérédité, le don et le legs, opérant de concert, il va
rendre la richesse indépendante du travail personnel en la
transmettant à ceux qui n'ont pas travaillé, la cristalliser
en formes permanentes, et créer d'autre part une classe de
« déshérités ». Beaucoup d'hommes se trouveront propriétaires de richesses qu'ils n'auront pas produites, mais que
l'on peut simplement présumer avoir été le produit du travail de leurs ancêtres dans un passé plus ou moins obscur.
Et le principe optimiste que chacun en ce monde touche
l'équivalent des produits de *son* travail reçoit une forte
entorse.

Par le prêt, le fermage, le loyer, il va aggraver la division précédente, celle des oisifs et des travailleurs, en y
superposant une nouvelle division des classes menaçante
pour la paix sociale, celle des créanciers et des débiteurs.

Par le faire-valoir, il va encore créer une nouvelle division
de la société en deux classes, celle des salariés et celle des
patrons — les premiers qui travailleront pour le compte
d'autrui, les seconds qui prélèveront, en apparence du moins,
les fruits du travail de ces salariés — et il va ainsi préparer
la lutte entre le travail et le capital.

Par la vente, enfin, la propriété sur le produit va se
transformer en propriété sur la valeur de ce produit : du
même coup elle va subir toutes les oscillations de l'offre et
de la demande, toutes les chances heureuses ou malheu-

---

[1] N'exagérons pas. Nous ne prétendons pas que si la propriété était
viagère l'homme cessât de travailler à s'enrichir — les célibataires ne
deviennent pas moins riches que les pères de famille, — mais il est certain qu'en France surtout, quand un père de famille a pourvu au sort de
ses enfants, le plus souvent il juge inutile d'augmenter sa fortune et se
retire des affaires.

reuses, tous les jeux de la fortune et du hasard, et revêtir cette forme instable, aléatoire, qui caractérise la richesse dans les sociétés modernes.

En résumé, étant donné le droit de propriété individuelle avec ses attributs, il en découle trois conséquences inévitables et d'ailleurs solidaires : — 1° *l'inégalité des fortunes;* — 2° l'existence d'une classe d'*oisifs;* — 3° l'existence d'une classe d'*indigents.*

Examinons-les successivement.

V

L'inégalité des richesses.

L'inégalité des richesses a de tout temps suscité des plaintes amères. La querelle des riches et des pauvres est vieille comme le monde.

Cette irritation ti at sans doute en partie à un sentiment naturel à l'homme, l'envie, qui ne lui permet pas de supporter sans impatience une supériorité de son semblable, que ce soit celle de la fortune, du talent, de la noblesse, de l'esprit, ou même celle de la vertu.

Mais il y a ici une racine plus profonde qu'un sentiment de sotte envie : c'est le sentiment de la justice. Elle paraît froissée par les raisons suivantes :

1° Parce que les inégalités des richesses n'apparaissent pas comme naturelles, telles que celles que nous venons d'énumérer, *mais comme artificielles.* Elles ne paraissent point être simplement les résultantes de chances bonnes ou mauvaises, mais plutôt le résultat intentionnel d'une certaine organisation sociale, de certaines institutions économiques, telles que la propriété ou l'hérédité, créées et maintenues par ceux à qui elles profitent.

Si l'on pouvait mesurer avec quelque dynamomètre immatériel les inégalités d'ordre intellectuel ou moral qui existent entre les hommes, probablement on constaterait qu'il est rare qu'elles coïncident avec les inégalités des richesses. Ce n'est point à dire que la richesse ne soit due souvent à certaines qualités d'initiative, d'audace, de persévérance, à celles qui font les conquérants et soumettent la chance; mais le plus souvent les bonnes chances ne sont accessibles qu'à ceux qui sont déjà nantis. Toujours est-il, et c'est une constatation banale, que la fortune ne paraît nullement proportionnelle aux mérites ou aux vertus des hommes. Encore moins paraît-elle proportionnelle à « la peine prise », puisqu'il semble au contraire, selon la remarque amère de Stuart Mill, que l'échelle de la rémunération va en descendant au fur et à mesure que le travail devient plus pénible, jusqu'à ce degré où le travail le plus dur suffit à peine aux nécessités de l'existence.

Accrue de génération en génération, l'inégalité des richesses va créer ce qu'on appelle « les classes sociales ». Elle décourage ceux qui sont au bas de l'échelle en leur enlevant toute chance d'y monter ; elle endort ceux qui sont en haut dans la sécurité d'une situation définitive. Elle rompt le lien de la solidarité sociale en creusant entre Lazare et le Riche un abîme sur lequel on ne peut jeter aucun pont. Elle arrête le travail aussi bien entre les mains de ceux qui sont trop pauvres — parce qu'ils n'ont plus la possibilité de produire — que de ceux qui sont trop riches — parce qu'ils n'en sentent plus le besoin. Elle engendre ces deux maux qui affligent depuis si longtemps nos sociétés, qui s'appellent, le premier l'oisiveté, le second le paupérisme; et crée ainsi, en haut et en bas de l'échelle sociale, deux classes de parasites.

2° Parce que cette inégalité des richesses est devenue plus insupportable aux hommes *au fur et à mesure que les autres inégalités qui les distinguaient tombaient l'une après l'autre.* Les lois ont réalisé l'égalité civile; le suffrage universel a conféré l'égalité politique; la diffusion croissante de l'instruction tend même à faire régner une sorte d'égalité intellectuelle. Seule l'inégalité des richesses demeure et grandit, et tandis qu'elle était autrefois comme dissimulée derrière des inégalités plus hautes, la voici qui apparaît au premier plan et concentre sur elle toutes les colères.

Et les inégalités économiques sont beaucoup plus envahissantes que les inégalités anciennes : leurs conséquences sociales sont plus étendues, soit pour le bien, soit aussi pour le mal. Elles s'entourent de tout un cortège d'inégalités nouvelles qui les multiplient et les aggravent. — Pas plus, dira-t-on, que l'intelligence, l'éloquence, l'ambition? — Si, parce que ces forces-là elles-mêmes ne peuvent plus guère se passer du concours de la richesse.

Les richesses ne procurent pas seulement aux favorisés des jouissances de tout ordre, ce qui serait relativement peu de chose, pas seulement une prolongation de vie, pas seulement la santé, l'indépendance, les loisirs et la haute culture, ce qui serait déjà beaucoup, mais surtout la puissance dans tous les domaines. La « ploutocratie » a existé de tout temps, mais il semble que ces dynasties nouvelles qui surgissent aux États-Unis, celles des « rois de l'acier, du coton, du pétrole, des chemins de fer », tendent à concentrer entre leurs mains un pouvoir plus despotique que celui conféré par la noblesse ou la vaillance chez les hommes d'autrefois, par la science ou le génie chez les hommes d'aujourd'hui. Et c'est bien pour cela que la richesse est si ardemment désirée : d'ailleurs, à tout prendre, mieux vaut pour l'honneur de la nature humaine que la richesse soit recherchée pour la *puissance* que pour la *jouissance*.

Mais la disproportion entre une cause si mesquine, la possession de l'argent, et de si grands effets sociaux, politiques et moraux, paraît d'autant plus révoltante.

La statistique démontre que la vie moyenne est deux fois plus longue dans les classes riches que dans les classes pauvres, en sorte que, par une cruelle ironie du sort, d'autant plus petite est la part de richesses qui revient à un homme et d'autant plus grand est le tribut qu'il doit payer à la maladie et à la mort [1]. Et pis encore! plus l'homme est

[1] M. Leroy-Beaulieu, dans son livre sur la *Répartition des richesses*

pauvre, plus grand est le tribut qu'il doit payer au vice et au crime, car les statistiques démontrent, ce que le raisonnement *a priori* suffisait à prouver, que la criminalité des classes pauvres est supérieure à celle de la classe aisée. En sorte que la science moderne a fait crever comme des bulles de savon ces vieux axiomes de la morale que la pauvreté marchait de pair avec la santé et la vertu. Les pauvres n'ont plus même cette consolation!

La revue de ces griefs terribles nous conduit-elle à cette conclusion qu'il faut viser à abolir l'inégalité des richesses? — Non, car d'abord cela ne paraît pas facile à réaliser : tout ce qu'on pourrait faire serait de supprimer les inégalités héréditaires, mais resteraient les différences naturelles dont les inégalités de richesses ne sont souvent que les appendices démesurés ; — et cela ne paraît point désirable, aussi longtemps du moins que les sociétés humaines seront dans un état de pauvreté relative, car il faut reconnaître que l'iné-

(Ch. du *Sisyphisme et du Paupérisme*) cherche à établir une sorte de compensation entre les maux résultant de l'indigence et ceux résultant de la maladie ou des douleurs morales : « Qu'est-ce que le nombre des indigents en comparaison de celui des êtres humains qui sont atteints d'infirmités, de maladies incurables ou organiques comme la scrofule et la phtisie? Qu'est-ce surtout en comparaison du nombre plus grand encore d'hommes qui sont tourmentés de cuisantes douleurs morales? Certes l'indigence est un mal, mais pour un esprit réfléchi c'est encore un des plus bénins, un des moins étendus qui frappent les sociétés civilisées ». L'éminent économiste oublie que la pauvreté est par elle-même une cause de « très cuisantes douleurs morales », une cause très active aussi de « scrofule et de phtisie », et que par conséquent ce n'est pas dans *les deux plateaux opposés* de la balance que la Fortune a placé les maux qui affligent les hommes, mais qu'elle semble au contraire les avoir réunis dans le *même plateau*! Les faubourgs ouvriers de Paris comptent dix fois plus de tuberculeux que le quartier des Champs-Élysées.

D'après les statistiques de la ville de Paris, la mortalité générale, qui s'abaisse jusqu'à 10 p. 1.000 dans les quartiers riches des Champs-Élysées et de l'Arc de Triomphe de l'Étoile, s'élève à 43 p. 1.000 dans le quartier de Montparnasse! A Londres, pis encore. D'après le Bureau de santé, la mortalité varie de 11,3 p. 0/0 dans les maisons riches à 50 p. 0/0 dans les maisons très pauvres. A ce compte, un homme riche aurait donc quatre à cinq fois plus de chances de vivre qu'un homme pauvre.

galité des richesses agit, plus encore que le besoin, comme
un stimulant de la production. Elle tient tous les hommes en
haleine, du bas en haut de l'échelle sociale, par la perspective
d'un avancement toujours espéré. Elle donne à l'initiative
individuelle toute sa portée en concentrant de puissants
capitaux entre les mains des plus audacieux. Elle crée dans
les travaux des hommes une variété féconde grâce à la
gamme infinie de besoins et de ressources qu'elle établit
entre eux.

Ce qui révolte surtout dans l'inégalité des richesses c'est
qu'elle ne semble pas pouvoir échapper à ce dilemme : ou
bien les richesses peuvent être créées en quantité surabondante,
comme l'affirment les socialistes, et dans ce cas il est incompréhensible qu'un si grand nombre d'hommes n'aient pas le
nécessaire? — ou les richesses sont en quantité insuffisante et
ne peuvent être que péniblement accrues, comme le croient
les économistes, et alors il est inique que quelques individus
en accaparent une si forte part? — La seule façon d'échapper
au dilemme c'est de dire : 1° que les richesses sont en effet en
quantité insuffisante [1]; 2° mais que la liberté d'appropriation,
avec sa conséquence inévitable, l'inégalité est précisément
le meilleur moyen qu'on ait trouvé pour en accroître la quantité.

Seulement, pour que cette action stimulante de l'inégalité sur la production soit portée au maximum, il faudrait

---

[1] Comme justification de cette affirmation, voir ci-après *partage égal*,
et aussi ci-dessus, *Les illusions relatives aux machines*. Ce sont les
crises dites de surproduction qui font croire que les richesses sont en
quantité surabondante — et il arrive en effet fréquemment qu'elles le
soient à un moment donné et sur un point donné. Mais si le monde ne
formait qu'un seul marché et qu'on mît la production de n'importe quelle
richesse (blé, viande, vin, cotonnades, drap, fer, charbon, caoutchouc,
chaussures, linge, montres, livres, etc.) — en regard avec les besoins
véritables des 1.600 millions d'hommes qui habitent la terre, on serait
effrayé de la petite ration qui reviendrait à chacun (Voir quelques chiffres dans Novicow, *Le problème de la misère*).

Mais cette constatation ne fait que rendre encore plus choquante l'énormité de la part prélevée par quelques-uns et qui peut s'élever jusqu'à
100.000 fois la part moyenne!

que cette inégalité fût *proportionnelle aux richesses créées, ou aux services rendus;* et en outre, pour donner satisfaction à l'idée de justice, il faudrait qu'elle fût corrigée par *l'égalité des chances*[1]. Or cette double condition n'est que très imparfaitement remplie sous le régime économique actuel. Nous venons de voir par quelles causes.

VI

L'oisiveté.

Il ne faut pas confondre *l'oisiveté* et le *loisir*. La première est un mal qu'il faut abolir; le second est un bien qu'il faut multiplier.

L'oisiveté c'est l'état de révolte contre la loi du travail. De tout temps l'homme, qui, comme on l'a fort bien défini, est un animal paresseux — mais pourtant pas plus et même moins que tout autre animal[2] — a déployé une ingéniosité prodigieuse pour échapper à cette loi sévère : l'esclavage, le parasitisme, la mendicité, le vol, le jeu, n'ont pas d'autre origine. Mais le meilleur moyen d'y échapper, parce qu'il est à la fois le plus sûr et le plus honoré, c'est *d'avoir des rentes.*

Le loisir ce sont les intermittences dans le travail, au cours d'une vie qui peut être d'ailleurs très laborieuse et très active — qui l'est même d'autant plus qu'elle est coupée par des loisirs, — les clairières ménagées dans la forêt sombre où la lumière et le soleil peuvent se glisser, loisirs

[1] Il est remarquable que le sentiment populaire admet très bien les inégalités dues au hasard, toutes les fois que les chances sont égales : ainsi les gros lots des loteries.

Si la mythologie a donné à la fortune un bandeau, ce qui veut dire qu'elle est aveugle dans la distribution de ses largesses, — du moins lui a-t-elle donné aussi une roue! ce qui veut dire que la chance doit tourner et qu'elle doit être tantôt pour l'un, tantôt pour l'autre.

[2] Les nègres d'Afrique disent que le singe saurait parfaitement parler s'il voulait, mais que s'il ne parle pas c'est pour qu'on ne le fasse pas travailler.

des soirées quotidiennes après la journée de travail, loisirs des repos hebdomadaires, loisirs des vacances, qui ne resteront pas toujours le privilège des travailleurs intellectuels mais deviendront aussi une possibilité et un droit pour les travailleurs manuels — et enfin, après une vie bien remplie, loisirs de la retraite. Le loisir n'est pas seulement utile, en tant que récréation, au bon fonctionnement du travail lui-même; il est indispensable pour le développement de la vie intérieure et extérieure, pour la méditation qui ne doit pas être seulement réservée aux sages, et pour l'accomplissement des nombreux devoirs autres que celui de gagner son pain, devoirs de famille, relations de société, participation aux œuvres de bienfaisance, aux comités, aux conseils des syndicats et des coopératives, au culte, aux réunions politiques, etc., etc.

En fait il n'est pas toujours facile de déterminer où commence l'oisiveté et où finit le loisir. Sans doute, quand il s'agit d'un homme qui vit de la mendicité ou du jeu, il sera facile de le classer, mais quand il s'agit du rentier que nous venons de nommer, c'est plus difficile. Le rentier est-il un homme oisif ou simplement un homme de loisirs?

Quoique les rentiers ne travaillent pas, cela ne les empêche pas de vivre et même de bien vivre. C'est dans cette classe que se trouvent les plus gros revenus. Et non seulement ces revenus sont souvent plus gros que ceux qui viennent du travail, mais ils ont surtout cette supériorité d'être plus réguliers : qu'il neige ou qu'il vente, que le rentier soit bien portant ou confiné dans son lit par la maladie, qu'il soit jeune ou invalide, qu'il reste chez lui ou qu'il coure le monde comme *globe-trotter*, toujours son revenu court après lui et ne lui fait jamais défaut. Ainsi le fait d'avoir des rentes assure tout d'abord deux biens, supérieurs à toutes les jouissances que la fortune sous d'autres formes peut procurer : la sécurité et l'indépendance. Voilà assurément une situation bien privilégiée et il est permis de demander à ces heureux mortels quel dieu leur a fait ces loisirs, *Deus vobis hæc otia fecit?*

Ils répondent : c'est le travail lui-même. Nous vivons *sur le produit d'un travail passé.*

Quand ce travail passé est le *leur* — par exemple, quand le rentier est un fonctionnaire de l'État qui touche sa pension de retraite ou quiconque a économisé pour ses vieux jours — personne n'a rien à objecter. L'homme ne peut être condamné aux travaux forcés à perpétuité : quand il a travaillé pendant la période productive de sa vie, il est bien juste qu'il puisse se reposer pendant la période improductive. Les socialistes même, tels que Bellamy dans son roman *Looking Backward*[1], annoncent que, dans le régime collectiviste, l'homme à 45 ans sera libéré de tout service vis-à-vis de la Société et qu'à partir de cet âge il fera ce qu'il voudra et vivra en rentier.

Mais quand ce travail passé est celui *d'autrui* — père, aïeul, ou même étranger, qui, à une époque quelconque, a créé la fortune et l'a laissée au rentier avec le droit de la manger dans l'oisiveté — la question est plus embarrassante.

Pourquoi cela, dira-t-on? Nous avons comparé les pièces de monnaie à des bons de consommation donnant droit à consommer telle quantité de richesses qu'on choisira jusqu'à concurrence de leur valeur (voir p. 270). Hé bien! un homme a gagné par son travail un grand nombre de ces bons : s'il ne veut pas les utiliser (présentement ou plus tard) pour lui-même, il les transmettra à quelqu'un qui les utilisera à son lieu et place.

Mais au point de vue moral on peut être plus exigeant. On peut penser que l'oisif rentier n'est pas quitte envers la Société par le simple fait qu'il a payé le juste prix de ce qu'il a consommé. Il ne suffit pas qu'il paie de son argent, mais il doit encore payer en services présents et personnels l'équivalent du revenu qu'il touche. Remarquez que le rentier ne vit pas du tout sur le travail passé, comme il le croit, mais *sur le travail présent.* Ce qu'il consomme chaque jour ce sont les produits d'un travail vivant et non d'un travail

---

[1] Traduit en français sous le titre *Seul de son siècle.*

mort, du pain frais, des primeurs, des habits neufs, le journal du matin, etc. Avec quoi le paie-t-il? Avec de l'argent,
c'est-à-dire, dans l'hypothèse la plus favorable, avec le
travail des morts. Or la justice veut qu'en échange de ce
que ses semblables font chaque jour pour lui, il fasse lui-
même quelque chose pour eux. Un économiste classique a
dit : « le rentier est un salarié qui a été payé d'avance ».
S'il a été payé *d'avance*, c'est donc qu'il *reste devoir* un
certain travail à fournir. Il doit, comme on dit : « se rendre
utile ». S'il ne sert à rien, les économistes auront beau démontrer qu'il a fourni en bonne monnaie le juste équivalent
de tout ce qu'il a mangé, il subira le sort des parasites et
sera éliminé.

Il faut reconnaître toutefois que, au point de vue historique, les rentiers ont rempli dans le passé une véritable
fonction sociale et même la première en importance, celle
qui a créé les arts, les lettres, les sciences, la politique, la
haute culture, la civilisation en un mot. Nous devons tous
ces biens — dont les plus pauvres ont leur part — aux rentiers oisifs de la Grèce, de Rome ou de la Judée, de toutes
ces sociétés antiques où pourtant l'oisiveté se présentait
sous un jour particulièrement odieux, puisqu'elle reposait
uniquement sur la force, le vol et l'esclavage. Mais en sera-
t-il toujours de même? Pour gérer convenablement les
grands intérêts sociaux, pour démêler les fils subtils de la
politique et de la diplomatie, pour porter dignement le
sceptre du goût dans le royaume des lettres et des arts,
faudra-t-il toujours des mains blanches que le travail n'ait
pas endurcies, de libres intelligences sur lesquelles n'aient
jamais pesé les préoccupations d'une tâche à remplir et du
pain quotidien à gagner? — Peut-être non. Ces hautes fonctions pourraient ne pas être incompatibles avec le travail
même manuel, si des loisirs suffisants étaient assurés à tous.

VII

L'indigence.

Si la propriété crée une classe d'oisifs-rentiers, elle crée aussi par tous pays une classe plus ou moins nombreuse d'oisifs-indigents, c'est-à-dire de gens qui n'ayant point de propriété et ne pouvant pas ou ne voulant pas vivre par leur travail, en conséquence ne peuvent vivre que d'un prélèvement exercé sur le revenu d'autrui[1].

Mais pourquoi ne travaillent-ils pas? Cela peut tenir à trois causes :

1° Parce qu'ils n'ont pas la *force* de travailler : enfants, vieillards, tous ceux qui sont atteints de maladies chroniques ou d'infirmités permanentes;

2° Parce qu'ils n'ont pas la *volonté* de travailler : tout travail, nous le savons, suppose toujours un effort plus ou moins pénible et tel que beaucoup d'hommes, plutôt que de faire cet effort et surtout plutôt que de s'assujettir à la discipline qu'exige tout travail, préféreront courir la chance de mourir de faim (voir p. 130);

3° Parce qu'ils ne trouvent pas les *moyens* de travailler : il ne suffit pas d'avoir la bonne volonté de travailler; encore faut-il, comme on dit, « trouver de l'ouvrage », c'est-à-dire avoir à sa disposition des matériaux et des instruments : or, en cas de chômage, les deux choses font défaut.

En présence de ces trois catégories d'indigents, que doit faire la Société? Elle ne peut échapper à la nécessité de s'en occuper.

Elle doit s'occuper de la première par devoir de *solidarité sociale*. En ce qui concerne les enfants surtout, c'est l'intérêt de la Société de les faire vivre et de les élever puisqu'ils représentent l'avenir. Sans doute, c'est la famille qui, dans

---

[1] On évalue leur nombre pour la France à 1.400.000, soit 3,6 p. 0/0 ou 1 personne sur 28. Mais, dans cette armée des misérables, beaucoup travaillent un peu et ne sont assistés que partiellement.

l'ordre naturel des choses, doit s'occuper des enfants, mais
la famille, dans le temps où nous vivons, est souvent dispersée. Quelquefois, par exemple pour les enfants naturels,
elle n'existe pas : d'autre fois, au contraire, il faut arracher
les enfants à des parents qui les exploitent et les pervertis-
sent. Pour les vieillards et les infirmes indigents, la Société
n'a pas d'intérêt à les faire vivre puisqu'ils représentent,
économiquement parlant, des non-valeurs et que tout ce
qu'on leur donnera sera autant de moins pour la partie active de la population, mais l'évolution morale d'un peuple
n'a pas moins d'importance que son évolution économique,
or elle serait sensiblement enrayée dans une société qui
laisserait mourir de faim ses vieillards et ses invalides. Cette
société soi-disant civilisée se montrerait moins humaine que
les hordes sauvages qui les étranglent, il est vrai, mais pieu-
sement et pour ne pas les laisser longtemps souffrir.

Elle doit s'occuper de la seconde parce qu'elle crée un
danger public. C'est dans cette population de vagabonds et
de mendiants que se recrute l'armée du crime. Et comme la
Société, une fois qu'ils auront commis quelque délit, sera
bien obligée de les garder et de les nourrir en prison et que
rien n'est plus coûteux que l'entretien d'un prisonnier[1], il
est plus prudent et plus économique à la fois de s'en occuper préventivement.

Elle doit s'occuper de la troisième, parce qu'elle est, dans
une certaine mesure, *responsable* de leur infortune[2]. C'est
la constitution économique de la Société qui a déterminé
cette séparation contre nature entre le travailleur et l'instrument de son travail et l'a mis par là dans la nécessité de
demander de l'ouvrage pour pouvoir vivre[3]. C'est la loi

1 Dans les nouvelles prisons-modèles qu'on construit aujourd'hui, la
cellule d'un prisonnier revient à 6.000 francs! le prix d'une jolie maison
ouvrière.
2 Cette raison s'applique aussi à la catégorie précédente. La Société a
sa part de responsabilité dans la criminalité comme dans la misère.
3 Il ne faut pas oublier qu'il y a encore des gens qui meurent de faim.
A Londres le nombre de décès causés *par la faim* proprement dite,

même du progrès — telle qu'elle se manifeste dans la grande production, les inventions mécaniques, le commerce international, la concurrence — qui détermine les chômages et les crises (voir pp. 109, 171, 336). Il est donc juste que la Société, qui bénéficie dans son ensemble de chaque progrès accompli, et qui, dans ce grand combat de la vie, recueille tous les fruits de la victoire, en subisse aussi les charges en venant au secours des blessés et des vaincus. C'est précisément ce qu'on appelle la solidarité sociale.

La Société *doit*, avons-nous dit, mais faut-il entendre par là une obligation *légale* ou seulement *morale*? Doit-elle l'inscrire dans la loi, ce qui implique d'autre part pour l'indigent la reconnaissance d'un droit véritable qu'il peut au besoin faire valoir en justice? — En nous appuyant sur les motifs que nous venons d'exposer, nous croyons que l'assistance est une véritable obligation pour la Société, du moins jusqu'à concurrence du minimum indispensable pour la vie, et doit être, comme telle, inscrite dans la loi — et non seulement sous forme d'une vaine déclaration de principe, mais avec inscription au budget de l'État et des communes, et avec une procédure organisée pour permettre à l'indigent de faire valoir ces droits.

Cette assistance légale est loin d'ailleurs de rendre inutile, comme on le craint, l'assistance privée : elle ne peut se charger que du strict nécessaire et laisse à la charité privée, beaucoup plus ingénieuse et plus variée dans ses ressources, tout ce qui dépasse ce minimum : il reste encore à celle-ci une marge de misères et de souffrances plus que suffisante pour absorber son activité[1].

c'est-à-dire par inanition, a été, d'après les statistiques officielles, de 48 en 1907 (soit environ 1 par semaine) et, d'après les enquêtes de l'Armée du Salut, beaucoup plus élevé, environ 200 par an!

[1] Pour l'organisation de l'assistance publique, voir le *Cours*.

CHAPITRE II

LES MODES SOCIALISTES

Puisque le mode de répartition existant paraît, à divers égards, si injuste, on ne peut s'étonner que de tout temps on ait cherché mieux. C'est de là que sont nés tous les systèmes socialistes.

Mais il faut remarquer que ce n'est pas seulement sur le terrain de la répartition et de la justice distributive que se placent les socialistes. C'est aussi tout le système de la production et de l'échange qu'ils veulent transformer. Fourier est moins préoccupé des moyens de mieux répartir les richesses que de les multiplier. Karl Marx ne voit dans les modes de répartition, présents ou passés, que des conséquences nécessaires du mode de production existant.

Cependant c'est dans le livre de la répartition qu'un examen rapide des divers systèmes socialistes paraît le mieux à sa place, parce qu'en fin de compte tous se ramènent à l'éternelle guerre des pauvres contre les riches.

Nous avons déjà exposé dans l'avant-propos les principes généraux communs à toutes les écoles socialistes (voir pp. 28-32) et nous allons maintenant exposer brièvement les caractères particuliers des principaux systèmes socialistes, particulièrement de ceux qui répondent à l'une de ces quatre formules de répartition, les seules d'ailleurs qu'on puisse imaginer :

A chacun part égale,
A chacun selon ses besoins,
A chacun selon ses mérites,
A chacun selon son travail.

I

Le partage égal.

Ce mode de répartition enfantin paraît avoir existé dans un passé très lointain, puisque tous les antiques législateurs dont l'histoire ou la légende nous ont transmis les noms, Minos, Lycurgue, Romulus, paraissent avoir procédé à un partage égal de la terre, sinon par tête, du moins par famille. Et comme, au bout de quelques générations, l'égalité primitive se trouvait nécessairement rompue, on la rétablissait par de nouveaux partages. Un tel système était possible dans les sociétés primitives qui ne comptaient qu'un petit nombre de citoyens et une seule catégorie de richesses, la terre. Mais dans des sociétés comme les nôtres, il serait insensé : aussi n'y a-t-il plus aujourd'hui, même parmi les socialistes révolutionnaires, de *partageux*.

Cependant il reste quelque chose de cette idée simpliste au fond des systèmes socialistes. Tous supposent que les richesses dans toutes les sociétés civilisées sont en quantité plus que suffisante pour les besoins de tous, et que, s'il y a des misérables, c'est simplement parce que les gros ont pris la part des petits. Il suffirait donc de reprendre — soit par l'expropriation pour les socialistes révolutionnaires, soit par l'impôt progressif pour les modérés — ce que les riches ont indûment accaparé. En tout cas, tel est certainement le sentiment populaire.

Mais les riches par tous pays sont en petit nombre. On a souvent comparé la Société, au point de vue du nombre relatif des riches et des pauvres, à une pyramide dont la pointe est représentée par les plus riches et la base par les plus pauvres. Il en résulte que quand bien même on répartirait sur toute la nation les fortunes des riches, cela n'enrichirait personne. Si l'on pouvait décapiter le Mont Blanc et répartir uniformément sa masse sur toute la superficie du territoire français, on n'exhausserait le sol que d'un demi-mètre.

La somme des richesses accumulées dans un pays comme la France peut être évaluée au plus à 230 milliards de francs [1]. Divisons ce chiffre par celui de sa population, soit 39 millions : le quotient est environ 6.000 fr. En supposant donc que la richesse fût répartie sur pied d'égalité entre tous les Français par famille, et en admettant quatre personnes par famille, chacune recevrait pour son lot 24.000 fr. — dont 7.000 fr. environ en terre, 5.000 fr. en maison d'habitation, un peu plus de 10.300 fr. en valeurs mobilières ou en copropriété industrielle, 1.000 fr. en mobilier, et environ 700 fr. d'argent comptant [2].

[1] On peut évaluer la somme des fortunes privées dans un pays de deux façons :

a) Soit en faisant l'évaluation de chacune des catégories de biens et en les additionnant, ainsi que le montre, pour la France, ce tableau sommaire et approximatif :

Terre (avec l'outillage agricole).....................	70 milliards.
Fabriques, magasins (avec l'outillage industriel)........	20 —
Maisons	57 —
Valeurs mobilières sous forme de titres...............	90 —
Meubles, vêtements, objets de consommation..........	22 —
Monnaie..	7 —
Domaines de l'État.................................	2 —
TOTAL...........................	268 milliards.

Mais sur les valeurs mobilières il y a 30 milliards de rentes et créances sur l'État et 14 milliards de créances hypothécaires, en tout 44 milliards environ, qui sont des richesses fictives puisqu'elles représentent des créances de Français sur d'autres Français ou sur l'ensemble de la nation. Il ne faut donc pas les compter : reste 224 milliards.

b) Soit en prenant le chiffre des biens transmis par succession ou donation, ce qu'on appelle l'annuité successorale, et en le multipliant par le nombre d'années qui s'écoule en moyenne entre le passage des mêmes biens d'une génération à la suivante, qui est évalué (évaluation d'ailleurs très arbitraire) à 36. L'annuité successorale (moyenne de 1898 à 1907) est un peu supérieure à 6 milliards (donations comprises, mais déduction faite des dettes). En multipliant ce chiffre par 36 on a 216 milliards, mais si l'on réfléchit que le chiffre *déclaré au fisc* pour les successions est toujours inférieur à la réalité, on voit que les deux méthodes aboutissent à peu près au même total.

[2] Mais si, au lieu de verser dans la masse à partager *toutes les fortunes* sans exception, comme nous l'avons supposé dans les calculs ci-

On peut faire le même calcul pour le revenu. Il ne faut
pas croire que le revenu d'un pays ne se compose que du
revenu des capitaux et biens immeubles ci-dessus recensés
— ce qui ne ferait pour la France, par exemple, et même
en supposant le taux de 5 p. 0/0, que moins de 12 milliards.
Il faut y ajouter tous les revenus provenant du *travail* qui
doubleront plus que ce chiffre, soit 25 milliards environ.
Pour l'Angleterre, M. Giffen l'évalue à 44 milliards. Cela
représenterait, par famille, 2.500 fr. de revenu en France
et 4.400 fr. en Angleterre.

Eh bien? dira-t-on, ce serait toujours pour l'immense
majorité de la nation bien mieux que la situation actuelle,
puisque la plupart des salariés industriels et surtout agricoles touchent beaucoup moins. En effet 2.500 fr. par an représentent un salaire de 8 fr. par jour. — Arithmétiquement
c'est incontestable, et c'est bien à tort que, dans les traités d'a-
pologétique du régime économique actuel, on cherche à contester la réalité de ce fait. Au fond, c'est là ce qui fait le prestige de la révolution sociale pour les masses. Seulement il
faudrait savoir si ce partage (périodique, car sans cela il serait
sans effet), n'aurait pas précisément pour effet, en supprimant
la concentration des capitaux entre des mains puissantes et,
plus encore, en supprimant la possibilité de faire fortune,
de tarir les sources les plus abondantes du revenu social —
et par là de réduire, avec la masse à partager, la part de
chacun. Les conséquences économiques, sociales et psycho-

dessus, *on n'y versait que les fortunes des riches,* ce qui est bien la
pensée du socialisme populaire, alors on arrive à des parts dérisoires.
Ainsi, en France, si chaque année toutes les successions supérieures à
1 million de francs étaient partagées entre tous les Français, cela ne
ferait que 25 à 30 fr. par tête! En Angleterre, si l'on partageait toutes
les successions supérieures à 50.000 £ (1.250.000 fr.) cela ferait 81 fr. Ce
résultat, si déconcertant à première vue, s'explique par *la proportion
relativement infime des riches.* Les successions supérieures à 1 million
fr. ne sont au nombre que de 4 à 500 en France, année moyenne, représentant une somme globale de 1 milliard à 1.200 millions fr., et de 700
en Grande-Bretagne, représentant un total de 3.400 millions — et cela
pour 400.000 successions annuelles dans chacun de ces pays!

logiques, d'un tel déplacement de richesses sont très incertaines. Et si, pour le réaliser, il faut recourir à une expropriation générale et à une révolution sanglante, on peut dire que le jeu ne vaut pas la chandelle; et il est permis d'espérer qu'on pourra réaliser cette modeste aisance — qui ne dépasse guère « la poule au pot » d'Henri IV — par des moyens plus pacifiques.

II

Le communisme.

Le partage est impossible! Soit! Alors ne partageons pas, puisque ni plus ni moins tout partage serait une cause d'inégalités nouvelles, et laissons tout en commun entre les membres de la Société, comme entre les membres d'une même famille. Comme dans la famille aussi, *à chacun selon ses besoins*. — Tel est, en effet, le plus simple et le plus antique de tous les systèmes socialistes, mais il commençait à être démodé et quelque peu ridicule quand, dans ces derniers temps, une école nouvelle, l'*anarchisme*, est venue lui rendre un certain éclat.

Ce n'est pas que l'école anarchiste ait pour principale préoccupation la communauté des biens. Son véritable but c'est le développement intégral et sans aucun frein de l'individualité humaine; mais le *communisme*, lui apparaît comme le seul moyen possible pour atteindre cette fin. Elle pense que la propriété individuelle, si restreinte qu'on la suppose, implique toujours une borne et une autorité chargée de faire respecter cette borne; que le fait de posséder privativement n'importe quoi sera toujours un obstacle dressé devant ceux qui ne possèdent rien et un moyen de les exploiter. Et voilà pourquoi le seul mode de répartition qu'elle admette, c'est, pour employer sa formule qui fait image : « la prise au tas ».

Personne n'aura la naïveté de méconnaître que la formule

« à chacun suivant ses besoins » ne fût la plus agréable,
mais, pour l'appliquer, il faudrait que les richesses fussent
en quantité illimitée ou au moins surabondante, de façon
que chacun pût y puiser à discrétion, de même que dans l'air
atmosphérique ou dans l'eau des sources.

Malheureusement tel n'est point le cas; la quantité de
richesses est et sera vraisemblablement toujours en quantité
insuffisante pour nos besoins ou nos désirs, puisque ceux-ci
grandissent en raison même de la facilité que nous trouvons
à les satisfaire. Donc « la prise au tas » est impossible et le
rationnement s'impose[1]. Dans la famille, le rationnement
est fait d'autorité par le père ou la mère de famille qui donne
à chacun sa part. Mais ici quelle sera l'autorité chargée de
cette tâche si délicate? Il n'y en aura point, puisque le programme des nouveaux communistes, des anarchistes, c'est
la suppression de toute autorité, de tout gouvernement, et
leur devise : « Ni Dieu ni maître ». Tout s'arrangera, assu-
rent-ils, par des concessions amiables et le concours des
bonnes volontés. Rien n'autorise évidemment une hypothèse si contraire à tout ce que nous savons de la nature
humaine.

Cependant nous ne disons pas, comme on l'a fait à tort,
que l'organisation communiste est absolument chimérique,
puisqu'elle a certainement existé — sinon à l'origine de
toutes les sociétés humaines, comme on l'a soutenu d'une
façon un peu trop absolue — du moins à l'origine d'un
grand nombre d'entre elles. Nous ne prétendons même pas
que la réalisation sur une petite échelle ne soit possible,
puisque, sans parler des communautés religieuses, nous
voyons aux États-Unis des sociétés communistes qui comptent déjà près d'un siècle d'existence et il s'en crée tous les
ans de nouvelles. Si elles n'ont pas donné de résultats très
considérables, elles ont cependant démontré par leur exis-

---

[1] Les anarchistes supposent il est vrai, que tout rationnement deviend-
dra inutile par suite de la surabondance des richesses! (voir notamment
le livre de Kropotkine, *La conquête du pain*).

tence même que la communauté des biens n'est pas absolument incompatible avec le travail et la production et même avec certaines réalités de bonheur. Mais voyez quelles sont les conditions de ce succès relatif :

1° Il faut de *très petites sociétés* ne dépassant pas quelques centaines ou un millier de membres.

Ceci est généralement admis par les communistes eux-mêmes, car Fourier fixait le chiffre maximun de 1.800 personnes pour son phalanstère; Owen l'établissait entre 500 et 2.000; et pour les anarchistes, la base de l'organisation communiste est *la Commune* autonome avec suppression de l'État[1]. La raison en est fort simple : c'est que à mesure que le nombre des associés grandit, l'intérêt que chaque associé porte au succès de l'association diminue. Quand elle est très petite, chacun peut espérer bénéficier dans une mesure appréciable de ses efforts personnels, mais dans une société communiste qui comprendrait tous les Français, chacun ne serait intéressé que pour $1/39.000.000^e$: ce serait là une fraction trop infinitésimale pour stimuler le zèle de personne.

Or, l'évolution politique de nos sociétés modernes ne semble guère nous mener vers l'autonomie des communes et la suppression des États, mais bien au contraire vers la centralisation, l'extension des pouvoirs de l'État, l'exaltation des grandes nationalités, l'impérialisme! — Au reste, même en admettant qu'on remplaçât l'État par la commune autonome, en ce cas, il y aurait des communes riches et des communes pauvres et l'inégalité des personnes serait remplacée par l'inégalité des groupes.

2° Il faut des sociétés *soumises à une discipline très sévère*. Il est facile en effet de prévoir *a priori* que la communauté de vie et l'égalité de traitement doit être incompatible avec tout empiètement des individus pour consommer plus que leur part, avec toute velléité d'émancipation pour se sous-

---

[1] Toutes celles qui existent aux États-Unis n'ont qu'un très petit nombre de membres.

traire à leur tâche. Et l'expérience le confirme, car tous les établissements où règne la vie commune, couvents, casernes ou lycées, sont aussi ceux où l'obéissance est de rigueur. Il est même à remarquer que, dans presque tous les cas, le sentiment religieux poussé jusqu'au fanatisme a été seul assez puissant pour maintenir dans ces communautés la discipline indispensable à leur existence. Toutes les sociétés communistes des États-Unis, hormis celle des Icariens qui n'a fait que végéter, sont des sectes religieuses, et les républiques des Jésuites du Paraguay — le seul grand exemple en somme, par son étendue et sa durée, qu'on puisse citer — constituaient une véritable théocratie.

Et par là la pratique du régime communiste se trouve en contradiction absolue avec l'idéal anarchiste qui implique l'abolition de toute discipline et de toute réglementation, et, en tout cas paraît bien inconciliable avec toutes les tendances de la vie moderne.

III

Le Collectivisme.

Le *collectivisme* est un communisme mitigé. Il propose de mettre en commun *seulement les moyens de production* — terres, mines, fabriques, banques, chemins de fer, matières premières — et quant aux biens de consommation, de les laisser sous le régime de la propriété individuelle, sauf à les mieux répartir[1] (voir pour cette distinction, pp. 139 et suiv.).

[1] Le collectivisme est de date assez récente. C'est Colins, en Belgique, qui paraît avoir employé le premier ce mot (1850), mais son collectivisme était surtout agraire. C'est Pecqueur (1838) et Vidal (1840), en France, qui ont posé les premiers la distinction entre les instruments de production et les objets de consommation, laquelle constitue le trait caractéristique du système. C'est le *Manifeste du parti communiste*, par Marx et Engels, en 1847, qui en a fait pour la première fois une doctrine de combat. C'est Karl Marx (dans son livre fameux *le Capital*, dont le premier volume a été publié en 1867 et deux autres après sa

Le collectivisme, pour se distinguer de tous les autres systèmes socialistes qui l'ont précédé, s'intitule *socialisme scientifique* : il veut dire par là qu'il ne se donne pas comme un *système* mais comme une démonstration. Il ne propose pas un idéal désirable de justice ou de fraternité, mais il a la prétention de représenter l'ordre des choses *auquel tendent d'elles-mêmes les sociétés modernes* poussées, bon gré, mal gré, par les lois de l'évolution[1].

Autrefois, si la propriété était individuelle, c'est parce que la production l'était aussi : il y avait harmonie entre le mode de production et le mode de répartition. Tel le petit atelier du Moyen âge. Mais aujourd'hui, par suite du développement de la grande industrie, du grand commerce, de la grande propriété, c'est-à-dire par la loi de concentration des entreprises (voir p. 198), la production individuelle disparaît chaque jour pour faire place à la production collective. Telle la grande fabrique, la mine, la Compagnie de chemins de fer.

Cependant la répartition continue à être fondée sur la propriété individuelle. Il y a donc entre le régime de la production et celui de la répartition une antinomie qui doit à un moment quelconque provoquer une rupture d'équilibre et la ruine du régime capitaliste actuel.

mort par son compagnon d'armes, Engels) qui lui a donné sa forme critique en fournissant à ce système toutes les armes dont il se sert pour battre en brèche l'organisation actuelle de nos sociétés. C'est enfin César de Paepe, en Belgique (mort en 1891), qui a tracé le premier un plan général d'organisation collectiviste.

Bien que le collectivisme soit souvent désigné sous le nom de « Marxisme » — du nom de son plus illustre théoricien, — tous les collectivistes ne sont pas Marxistes et même on voit de plus en plus des collectivistes dissidents.

Voir à la table alphabétique les nombreux passages où nous parlons des théories collectivistes; et comme exposition générale et très documentée, parmi les innombrables publications sur ce sujet, le livre de M. Bourguin, *Les Systèmes Socialistes et l'évolution économique.*

[1] Cette conception d'une évolution toute déterminée par les nécessités économiques est désignée sous le nom de *matérialisme historique.* Voir ci-dessus, p. 30.

Par la marche progressive de l'évolution, toutes les formes actuelles de production individuelle sont condamnées à être éliminées l'une après l'autre et ainsi fatalement un jour arrivera où tous les instruments de production seront socialisés et où tous les petits producteurs auront été expropriés par les gros.

Mais alors la roue continuera à tourner et ce seront les gros expropriateurs qui à leur tour seront expropriés au profit de la Société, de la Nation! Ainsi sera rétablie l'harmonie entre la production et la répartition, et satisfaction sera donnée à la logique de l'évolution qui veut que *à un mode de production collective corresponde désormais un mode d'appropriation collective.*

Comment s'effectuera cette expropriation, cette socialisation des capitaux?

Soit *légalement,* par la volonté de la majorité de la Nation qui appliquera tout simplement, en l'agrandissant, la loi d'expropriation pour cause d'utilité publique[1]; — soit *révolutionnairement,* si le suffrage universel, le parlementarisme et la résistance des classes bourgeoises, ne permettent pas de s'en tenir à la solution pacifique. Alors ce sera

---

[1] Avec ou sans indemnité? — Avec indemnité, disent les modérés, si la classe propriétaire se résigne à l'accepter de bonne grâce. Seulement l'indemnité ne sera pas payée, comme elle l'est actuellement en cas d'expropriation, sous forme d'un *capital* qui remplacerait pour l'exproprié sa propriété et qu'il pourrait *placer* pour en tirer un revenu égal ou supérieur — car, de cette façon, la situation économique ne serait modifiée en rien : on aurait simplement remplacé les capitalistes producteurs par autant de capitalistes rentiers — mais sous forme de *bons de consommation,* destinés à disparaître par l'usage, comme l'argent qu'un prodigue laisse dans sa caisse sans le placer et dans laquelle il puise au fur et à mesure de ses besoins jusqu'à ce qu'elle soit vide; et, par conséquent, ces bons, quand ils auraient été dépensés, laisseraient leur possesseur retomber dans les rangs des simples citoyens ne pouvant vivre que de leur travail.

On a proposé aussi de réaliser l'expropriation par un moyen plus économique pour l'État : simplement en confisquant les successions, et en procédant progressivement de façon à ne déshériter complètement que, par exemple, la 4e génération, celle *non encore née.*

le dernier acte de cette *lutte des classes* qui se poursuit depuis des siècles et qui, pour Karl Marx, constitue le fait le plus important de l'histoire et celui qui permet d'expliquer tous les autres.

Une fois l'expropriation réalisée, les instruments de production seraient mis en œuvre par la Nation ou la Commune, soit directement, soit par l'intermédiaire de syndicats ouvriers. Les revenus seraient versés dans la caisse de la Nation et celle-ci, après avoir prélevé la part nécessaire pour les charges sociales restituerait l'excédent à tous les travailleurs pour qu'ils en disposent en toute propriété.

Nous avons dit que le collectivisme diffère du communisme en ce que celui-ci veut établir la communauté pour tous les biens, tandis que celui-là ne la réclame que pour les moyens de production, laissant tout ce qui est biens de consommation sous le régime de la propriété privée. Pour être plus exact, nous devons dire que le collectivisme ne réclame même pas présentement la mise en commun de tous les instruments de production, mais *seulement de ceux qui sont déjà exploités collectivement, c'est-à-dire par le moyen d'ouvriers salariés.* Ainsi la terre cultivée par le paysan, la barque du pêcheur, l'échoppe de l'artisan, quoique instruments de production, ne seront pas socialisés et resteront propriété individuelle parce qu'ils sont encore, et, pour aussi longtemps qu'ils y resteront, sous le régime de la production individuelle.

D'après quelle formule les produits seront-ils répartis entre les individus? *A chacun selon son travail.* Mais cette formule peut s'entendre en deux sens bien différents : — soit à chacun selon le résultat obtenu, ce qui revient à peu près à la formule Saint-Simonienne : à chacun selon ses œuvres ; — soit à chacun selon la peine prise. C'est en ce dernier sens qu'il faut entendre la formule de répartition collectiviste : *à chacun selon la peine qu'il aura prise, mesurée par le nombre d'heures de travail qu'il aura fournies*[1],

---

[1] La quantité du travail a pour mesure sa durée dans le temps. « Le

et avec le correctif d'un *minimum* garanti à ceux qui ne peuvent pas travailler.

Le collectivisme peut donc se résumer en ceci : — comme but, la *socialisation progressive des instruments de production*; — comme moyen, *la lutte de classes*, travailleurs contre capitalistes, ouvriers contre bourgeois [1].

Voici ce qu'on peut répondre :

La loi prétendue historique sur laquelle tout le collectivisme se fonde, à savoir la transformation graduelle de toute production individuelle en production collective, n'est qu'une généralisation qui est loin d'embrasser tous les faits et se trouve même contredite par beaucoup. Nous avons dit déjà (voir p. 200) qu'en ce qui concerne la production agricole, malgré les affirmations des collectivistes, on ne trouvait aucune preuve décisive de cette évolution. Au contraire, nous voyons la terre de plus en plus divisée et les exploitations agricoles de plus en plus réduites au fur et à mesure de la densité croissante de la population et des progrès de la culture intensive. Le régime de l'actionnariat n'a été appliqué à la propriété foncière que dans quelques cas tout à fait exceptionnels. Et même dans l'industrie non seulement la petite industrie ne disparaît pas devant la grande, mais elle se développe au moins autant que l'autre [2].

travail qui forme la substance et la valeur des marchandises est du travail égal ou indistinct, *une dépense de la même force* » (Édit. française du *Capital* de Karl Marx, p. 15).

[1] Cette formule de « lutte des classes » n'implique pas *nécessairement* la lutte à main armée et la guerre civile — pas plus que la lutte des partis politiques, des églises ou des langues — mais elle implique l'élimination finale de la classe capitaliste. Voir le Ch. ci-après *Les classes sociales*.

[2] Voir ci-dessus, *La loi de concentration*.

Cette thèse de la concentration totale de la production commence à donner lieu à de vives polémiques dans le sein même de l'école collectiviste. Voir la réfutation de cette thèse dans le livre qui a fait grand bruit de Bernstein, *Socialisme théorique et Socialisme pratique* (traduction française). Il montre, par exemple, qu'en Angleterre le nombre des familles aisées jouissant de 150 à 1.000 liv. (3.750 à 25.000 fr.) a

Rien ne prouve donc que cette expropriation générale des producteurs individuels, au profit d'un petit nombre d'entreprises collectives qui se trouveront mûres à point pour la main mise de la Nation, se réalise jamais. Et « la logique de l'évolution » se trouve ainsi en défaut — ce qui ébranle du même coup la logique du collectivisme.

D'autre part, l'opposition qu'on croit voir entre le mode de production qui deviendrait collectif et le mode de répartition qui resterait individuel, est une antithèse verbale. En réalité les deux se transforment parallèlement. Dans la société par actions ce n'est pas seulement la production qui devient collective, c'est aussi la propriété, en ce sens qu'il y a autant et même généralement beaucoup plus d'actionnaires que d'ouvriers.

Enfin, la lutte de classes, quoique incontestable en fait, est beaucoup plus complexe que l'exposition schématique du marxisme ne le donne à croire. Et rien ne prouve que le dénouement approche, s'il doit y en avoir un !

En effet, la force de résistance des possédants à l'expropriation finale, c'est-à-dire à la socialisation de leurs biens, ne va pas en s'affaiblissant comme l'affirment les collectivistes : elle va au contraire en se multipliant. Les millions de petites gens, employés, domestiques, ruraux, et ouvriers aussi, qui ont acheté des rentes sur l'État, des obligations de la ville de Paris ou du Crédit foncier, voire des actions des chemins de fer, et dont le nombre s'accroît chaque jour, tiennent aussi fermement à leurs titres que le paysan à son champ[1]. Naturellement ils ne demanderaient pas mieux que d'ajouter à leurs petites coupures une part du portefeuille

plus que triplé en 30 ans; que le nombre des ateliers de petite industrie (de 1 à 10 ouvriers) a presque doublé, etc.

[1] Les collectivistes disent (voir Vandervelde, *Le collectivisme et l'évolution industrielle*; Jaurès, *Études socialistes*) que le développement des sociétés anonymes par actions tend à volatiser la propriété. Mais remarquez qu'elle tend par là-même : — 1º à la démocratiser en la rendant accessible à tous; — 2º à la rendre, sous sa forme anonyme de titres au porteur, mondiale et insaisissable pour quiconque voudra s'en emparer, que ce soit le fisc ou l'État collectiviste.

des riches si on leur offrait le partage égal! mais ils ne
seraient pas disposés à les sacrifier, si modiques soient-
elles, en échange d'un vain droit collectif et indéterminé sur
le capital national.

En admettant que le collectivisme parvînt à se réaliser
intégralement, il se heurterait dans la pratique à de graves
objections dont voici les principales :

1° Le droit de propriété individuelle, que l'école collectiviste prétend maintenir en le restreignant aux produits du
travail personnel, ne sera qu'un leurre. En effet, si cette
propriété était reconnue avec tous les attributs que comporte le droit de propriété, notamment ceux de prêter, de
vendre ou de faire valoir, elle ne tarderait pas à reconstituer
— en même temps que l'inégalité des richesses — les catégories des créanciers et débiteurs, patrons et salariés, vendeurs et acheteurs, c'est-à-dire tout l'édifice économique
qu'on avait renversé. Aussi les collectivistes déclarent-ils
qu'en aucun cas le soi-disant propriétaire ne pourra vendre ou prêter sa part, ni l'employer à faire travailler autrui[1],
mais qu'il pourra simplement la manger, la garder ou la
donner, — en d'autres termes qu'il lui sera interdit d'en
faire tout autre emploi *qu'un emploi improductif*. Or d'a-
bord, ceci nous ouvre une perspective peu rassurante sur
l'avenir de la production! De plus, comme il est vraisemblable que les propriétaires ne s'accommoderont pas facilement d'une propriété ainsi mutilée et feront des efforts dé-
sespérés pour en tirer le parti le plus avantageux, ceci nous
fait prévoir des mesures singulièrement vexatoires pour la
liberté individuelle. En tout cas le droit de propriété ainsi
amputé de ses attributs les plus essentiels ne sera plus qu'un
mot, qu'une ombre, et nous retomberons, ou peu s'en faut,
dans le communisme.

---

[1] Pourra-t-il même l'employer pour travailler *lui-même* d'une façon
indépendante? -- Provisoirement et autant qu'il y aura des producteurs
autonomes, oui peut-être, mais logiquement non, toute production individuelle devant être finalement remplacée par la production sociale.

Il semble donc que le système collectiviste se flatte vainement de tenir le juste milieu entre le communisme et le régime individualiste et qu'il ne puisse échapper à la nécessité d'aboutir en fin de compte au premier de ces deux régimes, s'il ne veut être ramené au second.

2° La destitution de tous les chefs d'industrie, patrons, propriétaires, capitalistes, pour les remplacer par des gérants élus par des syndicats ouvriers, par des Fédérations ou par des comités, est faite pour éveiller de vives appréhensions chez tous ceux qui ont quelque notion du faible degré d'éducation économique des classes ouvrières. Il est vrai que cette même objection est faite au régime coopératif auquel pourtant nous nous rallions. Mais sous le régime coopératif l'élimination des patrons s'effectue par voie de libre concurrence et non par un coup d'État : c'est-à-dire qu'elle ne se réalise que dans la mesure où elle est possible et socialement utile.

Mais une autre catégorie sociale dont la disparition nous paraîtrait encore plus inquiétante est celle des capitalistes économes. Ils sont des millions en France, grands et petits (beaucoup plus de petits que de grands), qui épargnent prudemment environ 2 milliards, bon an, mal an, et qui alimentent ainsi la source où s'entretient et se renouvelle la fortune de la France. Ils le font dans leur intérêt, il est vrai, mais le résultat n'en est pas moins d'un intérêt vital pour le pays aussi. — Or, sous le régime collectiviste, cette source merveilleuse de l'épargne privée sera tarie. Voici pourquoi. D'abord parce qu'il est probable que lorsque les hommes sauront qu'ils ont le nécessaire assuré, ils ne s'astreindront pas à épargner sur la part qui leur sera attribuée. Et parce que, en admettant que quelques-uns continuent à épargner une partie de leur revenu sous forme de bons de travail, en ce cas ils garderont cette épargne pour leurs besoins et ne songeront pas à la placer, ce qui, au reste, leur serait sévèrement interdit. Ils n'auront le droit de faire qu'une thésaurisation stérile et sans utilité sociale. Et comme il faut bien pourtant entretenir et accroître

le capital national, par quelle source remplacera-t-on l'é-
pargne privée? — Par l'épargne publique, nous dit-on. La
Nation fera comme font aujourd'hui toutes les sociétés
financières : elles prélèvera sur ses revenus une part de
10 ou de 20 p. 0/0 qui sera affectée au fonds de réserve.
— Oui! seulement on n'a jamais vu jusqu'à ce jour un
Gouvernement sachant, voulant et pouvant épargner : il
faut donc supposer que le gouvernement collectiviste ne
ressemblera à aucun de ceux qui l'ont précédé, qu'il sera
économe, prévoyant, en un mot qu'il aura toutes les vertus
qui caractérisent aujourd'hui « le bon bourgeois ».

3° La suppression de tout producteur indépendant — la
Société devenant désormais le seul entrepreneur — implique presque nécessairement *la suppression de la liberté du
travail.* Le citoyen ne pourra pas plus choisir son emploi
que ne peut le faire actuellement l'ouvrier embauché par
un entrepreneur. De même que le salarié se rend au poste
assigné par le patron, de même chacun devra se rendre à
celui qui lui sera assigné par le grand, le seul patron, qui
sera la Nation — et personne n'aura plus la faculté, qu'a
du moins aujourd'hui l'ouvrier, de chercher ailleurs un
autre patron et un autre emploi. C'est là une perspective
terrible, et que les divers écrivains collectivistes s'efforcent
en vain de pallier par des systèmes ingénieux.

Mais, peut-on dire, cette servitude qui vous effraie est
déjà celle de toute la classe salariée? — Hélas! oui, mais
c'est précisément pour cela qu'il faut chercher le moyen
d'en libérer ceux qui la subissent actuellement et non de
l'étendre à ceux qui en sont aujourd'hui affranchis.

4° La formule de répartition collectiviste : à chacun selon
le nombre d'heures de travail qu'il a fournies, se heurte
enfin à de grosses difficultés pratiques et à un gros problème
moral.

Difficultés pratiques, car ce mode de répartition est lié à
la doctrine marxiste qui fait du travail l'unique fondement
de la valeur. Or, si, comme nous l'avons expliqué et comme
le croient aujourd'hui presque tous les économistes, le tra-

vail n'est qu'un des éléments de la valeur, et si c'est l'utilité
finale ou la désirabilité qui en est le fondement (voir pp. 62-
67), le système de répartition marxiste ne cadre plus avec
la réalité. La valeur ne se laisserait pas lier sur le lit de
Procuste où on veut l'enchaîner. On pourra bien me donner,
en échange de mon travail, un nombre de bons égal au
nombre d'heures que j'ai fournies : mais on ne pourra pas
me garantir qu'en échange de ces bons je pourrai me procurer des produits représentant le même nombre d'heures
de travail : car on ne pourra jamais empêcher qu'un objet
rare ne vaille plus qu'un objet abondant, eût-il coûté le
même nombre d'heures de travail.

Problème moral, car est-il vraiment conforme à la justice
sociale que chacun soit rétribué en raison de la peine prise,
du nombre d'heures et de minutes mesuré à l'horloge, et
ne serait-il pas plus juste qu'il le fût plutôt en raison du
résultat obtenu? N'est-ce pas l'*opus* plutôt que le *labor* qui
devrait être le critérium de la justice distributive ? Et n'est-
ce pas le cas de répéter avec le Misanthrope :

> Voyons, Monsieur! Le temps ne fait rien à l'affaire.

Ce qui a fait la force du socialisme marxiste jusqu'à présent c'est surtout qu'il s'affirmait comme socialisme ouvrier,
un socialisme de classe, mais depuis peu de temps il a vu
surgir en face de lui un socialisme encore bien plus exclusivement ouvrier, qui est le *Syndicalisme*. Celui-ci dédaignant
toute doctrine, toute organisation préconçue, croit que la
classe ouvrière n'a qu'à suivre ses intérêts immédiats en
toute circonstance pour être dans le vrai chemin — enten-
dez par là pour faire sortir d'elle-même toute une société
nouvelle et même une morale nouvelle. Un de ses interprètes
M. Lagardelle, écrit : « la classe ouvrière est la seule qui
puisse renouveler le monde, mais à la condition qu'elle
reste étrangère à la classe bourgeoise ». Ce néo-socialisme a
pour organe le syndicat professionnel, d'où son nom, et pour
moyen « l'action directe » c'est-à-dire purement économique, à l'exclusion des moyens politiques et réformes légales.

IV

Le coopératisme.

Le mot de *coopératisme* est un néologisme que commencent à employer ceux qui voient dans la coopération non pas seulement un moyen de réaliser certaines améliorations, mais tout un programme de rénovation sociale. Le Coopératisme se rattache par une filiation directe au socialisme associationniste de la première moitié du xixᵉ siècle. Cependant il ne peut encourir, comme celui-ci, le qualificatif d'utopiste puisqu'il se place et se meut dans les catégories économiques existantes, et puisqu'il réalise d'ores et déjà plusieurs des desiderata les plus importants du socialisme et, en attendant, ce qui n'est pas à dédaigner, procure immédiatement une amélioration très réelle dans les conditions d'existence de ceux qui le mettent en pratique.

Au commencement du xixᵉ siècle, Owen en Angleterre et Fourier en France, avaient pensé que l'on pourrait transformer l'homme et le monde par le moyen de l'association libre et ils avaient imaginé à cet effet des mécanismes plus ou moins ingénieux qui n'ont pas réussi. Mais les nécessités de la vie pratique, plus puissantes que les systèmes, ont fait surgir spontanément dans différents pays des formes très diverses d'association : — en Angleterre, associations de consommation; en France, associations de production; en Allemagne, associations de crédit; en Danemark, associations rurales ; aux États-Unis, associations de construction, etc. Toutes, quoique dans des proportions encore modestes, ont déjà commencé à réaliser d'assez sérieuses transformations dans les conditions économiques actuelles et à ouvrir le champ à de plus grandes espérances. Pour chacune de ces formes d'association coopérative nous devons renvoyer à celui des chapitres dans lequel elle rentre plus particulièrement. Mais nous devons indiquer ici les traits communs qui les caractérisent et qui permettent d'en dégager un certain programme social :

1º Toutes ont pour but l'*émancipation économique* de certaines catégories de personnes afin qu'elles puissent se passer des intermédiaires et se suffire à elles-mêmes. La société de consommation permet aux consommateurs de se passer du boulanger, de l'épicier, du marchand quelconque, en faisant directement leurs achats aux producteurs ou, mieux encore, en fabricant eux-mêmes tout ce qui leur est nécessaire. La société de crédit permet aux emprunteurs d'échapper aux griffes des usuriers en leur procurant directement les capitaux nécessaires ou même en leur permettant de créer eux-mêmes des capitaux par d'ingénieuses combinaisons d'épargne et de mutualité. La société de production permet aux ouvriers de se passer des patrons en produisant par leurs propres moyens et pour leur propre compte et en vendant directement au public.

2º Toutes ont pour but de remplacer la compétition par la solidarité, et la devise individualiste *Chacun pour soi* par la devise coopérative *Chacun pour tous*. Les individus ne se font plus concurrence, du moins en principe, puisqu'ils s'associent entre eux pour pourvoir à leurs besoins ; et ces associations à leur tour ont pour règle de se fédérer pour former des organisations plus vastes.

3º Toutes ont pour but non d'abolir la propriété individuelle, mais de *la généraliser* en la rendant accessible à tous sous la forme de petites coupures[1], mais aussi de créer, à côté et au-dessus de la propriété individuelle, une *propriété collective* sous forme de fonds impersonnel qui

---

[1] Il est vrai que, dans ces dernières années, un certain nombre de collectivistes et même d'anarchistes préconisent et pratiquent la coopération sans pourtant renoncer à poursuivre la socialisation des biens. C'est que la coopération n'est pour eux qu'un stage préparatoire, un moyen de préparer l'avènement du régime collectiviste, de fournir des cadres et des ressources à la lutte des classes — tandis que pour les *coopératistes* la coopération constitue une *fin* en soi, c'est-à-dire qu'elle contient en puissance la Société future et qu'il suffira, pour réaliser celle-ci, de laisser évoluer et se multiplier la petite société coopérative, de même que la graine contient le fruit et qu'il suffit aussi de la laisser mûrir et multiplier.

sera employé au développement de la société et à des œuvres
d'utilité sociale.

4° Toutes ont pour but non de supprimer le capital, mais
de *lui enlever son rôle dirigeant* dans la production, comme
aussi de lui enlever la part qu'il prélève, à titre de pouvoir
dirigeant, sous forme de profit et dividendes. La suppression du profit sous toutes ses formes était déjà le point essentiel du système d'Owen. Beaucoup de sociétés s'interdisent par leurs statuts de faire aucun profit, ou le versent
au fonds de réserve. Celles qui en font les restituent à leurs
membres — au prorata, soit de leurs achats, s'ils sont consommateurs, soit de leur travail, s'ils sont ouvriers, mais
jamais au prorata de leurs actions, c'est-à-dire du capital
apporté par eux. Le service du capital-actions, comme celui du capital emprunté, se paie seulement par un intérêt
modique, jamais par un dividende : et même certaines sociétés n'allouent aucun intérêt au capital. Si l'on songe que
dans la société anonyme, qui tend à prendre une si grande
extension de nos jours, c'est le capital qui prend tout le
profit de l'entreprise en même temps que la direction, réduisant le travail au rôle de salarié, on comprendra que le
système coopératif constitue une véritable révolution sociale puisqu'il renverse la situation actuelle, et c'est le capital qu'il ramène à son tour au rôle de salarié!

5° Toutes enfin ont une valeur *éducative* considérable en
apprenant à ceux qui en font partie — non point à sacrifier
une part quelconque de leur individualité, de leur esprit
d'entreprise — mais au contraire à développer leurs énergies pour aider autrui en s'aidant eux-mêmes, à placer le but
de l'activité économique dans la satisfaction des besoins et
non dans la poursuite du profit, à moraliser les relations
économiques par la suppression de la réclame, de la fraude,
de la falsification des denrées, du *sweating-system*, etc., à
supprimer tous les modes d'exploitation de l'homme par
l'homme et toutes les causes de conflit. On peut même dire
que toute grande forme d'association coopérative a pour caractéristique l'abolition d'un conflit quelconque, d'un duel

d'intérêts antagonistes : — l'association de consommation supprime le conflit entre vendeur et acheteur; — celle de construction, le conflit entre propriétaire et locataire; — celle de crédit, le conflit entre créancier et débiteur; — celle de production, le conflit entre patron et salarié.

Ces associations réaliseront-elles un si ambitieux programme? Comment le savoir puisque les plus anciennes n'ont que 60 ans d'âge? Cependant Claudio Jannet, qui n'était rien moins que coopératiste, a pu écrire que « c'était la seule expérimentation sociale au xixᵉ siècle qui eût réussi ». Les associations coopératives de production, sur lesquelles le vieux socialisme français avait fondé de si grandes espérances, comptent quelques succès brillants mais jusqu'à présent rares. Mais les associations de crédit et surtout celles de consommation sont en train de prendre un développement tel qu'il a surpris leurs adversaires et même leurs apôtres. Les sociétés de consommation surtout visent à absorber en elles toutes les autres formes et à réaliser une sorte de République Coopérative dans laquelle toute la direction de la production passerait entre les mains des consommateurs, ce qui ne serait certes pas une petite révolution. Malheureusement, en France surtout, elles s'imbibent rapidement des vices du milieu mercantile qu'elles prétendent régénérer et en fait visent beaucoup moins à abolir le profit qu'à se l'attribuer sous forme de bonis.

En tout cas, en admettant même qu'un tel programme ne puisse être réalisé intégralement, le coopératisme aurait du moins l'avantage de n'avoir pas compromis l'avenir en coulant les sociétés humaines dans un moule uniforme et déterminé d'avance. La plus grande supériorité du régime social qu'il prétend instituer c'est d'être *facultatif*, de ne pas recourir à la force, ni révolutionnaire ni même légale, mais pour supprimer l'organisation économique existante, de se servir seulement contre celle-ci de ses propres armes qui sont la concurrence et la liberté.

DEUXIÈME PARTIE

LES DIVERSES CATÉGORIES DE COPARTAGEANTS

I

Les classes sociales.

Nous venons de voir quels sont les *principes* qui règlent la répartition des richesses, tant ceux qui sont appliqués présentement que ceux qu'on propose pour les remplacer. Voyons maintenant quelles sont *les personnes* qui se présentent comme copartageants et quelle est la part que chacune réclame. Il va sans dire que nous n'avons pas à examiner les revendications individuelles, mais celles formulées par des groupes importants, par des « classes », en entendant par là tous ceux qui, réunis par une certaine communauté d'intérêt, invoquent les mêmes titres au partage[1]. Il

---

[1] Telle nous paraît la définition la plus simple de la classe. On en a donné beaucoup d'autres — sans compter celles qui disent qu'il n'y a plus de classes et qu'il faut rayer ce mot. Le fait de posséder ou de ne pas posséder, la solidarité professionnelle, la différence de mœurs et d'éducation, voire même des différences originaires de race, ont été proposées comme critériums (voir Cyr von Overbegh, *La Classe Sociale*).

La *classe* ne doit pas être confondue avec la *caste*. Le régime des castes implique des cloisons étanches entre les groupes : il a des origines politiques et religieuses et est sanctionné par les lois. La classe ne crée que des cloisons perméables qui n'empêchent pas les individus de passer de l'une dans l'autre; elle n'a que des causes économiques et elle n'a de sanction que dans les mœurs. Les lois civiles et politiques ne reconnaissent plus d'inégalités entre les hommes, non seulemen dans les

est inévitable que ces prétentions, étant antagonistes, ne créent un état de lutte permanent entre ces groupes. Car même entre individus, quoique ici les droits de chacun soient minutieusement réglés par la loi, on sait que les partages sont des nids à querelles et à procès : à plus forte raison quand nous entrons dans un domaine où le conflit s'engage entre des forces formidables et où ce sont les lois existantes elles-mêmes qui sont attaquées.

Le socialisme d'aujourd'hui ne voit que deux classes en lutte : ceux qui possèdent et ceux qui ne possèdent pas, c'est-à-dire le Capital et le Travail ; et, d'après eux, comme nous l'avons vu, cette lutte séculaire ne tardera pas à se dénouer par la victoire du Travail. Les capitalistes expropriés rentreront dans les rangs des travailleurs et, comme il n'y aura plus de classes, évidemment il n'y aura plus de lutte de classes [1].

Il est certain que la lutte entre le Capital et le Travail est en ce moment au tout premier plan. Néanmoins on a fait remarquer que cette définition est un peu simpliste. Les économistes classiques distinguaient non pas deux, mais

sociétés dites démocratiques mais même dans les autres, et il n'y a plus guère de signes extérieurs pour les distinguer. En ce qui concerne les individus du sexe masculin surtout, il est difficile, dans une foule d'Américains, d'Anglais ou de Parisiens, de reconnaître les ouvriers d'avec les bourgeois. Cela n'empêche pas que des différences permanentes ne demeurent et le langage courant le constate lui-même quand il dit d'un homme qui est sorti, de gré ou de force, de son milieu social, qu'il est « un déclassé ». Le signe le plus sûr qu'il existe encore des classes dans nos Sociétés modernes est que le *jus connubii*, comme disaient les Romains, le mariage, n'existe pas de l'une à l'autre pas plus qu'entre les classes de l'antiquité ou du Moyen âge. Non seulement une jeune fille de la bourgeoisie n'épousera pas un ouvrier — sinon dans les romans de George Sand — mais même une fille d'employé ne s'y décidera pas volontiers.

[1] Il ne faut pas confondre *la lutte de classes* avec *la concurrence*, quoique l'une et l'autre soient des manifestations de la lutte pour la vie — car celle-ci n'existe qu'entre *semblables* et celle-là qu'entre *différents*. Il y a concurrence, mais non lutte de classes, entre l'épicier et l'épicier.

trois classes : travailleurs, capitalistes et propriétaires, correspondant aux trois facteurs de la production, et réclamant chacun sa part — qui pour la première s'appelait *le salaire*, pour la seconde *le profit*, pour la troisième *la rente*. Et Karl Marx lui-même a reconnu l'exactitude de cette division tripartite. Or c'est une très importante différence, quand il s'agit de lutte, d'être deux ou d'être trois ! car la présence du tiers la rend moins cruelle, le tiers ayant intérêt à ce que l'un des deux adversaires ne soit pas complètement écrasé et se portant tantôt d'un côté tantôt de l'autre pour rétablir l'équilibre. C'est précisément ce qui est arrivé ici. Les propriétaires fonciers et les capitalistes ont des intérêts très différents, et cette divergence d'intérêts est celle qui se manifeste dans la vie politique de tous les pays par la lutte classique des libéraux et conservateurs, des whigs et tories. Si en ce moment la force menaçante du socialisme ouvrier les réunit dans une « entente cordiale », il n'en a pas toujours été ainsi. En Angleterre, lors de la grande bataille pour le libre-échange, les industriels se mirent du côté des ouvriers et contre les lords pour faire abroger les droits sur les blés — et plus tard ce sont les propriétaires qui, prenant leur revanche, ont donné leur appui aux ouvriers contre les industriels pour faire passer la législation des fabriques.

Mais n'y a-t-il que trois copartageants, que trois catégories d'intérêts? Il y en a bien davantage! D'abord parmi les capitalistes, il y a deux catégories distinctes : le capitaliste *actif*, qui est l'entrepreneur, le patron, le tout premier rôle sur la scène économique, c'est lui qui mène tout ; le capitaliste *passif*, le rentier, qui se borne à prêter ses capitaux au premier pour les faire valoir, qui n'est jamais en rapport direct avec les salariés. Or l'industriel et le rentier n'ont pas les mêmes intérêts, car le premier figure généralement parmi les emprunteurs et le second parmi les prêteurs. — D'autre part, du côté des travailleurs, il y a aussi des corps différents et qui ne marchent pas toujours d'accord. Il y a les ouvriers proprement dits qui sont les travailleurs manuels; il y a les

employés; il y a les fonctionnaires. Sans doute ils ont ceci
de commun qu'ils sont tous des salariés, et nous voyons en
ce moment un certain nombre d'entre eux qui, à ce titre,
réclament le droit de se grouper sous la bannière de la Confédération Générale du Travail. Mais ce n'est qu'une petite
minorité dans chaque camp.

Enfin et surtout il y a les travailleurs indépendants, artisans, boutiquiers, professions libérales, ceux qui ont un
capital suffisant pour ne pas se faire salariés, mais trop petit
pour prendre des salariés à leur service. Ils sont des millions
en France et constituent ce qu'on appelle *la classe moyenne*.
Cette classe moyenne, à raison précisément de son caractère
mixte, paraît appelée à jouer un rôle très important dans la
lutte des classes, le rôle de classe-tampon. La principale
cause du conflit entre les autres classes, c'est la séparation
du travailleur et de l'instrument de son travail : or ici cette
séparation n'existe pas. Chacun produit par ses propres
moyens et garde pour lui-même tout le produit de son travail. Par conséquent s'il n'y avait dans une nation que des
producteurs autonomes, la question du partage, la question
sociale, ne se poserait même pas; et l'inégalité serait renfermée
dans des limites étroites, car ce n'est qu'en faisant travailler
un grand nombre d'hommes pour soi — faculté interdite, par
définition même, au producteur autonome — qu'on peut
gagner une grosse fortune.

Malheureusement il se trouve que cette classe pacifica-
trice est précisément celle qui est menacée de disparaître
par la loi de concentration, et non seulement les socialistes
mais aussi les économistes déclarent qu'elle n'a que peu de
jours à vivre. Ce n'est pas sûr pourtant! Nous avons dit déjà
(voir *Loi de concentration*) que cette prophétie ne paraissait
nullement justifiée par les faits. Si la classe moyenne est éliminée en effet dans certains domaines, elle repousse dru
dans d'autres et, somme toute, elle ne perd pas de son importance numérique. D'ailleurs tous ceux qui ont à cœur la
paix sociale s'efforcent de la défendre. La question des classes
moyennes, comme on l'appelle, est depuis longtemps à l'ordre

du jour en Allemagne, en Autriche et surtout en Belgique[1].

Les sociétés modernes sont donc beaucoup plus complexes et plus diversifiées, les intérêts y sont beaucoup plus enchevêtrés que ne pourrait le faire croire la représentation grossière de deux couches géologiques superposées. Et il en résulte que la lutte des classes pourra passer par bien des péripéties et qu'il est bien difficile d'en pronostiquer l'issue. Le mot d'ordre orgueilleux que le socialisme marxiste a donné à la classe ouvrière depuis le Manifeste Communiste de 1848, à savoir « qu'elle ne doit attendre son émancipation que d'elle-même », recevra très probablement un démenti, car l'histoire nous montre tout au contraire que les classes qui ont été émancipées ne l'ont été que par le concours d'autres classes de la nation, à preuve les esclaves, les serfs, et même le Tiers État de 89.

Nous ne pouvons passer en revue tous les groupes que nous venons d'énumérer. Prenons seulement les quatre classes-types : le propriétaire foncier, le capitaliste-rentier, l'ouvrier salarié, et l'entrepreneur. Si nous mettons celui-ci à la fin, quoique ce soit lui qui répartisse les parts de tous les autres, c'est précisément parce que sa part à lui est faite de ce qui reste quand tous les autres ont été payés — un peu comme le légataire universel quand il a payé tous les legs particuliers.

---

[1] En France aussi une « Ligue pour la défense de la classe moyenne » vient de se constituer.

Le développement des sociétés coopératives de consommation, tout comme celui de la grande industrie, porte coup à la classe moyenne, mais au contraire la coopération de production et celle de crédit tendent plutôt à la fortifier.

CHAPITRE I

LES PROPRIÉTAIRES FONCIERS

I

La propriété de la terre.

Non seulement l'appropriation de la terre est consacrée aujourd'hui par toutes les législations, mais encore elle est considérée comme la propriété-type : quand on parle de « la propriété », sans autre qualificatif, chacun sait que c'est de la propriété foncière qu'il s'agit.

Cependant, on peut considérer comme démontré, malgré de nombreuses controverses engagées surtout dans ces derniers temps, que la propriété foncière est de date relativement récente, et qu'elle a eu même beaucoup de peine à se constituer [1] (voir ci-dessus, p. 436).

On peut distinguer dans l'évolution de la propriété foncière six étapes successives que nous allons brièvement indiquer [2].

[1] La constitution d'une propriété foncière absolue est peut-être le trait le plus caractéristique du droit romain, et pourtant, même à Rome, dans les premiers temps, il semble démontré que la propriété individuelle ne s'étendait qu'à la maison et à un enclos d'une superficie très limitée, 1/2 hectare.

[2] Il s'agit ici d'un ordre de succession au point de vue logique plutôt que chronologique. Nous ne prétendons nullement affirmer que par tout pays la propriété ait revêtu chacune de ces formes successivement. Ainsi le *dominium ex jure Quiritium*, forme de propriété libre et absolue, a précédé historiquement la propriété féodale, quoiqu'il représente logiquement une forme supérieure.

1° Il est facile de comprendre que la propriété foncière n'a aucune raison d'être chez les tribus qui vivent de la chasse ou même chez les peuples pasteurs qui vivent à l'état nomade. Elle ne peut naître qu'avec l'agriculture. Et, même dans les premières phases de la vie agricole, elle ne se constitue pas encore : — d'abord parce que la terre durant cette période étant en quantité surabondante, personne n'éprouve le besoin de délimiter sa part; — ensuite parce que les procédés agricoles étant encore à l'état embryonnaire, le cultivateur abandonne son champ, sitôt qu'il est épuisé, pour en prendre un autre. La terre au début est cultivée, sinon en commun, du moins indistinctement : elle appartient à la Société tout entière ou plutôt à la tribu. Les fruits seuls appartiennent au producteur.

2° Cependant la population devient peu à peu plus sédentaire et se fixe davantage sur le sol : elle devient plus dense aussi et éprouve le besoin de recourir à une culture plus productrice. Alors à la première phase en succède une seconde, celle de la possession temporaire avec *partage périodique*. La terre, quoique considérée toujours comme appartenant à la Société, est partagée également entre tous les chefs de famille, non pas encore d'une façon définitive, mais seulement pour un certain temps : d'abord pour une année seulement, puisque tel est le cycle ordinaire des opérations agricoles, puis petit à petit — au fur et à mesure que les procédés agricoles se perfectionnent et que les cultivateurs ont besoin de disposer d'un plus long espace de temps pour leurs travaux — pour des périodes de temps de plus en plus prolongées. Ce régime du partage périodique se trouve aujourd'hui encore dans un grand pays d'Europe, en Russie, sous la forme bien connue du *mir* (et même dans divers cantons suisses sous le nom d'*allmend*). C'est la communauté des habitants de chaque village qui possède la terre et en répartit la jouissance entre ses membres par partages dont la périodicité varie selon les usages et les cultures. Le territoire de la commune est partagé généralement en trois catégories: — le terrain bâti avec les jardins, qui constitue la propriété héréditaire (mais inaliénable toutefois et non soumise au partage) ; — la terre arable qui est partagée périodiquement en parcelles aussi égales que possible suivant le nombre des habitants ; — la prairie ou la forêt qui reste généralement indivise tant pour la jouissance que pour la propriété. C'est l'assemblée des chefs de famille, le Mir, qui règle souverainement la répartition des lots et l'ordre des cultures.

3° Un jour vient où ces partages périodiques tombent en désuétude, ceux qui ont bonifié leurs terres ne se prêtant pas volontiers à une opération qui les dépouille périodiquement, au profit de la communauté, de la plus-value due à leur travail — et on arrive à la constitution de la *propriété familiale*, chaque famille restant alors définitivement propriétaire de son lot. Toutefois ce n'est pas encore la propriété individuelle, le droit de disposer n'existant pas : le chef de la famille ne peut ni vendre la terre, ni la donner, ni en disposer après sa mort, précisément parce qu'elle est considérée comme un patrimoine collectif et non comme une propriété individuelle. Ce régime se trouve encore aujourd'hui dans les communautés de famille de l'Europe orientale, notamment dans les *Zadrugas* de la Bulgarie et de la Croatie qui comptent jusqu'à 50 et 60 personnes, mais elles tendent à disparaître assez rapidement par suite de l'esprit d'indépendance des jeunes membres de la famille[1].

4° L'évolution de la propriété foncière passe par une

---

[1] Au reste le *mir* n'est peut-être pas un très bon exemple de mode primitif d'appropriation de la terre, car, d'après certains auteurs, le *mir* ne serait pas la survivance d'une forme très antique : elle ne remonterait pas au-delà du XVIᵉ siècle et a été surtout consolidée par l'abolition du servage en 1861. Une annuité fut fixée comme prix de rachat et tous les paysans de la commune en furent rendus solidairement responsables. De là, aggravation de cette communauté forcée.

Une loi récente (du 9-22 novembre 1906) abolit virtuellement le *mir* puisqu'elle permet à tout habitant de la commune qui le voudra de se faire attribuer en toute propriété le lot qu'il cultive. Cependant jusqu'à présent ceux qui ont usé de ce droit ne sont pas très nombreux — pas même 2 p. 0/0 de la superficie totale dans la première année.

phase qui, bien qu'accidentelle de sa nature, n'a malheureusement jamais manqué dans l'histoire des sociétés humaines, je veux parler de la conquête. Il n'est pas un seul
territoire, à la surface de la terre, qui n'ait été, à une époque quelconque, enlevé par la force à la population qui
l'occupait pour être attribué à la race conquérante. Toutefois les vainqueurs, précisément parce qu'ils étaient les
vainqueurs et les maîtres, ne se sont point souciés de cultiver la terre et s'attribuant simplement la propriété légale,
le « domaine éminent », comme on disait autrefois, ils ont
laissé à la population soumise la possession du sol sous
forme de *tenure*. Cette tenure a ressemblé plus ou moins à
une véritable propriété, mais elle a été cependant toujours
limitée par les conditions mêmes de la concession qui avait
été faite au cultivateur, par les servitudes qui pesaient sur
lui, par les redevances qu'il était tenu de payer au propriétaire supérieur, par l'impossibilité d'aliéner sans l'autorisation de celui-ci. Ce système qui, pendant plusieurs siècles,
a servi de fondement à la constitution sociale et politique
de l'Europe, sous le nom de régime féodal, a laissé aujour-
d'hui encore des traces en maints pays. En Angleterre surtout, presque toute propriété a conservé, en droit, la forme
d'une tenure et est encore entravée par une multitude de
liens dont on s'efforce à grand'peine de la dégager [1].

5° Le développement de l'individualisme et de l'égalité
civile, la suppression du système féodal, notamment dans
tous les pays qui ont subi l'influence de la Révolution française de 1789, ont amené une cinquième phase, celle-là
même qui s'est réalisée de notre temps : la constitution définitive de la *propriété foncière libre* avec tous les attributs
que comporte le droit de propriété. Cependant alors même
cette propriété foncière, telle qu'elle est constituée par

---

[1] « C'est ainsi que s'établit, dans notre droit anglais, la maxime fondamentale en fait de possession du sol, à savoir que le Roi est le seul
maître et le propriétaire originaire de toutes les terres du royaume »
(*Commentaires* de Blackstone).

exemple dans le Code Napoléon, n'est pas encore de tous points identique à la propriété mobilière : elle en diffère par de nombreux caractères qui sont familiers aux jurisconsultes, mais le trait distinctif ce sont toujours les difficultés plus ou moins grandes imposées au droit d'aliénation et d'acquisition [1].

6° Il ne restait plus, pour assimiler complètement la propriété foncière à la propriété mobilière et marquer ainsi le dernier terme de cette évolution, qu'une seule étape à franchir : c'était la mobilisation de la propriété foncière, c'est-à-dire la possibilité pour tout individu, non seulement de posséder la terre, mais encore d'en disposer avec la même facilité que d'un objet mobilier quelconque. Ce dernier pas a été fait dans un pays nouveau, en Australie, par le système célèbre connu sous le nom de système Torrens, qui permet au propriétaire d'un immeuble de mettre en quelque sorte sa terre en portefeuille, sous la forme d'une feuille de papier, et de la tran   er d'une personne à une autre avec la même facilité qu'un billet de banque ou tout au moins qu'une lettre de change [2]. On fait campagne depuis quelque temps déjà pour introduire ce système dans nos vieux pays d'Europe : il est probable que la logique des faits et la suite naturelle de l'évolution que nous venons d'esquisser finiront par le faire triompher partout.

7° Il semble qu'on doive prévoir encore une autre étape, celle où l'entreprise agricole ayant pris, comme l'entreprise industrielle, la forme d'une *société anonyme*, la propriété foncière sera représentée par une action, c'est-à-dire par un titre nominatif ou même au porteur? — Mais arrivera-t-elle

---

[1] Il suffit de rappeler l'inaliénabilité des immeubles des femmes mariées sous le régime dotal ou des enfants en tutelle, les formalités exigées pour le transfert des immeubles, les droits énormes qui frappent ces mutations, etc.

[2] Le but du système Torrens, comme le déclarait l'auteur lui-même, est de débarrasser la propriété foncière de toutes les entraves qui en empêchaient le libre accès, « semblables à ces herses, pont-levis et fossés qui défendaient l'accès des châteaux de nos ancêtres ».

à ce terme logique de l'évolution? — Cela paraît très douteux : du moins les expériences faites jusqu'à ce jour n'ont guère réussi.

La conclusion qui se dégage de cette rapide revue, c'est donc que la propriété foncière a évolué progressivement et constamment de la forme collective vers la forme individuelle, et tend à se rapprocher de plus en plus de la propriété des choses mobilières et des capitaux jusqu'à se confondre avec celle-ci.

Et maintenant quelles sont les causes qui ont dégagé peu à peu la propriété de la terre de la communauté primitive pour la constituer sous la forme de propriété individuelle et libre, et lui ont fait suivre pas à pas, dans ses transformations successives, les progrès de l'agriculture et les développements de la civilisation? Ces causes, les voici :

D'une part, l'accroissement de la population a mis les hommes dans la nécessité de pratiquer une culture plus intensive pour obtenir de la terre une quantité de subsistances de plus en plus considérable;

D'autre part, on a senti la nécessité, pour stimuler le travail, d'assurer au cultivateur un droit non seulement sur les produits de sa terre, mais sur la terre elle-même comme instrument de son travail — droit d'abord temporaire, mais de plus en plus prolongé, à mesure que les progrès de la culture ont exigé des travaux de plus longue haleine, et qui a fini par devenir perpétuel.

Ces causes qui ont agi dans le passé pour créer la propriété foncière individuelle, ont-elles perdu de leur force pour la défendre aujourd'hui contre les attaques de ses adversaires? — Nous ne le croyons pas.

Étant donné l'accroissement plus ou moins rapide mais continu de la population, il importe aujourd'hui, plus encore qu'aux jours anciens, de choisir le mode d'exploitation du sol qui permettra de nourrir le plus grand nombre d'hommes sur une superficie donnée. La Société, tout en revendiquant en droit un domaine éminent sur la terre ne saurait mieux, faire dans l'intérêt de tous que de déléguer son droit à ceux qui pourront tirer de cette terre le meilleur parti. Or, jusqu'à ce jour, ce sont les individus qui ont le mieux réussi et, jusqu'à preuve contraire, il y a lieu de penser que ce sont les plus aptes à remplir cette fonction sociale.

Toutefois il est permis de penser que si la propriété foncière n'a d'autre raison d'être ni d'autre but que l'utilité sociale, ce but a été quelque peu dépassé, et cela de deux façons.

Premièrement il semble qu'il était inutile d'étendre le droit de propriété aux terres qui n'ont été l'*objet d'aucun travail effectif.* C'est ainsi que la législation musulmane, se montrant plus fidèle aux principes de l'économie politique que la nôtre (qui l'aurait cru)! n'admet la propriété individuelle que sur les terres qui ont été l'objet d'un travail effectif et qu'on appelle les terres « vivantes », par opposition à la terre en friche qu'on appelle la terre « morte » et qui doit rester propriété collective. « Quand quelqu'un aura vivifié la terre morte, dit le prophète, elle ne sera à aucun autre, et il aura des droits exclusifs sur elle ». Et voici les travaux qui feront ainsi passer la terre sous le régime de l'appropriation : « Faire sourdre l'eau pour l'alimentation ou l'arrosage, détourner les eaux des terrains submergés, bâtir sur une terre morte, y faire une plantation, la défoncer par un labour, en détruire les broussailles qui la rendent impropre à la culture, niveler le sol et en enlever les pierres ». C'est par application de ces principes qu'en Algérie et à Java, par exemple, la propriété collective occupe encore une très grande place.

Mais en France, sur 20 millions d'hectares de terre à l'état de nature (bois, pâturages, friches) — les 2/5 de la superficie de la France — il ne reste plus que 6 millions appartenant à l'État ou aux communes; tout le reste a été envahi par la propriété privée, sans autre titre évidemment que l'occupation.

En second lieu, on peut se demander s'il était indispensable de conférer à la propriété foncière un caractère *perpétuel*? Et il semble bien que cette perpétuité dépasse de beaucoup ce qu'exigeaient les nécessités de la culture. L'homme, être de peu de durée, n'a pas besoin d'avoir l'éternité devant lui pour entreprendre les plus grands travaux : la preuve, c'est que les entreprises des chemins de fer et les canaux de Suez et de Panama ne reposent que sur des concessions de 99 ans. Du reste, en Angleterre, un très grand nombre de terres et de maisons ne sont possédées que pour une période de 99 ans.

Il est vrai que la logique semblait imposer ici la perpétuité, car le droit de propriété dure autant que l'objet; or, l'objet, ici, a une durée perpétuelle. La terre est même la seule richesse qui ait ce privilège; le temps, qui détruit toutes choses, ne touche à elle que pour lui rendre à chaque printemps une jeunesse nouvelle. Mais pourtant la logique est ici en défaut, car ce qui dure éternellement, c'est seulement le fonds et ses forces naturelles : quant aux transformations résultant du travail, même incorporées à la terre, elles ne durent qu'un temps.

II

D'où vient le revenu de la terre.
La rente foncière.

La terre donne-t-elle un revenu? — La question paraît bizarre. Que toute terre, sauf circonstances anormales, donne un revenu, c'est une vérité évidente par elle-même et, s'il fallait en donner une preuve, le fait que toute terre peut se vendre ou se louer paraît suffisant, car il est bien évident qu'elle ne trouverait ni fermier, ni acquéreur (sauf pour des propriétés d'agrément) si elle ne rapportait rien.

Sans doute. Mais il s'agit de savoir s'il existe un revenu qui soit *propre à la terre* et qui ne puisse être confondu avec le revenu d'un travail ou d'un capital quelconque dépensé sur cette terre?

Or, à cette question il n'est pas aussi facile de répondre

qu'on pourrait le croire. Certains économistes assurent, comme nous le verrons tout à l'heure, que le revenu foncier n'est pas autre chose que le produit des capitaux accumulés sur la terre par le propriétaire ou ses devanciers et qu'ainsi, à le bien analyser, il se décompose nécessairement en salaire, intérêt et profit. Cette explication, inspirée par le désir de légitimer la propriété foncière, n'est pas généralement acceptée. Mais alors d'où vient ce revenu foncier?

Les Physiocrates, Adam Smith, J.-B. Say, enseignaient que le revenu foncier était réellement dû aux facultés frugifères et naturelles du sol; et si le propriétaire en bénéficiait c'était tout simplement parce que la propriété foncière constituait un véritable monopole, un privilège, qui lui permettait d'accaparer les forces naturelles, la fécondité de la terre — monopole qu'ils justifiaient d'ailleurs par des raisons d'utilité publique que nous examinerons plus loin. Ils reconnaissent au propriétaire le droit d'exploiter lui-même cette source naturelle de richesses en vendant les produits de sa terre, ou d'en céder l'exploitation à un autre en louant sa terre à prix d'argent.

Cette explication du revenu foncier impliquait l'idée que la nature peut créer la valeur, c'est-à-dire l'adhésion à la doctrine qui fonde la valeur sur l'utilité dans le sens matérialiste de ce mot [1].

Une telle explication ne pouvait satisfaire l'esprit subtil de Ricardo. Nous savons que ce grand économiste est le principal auteur de la doctrine qui fonde la valeur sur le travail et le coût de production. Donc, d'une part, il ne pouvait admettre, sans ruiner sa doctrine, que la valeur de la terre ou de ses produits fût créée par la collaboration de la nature. D'autre part, il fallait bien admettre que le revenu de la erre représente quelque chose de plus que le travail de culture, puisqu'il voyait en Angleterre toute terre trouver

---

[1] C'est évidemment ce que signifie la phrase d'Adam Smith : « Dans l'agriculture, la nature travaille conjointement avec l'homme et sa part représente souvent le tiers et jamais moins du quart du produit total ».

un fermier, c'est-à-dire un homme qui, après avoir vécu
et payé tous ses frais de culture, trouve encore sur le produit de la terre un excédent suffisant pour payer son fermage? — C'est pour expliquer ce cas embarrassant qu'il
imagina sa théorie de la rente foncière, la plus fameuse de
l'économie politique et qui a servi de thème pendant tout
un siècle aux discussions des économistes.

A l'origine, dit Ricardo, les hommes, n'ayant besoin de
mettre en culture qu'une petite quantité de terre, *choisissent les meilleures.* Cependant, malgré la fertilité de ces
terres, ils ne retirent pas de leur exploitation un revenu
supérieur à celui qu'ils pourraient retirer d'un emploi quelconque de leur travail et de leurs capitaux. En effet, comme
il y a des terres de reste, ils sont soumis à la loi de la concurrence qui rabaisse la valeur de leurs produits au niveau
du prix de revient. Ils ne touchent donc point de *rentes,*
dans le sens propre de ce mot.

Mais un jour vient où l'accroissement de la population
exige un accroissement de production, et dès lors, les terrains de première catégorie se trouvant en totalité appropriés, *il faut mettre en culture des terres moins fertiles,* ce
qui veut dire des terres sur lesquelles le coût de production
sera plus élevé. En supposant que les terrains de première
catégorie donnent 30 hectolitres de blé à l'hectare avec une
dépense de 300 fr., ce qui fait revenir l'hectolitre à 10 fr.,
les terrains de deuxième catégorie ne produiront, avec la
même dépense, que 20 hectolitres, ce qui fera revenir le coût
de production de chaque hectolitre à 15 fr. Il est évident
que les propriétaires de ces terrains ne pourront céder le
blé au-dessous de ce prix, car, au-dessous, ils seraient en
perte et n'en produiraient plus : or, nous avons supposé
précisément qu'on ne pouvait se passer d'eux. Il n'est pas
moins évident que les propriétaires des terres occupées en
premier lieu ne s'amuseront pas à vendre leur blé à un prix
inférieur à celui de leurs voisins : ils le vendront donc aussi
à 15 fr., mais puisque ce blé ne leur revient qu'à 10 fr.
comme autrefois, ils réaliseront dorénavant un bénéfice de

5 fr. par hectolitre ou de 150 fr. par hectare, — et c'est justement ce bénéfice qui porte, dans la théorie de Ricardo et dans le vocabulaire de l'économie politique où il a pris droit de cité, le nom de *rente*.

Plus tard l'accroissement de la population qui ne s'arrête pas, exigeant encore un supplément de subsistances, contraint les hommes à mettre en culture des terrains de qualité encore plus médiocre[1] qui ne produiront, par exemple, que 15 hectolitres de blé par hectare : dès lors le prix de revient de l'hectolitre s'élèvera à 20 fr. et, par les mêmes raisons développées tout à l'heure, relèvera dans la même proportion le prix de tous les hectolitres sur le marché. Dès ce moment, les propriétaires des terrains occupés en premier lieu verront leur rente s'élever à 10 fr., et les propriétaires des terrains de deuxième catégorie verront à leur tour naître à leur profit une rente de 5 fr.

Cet « ordre des cultures », comme l'appelle Ricardo, peut se poursuivre indéfiniment, ayant toujours pour effet *d'élever le prix des subsistances au détriment des consommateurs et d'accroître la rente au profit des propriétaires*, lesquels voient leurs revenus grossir sans y prendre peine et trouvent la source de leur fortune dans l'appauvrissement général.

Telle est la théorie de Ricardo. On a dit qu'elle ne correspondait nullement à la réalité historique et n'était qu'une

[1] Mais pourquoi supposer toujours que les hommes seront obligés, pour accroître la production, d'étendre la culture à de nouvelles terres? Ne peuvent-ils pas accroître la production en cultivant mieux les bonnes terres? — Ils le peuvent, sans doute, mais en vertu de la loi du rendement non proportionnel, tout accroissement de rendement au delà d'une certaine limite exige un accroissement de dépenses plus que proportionnel et, par conséquent, entraînera une élévation dans les frais de production. Si, à ces terres qui donnaient 30 hectolitres à l'hectare avec une dépense de 300 fr., on demande 60 hectolitres, on pourra peut-être les obtenir, mais il faudra dépenser pour cela 900 fr.; et le prix de revient de chaque hectolitre s'élèvera ainsi à 15 fr.! Le résultat final sera donc exactement le même que si l'on avait défriché les terres de 2e catégorie. — Il faut relire ici le chapitre sur la *loi du rendement non proportionnel* (p. 99) à laquelle la loi de Ricardo est intimement liée.

28*

conception *a priori* imaginée pour appuyer sa thèse de la
valeur-travail. Un économiste américain Carey a même
prétendu démontrer, non sans bonnes raisons, que l'ordre
des cultures en réalité avait été précisément inverse, c'est-à-
dire que la culture avait débuté par les terres les moins fertiles, les plus légères, parce que ce sont les plus faciles à
cultiver, ou par celles situées sur les hauteurs, parce que
ce sont les plus faciles à défendre — et ce n'est que lentement et progressivement que l'agriculture mieux outillée
et mieux instruite avait pu défricher les terres riches et
lourdes, défendues par l'excès même de leur végétation[1].

Mais qu'importe? Si l'ordre historique des cultures doit
être rejeté, le fait essentiel que cette hyhothèse ne faisait
que mettre en relief, à savoir l'accroissement spontané et en
quelque sorte fatal de la valeur des terres en capital et en
revenu, demeure vrai. Si l'on réfléchit en effet que la terre
est une richesse *sui generis* qui présente trois caractères que
ne réunit au même degré nulle autre richesse :

1° de répondre aux besoins essentiels et permanents de
l'espèce humaine;

2° d'être en quantité limitée;

3° de durer éternellement;

On s'expliquera facilement que la valeur de la terre ou de
ses produits aille grandissant avec le temps — du moins
dans une société progressive — et que presque toutes les
forces du progrès économique et social conspirent simultanément à l'élever.

L'accroissement de la population est la principale cause
qui agit sur elle[2], puisque naturellement plus il y a d'hom-

---

[1] En réalité l'un et l'autre ont raisonné juste d'après le milieu où ils
vivaient. Ricardo vivait en Angleterre, dans une terre insulaire, depuis
des siècles appropriée et où la valeur du sol grandissait avec la population. Carey avait le spectacle d'un nouveau monde où les terres étaient
surabondantes et où on n'utilisait que celles qui étaient les plus faciles
d'accès et de culture.

[2] Henri George a développé éloquemment la thèse que la valeur de
toute terre était en raison directe du nombre d'hommes qu'elle porte.

mes et plus il faut demander à la terre d'aliments pour les
nourrir et de place pour les loger; mais l'augmentation générale de la richesse, l'établissement de routes et de chemins de fer, la formation des grandes villes, même le développement de l'ordre et de la sécurité, ont pour inévitable effet d'accroître cette plus-value de la terre que les économistes anglais désignent par le terme très expressif de
unearned increment (plus-value non gagnée) [1]. Tous les
cinq ans les États-Unis dressent leur inventaire, leur Cen-
sus. Or, de celui de 1900 à celui de 1905, l'accroissement de
valeur du sol américain a été de 31 milliards de francs,
d'où il résulte que, comme le dit M. d'Avenel : « à chaque
coucher du soleil la propriété rurale enregistre une hausse
de 17 millions francs ». Il est vrai que cette énorme plus-
value n'est pas due en totalité à l'action des causes sociales
et naturelles : une partie est due à la mise en valeur résultant des dépenses d'aménagement et de culture faites par
les propriétaires, mais voir ci-après, p. 508.

Il n'y a que deux causes qui puissent enrayer ou faire
rétrograder ce mouvement ascensionnel.

La première, c'est la *concurrence de terres nouvelles*
s'exerçant à la suite des grandes entreprises de colonisation
et de grands perfectionnements dans les moyens de transport, comme celle qui se manifeste précisément en ce moment avec une intensité surprenante. Mais ce fait ne con-
tredit nullement la thèse de Ricardo : il la confirme au contraire, car Ricardo déclare que la rente ne peut exister

---

[1] On a calculé que chaque émigrant augmentait de 400 dollars environ
(2.000 fr.) la valeur du territoire des États-Unis. Comme depuis le commencement du siècle dernier, il est débarqué plus de 15 millions d'émigrants, ce serait donc, rien que par le fait de leur présence, une plus-
value de 30 milliards de francs dont ils auraient doté le sol américain.
— Il y a donc beaucoup d'ingratitude de la part des Américains à accumuler aujourd'hui tant d'obstacles contre l'immigration !
Dans les pays vieux où ces causes agissent avec moins d'énergie et
où l'accroissement de la population est très ralenti, comme en France
par exemple, la plus-value du sol est naturellement moins sensible. Mais
elle a été grande dans le passé.

dans une colonie ou un pays neuf. Or, c'est précisément la concurrence des pays neufs et des colonies qui a arrêté provisoirement l'ascension de la rente dans des pays vieux. D'ailleurs c'est là, si j'ose dire, un simple accident dans l'histoire économique. Il y a eu, dans la seconde moitié de ce siècle, un tel essor de défrichement sur des terres inoccupées que l'offre des produits agricoles a dépassé la capacité d'absorption des pays neufs, mais ce phénomène n'aura qu'un temps et, quand ces pays neufs seront peuplés, la loi de la rente foncière reprendra sa marche, un moment interrompue.

La seconde cause — celle-ci qui paraît singulièrement paradoxale et qui néanmoins est caractéristique de la théorie de Ricardo — ce sont de grands et soudains *perfectionnements dans l'art agricole*. Ricardo disait que ces progrès auraient pour conséquence de rendre inutile la mise en culture des mauvaises terres ou même d'entraîner leur délaissement, ce qui ferait descendre la rente. Mais sans avoir besoin de recourir à cette hypothèse, il suffit de réfléchir que tout progrès agricole doit avoir pour effet, par la multiplication des produits, d'abaisser leur utilité finale et, par contre-coup, celle de la terre elle-même.

Il est à remarquer que ni l'une ni l'autre de ces deux causes de baisse ne s'appliquent aux terrains à bâtir et voilà pourquoi, entre toutes les valeurs, il n'en est aucune dont la hausse ait été plus étonnante que celle de ces terrains et, entre toutes les dépenses, aucune qui ait plus augmenté que celle du loyer[1].

---

[1] M. Levasseur (*De la valeur et du revenu de la terre en France*) cite le fait suivant : En 1234, un cordonnier anglais achetait à Paris, au faubourg Montmartre, un terrain de 2 hectares 70 ares pour une rente de 245 fr. représentant un capital de 2.460 fr. Aujourd'hui ces terrains sont cotés au prix de 1.000 fr. le mètre au moins, ce qui représente donc une valeur totale de 27 millions (non compris les maisons bâties dessus, bien entendu). Voyez de nombreux exemples dans l'*Histoire des prix*, du vicomte d'Avenel.

M. Veditz, dans la traduction américaine de notre traité, cite le fait

III

La loi de la rente,

Laissons de côté dans la théorie de Ricardo la partie soi-disant historique, celle relative à l'ordre des cultures, et considérons de plus près la partie purement économique.

Au premier abord on est porté à ne voir dans la rente foncière que le résultat d'un monopole. Une terre douée de supériorités quelconques au point de vue soit de sa fertilité, soit de la qualité de ses produits (vins nobles du Médoc), soit de sa situation, doit donner à son propriétaire des produits ayant plus de valeur que ceux des autres terres, puisque celles-ci ne peuvent pas lui faire concurrence.

Et, en effet, cette rente provenant du monopole est très fréquente dans la production agricole et ailleurs. Mais ce n'est pas celle-là que Ricardo avait en vue. Celle qu'il étudie c'est la rente *différentielle* qui n'est nullement le résultat d'un monopole puisqu'elle est au contraire limitée et fixée par la concurrence elle-même.

Considérons quelques centaines de sacs de blé vendus sur un marché. Il est évident qu'ils n'ont pas tous été produits dans des conditions identiques : les uns ont été obtenus à force d'engrais et de travail, les autres ont poussé comme d'eux-mêmes sur un terrain fertile : ceux-ci arrivent de San Francisco après avoir doublé le cap Horn, ceux-là viennent de la ferme voisine. Si donc chaque sac portait, inscrit sur une étiquette, son coût de production, on n'en trouverait pas deux peut-être sur lesquels on pût lire le même chiffre. Supposons, par exemple, 8 sacs : le sac A aura coûté 10 fr. de frais de production, B 11 fr., C. 12 fr., etc., jusqu'à H qui a coûté 18 fr.

Mais nous savons d'autre part qu'il ne saurait jamais y

d'un lot de terrain de 10 ares vendu en 1830 au prix de 100 fr. et qui aujourd'hui, se trouvant enclavé au centre de Chicago, vaut 6.250.000 fr., soit 6.250 fr. le mètre.

avoir qu'un seul et même prix sur un marché pour des produits similaires (voir p. 245). Le prix de vente de tous ces
sacs de blé sera donc le même. Alors, comment — les prix
de revient étant tous différents et les prix de vente étant
identiques — la coïncidence entre le prix de vente et les
prix de revient pourra-t-elle s'établir?

Voici la réponse : la coïncidence aura lieu seulement entre
le prix de vente et le prix de revient du sac *qui a coûté le
plus à produire*, soit le sac H qui a coûté 18 fr., dans
l'exemple que nous avons pris. La raison en est bien simple :
il faut que le prix de vente soit au moins suffisant pour rembourser les frais du vendeur malheureux qui a produit le
blé dans les conditions les plus défavorables, car, s'il en
était autrement, celui-ci n'en apporterait plus sur le marché ;
or, nous supposons que la quantité de blé n'est pas supérieure aux besoins, d'où il résulte qu'on ne saurait se
passer du dernier sac H, ni par conséquent du concours de
ce dernier producteur.

Nous arrivons donc à cette conclusion que toutes les fois
que des produits identiques se vendent sur un même marché,
*la valeur de tous tend à coïncider avec le coût de production
maximum.*

Or, il est clair que ce prix de 18 fr. va laisser un bénéfice
différentiel à tous les producteurs de sacs de blé plus favorisés dont le coût de production est moindre : — bénéfice de
8 pour le sac dont le prix de revient est 10, de 6 pour celui
dont le sac revient à 12, de 3 pour celui dont le sac revient
à 15, etc. C'est ce bénéfice, ou plutôt le revenu provenant
de ces bénéfices réguliers, qui s'appelle, à proprement parler, *la rente.*

Cette démonstration implique qu'il y a toujours au moins
une terre, celle qui produit les sacs de la catégorie H, qui ne
donne point de rente foncière, rien d'autre que le revenu du
capital et du travail dépensé, et c'est celle-là qui joue le rôle
décisif, puisqu'elle sert de norme à toutes les autres. Quant
au revenu de toutes les autres terres, il est dû non pas précisément à leur fertilité (car si elles étaient toutes également

fertiles elles ne donneraient point de rente, ainsi que nous
l'avons vu dans le Ch. précédent, p. 496), mais à l'infertilité
des terres concurrentes, non à la générosité de la nature,
mais à sa parcimonie. La situation du propriétaire d'une
terre fertile constitue bien un privilège, un monopole, si l'on
veut, mais un monopole d'une nature très particulière, car
il consiste non dans la faculté de pouvoir vendre plus cher,
mais dans la faculté de pouvoir produire à meilleur marché.
Question de mots ! dira-t-on. Non, car tandis que le monopoleur porte préjudice au public en surélevant le prix, le
propriétaire rentier ne fait que subir le prix fixé sur le marché par la nécessité. Et quand bien même, dans un esprit
de générosité, tous les propriétaires de terres à blé voudraient faire l'abandon de leurs rentes, le prix courant du
blé n'en diminuerait pas d'un centime : ce serait simplement un don fait à leurs fermiers ou à leurs acheteurs immédiats [1].

Cette loi de la rente n'est pas spéciale à la production
agricole : elle est vraie de tous les produits et Ricardo l'avait
très clairement dit. Partout où des produits similaires sont
vendus à un même prix, quoique obtenus dans des conditions très inégales, le phénomène de la rente qui résulte de
l'excès du prix de vente sur le coût de production se manifeste au profit des producteurs les mieux servis par les circonstances.

Cependant dans l'industrie ce phénomène ne se manifeste
que d'une façon temporaire parce que là généralement les
producteurs les plus favorisés suffisent à eux seuls pour ap-

[1] Ricardo disait : « Ce n'est pas la rente qui détermine le prix du blé
c'est le prix du blé qui détermine la rente ».
On peut encore exprimer la même idée par cette formule célèbre : *la
rente ne rentre pas dans les frais de production.* C'est le salaire et
l'intérêt qui constituent seuls les frais de production — et par là indirectement, sous l'action de la concurrence, la valeur du produit. Et on en
tire cette conclusion intéressante, et qui a été mise à profit par Stuart
Mill et Henri George (voir ci-après, *La nationalisation du sol*), que
l'on pourrait confisquer, par l'impôt, la totalité de la rente foncière sans
que le prix du blé s'en ressentît.

provisionner le marché en augmentant indéfiniment la production. En ce cas, ils préfèrent, au lieu de profiter de leur situation privilégiée, pour continuer à vendre aux prix anciens, les abaisser de façon à sous-vendre leurs concurrents et à les expulser peu à peu du marché. Ils gagnent moins sur chaque article, mais ils se rattrapent sur la quantité.

Voilà pourquoi dans l'industrie, quoique le prix général du marché à un moment donné soit toujours déterminé par le coût de production maximum, *à la longue* il est déterminé au contraire par le *coût de production minimum* — ce qui constitue d'ailleurs un grand avantage pour la Société.

Comme nous le verrons plus loin il peut très bien y avoir une part de rente dans toutes les catégories de revenus, notamment dans le profit.

IV

De la légitimité de la rente foncière.

Des explications que nous venons de donner il résulte :

1º Que le revenu foncier est le résultat d'un monopole d'une nature spéciale ;

2º Que ce revenu est destiné à grandir fatalement en vertu de causes sociales indépendantes du fait du propriétaire.

Or à première vue ces constatations ne paraissent guère favorables à la légitimité du revenu foncier.

Cependant on pourrait répondre que si la légitimité de la propriété foncière était solidement établie, celle du revenu foncier le serait aussi par voie de conséquence.

Mais est-ce le cas? si nous remontons du revenu foncier à la propriété foncière elle-même, la question ne se présente pas sous un jour plus favorable. En effet, non seulement la terre présente les trois caractères *sui generis* que nous avons énumérés (voir p. 498) et qui, à eux seuls, rendraient discutable la légitimité de son appropriation, mais à ceux-là il faut en ajouter un autre, unique aussi : c'est *qu'elle n'est pas un produit du travail.* Toutes choses sont un produit du travail, hormis elle[1].

Et si l'on admet, comme le font généralement non seulement les socialistes mais les économistes, que le fondement de la propriété c'est le travail, il faudrait logiquement en conclure que toutes choses peuvent être individuellement appropriées, *hormis la terre*[2].

Cette distinction frappe fortement l'esprit par sa simplicité et sa logique. Elle est très ancienne, car nous avons vu dans le chapitre précédent qu'elle remonte aux origines mêmes de la propriété : elle est très moderne aussi, car elle a rallié de nos jours non seulement des socialistes, mais un certain nombre d'économistes et de philosophes contemporains.

Mais l'école optimiste nie absolument cette distinction. Elle déclare que la terre est un produit du travail du cultivateur tout aussi bien que le vase d'argile façonné par la main du potier. Sans doute, l'homme n'a pas créé la terre, mais il n'a pas non plus créé l'argile : le travail ne crée jamais rien ; il se borne à modifier les matériaux que la

---

[1] Un diamant non plus, dira-t-on ? — Si, car le diamant n'a une valeur qu'après qu'il a été *trouvé* et *dégagé* de la terre.

[2] Quelques personnes pensent justifier la propriété foncière et son revenu par l'argument suivant : « La propriété de la terre est légitime parce que, disent-elles, toute terre a été *achetée à prix d'argent* et par conséquent le revenu de la terre n'est que l'intérêt de l'argent ainsi placé ». Cette réponse, qui, à première vue, paraît convaincante, n'est qu'un cercle vicieux.

Ce n'est pas parce qu'une terre s'est vendue 100.000 fr. qu'elle rapporte 3.000 fr. de rente, mais c'est au contraire parce qu'elle rapportait naturellement 3.000 fr. de rente, indépendamment de tout travail du titulaire, qu'elle a pu se vendre 100.000 fr. : or il s'agit précisément de savoir pourquoi elle les rapportait ! C'est comme si à ceux qui critiquent le monopole des notaires ou agents de change et réclament son abolition, on croyait fermer la bouche en disant que la propriété de ces offices est légitime et indiscutable puisque les titulaires actuels les ont achetés et payés.

Tout ce qu'on peut conclure de cet argument, c'est que le propriétaire de la terre (comme le titulaire d'un office quelconque acheté à prix d'argent) a droit au remboursement du prix s'il est exproprié, — mais c'est là une toute autre question.

nature lui fournit; or cette action du travail n'est pas moins réelle ni moins efficace quand elle s'exerce sur le sol lui-même que sur les matériaux tirés de son sein. Et elle nous cite en exemple des terres telles que celles que les paysans du Valais ou des Pyrénées ont rapportées de toutes pièces sur les pentes de leurs montagnes, en les portant dans des hottes sur leur dos. Un auteur ancien nous raconte qu'un paysan accusé de sorcellerie à raison des récoltes abondantes qu'il obtenait sur sa terre, alors que les champs voisins n'étaient que des landes, fut cité à comparaître devant le préteur de Rome, et là, pour toute défense montrant ses deux bras, il s'écria : *veneficia mea hæc sunt !* « voilà tous mes sortilèges ». La propriété foncière, pour se justifier des attaques qu'on dirige contre elle, n'a qu'à répéter aujourd'hui la même fière réponse.

Et si même la terre n'était pas un produit direct du travail, elle serait du moins, dit-on, le produit du capital. La valeur de la terre et sa plus-value séculaire s'expliqueraient suffisamment par les améliorations et les dépenses faites par les propriétaires, et on affirme même que si l'on faisait le compte de toutes les dépenses accumulées par les propriétaires successifs, on arriverait à cette conclusion qu'il n'y a pas de terre *qui vaille ce qu'elle a coûté* [1].

Malgré la part de vérité que contient incontestablement cette argumentation, elle ne nous paraît point suffisante. Sans doute, l'homme et la terre ont été unis de tout temps par le lien du travail quotidien et même du travail le plus dur, celui pour lequel on a inventé l'expression de travailler à la sueur de son front : le mot *labor* est le même que labourer. Mais si la terre est l'*instrument* du travail, elle n'en est pas le *produit*. Elle préexiste à tout travail de l'homme. Sans doute, l'homme perfectionne et modifie tous les jours par son travail et ses dépenses ce merveilleux instrument

---

[1] L'historien Michelet a dit : « L'homme a sur la terre le premier des droits : celui de l'avoir faite ». Les Physiocrates aussi faisaient reposer le droit de propriété sur les dépenses faites pour créer le domaine, ce qu'ils appelaient « les avances foncières ».

de production que la nature lui a fourni, pour le mieux adapter à ses fins, et en ce cas il lui confère évidemment une utilité et une valeur nouvelles. Nous reconnaissons même qu'au fur et à mesure que l'art agricole fait des progrès, la terre tend à devenir de plus en plus un produit du travail, puisque dans la culture maraîchère, par exemple, le terreau est un composé artificiel préparé de toutes pièces par le jardinier. Néanmoins il est toujours possible, en théorie sinon en fait, de retrouver sous les couches accumulées du capital ou du travail humain la valeur primitive du sol [1].

Elle apparaît d'abord comme à l'œil nu dans la forêt ou la prairie naturelle qui n'ont jamais été défrichées ni cultivées et qui peuvent pourtant se vendre et se louer à un haut prix; dans ces plages de sable des départements du Gard et de l'Hérault qui n'ont jamais été labourées que par le vent du large et qui ont fait néanmoins la fortune de leurs

---

[1] L'école de Bastiat, pour démontrer que la valeur de la terre procède uniquement du travail, s'appuie sur ce fait que là où la terre est vierge, par exemple en Amérique, elle est sans valeur. Le fait est exact, mais l'argument qu'on en tire ne prouve rien : si les terres situées sur les bords de l'Amazone sont sans valeur, ce n'est point du tout parce qu'elles sont vierges, mais simplement parce qu'elles sont situées dans *un désert*, et que là où il n'y a point d'hommes pour utiliser les choses, la notion même de la richesse s'évanouit (voir ci-dessus, p. 52). Il est clair que la terre n'avait point de valeur avant le jour où le premier homme a apparu à sa surface et qu'elle n'en aura pas davantage le jour où le dernier représentant de notre race aura disparu, mais leur virginité n'a rien à faire ici. — Et la preuve, c'est que si on pouvait, par un coup de baguette magique, les transporter sur les bords de la Seine telles quelles à l'état de nature elles vaudraient autant et plus que les plus vieilles terres du pays, quoique celles-ci aient été fatiguées et remuées par le travail de cent générations. Ou si l'on trouve l'hypothèse trop fantastique, qu'on suppose une terre quelconque en France entourée d'un mur et abandonnée pendant cent ans, comme le château de la Belle au Bois dormant, jusqu'à ce que toute trace du travail de l'homme se soit effacée et que la nature lui ait refait une virginité, et qu'on nous dise si, en cet état, cette terre aura perdu toute valeur, si elle ne trouvera ni fermier, ni acquéreur ! Il y a tout à parier, au contraire, que même laissée dans cet état, elle vaudra beaucoup plus dans cent ans qu'aujourd'hui.

heureux possesseurs du jour où l'on a découvert par hasard
qu'on pourrait y planter des vignes indemnes du phylloxéra ;
dans les terrains à bâtir des grandes villes où jamais la charrue n'a passé et qui ont pourtant une valeur infiniment supérieure à celle de la terre la mieux cultivée.

Même pour les terres cultivées, cette valeur naturelle
du sol apparaît encore d'une façon bien sensible dans *l'inégale fertilité* des terrains, puisque, de deux terres qui ont
été l'objet des mêmes dépenses, l'une peut rapporter chaque année une fortune, tandis que l'autre paiera à peine ses
frais (voir le Ch. sur *la rente foncière*).

Quant à l'argument qu'aucune terre ne vaut ce qu'elle a
coûté de frais de culture, il repose sur une erreur de comptabilité[1].

En effet s'il est incontestable qu'en additionnant toutes les
dépenses faites sur une terre française depuis le jour où
le premier Celte est venu la défricher au temps des druides,
on arriverait à un total infiniment supérieur à la valeur actuelle de la terre — d'autre part, pour que le calcul fût
juste, il faudrait additionner toutes les recettes à partir de
la même date! et il est hors de doute que le compte ainsi
rectifié montrerait que la terre a fort bien donné une rente
grossissant régulièrement avec le temps.

V

Les systèmes de socialisation de la terre.

Les caractères de la propriété foncière, tels qu'ils étaient
constatés par les économistes classiques eux-mêmes — à
savoir ceux d'une sorte de monopole justifié en fait mais
difficilement justifiable en droit — devaient faire naître logiquement la préoccupation de rendre le fait conforme au
droit.

[1] D'ailleurs cet argument n'a pas de sens pour les terrains à bâtir
puisqu'ils sont toujours des terrains incultes.

C'est en effet ce qui est arrivé. Non seulement les socialistes proprement dits, mais beaucoup d'économistes et de philosophes à peine socialisants ou même tout à fait libéraux et individualistes, ont admis, sinon l'illégitimité de la propriété foncière individuelle, du moins l'existence d'une copropriété sociale destinée à lui servir de correctif — quelque peu semblable à ce que les jurisconsultes autrefois appelaient le « domaine éminent » de l'État — et ont cherché divers moyens pour réaliser cette propriété sociale.

Voici les plus importants qui aient été proposés :

1° Le premier consisterait à supprimer le caractère de perpétuité de la propriété foncière et à en faire une concession temporaire. L'État, propriétaire nominal du sol, le concéderait aux individus pour l'exploiter pour des périodes de longue durée, 50, 70, ou même 99 ans, comme il fait pour les concessions de chemins de fer. Le terme arrivé, l'État rentrerait en possession de la terre (comme en France il doit rentrer vers 1950 en possession des chemins de fer) et il la concéderait alors pour une nouvelle période, en faisant payer aux nouveaux concessionnaires — soit par une somme une fois versée, soit par une rente annuelle — l'équivalent de la plus-value dont ils bénéficieraient. De cette façon, l'État représentant la collectivité, bénéficierait de toute la plus-value, laquelle finirait par lui constituer un revenu énorme et lui permettrait peut-être un jour d'abolir tous les impôts. C'est le système de Walras.

Un semblable système ne parait pas inconciliable avec une bonne exploitation du sol, comme l'affirme M. P. Leroy-Beaulieu, puisque les plus grands travaux modernes (chemins de fer, canal de Suez, etc.) ont été faits sous cette forme — surtout si on avait la précaution de renouveler les concessions un certain temps avant l'arrivée du terme. Il faut même reconnaître qu'un tel état de choses serait plus favorable à une bonne culture que la situation présente de beaucoup de pays, dans lesquels la presque totalité de la terre est cultivée par de pauvres fermiers qu'on peut congédier à volonté.

Mais la mise à exécution d'un semblable projet rencontrerait un obstacle insurmontable dans l'opération préalable du rachat, si on voulait la faire avec équité comme on le doit[1]. Elle serait en effet absolument ruineuse, puisque la valeur de la terre en France est évaluée environ à 80 milliards et que l'État par conséquent aurait à emprunter pareille somme pour indemniser les propriétaires.

Nous avions suggéré nous-même, il y a longtemps, un système de rachat qui serait beaucoup moins onéreux[2]. L'État pourrait acheter les terres *payables comptant et livrables dans 99 ans*. Il est certain que dans de telles conditions, il pourrait les obtenir à un prix minime, car le propriétaire mettant en balance, d'une part une dépossession à un terme si éloigné que ni lui ni même ses petits-enfants n'auraient à en souffrir, et d'autre part une somme à toucher immédiatement, n'hésiterait guère à accepter le prix, si faible qu'il fût. — Nous avions même calculé mathématiquement ce prix par les tables d'annuités : 1.000 francs à toucher dans 100 ans, soit en l'an 2012, au taux de 5 p. 0/0, valent aujourd'hui 7 fr. 98. Donc 80 milliards, en admettant que telle soit la valeur de la propriété foncière en France, livrables dans 100 ans, ne valent présentement que 638 millions comptant. Ce ne serait pas très cher[3].

---

[1] La justice veut en effet que ceux qui ont acheté leurs terres sous la protection de la loi ne soient pas dépouillés par la loi. Si la Société veut changer son régime foncier, les frais de cette expérience doivent être à la charge de tous ses membres.

[2] *De quelques doctrines nouvelles sur la propriété foncière.* — *Journal des Économistes*, mai 1883.

[3] M. Paul Leroy-Beaulieu, tout en déclarant que ce plan de rachat « est le plus ingénieux peut-être » de tous ceux qui ont été proposés (*Collectivisme*, 1re édit., p. 176), le rejette néanmoins comme impraticable. Nous n'insisterons pas nous-même beaucoup pour son adoption, par cette seule raison que s'il est vrai que 80 milliards à toucher dans 100 ans ne représentent qu'une minime valeur, il est vrai aussi qu'une réforme sociale ajournée à cent ans n'a pas non plus grande valeur pratique! Et de plus, le taux de capitalisation s'étant élevé depuis l'époque où ce compte avait été fait, les bases de mon calcul se trouvent aujour-

2° Le second système, suggéré par Mill père et fils, sinon même par les Physiocrates, et auquel l'Américain Henri George[1] a refait une célébrité sous le nom de « système de l'impôt unique » (*single tax system*) consiste simplement à frapper la propriété foncière d'un impôt croissant, dont la progression serait calculée de façon à absorber toute la plus-value, due à des causes extérieures et indépendantes de l'activité du propriétaire (*unearned increment*), au fur et à mesure qu'elle se produirait. Ce système, pour lequel des Ligues, en Amérique, en Australie, en Angleterre, et, depuis peu, même en France, ont fait campagne, donne lieu à de graves objections que voici :

a) Au point de vue de la justice, si la Société confisque à son profit toutes les bonnes chances, sous prétexte qu'elles ne sont pas le fait du propriétaire, il semblerait juste qu'elle prît à sa charge toutes les mauvaises chances, exactement par la même raison. Et alors où s'arrêter?

b) La confiscation du revenu par l'impôt devant avoir pour effet, tout aussi bien que la confiscation du fonds en nature, de réduire considérablement la valeur de la terre, de ne laisser au propriétaire que la coque de la noix, dit H. George, la nécessité d'une indemnité équitable s'imposerait — quoique George la refuse absolument — et alors les difficultés fiscales seraient à peu près les mêmes que celles que nous venons d'exposer.

c) Enfin la grande objection pratique c'est que, dans la plus-value du sol, il y a généralement deux éléments : l'un tient bien à diverses causes sociales et impersonnelles, mais

d'hui gravement modifiées. Au taux de 3 p. 0/0, ce ne serait plus seulement 638 millions, mais un peu plus de 4 milliards qu'il faudrait payer présentement comme équivalent mathématique des 80 milliards à toucher dans 100 ans. Mais beaucoup de propriétaires se contenteraient à moins.

On pourrait raccourcir le délai en fixant la prise de possession par l'État à la mort du dernier enfant ou petit-enfant conçu au jour de la promulgation de la loi, c'est-à-dire en limitant la durée de la propriété à deux ou trois générations.

[1] Auteur d'un livre *Progress and Poverty* qui a eu un prodigieux succès (traduit en français). Henri George est mort en 1897.

l'autre provient du travail du propriétaire ou du moins de
ses avances. En établissant un semblable impôt, il faudrait
se garder de toucher à cette seconde part, H. George le
reconnaît lui-même expressément, sous peine de décourager
toute initiative et tout progrès dans les entreprises agricoles
qui ne sont déjà que trop routinières. Or, une telle séparation
est bien difficile en fait.

Cependant si l'État se borne à réclamer une part de la
plus-value, telle qu'elle résulte du prix de vente, ces objections peuvent être écartées. En Allemagne et en Angleterre
on entre déjà dans cette voie.

Quant au système de rachat du sol s'il paraît impraticable
en tant qu'il s'appliquerait à la propriété déjà constituée,
il n'en serait pas de même en ce qui concerne la propriété
future. Dans tous les pays neufs et colonies, il restait encore
il y a un demi-siècle un immense domaine public, qui
malheureusement a presque disparu par les concessions
démesurées et à vil prix consenties à des individus ou à des
Compagnies. Si ces concessions n'avaient été faites qu'à
titre temporaire, les États se seraient ménagé de précieuses
ressources pour l'avenir et auraient facilité peut-être aux générations futures la solution de la question sociale[1]. Seulement
il se trouve que c'est justement là où il serait le plus facile
de prévenir les abus de la propriété foncière qu'on en sent

---

[1] Voir ci-dessus, p. 494. C'est ce qu'a fait le gouvernement hollandais dans ses vastes possessions coloniales. Il n'a pas vendu les terres,
mais les a concédées pour des périodes de 75 ans environ. En Nouvelle-
Zélande, depuis 1892, le gouvernement les loue pour 999 ans, ce qui est
ajourner un peu loin la nationalisation du sol !

Dans les pays vieux, le système de la nationalisation pourrait être appliqué tout au moins en ce qui concerne les mines. En France, la mine
est considérée comme bien sans maître, *res nullius*, et l'État la concède
à qui bon lui semble. Or logiquement la concession de la mine par l'État
impliquerait le droit pour l'État de ne la concéder que pour un temps
limité ou même de se la réserver. Néanmoins, d'après la loi française de
1810, la mine concédée devient propriété absolue et perpétuelle — sauf
quelques clauses de déchéance jamais appliquées. Au reste les mines, à
la différence de la terre, n'ont qu'une durée limitée par la nature. Voir
le *Cours*.

le moins le besoin ! En effet, la propriété foncière, quand
on la considère dans un pays neuf et à l'état naissant, telle
par exemple qu'on peut la voir encore dans les pampas de
la République Argentine ou dans l'Australie, n'a que des
avantages et point d'inconvénients. Comme, d'une part,
elle ne porte que sur les terres qui ont été défrichées et ne
s'étend que dans la mesure même où s'étend la culture, elle
apparaît comme consacrée par le travail. Comme, d'autre part,
elle n'occupe encore qu'une petite partie du sol et que la
terre est en quantité surabondante, elle ne constitue en
aucune façon un monopole et reste modestement soumise,
comme toute autre entreprise, à la loi de la concurrence.

C'est seulement à mesure que la Société se développe et
que la population devient plus dense qu'on voit le caractère
de la propriété foncière commencer à changer et prendre
peu à peu les allures d'un monopole qui peut aller grandissant indéfiniment. Alors il est déjà trop tard pour la
racheter, mais il est encore temps d'imposer la plus-value.

VI

Les systèmes de démocratisation de la propriété foncière.

La préoccupation de conserver la petite propriété rurale
là où elle existe déjà et de la créer là où elle n'existe pas
encore, se manifeste sous forme de lois et de projets de loi
en tous pays — Angleterre, Allemagne, Danemark, Russie,
pays du Danube — et même en France quoique ici ce soit
moins nécessaire qu'ailleurs. Mais ce n'est pas chose facile
que de créer la petite propriété. Là où elle existe, comme en
France, en Belgique, en Allemagne, elle est le résultat d'un
ensemble de causes politiques et économiques qui ont agi au
cours des siècles et qui, pour la France par exemple, sont
bien antérieures à la Révolution de 1889, quoique ce soit à
celle-ci généralement qu'on en attribue le mérite. La propriété seigneuriale de l'âge féodal s'était peu à peu transformée en un domaine éminent qui laissait en fait au paysan

la vraie propriété. Elle ne subsistait plus guère que sous la
forme de charges diverses — nombreuses et onéreuses, il est
vrai — dont la Révolution, ce fut son œuvre propre, libéra
définitivement la terre.

En Angleterre le mouvement s'est fait précisément en
sens inverse. Les petits propriétaires libres, les *yeomen*
comme on les appelait du temps de Shakespeare, paraissent
y avoir été plus nombreux que dans tout autre pays. Mais
peu à peu par une série séculaire d'usurpations légales —
qui ne semblent pas avoir été très différentes de celles par
lesquelles au temps des Gracchus les patriciens de Rome
avaient converti l'*ager publicus* en propriété privée — les
seigneurs transformèrent leurs droits politiques en droits de
propriété et englobèrent, par des lois de clôture (*Enclosure
Acts*), les propriétés libres d'autrefois Et on en est arrivé à
ce point que presque tout le sol des Iles Britanniques appartient à 4 ou 5.000 landlords et que 40 millions d'hommes
n'y peuvent habiter et y vivre qu'avec leur autorisation —
qu'il faut payer chèrement. Aussi la question de la terre est-
elle devenue la grande question en Angleterre et le gouvernement s'efforce de remonter la pente descendue au cours
des siècles [1].

Cependant s'il n'y avait eu que d'antiques usurpations,
elles n'auraient pas suffi pour constituer une concentration
de la propriété foncière telle que celle qui existe en Angleterre — car ces usurpations de biens communaux ont eu
lieu dans d'autres pays et même en France — mais c'est le
régime successoral qui l'a maintenue et amplifiée. Non seulet
ment le *le droit d'aînesse* a empêché la propriété de se divi-

---

[1] On compte, dans les Iles Britanniques, 1.200.000 propriétaires, mais
l'immense majorité, les trois quarts au moins, ne sont propriétaires que
d'une superficie insignifiante (moins d'un acre, c'est-à-dire au-dessous de
40 ares — un petit cottage avec jardin). Si l'on veut se faire une idée
plus exacte de la répartition de la propriété dans les Iles Britanniques, il
faut se dire que la moitié de l'Angleterre et du pays de Galles est possédée par 4 500 personnes, la moitié de l'Irlande par 744 personnes et la
moitié de l'Écosse par 70 personnes seulement.

ser entre lés enfants [1], mais surtout les *substitutions* faites
par le père au profit des héritiers futurs ont frappé les
domaines d'une véritable inaliénabilité qui se renouvelle
sans cesse — en sorte que l'on arrive à ce double résultat
que d'une part la plupart des citoyens sont exclus de la propriété foncière et que, d'autre part, les quelques privilégiés
qui en sont titulaires ne peuvent en réalité en disposer et se
trouvent dans la situation d'usufruitiers!

Comment faire donc pour créer la petite propriété? — Il
y a trois moyens.

a) Le plus direct c'est que l'État prête au travailleur agricole l'argent nécessaire pour acquérir la terre — d'une superficie modeste, bien entendu. C'est le système adopté dans
un grand nombre de pays. Il répond au désir du paysan qui
voudrait devenir enfin propriétaire de la terre qu'il a si
longtemps cultivée comme journalier, fermier ou métayer,
mais qui ne le peut faute d'argent. Il y a bien, en France et
dans la plupart des pays, des établissements de crédit foncier qui répondent à ce besoin, mai ils sont trop chers pour
qu'on puisse conseiller au paysan d'en user. L'État peut
offrir des conditions plus douces. Ainsi, en Danemark,
l'État ne demande à celui qui veut devenir propriétaire que
le 1/10 du prix, et il lui avance les 9/10 restant à 3 p. 0/0
— sans amortissement pendant les cinq premières années et
un très faible après — en sorte que le paysan devient propriétaire, tout en payant bien moins que s'il était resté
simple fermier. La terre ainsi acquise ne doit pas dépasser 5 hectares en superficie et 4.000 couronnes (5.600 fr.)
en valeur. Plus ou moins analogues sont les lois qui en
Angleterre ont créé d'abord les *allotments* qui ne pouvaient
dépasser un acre (40 centiares), de quoi nourrir une vache,
mais qui étaient concédés à bail perpétuel et non en propriété, précisément afin d'éviter que le tenancier pût les

---

[1] Le droit d'aînesse, introduit par la conquête normande, n'existe
qu'en cas de succession *ab intestat* et pour les terres : — il ne lie pas
le père, car la liberté de tester est absolue, mais les mœurs empêchent le
père d'y déroger.

aliéner ; — puis, comme on a trouvé que c'était insuffisant, on a créé les *small holding*, qui peuvent atteindre 50 acres (20 hectares), payables par annuités en 50 ans, et ce n'est qu'après avoir tout payé que le tenancier peut aliéner.

En France, une loi du 19 mars 1910 a mis à la disposition des cultivateurs les capitaux nécessaires « pour faciliter l'acquisition, l'aménagement, la transformation et la reconstitution des petites exploitations rurales ». Ces capitaux seront pris dans un trésor que l'État a créé aux dépens de la Banque lors du renouvellement de son privilège en 1897. Il lui a fait verser 40 millions et y verse lui-même sa part de bénéfices qui s'élève annuellement à 6 ou 7 millions. La plus grosse part est réservée au crédit agricole proprement dit, c'est-à-dire aux prêts à court terme en vue de l'exploitation. Mais, depuis la loi de 1910, une partie peut être affectée à des prêts à long terme (15 années) en vue de l'acquisition des terres, pourvu que leur valeur ne dépasse pas 8.000 francs[1].

Pour que ces systèmes puissent fonctionner, il faut évidemment que l'État ou les sociétés intermédiaires trouvent des terres à acquérir. Ce n'est pas toujours facile, là surtout où, comme en Angleterre, les grands domaines sont frappés d'inaliénabilité. Et d'autre part, c'est chose grave que de recourir ici à l'expropriation puisque par là on exproprie les propriétaires existants au profit de propriétaires nouveaux.

---

[1] Il ne faut pas confondre cette loi avec d'autres (les lois du 10 avril 1908 et du 26 février 1912) qui ont aussi pour but de faciliter l'acquisition de la propriété immobilière, mais qui, limitant cette propriété à 1.200 francs comme valeur (et 1 hectare comme étendue), ont surtout en vue l'acquisition de maisons d'habitation ou de jardins ouvriers. Les fonds affectés à cet objet proviennent d'ailleurs d'une autre source. Ils seront prêtés par la Caisse nationale des retraites et, espère-t-on aussi, par les caisses d'Épargne. Bien entendu, ils ne sont pas prêtés directement par l'État mais par l'intermédiaire de « Sociétés de crédit immobilier ».

Toutes ces lois, destinées à faciliter la construction d'un foyer, d'un *home*, sont complétées par une loi du 12 juillet 1909 qui permet de rendre « le bien de famille » insaisissable (jusqu'à concurrence de 8.000 francs). Voir ci-après, p. 525.

b) Le second système c'est d'imposer par la loi le partage égal de la terre à chaque transfert par succession. C'est ce qu'a fait le Code Napoléon, accentuant ainsi l'évolution historique dont nous venons de parler. On sait que le fameux article 826 ne se borne pas à imposer le partage égal entre tous les enfants, en se contentant de l'égalité par équivalence, mais qu'il confère à chacun d'eux le droit de réclamer sa part *en nature*, c'est-à-dire que, pour le plus petit champ, chacun des héritiers pourra réclamer son tiers ou son quart ou son dixième, et, si le partage est impossible, alors ce sera la vente en justice avec des frais énormes. Le père de famille ne peut guère éviter ce résultat par un testament puisqu'il ne peut tester que pour une quotité disponible qui est très limitée.

Nul doute qu'un tel système ne soit efficace et que si l'Angleterre, par exemple, l'adoptait, beaucoup d'immenses domaines de ses landlords ne fussent, après peu de générations, réduits en petits morceaux.

Il est cependant beaucoup plus difficile qu'on ne croit de savoir quels résultats il a eu en France. C'est parce que, si humiliant que puisse être cet aveu pour les statisticiens, le nombre des propriétaires n'est connu que d'une façon très vaguement approximative et en tout cas pas de façon assez précise pour que l'on puisse bien mesurer l'accroissement ou le recul.

Si l'on compte le nombre des *parcelles*, comme on les appelle, on constate qu'il est énorme — plus de 150 millions! mais cela ne signifie absolument rien, car la parcelle, en style cadastral, c'est ce que le propriétaire appelle un « champ », c'est-à-dire une unité culturale, une terre à blé, un clos de vigne, etc.; et un même domaine peut en contenir des centaines. Si on compte le nombre des *cotes foncières*, c'est-à-dire de propriétés soumises à l'impôt, on est mieux renseigné en ce qui concerne le nombre des propriétés, mais guère mieux en ce qui concerne le nombre des propriétaires, car les propriétaires qui ont des propriétés éparpillées peuvent avoir à payer chez 5 ou 6 percepteurs et sont ainsi inscrits autant de fois ; d'ailleurs ces cotes ne distinguent pas les terrains ruraux des terrains urbains. Enfin si l'on prend le nombre d'*exploitations agricoles* (5.700.000) cela nous rapproche de la vérité ; pourtant nous en sommes encore loin, car un grand domaine divisé en 5 ou 6 fermes forme 5 ou 6 exploitations, tandis qu'inversement plusieurs petites propriétés réunies dans la main d'un seul fermier, ce qui est moins fréquent que le premier cas, mais pourtant très usité dans certaines régions, ne forment qu'une seule exploitation.

Ces réserves faites, il semble que néanmoins on soit autorisé à conclure, sans parti pris :

1° Que le nombre des propriétaires ruraux en France est très grand, de 4 à 5 millions — ce qui, en comptant les membres de la famille, doit représenter près de la moitié (au moins 40 p. 0/0) de la population française;

2° Que, parmi eux, les petits propriétaires l'emportent énormément comme *nombre*, puisque ceux qui ont moins de 10 hectares forment les 9/10 — mais non comme *étendue*, car les propriétés de moins de 10 hectares n'occupent que 17 1/2 millions d'hectares sur 49, guère plus du tiers (35 p. 0/0);

3° Que le nombre des très petits propriétaires va en augmentant, quoique très lentement et, semble-t-il, en se réglant sur le lent accroissement de la population, mais que le nombre des grands et des moyens propriétaires diminue, quoique très faiblement [1].

c) Enfin le troisième moyen, plus indirect, c'est de mettre la terre dans le commerce, comme on dit [2], c'est-à-dire de la rendre aussi facilement aliénable qu'une marchandise. C'est le plus sûr moyen de faire tomber les griefs imputables à la propriété foncière, car qu'importe que par sa na-

---

[1] Voir dans le *Cours* les statistiques.

[2] On dit aussi la *mobilisation* de la terre : mais ce mot prête à confusion parce qu'il sert aussi à désigner tout autre chose, à savoir les facilités pour emprunter sur sa terre en représentant sa valeur par des titres négociables comme des lettres de change.

ture la propriété foncière constitue un monopole, si chacun
peut l'acquérir? Et qu'importe qu'elle soit perpétuelle si elle
ne reste que peu de temps sur la tête de chaque titulaire?
De cette façon la loi fatale de la plus-value ne servira plus
à enrichir une seule personne ou une seule famille, mais,
dispersée et mobile, chacun en aura sa part. C'est le meilleur
moyen aussi d'attirer vers la terre les capitaux dont elle a
besoin, car ceux-ci répugneront à aller à elle s'ils doivent s'y
enterrer à perpétuité.

C'est ce qui est réalisé en France. Les ventes de terres
portent annuellement sur un chiffre de 2 millions d'hectares,
— or, comme il y a environ 40 millions d'hectares sous le
régime de la propriété privée, cela implique que toute la
terre circule en 20 ans ou, autrement dit, que la terre ne
reste pas même une génération dans la même famille. Il en
est bien différemment dans d'autres pays et tout particulièrement en Angleterre.

Mais que faut-il pour faire rentrer la terre dans le torrent
de la circulation?

D'abord, cela va de soi, supprimer les clauses d'inaliénabilité qui peuvent la lier — telles que celles édictées par la
loi, en France, pour protéger la femme dotale ou le mineur
ou les personnes morales; — ou, en Angleterre, pour conserver le domaine en cas de substitution.

Ensuite réduire au minimum les formalités et les frais de
l'aliénation, qui sont d'autant plus lourds relativement que
la valeur de la terre est plus petite et entravent ainsi la petite
propriété plus que la grande. En France les droits varient
de 7 p. 0/0, pour les grosses ventes, à 18 p. 0/0 pour les
petites, sans compter les honoraires du notaire, soit au
moins 10 p. 0/0 en moyenne. On a imaginé en Australie
un système, dit système Torrens, du nom de l'homme
d'État qui l'inventa (en 1858 dans l'État de l'Australie du
Sud), et qui depuis lors s'est propagé dans d'autres pays,
spécialement dans les pays neufs (en Tunisie, par exemple).
On pourrait dire brièvement que c'est l'application à la terre
du système de l'état civil qui régit les personnes et dans

lequel, comme on sait, on inscrit sur un registre la naissance, le mariage, la mort, etc. et on délivre aux intéressés,
pour faire foi, des « extraits de l'état civil ». De même chaque immeuble a son histoire et son signalement inscrit sur la
page d'un registre, et on en délivre une copie à l'intéressé.
Le certificat que reçoit celui-ci est comme s'il portait sa
terre dans sa poche. Quand il veut la vendre, il la rapporte
au *Registrar* qui inscrit le transfert sur le registre et délivre un titre neuf à l'acquéreur, sans que l'intervention
d'un notaire ni d'aucun homme de loi soit nécessaire.

Enfin il faut donner à l'acquéreur une complète sécurité
de façon qu'il n'ait à craindre ni éviction ni ennuis. La façon
dont est constatée la propriété foncière dans la plupart
des pays, et même en France, est bien loin de satisfaire à
ce desideratum, car l'acquéreur n'est jamais parfaitement
sûr que le vendeur fût le vrai propriétaire et pourtant il ne
peut avoir plus de droits que celui-ci ne lui en a transmis !
Ici nous retrouvons le système Torrens comme non moins
supérieur par la sécurité que par l'économie.

En effet celui qui est inscrit sur le registre est présumé
toujours le vrai propriétaire, et quand bien même, par suite
d'une erreur, il ne le serait pas, le vrai propriétaire n'en
serait pas moins exproprié par le fait de cette inscription
fautive et n'aurait d'autre ressource que de réclamer à
l'État une indemnité. Il peut paraître dur de sacrifier le
droit de propriété à une erreur d'écriture, mais ce sacrifice
a paru indispensable pour donner au titre qui doit représenter la propriété, comme un billet de banque représente
l'or, une valeur absolue.

VII

Les systèmes de conservation de la propriété foncière.

On se place ici à un point de vue précisément inverse de
celui exposé dans le chapitre précédent, ce qui ne veut pas
dire cependant que les deux buts soient absolument inconciliables.

Les économistes, généralement de l'école sociale catholique ou tout au moins conservatrice, admettraient assez bien le premier des trois moyens indiqués dans le chap. précédent (avances par l'État pour l'acquisition de la terre), mais ils goûtent fort peu les deux derniers.

Le système qui consiste à monnayer la terre et à en faire une marchandise leur paraît contraire à la fois aux intérêts de la culture et à ceux de la famille. Ils ne veulent pas enlever à la terre le double caractère d'immobilité et de perpétuité que la nature lui a imprimé, parce que c'est grâce à eux qu'elle peut le mieux s'associer à la perpétuité de la famille, à la stabilité des entreprises et aux longs espoirs.

En ce qui concerne la division de la propriété par le partage égal, ce système leur paraît s'inspirer moins de l'amour de la petite propriété que de la haine de la grande, et dans son mécanisme brutal elle va souvent à l'encontre des fins qu'elle se propose. Elle n'atteint guère les grands domaines parce que leurs propriétaires ont généralement assez de valeurs en portefeuille pour pouvoir maintenir le domaine sur la tête de l'un des enfants, tout en assurant aux autres une part égale en argent, et ceux-ci, pour l'honneur du nom, se prêtent volontiers à cet arrangement. Tandis au contraire que le petit propriétaire, qui n'a pour toute fortune que son « bien », ne peut le soustraire au couperet du partage égal. Ainsi à chaque décès le petit domaine va se subdivisant suivant une progression géométrique jusqu'à ce qu'il ne reste plus que des lambeaux de terre dont on ne sait plus que faire — sinon, pour s'en débarrasser, les vendre à quelque gros voisin qui les emploiera à arrondir son domaine ! En sorte que ce régime compromet les intérêts de l'agriculture sans pouvoir même alléguer aucune compensation démocratique.

Et c'est vraiment un optimisme trop facile que de dire, comme quelques économistes, que le renouvellement des terres s'arrêtera de lui-même à la limite où il deviendrait nuisible. On cite en maints endroits des exemples incroyables de pulvérisation, des bandes de terres qui n'ont que la lar-

geur de la faux ou même de la faucille ! Si le partage égal
n'a pas eu en France une action aussi destructive de la propriété qu'on aurait pu le craindre, c'est parce qu'il a été en
partie neutralisé par deux causes qui sont d'ailleurs plus
funestes encore : — le malthusianisme, qui évite la division
de la terre entre les enfants en supprimant les enfants ; —
l'émigration des campagnes, qui fait que là même où il y a
plusieurs enfants, il n'en reste qu'un sur la terre, si même
il en reste un.

D'autre part que faire ? Le remède qui consisterait à rétablir la liberté de tester ne serait pas toléré par l'esprit égali-
taire de notre pays, car on y verrait la résurrection du droit
d'aînesse. Et si, pour écarter cette suspicion d'aristocratie,
on restreignait la liberté de tester aux petits domaines, on
ferait difficilement admettre qu'il pût y avoir deux droits
successoraux, l'un pour les riches, l'autre pour les pauvres.
L'école de Le Play, sans aller jusqu'à réclamer le droit du
père de disposer de ses biens à son gré, demande que la
quotité disponible soit toujours égale au moins à la moitié
des biens, de façon à faciliter la transmission du domaine à
un seul des enfants et à maintenir ce qu'elle appelle la
famille souche, institution qui lui apparaît comme aussi essentielle pour les familles riches que pour les familles
pauvres. Et s'il n'y a pas assez d'argent dans la succession
pour faire la part des autres enfants, même ainsi réduite,
ceux-ci devront se contenter d'une créance hypothécaire sur
le domaine. Seulement rien ne prouve qu'on ne rendît pas
par là un très mauvais service à l'héritier qui pourrait bien
être écrasé sous ces charges, et qu'on n'introduisît pas entre
'es enfants des germes de querelles perpétuelles.

Mais on pourrait du moins fixer une limite minima au-
dessous de laquelle tout partage serait prohibé, de façon que
les héritiers n'auraient que le choix entre deux partis — ou
mettre ce morceau de terre dans le lot de l'un d'eux — ou le
vendre. Ce serait comme l'atome de propriété — semblable à
l'atome des physiciens en ce que, disent-ils, il est insécable [1].

---

[1] La difficulté pratique serait de fixer ce minimum. Il est clair qu'il

Le morcellement de la propriété est fréquemment accompagné d'un autre mal qui est le *parcellement*. Ce n'est pas la même chose. Il y a morcellement quand la terre est divisée en un grand nombre de propriétaires : il y a parcellement quand le même propriétaire possède un grand nombre de morceaux de terre. Le parcellement n'est pas nécessairement lié à la petite propriété. Il peut y avoir, et il y a dans certains pays, des domaines considérables qui sont formés de morceaux disséminés parfois à d'assez grandes distances. En ce cas se trouvent cumulés tous les inconvénients de la petite propriété et de la grande. Mais dans ce cas il y a du moins un remède indiqué : c'est que chaque propriétaire échange les parcelles éloignées contre celles limitrophes, de façon à reconstituer des propriétés d'un seul tenant. Cette opération s'appelle *le remembrement*. Elle est pratiquée depuis longtemps dans les pays germaniques et même sur certains points de la France.

Seulement en France elle n'est possible que par une entente amiable et, pour qui connaît l'esprit individualiste et méfiant du paysan français, il est peu vraisemblable qu'elle puisse se généraliser. En Allemagne et notamment en Alsace on procède de façon plus autoritaire en se servant d'une institution — qui existe d'ailleurs en France mais seulement quand il s'agit de desséchement de marais, irrigation ou établissement de routes, — celle des syndicats obligatoires (voir dans le *Cours* les *Associations agricoles*). Dans les communes où la majorité des propriétaires vote le remembrement, la minorité récalcitrante est obligée de s'y soumettre, c'est-à-dire de se laisser exproprier, car le remembrement a pour caractéristique de supprimer tous les droits de propriété existant, servitudes ou autres, et de les remplacer par des droits nouveaux : la propriété fait ainsi peau neuve [1]. C'est

ne pourrait être le même pour un pâturage, une vigne ou un jardin maraicher. Le congrès des syndicats agricoles réuni à Orléans en 1897 a demandé que la limite minima fût fixée à 50 ares (1/2 hectare).

[1] Quand il n'y a que des échanges amiables, qui ne touchent pas aux droits existants, on emploie plutôt l'expression de *abornement*.

donc une mesure grave. On peut même aller plus loin encore : car dans certains cantons de la Suisse le gouvernement cantonal peut imposer le remembrement alors même que la majorité ne serait pas obtenue. Il est superflu d'indiquer quels sont les bienfaits, au point de vue de la culture, de cette énergique opération.

Si la division de la terre comporte des abus et exige des remèdes, il importe aussi de ne pas pousser trop loin sa mobilisation, tant sous forme de facilités à hypothèquer que de facilités à aliéner. A quoi servirait-il de constituer à grands frais, avec les avances de l'État, une classe de petits propriétaires si on livre ensuite ceux-ci à l'imprévoyance et à l'usure qui l'auront bientôt fait retomber dans les rangs du prolétariat? Il faut donc chercher ici aussi un correctif à la mobilisation, c'est-à-dire rendre inaliénable ou tout au moins insaisissable, sinon toute terre, du moins celle nécessaire à l'existence et au maintien de la famille.

C'est ce qu'on appelle le *homestead*, du nom que porte cette institution aux États-Unis où elle a été établie dès 1839 (dans le Texas) mais qui tend aujourd'hui à s'acclimater dans divers pays. En France, après une quinzaine d'années d'hésitations et plusieurs projets de loi, finalement la loi du 12 juillet 1909 est venu consacrer chez nous le *homestead* ou, pour parler français, le bien de famille.

Pour que cette mesure eût réellement pour effet de maintenir intacte la petite propriété, il faudrait qu'elle fût obligatoire et qu'elle comportât non seulement l'insaisissabilité mais l'inaliénabilité. Néanmoins dans aucun pays on n'a osé aller jusque-là, car on risquerait, en frappant ainsi tout petit propriétaire d'une incapacité civile, de dégoûter les agriculteurs de la petite propriété et d'aller par là précisément à l'encontre du but que l'on vise. Le *homestead* est partout facultatif de la part du propriétaire et il comporte le droit d'aliéner [1], mais subordonné pourtant au consente-

---

[1] Il comporte même dans la plupart des États (non dans tous pourtant) le droit d'hypothéquer, ce qui paraît absurde, car alors l'homes-

ment de la femme, car c'est dans l'intérêt de la famille et non pas seulement dans l'intérêt de l'individu qu'il s'agit de conserver ce bien. Aussi le bien de famille doit toujours comprendre une maison, un foyer, comme le nom le dit assez. La loi française va plus loin, car, si la femme est décédée et s'il y a des enfants mineurs, elle exige l'autorisation du conseil de famille. L'étendue du bien ainsi protégé varie aux États-Unis selon les États. D'après la loi française il a été fixé à 8.000 fr., y compris l'outillage ou le mobilier. En tout cas il faut que la terre soit cultivée par le propriétaire personnellement.

Ce régime, quoique très préconisé non seulement par les économistes de l'école catholique mais aussi par quelques-uns de ceux de l'école libérale, a cependant ses adversaires.

Il est certain qu'il est peu conforme à la doctrine individualiste puisqu'il engage le petit propriétaire à se lier les mains pour se mieux défendre. Mais autant peut-on en dire des lois qui exemptent de la saisie mobilière les instruments de travail et les meubles indispensables, de celles qui établissent l'insaisissabilité du salaire de l'ouvrier pour les 8/10. Et quant à l'objection de l'atteinte portée au crédit du petit propriétaire, elle n'est pas admissible puisque c'est précisément ce qu'on cherche. Nous croyons que le crédit hypothécaire est plus nuisible qu'utile parce qu'il aboutit trop souvent à l'expropriation, et quant au crédit personnel le homestead n'y porte aucune atteinte [1].

---

tead ne protège plus que contre les créanciers ordinaires (chirographaires). Le projet de loi français refuse avec raison cette faculté.

[1] Nous n'avons traité dans ce chap. que de la propriété foncière la plus importante, celle de la terre. Pour la propriété des forêts, des mines, de la houille blanche, voir le *Cours*.

CHAPITRE II

LES CAPITALISTES RENTIERS

I

Historique du prêt à intérêt. — L'usure.

Toute l'antiquité a pratiqué le prêt à intérêt et sous des formes terriblement dures, mais tous ses grands hommes, Moïse, Aristote, le dur Caton lui-même, l'ont flétri. Après l'avènement du christianisme, les attaques redoublèrent de vigueur dans les écrits des Pères de l'Église, et quand l'Église eut solidement établi son pouvoir, elle réussit à faire prohiber formellement le prêt à intérêt dans le droit civil aussi bien que dans le droit canonique. La loi de Mahomet a d'ailleurs fait de même : « Dieu a permis la vente, mais a interdit l'usure », dit le Coran. Le vrai musulman ne touche pas d'intérêt sur l'argent prêté, encore aujourd'hui, pas même chez le banquier chrétien où il l'a déposé.

Quoique cette doctrine ait été depuis lors traitée avec un profond mépris et considérée comme une marque d'ignorance de toutes les lois économiques, elle peut au contraire très bien s'expliquer historiquement.

Nous avons déjà fait remarquer (*Du crédit*, p. 373) que jusqu'à une époque relativement récente, le crédit, sous forme de prêt d'argent, ne pouvait avoir un caractère productif : il ne pouvait servir et ne servait, en effet, qu'à la consommation. Les anciens et les canonistes ne se trompaient donc pas si grossièrement qu'on le croit et avaient au contraire une notion très exacte de l'état économique de leur temps quand ils déclaraient le prêt stérile.

Ceux qui empruntaient c'étaient les pauvres plébéiens aux patriciens de Rome pour s'acheter du pain, les chevaliers besogneux aux Juifs et aux Lombards du Moyen âge pour s'équiper pour la croisade, tous pour des consommations personnelles et par conséquent improductives. Naturellement, quand venait l'échéance, ils ne pouvaient payer ni les intérêts ni même le capital. Ils devaient alors payer de leur corps et de leur travail comme esclaves de leurs créanciers[1]. Dans ces conditions, le prêt à intérêt se manifestait comme un abus du droit de propriété chez le prêteur, comme un instrument d'exploitation et de ruine pour l'emprunteur, et c'est assez pour expliquer une réprobation si antique et si tenace.

A cette époque, on ne connaissait presque pas le capital, même de nom ! Il n'y avait guère que la terre qui fût frugifère. Aussi ne songeait-on pas à discuter la légitimité du fermage : c'est que dans le bail à ferme, on voyait bien que la rente payée au propriétaire ne sortait pas de la poche du fermier, car on la voyait sortir de terre sous forme de récoltes. Mais il n'en était pas de même de l'argent et, en ce qui le concerne, l'observation d'Aristote paraissait exprimer la vérité : l'argent ne fait pas de petits.

Mais néanmoins, autrefois de même qu'aujourd'hui, il y avait beaucoup de gens qui avaient grand besoin d'argent, et comme, autrefois de même qu'aujourd'hui, il n'y avait personne qui fût disposé à le prêter gratis, il fallut bien trouver des accommodemens avec le principe. On s'y ingénia, en effet, et les expédients nombreux et subtils que la casuistique du Moyen âge découvrit constituent un des chapitres les plus intéressants de l'histoire des doctrines. Voici les principaux :

[1] Les maisons des patriciens de Rome avaient des caves qui servaient de prisons, *ergastula*, pour y tenir enfermés les débiteurs insolvables. Au Moyen âge, malgré le type shakespearien de Shylock, les mœurs s'adoucirent. Quand il s'agissait d'un débiteur puissant et insolvable, il devait seulement fournir des otages à ses créanciers et en payer la nourriture, ce qui était encore fort onéreux. Ce trait historique ne justifie-t-il pas le mot des canonistes : *jus usuræ, jus belli ?*

1° Dans tous les cas où il était établi que l'emprunteur pouvait réaliser un bénéfice, par exemple en faisant le commerce, et que le prêteur courait certains risques, l'intérêt devenait légitime, car il n'était pas usuraire [1].

2° Si le prêteur transférait définitivement à l'emprunteur la propriété du capital de la somme prêtée, c'est-à-dire renonçait à tout remboursement, en ce cas encore on admettait très bien la légitimité du revenu de l'intérêt, car on ne pouvait lui demander de sacrifier à la fois le fonds et le revenu : c'était le prêt sous forme de *constitution de rente*.

3° Si l'intérêt était stipulé sous forme de clause pénale pour le cas où le capital ne serait pas remboursé à l'échéance, c'était valable aussi : et comme rien n'empêchait de fixer cette échéance *au lendemain même du prêt*, si l'on voulait — on voit que de cette façon la règle pouvait être assez facilement éludée.

La Réforme réagit naturellement contre la doctrine canonique. Calvin se montra disposé à tolérer le prêt à intérêt sous certaines conditions, et au XVIIIe siècle ce furent deux grands jurisconsultes français huguenots, Dumoulin et Saumaise (celui-ci réfugié en Hollande), qui réfutèrent les arguments scolastiques contre l'usure. Toutefois, il faut arriver jusqu'aux économistes — Turgot (*Mémoire sur les prêts d'argent*, 1769) et Bentham (*Lettres sur l'usure*, 1787) — pour voir la doctrine économique s'affirmer en faveur du prêt à intérêt.

A partir de cette date, tous les économistes sont unanimes. Et cette fois ils ont raison. Pourquoi? Parce que les choses avaient changé de face.

D'une part les rôles se sont intervertis. Aujourd'hui ce ne sont plus les besogneux qui empruntent aux riches, les plébéiens aux patriciens : — ce sont au contraire, le plus souvent, les riches, les puissants, les spéculateurs, les

---

[1] Le Concile de Latran (1515) définit parfaitement la situation : « il y a usure là où il y a gain qui ne provient pas d'une chose frugifère et qui n'implique ni travail, ni dépenses, ni risques, de la part du prêteur ».

grandes Compagnies, les banquiers, les propriétaires de mines d'or, les grands États surtout, qui empruntent au public, aux petites gens, qui puisent dans l'épargne populaire, dans le bas de laine du paysan. Et il en résulte ceci : c'est que très souvent ce n'est plus l'emprunteur dont le sort est digne de pitié, mais plutôt le prêteur! Ce n'est plus l'emprunteur faible et désarmé, dont l'opinion publique et la loi doivent prendre la défense contre la rapacité du prêteur, c'est le prêteur ignorant que la loi et l'opinion publique doivent protéger contre l'exploitation des gros emprunteurs dont l'histoire financière de notre temps offre maints scandaleux exemples.

D'autre part, et ces deux changements sont concomitants, le but du contrat de prêt a changé. Dorénavant on n'empruntera plus guère pour avoir de quoi manger, mais pour faire fortune. Aujourd'hui, quoique toujours qualifié par les juristes de « prêt de consommation », le prêt a pris son véritable caractère, son caractère économique, celui d'un mode de production. C'est, comme nous l'avons montré (voir p. 153), l'entrepreneur, c'est-à-dire le véritable agent de la production, qui loue le capital et paie l'intérêt, et cet intérêt figure dans ses frais de production au même titre que le salaire de la main-d'œuvre ou le loyer de son usine. Il serait donc insensé de vouloir, dans un but humanitaire, dispenser cet entrepreneur de payer l'intérêt, ce qui n'aurait d'autre résultat que d'augmenter ses profits!

Sans doute cette évolution n'est pas encore généralisée partout. Dans les régions agricoles d'Orient, de Russie, du Danube, d'Italie, d'Algérie, le crédit a conservé ses formes anciennes, et c'est souvent l'emprunteur, le paysan, qui est exploité et finalement exproprié par le prêteur. C'est de là qu'est né ce mouvement qu'on appelle l'anti-sémitisme, et c'est pour cette raison que les vieilles lois contre l'usure peuvent être encore parfaitement de saison dans certains pays et sous certaines conditions.

II

De la légitimité et de la réglementation de l'intérêt.

La question de la légitimité de l'intérêt est la plus vieille de l'économie politique : nous venons d'en retracer les principaux épisodes dans le chapitre précédent. Mais elle a perdu aujourd'hui beaucoup de son importance et ne se discute plus guère.

En effet pour ceux qui voient dans l'intérêt tout simplement une conséquence du droit de propriété, le terrain se trouve déblayé de tous ces arguments surannés.

Quels étaient ces arguments scolastiques ?

1° On disait qu'il fallait distinguer selon que l'emprunteur avait fait, oui ou non, *un emploi productif* du capital emprunté.

Mais qu'importe ? Même dans le cas où le capital emprunté n'a pas reçu et ne pouvait pas recevoir, par le fait des circonstances, un emploi productif, en d'autres termes, dans le cas où il n'est pas un capital mais un simple objet de consommation, pourquoi le propriétaire de cette richesse serait-il obligé à le prêter gratis ? Le précepte *mutuum date nil inde sperantes* est uniquement de l'ordre évangélique, mais non de l'ordre économique, absolument comme le précepte qui recommande à celui qui a deux habits d'en donner un. Au point de vue économique et juridique, le simple principe que nul ne peut être dépouillé de son bien et que celui qui consent à s'en dessaisir au profit d'autrui a le droit de ne le faire qu'à telles conditions qu'il lui plaît de fixer, suffît évidemment pour justifier l'intérêt.

2° On disait qu'il fallait distinguer du côté du prêteur s'il avait, oui ou non, *éprouvé une privation.*

Mais qu'importe s'il se prive ou non ! Depuis quand la rémunération, le profit ou le salaire que je réclame, sont-ils en raison des privations que j'éprouve ? En vertu de quel principe serais-je tenu de mettre gratuitement à la disposition de mes semblables les biens dont je ne puis pas ou ne veux pas faire usage pour moi-même? Faut-il que je laisse les gens s'installer dans mon appartement parce que je suis forcé de m'absenter, ou que je les laisse manger dans mon assiette parce que je n'ai pas faim? On ne pourrait soutenir cette thèse qu'en partant du principe que l'homme en ce monde *a droit seulement à la quantité de richesses strictement nécessaire à sa consommation personnelle* et que l'excédent appartient de droit à la masse, c'est-à-dire en se plaçant sur le terrain du communisme pur.

Le raisonnement sur lequel se fonde aujourd'hui la légitimité de l'intérêt est un syllogisme des plus simples, qui peut se formuler ainsi :

Le capital est très utile, aussi bien pour produire que pour ne rien faire, et par conséquent tout le monde le désire ;

Mais tout le capital est approprié et, jusqu'à présent du moins, il n'y en a pas de reste ;

Donc ceux qui le possèdent et qui sont disposés à s'en dessaisir momentanément ne le feront qu'à un certain prix, et au prix maximum que la concurrence des autres capitalistes prêteurs leur permettra d'obtenir.

Seulement ce raisonnement *suppose admise l'appropriation des capitaux.* Mais voilà! Faut-il l'admettre. Et c'est sur ce terrain nouveau que se trouve transportée aujourd'hui la vieille question de la légitimité de l'intérêt. Elle est devenue maintenant celle de la légitimité de la propriété des capitaux.

Et alors les économistes font valoir que la propriété des capitaux est le résultat non seulement du travail, comme une richesse quelconque, mais, en plus, de l'épargne ou abstinence qui a été indispensable pour transformer le produit en capital, et qu'ainsi cette propriété est comme deux fois sacrée !

La légitimité de l'appropriation capitaliste a été vivement attaquée par les socialistes, et le livre célèbre de Karl Marx, *Le Capital,* a précisément pour but de démontrer que cette appropriation n'a été que le résultat d'une spoliation histo-

rique et le moyen de poursuivre et d'aggraver indéfiniment
cette spoliation. Les collectivistes admettent bien que le
capital puisse faire l'objet d'un droit de propriété légitime
quand il apparaît sous l'humble forme sous laquelle les économistes se plaisent à l'évoquer, le canot creusé par Robinson, le rabot fait par le menuisier de Bastiat, les écus serrés
dans un vieux bas ou déposés à la caisse d'épargne par le
paysan — mais disent-ils, le vrai capital, celui qui donne
la richesse et la puissance, n'est pas cela. Il n'est jamais le
produit du travail personnel, ou l'épargne réalisée sur le
produit d'un travail personnel, mais tout au contraire
l'épargne réalisée sur le produit du travail d'autrui, c'est-à-
dire d'ouvriers salariés, laquelle ne peut d'ailleurs grossir
qu'autant qu'elle est employée à faire travailler d'autres
ouvriers pour en retirer de nouveaux profits. Aucune
grande fortune ne s'est créée autrement.

Il faudrait conclure de ce raisonnement qu'il y aura
alors deux catégories de capitaux : les petits, dont l'appropriation serait légitime parce qu'ils sont le fruit d'un travail individuel et honnête; les gros, les capitaux vampires,
dont l'appropriation serait illégitime parce qu'elle implique
l'appropriation du produit du travail d'autrui. Or comme
tous les gros capitaux ont commencé évidemment par être
petits, il s'ensuivrait que l'appropriation du capital est légitime à sa naissance et jusqu'à un certain point de son développement après quoi elle devient abusive. Il en serait du
capital comme de certains animaux qui sont bons tant qu'ils
sont petits, mais qui deviennent méchants en grandissant...
Mais quel serait le point critique? Ce serait celui où le capi
tal, étant devenu trop grand pour servir simplement d'instrument au travail de son maître, sera employé par lui à
faire travailler d'autres hommes en nombre suffisant pour
que son propriétaire (et ses héritiers à perpétuité) puisse
vivre de leurs rentes. Ici nous rentrons dans la doctrine collectiviste et nous ne pouvons que nous référer à la discussion déjà faite.

Rappelons seulement (voir p. 138) que nous ne croyons

pas que le capital, même gros, soit nécessairement et par sa nature propre un instrument d'exploitation et qui ne puisse grossir qu'en suçant le sang du travail : le capital-vampire est non point la forme normale mais, au contraire, une perversion monstrueuse du capital, dont le véritable rôle est d'être l'instrument et le serviteur du travail. Il s'agit seulement de le remettre à sa place.

Rappelons aussi ce que nous avons dit que l'appropriation des capitaux paraît conforme à l'utilité sociale, car puisque le développement de la production exige impérieusement un stock de richesses accumulées nous devons considérer la fonction de ceux qui accumulent ces richesses, les fabricants de capitaux, comme tout à fait importante (voir p. 475) : et le mode le plus efficace pour encourager ces économes sociaux paraît bien être de leur attribuer la propriété des richesses qu'ils auront capitalisées, avec le droit d'en tirer profit[1]. Sans doute il en résultera des abus, parmi lesquels la faculté pour ces capitalistes de vivre sans rien faire. Mais nous avons expliqué ci-dessus qu'il est très utile pour une société qu'un certain nombre de ses membres aient les loisirs nécessaires pour les consacrer non à la paresse mais aux occupations *désintéressées* : c'est une des formes bienfaisantes de la division du travail.

Néanmoins on a le droit de se demander si ces « économes » ne se font pas payer trop cher pour la fonction qu'ils exercent et si on ne pourrait pas obtenir leurs services à meilleur marché.

Proudhon prétendait qu'on pourrait ne pas les payer du tout, et qu'il suffirait pour cela d'organiser le *crédit gratuit*.

[1] Nous n'irons pas cependant jusqu'à dire, comme beaucoup d'économistes, que si on ne payait pas d'intérêt, on ne formerait plus de capitaux. Je crois, au contraire, qu'on en créerait davantage : seulement, ceux qui les produiraient les garderaient — pour les faire valoir eux-mêmes ou pour les thésauriser — mais ne les porteraient plus sur le marché. De même que si une loi prohibait le loyer des maisons, je ne crois pas qu'on en bâtit moins, au contraire! seulement, il est sûr qu'on n'en trouverait plus à louer, il faudrait que chacun se bâtit sa maison.

Sans aller jusque-là, les associations coopératives de crédit, comme nous l'avons vu ci-dessus (p. 480), ont précisément ce but de réduire le capital à la portion congrue et à un rôle subordonné.

Les économistes assurent que les lois naturelles se chargent d'elles-mêmes de réduire au minimum la part du capitaliste, c'est-à-dire l'intérêt. C'est ce que nous verrons tout à l'heure.

Enfin le législateur dans bien des pays intervient lui-même pour limiter cette part. On pourrait croire que, depuis un siècle et demi que l'économie politique a proclamé le droit à l'intérêt comme attribut naturel du droit de propriété, toutes les vieilles lois qui prohibaient l'intérêt sont tombées. Il n'en est pas cependant tout à fait ainsi :

1º La loi fixe un taux maximum de 5 p. 0/0 pour le prêt d'argent toutes les fois qu'il n'a pas un caractère commercial — par exemple pour les prêts hypothécaires ou le prêts de consommation. On peut retrouver ici une trace de la distinction des canonistes : la loi admet le taux illimité de l'intérêt là seulement où le prêt est présumé réellement productif et en même temps aléatoire, ce qui est le cas de l'argent engagé dans les entreprises industrielles ou commerciales, mais non dans le cas contraire [1].

2º Non seulement l'intérêt est limité à 5 p. 0/0, c'est-à-dire que le créancier n'a pas le droit d'exiger davantage, mais le fait de prêter *habituellement* au-dessus de ce taux (pour les prêts civils) constitue le délit d'*usure* qui est puni de peines correctionnelles (loi du 19 décembre 1850).

Les économistes protestent vivement, non contre cette dernière règle, mais contre la première. Il est certain que la

---

[1] Et encore n'est-ce que depuis la loi du 12 janvier 1886 que cette différence existe entre le prêt en matière commerciale et le prêt en matière civile.

Le taux *légal* (c'est celui qui se réfère à des sommes dues en vertu de jugements des tribunaux, il ne faut donc pas le confondre avec le taux *conventionnel* dont nous venons de parler) a été abaissé depuis 1900 à 4 p. 0/0, en matière civile, 5 p. 0/0 en matière commerciale.

fixation d'un maximum pour le loyer de l'argent est une
mesure tout à fait exceptionnelle puisqu'elle n'existe ni pour
le loyer des maisons ni pour le loyer des terres. Et nous
croyons qu'on pourrait la supprimer sans inconvénient,
pourvu qu'on laisse subsister la seconde règle, c'est-à-dire
le délit d'usure. Il n'y a aucune contradiction, quoi qu'on
en pense, entre reconnaître la liberté de l'intérêt et punir
ceux qui font métier de prêter à gros intérêt — pas plus
qu'il n'est contradictoire de reconnaître aux consommateurs
la liberté de boire et de punir néanmoins le cabaretier qui
verse à boire à des ivrognes.

III

Pourquoi le capital produit-il intérêt ?

La question posée par ce titre n'est pas tout à fait la même
que celle du chapitre précédent. Il ne s'agit plus de savoir
si celui qui a prêté un capital a le droit de toucher un intérêt, mais comment le capital peut rapporter un intérêt ?
Il ne s'agit plus de justifier l'intérêt au point de vue moral,
mais d'expliquer le phénomène de l'intérêt, question économique. Demander pourquoi le pommier produit des pommes n'est pas la même chose que demander à qui doivent
appartenir les pommes. On comprend facilement que celui
qui a la bonne fortune d'avoir un capital ne le cède pas
gratis — c'est le contraire qui serait plus difficile à expliquer
— mais tournons-nous du côté de l'emprunteur : cet intérêt
qu'il paie est-il simplement pris dans sa poche, prélevé sur
ses revenus? ou *correspond-il à quelque valeur égale reçue
ou créée*? La première solution est inadmissible, quoique
les socialistes assurent que c'est la seule vraie, car elle impliquerait que tous les emprunteurs sont nécessairement
ruinés, ce qui en fait n'est pas le cas. Il faut donc s'arrêter
à la seconde solution ; mais alors quelle est cette valeur,
cette plus-value, représentée par l'intérêt? Et d'où sort-elle?

La question est loin d'être aussi facile à résoudre qu'on pourrait le croire. Tout récemment de gros et savants livres ont été consacrés à chercher la réponse; on en a donné plusieurs, ce qui prouve qu'on n'est pas bien sûr d'avoir trouvé la bonne.

Voici du moins les trois principales :

1° La première, dite théorie de la productivité, explique l'intérêt du capital en l'assimilant au fermage de la terre. Pourquoi la terre peut-elle toujours rapporter un fermage à son propriétaire ? Parce qu'elle produit des fruits et le fermage n'est que la représentation de ces fruits. Sans doute cette explication ne prétend point que le capital fait des petits de même qu'un être vivant — si ce n'est quand ce capital se présente sous la forme d'une vache ou d'un troupeau et remarquez que précisément telle a été l'origine étymologique du capital (*cheptel*, le bétail prêté) — mais elle montre le capital produisant par le moyen du travail. Comme le montrait Bastiat, dans un apologue, un rabot permet à un ouvrier de faire deux fois ou même dix fois plus de planches qu'il n'en faisait avec ses mains. Eh bien! les planches supplémentaires dues à l'emploi du rabot, c'est ce qui constitue le revenu du rabot. Et si le propriétaire du rabot, au lieu de l'employer pour lui-même, le prête à autrui, il est tout naturel qu'il réclame comme une sorte de dividende une partie au moins des planches supplémentaires ainsi produites : le revenu originaire du capital devient alors l'intérêt contractuel.

Mais cette explication n'est pas très satisfaisante. Car d'abord elle n'est bonne que lorsqu'il s'agit d'un capital qui a reçu effectivement un emploi productif. S'il s'agit d'un capital emprunté pour être mangé, elle ne vaut plus rien : et évidemment elle devrait dans ce cas conclure à l'inexistence (et par conséquent aussi, comme le disaient les canonistes, à l'illégitimité) de l'intérêt.

Même s'il s'agit d'un capital employé productivement, du rabot, elle n'est pas très scientifique non plus, car s'il est évident que l'emploi du capital permet au travail de produire davantage en quantité et en utilité, il n'est nullement démontré qu'il lui permette de produire davantage en *valeur*. Créer l'abondance, ce n'est pas créer la valeur (p. 60). Il ne faut pas confondre la productivité *technique* et la productivité *économique*. Les machines confèrent-elles aux produits fabriqués par elles une valeur supérieure à celle des produits faits à la main? Oui, s'il y a monopole : non, s'il y a concurrence. En ce cas les produits ramenés au coût de production n'acquièrent aucune valeur supplémentaire, ou du moins pas d'autre valeur supplémentaire que celle représentée par la valeur de la machine elle-même. On comprend qu'il faut que le prix de revient des planches comprenne la valeur nécessaire pour reconstituer la machine ou le rabot (ce qu'on appelle la prime d'amortissement), mais on ne comprend pas pourquoi il devrait naturellement contenir une valeur supplémentaire qui serait *le revenu* de la machine ou du rabot.

2° La seconde explique l'intérêt du capital en l'assimilant au loyer des maisons. Pourquoi la maison rapporte-t-elle un loyer? Évidemment on ne peut plus répondre, comme pour la terre, parce qu'elle donne des fruits : elle n'en donne aucun. Mais elle fournit des utilités multiples — abris contre les intempéries, *home* confortable et familial, domicile légal — utilités perpétuelles ou qui du moins durent autant que la maison. Le loyer c'est le prix de ces jouissances permanentes et, comme elles, il est perpétuel ou du moins périodique. Hé bien! il en est de même du capital ; le capital rend plus de services encore qu'une maison, y compris celui d'acheter une maison si l'on veut ; et l'usage de ce capital étant indéfini doit se payer par une redevance périodique qui est l'intérêt. L'intérêt est un phénomène qui ressort non de la production mais de l'échange. Au reste, la signification étymologique semble l'indiquer : le nom de l'intérêt était *usura*, non pas dans le sens péjoratif qui n'est venu que plus tard, mais dans le sens d'*usance* du capital.

Cette explication paraît très satisfaisante : elle est pourtant critiquable, car le capital prêté, lequel se présente toujours sous la forme de capital circulant et surtout sous la forme-type de capital-argent, n'est pas un bien durable : il se détruit par l'acte même de production. La houille qui a été jetée dans le fourneau s'en est allée en fumée, la matière première a été transformée, l'argent a été dépensé en salaires ou en approvisionnements. Comment donc l'intérêt paierait-il l'usage d'une chose qui a précisément pour caractéristique *de se consommer par le premier usage ?*

Les jurisconsultes expriment très bien cette différence en disant que dans la location le bailleur reste propriétaire de la chose, tandis que dans le prêt de *consommation* (comme ils l'appellent, alors même qu'il a pour but la production) le prêteur aliène définitivement ses écus et l'emprunteur en devient propriétaire définitif. Or il serait contradictoire qu'il fût à la fois propriétaire et locataire de la même chose[1].

3° La troisième explication écarte toute assimilation de l'intérêt au loyer ou au fermage. Le prêt d'argent n'est pas une location, dit-on : c'est, comme nous l'avons défini nous-mêmes (voir p. 370) l'échange d'un bien présent (la valeur prêtée) contre un bien futur (la valeur à rembourser). Il faut donc que cet échange, comme tout échange, se fasse valeur égale contre valeur égale. Mais si je vous donnais 1.000 fr. comptant en échange de 1.000 fr. à toucher dans un an, l'échange ne serait pas égal par la raison qu'*un bien futur ne vaut jamais un bien présent*, même en les supposant identiques de tous points. Cette loi psychologique est fondée sur l'évidence. N'est-il pas évident qu'un dîner à consommer tout de suite a beaucoup plus de valeur qu'une invitation à

---

[1] Cette objection nous paraît cependant plus juridique qu'économique, car on peut répondre que le capital prêté ce n'est pas la houille ni la monnaie, c'est le capital abstrait, une pure *valeur* : or celle-là est un bien permanent, conservant son identité tout autant et bien mieux qu'une maison qui tôt ou tard dépérit et tombe en ruines. Le capital valeur, comme le Protée mythologique, à travers ses métamorphoses, reste éternel.

Et quant à l'emprunteur, sans doute, il devient propriétaire des écus et les gardera définitivement, mais il n'est pas devenu propriétaire de la valeur puisqu'il devra la rendre sous la forme d'autres écus.

dîner pour l'année prochaine? Si l'on était tenté de nier cette vérité axiomatique il faudrait alors pousser l'absurdité jusqu'à dire qu'un dîner dans cent ans ou dans mille ans vaut autant qu'un dîner ce soir[1] !

Mais si cette inégalité de valeurs que le temps crée entre des biens identiques est admise, alors il en résulte que, pour rétablir l'équilibre dans cet échange entre la valeur présente et la valeur future, il faudra ajouter une prime au bien futur qui s'appellera l'*intérêt*. Ou inversement si c'est la valeur future qui est donnée en échange de la valeur présente — par exemple quand on donne une lettre de change à trois mois pour avoir de l'argent comptant — alors pour rétablir l'égalité, il faut déduire de la somme à toucher une certaine fraction qui s'appelle l'*escompte* : ici le prix du temps apparaît peut-être encore plus clairement que dans l'intérêt.

L'explication est la même quand, au lieu d'un capital prêté, il s'agit du capital entre les mains du propriétaire. Si, étant propriétaire d'un capital de mille francs, je préfère le faire valoir moi-même — c'est-à-dire le jeter en terre sous forme de semences ou d'engrais ou dans la machine sous forme de charbon, ou le faire consommer à des ouvriers sous forme de salaires en nature ou en argent — dans tous ces cas je sacrifie un bien présent pour avoir un bien futur sous forme de récoltes de la terre ou de marchandises fabriquées. C'est donc toujours un échange du présent contre le futur et on ne le ferait pas si le futur ne valait pas plus que le présent, si je ne devais pas retrouver finalement mille francs *plus quelque chose*. C'est ce que veut dire inconsciemment le capitaliste quand il dit que son capital *doit* lui rapporter un intérêt. Tout prêt est une *avance*, cette ex-

[1] Cette loi ne fait d'ailleurs que traduire en langage scientifique des dictons populaires tels que : *un tiens vaut mieux que deux tu l'auras*; ou : *mieux vaut un oiseau dans la main que deux sur la branche*. Non seulement il est impossible que l'homme ressente un besoin futur aussi vivement qu'un besoin présent — quelle que soit sa faculté de prévoyance — mais encore toute satisfaction à venir est toujours aléatoire.

pression est d'ailleurs courante, or que veut dire avance sinon gagner du temps?

Cette dernière explication est la plus en honneur aujourd'hui. Quoique très ancienne, puisqu'elle se trouve déjà en germe dans Turgot[1], c'est M. de Böhm-Bawerk qui lui a d   . grand éclat.

IV

Le taux de l'intérêt.

Nous avons vu que le taux de l'intérêt[2] avait été long-temps fixé par la loi et l'était encore en France pour les prêts non commerciaux. Mais la règle posée par le législateur se borne à consacrer à peu près le taux courant, sans quoi elle serait vaine. Ce qui importe donc c'est de connaître les lois économiques et naturelles qui déterminent le taux de l'intérêt tout comme le taux des salaires et comme le prix des marchandises.

Si les capitaux étaient loués en nature, sous la forme d'usines, machines ou instruments de production quelconques, il s'établirait pour chacun d'eux un *prix de location différent* suivant leurs qualités, durées et productivités respectives, de même que varie le prix de location des maisons

---

[1] Les canonistes eux-mêmes connaissaient l'argument que *l'intérêt est le prix du temps*, mais ils le réfutaient noblement en disant que le temps ne peut se vendre et n'a pas de prix, parce qu'il n'appartient qu'à Dieu. Aujourd'hui, au contraire, on dit *Time is money*.

[2] Le *taux* de l'intérêt est le rapport entre le chiffre du revenu et celui du capital.

Aujourd'hui on représente le capital par le chiffre conventionnel de 100 ce qui permet d'exprimer le taux de l'intérêt par un pourcentage, 3, 4, 5 p. 100.

Autrefois on calculait d'une façon différente : on cherchait quelle était la fraction du capital représentée par l'intérêt. Au lieu de dire qu'on prêtait à 5 p. 100, on disait *prêter au denier vingt* (parce que l'intérêt représente en ce cas le 1/20 du capital); au lieu de 4 p 0/0, on disait au denier 25, etc.

suivant qu'elles sont plus ou moins confortables ou plus ou moins bien situées, ou celui des terres suivant qu'elles sont plus ou moins fertiles.

Mais les capitaux se présentent toujours sous forme de monnaie (ou de ses équivalents en titres de crédit) : d'abord parce que l'emprunteur préfère toujours toucher de l'argent plutôt que des capitaux en nature, ayant ainsi plus de liberté pour l'adapter aux usages auxquels il le destine; — et aussi parce que c'est nécessairement sous cette forme que les capitaux sont offerts sur le marché par tous ceux qui ont fait des économies et cherchent à les placer. On ne saurait en effet créer par l'épargne des capitaux en nature, mais seulement un *capital argent*.

Or, cette substitution, qui transforme la *location* en **prêt** d'*argent*, produit certains effets remarquables.

D'une part, elle tend à éliminer toutes les causes de variation et à *égaliser* le prix de location pour tous les capitaux, car tous les capitaux étant désormais prêtés et empruntés sous une forme identique, en monnaie, se valent. Il n'y a plus entre eux de différences qualitatives mais seulement quantitatives. D'ailleurs, les capitaux sous cette forme étant essentiellement mobiles se transportent presque instantanément partout où un taux plus élevé les attire, ce qui fait que les différences, s'il y en a, sont rapidement nivelées. Aussi n'y a-t-il, à un moment donné, sur le marché national et international, qu'un même taux d'intérêt.

Mais d'autre part, elle fait intervenir dans la détermination du prix de location une cause de différenciation qui prend une importance énorme : le plus ou moins de *solvabilité* de l'emprunteur. En effet l'emprunteur, comme nous l'avons fait observer déjà (p. 374), n'est plus un locataire : il acquiert la propriété définitive de l'argent dont il va faire ce qu'il voudra. Si donc sa solvabilité est douteuse, il y aura de ce chef un risque pour le prêteur, qui le déterminera à demander un intérêt plus élevé comme *compensation de la perte éventuelle* de son capital. C'est cette prime d'assurance, comme on l'appelle (seulement ici c'est le prêteur qui doit se faire son propre assureur), qui détermine presque uniquement les différences entre les taux d'intérêt de tous les placements en fonds publics ou valeurs de Bourse[1].

L'intérêt doit donc être décomposé en deux parties :

1º L'*intérêt proprement dit*, qui représente le prix payé pour avoir le droit de disposer du capital, et qui est le même pour tous les prêts (sur un même marché et à la même date);

2º La *prime d'assurance* contre les risques de perte, laquelle varie pour chaque prêt[2].

Ceci dit, quelles sont les causes qui déterminent ce taux général de l'intérêt, autrement dit le prix de location du capital argent? — Pas plus que quand il s'agit de la valeur des marchandises, pas plus que quand il s'agit du prix de la main-d'œuvre, nous ne devons nous flatter de découvrir une cause unique, mais il y a un grand nombre de causes, qui peuvent d'ailleurs se grouper sous la vieille formule de l'offre et de la demande.

---

[1] Le fait que le capital se présente toujours sous forme de monnaie devrait avoir encore, semble-t-il, une troisième conséquence : c'est que le taux de l'intérêt, le prix de location du capital, devrait dépendre de la plus ou moins grande quantité de numéraire. C'est d'ailleurs ce que croit le public. Il dit que quand *l'argent est abondant l'intérêt est bas.*

Et cela est exact, en effet, quand il s'agit du prêt à court terme sous forme d'escompte. Nous avons vu, en effet, qu'il y avait une relation nécessaire entre la rareté du numéraire et la hausse de l'escompte (voir p. 422).

Mais cela est faux quand il s'agit des prêts à long terme sous forme de placements, les seuls qui nous intéressent ici puisque nous nous occupons des revenus. Il suffit de remarquer, en effet, que le revenu lui aussi se présente sous la forme de monnaie de même que le capital, et par conséquent, le taux de l'intérêt, c'est-à-dire *le rapport entre le capital et le revenu*, ne saurait être affecté par une cause qui, telle que les variations de valeur de la monnaie, agit également et simultanément sur les deux termes du rapport.

[2] A ces deux éléments doit s'en ajouter un troisième : la *prime d'amortissement* représentant l'annuité nécessaire pour reconstituer le capital une fois usé, s'il s'agit d'un capital en nature, ou pour reconstituer le capital argent après qu'il a été dépensé. Mais ceci n'est plus l'intérêt : c'est une fraction du capital futur qui vient remplacer le capital passé.

L'offre du capital, sous forme de monnaie ou de titres de crédit dépend : — 1° D'abord de *la puissance d'épargne* du pays, secondée de bonnes institutions d'épargne et de crédit pour faciliter cette épargne et lui ouvrir des débouchés; — 2° Mais il ne suffit pas que les capitaux soient abondants dans le pays : il faut de plus qu'ils soient abondants sur le marché, qu'ils s'offrent pour le prêt, et ceci implique l'existence d'une nombreuse catégorie de personnes *ne pouvant ou ne voulant utiliser leurs capitaux par leur industrie personnelle.* Car dans une société où chacun ferait valoir les capitaux qu'il possède, il est clair que, si abondants fussent-ils, ils ne seraient pas offerts; — 3° Enfin l'offre des capitaux dépend de la *sécurité* du prêt sans laquelle, comme en Perse ou au Maroc, les capitaux, loin de s'offrir, s'enfouissent dans une thésaurisation stérile.

Quant à la demande, elle est déterminée par la *productivité*, non pas précisément la productivité *moyenne* des entreprises dans un pays donné et à un moment donné, mais plus exactement la productivité des entreprises *les moins productives* parmi celles auxquelles s'offre le capital, car ce sont celles-là qui, précisément parce qu'elles ne peuvent pas donner davantage, font la loi sur le marché du capital. Si en effet ces dernières ne peuvent donner que 3 p. 0/0 d'intérêt, les autres entreprises plus rémunératrices qui pourraient, s'il fallait, donner davantage, se garderont bien de le faire.

Si on se trouve dans un pays neuf, doté de toutes les ressources, terres vierges à défricher, mines à exploiter, réseaux de voies de communication à créer, le taux de l'intérêt est très élevé : — d'abord parce que le capital y est rare, d'autant plus rare que ceux qui le possèdent le gardent pour le faire valoir et ne le portent pas sur le marché ; — et aussi parce qu'on n'y trouve point d'entreprises à petit rendement; elles y sont dédaignées.

Au contraire, dans un pays vieux, les causes inverses agiront : d'une part, les capitaux multipliés par une épargne séculaire s'offrent en abondance; et d'autre part, les emplois à productivité élevée étant tous occupés, les capitaux en sont réduits à se placer dans des entreprises à productivité minima lesquelles pèsent sur le taux général de l'intérêt.

Le prêt à intérêt est, comme le salaire et le fermage, un contrat *à forfait*, c'est-à-dire que le prêteur se désintéresse de tout droit sur les profits de l'entreprise moyennant une annuité fixe. Cependant nous avons vu (p. 213) que pour les prêteurs qui préfèrent les chances de gain et de perte à la sécurité d'un revenu fixe, le crédit moderne a créé une autre combinaison; au lieu de leur garantir un revenu fixe, l'emprunteur leur promet seulement une part des bénéfices, s'il y en a, et rien s'il n'y en a pas. Et s'il y a des pertes, ils doivent se résigner à perdre tout ou partie de leur capital prêté. En ce cas, juridiquement parlant, ce n'est plus un contrat de prêt mais un contrat *d'association* : la créance de ces prêteurs, au lieu de s'appeler une *obligation*, s'appelle une *action*, et leur revenu au lieu de s'appeler *intérêt*, s'appelle *dividende*. Naturellement le taux du dividende doit être supérieur au taux de l'intérêt puisqu'il représente un revenu plus aléatoire ; il doit comprendre en plus toute la prime d'assurance contre les risques de perte, et même généralement le dividende comprend, en plus de l'intérêt et de la prime d'assurance, ce qu'on appelle le profit, mais nous retrouverons cette question au chap. des profits.

V

Si le taux de l'intérêt tend à la baisse?

S'il faut souhaiter la hausse des salaires, par contre il faut souhaiter la baisse de l'intérêt.

Il faut la souhaiter d'abord au point de vue de la justice dans la répartition : — car par cela même qu'elle réduirait le prélèvement exercé par les capitalistes rentiers sur la production totale (en supposant toutes choses égales), elle accroîtrait d'autant la part disponible pour le travail; d'autant plus que le taux de l'intérêt ne détermine pas seulement le revenu des capitalistes, mais aussi, indirectement, le taux

des profits, des loyers, des fermages même, et par conséquent de tous les revenus des classes possédantes.

Il faut la souhaiter aussi comme stimulant de la production : — car par cela même qu'elle abaisserait sans cesse le
prix de location du capital, et par conséquent les frais de
production, elle faciliterait l'exécution d'entreprises jusque-
là impossibles. Voici une terre qu'on voudrait défricher, des
maisons qu'on voudrait bâtir pour y loger des ouvriers,
mais on sait qu'elles ne rapporteront pas plus de 3 p. 0/0.
Si donc le taux courant de l'intérêt est de 5 p. 0/0, on ne
pourra trouver de capitaux pour ces entreprises, car on ne
pourrait les entreprendre qu'à perte : on s'abstiendra. Mais
supposez que le taux de l'intérêt tombe à 2 p. 0/0 : aussitôt
on s'empressera de les exécuter. Turgot, dans une image
célèbre, compare l'abaissement du taux de l'intérêt à une
baisse graduelle du niveau des eaux qui permettrait d'é-
tendre la culture sur de nouvelles terres.

Mais il ne suffit pas que cette baisse soit désirable. Est-
elle réelle? A-t-elle un caractère permanent? Peut-on la
considérer, en un mot, comme une véritable loi naturelle,
semblable à celle de la hausse de valeur de la terre ou
même de la baisse de valeur de la monnaie métallique?

L'économie politique, particulièrement l'école optimiste
française depuis Turgot jusqu'à M. Leroy-Beaulieu, a toujours affirmé cette loi. Bastiat la mettait au nombre de ses
plus belles Harmonies. Voici par quels arguments :

En fait, la baisse considérable du taux de l'intérêt qui,
depuis trente ou quarante ans, l'a fait tomber de 5 à 3 p. 0/0,
constitue un des phénomènes économiques les plus caractéristiques de la seconde moitié du xixᵉ siècle.

En théorie, la plupart des causes que nous avons énumé-
rées comme déterminant le taux de l'intérêt, semblent devoir
agir dans le sens de la baisse. Il semble raisonnable de
penser que dans une société progressive les capitaux doivent
devenir de plus en plus *abondants*, comme d'ailleurs toute
richesse produite, et que, par suite, leur utilité finale et leur
valeur doit aller en décroissant. La *sécurité* aussi doit aller

en augmentant, si du moins on admet que la civilisation implique de la part des individus et des États plus de fidélité à leurs engagements ou des moyens de contrainte plus efficaces de la part des créanciers. Et enfin il y a lieu de présumer qu'à l'avenir les capitaux deviendront *moins productifs* et que les profits diminueront, soit dans l'agriculture par suite de la loi du rendement non proportionnel, soit même dans l'industrie ou les transports parce que les possibilités d'emploi y sont limitées : par exemple il est incontestable que les chemins de fer qu'on pourra encore construire en France seront beaucoup moins productifs que les grandes lignes par lesquelles on a commencé.

Il semble même qu'il n'y ait guère de limite assignable à cette décroissance, car il n'y a pas ici, comme quand il s'agit d'une marchandise, la limite minimum des frais de production, ou, comme quand il s'agit du salaire, celle fixée par le coût d'existence d'un ouvrier. Ici la seule limite c'est celle au-dessous de laquelle le capitaliste renoncerait à prêter et préférerait thésauriser son capital ou le manger : mais quel est le taux au-dessous duquel le capitaliste préférera dépenser son argent, ou le garder sous clé, que le prêter? Sera-ce 1 p. 100? Sera-ce 1 p. 1.000? Nul ne peut le dire.

De tous ces arguments aucun ne nous paraît décisif.

En fait, la soudaineté même et l'amplitude de la baisse qu'a subie, en moins d'une génération, l'intérêt de l'argent nous révèle assez qu'il ne s'agit point ici de ces courbes séculaires qui caractérisent le mouvement évolutif, mais d'une oscillation temporaire et probablement périodique. Il y a un rythme dans le taux de l'intérêt comme dans tant d'autres phénomènes économiques. Sous l'empire Romain le taux de l'intérêt n'était pas plus élevé qu'au milieu de ce siècle, et au XVIIIe siècle, en Hollande, il était déjà tombé aussi bas qu'aujourd'hui. Quant à la période de baisse actuelle, elle semble déjà avoir touché à son terme, puisqu'on constate depuis 1899 un relèvement du taux de l'intérêt sur les fonds publics et les principales valeurs.

Quant aux prévisions sur les variations des divers facteurs qui agissent sur le taux de l'intérêt, elles ne peuvent être que bien incertaines. — Pour l'abondance croissante des capitaux, elle est vraisemblable en effet, mais pourra très bien se trouver compensée par une demande croissante. Toute entreprise n'exige-t-elle pas une quantité de capitaux de plus en plus considérable? — En ce qui concerne les risques, pense-t-on qu'il y ait aujourd'hui moins de débiteurs insolvables, moins de faillites, moins de colossales escroqueries, moins de capitaux engloutis dans des entreprises aventureuses, qu'au temps jadis? Certes non! Pourquoi donc se croire autorisé à conclure qu'il en sera différemment dans l'avenir? — En ce qui concerne la productivité, il est certain que si l'on considère une industrie déterminée, par exemple les chemins de fer ou l'éclairage au gaz, il y a une limite à leur développement, mais si l'on considère la production en général, comme les industries anciennes sont sans cesse remplacées par de nouvelles, rien ne permet d'affirmer que les transports par automobiles ou par ballons dirigeables, par exemple, seront moins rémunérateurs que ceux par chemins de fer, ou que l'éclairage électrique le sera moins que l'éclairage au gaz.

En résumé, ce qui nous paraît le plus probable c'est que le taux de l'intérêt, après avoir atteint un certain point minimum qui est déjà peut-être derrière nous, se relèvera — et qu'il passera dans l'avenir par les mêmes longues périodes alternantes de hausse et de baisse que dans le passé.

Ce qui pourra amener la baisse progressive du taux de l'intérêt et nous rapprocher du crédit gratuit rêvé par Proudhon — et qui serait en effet la forme la plus pratique du collectivisme, car qu'importe que le capital restât individuellement approprié si chacun pouvait en user quasi-gratuitement? — ce ne seront point les lois naturelles, mais l'action raisonnée et persévérante des hommes, probablement s'exerçant par la voie des associations de crédit mutuel.

CHAPITRE III

LES SALARIÉS

I

Qu'est-ce que le salarié?

Le salaire, tel que le définissent généralement les économistes, ce serait « tout revenu touché par un homme en échange de son travail ».

Si l'on s'en tenait à cette définition, le salaire apparaîtrait comme la forme type du revenu, celle qui a toujours existé et existera de tout temps. On ne saurait concevoir, en effet, un état social quelconque dans lequel l'individu puisse vivre autrement qu'en échangeant son travail, ou les produits de son travail, ou ses services, contre une certaine quantité de richesses. Aussi est-ce ce qui a permis aux économistes classiques de faire rentrer les propriétaires eux-mêmes et les rentiers dans cette catégorie et d'affirmer, comme Mirabeau dans une phrase célèbre, que tous les hommes, sauf les voleurs ou les mendiants, sont des salariés .

Mais c'est là une définition purement oratoire et inspirée par le désir, peut-être inconscient, de représenter le salaire comme le mode de rémunération le plus parfait qu'on puisse imaginer et le salariat comme un état définitif. Or la science doit s'appliquer à distinguer et non à confondre pêle-mêle

---

1 « Je ne connais que trois manières d'exister dans la Société : il faut y être mendiant, voleur ou salarié. Le propriétaire n'est lui-même que le premier des salariés ».

tous les revenus provenant d'un travail quelconque. Le mot
de salaire, dans la langue économique, comme d'ailleurs
dans la langue vulgaire, doit servir à qualifier non point
tout mode de rémunération du travail, mais seulement un
mode très spécial, à savoir *le prix du travail loué et employé par un entrepreneur*, celui dû pour « le louage de
service », comme l'appelle le Code Civil, art. 1780.

Nous avons vu en effet, à maintes reprises, que l'entreprise constitue le trait caractéristique de l'organisation économique moderne. Or le salariat est inséparable de l'entreprise, comme la face et le revers d'une même médaille, ou
plutôt comme la vente et l'achat d'une même marchandise.
La marchandise ici c'est le travail ou la main-d'œuvre : le
salarié c'est celui qui la vend, l'entrepreneur c'est celui qui
l'achète.

Par conséquent, le salaire ne constitue qu'un mode de rémunération relativement récent dans l'histoire économique,
qui ne s'est généralisé qu'avec l'organisation capitaliste et
patronale moderne et qui pourra très bien disparaître avec
elle. C'est ce qui va nous apparaître plus clairement dans le
chapitre suivant.

Notre définition comprend évidemment tous ceux qui travaillent sous les ordres d'un patron, dans l'agriculture, l'industrie, les transports, le commerce, qu'ils soient travailleurs manuels, employés, ingénieurs ou même directeurs à
100.000 fr. d'appointement. Mais comprend-elle aussi : —
les *employés de l'État* ou *des communes?* —les *domestiques*
attachés au service de la personne? — Logiquement oui,
car l'État ou « le bourgeois » sont bien des patrons. Cependant on les classe à part généralement et le langage ordinaire
les distingue aussi puisque le salaire prend ici le nom, pour
les premiers, de *traitements*, pour les seconds, de *gages*.

Parmi les employés de l'État[1] il faut distinguer : — les

[1] Le nombre des salariés de l'État, départements et communes, augmente de jour en jour et atteint presque 900.000 (870.000 dans l'annexe du budget de 1908).

fonctionnaires proprement dits dont les traitements sont fixés par la loi et auxquels, pour cette raison, on refuse le droit de grève et même jusqu'à présent celui de se syndiquer; — les ouvriers et employés des arsenaux, manufactures, etc. qui ne se distinguent en rien, sinon par certains avantages (emploi permanent, retraite assurée, etc.), des salariés ordinaires.

Quant aux domestiques en fait ils forment une classe à part : ils diffèrent, au point de vue économique, des salariés ordinaires, en ce qu'ils ne sont point d'ordinaire employés à la production, et parce que le fait qu'ils sont attachés à la personne d'un maître jette sur eux un certain discrédit. Pour ce motif, et par le fait aussi qu'ils sont beaucoup plus dépendants quant à la disposition de leur personne et de leur temps que les ouvriers de l'industrie, cette profession est de moins en moins recherchée. C'est un des rares emplois où l'offre est souvent supérieure à la demande. Aussi est-ce une de celles où les salaires ont le plus monté.

Mais il résulte de notre définition que ne sont pas « salariés » tous les producteurs qui travaillent pour leur propre compte, c'est-à-dire les *producteurs autonomes* : paysans, débitants, artisans — quoique souvent plus pauvres que les salariés — ni ceux qui exercent une *profession libérale* : médecins, avocats, artistes, etc. Les uns et les autres travaillent pour le public, pour *le client*, mais non pour un *patron*.

II

Historique du salariat.

De tout temps, même dans l'antiquité et sous le régime de l'esclavage, il y a eu des hommes pauvres, mais libres, qui louaient leurs bras à un riche en échange d'un certain prix en argent ou en nature et qui par conséquent rentraient à peu près dans la définition du salarié. Mais c'était l'exception. Il ne pouvait guère y avoir de place pour eux dans cette longue période que nous avons appelée « l'industrie de famille » (p. 190), où le maître de la maison se procurait par le travail de ses serviteurs, de ses esclaves, de ses serfs, tout ce qui lui était nécessaire. Il semble que ces travailleurs libres étaient plutôt ce que nous appelons aujourd'hui des artisans, c'est-à-dire des producteurs autonomes, vivant de quelque métier et qui, à certains moments seulement, étaient loués comme surnuméraires quand le personnel esclave ou domestique ne suffisait pas.

Il n'y avait guère plus de place pour le salarié proprement dit sous le second régime, celui de l'industrie corporative. Sans doute « les compagnons » étaient payés par le maître, mais ils n'étaient point vis-à-vis de lui dans les rapports de salariés à patron. L'étymologie même du mot compagnon (*cum pane*), commensal, dit assez quel genre de rapports existaient entre eux, du moins à l'origine. Et ce n'étaient pas seulement des rapports de vie commune et d'aide mutuelle, c'étaient aussi des liens d'obligations réciproques. Les compagnons ne pouvaient ni être congédiés au gré du patron, ni s'en aller à leur fantaisie : leurs salaires et leur travail étaient réglés par les statuts des corporations et parfois par les autorités locales. Tous avaient d'ailleurs l'espoir de s'établir comme maîtres un jour, et pour bon nombre d'entre eux cet espoir se réalisait.

Quoique le tableau idyllique qu'on a fait du régime corporatif ne semble plus aujourd'hui très conforme à la réalité, quoiqu'en ce temps là déjà les coalitions des ouvriers aient apparu, cependant on peut dire qu'alors le salariat et la maîtrise ne représentaient point deux classes sociales opposées, mais deux étapes successives de l'existence professionnelle. Et, d'après les évaluations de M. d'Avenel, c'est au xve siècle que la rémunération de l'ouvrier aurait été relativement la plus élevée.

Mais quand, à la fin du Moyen âge, les petits marchés urbains cessent d'être le centre de la vie économique et que la constitution des grands États modernes, l'ouverture de routes nouvelles, commencent à créer des marchés nationaux et même internationaux, les petits maîtres d'autrefois ne sont plus assez riches pour suffire à la production. Ils sont remplacés progressivement par des capitalistes, de gros marchands, qui plus tard deviendront des chefs d'industrie, et c'est ainsi que se dessine peu à peu le type du patron. En même temps les compagnons voient se fermer l'accès de la maîtrise. Ils commencent à former une classe distincte. Ils se voient exclus des corporations, et par conséquent de toute participation à la fixation de leur propre salaire, et opposent aux « maîtrises », c'est-à-dire aux associations des patrons, les « compagnonnages », c'est-à-dire les associations d'ouvriers, première forme de nos syndicats ouvriers. Désormais le capital et la main-d'œuvre vont marcher séparés.

Il fallait cependant faire encore un pas de plus pour créer le type du salarié tel qu'il existe aujourd'hui. Il fallait supprimer toutes les restrictions et réglementations qui causaient l'infériorité économique du régime corporatif, qui liaient l'ouvrier tout en le protégeant, et rendre la main-d'œuvre absolument mobile pour pouvoir l'organiser à volonté. C'est ce que firent d'abord *les manufactures* qui, étant créées avec privilège de l'État en dehors des corporations, se trouvèrent par là même affranchies de tous leurs règlements et purent appliquer librement la division du travail et la production sur grande échelle. C'est ce que réalisèrent d'une façon plus générale les édits de Turgot et ceux de la Révolution, décrétant la liberté complète du travail.

Désormais les ouvriers furent libres en effet, libres de vendre leur travail au prix fixé par la loi de l'offre et de la demande sur le marché, libres de le refuser, libres de s'en aller quand bon leur semblait. Mais les patrons aussi naturellement furent libres, sous les mêmes conditions, de les payer au prix minimum auquel ils pourraient se les procurer, hommes, femmes ou enfants, et de les congédier à leur gré. Le contrat de salaire fut désormais un contrat aussi libre qu'un contrat de vente et même, en un sens, beaucoup plus libre parce que la loi ne daigna pas s'en occuper — et la main-d'œuvre devint une marchandise dont la valeur fut réglée par les mêmes lois qu'une marchandise quelconque. Alors le salariat fut véritablement constitué.

Personne, même parmi les socialistes, ne songe à nier que ce régime n'ait donné un grand essor à la production et n'ait puissamment armé l'industrie. Mais aucun esprit impartial ne niera non plus que cette liberté réciproque n'ait d'abord beaucoup plus profité aux patrons qu'aux ouvriers. Ceux-ci isolés, désorganisés, victimes d'une législation qui ne leur permettait pas de s'associer, se trouvèrent dans les plus mauvaises conditions pour tirer parti de leur marchandise, c'est-à-dire de leur travail, et ne purent le vendre qu'à vil prix. Et on s'accorde généralement à reconnaître que, depuis la fin du xviiie siècle jusque vers la fin du xixe siècle, la condition des ouvriers salariés en Europe a été très dure et que le régime de la liberté leur a été moins avantageux que les régimes antérieurs.

Mais il faut reconnaître aussi que la face des choses tend à changer depuis une vingtaine d'années :

1º Parce que les ouvriers salariés ont appris à s'organiser et à se grouper pour mieux défendre leurs intérêts et que par tout pays ont été abolies les prohibitions législatives qui mettaient obstacle à l'exercice d'un droit si légitime;

2º Parce que tout un ensemble de lois, qu'on désigne sous le nom de « législation ouvrière » et que nous résumerons plus loin, concourt à reconstituer dans la fabrique moderne les garanties qui existaient sous le régime corporatif mais dont elle s'était affranchie : — réglementation des heures de travail, assurance contre les risques, prescriptions hygiéniques, et, sinon encore fixation d'un taux légal du salaire, du moins certaines garanties quant à la formation et à la résiliation du contrat qui lie l'ouvrier au patron[1].

---

[1] En ce qui concerne la nature juridique de ce contrat, dit « contrat de travail », et les améliorations législatives dont il est susceptible, voir le *Cours*.

III

Les lois du salaire.

Rechercher les lois du salaire, c'est chercher à découvrir les causes générales qui en déterminent le taux et le font monter ou descendre, c'est essayer de mettre en formule leur action. C'est un des gros problèmes de l'économie politique et qui a fait surgir beaucoup de théories fameuses.

On pourrait être tenté d'abord de se demander s'il existe vraiment des lois naturelles qui régissent le taux des salaires. N'est-ce pas là une recherche vaine puisque le taux des salaires varie d'un métier à un autre, d'un lieu à un autre, et que dans chaque cas particulier il est déterminé, comme nous venons de le voir, par un libre débat — ou présumé libre — entre le patron et l'ouvrier ?

Ce serait mal raisonner, car le prix des choses aussi varie suivant la nature de la marchandise, suivant le lieu, suivant le temps, on peut dire aussi qu'il résulte d'un libre débat entre le vendeur et l'acheteur, et pourtant cela n'empêche pas de rechercher les lois qui régissent les prix. Il n'y a là aucune contradiction. Les prix et les salaires sont réglés certainement par les conventions des hommes, mais ces conventions elles-mêmes sont déterminées par des causes générales qh'il s'agit de découvrir. Croire à l'existence des lois naturelles en économie politique, c'est croire précisément que les hommes dans leurs conventions sont déterminés par certains mobiles psychologiques ou par certaines circonstances extérieures qui ont un caractère général et qui peuvent être dégagés de la masse confuse des cas particuliers[1].

---

[1] Et du reste, il n'est pas exact de dire pour les salaires, pas plus que pour les prix, qu'ils sont fixés par des conventions particulières ; chacun sait au contraire que de même qu'il existe *un cours général* pour chaque marchandise — lequel ne saurait être influencé que d'une façon insignifiante par le marchandage des parties — de même aussi il existe un taux général des salaires pour chaque genre de travail et qui s'impose aussi bien aux patrons qu'aux ouvriers.

Or, puisque, dans notre organisation économique actuelle, le travail n'est qu'une marchandise comme une autre qui, sous le nom de main-d'œuvre, se vend et s'achète sur le marché (ou se loue), il paraît évident que le prix de la main-d'œuvre doit être déterminé par les mêmes lois que celles qui régissent le prix de n'importe quelle marchandise, lois déjà étudiées à propos de la valeur et qui se résument dans la formule vulgaire de l'offre et de la demande ou dans la traduction vive et pittoresque qu'en a donnée Cobden : « Les salaires haussent toutes les fois que deux patrons courent après un ouvrier : ils baissent toutes les fois que deux ouvriers courent après un patron ».

Mais c'est là une simple constatation des faits et non une explication. Il s'agit en effet de savoir *pourquoi* ce sont à tel moment les ouvriers qui courent après le patron, ou les patrons qui courent après l'ouvrier?

Une bonne loi des salaires doit expliquer toutes les variations des salaires et notamment : — 1° pourquoi les salaires sont plus élevés dans tel pays que dans tel autre? — 2° pourquoi à telle époque que dans telle autre? — 3° pourquoi dans tel métier que dans tel autre?

On en a proposé trois dont chacune a été célèbre à son tour et dont chacune, à ce jour encore, compte des partisans. Exposons-les successivement.

§ 1. *Théorie du fonds des salaires.* — Cette théorie a été longtemps classique en Angleterre, ce qui fait qu'on la désigne généralement par le terme anglais de *wage-fund* qui est précisément ce que nous traduisons par « le fond des salaires ». Elle a tenu une place considérable dans l'histoire des doctrines économiques.

C'est celle qui se rapproche le plus de la formule de l'offre de la demande et elle s'applique seulement à la préciser.

L'offre, dit-elle, ce sont les ouvriers, les prolétaires, qui cherchent de l'ouvrage pour gagner leur vie et qui offrent leurs bras. La demande, ce sont les capitaux qui cherchent un placement; nous avons déjà vu, en effet (pp. 143-144), qu'il n'existe pas d'autre moyen de donner un emploi productif à un capital que de le consacrer à faire travailler des ouvriers. *C'est le rapport entre ces deux éléments qui déterminera le taux des salaires.*

Prenez le capital circulant d'un pays que les économistes anglais appelaient le *wage-fund* (parce que dans leur pensée il avait pour fonction d'entretenir les travailleurs au cours de leur travail). Prenez ensuite le nombre de travailleurs. Divisez le premier chiffre par le second et le quotient vous donnera tout de suite le montant du salaire. Soit 10 milliards le capital circulant, 10 millions le nombre des travailleurs et vous aurez tout juste 1.000 francs pour le salaire annuel moyen.

Il est clair que, d'après cette théorie, le salaire ne peut varier qu'autant que l'un des deux facteurs variera. Une hausse de salaire n'est donc possible que dans les deux cas suivants :

a) si le *wage-fund,* c'est-à-dire la masse à partager, vient à augmenter — et elle ne pourra augmenter que par l'épargne;

b) si la population ouvrière, c'est-à-dire le nombre des copartageants, diminue — et il ne pourra diminuer que si les ouvriers mettent en application les principes de Malthus, soit en s'abstenant de se marier, soit en n'ayant que peu d'enfants [1].

Cette formule serait peu rassurante pour l'avenir de la classe ouvrière. Il est en effet à craindre que le diviseur (c'est-à-dire le chiffre de la population ouvrière) ne s'accroisse beaucoup plus rapidement que le dividende (c'est-à-dire le capital disponible), d'où il résulte nécessairement

[1] C'est ce que déclare expressément Stuart Mill, l'économiste qui a le plus fortement développé la doctrine du fonds des salaires (que d'ailleurs il a plus tard abandonnée) : « Les salaires dépendent du rapport qui existe entre le chiffre de la population laborieuse et le capital... et, sous l'empire de la concurrence, ils ne peuvent être affectés par aucune autre cause ».

Et naturellement sa conclusion est celle-ci : « Il n'y a pas d'autre sauvegarde pour les salariés que la restriction des progrès de la population ».

que le quotient (c'est-à-dire le salaire) doit tendre à diminuer jusqu'à ce qu'il soit abaissé à ce minimum au-dessous duquel il ne peut plus descendre. Et la raison en est évidente, c'est que la production des enfants est beaucoup plus aisée que celle des capitaux, car celle-ci suppose l'abstinence, et celle-là précisément le contraire. La population se multiplie d'elle-même mais non pas le capital.

Mais cette théorie, quoique encore défendue par certains économistes, est aujourd'hui très discréditée.

D'abord le fait sur lequel elle s'appuie, — la nécessité d'un certain *fonds de roulement* pour pouvoir faire travailler des ouvriers — n'a d'intérêt qu'au point de vue de la production mais nullement de la répartition. Il est incontestable que les salaires sont payés sur le capital, ou plutôt que l'argent que l'entrepreneur emploie à payer les ouvriers est un capital, mais il n'en résulte nullement que le taux de ces salaires soit déterminé par le montant de ce capital. Autre chose est la question de savoir si un entrepreneur aura de quoi faire travailler des ouvriers, c'est-à-dire assez de matière première ou d'instruments, autre chose est de savoir quelle est la part dans le revenu de l'entreprise qu'il pourra leur céder. La réponse à la première question dépend de ce qu'il possède : la réponse à la seconde dépend de ce qu'il produira. La demande des bras dépend de l'activité industrielle, mais cette activité dépend à son tour des espérances des entrepreneurs bien plus que de la somme qu'ils ont en caisse ou dont ils peuvent disposer chez leur banquier, car le soi-disant *fund-wage* n'est pas autre chose.

De plus la prétendue précision de cette théorie n'est qu'un leurre. En fin de compte, quand on la serre de près, elle se réduit à ceci que le taux des salaires s'obtient en divisant le total des sommes distribuées en salaires par le nombre des salariés, ce qui est une simple tautologie... Ou, si on veut lui donner le sens le plus raisonnable, elle signifie que les salaires sont d'autant plus élevés que la richesse d'un pays est plus grande, proposition assez banale pour se passer de toute démonstration.

Et ce capital circulant, ce fonds des salaires, d'où vient-il?
— Du travail lui-même! C'est tout simplement le *revenu
du travail* qui lui revient sous forme de salaire. Il est à remarquer aussi que cette théorie réussit assez mal à expliquer l'inégalité des salaires selon le temps, selon le pays et
surtout selon le métier; car, par exemple, il n'est pas bien
certain que le *wage-fund* soit plus grand aux États-Unis
qu'en France et qu'on puisse expliquer ainsi la supériorité
des salaires américains sur les nôtres; et bien moins encore
peut-on dire que si l'ouvrier graveur gagne 10 francs par
jour et le manœuvre 1 franc, c'est parce que le *wage-fund*
est 10 fois plus grand pour les premiers que pour les
seconds? Cela serait tout à fait inintelligible. L'explication
se résout donc en un cercle vicieux. Comme le dit très
bien le professeur américain Clark, le *wage-fund* c'est un
réservoir qu'une pompe remplit au fur et à mesure des
besoins, et cette pompe c'est le travail.

§ 2. *Théorie de la loi d'airain.* — Cette théorie prend également pour point de départ ce fait que la main-d'œuvre, la
puissance de travail, dans l'organisation actuelle de nos
sociétés, n'est qu'une marchandise qui se vend et s'achète
sur le marché. Ce sont les ouvriers qui sont vendeurs, ce
sont les patrons qui sont acheteurs. Or, partout où la concurrence peut librement s'exercer, n'est-ce pas une loi commune à toutes les marchandises que leur valeur se règle sur
le coût de production? C'est là ce que les économistes appellent le *prix naturel* ou la *valeur normale*. Donc il doit en
être de même de cette marchandise qu'on appelle la main-
d'œuvre. Pour elle aussi le prix, c'est-à-dire le salaire, est
déterminé par le coût de production[1].

Reste à savoir ce qu'il faut entendre par ces mots de

[1] « Comme le prix de toutes les autres marchandises le prix du tra-
« vail est déterminé par les rapports de l'offre et de la demande.
« Mais qu'est-ce qui détermine le prix du marché de chaque marchan-
• dise ou la moyenne du rapport de l'offre et de la demande d'un article
‹ quelconque? — Les frais nécessaires à sa production ». Lassalle,
Bastiat Schulze-Delitzsch, Ch. IV).

coût de production appliqués à la personne du travailleur.

Prenons par exemple une machine. Les frais de production sont représentés : 1° par la valeur de la houille qu'elle consomme ; 2° par la prime qu'il faut mettre de côté annuellement pour l'amortir, c'est-à-dire pour la remplacer par une autre quand elle sera hors de service. De même aussi le coût de production du travail sera représenté : 1° par la valeur des subsistances que doit consommer l'ouvrier pour se maintenir en état de produire ; 2° par la prime d'amortissement nécessaire pour remplacer ce travailleur quand il sera hors de service, c'est-à-dire pour élever un enfant d'ouvrier jusqu'à l'âge adulte.

Voilà comment *le salaire doit nécessairement se réduire au minimum strictement nécessaire pour permettre à un travailleur de vivre, lui et sa famille* ou, d'une façon plus générale, pour permettre à la population ouvrière de s'entretenir et de se perpétuer.

Telle est la théorie généralement connue sous le nom de *Loi d'airain*. Ce nom sonore, trouvé par Lassalle, a longtemps fait fortune ; pendant trente ans il a retenti comme le refrain d'un chant de guerre socialiste et a servi à attiser les haines sociales en démontrant aux ouvriers que l'organisation économique ne leur laissait aucune chance d'amélioration de leur sort. Pourtant, quoique ce soit l'école collectiviste qui ait baptisé cette théorie et lui ait donné un grand retentissement, c'est l'école classique qui l'a engendrée. C'est Turgot qui le premier a déclaré « qu'en tout genre de travail le salaire de l'ouvrier devait s'abaisser à un niveau déterminé uniquement par les nécessités de l'existence ». Et J.-B. Say et Ricardo se sont exprimés dans des termes à peu près identiques ; on le leur a assez reproché depuis !

Cette théorie est abandonnée aujourd'hui. Non seulement l'école libérale, du jour où elle s'est aperçue des conséquences qu'on en tirait, l'a énergiquement désavouée, mais les collectivistes eux-mêmes, notamment Liebknecht au congrès de Halle en 1890, l'ont formellement reniée[1].

En effet, si on prend la formule au pied de la lettre, on entend par là que le salaire ne peut jamais s'élever au-dessus de ce qui est *matériellement* indispensable à l'ouvrier pour vivre — en ce cas elle est beaucoup trop pessimiste et manifestement contraire aux faits. Soumettons-là au contrôle que nous avons indiqué.

Pourquoi le taux des salaires n'est-il pas le même dans tous les métiers? Est-ce qu'un ouvrier graveur ou mécanicien aurait besoin de consommer plus de grammes d'azote ou de carbone qu'un simple manœuvre, « un homme de peine » ? Pourquoi les salaires des ouvriers des campagnes sont-ils moindres en hiver, alors qu'ils sont obligés de dépenser davantage pour se chauffer et se vêtir, et plus élevés en été, justement dans la saison qui, par les facilités de vivre qu'elle offre aux pauvres gens, mérite d'être appelée, comme a dit Victor Hugo, « la saison du pauvre » ?

Pourquoi les salaires sont-ils plus élevés aux États-Unis qu'en France, en Allemagne ou même en Angleterre? Quelle raison physiologique pourra expliquer qu'un Américain mange plus qu'un Allemand, ou qu'un Anglais, alors surtout que celui-ci est son frère de race?

Pourquoi les salaires sont-ils plus élevés aujourd'hui qu'il y a un siècle? Avons-nous un plus fort appétit que nos pères?

Et si on prend la formule dans un sens large, s'il ne s'agit plus de compter le nombre de grammes de carbone ou d'azote indispensables pour entretenir la vie purement animale, mais simplement du minimum nécessaire pour satis-

---

[1] Néanmoins les collectivistes persistent à affirmer que les salaires tendent toujours à un minimum, mais la raison qu'ils en donnent maintenant est différente et plus forte. C'est disent-ils, l'existence permanente d'un contingent d'ouvriers sans travail, prêts à se vendre pour n'importe quel prix, qui pèse sur le marché du travail et empêche toute hausse durable des salaires, parce que les patrons puisent dans ses rangs des remplaçants affamés toujours prêts à se substituer à l'ouvrier qui réclame. Ceci nous ramène donc à la loi de l'offre et de la demande.

faire aux besoins complexes de l'homme vivant dans un milieu civilisé : si on veut dire que le salaire de l'ouvrier se règle sur les habitudes et le genre de vie de la classe ouvrière, sur l'ensemble des besoins physiques ou sociaux, naturels ou artificiels, qui caractérisent ce niveau d'existence, si l'on explique les inégalités ci-dessus indiquées, en disant que le niveau d'existence, le *standard of life*, comme disent les Anglais, est plus élevé dans la profession de graveur que dans celle de manœuvre, pour l'ouvrier américain que pour l'ouvrier français, pour l'homme du xx° siècle que pour celui du xiii° siècle, pour l'habitant des villes que pour le rural — oh! alors cela revient à dire que le salaire, bien loin d'être « d'airain », est élastique, mobile, variable suivant la race, le climat, l'époque, qu'il tend à s'élever sans cesse et nécessairement au fur et à mesure que se multiplient les besoins, les désirs, les exigences des hommes civilisés. — Alors la formule devient beaucoup plus accommodante, mais aussi presque trop optimiste et promet plus qu'il n'est permis d'espérer. Il ne faut plus l'appeler la loi d'airain, mais, comme on l'a dit avec esprit, la « loi d'or » des salaires[1].

§ 3. *Théorie de la productivité du travail.* — Une troisième théorie, tout en assimilant comme la précédente, la loi du salaire à celle de la valeur, arrive pourtant à des conclusions

---

[1] Si nous avions demandé, par exemple, aux disciples de Lassalle pourquoi les salaires des journaliers de nos campagnes qui, autrefois ne leur permettaient que de manger du pain noir et de porter des sabots, se sont assez élevés de nos jours pour leur permettre de manger du pain blanc et de porter des souliers! ils nous auraient répondu : « C'est précisément *parce qu'*ils ont pris de nouveaux besoins et de nouvelles habitudes que leurs salaires se sont accrus ». Très bien, mais en ce cas, du jour où ils prendront l'habitude de manger de la viande avec leur pain et de porter des gilets de flanelle sous leur veste, vous devez tenir pour certain que leur salaire s'élèvera assez pour leur permettre de satisfaire à ces nouveaux besoins. Or, que peut-on désirer de mieux ? Ce n'est plus le salaire de l'ouvrier qui réglera son ordinaire : c'est, au contraire, son ordinaire qui réglera son salaire. Radieuse perspective!

tout à fait opposées et aussi optimistes que les **précédentes**
sont pessimistes[1].

Et voici comment elle raisonne :

La valeur du travail, dit-elle, ne peut être assimilée à la
valeur d'une marchandise soumise uniquement à la loi de
l'offre et de la demande sous l'action de la concurrence. Le
travailleur n'est pas une marchandise quelconque : il est un
instrument de production. Or, la valeur d'un instrument de
production dépend surtout de la productivité de cet instrument. Quand un entrepreneur loue une terre, le taux du fermage qu'il paie n'est-il pas calculé d'après la productivité de
cette terre? Pourquoi, quand il loue le travail, le taux du
salaire ne serait-il pas en raison de la productivité de ce
travail ?

Elle ne prétend pas sans doute que le salaire est égal à la
valeur intégrale produite par l'entreprise — ce serait impossible, puisqu'en ce cas le patron ne gagnant rien ne ferait
plus travailler — mais elle prétend que l'ouvrier touche sous
forme de salaire *tout ce qui reste* sur le produit total, déduction faite des parts afférentes aux autres collaborateurs (intérêt, profit, rente) et qui seraient strictement définies, tandis que la sienne aurait l'avantage d'être indéfinie[2]. Le salarié serait en quelque sorte, vis-à-vis de ses copartageants,
dans la même situation que le légataire universel vis-à-vis
des légataires à titre particulier.

Si cette théorie était fondée, elle serait aussi encourageante
que les précédentes étaient désespérantes. Si, en effet, le taux
des salaires dépend seulement de la productivité du travail
de l'ouvrier, le sort de celui-ci est entre ses mains. Plus il

[1] Celle-ci, de date plus récente, a été enseignée d'abord par l'Américain Francis Walker dans son livre *The Wages Question*. Elle a été
adoptée par l'économiste anglais Stanley Jevons.

[2] Aussi appelle-t-on l'ouvrier *the residual claimant*, celui qui prend
tout ce qui reste. C'est ce que dit en propres termes Stanley Jevons :
« le salaire du travailleur finit toujours par *coïncider avec le produit
de son travail*, déduction faite de la rente, des impôts et de l'intérêt ».
Mais c'est l'entrepreneur qui prend « ce qui reste », non l'ouvrier !
(voir p. 602).

produira, plus il gagnera : tout ce qui est de nature à accroître et à perfectionner son activité productrice — développement physique, vertus morales, instruction professionnelle, inventions et machines — doit accroître infailliblement son salaire. Il est même à remarquer que dans cette théorie, le contrat de salaire serait plus avantageux pour le salarié que le contrat d'association ou la participation aux bénéfices, car c'est l'ouvrier qui profiterait *seul* de tout l'accroissement dans la productivité du travail! Les autres collaborateurs ne toucheraient qu'une part fixe et plutôt décroissante.

Il faut reconnaître que cette théorie réussit mieux que les autres à expliquer les inégalités des salaires, car si le graveur touche plus que le manœuvre, l'Américain plus que le Français, l'ouvrier du xx° siècle plus que celui des siècles passés, n'est-ce point parce que le travail de ceux-là est plus productif que le travail de ceux-ci? Et si l'on croit que l'apprentissage est utile à l'ouvrier, n'est-ce point parce qu'on suppose qu'un ouvrier qui sait bien son métier produit plus et que, produisant plus, il sera mieux payé?

Il est évident d'autre part que la productivité du travail doit exercer une influence générale sur le taux des salaires en ce sens que, en accroissant la richesse du pays, elle accroît la masse à partager et par là finit nécessairement par accroître aussi la part de tous les copartageants, y compris celle des ouvriers.

Cette théorie paraît donc non seulement plus consolante, mais plus près de la vérité que les précédentes. Néanmoins, elle laisse dans l'ombre un des éléments les plus essentiels, l'abondance ou la rareté de la main-d'œuvre dont l'effet le plus souvent est prépondérant. Voyez les États-Unis : la productivité du travail s'est énormément accrue depuis vingt ans; pourtant le taux du salaire n'a presque pas monté. Pourquoi? Parce que le nombre des prolétaires a considérablement augmenté, tant par suite de l'immigration des travailleurs étrangers que par suite de l'appropriation des terres disponibles, et de là viennent justement les me-

sures législatives réclamées et obtenues non seulement
contre l'immigration chinoise, mais contre l'immigration
européenne.

En fin de compte, de même que nous avons dit (p. 71)
qu'il fallait renoncer à trouver *une cause* de la valeur parce
qu'il y en a un nombre infini, de même à plus forte raison
nous devons renoncer à découvrir *une cause* du salaire. Le
prix de la main-d'œuvre est déterminé :

1° Par toutes les causes générales qui agissent sur la valeur des choses et que l'on peut résumer en gros dans la
formule de l'utilité finale.

2° Par certaines causes qui sont spéciales à la marchandise-
travail, parce que cette marchandise-là est en même temps
un homme : — surtout le sentiment grandissant qu'acquiert
l'ouvrier de ses droits et de son importance sociale, et les
organisations auxquelles il a recours pour faire valoir ses
droits (voir ci-après *Les conflits entre ouvriers et patrons.*

Nous venons de rechercher quelles sont les lois économiques qui déterminent le salaire, mais la question peut se
poser un peu différemment. On peut rechercher ce que *devrait être*, au point de vue de la justice et de la raison, le
salaire. C'est la question célèbre du *juste salaire.* Elle a,
dès le Moyen âge, préoccupé les économistes mais elle n'est
pas plus résolue aujourd'hui qu'elle ne l'était de leur
temps. Le pape Léon XIII lui-même s'en est occupé. Dans
sa célèbre encyclique sur les ouvriers, dite *Rerum Novarum*,
il disait : « C'est une loi de justice naturelle que le salaire
ne doit pas être insuffisant à faire subsister l'ouvrier sobre
et honnête ». D'après cette définition ce sont les besoins, ou
plutôt les conditions d'existence du milieu social où l'ouvrier
est appelé à vivre, qui détermineraient le juste salaire, à peu
près ce que les Anglais appellent *living wage.* Mais pourquoi la justice se contenterait-elle, en ce qui concerne l'ouvrier, de ce qui suffit à une existence modeste, tandis que
pour les autres classes de la société aucune limitation semblable ne serait posée? C'est au salaire minimum que cette
définition convient mais non au juste salaire. La justice ne

demande-t-elle pas bien plutôt que le salaire corresponde exactement à la valeur créée par le travail de l'ouvrier? Sans doute. Malheureusement nous n'avons aucune base pour déterminer cette valeur.

Le problème théorique du juste salaire se pose en ces termes : étant donnés deux facteurs dont l'un est le travail manuel et l'autre le capital, qui coopèrent à une entreprise quelconque, quelle est la part qui doit revenir à chacun d'eux dans le produit? Voici Robinson qui fournit un canot et un filet, Vendredi qui ne fournit que ses bras. La journée finie, Vendredi rapporte 10 paniers de poissons. Combien doit-il en revenir à Robinson (le Capital)? combien à Vendredi (le Travail)? Un correspondant du journal *Le Temps* écrivait de Brazzaville que le propriétaire de sa pirogue disputait aux pagayeurs le prix de son passage en disant : « Que pourraient les pagayeurs sans la pirogue? » — à quoi ceux-ci répondaient : « Que pourrait la pirogue sans les pagayeurs »?

Nous considérons le problème comme insoluble, aussi insoluble que celui énoncé ironiquement par Stuart Mill quand il dit : étant données les deux lames d'une paire de ciseaux employée à couper une étoffe, quelle est celle des deux qui a droit à la plus grosse part? — C'est précisément parce que le problème est théoriquement insoluble, parce qu'aucun arbitre, aucune autorité, n'a de critérium pour déterminer ce qui doit revenir au Capital et ce qui doit revenir au Travail, que le régime du salariat donne ouverture à d'incessants et insolubles conflits.

IV
De la hausse des salaires.

Quelles que soient les lois qui régissent le salaire, toujours est-il qu'il est très médiocre. D'après les statistiques de la Direction du Travail, il est en moyenne d'un peu plus de 7 francs à Paris et d'un peu plus de 4 francs dans les villes de province, ce qui en comptant 300 jours de travail

par an, chiffre très supérieur à la moyenne, donne comme
revenu annuel 2.100 francs et 1.200 francs. Mais il s'agit
des ouvriers de l'industrie. Pour les ouvriers agricoles la
moyenne ne dépasse pas 3 francs par jour, soit 900 francs
par an. Et il s'agit là des salaires des hommes : pour les
femmes la moyenne ne dépasse pas 3 francs à Paris et 1 fr. 50
ou 2 francs dans les départements [1]. Quand l'ouvrier est en
famille il peut cumuler, avec son propre salaire, celui de sa
femme et ceux de ses enfants qui ont plus de treize ans et
n'ont pas encore quitté la maison et par là il peut, pendant
une période assez courte de sa vie, doubler à peu près le
revenu que nous chiffrons ci-dessus. Néanmoins ces revenus
de la famille ouvrière, c'est-à-dire de près de la moitié de
la population, ne représentent qu'une existence bien étroite
et restent très au-dessous du revenu moyen fictif qui résulterait du partage de la somme de revenus des habitants de
la France (et que nous avons donné ci-dessus, p. 463).

Et pourtant, si chétifs que soient ces salaires, ils sont considérables comparés à ce qu'ils étaient naguère. Il y a un
demi-siècle le taux moyen des salaires en France n'atteignait
pas 2 francs.

La hausse graduelle des salaires est un fait indiscutable.
Des milliers de statistiques dressées par tout pays permettent

[1] La question du salaire des femmes est une des plus angoissantes du
temps présent. Tel quel, il est absolument insuffisant pour permettre à la
femme de vivre si elle est *seule*, et ne vaut que comme salaire d'appoint. Mais il y a pourtant beaucoup de femmes qui se trouvent célibataires, ou veuves, ou, cas malheureusement très fréquent dans la classe
ouvrière, abandonnées par leur mari ou par l'homme avec qui elles vivaient sans mariage légal. Alors comment peuvent-elles vivre sinon en
cherchant quelqu'un pour les entretenir? — Les remèdes à cette situation
sont d'autant plus difficiles à trouver que les causes du mal sont plus
complexes. C'est d'abord et surtout la concurrence que les femmes, cherchant simplement un salaire d'appoint, font à celles qui ont besoin de
travailler à plein salaire. C'est le niveau d'existence et les besoins moindres chez la femme que chez l'homme et encore déprimés par une longue
habitude de la misère. C'est aussi le manque complet d'organisation
chez les femmes ouvrières qui les laisse sans défense contre l'exploitation
des entrepreneurs.

de conclure que les salaires (agricoles ou industriels) ont plus que doublé au cours du xix⁰ siècle.[1].

Cependant il faut tenir compte de diverses circonstances qui rendent cette hausse moins considérable et moins bienfaisante qu'on le croirait à première vue :

1° La hausse des salaires est en partie *nominale*, il y a une part d'illusion d'optique causée par la dépréciation de valeur de l'argent. Si l'argent depuis un siècle avait perdu la moitié de sa valeur, qu'importerait au travailleur de recevoir comme salaire une pièce de 2 francs, au lieu d'une pièce de 1 franc? Il n'en serait pas plus avancé.

Or il est certain que la monnaie a perdu depuis un siècle une partie de sa valeur et que cette baisse de valeur de l'étalon monétaire a déterminé une hausse générale des prix. Cette hausse de prix s'était arrêtée vers 1880 et même, depuis lors, une baisse de prix sensible lui avait succédé[2], mais depuis 1907 le mouvement de hausse a repris et tend

[1] Voici le graphique exposé à l'Exposition Universelle de 1900 par l'Office du Travail qui donnait la hausse du salaire au cours du xix⁰ siècle pour la France, exprimée en chiffres conventionnels :

1806	45	1860	70
1830	49	1880	98
1840	53	1892	100
1856	61	1900	103

Ce qui correspond à une hausse de 129 p. 100. D'après une statistique officielle plus récente de même source, qui va jusqu'à 1906 mais qui ne remonte qu'à 1853, rien que pendant cette dernière période de 53 ans les salaires ont augmenté de 110 p. 100.

[2] Une statistique du ministère du Travail a donné l'évaluation suivante des dépenses *d'alimentation* seulement — à Paris et pour une famille de 4 personnes. La voici en abrégé :

1804-1813	884 fr.	1874-1883	1093 fr.
1834-1843	950 —	1884-1893	993 —
1854-1863	1052 —	1894-1903	910 —

Le coût de la vie aurait donc non point augmenté mais diminué depuis trente ans et serait à peu près revenu à ce qu'il était au début du xix⁰ siècle. Il est vrai que dans ce compte n'est pas comprise la dépense du *logement*, laquelle a énormément augmenté (elle aurait quadruplé d'après une statistique de même source), mais n'y sont pas comprises d'autre part les dépenses dont le prix a le plus diminué, vêtements, transports, correspondance, instruction, etc.

à rattraper et même à devancer la marche ascensionnelle des salaires. Néanmoins si les produits alimentaires (viande, légumes, lait, beurre, etc.) ont augmenté de prix dans des proportions notables, le prix des loyers plus encore peut-être — et ce dernier est la plus lourde charge pour l'ouvrier — d'autre part le pain, qui constitue le plus gros article de son budget, n'a pas haussé de prix : beaucoup de denrées, le sucre, le vin, l'épicerie, tous les articles manufacturés, tels que vêtements, meubles, etc., ont diminué dans des proportions considérables, et le prix des transports, des postes et des télégraphes, livres et journaux, plus encore.

En somme c'est tout au plus si la vie matérielle a augmenté en moyenne d'un tiers depuis un siècle. Or, puisque les salaires nominaux ont beaucoup plus que doublé, on voit qu'il reste une bonne marge de hausse réelle[1].

Il est à craindre, il est vrai, que la hausse des prix actuelle ne continue et ne s'accentue si elle est due à la surproduction de l'or (voir p. 257), mais, en ce cas, la hausse des salaires reprendra aussi.

2° Les salaires moyens donnés par les statistiques s'appliquent à des salaires présumés *annuels et réguliers*. Or, le *chômage* et les *mortes-saisons*, qui deviennent un mal chronique de l'industrie, peuvent réduire effroyablement le salaire effectivement payé. Et ce risque est d'autant plus grave qu'on n'a pas trouvé, comme nous le verrons, de mode d'assurance efficace contre lui.

Cette hausse des salaires que nous venons de constater est-elle l'effet de causes naturelles ou de causes artificielles? Nous voulons dire : s'est-elle produite spontanément ou est-elle due aux efforts des ouvriers, de l'État, peut-être des patrons eux-mêmes?

Les intransigeants de l'école libérale ne croient pas qu'il existe aucun moyen artificiel pour faire hausser les salaires

---

[1] Dans notre *Économie Sociale*, nous évaluons à 150 p. 0/0 la hausse nominale et à 110 ou 120 p. 0/0 la hausse réelle.

pas plus que pour faire hausser les prix. Pour eux, le taux des salaires est déterminé par des lois naturelles, celles que nous avons expliquées déjà (p. 554 et s.), les mêmes d'ailleurs que celles qui régissent le cours des marchandises et qui sont indépendantes de la volonté des parties intéressées. Croire qu'un marchandage quelconque, une coalition des ouvriers, un texte de loi, ou même la générosité d'un patron, pourra faire monter les salaires, serait aussi puéril que croire que, pour faire venir le beau temps, il suffira de pousser avec le doigt l'aiguille du baromètre.

Il est vrai qu'on peut citer nombre de cas dans lesquels une grève entreprise pour obtenir une augmentation des salaires a réussi, mais alors, disent-ils, c'est parce que la hausse des salaires devait arriver par la force des choses. La grève en ce cas a agi à la façon de ce léger coup de pouce qu'on donne sur le cadran pour permettre à l'aiguille toujours un peu paresseuse de suivre l'ascension du mercure et de prendre plus vite sa position d'équilibre.

Pour que les salaires haussent il suffirait donc, du moins dans un pays en état de santé économique, d'assurer le plus libre jeu possible aux lois naturelles et, spécialement en ce qui concerne la loi de l'offre et de la demande, de rendre le travail aussi mobile que possible, aussi mobile que le capital, aussi mobile que l'or[1].

A cette argumentation optimiste on peut accorder en effet que les lois naturelles, c'est-à-dire les causes que nous avons déjà indiquées — telles que la rareté ou l'abondance de main-d'œuvre, les habitudes de vie de l'ouvrier, et surtout le degré de prospérité générale d'un pays — déterminent *à la longue* le taux des salaires, et on peut accorder

---

[1] Voilà pourquoi les économistes de l'école libérale cherchent le remède dans la commercialisation de la main-d'œuvre : M. de Molinari dans des *Bourses du travail* où la main-d'œuvre serait cotée et transférée comme les valeurs mobilières, et M. Yves Guyot, dans des *sociétés commerciales du travail* qui vendraient le travail de leurs membres là où il est le plus demandé, comme les sociétés d'industriels vendent leur charbon ou leur coton.

que la plupart de ces causes agissent en effet dans le sens
de la hausse. Néanmoins bien imprudente serait la classe
ouvrière si elle se fiait uniquement à elles, car le taux des
salaires est sujet à se cristalliser, beaucoup plus que le prix
des marchandises : d'ailleurs le même phénomène se manifeste pour le prix des marchandises vendues au détail, mais
dans une moindre mesure. C'est ce qu'on exprime en d'autres termes en disant que le taux des salaires, là où les ouvriers ne sont pas organisés, et surtout loin des grands centres, est régi par *la coutume*. Le taux des salaires est donc,
pour reprendre la comparaison de tout à l'heure, une aiguille très lente à se mettre en équilibre avec la pression atmosphérique et si le coup de pouce de la grève peut avancer
sa marche de quelques années, peut-être de la durée d'une
vie d'homme, ce ne sera pas un médiocre résultat.

Étant admis que la hausse des salaires existe et qu'elle est
même considérable, reste encore une dernière question :
Est-elle *proportionnelle au développement de la richesse générale* et à l'accroissement du revenu des autres classes de
la société? Supposons que le revenu global à partager entre
propriétaires et prolétaires fût, il y a cent ans, de 10 milliards à raison de 5 milliards pour chaque classe; supposons
qu'aujourd'hui, le revenu à partager s'élevant à 25 milliards
(le nombre des co-partageants étant le même), les prolétaires touchent 10 milliards et les propriétaires 15 — en ce cas
la hausse des salaires ne représenterait pas une **véritable**
élévation de condition : la part des salariés aurait doublé,
mais ce le des propriétaires aurait triplé. Les salariés auraient plus de bien-être, mais *ils ne se sentiraient pas* plus
riches, car il ne faut pas oublier que la richesse est chose toute
relative, et telle est la nature de l'homme que l'aisance même
lui apparaît comme un état de misère si elle fait contraste
avec l'opulence de ceux qui l'entourent. D'ailleurs au point
de vue de la justice sociale, il faut bien admettre que les
travailleurs ont droit non pas seulement à une amélioration quelconque dans leur condition, mais à un accroissement de revenu proportionnellement égal à celui des autres

classes de la société. — Et cela est si vrai que les économistes de l'école libérale, Bastiat autrefois, M. Yves Guyot aujourd'hui, s'efforcent de démontrer que la part prélevée par le travail a proportionnellement plus augmenté que la part prélevée par le capital.

Malheureusement leur démonstration est loin d'être péremptoire et le contraire paraît beaucoup plus vraisemblable. Nous venons de voir dans le Ch. précédent que le salaire en argent avait plus que *doublé*, mettons même, si l'on veut, qu'il avait presque triplé, depuis un siècle. Croit-on que la part qui reviendrait à chaque Français, si l'on divisait l'ensemble du revenu par le chiffre de la population, n'ait fait que doubler ou tripler depuis un siècle? — L'accroissement est bien plus considérable. Si nous prenons par exemple la somme des valeurs transmises par successions et donations, ce que l'on appelle l'annuité successorale, nous voyons qu'elle est (moyenne de 1901-1906) de 6 600 millions de francs [1]; mais en 1847 elle n'était que de 2.055, en 1829 de 1.412 millions et au début du xix⁰ siècle, elle ne devait guère être supérieure à 1 milliard. L'annuité successorale étant évidemment proportionnelle à la masse des fortunes privées, on peut en conclure que l'ensemble des fortunes privées a plus que *sextuplé* au cours du xixe siècle.

Il est vrai que cette constatation ne suffit pas à prouver que la part de chaque capitaliste ait augmenté dans la même proportion puisque évidemment le nombre de capitalistes, c'est-à-dire des co-partageants, a considérablement augmenté aussi : la population de la France au cours du xixe siècle a passé de 28 à 39 millions. Néanmoins cela ne fait qu'un accroissement de 40 p. 0/0 et il est certain que dans

[1] Soit 5.600 millions fr. pour les successions (5.200 millions seulement, déduction faite des dettes, mais cette déduction n'étant comptée que depuis 1901 ne doit pas entrer en compte pour la comparaison) et 1 milliard donations. Pour 1907 le chiffre est de 5.900 millions pour les successions, et de 1.035 millions pour les donations. Au total donc près de 7 milliards, sans compter tout ce qu'on dissimule!

la classe capitaliste il a été au-dessous de la moyenne. Il est vrai aussi que la classe capitaliste s'est accrue par le recrutement heureux d'un certain nombre de salariés. Néanmoins et quelle que soit l'incertitude de ces données, il semble bien en résulter que la part du capitaliste s'est plus accrue que celle des ouvriers. Nous croyons pouvoir dire qu'elle est au moins quadruplée.

VI
Les conflits entre ouvriers et patrons[1].

Dans les conditions ordinaires, quand l'ouvrier traite *seul* avec le patron il est placé dans une situation d'infériorité forcée : il ne peut ni défendre, ni même discuter son salaire; c'est à prendre ou à laisser. Et s'il est affamé, il capitule. Voici par quelles raisons :

1° Parce que le capitaliste peut attendre, tandis que le travailleur ne le peut pas. Celui-ci est dans la situation d'un marchand qui a absolument besoin de vendre sa marchandise pour vivre : la marchandise ici, c'est la main d'œuvre;

2° Parce que l'entrepreneur peut se passer de l'ouvrier quand celui-ci est isolé, tandis que l'ouvrier ne peut pas aussi facilement se passer du patron. On trouve toujours un autre ouvrier; au besoin on le fait venir de l'étranger; au besoin même on le remplace par une machine. Mais on ne trouve pas aussi aisément un autre patron, on ne le fait pas venir du dehors par chemin de fer ou par bateau; on n'a pas trouvé le secret de le remplacer par une machine;

3° Parce que l'entrepreneur est mieux au courant de la situation du marché. Il voit de plus haut et de plus loin et surtout il lui est bien plus facile de s'entendre avec ses collègues ou tout au moins de savoir ce qu'ils font.

Mais du jour où l'ouvrier peut constituer avec ses camarades du même corps de métier une association, l'égalité de situation se trouve rétablie jusqu'à un certain point :

[1] Ce chapitre est développé dans le *Cours* en 3 chapitres : *Syndicats ouvriers, Grèves, Arbitrages.*

1° Parce que l'association donne à l'ouvrier le moyen de refuser son travail, en le soutenant pendant ce temps à l'aide des cotisations des associés. Si l'association a des fonds suffisants, elle crée une caisse de chômage pour empêcher ces capitulations par la famine dont nous venons de parler;

2° Parce qu'elle solidarise tous les ouvriers d'une industrie en sorte que le patron ne peut plus traiter avec un seul, mais avec tous. Au contrat de salaire individuel, qui n'est qu'une caricature de contrat, vient se substituer le *contrat collectif;*

3° Parce qu'elle leur procure un bureau de renseignements et des directeurs compétents et expérimentés, capables de se rendre compte de la situation aussi bien que les patrons eux-mêmes, et qui par là empêchent les ouvriers de faire de fausses manœuvres.

Donc aux économistes qui déclarent que les syndicats ouvriers ne peuvent fixer un taux arbitraire des salaires, il faut répondre qu'ils n'ont pas cette prétention, mais qu'ils veulent seulement obtenir le salaire tel que le comporte l'état général du marché et non plus tel que le leur imposaient certaines circonstances accidentelles et perturbatrices, par exemple le fait de n'avoir pas dîné, ou d'être sans travail, ou d'avoir une nombreuse famille à nourrir.

Pourtant ce droit de s'entendre et de s'associer, les ouvriers ne l'ont conquis que récemment.

Sans doute les associations professionnelles ouvrières remontent — non pourtant aux corporations du Moyen âge qui n'étaient généralement composées que de maîtres (les maîtrises) et dont il faudrait plutôt chercher les successeurs dans les syndicats patronaux d'aujourd'hui — mais aux *compagnonnages* et, par delà le Moyen âge, aux associations ouvrières de Rome et de l'antiquité. Mais cette institution vénérable fut abolie, du moins en France, par les lois de la Révolution et, en tant que survivance de l'ancien régime, elle subit le même sort que les corporations de maîtres. Ce fut seulement un siècle plus tard que la loi célèbre du 21 mars 1884, due à l'initiative de Waldeck-Rousseau, restitua aux ouvriers (et aux patrons aussi) le droit de former des associations qui sont désignées en France sous le nom de *syndicats professionnels.*

La *grève,* c'est-à-dire le refus de travail, est générale-ment considérée comme l'unique but et la fonction essen-tielle du syndicat : mais c'est une grave erreur. Un syndi-cat bien organisé peut remporter des victoires sans faire de grèves — tout comme un général sans gagner de batailles — et ce sont même les mieux organisés et les plus puissants qui font le moins de grèves. Néanmoins, c'est bien la grève qui constitue l'*ultima ratio* seulement après que tout autre moyen a échoué. Qu'est-ce en effet que la grève? Ce n'est pas simplement le fait de se refuser à travailler, car un tel acte n'a jamais été puni par la loi, ni même le fait d'aban-donner le travail commencé, car la résiliation du contrat de travail, comme de tout contrat fait sans terme fixé, est de droit. C'est un moyen de contrainte exercé par l'une des parties contractantes sur l'autre partie pour la forcer à mo-difier certaines conditions du contrat, par exemple à rele-ver le salaire convenu. Ce n'est pas le seul moyen de con-trainte : il peut y en avoir d'autres, tel que le sabotage — mais ici la coercition consiste dans l'interruption brusque du travail et dans le préjudice qui en résulte pour l'entre-preneur. Ce moyen n'est d'ailleurs efficace qu'autant qu'il est exercé collectivement par un grand nombre d'ouvriers, tous ceux de l'usine sans exception, et même si possible, ce qui le rend plus redoutable encore, par tous les ouvriers de la même industrie, afin que les patrons ne puissent s'aider les uns les autres — ou même enfin, auquel cas il attein-drait son efficacité maximum, en théorie du moins, par tous les ouvriers de toutes les industries, ce qui constitue la grève générale. Ce qui caractérise donc la grève, c'est l'entente préalable, c'est la *coalition :* c'est même là sa seule dénomination juridique.

La grève doit donc être considérée comme un moyen de guerre puisqu'elle a pour but d'obtenir par la contrainte ce qui n'a pu être obtenu de bon gré. Et d'ailleurs la tactique de la grève tend de plus en plus à se régler sur celle de la guerre : — ouverture des hostilités sans déclaration préalable pour frapper à l'improviste ; — organisation d'un état-major qui est fourni par le syndicat ou la Confédération Générale du Travail ; — installation d'un quartier général qui est la Bourse du Travail, avec un service d'intendance, des « soupes communistes » pour alimenter les grévistes et leurs familles, l'évacuation des enfants sur d'autres villes pour ménager les ressources ; — établissements de sentinelles et de piquets (*picketing*) aux abords des usines pour empêcher les non-grévistes, les jaunes, d'entrer, ou même aux abords des gares pour les empêcher d'arriver ; — et, finalement, trop souvent, lutte à main armée, soit contre « les renégats », soit contre les troupes chargées de les protéger, parfois même incendie des usines ; — ne reconnaît-on pas là tous les aspects de la guerre? D'ailleurs, c'est parfaitement ainsi que le parti ouvrier et syndicaliste comprend la grève : il y voit la forme-type de la lutte de classes.

On ne s'étonnera donc pas que la grève, ou plus généralement la coalition, ait constitué par tout pays, et jusqu'à une époque récente, un délit spécialement prévu et frappé par les lois pénales. Cependant en France la légitimité du droit de grève a été reconnue avant le droit d'association, car la loi abolissant les pénalités contre les grèves est celle du 25 mai 1864, tandis que nous venons de voir que celle reconnaissant le droit d'association professionnelle n'est que du 21 mars 1884. Aujourd'hui personne ne conteste plus la légitimité de la grève, et les économistes de l'école libérale avaient été d'ailleurs les premiers à la proclamer longtemps avant qu'elle eût été légalement reconnue. Pourquoi donc? Mais parce que, en tant que refus du travail, même concerté, elle n'est que l'exercice de la liberté ; et parce que, même en tant que mesure de guerre, il faut bien reconnaître à la classe ouvrière le droit de défendre ses intérêts, à défaut de tribunaux pouvant statuer sur les conflits entre le capital et le travail — de même qu'il faut bien reconnaître aux peuples, en cas de conflits internationaux et à défaut de Cour suprême pour les résoudre, le droit de guerre pour défendre leur indépendance ou leur honneur. Au reste il serait d'autant plus injuste de refuser le droit de coalition aux ouvriers qu'il est impossible de le refuser aux patrons; ou du moins toute loi punissant le délit de coalition ne frappe en réalité que les ouvriers. Si en effet la loi peut empêcher effectivement les ouvriers de prendre les mesures nécessaires à l'organisation de la grève, telles que convocations, réunions, manifestations diverses, elle est tout à fait impuissante à empêcher quelques patrons de se réunir chez l'un d'eux et de s'entendre pour abaisser les salaires ou même pour fermer simultanément leurs fabriques, mesure de guerre qui est exactement la contre-partie de la grève et qui est désignée sous le nom de *lock-out* (fermer la porte).

Cependant il est certains cas dans lesquels la grève apparaît comme si dangereuse pour la sécurité publique que la question se pose de savoir si, exceptionnellement, le caractère délictueux et les pénalités ne devraient pas être maintenus. Tout d'abord pour les services publics, ceux des fonctionnaires et employés de l'État. On a vu, dans ces dernières années et en divers pays, des grèves des employés des postes, des employés des chemins de fer de l'État, des ouvriers des arsenaux, et même à Lyon, en 1906, des agents de police! Tous les gouvernements, y compris celui de la République française, se sont refusés énergiquement à reconnaître à leurs agents — même à ceux à qui il reconnaît le droit de se syndiquer — le droit d'interrompre leur service sous prétexte de grève, et ont considéré cette interruption de services comme un acte de rébellion, comportant comme sanction tout au moins la révocation. Mais n'y a-t-il pas des travaux qui, sans être faits par des employés de l'État, n'en sont pas moins « des services publics », dans toute la force du mot et dont l'interruption est beaucoup plus préjudiciable à la sécurité publique que celle de telle ou telle catégorie de fonctionnaires administratifs? par exemple la distribution de l'eau, ou l'éclairage dans les villes, ou le service des chemins de fer, alors même que ces chemins de fer sont entre les mains de Compagnies privées? il semble bien qu'il faudrait les assimiler. C'est ainsi que la loi anglaise punit sévèrement les grèves dans les deux premières de ces industries et la loi hollandaise punit celle des chemins de fer. En France, à la suite de récentes grèves des ouvriers électriciens qui, deux fois, sur un mot d'ordre, ont plongé Paris dans l'obscurité, on s'est demandé s'il ne faudrait pas introduire dans la législation les mêmes mesures répressives? La question est très embarrassante parce qu'on ne sait à quelle limite s'arrêter. Si en effet, on retire le droit de grève aux ouvriers électriciens ou aux cheminots, pourquoi pas aux ouvriers boulangers? Une ville peut encore moins facilement se passer du pain que de lumière. D'autre part, on ne voit pas bien quelle sanction effective on pourra trouver pour une loi prohibant le droit de grève? — La prison? mais comment poursuivre, juger et emprisonner des milliers d'hommes? — L'amende? comment la faire payer aux ouvriers s'ils n'ont rien. — La révocation? En effet c'est la seule sanction efficace, mais pour cela point n'est besoin d'une loi spéciale, puisque le patron a toujours le droit de congédier l'ouvrier qui ne fait pas ou fait mal son service. Seulement en fait cette sanction est très rarement appliquée par le patron et bien moins encore par l'État. Cela revient à dire que, précisément parce qu'elle est un acte de guerre, la grève échappe par sa nature à l'action de la loi. Nous croyons donc que le législateur doit se borner à punir les actes de grève qui prennent le caractère d'attentats à la liberté des personnes ou à la propriété — laissant à l'opinion publique le soin de réprimer les grèves qui porteraient atteinte à la vie quotidienne de la Société.

Or cette sanction de l'opinion publique n'est pas une garantie illusoire, tant s'en faut! Car si le public reste indifférent ou même sympathique aux grévistes tant qu'il ne voit dans la grève qu'un conflit entre ouvriers et patrons, au contraire, il s'émeut dès qu'il voit dans les grèves un coup porté

a ses propres intérêts, dès qu'il voit la satisfaction de ses
besoins quotidiens mis en souffrance. De là vient que les
grèves des employés des postes, des tramways, des chemins de fer, n'ont presque jamais réussi : c'est que les consommateurs se sentent touchés. Ils comprendront de mieux en
mieux que toute grève les touche, directement ou indirectement — surtout quand les Ligues sociales d'acheteurs et
les sociétés coopératives de consommation auront fait l'éducation du consommateur et c'est sur lui, en fin de compte,
qu'il faudra compter comme le tiers arbitre chargé de
résoudre les conflits entre le Capital et le Travail.

C'est une question encore très débattue que celle de
savoir si les grèves peuvent exercer une action efficace pour
la hausse des salaires. Les économistes de l'école libérale
ne sont pas disposés à l'admettre puisqu'ils croient que le
taux des salaires est, tout comme le prix des marchandises,
déterminé par des lois naturelles qui dominent de très haut
tous les marchandages et disputes des parties intéressées.
Néanmoins, nous ne croyons pas qu'on puisse contester que
ce moyen violent n'ait contribué à relever le taux des salaires — et surtout à réduire la durée de la journée de travail, car sur ce point l'action des lois naturelles serait vraiment inintelligible. Il ne faut pas juger de l'efficacité des
grèves seulement par la proportion des grèves ayant réussi
ou échoué que donnent les statistiques [1]. Une seule grève
qui réussit peut faire augmenter les salaires dans une foule
d'industries. Et d'ailleurs ce qui agit pour relever le taux
des salaires, c'est moins la grève elle-même que la crainte
toujours imminente de la grève.

Ceux qui nient l'efficacité des grèves pour accroître le
salaire font remarquer que la hausse des salaires a été au

[1] D'après les nombreuses statistiques publiées à ce sujet dans tous les
pays, il faut compter dans les grèves, en moyenne, 20 à 25 p. 0/0 de
succès complets, 30 à 40 p. 0/0 d'échecs complets, et le restant, c'est-
à-dire 35 à 50 p. 0/0, de concessions réciproques; en sorte que, dans
plus de la moitié et souvent dans les 2/3 des cas, les ouvriers obtien-
nent des avantages plus ou moins importants.

moins égale ou supérieure dans les industries où il n'y a jamais de grève, et même dans celles où il n'y a point de syndicats organisés : par exemple les ouvriers agricoles et les domestiques — Mais pourquoi? Parce que ceux-ci ont bénéficié indirectement de la hausse des salaires dans les autres industries où les ouvriers sont organisés. Si les salaires ont monté à la campagne c'est parce que les ouvriers des campagnes les ont quittées pour aller chercher à la ville de plus hauts salaires. Et de même les gages des domestiques suivent le taux des salaires industriels. En sorte que ce sont en définitive les métiers organisés qui deviennent les régulateurs du marché du travail, tandis que jusqu'à présent c'était au contraire la foule des misérables qui pesait sur le marché : c'est là un immense progrès, économique et moral.

On dit aussi que les ouvriers perdent plus qu'ils ne gagnent à la grève, même quand la grève a été victorieuse. On veut dire par là que les salaires qu'ils perdent par suite du chômage, les petites économies qu'ils sont obligés de dépenser pour vivre, ou les dettes qu'ils contractent chez leurs fournisseurs, feraient plus que compenser l'accroissement de salaire qu'ils peuvent conquérir. Mais les calculs que l'on a fait dans les Offices du Travail de France et d'Italie démontrent arithmétiquement que cet argument ne vaut rien et qu'au contraire les accroissements de salaires obtenus par les grévistes, en supposant même qu'ils ne durent qu'un an — supposition certainement trop défavorable aux ouvriers, car les augmentations une fois acquises ne peuvent pas facilement être retirées — laissent un bénéfice assez considérable, déduction faite des salaires perdus [1].

---

[1] Et il reste un bénéfice, même en déduisant les pertes subies sans compensation par les grévistes qui ont totalement échoué. Bien entendu, ceux-ci ont fait une mauvaise affaire, mais comme ils ne sont qu'une minorité, la classe ouvrière, considérée en bloc, gagne un accroissement de revenu par les grèves. Il est vrai qu'on peut répliquer qu'elle pourrait en gagner autant ou plus — et sans pertes — par des négociations amiables avec les patrons, comme elle le fait si bien en Angleterre.

Puisque les conflits politiques, qui ont d'abord provoqué des guerres incessantes, tendent aujourd'hui à être résolus, au moins en partie, par la conciliation et l'arbitrage, à telles enseignes qu'une Cour permanente a été installée à La Haye — pourquoi de même dans les conflits entre le capital et le travail, à la solution brutale par la grève, c'est-à-dire au droit du plus fort, n'essaierait-on pas de substituer les mêmes institutions? Et en effet c'est bien à cela qu'on travaille par tout pays? Très nombreux déjà sont les Conseils d'arbitrage et de conciliation, élus par les patrons et les ouvriers, qui fonctionnent avec succès.

Il faut soigneusement distinguer la conciliation et l'arbitrage. Ces deux institutions, quoique ayant souvent les mêmes organes, diffèrent par des caractères essentiels :

a) Par le moment où ils fonctionnent. La conciliation se place généralement avant que le conflit n'éclate et afin de le prévenir. L'arbitrage n'intervient qu'après que le conflit a assez duré et afin de le résoudre;

b) Par la procédure. Dans la conciliation les deux parties sont en présence et s'efforcent de se convaincre l'une l'autre. Dans l'arbitrage il y a toujours un tiers pris en dehors des parties, et celles-ci s'efforcent chacune de convaincre l'arbitre, comme les plaideurs devant le juge;

c) Mais surtout par leurs résultats. Dans la conciliation les parties ne s'engagent à rien : si elles ne réussissent pas à se convaincre l'une l'autre, elles se retirent et il n'y a rien de fait. Dans l'arbitrage une solution intervient nécessairement et elle est nécessairement acceptée d'avance par les deux parties — tellement qu'il est de règle, partout où l'on comprend ce que c'est que l'arbitrage, que du jour où l'arbitrage est accepté, les grévistes reprennent le travail[1].

---

[1] C'est ainsi du moins que les choses se passent en Angleterre; et en Australie la loi dont nous parlons ci-après l'impose. Mais en France nous sommes loin de compte! car non seulement les ouvriers grévistes n'ont jamais songé à reprendre le travail sitôt qu'ils avaient accepté l'arbitrage, mais même ils ont fait souvent des difficultés pour le reprendre lorsque la décision de l'arbitre n'était pas à leur gré.

De ces différences il résulte que l'arbitrage est bien plus grave et sera bien plus difficilement accepté par les parties que la conciliation, puisqu'il implique leur abdication absolue entre les mains d'un tiers. Aussi est-il rarement appliqué.

On est donc conduit à se demander si on ne pourrait pas l'imposer aux parties, c'est-à-dire aux patrons et ouvriers? Il semble cependant que cette institution ne puisse être que facultative, car on ne comprend guère un arbitrage imposé. Cependant depuis quinze ans il existe en Nouvelle-Zélande un tribunal d'arbitrage obligatoire. C'est un véritable tribunal à la juridiction duquel personne ne peut se soustraire. Cette institution (loi du 21 décembre 1894) paraît donner de beaux résultats : elle a fait régner la paix sociale et commence à être adoptée par les autres États d'Australie. Mais il faut dire que ces États sont de très petits pays, où les syndicats ouvriers étaient déjà puissamment organisés et englobaient toute la population ouvrière. Là où cette organisation n'existe qu'à l'état embryonnaire, on ne voit guère de moyen pratique de rendre l'arbitrage obligatoire et surtout de lui donner une sanction. On ne voit pas par exemple comment on appliquerait aux syndicats français les amendes considérables qui sont infligées aux ouvriers syndiqués de la Nouvelle-Zélande (250 fr. par tête ou 12.500 fr. pour le syndicat) s'ils ne veulent pas se soumettre[1].

Entre le rôle du juge dans les procès civils et le rôle du juge dans les conflits entre le Capital et le Travail il y aura

[1] En France une loi du 27 décembre 1892 a constitué l'arbitrage et la conciliation — facultatifs d'ailleurs — sous une forme assez timide. C'est le juge de paix qui est chargé d'inviter les parties à s'entendre. Il peut intervenir d'office seulement s'il y a grève déclarée, sinon sur la demande de l'une des parties. Si l'autre refuse, son refus est affiché : c'est là la seule sanction. Si les deux consentent, elles nomment des délégués qui discutent en présence du juge de paix. Si la discussion ne peut aboutir, le juge de paix propose de nommer un arbitre (jamais lui, en aucun cas : il n'aurait aucune compétence technique); les parties acceptent ou refusent. Sur 100 grèves on compte environ 9 arrangements par conciliation et 1 par arbitrage.

toujours cette différence capitale que le premier juge d'après une loi écrite ou tout au moins d'après des principes de droit généralement admis, tandis que dans les conflits économiques le juge n'a aucun critérium. Voici un ouvrier qui réclame un salaire de 5 francs et le patron qui déclare ne pouvoir lui en donner que 4. Quelle est, je ne dirais même pas la loi écrite, mais la loi économique, la loi morale, sur laquelle l'arbitre motivera sa sentence? Le juste salaire? Mais quel est-il? Que fera l'arbitre [1]? Il coupera la poire en deux, comme dit le dicton, c'est-à-dire qu'il prendra un peu à celui qui a raison et qu'il donnera quelque chose à celui qui a tort. Aussi l'arbitrage est-il surtout réclamé par celle des deux parties qui a le moins de droits à faire valoir.

VI

L'intervention du législateur pour protéger les ouvriers [2].

Dès le commencement du xix⁰ siècle, en effet, mais surtout vers la fin, l'État est intervenu : — 1° pour limiter la durée du travail; — 2° pour assurer à l'ouvrier des conditions d'hygiène et de sécurité dans son travail; — 3° pour réprimer les cas d'exploitation par le contrat de travail et parfois même pour assurer un salaire minimum; — 4° et enfin pour généraliser par des traités internationaux les réformes réalisées dans chaque pays.

Ce n'est point à dire cependant que l'État soit le seul facteur de cette réglementation. Le patron y a aussi sa part par les *règlements d'atelier*, comme on les appelle, et même on peut dire que jusqu'à une époque récente c'est le patron qui réglementait à son gré les conditions du travail. D'autre part, depuis que les ouvriers se sont organisés, les syndicats, par les contrats collectifs qu'ils imposent aux patrons, prennent

---

[1] Voir ci-dessus ce que nous disons du juste salaire, p. 564.
[2] Ce chapitre est développé dans *le Cours* en deux chapitres : *La réglementation du travail; — La garantie contre les risques.*

une part de plus en plus effective à la réglementation du travail. Les économistes de l'école libérale assurent même que l'action des patrons et des ouvriers est très suffisante et qu'il est inutile et fâcheux de faire intervenir la lourde main de l'État. Les syndicalistes les plus avancés sont aussi de cet avis puisqu'ils sont pour *l'action directe*, c'est-à-dire pour que la classe ouvrière réalise d'elle-même tout ce qu'elle juge utile à ses intérêts, et ils marquent le plus profond mépris pour les réformes octroyées par l'État et même pour tous ceux qui en attendent quelque chose.

Cependant l'histoire économique montre l'efficacité de l'action de la loi en cette matière. Quand on oppose l'exemple de l'Angleterre, où la loi ne limite pas le travail des adultes et où pourtant les ouvriers ont bien su conquérir la journée de 9 heures, on oublie que ce pays est le premier où la loi ait limité le travail des enfants et adolescents et cette réduction a réagi sur la durée du travail des hommes. En France l'intervention de l'État a devancé de beaucoup l'action privée — aussi bien celle des patrons que celle des ouvriers. Il ne faut pas oublier que, étant donné le régime de concurrence, le patron le plus philanthrope ne peut diminuer la journée de travail, ni accorder le repos hebdomadaire, si ses concurrents ne veulent pas le suivre : il faut donc, pour que ces réformes soient possibles, une même loi pour tous : or c'est l'État seul qui peut la faire. Cela est évident aussi pour les mesures de salubrité dans les ateliers, qui sont des mesures de police spéciale, et plus évident encore quand il s'agit de consacrer ces réformes par des traités internationaux.

Néanmoins il est très vrai que les lois de réglementation ouvrière restent vaines là ou elles ne sont pas appuyées par de fortes organisations ouvrières et aussi par l'opinion publique.

Des quatre cas de réglementation que nous avons indiqués à la page précédente, le plus important c'est la limitation de la durée du travail. Le salaire touché n'est qu'une des faces de la question du salariat : l'autre face c'est le travail fourni.

L'amélioration du sort de l'ouvrier peut dépendre aussi bien d'une diminution de peine que d'un accroissement de revenu.

La réduction de la journée de travail est une des réformes auxquelles on attache le plus d'importance de nos jours et qui, pendant quelques années, a été célébrée au Premier Mai par une grande manifestation internationale. Les socialistes y voient le moyen d'émanciper l'ouvrier, de le libérer pour partie de l'exploitation patronale, de lui permettre de se préparer à la lutte sociale et politique. Les ouvriers y voient le moyen de travailler moins, sans réduction de leur salaire, et au contraire avec chance de hausse, grâce à la raréfaction de la main-d'œuvre causée par la réduction du nombre d'heures de travail. Mais ce qu'il faut y voir surtout, c'est le moyen de relever le niveau intellectuel, moral et même physique de l'ouvrier, en lui assurant les loisirs nécessaires pour se *récréer*, dans la forte signification que comporte ce mot, c'est-à-dire pour cesser d'être une machine à produire et pour devenir un homme pendant un certain nombre d'heures par jour. La vie professionnelle n'est pas tout : la vie de famille, la vie civique, la vie intellectuelle, veulent du temps aussi[1].

La question se pose d'une façon différente suivant qu'il s'agit de l'*enfant*, de la *femme* ou de l'*homme*.

En ce qui concerne l'enfant, tous les pays civilisés, sauf quelques rares et honteuses exceptions, sont aujourd'hui d'accord pour interdire le travail des enfants dans les usines. La limite d'âge seule varie. En Angleterre elle est de 12 ans. En France elle est de 13 ans, parce que c'est l'âge où se termine l'enseignement obligatoire et où l'enfant doit avoir reçu son certificat.

Pour les adolescents de 13 à 18 ans, la loi se contente de fixer une limite à la journée de travail : elle est en France

---

[1] Une des causes de l'échec du mouvement des Universités populaires a été certainement les journées de travail trop longues qui ne laissaient venir les ouvriers que trop tard et trop fatigués pour écouter.

(depuis 1904) de 10 heures. En Angleterre, de 12 à 14 ans, la journée n'est que la moitié de celle de l'adulte (ou bien une journée sur deux).

En ce qui concerne les femmes, la question est déjà plus difficile. Quelques esprits absolus voudraient que, tout comme les enfants, elles fussent exclues des fabriques. Et ils ne manquent pas de bons arguments : — le foyer de famille détruit, l'effroyable mortalité des enfants abandonnés, les dangers de la vie à l'usine pour la moralité de la jeune fille et de la femme, pour la santé de celle-ci si elle est enceinte, le risque d'avortement ou d'enfants mort-nés. Mais, en sens contraire, il faut dire qu'à une époque où l'on parle plus que jamais de l'émancipation de la femme et de l'égalité des sexes, il serait vraiment choquant de frapper toutes les femmes d'une sorte d'incapacité de gagner leur vie par leur travail : elles ont déjà assez de peine à la gagner honnêtement sans qu'encore on leur ferme les portes des usines! et si l'on commettait l'imprudence de restreindre cette incapacité de travail aux femmes mariées ou mères, laissant la liberté de travail pour les autres, il est certain qu'on porterait au mariage et à la maternité un coup funeste — plus dangereux en France qu'en tout autre pays.

On aboutit donc à une transaction. La loi n'interdit pas aux femmes le travail à la fabrique, mais elle se contente de le réglementer dans l'intérêt et de l'hygiène et de la moralité. Ces réglementations peuvent se ramener à quatre chefs :

a) Limitation de la journée de travail : en France 10 heures;

b) Interdiction du travail de nuit, sauf exceptions qui dans la pratique donnent lieu à de nombreux abus;

c) Interdiction du travail dans les mines;

d) Interruption du travail pendant une période de quelques semaines avant ou après l'accouchement. Mais cette mesure de protection n'existe pas encore dans la loi française [1].

[1] La loi française dit seulement que la suspension de travail au terme

Pour les hommes adultes la question est plus difficile encore. Ce serait une mauvaise facétie de se demander, comme pour les femmes, si on doit leur interdire tout travail en fabrique, mais doit-on même le limiter? On connaît d'avance l'argument de l'école libérale que les individus adultes majeurs doivent être libres de régler eux-mêmes l'emploi de leur temps et de leur travail et qu'ils sont les meilleurs juges de leurs propres intérêts. — Mais à cela on peut répondre qu'en fait, et étant donné le régime de la grande industrie, cette liberté n'existe nullement. L'ouvrier doit entrer à l'usine et en sortir quand sonne la cloche : il est obligé de subir, quelle que puisse être sa volonté personnelle, le nombre d'heures de travail qui est imposé non pas même par le patron, mais par l'usage ou par la concurrence. Dès lors la question de liberté n'est plus en jeu — et il s'agit simplement de considérer si la réduction de la journée de travail est favorable au bien-être de la classe ouvrière, et même si elle n'est pas indispensable au progrès de la Nation. Or l'expérience des pays où elle est déjà réalisée paraît décisive.

Il ne semble pas, comme on pourrait le croire — c'est une des objections qu'on met le plus souvent en avant — que cette diminution de la journée de travail ait pour effet nécessaire d'entraîner une diminution de production ni une diminution de salaire [1]. Les ouvriers, moins surmenés, moins abrutis, ayant plus de loisir pour se développer intellectuellement, moralement, physiquement aussi, produi-

de la grossesse ne donne pas au patron le droit de congédier la femme. Si le législateur n'a pas osé faire plus c'est qu'il a craint d'aggraver le préjudice causé à la santé de la mère et à celle de l'enfant né ou à naître, en privant la mère de son salaire précisément au moment où elle aurait besoin de se mieux nourrir. Des sociétés dites *Mutualités maternelles* (quoique l'assistance y ait plus de part que la mutualité) s'occupent de fournir aux mères ouvrières les secours nécessaires pendant cette période. Et leur efficacité s'est manifestée admirablement par une diminution notable de la mortalité infantile.

[1] Sans doute, il ne faut pas pousser cette thèse à l'absurde comme le font parfois les socialistes.

ront davantage, et s'ils produisent davantage il n'y a pas
de raison pour que leur salaire diminue. En fait, nous
voyons que les pays où sont pratiquées les plus courtes
journées (Australie, États-Unis, Angleterre), sont en même
temps les pays à plus hauts salaires et à plus grande production. Seulement, il faut prendre garde de ne pas faire
valoir, comme on le fait trop fréquemment, des arguments
contradictoires en affirmant, d'une part, que les courtes
journées rendront le travail plus productif, et, d'autre part,
que les courtes journées donneront plus de travail à
tous et supprimeront le chômage. En effet il est bien évident que si les ouvriers, quoique travaillant moins, produisent autant on n'aura pas besoin d'employer un plus
grand nombre d'ouvriers ! Il faut choisir entre ces
deux arguments. Pour que la diminution de la durée du
travail donne de bons résultats, il faut certaines conditions
qui ne sont pas remplies par tout pays : — 1° Il faut d'abord
que les ouvriers consentent à *intensifier* leur travail de
façon à compenser la réduction de durée. Or les ouvriers,
en France par exemple, ne le veulent point, car ils prétendent qu'en ce cas ils n'y gagneraient rien et feraient gagner
au patron. Ils veulent que la réduction du travail oblige
celui-ci à embaucher un plus grand nombre d'ouvriers —
ce qui, à ce qu'ils croient, supprimerait le chômage et ferait
monter les salaires ; — 2° Il faut que les ouvriers, alors
même qu'ils ont la bonne volonté de fournir plus de travail dans un temps moindre, puissent le faire, car cette intensification suppose une endurance et une énergie dont
toutes les races ne sont pas capables. L'ouvrier français ne
peut pas conduire à la fois autant de métiers que l'ouvrier
américain ; — 3° Il faut enfin que l'outillage soit assez perfectionné pour permettre l'intensification du travail et même
pour l'imposer : il faut que la machine soit en mesure non
seulement de suivre mais de devancer l'ouvrier. Or ceci
est l'affaire des patrons : l'ouvrier n'y peut rien. — La com-
plexité de ces conditions fait que la réduction de la journée de
travail, quand elle est introduite brusquement, a donné plus

d'une fois des résultats déplorables et a dû être abandonnée.

Voilà pourquoi pour les hommes la limitation légale de la journée n'existe qu'à l'état d'exception. C'est la France qui a donné l'exemple, il y a plus d'un demi-siècle, par la loi de 1848 : la limite avait été fixée à 12 heures, mais en fait cette loi, qui avait devancé l'évolution économique, était restée lettre morte jusqu'à ces derniers temps. Quelques autres pays plus tard ont suivi — Suisse, Autriche, Norvège, Russie, Espagne — et ont fixé la durée maximum à 11 heures.

On sait que les ouvriers réclament davantage : ils réclament les *Trois Huit* (8 heures de travail, 8 heures de loisir, 8 heures de sommeil [1]). Mais ce minimum n'est encore inscrit nulle part dans les lois. Elle est appliquée en fait en Australie, mais elle y a été conquise par les Trade-Unions il y a cinquante ans déjà. En Angleterre la durée du travail est généralement de 54 heures par semaine, ce qui fait à peu près 9 heures 1/2 par jour et 6 heures le samedi. Aux États-Unis la durée n'est pas plus courte, au contraire. En France dans la grande industrie la durée varie de 10 à 11 heures.

C'est surtout dans l'industrie à domicile que la durée du travail est excessive et c'est ce trait, ajouté à l'avilissement des salaires, aux conditions insalubres du travail exécuté dans le logement servant à l'habitation, parfois dans l'unique chambre où vit la famille, et le plus souvent aussi à l'interposition entre le patron et l'ouvrier d'un sous-entrepreneur — auquel on reconnaît le *sweating system* (voir Liv. I, *Industrie à domicile*). C'est là que l'intervention de la loi serait la plus opportune, mais c'est là aussi qu'elle est le plus difficile, tant au point de vue du droit, car la loi ne doit pas pénétrer dans le domicile privé, qu'au point de vue pratique, car alors même que les ateliers à domicile seraient

---

[1] C'est le refrain d'une vieille chanson anglaise : elle compte non seulement trois, mais *quatre huit :*

> Eight hours to work, eight hours to play,
> Eight hours to sleep, eight shillings a day!

soumis à l'inspection, les inspecteurs ne pourraient les découvrir ni les visiter utilement.

On répète souvent que de notre temps la solidarité économique ou, pour mieux dire, la concurrence que se font les peuples entre eux, est si intense qu'il serait impossible à un pays de limiter chez lui la journée de travail sans se mettre dans une situation d'infériorité dangereuse. Aussi voudrait-on arriver à une entente générale entre tous les pays civilisés, et le problème devient par là *international*, ce qui n'est pas fait pour en faciliter la solution! Sans doute une réglementation internationale serait utile, mais il ne faut pas qu'elle serve de prétexte pour que chaque pays refuse de faire les premiers pas sous prétexte d'attendre les autres. L'expérience a démontré que les peuples assez avancés *moralement* pour limiter la durée de la journée de travail, le sont assez *industriellement* aussi pour n'avoir pas à redouter la concurrence des pays à longues journées. Cependant quand il s'agit de pays qui sont dans des conditions de civilisation à peu près équivalente, il est certainement préférable d'adopter les mêmes réglementations. C'est ce qu'on a essayé de faire dans ces dernières années : — soit par des conventions diplomatiques générales, telles que celles qui ont été conclues en 1890 entre sept États pour supprimer l'emploi du phosphore blanc, et en 1906 entre quatorze États pour interdire le travail de nuit des femmes; — soit par des traités entre deux États, tel que le traité franco-italien de 1904 relatif aux accidents du travail, aux placements dans les Caisses d'épargne, etc.

VII

L'assurance contre les risques.

Ce n'est pas tout pour le salarié que de toucher un salaire suffisant et de n'être pas soumis à un travail trop écrasant. Il est encore une troisième condition sans laquelle sa vie est

pleine d'angoisses : c'est la *sécurité*. A l'homme qui doit
vivre au jour le jour il faut une garantie contre les risques
qui menacent à chaque instant de lui enlever son travail et
par conséquent son pain. Il en est trois qui lui sont communs avec tous les hommes, à savoir *la maladie, la vieillesse* et *la mort*, et même quatre si l'on compte à part *l'invalidité* — et deux qui sont spéciaux à sa condition et qui
sont *les accidents du travail* et *le chômage*. Cela fait six en
tout, c'est beaucoup ! Et tous ont ce caractère commun de le
priver temporairement ou définitivement de son salaire et par
conséquent de le réduire, lui ou les siens à la misère. Or à
lui seul que peut-il faire contre tant d'ennemis! Peu de chose.

Au point de vue *préventif*, il peut, par la tempérance et
en se conformant aux indications de l'hygiène, dans la mesure où son modique budget le lui permettra, éviter en
partie la maladie et retarder l'heure de la vieillesse et de la
mort : mais il ne dépend pas de lui d'éviter les deux autres
risques. Pour prévenir les accidents la prudence des patrons
et le contrôle de l'État peuvent quelque chose; et en fait dans
toutes les industries, y compris les mines, le nombre des
accidents, proportionnellement au nombre d'ouvriers occupés, ne cesse de diminuer considérablement. Quant au chômage, il est clair que l'ouvrier ne peut rien pour l'empêcher.

Au point de vue *réparatif*, il peut, par l'épargne, se ménager quelques ressources pour passer les mauvais jours ou
pour vivre sur ses vieux jours. Mais qui pourra croire que
l'épargne, l'épargne du pauvre — même intensifiée par
les combinaisons ingénieuses de la mutualité — puisse suffire à assurer à l'ouvrier ou aux siens l'équivalent du salaire enlevé par toutes les fatalités que nous venons d'énumérer, ou même par une seule d'entre elles, telle que la
maladie prolongée, l'invalidité résultant d'un accident, ou
la vieillesse?

Si donc l'ouvrier à lui seul est impuissant, ne faut-il pas
demander à d'autres de l'aider? — A qui? — Au patron et
à l'État.

a) Au patron, tout au moins en ce qui concerne les ris-

ques professionnels d'accident et de chômage : car pour le
premier on peut dire que, puisque sous le régime actuel du
salariat l'ouvrier n'est qu'un instrument employé à son service, le patron doit supporter les frais de la casse et de l'u-
sure, de même qu'il supporte ceux de ses machines. Et en
ce qui concerne le chômage, on peut dire qu'il dépend dans
une certaine mesure du patron de l'éviter en réglant mieux
sa production, comme il sait bien le faire par des ententes
et cartels lorsqu'il s'agit pour lui d'éviter la mévente.

Même en ce qui concerne les risques communs à tous les
hommes de la maladie, de la vieillesse et de la mort, une
certaine responsabilité peut incomber au patron en tant que
le premier a pu être aggravé et que les deux autres ont pu
être hâtés par l'insalubrité de la profession : car il n'est que
trop certain que les maladies professionnelles sont plus fréquentes et que la vieillesse et la mort viennent bien plus tôt
pour l'ouvrier que pour les autres classes de la Société. Il
n'y aurait donc rien d'injuste à faire participer les patrons,
pour partie, à l'assurance contre ces derniers risques.

b) A l'État, en tant que représentant de la Nation et en
vertu de la loi de solidarité sociale qui veut que, tous les
membres de la Société participant aux fruits de la production, tous participent aussi à ses charges nécessaires. Cela
est frappant surtout pour le chômage qui est dû généralement à des causes sociales (voir ci-dessus, p. 113).

Seulement lorsque l'État prend l'engagement de garantir
l'ouvrier contre les conséquences des risques de la vie, n'a-
t-il pas le droit en échange d'imposer à celui-ci l'obligation
de coopérer dans la mesure de ses ressources à cette assurance — et de l'imposer du même coup au patron? C'est
ainsi que l'obligation assumée par l'État conduit assez naturellement à décréter l'*assurance obligatoire*.

Ces deux traits — obligation légale de l'assurance pour
les intéressés; — coopération (par portions variables selon
la nature de risque) de ces trois facteurs, le salarié, le patron, l'État — caractérisent le système dit allemand parce
qu'il a été inauguré dans ce pays par trois lois célèbres

(1883 pour la maladie, 1886 pour les accidents, 1889 pour la vieillesse). En voici le résumé.

En ce qui concerne la maladie (et les petits accidents n'entraînant pas une incapacité de plus de 13 semaines), le patron doit payer 1/3, l'ouvrier les 2/3 des cotisations.

Pour la vieillesse et l'invalidité, la prime d'assurance est pour moitié à la charge du patron, pour moitié à la charge de l'ouvrier : toutefois, comme les charges sont ici beaucoup plus considérables, l'État vient au secours des uns et des autres en s'engageant à verser annuellement une somme de 50 m. (62 fr.) pour chaque retraité. Il est à noter que cette participation de l'État est uniforme quel que soit le montant de la pension et que par conséquent elle est proportionnellement d'autant plus forte que la pension est plus petite. C'est une façon ingénieuse d'avantager les pauvres.

En ce qui concerne les accidents, la loi allemande les a mis intégralement à la charge du patron, consacrant par là la thèse admise généralement aujourd'hui et célèbre sous le nom de théorie du « risque professionnel », ce qui veut dire que l'accident doit rentrer dans les prévisions et les frais généraux de toute industrie.

Ce mécanisme, qui englobe 24 millions d'assurés, qui répartit 500 millions fr. d'indemnités ou pensions par an, et a déjà en caisse 2.700 millions francs de capital, constitue la plus grandiose expérience de socialisme d'État qu'on ait encore osé tenter. Toutefois il y a deux risques graves auxquels il ne pare pas : le chômage et la mort. Pour le premier l'assurance a paru trop difficile, et pour le second trop onéreuse.

En France l'assurance contre la maladie a été laissée à la libre initiative des intéressés s'exerçant sous la forme de sociétés de secours mutuels[1].

Pour les accidents la loi de 1898 a consacré la théorie du risque professionnel. Pour la vieillesse le système allemand

---

(1) Ces sociétés de secours mutuels comptent 4 millions de membres, mais parmi lesquels les ouvriers sont loin de former la majorité.

a été reproduit, avec quelques variantes [1], dans la loi du 20 avril 1910, mais non sans avoir provoqué de vives protestations, non seulement de la part des patrons, mais aussi de la part des mutualistes qui redoutent la concurrence de cette assurance obligatoire, et même de la part des ouvriers qui ne se soucient pas de prélever sur leurs salaires un impôt dont la plupart d'entre eux, disent-ils — tous ceux qui mourront avant 60 ans — ne pourront profiter.

A la différence de la loi allemande qui vise surtout l'invalidité, le projet de loi français ne vise guère que la vieillesse, et en cela il répond au sentiment public, car il est à remarquer que l'assurance contre la vieillesse est très populaire parce que tout le monde espère devenir vieux, tandis que l'assurance contre l'invalidité le serait très peu parce que tout le monde compte bien ne jamais devenir invalide. D'autre part, la retraite assurée à partir d'un certain âge — le moins reculé possible — plait singulièrement au tempérament national, tout Français ayant pour rêve de finir petit rentier. Ajoutons enfin que l'assurance contre la vieillesse prête à beaucoup moins d'abus que l'assurance contre l'invalidité, parce que la vieillesse est déterminée par la preuve indiscutable fournie par l'acte de naissance tandis que l'invalidité est déterminée par des constatations médicales souvent incertaines et où l'arbitraire et le favoritisme peuvent aisément se glisser. Combien d'électeurs se feraient déclarer invalides?

De tous les risques, le plus fréquent et par là même le plus grave pour le salarié, c'est le chômage, c'est-à-dire l'interruption de travail par suite du renvoi de l'ouvrier et de la difficulté pour lui de s'embaucher ailleurs, — renvoi causé soit par la morte-saison, soit par une crise économique entraînant la suspension ou le ralentissement de la production, soit par la fermeture d'atelier pour des causes accidentelles, telles qu'incendie, faillite, décès du patron, etc.

---

[1] L'âge d'entrée en jouissance a été avancé de 70 ans à 60 ans et la subvention de l'Etat élevée de 60 francs à 100 francs.

Selon les industries et selon les saisons, le nombre des chômeurs peut varier de 2 p. 0/0 à 12 p 0/0 dans les métiers qualifiés et peut s'élever a 50 p. 0/0 et plus dans certains travaux intermittents, comme les déchargeurs des ports. Ce ne sont pas les mêmes, heureusement, qui sont frappés de chômage toute l'année : c'est tantôt l'un, tantôt l'autre. Mais cela revient à dire que tout salarié doit prévoir pour chaque année une à six semaines de chômage, selon son métier, qui creuseront un trou équivalent dans son budget. Contre ce terrible mal il y a deux remèdes mais l'un et l'autre peu efficaces :

1) *Le placement*, qui consiste à procurer à l'ouvrier quelque autre emploi. Des institutions spéciales s'en occupent. Il y a des bureaux de placement payants mais qui ont donné lieu à de tels abus qu'une loi récente en France a donné le droit aux municipalités de les exproprier, moyennant indemnité et à la condition de les remplacer par des bureaux municipaux gratuits. Il y a aussi de nombreuses sociétés philanthropiques de placement. Les syndicats ouvriers voudraient avoir le monopole du placement parce que ce serait un sûr moyen pour eux de recruter tous les ouvriers et d'exercer sur eux un souverain contrôle en ne plaçant que les bons syndiqués. Mais il va sans dire que les patrons de leur côté résistent à cette prétention et cherchent au contraire à se réserver le placement, ce qui leur est d'autant plus facile que ce sont eux qui tiennent les places. Les meilleurs résultats ont été donnés en Allemagne par des bureaux mi-partie ouvriers et mi-partie patronaux et sous le contrôle des municipalités, les *bureaux paritaires*.

Mais le placement n'est qu'un remède insuffisant au chômage, car toutes les statistiques montrent que, sauf pour de rares industries, les demandes sont toujours plus nombreuses que les emplois vacants. A quoi tient ce phénomène, en somme assez mystérieux, si l'on réfléchit qu'il y a tant d'hommes qui manquent du nécessaire et qu'il paraîtrait si simple d'employer la main-d'œuvre vacante à produire précisément ce nécessaire? Pourquoi y a-t-il normalement un surplus de main-d'œuvre sur les besoins, ce que Marx appelle une armée de réserve du travail? C'est par la cause déjà indiquée (p. 113), parce que le machinisme, et généralement tout ce qu'on appelle le progrès industriel, tend à réduire la quantité de travail nécessaire pour un résultat donné.

C'est, en tout cas, un trait cruel de notre organisation économique et qui semble indiquer qu'il y a, comme disait Hamlet, « quelque chose de pourri dans le royaume », que l'homme qui voudrait gagner sa vie par son travail se trouve souvent dans l'impossibilité de le faire. Aussi le socialisme qui a précédé la Révolution de 1848 demandait-il que le *Droit au Travail* fût assuré par l'État à tout homme et on n'était pas loin de voir dans la consécration légale de ce droit la solution de la question sociale. On sait que la déplorable expérience des ateliers nationaux sous la Révolution se rattachait à cette idée. Aujourd'hui on ne parle plus guère du droit au travail. On a reconnu en effet l'impossibilité absolue pour l'État de procurer à n'importe qui un travail utile, j'entends par là un travail réellement productif de valeur. Ce qui importe d'ailleurs à l'ouvrier ce n'est pas précisément le droit au travail mais le droit au salaire, en sorte que la réclamation du socialisme actuel porte plutôt sur un salaire minimum — en attendant la socialisation des instruments de production qui transformerait le chômage en loisir et ferait ainsi d'un mal un bien.

2) *L'assurance*, c'est indemniser le chômeur du préjudice éprouvé en lui remboursant tout ou partie du salaire perdu : comme pour tous les autres risques que nous avons passés en revue. Seulement il faut remarquer que l'assurance ici est bien plus difficile, non seulement à raison de l'étendue et de la fréquence de ce risque, mais surtout parce qu'il est presque impossible de distinguer le vrai chômage, le chômage involontaire, du faux chômage, du chômage volontaire. Aussi aucune Compagnie n'a-t-elle tenté d'assurer ce risque et les quelques essais qui ont été faits par les municipalités n'ont donné que des résultats détestables. Pense-t-on combien

il y aurait de chômeurs si l'État s'engageait à servir des rentes à tous ceux qui seraient sans travail !

Il n'y a qu'une institution qui par sa nature est apte dans une certaine mesure à tenter cette aventure : c'est le syndicat ouvrier. En effet, lui seul est à même de reconnaître parmi les camarades les vrais des faux chômeurs et, si le syndicat s'occupe aussi du placement, il peut déjouer les simulateurs en les mettant en demeure d'accepter le travail qu'il leur indique. D'autre part l'assurance contre le chômage est pour le syndicat une arme très puissante pour soutenir les salaires, car par là il fournit au chômeur les moyens d'attendre et de ne pas capituler sous la pression de la faim. Les Trade-Unions anglaises consacrent une partie de leurs ressources aux indemnités de chômage. Malheureusement les syndicats des autres pays, beaucoup moins riches, ne peuvent allouer les indemnités de chômage que dans des proportions très insuffisantes. De là est venue l'idée d'une collaboration entre les syndicats ouvriers et les municipalités, celles-ci fournissant les fonds nécessaires, ceux-là organisant l'assurance et payant les indemnités à qui de droit[1].

VIII

De l'avenir du salariat.

La question de savoir si le régime du salariat est destiné à durer toujours ou s'il ne faut y voir qu'une phase temporaire de l'évolution économique, est une de celles sur lesquelles se manifestent le mieux les traits caractéristiques des écoles divergentes des économistes.

L'école libérale déclare que le salariat est un régime définitif, parce qu'elle considère le contrat de salaire comme le

---

[1] Le système, devenu célèbre sous le nom de système de Gand, consiste à encourager, grâce à une majoration de pension accordée par la municipalité, tout effort individuel pour s'assurer contre le chômage — non seulement celui sous forme de cotisation à une caisse syndicale d'assurance, mais même celui sous forme de versement à la Caisse d'épargne.

mode unique et universel de rémunération de tout travail (voir ci-dessus, p. 548). On ne saurait trouver mieux puisqu'il est « le type du contrat libre ». S'il a pris un si grand développement dans nos sociétés modernes, c'est parce qu'il s'impose par des supériorités décisives qui sont : 1° en ce qui concerne l'ouvrier, de lui assurer un revenu immédiat, certain et indépendant des risques de l'entreprise ; 2° en ce qui concerne l'intérêt social, de laisser au chef de l'industrie, en même temps que la direction et la responsabilité de l'entreprise, la propriété des produits.

Sans doute cette école ne conteste pas que le salaire ne soit souvent insuffisant et qu'il ne soit désirable de le voir augmenter : mais, dit-elle, le seul moyen de l'améliorer c'est de rendre le contrat de salaire de plus en plus libre. Elle repousse absolument la conception familiale et patriarcale du salariat qui ne pourrait être qu'une rétrogradation, comme aussi celle d'un salaire réglé par l'usage ou par la loi et qui ferait du salariat une sorte de *statut* ; elle cherche à mettre l'ouvrier et le patron sur le même pied que le vendeur et l'acheteur d'une marchandise quelconque, et à cet effet, elle propose de créer : — soit, comme M. de Molinari, des *Bourses du travail* dans lesquelles la main-d'œuvre serait cotée comme le sont les valeurs mobilières dans les Bourses de commerce ou de fonds publics ; — soit, comme M. Yves Guyot, des *sociétés commerciales de travail* qui vendraient la main-d'œuvre de leurs membres dans des conditions plus avantageuses que ne peuvent le faire des ouvriers isolés. Quant au juste salaire, il ne saurait en exister d'autre que celui qui résulte de la loi de l'offre et de la demande ou des lois naturelles que nous avons expliquées, parce que c'est celui-là qui est le seul conforme à l'utilité sociale. Il n'y a pas plus de raison pour fixer un juste salaire, en vertu d'une autorité quelconque, que pour fixer un juste prix du blé ou du charbon, ou un juste revenu du propriétaire capitaliste. L'ouvrier a droit à tout ce qu'il peut gagner, ni plus ni moins.

L'école catholique-sociale accepte le salariat comme un

état normal, providentiel même. C'est par lui que le riche et le pauvre collaborent. Seulement le salaire ne doit pas être livré aux jeux de l'offre et de la demande ni à la liberté, souvent oppressive, d'un débat entre le maître et l'ouvrier. Le mieux serait que le *juste salaire* (voir ci-dessus, p. 564) fût fixé par les corporations reconstituées, c'est-à-dire composées à la fois d'ouvriers et de patrons. Mais à leur défaut la loi doit intervenir.

L'école socialiste, au contraire, ne voit dans le salariat qu'une catégorie historique, la troisième étape de l'évolution dont les deux premières ont été l'esclavage et le servage, et qui passera comme celles-ci pour faire place à un régime social où les travailleurs, devenus maîtres des instruments de production, jouiront de l'intégralité du produit de leur travail. Ce qui caractérise le salariat actuellement, c'est la dépendance nécessaire où se trouve l'ouvrier vis-à-vis du patron et c'est le prélèvement exercé par le patron sur le produit du travail de l'ouvrier. Or ce prélèvement capitaliste sous forme de profit, d'intérêt ou de fermage, est inséparable de l'institution de la propriété individuelle : le seul moyen d'abolir le salariat est donc d'abolir celle-ci.

L'école coopérative ou solidariste, comme la précédente, ne voit aussi dans le salariat qu'un mode temporaire de rémunération du travail, lié au régime capitaliste et qui passera avec lui. Certes, elle ne méconnaît pas qu'il n'ait constitué un très grand progrès dans la rémunération du travail manuel (voir ci-dessus, *Historique du salariat*), mais elle lui reproche :

a) De créer un conflit d'intérêts entre le patron et l'ouvrier inévitable, identique d'ailleurs à celui qui existe entre le vendeur et l'acheteur d'une marchandise quelconque — l'un cherchant à donner le moindre salaire possible en échange du maximum de travail [1], l'autre au contraire à

---

[1] Dans l'enquête de 1886 en Belgique, nous trouvons cette déclaration d'un patron, citée par Vandervelde (*Enquête sur les Associations professionnelles*, t. III, p. 98) qui n'a que le tort d'une franchise un peu

fournir le moindre travail possible en échange du salaire reçu — ce qui ne peut qu'aggraver la lutte des classes.

En effet, plus le salaire sera élevé, plus le profit sera réduit, *toutes choses égales d'ailleurs* [1], et réciproquement. C'est ce que Ricardo exprimait par sa formule que « le taux des profits varie toujours en raison inverse du taux des salaires ». Et d'ailleurs les grèves incessantes se chargent de le démontrer. Ainsi donc, dans l'ordre économique actuel, le patron et l'ouvrier nous apparaissent comme deux personnages dressés l'un contre l'autre, dans une attitude de mutuel défi, et pourtant ne pouvant se passer l'un de l'autre et comme rivés ensemble par une commune solidarité.

b) De désintéresser l'ouvrier de bien faire et par là de porter un grave préjudice à la production. Car l'ouvrier n'ayant rien à prétendre sur les bénéfices de l'entreprise, ayant vendu d'avance sa part éventuelle au produit de son travail pour un prix fixe, n'a plus d'autre stimulant à travailler que la *crainte d'être congédié*. Mais si un semblable mobile peut le déterminer à fournir un travail minimum, il est bien insuffisant pour le déterminer à utiliser pour le mieux ses capacités productives et il fait du travail une corvée (voir ci-dessus, p. 127). Le caractère de contrat à forfait réduit l'ouvrier à un rôle purement passif et le dépouille de tout intérêt dans les succès comme dans les revers de l'entreprise. On ne saurait dissuader les ouvriers de se considérer comme ayant des droits sur toutes ces richesses qui sont sorties de leurs mains : on ne saurait suc-

cynique : « La science industrielle consiste à obtenir d'un être humain la plus grande somme de travail possible en le rémunérant au taux le plus bas ».

[1] Nous disons et nous soulignons « toutes choses égales d'ailleurs », car il est bien évident que si les conditions de productivité changent, si par exemple, le produit total des entreprises vient à doubler, les salaires et les profits pourront doubler *simultanément*. Et il est même très fréquent dans les pays neufs, où la productivité est grande, de voir à la fois de hauts salaires et des profits élevés. Mais l'antagonisme d'intérêts n'en subsiste pas moins, même en ce cas. Car il n'en est pas moins évident que si le patron peut ne payer qu'un salaire moindre il gagnera encore davantage.

tout les empêcher de voir avec amertume des générations de
patrons ou d'actionnaires se succéder et s'enrichir dans telle
usine ou telle mine dans laquelle, de père en fils aussi, ils
ont travaillé et pourtant sont restés pauvres. Il est vrai
qu'ils n'ont été que des instruments, *hands*, disent les
Anglais. L'expression est exacte autant que cruelle, mais
voilà justement le malheur de notre organisation sociale
que l'homme puisse n'être qu'un instrument pour l'homme.
Le premier prétexte de la morale, tel qu'il a été formulé par
Kant, ce qu'il appelait le « principe pratique suprême », est
celui-ci : *Se souvenir en toute occasion que nous devons considérer la personne de notre prochain comme une fin et non
comme un moyen.* Évidemment l'organisation actuelle du
travail, celle où les ouvriers au service d'un entrepreneur
ne sont qu'un moyen pour lui de faire fortune, ne réalise
guère cette haute maxime.

Mais, en ce qui concerne les moyens de réaliser l'abolition
du salariat, l'école coopérative se sépare de l'école socialiste.
L'abolition de la propriété lui paraît un moyen tout à fait
impropre à atteindre ce but et même contradictoire, car c'est
précisément le manque de propriété qui crée nécessairement
la dépendance et le salariat, et par conséquent c'est la généralisation de la propriété qui pourra seule émanciper les
travailleurs. En effet quand on parle d'abolir le salariat,
que faut-il entendre exactement par là ?

La seule façon catégorique de supprimer le salariat ce
serait de faire de chaque salarié un producteur autonome,
produisant par ses propres moyens et pour son propre
compte, comme l'artisan ou le paysan. Mais un tel régime,
qui serait incompatible avec la grande industrie et l'organisation du travail et qui irait au rebours de l'évolution économique, n'est réclamé par personne, pas plus par les socialistes que par l'école économique libérale. Par abolition du
salariat il faut donc entendre seulement ceci : les ouvriers
travaillant désormais dans des entreprises dont ils seraient
les copropriétaires, qu'ils dirigeraient eux-mêmes et dont
ils garderaient les fruits.

Or comment le socialisme collectiviste pense-t-il réaliser ce programme? — Par « la socialisation des moyens de production » : tous les salariés d'aujourd'hui travaillant dorénavant non plus pour des patrons capitalistes mais pour la Société qui leur restituera l'exact équivalent du produit de leur travail, retenue faite seulement des frais généraux et des dépenses d'intérêt collectif.

Mais on peut douter que cette solution, en la supposant même pratiquement réalisable, réalisât l'abolition du salariat. Car on ne voit pas très clairement en quoi ceux qui travailleront désormais pour « la Société » — que cette Société soit la Nation, ou la Commune, ou la Fédération syndicale — différeront des salariés qui travaillent aujourd'hui pour le compte de l'Etat ou des grandes Compagnies.

Et, par contre, ce qu'on voit très clairement c'est que sous ce régime tous les producteurs autonomes d'aujourd'hui, les seuls précisément qui ne soient pas des salariés, seront condamnés à disparaître!

L'école coopérative, elle, se flatte d'atteindre mieux le but en transformant les salariés en associés ; ils travailleront désormais pour le compte d'associations dont ils seront eux-mêmes les membres et par conséquent ils n'obéiront qu'à eux-mêmes et recueilleront intégralement le produit de leur travail : en un mot ils deviendront leurs propres patrons. Théoriquement la solution est parfaite. Pratiquement c'est plus difficile, car si l'association est limitée à une entreprise spéciale (association coopérative de production) alors son action paraît devoir rester aussi assez restreinte et ne saurait prétendre à transformer la condition de la masse ouvrière. Et si l'association est très générale (société ou fédération de consommation) alors l'ouvrier, n'étant plus qu'une unité dans un gros chiffre, n'a plus guère le sentiment de travailler pour lui-même et sa situation se rapproche beaucoup de celle du travailleur sous le régime collectiviste. Pourtant nous verrons (plus loin p. 623) qu'une combinaison de ces deux modes de coopération pourrait peut-être permettre de trouver un chemin entre ces deux écueils.

CHAPITRE IV

LES ENTREPRENEURS

I

L'évolution du patronat.

Nous connaissons déja ce personnage important qui s'appelle dans la langue économique l'*entrepreneur*. Nous avons vu dans le Livre de la production que c'était lui qui avait l'initiative de toute production. Mais il n'occupe pas une place moins considérable dans la répartition, puisque c'est lui aussi qui est le grand répartiteur. C'est lui qui paie le concours de ses collaborateurs, et la part qu'il donne à chacun d'eux est précisément ce qui constitue leur revenu. Au travailleur il donne son *salaire*, au capitaliste son *intérêt*, au propriétaire foncier sa *rente* ou son *loyer* — après quoi il garde pour lui ce qui reste, s'il en reste : c'est ce qui constitue son revenu à lui entrepreneur, *le profit* [1].

[1] Il est possible que l'entrepreneur, au lieu de distribuer aux copartageants leur part *après* que la valeur des produits aura été réalisée, leur en fasse l'avance : c'est même ce qui a lieu généralement pour le salaire, mais cela ne change rien à son rôle.

Il est possible aussi et même fréquent que l'entrepreneur fournisse lui-même certains éléments de la production : généralement le terrain, tout ou partie du capital, et aussi un travail de direction, mais peu importe : il sera censé s'être loué à lui-même ces divers éléments de la production et s'en paiera le prix, en cumulant les titres de directeur, capitaliste et propriétaire.

Et s'il fournit même la main-d'œuvre, auquel cas l'entrepreneur s'appelle producteur autonome (mais ceci n'existe que dans la très petite production) — en ce cas encore son revenu doit être décomposé analytiquement en ces trois éléments constituants et théoriquement, salaire, intérêt, rente (voir ci-après, *Le Profit*).

Dans le langage courant l'entrepreneur s'appelle *le patron* : mais à y regarder de près ce nom n'est pas absolument synonyme de celui d'entrepreneur. Il vise plus spécialement les rapports avec les salariés ; il connote une certaine idée morale de protection, de *patronage*, une certaine conception des droits et des devoirs d'un chef vis-à-vis de ses subordonnés qui est étrangère à la définition strictement économique d'entrepreneur[1].

Cette idée des devoirs du chef de l'industrie vis-à-vis des ouvriers a subi depuis un siècle, et sans remonter jusqu'au régime corporatif, des transformations dont l'histoire, même sommaire, est curieuse. On peut distinguer trois périodes :

1° Au début de la période industrielle et jusque vers le milieu du xixᵉ siècle l'idée du patronat au sens que nous venons d'indiquer n'existait pas. Il n'y avait que des entrepreneurs s'en tenant à leur fonction économique et se préoccupant seulement de produire le plus possible, au moins de frais possible, et d'utiliser pour le mieux — c'est-à-dire au mieux de leurs intérêts — la force de travail disponible : non seulement celle des hommes, mais celle, plus lucrative parce que moins coûteuse, des femmes et des enfants.

Au point de vue économique il faut reconnaître que les patrons capitalistes de cet âge héroïque ont créé la grande industrie moderne, mais au point de vue moral cette histoire n'est pas belle — sauf, bien entendu, des exceptions individuelles, parmi lesquelles il faut rappeler surtout celle d'Owen, grand industriel écossais devenu communiste et qui a créé le premier une fabrique modèle.

2° Vers 1850 on voit poindre une conception nouvelle — dont on peut indiquer même le lieu de naissance et les au-

[1] Adam Smith et l'école anglaise ne l'avaient pas distingué du capitaliste. C'est J.-B. Say le premier qui l'a mis en lumière : toutefois le nom « d'entrepreneur » se trouve déjà dans Quesnay. M. Yves Guyot propose de l'appeler l'*employeur* — mot déjà usité en anglais comme symétrique à *employé* qui désigne le salarié — mais qui a l'inconvénient de rétrécir un peu trop la conception de l'entrepreneur ; celui-ci fait beaucoup plus que donner un emploi au travail.

teurs, à savoir un groupe d'industriels protestants de la ville de Mulhous... alors française, et notamment les Dollfus — ce fut celle d... *bon patron*. Elle trouve sa formule dans cette parole de Dollfus : « le patron *doit* à l'ouvrier *plus que son salaire* ». Qu'... ce à dire? — Que le paiement du travail, fixé d'après le cours de la main-d'œuvre, d'après la loi de l'offre et de la demande, n'épuisait pas la justice et qu'il restait encore un dû, que l'ouvrier ne devait pas être considéré comme un simple instrument mais comme un collaborateur du patron, que celui-ci devait s'enquérir de ses besoins et tâcher d'y pourvoir. Par là fut inauguré le grand mouvement des *institutions patronales* — logements ouvriers, économats, caisses de secours et de retraites parfois participation aux bénéfices, écoles pour les enfants, etc., etc., qui occupaient les places d'honneur dans toutes les Expositions d'économie sociale et remplissaient le Livre d'Or des récompenses.

Mais en maints endroits ce généreux mouvement dégénéra en un contrôle exercé sur la vie privée de l'ouvrier qui lui devint intolérable [1]. Il était assez naturel que le bon patron, qui se reconnaissait des devoirs paternels envers l'ouvrier, s'attribuât aussi des droits de père et que, s'il consentait à faire des sacrifices, il voulût ne les faire qu'à bon escient, en s'assurant que l'ouvrier s'en montrerait digne. Mais on pouvait s'attendre à ce que l'ouvrier se montrât ingrat, et c'est ce qui ne manqua pas d'arriver. Etant donnée surtout la mentalité de l'ouvrier d'aujourd'hui, entraîné à la lutte de classes, il est évident que voir un père dans son patron lui apparaît comme une idée grotesque et odieuse. Il ne croit pas aux prétendus sacrifices du patron et, fussent-ils même réels, il les repousse comme une aumône. Il les réclame sous forme d'accroissement de salaire : rien de plus et rien de moins.

---

[1] Ajoutons que quelques-unes de ces institutions patronales, surtout les économats, dégénérèrent en exploitations scandaleuses et telles que le législateur a dû intervenir pour les abolir.

D'autre part, les économistes de l'école libérale montrè-
rent très peu de sympathie pour le régime du bon patron.
Ils sont d'accord avec l'ouvrier pour déclarer que le contrat
de travail doit être un contrat *do ut des*, qu'il ne doit com-
porter pour les deux parties d'autres obligations que celles
inhérentes au contrat lui-même — c'est-à-dire de la part
de l'ouvrier la bonne exécution du travail promis, de la
part du patron le paiement du salaire fixé d'après le cours
du marché de la main-d'œuvre — et qu'il est inutile et
même dangereux d'y greffer des obligations morales étrangères à l'économie politique.

Il n'y a guère que l'école sociale-catholique et l'école de
Le Play qui défendent le régime du patronage et encore
désavouent-ils la conception patriarcale ou paternelle : ils
se bornent à dire que la fonction patronale n'est pas seulement économique mais morale et qu'elle ne saurait perdre
ce caractère sans grand dommage non seulement pour elle
mais pour la Société. Seulement le rôle des patrons aujour-
d'hui doit être surtout, au lieu de pourvoir aux besoins de leurs
ouvriers, de les stimuler à s'organiser eux-mêmes — par
exemple, au lieu de créer des économats ou des cités ouvrières, de leur faciliter la constitution des sociétés coopératives
de consommation ou de construction. On engage même le
grand patron à former chez lui des *ingénieurs sociaux* qui auraient pour spécialité, à la différence des ingénieurs techniques, de s'occuper de réformes d'ordre social[1].

3° Une troisième période a commencé récemment quand
les patrons, se trouvant en face des ouvriers organisés et
syndiqués et déclarant ne vouloir avoir de rapports avec les
patrons que sur le terrain de la lutte des classes, ont dû son-

---

[1] Nous croyons qu'on peut définir le rôle du patron moderne en disant
qu'il doit s'abstenir de toute intervention dans la vie de l'ouvrier en
dehors de l'usine, même pour « lui faire du bien », mais qu'il doit faire
tout le possible pour lui procurer *dans l'usine* les conditions de travail
les plus parfaites au point de vue de la sécurité, de l'hygiène et du
confort. C'est d'ailleurs l'exemple que donnent quelques grands patrons
en Angleterre et aux États-Unis.

ger non plus à protéger leurs ouvriers, mais à se défendre
eux-mêmes. Alors les institutions de patronage ont fait place
aux institutions qu'on pourrait appeler militantes, car elles
ont pour but d'opposer aux organisations ouvrières des organisations patronales plus puissamment armées et en état
de rendre coup pour coup, de répondre aux grèves par les
lock-out et par les *strike-breakers* (les briseurs de grèves),
de répondre aux mises à l'index des ouvriers par la mise à
l'index des meneurs (listes noires), de créer en face des caisses syndicales de chômage des caisses patronales d'assurance, etc.

Il est à remarquer que les socialistes eux-mêmes, ceux du
moins qui sont conséquents avec leur principe, ne contestent
nullement aux patrons le droit de s'organiser pour la défense
de leurs intérêts de classes; ils le souhaitent même parce
qu'ainsi le fait de la lutte des classes ne pourra plus être con-
testé, il sera mis en un relief saisissant; et ils ont confiance
que par là le dénouement en sera accéléré. Il ne pourrait
qu'être retardé par des concessions soi-disant philanthropiques de la part du patronat qui atténueraient la lutte et affai-
bliraient chez les ouvriers la conscience de classe. Mais il va
sans dire qu'inversement l'école de la paix sociale voit avec
appréhension le patronat s'engager dans cette voie qui va au
pôle opposé. Et pourtant peut-être cette mise en présence
d'organisations puissantes et antagonistes est-elle le meilleur moyen d'assurer la paix, la paix armée, par l'équilibre
des forces contraires, et notamment d'imposer l'arbitrage.

II

De la légitimité du profit.

Précisément parce que l'entrepreneur est le grand premier rôle sur la scène économique, le héros, c'est autour de
lui surtout et de son revenu que se concentrent l'attaque
et la défense.

§ 1. — Les économistes français (J.-B. Say le premier) ont nettement séparé le rôle de l'entrepreneur de celui du capitaliste pour faire du premier un personnage distinct. Ce sont eux qui l'ont baptisé du nom sous lequel il est désormais connu. Le caractère qui leur a paru prédominant en lui c'est celui de travailleur : il en résulte que le profit leur apparaît comme une *rémunération du travail*. Seulement c'est un genre de travail différent par sa nature du travail manuel, supérieur au point de vue de la productivité, et qui par conséquent comporte une rémunération différente du salaire.

Il comprend à la fois :

a) L'invention, acte capital de toute production, ainsi que nous l'avons vu (p. 106). Beaucoup de grandes fortunes industrielles (acier Bessemer, machine à coudre Singer, etc.) sont le résultat d'inventions. Nous avons vu que l'acte véritablement productif c'est l'idée. Or, le rôle de l'entrepreneur est justement d'avoir des idées — non pas nécessairement des idées de génie mais des idées commerciales — c'est-à-dire surtout de découvrir ce qui plaira au public. Il ne suffit pas que l'entrepreneur invente de nouveaux modèles, il faut, si j'ose dire, qu'il invente de nouveaux besoins.

b) La direction. — Le travail collectif est plus productif que le travail isolé, c'est une des lois fondamentales de l'économie politique — mais à la condition d'être organisé, discipliné, commandé. Il faut donc quelqu'un qui distribue les tâches et assigne à chacun sa place : c'est le rôle de l'entrepreneur et c'est pour cela qu'on l'a appelé « le capitaine de l'industrie ». En effet, il en est de l'industrie comme de la guerre. Qui gagne la bataille ? C'est le général. Sans doute de bons soldats y contribuent, tout comme de bonnes armes, mais ce ne sont que les conditions du succès, non la cause efficiente : et la preuve, c'est que les mêmes troupes avec le même matériel, mais mal commandées, seront battues. Dans l'entreprise aussi, c'est le commandement qui fait tout, et la preuve c'est que de deux entreprises employant un personnel d'ouvriers de capacité équivalente, on voit tous les jours l'une réussir là où l'autre échoue misérablement.

c) *La spéculation commerciale.* — Ce n'est rien que de produire : l'important c'est de vendre, c'est de trouver des débouchés. Aussi aujourd'hui l'entreprise tend-elle à prendre de plus en plus un caractère commercial. Et voilà encore un des traits caractéristiques du travail de l'entrepreneur, et de la plus haute importance sociale, puisque par là il tend, quoique inconsciemment, à rétablir sans cesse l'équilibre entre la production et la consommation.

Il y a du vrai dans cette explication qui fait du profit la rémunération du travail. Cependant, elle ne paraît pas dégager la nature essentielle du profit et paraît plutôt inspirée par l'arrière-pensée de le justifier contre les attaques des socialistes. Il est en effet à remarquer que de tous ces travaux que l'on vient d'énumérer comme caractéristiques de l'entrepreneur — invention, direction, et même recherche des débouchés — il n'en est aucun qui ne puisse être et qui, par le fait, dans toutes les grandes entreprises constituées en sociétés, ne soit confié le plus souvent à des salariés : gérants, ingénieurs, chimistes, commis voyageurs, etc. Et même fréquemment les entrepreneurs comptent dans leurs frais et inscrivent sur leurs livres un certain traitement qu'ils s'attribuent à eux-mêmes comme salaire de leur travail et qui reste distinct du profit.

§ 2. — Les socialistes au contraire voient dans le profit une spoliation du travailleur.

Déjà Owen, au commencement de ce siècle, voyait dans le profit le résumé de tout mal économique et s'efforçait de l'abolir par l'institution d'un magasin d'échange où les travailleurs pourraient échanger leurs produits contre des bons de travail et *vice versa*, sans avoir à passer sous le joug de l'entrepreneur et par conséquent sans avoir à lui payer tribut sous forme de profit.

Mais c'est surtout depuis le livre de Karl Marx sur le capital que l'attaque s'est précisée. Voici sommairement de quelle façon ce rude jouteur démolit le revenu de l'entrepreneur, du patron.

L'assimilation établie par les économistes entre le rôle d'entrepreneur et celui de travailleur, dit-il, est absurde ou du moins surannée. Autrefois le patron qui travaillait lui-même avec ses ouvriers, *primus inter pares*, pouvait être considéré comme un travailleur et un producteur. Le cas peut encore se présenter aujourd'hui exceptionnellement dans la petite industrie. Mais dans la grande, qui est la seule forme de l'avenir, le patron est uniquement capitaliste et n'est patron que parce qu'il est riche, comme on était officier sous l'ancien régime parce qu'on était noble. Et il fait rapporter un profit à son capital, comme un trafiquant, par un simple commerce : il achète pour revendre. Qu'achète-t-il? la force de travail de l'ouvrier, sous forme de main-d'œuvre. Que revend-il? cette même force de travail sous la forme concrète de marchandises. Et l'excédent constitue son profit.

Seulement il s'agit d'expliquer cet excédent qui fait le profit. D'où sort-il? Car la théorie marxiste sur la valeur consiste précisément à affirmer que les choses n'ont d'autre valeur que celle qui leur est conférée par le travail et qu'elle se mesure par la quantité de ce travail (voir pp. 62-63). Il semble donc que le patron ne puisse revendre les produits de travail de l'ouvrier pour une valeur supérieure à celle qu'il a payée pour cette main-d'œuvre? — Voici justement le nœud du problème, « le mystère d'iniquité » dont la découverte a fait la gloire de Karl Marx. Ecoutons!

Le produit livré par l'entrepreneur sur le marché a, en effet, une valeur déterminée par le travail qu'il a coûté : mettons que l'ouvrier ait mis 10 heures à le faire : la valeur du produit sera mesurée par 10 heures de travail : *le produit vaudra 10 heures.*

Mais la valeur de la main-d'œuvre, de la force du travail de l'ouvrier, que sera-t-elle? Elle est déterminée comme celle du produit lui-même, comme celle de toute marchandise, comme celle d'une machine, par exemple, par son coût

de production. Or, quand il s'agit de cette machine humaine
qui est la main-d'œuvre, les frais de production ne sont
autres que les frais indispensables pour produire un ouvrier,
c'est-à-dire pour l'élever et le faire vivre. Supposons que
les frais nécessaires pour entretenir cet ouvrier et pour
amortir ce capital humain soient représentés par 5 heures
de travail quotidien, en ce cas *la main-d'œuvre vaudra
5 heures de travail*, ni plus ni moins. Donc en donnant à
l'ouvrier sous forme de salaire une valeur équivalente à
5 heures de travail, le patron paie la main-d'œuvre précisément ce qu'elle vaut, d'après les lois mêmes de la valeur et
de l'échange. Mais comme le produit du travail de ce même
ouvrier vaut 10 heures, il y a donc une différence entre le
prix d'achat et le prix de revente, un excédent de valeur
de 5 heures. C'est ce que Marx appelle *Mehrwerth*, qu'on
traduit par *la plus-value* : c'est la clé de voûte de sa doctrine.

En somme, il y a donc 5 heures de travail dont le patron
profite sans avoir eu à les payer, 5 heures pendant lesquelles
l'ouvrier travaille gratis. *Le profit c'est une certaine quantité de travail non payé* : voilà tout le secret de l'exploitation
capitaliste. Et il va sans dire que ces heures non payées se
multiplient par le nombre d'ouvriers employés, en sorte
que plus il y en aura plus grand sera le profit.

On peut mettre cette démonstration sous une forme plus
simple mais moins précise en prenant comme point de départ
ce fait que *la valeur produite par le travail d'un homme est
généralement supérieure à la valeur nécessaire pour faire
vivre cet homme* — et cela même pour le travailleur isolé
et primitif (la preuve, c'est que sans cette plus-value jamais
la civilisation n'aurait pu naître, ni même la population
s'accroître), à plus forte raison pour le travailleur civilisé
dont la puissance est multipliée par la division du travail et
l'organisation collective. Or, le patron, devenu possesseur
de cette force de travail, parce qu'il l'a achetée, invente
mille moyens ingénieux pour accroître cette plus-value — en
prolongeant autant que possible la durée de la journée de

travail, en stimulant l'ouvrier par l'appât trompeur du travail à prix fait, en épuisant les femmes et les petits enfants à l'aide de machines qui permettent d'utiliser leurs faibles bras. Et d'autre part, les progrès techniques, en permettant de produire à moins de frais tout ce qui est indispensable à la vie matérielle et à l'entretien d'un ouvrier, réduisent d'autant la valeur de la main-d'œuvre puisque cette valeur ne peut dépasser celle des frais d'entretien. Si nous supposons que la productivité de travail s'accrût dans des proportions telles que cinq minutes fussent suffisantes pour produire la nourriture d'un homme travaillant 10 heures par jour, eh bien ! une journée d'ouvrier n'aurait plus alors qu'une valeur équivalente à celle de 5 minutes de travail : tel est le salaire que donnerait le patron désormais et il garderait l'excédent, c'est-à-dire toute la valeur produite pendant les 9 heures 55 minutes restant !

Tout cet échafaudage dialectique, destiné à démontrer que le profit constitue, par sa nature même, une spoliation du travail, qu'il est constitué par une certaine quantité de travail non payé, est fondé uniquement sur une pointe d'aiguille, sur cette idée que toute marchandise ne vaut que la quantité de travail qui y est incorporée et que la force de travail étant, sous le régime économique actuel, une marchandise comme une autre, elle aussi ne peut valoir plus que la quantité de travail qui a servi à la produire elle-même. Mais si l'on n'admet pas cette théorie de la valeur — et rares aujourd'hui sont ceux qui l'admettent (voir p. 67) — tout croule.

Cette argumentation a néanmoins une valeur réelle, moins en tant que critique du profit qu'en tant que critique du régime du salariat, surtout au point de vue historique. Il faut bien reconnaître que la main-d'œuvre, sous le régime du salariat, n'a été qu'une marchandise dont on trafiquait, que le patron a toujours cherché à la payer le moins possible et que durant des siècles il y a merveilleusement réussi. Mais cela ne veut pas dire que le patron soit un simple marchand achetant pour revendre, un traitant : sa fonction est infiniment plus complexe. Et d'autre part, sa « marchandise » qui est

la main-d'œuvre, ne se laisse plus traiter comme un ballot :
— syndicats, législation ouvrière, coopération, tout cet
ensemble de mesures tend précisément à régler le taux du
salaire par d'autres lois que celles qui régissent le cours des
marchandises, c'est-à-dire à reconnaître au salarié les droits
d'un copartageant.

§ 3. — Entre ces deux thèses, l'une surtout apologétique,
l'autre surtout critique, nous croyons qu'il en est une troisième, plus près de la vérité. Il faut distinguer deux sortes
de profit : 1° celui qui consiste dans la rémunération du travail spécial à l'entrepreneur et des risques courus, qui devrait rentrer plutôt dans le coût de production; — 2° celui
qu'on pourrait appeler « surprofit », résultant de certaines
circonstances favorables qui permettent à l'entrepreneur de
vendre *au-dessus du prix de revient* et lui confèrent par conséquent une sorte de monopole, ou qui lui permettent de
produire *au-dessous du coût normal de production* et lui
confèrent une sorte de rente différentielle [1]. Ce monopole
peut être naturel, c'est-à-dire résulter de certains avantages
de situation; il peut aussi être légal et résulter, par
exemple, d'un tarif de douane protecteur ou de brevets
d'invention. Il peut résulter même de n'importe quelle
circonstance, car le monopole n'est pas un fait exceptionnel :
il est partout. Un épicier qui a son magasin au coin de la rue
jouit, par cette seule situation, d'un certain monopole réel.

Or la légitimité du profit de la première catégorie ne
peut faire doute puisqu'il n'est que la rémunération des
facteurs essentiels de la production. Mais la légitimité du
surprofit est moins aisée à établir, et remarquez que c'est

---

[1] La *rente industrielle* ou *commerciale* diffère néanmoins de la rente
foncière parce que celle-ci tient toujours à des causes réelles, c'est-à-dire
indépendantes de la personne, et généralement plus ou moins permanentes,
tandis que celle-là présente au contraire un caractère plus personnel et
temporaire. Elle se trouve d'ailleurs moins en opposition avec l'intérêt
général, car tôt ou tard c'est le coût de production *minimum* qui règle
le taux du profit, parce que le monopoleur ne tarde pas à être délogé
de sa situation par d'autres et parce que lui-même a intérêt à abaisser
les prix.

celui-ci précisément qui est la source de toutes les grandes fortunes. On ne peut guère invoquer pour la défendre que l'utilité qu'il y a à concéder dans les choses humaines une certaine part au hasard, à laisser jouer ce flux et ce reflux qui, comme dit Shakespeare : « pris au flot montant élève à la fortune et qui, le moment opportun manqué, laisse sombrer dans la misère[1] ».

Seulement il est très possible que ces opportunités deviennent de plus en plus rares dans la société future. Soit en effet qu'elle évolue dans le sens d'une libre concurrence parfaite qui abaissera toute valeur au niveau du coût de production et réalisera ainsi l'idéal de l'école mathématique; — soit qu'elle évolue dans le sens de l'association coopérative qui a pour principe d'abolir le profit en le restituant à ceux sur qui il a été prélevé, consommateurs ou ouvriers[2]; — soit enfin qu'elle aboutisse au collectivisme avec socialisation des instruments de production — dans toutes ces hypothèses le profit est bien menacé. Depuis longtemps les économistes classiques, tels que Stuart Mill, avaient considéré comme certaine sinon sa disparition du moins sa baisse graduelle, et prophétisé qu'elle aurait pour conséquence « l'état stationnaire » (voir ci-dessus, p. 114).

Mais si la disparition du profit est douteuse et, en tout cas, à longue échéance, au contraire la disparition du patron est chose faite dans toutes les entreprises sous forme de sociétés par actions, c'est-à-dire dans la grande industrie. Il s'y trouve bien encore mais décomposé en président

---

[1]
      There is a tide in the affairs of men
   Which taken at the flood leads to the fortune;
     Omitted, all the voyage of their life
     Is bound in shallows and in miseries.

[2] Présentement il n'y a qu'une seule forme d'entreprise dans laquelle on puisse dire que le profit a été éliminé, c'est la société coopérative de consommation. Elle répartit bien entre ses membres des dividendes ou bonis, mais il n'y a là qu'une apparence de profit puisqu'il s'agit simplement de rembourser aux acheteurs ce qu'ils ont payé en trop.

du conseil d'administration, directeur, actionnaire, etc.

Cette élimination du patron est-elle destinée à se généraliser? Ceci revient à demander si l'entreprise individuelle est destinée à être remplacée partout par l'entreprise collective — soit de société de capitaux, soit de société coopérative, soit de régie étatiste, soit de socialisation collectiviste? Nous sommes enclins à le croire en ce qui concerne les entreprises déjà mûres, parvenues à cette période où elles peuvent se développer de façon quasi-automatique. Mais nous ne croyons pas que de longtemps encore on puisse se passer de l'entrepreneur pour *créer* des entreprises nouvelles. Dans toutes les sociétés à l'état dynamique et progressif, il restera un personnage indispensable. Il ne cessera de l'être que si les sociétés humaines arrivent, ce qui n'est pas impossible, à un état statique, stagnant. Peut-on imaginer que les entreprises les plus récentes — telles l'automobilisme, et celle de demain, l'aviation — eussent jamais vu le jour si des individus riches et courageux n'en eussent fait leur affaire? Mais il est possible néanmoins qu'un jour vienne où l'aviation devienne entreprise coopérative et même entreprise d'État : ce sera le jour où le voyage en aéroplane sera devenu aussi banal que le voyage en wagon.

Au reste, même là où le patron a disparu, même dans les entreprises collectives, c'est toujours une ou quelques individualités qui en sont l'âme. Ce ne sont pas les actionnaires, que les Anglais appellent du nom si expressif de *sleeping partners* (associés dormants), simples prêteurs d'argent qui ne se distinguent des prêteurs ordinaires, dits obligataires, qu'en ce qu'ils ont accepté de courir certains risques en échange d'une part dans les profits. Mais les vrais successeurs du patron ce sont les membres du conseil d'administration, le plus souvent même un seul d'entre eux, président ou secrétaire, qui a étudié et lancé l'entreprise et qui, étant généralement propriétaire d'un grand nombre d'actions, touche une grosse part des bénéfices et apporte toute l'énergie de l'intérêt personnel.

IV
L'association de l'ouvrier avec le patron.

En traitant du salariat nous avons montré les inconvénients de ce mode de rétribution : conflit d'intérêts entre le patron et l'ouvrier, mauvaise utilisation du travail, et par conséquent mauvais rendement[1].

On a donc cherché à perfectionner le contrat de salaire par divers modes d'association *avec* ou même *sans* le patron :

1° En allouant, en plus du salaire fixe, une part dans les bénéfices de l'entreprise.

Cette institution de la *participation aux bénéfices* a été pratiquée de temps immémorial chez les pêcheurs, et on peut dire que l'antique contrat de métayage dans l'agriculture n'est qu'un mode de participation aux bénéfices pour l'ouvrier agricole. Mais la première expérience qui ait été consacrée par un succès éclatant est celle faite à Paris en 1842 par un peintre en bâtiment, Leclaire.

La participation est susceptible de revêtir les formes les plus variées, mais il faut en tout cas qu'elle soit *contractuelle*, c'est-à-dire qu'elle fasse partie intégrante du contrat de travail, qu'elle soit inscrite dans les règlements de la maison, et accordée comme un droit — sans acception de personne et sous certaines conditions générales fixées d'avance — généralement au prorata des salaires, le plus souvent aussi en tenant compte de l'ancienneté. Le nom de participation aux bénéfices ne doit jamais être employé là où il ne s'agit que d'une simple gratification.

La part allouée aux ouvriers peut leur être remise en argent ou être versée à leur compte dans une caisse d'épargne ou de retraite. Ce dernier système, qu'on désigne parfois

---

[1] Les patrons ont cherché aussi à accroître le rendement du travail salarié par d'autres moyens que nous ne pouvons exposer ici, tels que le salaire avec *primes*, ou le travail *en commandite* qui n'est qu'une sorte de travail aux pièces collectif.

sous le nom de *participation différée*, est le plus souvent pratiqué en France ; il a cet avantage d'assurer le bon emploi de l'allocation supplémentaire, mais d'autre part, en ajournant à une échéance lointaine l'entrée en jouissance, il affaiblit d'autant l'action stimulante qu'on attend de la participation.

La participation aux bénéfices compte des partisans enthousiastes qui en attendent de nombreux avantages tant au point de vue moral qu'au point de vue économique :

1° Réconcilier le travail avec le capital, et relever la dignité de l'ouvrier en transformant celui-ci d'instrument de production en associé ;

2° Accroître la productivité du travail en stimulant l'activité de l'ouvrier et en l'intéressant au succès de l'entreprise ;

3° Augmenter le revenu de l'ouvrier en ajoutant au salaire ordinaire et hebdomadaire, qui reste affecté aux dépenses courantes, un dividende de fin d'année qui peut être consacré à l'épargne ou aux dépenses extraordinaires ;

4° Éviter le chômage en créant entre le patron et ses ouvriers des liens permanents.

Mais la participation aux bénéfices compte aussi de nombreux adversaires : d'une part, chez les économistes et les patrons ; d'autre part, chez les socialistes et les ouvriers eux-mêmes.

Pour les socialistes, cela se comprend : si le profit est un vol commis par les patrons au détriment des ouvriers, alors une prétendue réforme qui légitime ce vol en y faisant participer les volés eux-mêmes, paraît fort impertinente !

Les ouvriers craignent que la participation ne soit employée comme appât pour leur faire produire par un supplément de travail une valeur supérieure à celle qui leur sera restituée sous forme de supplément de revenu.

Quant aux patrons, ils trouvent injuste une participation aux bénéfices qui n'a pas pour contre-partie une participation aux pertes et surtout ils ne veulent pas être obligés de faire connaître à leurs ouvriers et, par là même à leurs concurrents et au public, le montant de leurs bénéfices — ou pis encore! leurs pertes[1].

Enfin quant aux économistes, sans la condamner formellement, ils ne veulent y voir qu'une modalité ou, comme dit spirituellement M. Paul Leroy-Beaulieu, « un condiment » du salariat, analogue aux primes ou sursalaires alloués dans certaines maisons. En tant que solution générale, ils font valoir contre elle cette objection grave que les ouvriers ne sauraient prétendre à un droit proprement dit sur les bénéfices, attendu que ces bénéfices ne sont nullement leur œuvre, mais exclusivement celle du patron. Les bénéfices, en effet, dit-on, sont le résultat, non de la fabrication technique et matérielle, mais de la vente faite au bon moment et au bon endroit, art tout commercial et auquel les ouvriers restent absolument étrangers. La preuve c'est qu'on voit partout des entreprises dont les unes font de gros bénéfices et les autres des pertes et qui pourtant emploient un personnel ouvrier absolument identique — exemple les mines, les chemins de fer, etc.

Si par cette objection on veut dire que l'industriel ne fait des profits qu'en tant que commerçant et non en tant que fabricant, la distinction paraît bien paradoxale. Si on veut dire que ses profits sont dus surtout à des circonstances favorables, nous l'admettons, puisque c'est là précisément ce que nous avons exprimé sous la formule du profit-monopole (voir ci-dessus, p. 609), mais alors pourquoi les ouvriers n'auraient-ils pas droit à bénéficier d'un monopole qui n'au rait pu être exploité sans leur concours[2] Notez bien que l'on trouve cela tout naturel quand il s'agit des capitalistes actionnaires, quoique assurément les bénéfices soient encore moins *leur œuvre* que celle des ouvriers!

Toujours est-il que la participation aux bénéfices est loin de répondre aux grandes espérances qu'elle avait fait naître.

[1] Toutefois, cette dernière objection ne porte pas en ce qui concerne les entreprises sous forme de sociétés par actions, puisque leurs bilans sont publics.

Le nombre des maisons qui la pratiquent, par tout pays, diminue assez notablement depuis une dizaine d'années[1].

Si la participation aux bénéfices ne se développe pas c'est surtout parce qu'elle subit la défaveur qui s'attache aujourd'hui à tout mode de patronage et même à tout ce qui tend à resserrer les liens entre le patron et l'ouvrier : ce qu'ils recherchent, au contraire, l'un et l'autre, c'est à être le plus possible *indépendants* l'un de l'autre. Elle exige, dit M. Trombert, « l'existence dans les ateliers d'un bon esprit » : oui, mais ce « bon esprit », dans le sens d'esprit de famille, se fait rare.

Cependant, la participation aux bénéfices n'a peut-être pas dit son dernier mot.

D'abord, il y a quelques branches de la production dans lesquelles la participation n'a pas encore été sérieusement essayée, quoique ce soit celles où elle semblerait devoir donner les meilleurs résultats (et chose curieuse! c'est là pourtant qu'elle a commencé) : nous voulons parler de l'agriculture et de la pêche maritime.

De plus, il est possible qu'elle devienne obligatoire dans un certain nombre d'entreprises. Cela rentre dans le programme radical-socialiste dont nous avons déjà parlé (p. 598). On la rendrait obligatoire dans les entreprises concédées par l'État ou les municipalités par une clause insérée dans le cahier des charges. Et ce serait un vaste domaine où elle s'installerait de vive force, car ces concessions comprennent les mines, les chemins de fer, les tramways, l'éclairage, etc., etc. — surtout si une telle loi devait avoir effet rétroactif, c'est-à-dire s'appliquait à toutes les exploitations déjà existantes et concédées il y a longtemps.

Disons pour conclure qu'on est très porté à surévaluer le montant des bénéfices. Le fait que, dans toute entreprise, le profit est accumulé entre les mains d'un seul, tandis que le salaire est éparpillé entre les mains de centaines ou de

---

[1] Pour les statistiques sur ce point, comme sur toutes les institutions ouvrières étudiées précédemment, voir notre livre *Économie Sociale*

milliers de copartageants, fait illusion sur leur importance respective. Mais si, par la suppression de tous les patrons, on pouvait distribuer leurs profits entre les mains de tous les ouvriers, ceux-ci seraient fort désagréablement surpris en constatant que cette expropriation ne grossirait que dans une assez faible proportion la part de chacun d'eux.

2° Une modification plus radicale encore du contrat de salaire consisterait à le transformer en contrat de société véritable, c'est-à-dire comportant une participation non pas simplement aux bénéfices mais aussi à l'administration et à la responsabilité, y compris les pertes. Au premier abord cela paraît impossible car comment l'ouvrier pourrait-il supporter les pertes, puisqu'il n'a pas de capital? Et comment le patron pourrait-il accepter le contrôle de l'ouvrier sur son administration? Cependant cette double difficulté est surmontée si l'ouvrier devient capitaliste, c'est-à-dire possède des actions de l'entreprise dans laquelle il est employé : en ce cas il participe à l'administration et aux pertes dans la même mesure que tout autre actionnaire. C'est ce que les Anglais appellent la *copartnership* et que nous pouvons appeler *l'actionnariat ouvrier*.

La difficulté pratique est, comme on peut bien le penser, de fournir à l'ouvrier les moyens d'acquérir les actions. La participation aux bénéfices est la voie la plus simple — en convertissant les parts de bénéfices en parts d'actions dans l'entreprise — mais on peut aussi y arriver sans le secours de la participation, en facilitant, par exemple l'acquisition des actions par petites coupures accessibles à l'épargne de l'ouvrier.

Mais une difficulté plus grande encore c'est de persuader l'ouvrier de devenir actionnaire de l'entreprise [1] ; car généra-

---

[1] La répugnance des ouvriers à devenir actionnaires de l'entreprise où ils travaillent s'explique assez bien, non seulement par un esprit d'hostilité à toute collaboration avec le patron, mais aussi, à un point de vue beaucoup plus bourgeois, par la crainte de la part de l'ouvrier de voir engloutir son épargne ou sa part de bénéfices. Si l'entreprise vient à péricliter, il se trouvera doublement frappé, puisqu'il perdra à la fois son emploi et son capital.

lement il a montré très peu d'empressement à user de cette faculté là où elle lui a été accordée, à telles enseignes qu'il a fallu souvent en arriver à transformer cette faculté en obligation, c'est-à-dire rendre l'ouvrier actionnaire bon gré mal gré en convertissant d'office sa part de bénéfices en actions[1]. Seulement on peut avoir quelques doutes sur l'efficacité morale et sociale d'une solution qui consiste à faire du salarié un associé malgré lui.

Si l'actionnariat ouvrier est greffé sur la participation aux bénéfices et organisé de telle façon qu'il fonctionne automatiquement et indéfiniment, sans fixer de limite à la portion du capital qui pourra être appropriée par les ouvriers, il est clair qu'il doit aboutir tôt ou tard à éliminer le patron et transformer l'entreprise en une association coopérative de production. C'est en effet de cette façon et non autrement que se sont constituées les associations coopératives de production les plus prospères, par exemple le Familistère de Guise et la maison de peinture Leclaire.

V

L'association coopérative de production.

L'association coopérative de production constitue, dans l'évolution du salariat, un degré supérieur aux précédents. Ce n'est plus l'association des ouvriers *avec* le patron. c'est l'association des ouvriers *sans* le patron[2].

La France est considérée comme la terre classique de ce genre d'institutions. Il est vrai qu'elle en a pris l'initiative, car la première association de production, semble-t-il, a été

[1] C'est ainsi que dans les Compagnies du gaz de Londres, qui sont le plus grand succès de la *copartnership*, il a fallu contraindre l'employé à laisser convertir en actions au moins la moitié de sa part de bénéfices. Voir notre article sur l'*Actionnariat ouvrier*, dans la *Revue d'Economie Politique*, janvier 1910.

[2] Stuart Mill voyait dans l'association coopérative de production libre la solution de la question sociale. C'était aussi le système du socialiste Lassalle.

celle fondée en 1831 par Buchez. Il est vrai aussi qu'à la suite de la Révolution de 1848, il y a eu un grand élan dans ce sens et il se fonda alors en France, et à Paris surtout, plus de 200 sociétés ouvrières de production ; mais toutes moururent, hormis quatre qui vivent encore aujourd'hui. Dans ces dernières années, grâce surtout à l'appui de l'Etat, l'accroissement est plus rapide. Mais s'il en naît beaucoup, il en meurt beaucoup aussi. On en compte aujourd'hui (en 1910) 440, dont quelques-unes très prospères.

Les obstacles que rencontrent les associations coopératives de production sont très nombreux et n'expliquent que trop leur lent développement :

a) Le premier, et le plus considérable, est *le défaut d'éducation économique* de la classe ouvrière qui ne lui permet : — ni de trouver aisément dans ses rangs des hommes capables de diriger une entreprise industrielle ; — ni, en supposant qu'elle les trouve, de savoir les élire et les garder comme gérants, leur supériorité même devenant trop souvent une cause d'exclusion ; — ni enfin, en supposant même qu'elle accepte leur direction, de savoir leur assurer une part dans les produits proportionnelle aux services qu'ils rendent, la supériorité du travail intellectuel sur le travail manuel n'étant pas encore suffisamment comprise.

b) Le second, c'est *le défaut de capital.* Nous savons que si l'on peut réussir à éliminer le capitaliste de l'entreprise productive, on ne peut en aucun cas éliminer le capital : or la grande production exige aujourd'hui des capitaux de plus en plus considérables (voir p. 195). Comment de simples ouvriers pourront-ils se les procurer ? — Sou à sou par leur épargne de chaque jour ? Cela peut se faire et s'est fait, en effet, dans quelques entreprises de petite industrie, mais seulement au prix de sacrifices héroïques, et on ne peut y compter d'une façon générale. — En se les faisant prêter par l'Etat ? L'expérience a été faite en 1848, mais les 2 millions distribués par lui n'ont pas porté bonheur aux sociétés qui les avaient reçus. Aujourd'hui l'Etat leur prête quelques

35*

centaines de milliers de francs chaque année dont il semble qu'il soit fait meilleur usage.

Au reste des associations ouvrières solidement organisées, une fois qu'elles auraient fait leurs preuves, trouveraient facilement à emprunter tous les capitaux qui leur seraient nécessaires, soit en constituant une Banque commune (il en existe une déjà en France), soit en s'adressant aux sociétés coopératives de crédit ou aux coopératives de consommation, qui disposent, les unes et les autres, de capitaux considérables (voir ci-après, p. 642).

c) Le troisième, c'est *le défaut de clientèle*. Les associations ouvrières ne sont pas généralement assez puissamment outillées pour produire à bon marché et pour la grande consommation populaire. Et d'autre part, elles n'ont pas généralement un nom, une marque assez connue pour attirer la clientèle riche. Heureusement pour elles, elles ont trouvé en France des clients sympathiques dans la personne de l'État et des municipalités, et c'est grâce à leur appui que beaucoup de sociétés de production en France doivent de vivre. Mais dans ces conditions leur vie est un peu factice.

d) Enfin, le dernier écueil, c'est *qu'elles tendent à reconstituer les formes mêmes qu'elles se proposaient d'éliminer*, à savoir l'organisation patronale avec le salariat — tant il est malaisé de modifier un régime social ! Trop souvent, du jour où ces associations réussissent, elles se ferment et, refusant tout nouvel associé, embauchent des ouvriers salariés, en sorte qu'elles deviennent tout simplement des sociétés de petits patrons. C'est le principal grief que les socialistes font valoir contre cette institution et il faut avouer qu'il est assez fondé. D'autre part, demander aux ouvriers de la première heure, à ceux qui, à force de privations et de persévérance, ont réussi à fonder une entreprise prospère, d'admettre sur le pied d'égalité les ouvriers de la onzième heure, c'est vraiment leur imposer un rare désintéressement !

Cependant, il est permis d'espérer que ces écueils pourront être évités par une sorte de stage préparatoire, et cette préparation pourra se faire de deux manières :

1° Par la participation aux bénéfices, lorsque le patron veut bien consentir à préparer son abdication en organisant la participation de telle façon que les ouvriers puissent devenir de son vivant ses associés, et après sa mort ses successeurs. C'est ce qu'ont fait, pour ne citer que les exemples les plus fameux, Godin pour le Familistère de Guise, Mme Boucicaut pour les magasins du Bon Marché, etc.

2° Par les syndicats professionnels ouvriers. Plusieurs associations coopératives de production en France n'ont pas d'autre origine[1]. En ce cas, elles ne peuvent faire travailler simultanément tous les membres du syndicat parce qu'elles n'ont pas de capitaux ni de débouchés suffisants pour cela, mais seulement ceux qui le demandent, à tour de rôle.

3° Par les associations coopératives de consommation qui, lorsqu'elles sont suffisamment développées et fédérées entre elles, peuvent constituer des sociétés coopératives de production auxquelles elles fournissent les *capitaux* dont elles ont besoin, en les leur prêtant, et une *clientèle* assurée en leur achetant leurs produits — c'est-à-dire précisément deux des éléments qui leur manquaient pour réussir. Et quant au troisième, la *direction*, il devient bien moins important puisque les sociétés de consommation exercent un double contrôle en tant que commanditaires et en tant que clientes. Telle est la politique des sociétés coopératives de consommation en Angleterre. Elles ont déjà fondé un certain nombre d'industries coopératives prospères.

C'est dans cette dernière voie que l'association de production pourra trouver un meilleur avenir. Mais il importe de distinguer ici deux systèmes, qu'on peut désigner par les noms de *fédéraliste* et d'*autonomiste*. — Dans le système autonomiste, qui est celui que nous venons d'indiquer, l'initiative part des ouvriers eux-mêmes : ils se constituent

---

[1] Légalement les syndicats ne peuvent pas faire de l'industrie ou du commerce, ni par conséquent jouer le rôle d'association coopérative. Mais ils peuvent en créer une comme filiale, et d'ailleurs il est question d'élargir la loi pour leur donner cette capacité.

en associations afin de n'avoir plus de patrons, et le rôle des
sociétés de consommation se borne à leur prêter des capitaux
et à leur procurer des débouchés. — Dans le système fédéraliste, ce sont les sociétés de consommation, soit groupées
en fédérations, soit même isolément, quand elles sont assez
puissantes, qui créent des fabriques pour produire directement tel ou tel article rentrant dans leur consommation. En
ce cas, quoique ces fabriques s'appellent coopératives, les
ouvriers qu'elles emploient restent de simples salariés :
ils ne sont nullement copropriétaires de la fabrique et même
n'ont en général aucune part dans les bénéfices, ceux-ci étant
réservés exclusivement aux consommateurs[1]. Il s'est formé
une vive opposition contre ce dernier système pour réclamer
tout au moins une participation des ouvriers aux bénéfices
et même à la copropriété de l'entreprise (*copartnership*), et
ces desiderata ont été réalisés par le Magasin en gros des
sociétés d'Écosse.

Comme conclusion à ce chapitre disons que si l'on pense
que l'évolution politique procède par trois phases successives, monarchie absolue, monarchie constitutionnelle, république, il est naturel de penser que l'évolution économique
dans ses formes successives devra correspondre, étape par
étape, à l'évolution politique : — d'abord coercitive (esclavage), puis monarchique (salariat), puis parlementaire (le
patronat tempéré par la participation aux bénéfices et une
certaine part accordée aux ouvriers dans la propriété et direction de l'entreprise), enfin républicaine avec l'association
coopérative. Mais on a droit aussi de penser que l'avènement de la démocratie dans la sphère économique sera encore plus lent et plus difficile que dans la sphère politique.

---

[1] Il va sans dire que ces ouvriers participeront aux bénéfices en tant
que consommateurs s'ils sont eux-mêmes membres de la société de consommation qui les emploie. Et alors ils seront leurs propres patrons. Et
c'est bien à ce régime que la coopération doit viser. Voir ci-dessus,
p. 479.

LIVRE IV

LA CONSOMMATION

———

CHAPITRE I

LA CONSOMMATION DANS SES RAPPORTS AVEC LA PRODUCTION

I

Quel est le sens du mot consommation ?

Consommer une richesse, c'est l'utiliser pour la satisfaction de nos besoins; c'est donc lui donner l'emploi et la fin en vue desquels elle a été faite. La consommation est donc la cause finale et, comme le nom le dit si bien, « l'accomplissement » de tout le procès économique, production, circulation, répartition. Son importance est beaucoup plus grande que ne le ferait supposer la place modeste qu'elle occupe dans les traités d'Économie Politique. C'est un domaine infiniment riche en curiosités, encore quasi inexploré, et il est probable que c'est par là un jour que la science sera renouvelée. C'est même par là, en bonne logique, qu'on devrait commencer, et quand, au début de ce livre, nous avons commencé par parler des besoins et de l'utilité finale, nous étions déjà dans le domaine de la consommation. Il faut relire ces chapitres avant ceux-ci.

Le mot « consommation » prête à certains malentendus auxquels il faut prendre garde.

La consommation étant le but de toute production, il est évident que du jour où les hommes cesseraient de consommer ils cesseraient de produire ; du jour où ils ne mangeraient plus de blé, ils n'en sèmeraient plus. De là on est porté à conclure que, pour pousser à la production, il faut pousser le plus possible à la consommation. Et c'est là, comme nous le verrons plus loin, ce qui rend l'opinion publique si indulgente pour tous les actes de prodigalité.

Et sans doute la consommation intense, à l'américaine, est un puissant stimulant de la production, telle aux États-Unis. Il faut prendre garde cependant que si la consommation est la *cause finale* de la production, elle n'en est point du tout la *cause efficiente*. Les seules causes de la production ce sont les facteurs déjà connus, travail, terre et capital, et il est bien clair que ce n'est pas la consommation qui peut avoir pour effet de créer ou d'augmenter aucun des trois. Au contraire ! sans cesse celle-ci travaille à défaire l'œuvre de ceux-ci et à vider le réservoir qu'ils travaillent à remplir. Si ce réservoir était alimenté par un courant continu, de telle façon que plus on en tirerait, plus il en viendrait, alors l'erreur qui consiste à croire que plus on consommera de richesses et plus on en produira, pourrait s'excuser. Mais tel n'est pas le cas. Personne n'oserait prétendre que plus on cueillera de fruits plus le verger en produira, que plus on pêchera de poissons plus la mer en nourrira, que plus on brûlera de bois plus la forêt sera haute et touffue !

Il est vrai que toute production de richesses exige une consommation incessante de matières premières, de houille, etc., de capital circulant en un mot (voir pp. 137-145). Et en ce sens on pourrait bien dire que la consommation est la condition indispensable et même la cause de la production et que celle-ci sera en raison de celle-là. Mais cette consommation-là n'a rien à faire avec celle qui va nous occuper dans ce chapitre. Il ne faudrait pas lui donner ce nom. Les économistes désignent généralement cette con-

sommation du capital sous le nom de « consommation repro-
ductive », pour la distinguer de l'autre, de celle qui sert à
la satisfaction immédiate de nos besoins et qu'ils appellent « consommation improductive ». Mais cette dernière
seule est la vraie et c'est à celle-ci seulement qu'il faudrait
réserver le nom de consommation. Le « geste auguste du
semeur » doit rester le symbole de l'acte de production par
excellence ; le qualifier d'acte de consommation, assimilant
par là deux faits aussi opposés que de semer le blé et de le
manger, ne peut se justifier que par la pauvreté et l'incor-
rection de la terminologie économique.

Sans doute le procès économique forme un circuit fermé :
l'homme produit pour manger et il faut bien aussi qu'il
mange pour produire. Et cela est si vrai que, de même que
certains économistes voient dans les semailles un acte de
consommation, d'autres, comme Jevons, ont vu dans l'alimentation un acte de production parce qu'ils voient dans
les aliments consommés par les travailleurs le type même
du capital sous forme *d'avances* faites au travail. Mais il
faut pourtant, si l'on veut s'y reconnaître, marquer à un
point quelconque la fin et le commencement du circuit. Or
la fin de tout le procès économique, c'est la satisfaction des
besoins de l'homme[1] ; c'est à ce moment seulement que la
richesse se consomme définitivement : jusque-là et à travers
toutes ses transformations elle est simplement en cours de
production.

Enfin, de même qu'il ne faut pas confondre consommation et *production*, de même il ne faut pas croire que consommation soit synonyme de *destruction*. Il est vrai — et
c'est ce qui prête à cette confusion — qu'il y a certains besoins, l'alimentation par exemple ou le chauffage, qui ne
peuvent être satisfaits que par la transformation des objets

---

[1] Il en résulte que sous un régime où l'homme n'est lui-même qu'un
simple instrument de production — esclave pour le maître ou salarié pour
le patron — le point de vue change : la consommation de l'esclave ou du
valet de ferme est à bon droit considérée par celui qui les emploie comme
frais de production.

propres à nous servir d'aliments ou de combustibles. Pour
utiliser le pain et le vin, c'est-à-dire pour les transformer en
chair et en sang, nous sommes obligés de les manger, et
pour nous chauffer avec du bois nous sommes obligés de le
brûler, c'est-à-dire de le réduire en cendres et en fumée :
c'est une nécessité fâcheuse.

Mais il est heureusement beaucoup d'autres richesses qui
peuvent être utilisées sans être détruites : maisons, jardins,
monnaies, meubles, objets d'art. Il est vrai que celles-là non
plus ne sont pas éternelles et que généralement elles périssent tôt ou tard, soit par accident, soit par le simple fait de
la durée, *tempus edax rerum!* mais cette destruction ne doit
nullement être imputée à la consommation. Si la Vénus
de Milo est mutilée, la faute en est aux barbares et non à
ses adorateurs. La preuve, c'est que nous tâchons de faire
durer les choses le plus possible et si l'on pouvait faire toutes les choses inusables (vêtements, linge, meubles, maisons, etc.), elles répondraient non pas moins bien, mais
bien mieux, à leur destination économique, car, en telle
hypothèse, elles pourraient être utilisées à perpétuité, et ce
serait l'idéal de la consommation (prenez garde qu'*inusable*
ne veut pas dire *inutilisable!*)

Même dans le cas où la consommation ne peut éviter une
destruction d'utilités, du moins une sage économie trouve
moyen de tirer encore parti de ces utilités mortes en faisant
sortir de leurs cendres quelque utilité nouvelle ; avec les chiffons, elle fait du papier ; avec les détritus d'aliments ou les
scories de la fonte, de l'engrais ; avec les résidus de la houille,
toute la gamme des parfums et des couleurs. La possibilité
d'utiliser les résidus, par exemple pour les raffineries de
pétrole, est une des causes de la supériorité de la grande
industrie. Ainsi dans une économie parfaite aucune utilité ne
périrait, mais toutes seraient transformées. Et la consommation ne serait que l'histoire des métamorphoses de la richesse.

II
Si la production pourra suffire à la consommation.
Les lois de Malthus.

Malgré ce que nous venons de dire que consommation n'implique pas nécessairement destruction, toujours est-il que la plupart des consommations, et tout spécialement celles pour l'alimentation, entraînent une absorption quotidienne et grandissante de produits. Et, dès lors, se pose la question inscrite en tête de ce chapitre.

Elle a, autrefois surtout, beaucoup tourmenté les économistes. Tout homme venant au monde apporte une bouche — et deux bras, il est vrai — mais la bouche commence à fonctionner tout de suite, tandis que les bras ne commenceront à fonctionner que dans quinze ou vingt ans. Ainsi, dans l'ordre naturel des choses, la consommation devance de beaucoup la production. Et ce n'est pas tout, car nous avons vu que les économistes redoutent que la production, tout au moins celle des aliments, ne se trouve limitée dans l'avenir par la loi du rendement non proportionnel (voir p. 98), tandis que le nombre des bouches à nourrir est destiné sans doute à s'accroître indéfiniment, et il n'y a pas de raison décisive de penser que l'appétit des hommes de l'avenir soit moindre que celui des hommes d'aujourd'hui. En sorte qu'il pourrait bien se faire que la production ne suffise plus un jour à la consommation.

Ces craintes ont été exprimées avec une force singulière, il y a un peu plus d'un siècle, par un économiste anglais, Malthus. Dans une formule qui a eu une prodigieuse célébrité, il avait affirmé que la *population tendait à s'accroître suivant une progression géométrique, tandis que les moyens de subsistance ne pouvaient s'accroître que suivant une progression arithmétique.* Il exprimait cette loi par les chiffres suivants qui n'avaient d'ailleurs dans sa pensée d'autre but que de servir à illustrer son raisonnement et qu'on a eu le tort de prendre à la lettre :

Progression de la population : 1. 2. 4. 8. 16. 32. 64...

Progression de la production : 1. 2. 3. 4. 5. 6. 7...

Malthus évaluait à 25 ans la période de temps qui devait s'écouler en moyenne entre deux termes consécutifs de sa progression. Il en concluait donc que, au bout de deux siècles, la population serait aux moyens de subsistance comme 256 est à 9, au bout de trois siècles comme 4.096 est à 13, et qu'après quelques milliers d'années la différence surpasserait tout nombre imaginable.

Et remarquez que ce n'est pas seulement pour un avenir plus ou moins lointain que Malthus exprimait ses craintes. Il prétendait démontrer que cette pression de la population s'exerçait dès à présent et s'était même toujours exercée dans le passé, et que l'équilibre ne s'était maintenu que par une sorte de mise en coupe réglée de l'espèce humaine, s'exerçant par les guerres, les épidémies, les famines, la misère, la prostitution et autres fléaux abominables, mais qui lui apparaissaient, à ce nouveau point de vue, comme de véritables dispensations providentielles[1].

Toutefois, pour l'avenir il espérait que les hommes auraient la sagesse de substituer aux obstacles *répressifs* les obstacles *préventifs* en limitant eux-mêmes par leur propre volonté l'accroissement de la population. Malthus leur conseillait à cet effet la *contrainte morale*, c'est-à-dire de ne se marier que lorsqu'ils auraient des ressources suffisantes pour entretenir des enfants[2] — morale mais non *légale* en ce sens

---

[1] Providentielles, non seulement parce qu'elles servaient à maintenir l'équilibre entre la production et la consommation, mais aussi parce qu'en faisant disparaître les plus faibles et les plus incapables, elles contribuaient au perfectionnement général de l'espèce. On sait que Malthus a été l'inspirateur de Darwin : celui-ci l'a déclaré lui-même.

[2] Mais, contrairement à ce qu'on croit et à ce qu'enseignent aujourd'hui les néo-malthusiens, Malthus n'a jamais préconisé la limitation des enfants *dans le mariage* (voir les textes cités dans l'*Histoire des Doctrines* de Gide et Rist) ; c'est *avant* que la contrainte morale devait agir, non *après*. Il considérait *six* enfants comme le chiffre normal, et encore disait-il : « les époux ne peuvent savoir s'ils n'en auront pas davantage ».

Malthus, en *recommandant* le célibat à ceux qui n'avaient pas les resqu'il n'a jamais voulu que la loi prohibât le mariage pour ceux qui ne pourraient justifier d'un certain revenu, comme cela s'est fait pourtant autrefois dans quelques États d'Allemagne. Mais il craignait que ces conseils de haute morale ne fussent pas très suivis.

Un siècle s'est écoulé depuis la publication de cette célèbre doctrine et l'expérience n'a pas jusqu'à présent justifié les prévisions pessimistes de Malthus.

D'une part en ce qui concerne l'insuffisance éventuelle les subsistances, les lois psychologiques que nous connaissons de la *variété*, de la *limitation* et de la *substitution* des besoins (pp. 43-48) nous offrent quelques perspectives favorables, car quoique la nature ne mette à notre disposition qu'une quantité limitée de chaque richesse, elle nous offre en revanche un nombre véritablement infini de combinaisons possibles et tel que les désirs de l'homme n'arriveront jamais à l'épuiser. Par exemple, le besoin d'alimentation ne sera jamais remplacé par aucun autre, mais le besoin de *tel aliment en particulier* pourra toujours être remplacé par quelque autre. Si les hommes ne devaient se nourrir que de blé, il paraît certain que tôt ou tard il n'y en aurait point assez; mais comme ils mangent au contraire de moins en moins de pain et le remplacent par une infinité d'aliments divers et qu'on en invente sans cesse de nouveaux, il n'y a pas de raison pour penser qu'on voie jamais la fin de la carte du menu.

C'est pourquoi nous avons vu, dans presque tous les pays, un accroissement de la richesse plus grand que l'accroissement de la population, et cela aussi bien dans des pays neufs comme les États-Unis que dans des pays vieux comme la France. En sorte qu'aujourd'hui la préoccupation est plutôt en sens inverse. A cette heure où les marchés sont

sources nécessaires pour élever des enfants, proscrivait à plus forte raison les unions illégitimes puisque les résultats au point de vue de la natalité auraient été les mêmes et pires. Sa contrainte morale, il le déclare catégoriquement, implique l'abstention de tout rapport sexuel.

encombrés de produits industriels et agricoles, à tel point
que les États élèvent des barrières de douanes pour se protéger contre ce qu'ils appellent l'inondation des produits
étrangers, la question qui se pose est plutôt celle-ci : trou-
vera-t-on des débouchés suffisants à la production?

Cependant il est possible que l'avance énorme et subite
qu'a prise la production sur la consommation dans ces dernières années tienne à des causes qui ne sont pas destinées
à se renouveler, telles que la mise en culture des continents
nouveaux et l'impulsion que la machine à vapeur a donnée
aux moyens de transport. En fin de compte, il est bien évident que la terre avec ses 13 milliards d'hectares, dont 9
seulement paraissent cultivables, ne pourra nourrir un nombre indéfini d'habitants.

Même si un ralentissement dans l'accroissement de la
production est à prévoir, d'autre part, le ralentissement de
la natalité est encore plus vraisemblable et c'est de ce côté-ci
surtout que les prévisions de Malthus paraissent en défaut.
Les obstacles préventifs — quoique non celui préconisé par
Malthus — agissent avec une telle force que déjà dans quelques pays, et surtout en France, c'est l'état stationnaire ou
peut-être même rétrograde de la population qui devient un sujet d'alarme[1]. L'erreur de Malthus est d'avoir confondu l'instinct sexuel et le désir de la procréation. Il est vrai que la
Nature a associé étroitement ces deux instincts, mais l'homme
a trouvé, non sans dommage pour la morale, le moyen de
les dissocier. Le premier est d'ordre physiologique, mais le
second est d'ordre social, moral ou religieux, et se trouve
déterminé par des causes très différentes : désir d'avoir une
famille, un héritier de son nom, un aide pour son travail, etc.

M. Leroy-Beaulieu pose en loi que la natalité décroît comme croît la civilisation. La statistique montre en effet que :

1º La natalité est plus faible dans les classes riches que
dans les classes pauvres. On comprend en effet que chez les
premières la concurrence d'une foule de besoins vienne

_____
[1] Ce n'est pas seulement en France que le taux de la natalité décroît

enrayer le besoin génésique qui, chez le pauvre, est presque seul avec celui de l'alimentation. On est donc autorisé à conclure que la natalité se restreindra dans toutes les classes au fur et à mesure qu'elles s'élèveront vers l'aisance et que les peuples progresseront en bien-être. Et c'est ce que les faits confirment pleinement, car précisément, au fur et à mesure que les salaires augmentent, la classe ouvrière commence à devenir elle aussi néo-malthusienne.

2° La natalité est plus faible dans les sociétés démocratiques. Déjà aux États-Unis, la natalité diminue progressivement et, phénomène imprévu, en Australie elle est tombée presque aussi bas qu'en France. Peut-être la cause en est-elle dans les possibilités d'ascension qu'un tel régime ouvre à chaque individu mais que les charges de familles tendent à restreindre. C'est ce que Dumont a appelé d'un nom pittoresque *la loi de capillarité*. Remarquez que cette cause agit sur les femmes autant que sur les hommes : le *féminisme* (qui n'est qu'un des aspects du mouvement démocratique) tend à restreindre pour les femmes les fonctions naturelles d'épouse et de mère dans la mesure où il leur ouvre toutes les fonctions sociales.

Par toutes ces causes l'espèce humaine est aujourd'hui plus que rassurée en ce qui concerne une multiplication exagérée, et tout au contraire on cherche aujourd'hui en

rapidement. Ce phénomène est constaté à peu près partout. Si en France elle est tombée, de 1850 à 1905, de 27 à 19 p. 1000 habitants, en Angleterre elle est tombée dans le même laps de temps de 33 à 26 p. 1000. Dans les États de l'Australasie le taux, qui était de 38 p. 1000 en 1875, est tombé à 26. Et pour les anciens États des États-Unis le taux serait presque au même niveau qu'en France si la forte natalité des immigrés ne relevait la moyenne. L'Allemagne était presque le seul pays où le taux de la natalité n'eût que très peu fléchi, mais il tombe maintenant.

Cette similitude de situation n'empêche pas d'ailleurs que la France ne se trouve dans une situation d'inégalité très critique au point de vue politique, militaire et même économique, parce que la décroissance de la natalité s'est manifestée chez elle un demi-siècle plus tôt que dans les autres pays, et même quand elle s'arrêtera chez ceux-ci, ils n'en auront pas moins dépassé de beaucoup la France par la vitesse acquise.

France — et probablement on cherchera tôt ou tard dans les autres pays — les moyens de stimuler l'accroissement de la population ou tout au moins de faire disparaître les obstacles qui l'enrayent. Mais les remèdes proposés à cet égard : — dégrèvements d'impôts ou même suppléments de traitement pour les familles nombreuses, réduction du coût de la vie par l'abolition des droits protecteurs, réforme des lois de succession [1], voire même impôts sur les célibataires — paraissent tout à fait impuissants à enrayer les causes générales que nous venons d'indiquer. Peut-être faudra-t-il en venir à ce que l'État alloue des pensions aux enfants comme il fait aux vieillards!

III
Le rôle du consommateur.

Une des dernières paroles de Bastiat sur son lit de mort fut : « Il faut apprendre à envisager toutes choses au point de vue du consommateur ». En cela d'ailleurs il n'a fait qu'exprimer le sentiment de l'économie politique libérale. Seulement les économistes libéraux pensent, fidèles en cela à l'esprit de leur école, qu'il n'est pas nécessaire de prendre aucune mesure spéciale à cet effet et que la libre concurrence y pourvoira. En effet, disent-ils, sous le régime de libre concurrence tout producteur doit s'évertuer à servir pour le mieux le client, le consommateur, à lui donner ce qu'il y a de mieux pour le moindre prix. M. Yves Guyot a écrit un petit livre spirituel et paradoxal, sous ce titre *La Morale de la concurrence*, pour démontrer que les pro-

[1] On sait que les Romains ont fait jouer le droit de succession, sous le nom de *lois caducaires*, pour lutter contre le même mal, et quoiqu'on affirme toujours qu'il a été inefficace, au bout du compte on n'en sait rien. Divers systèmes ingénieux ont été proposés en France. L'école de Le Play incrimine surtout la loi du partage égal parce qu'elle croit que c'est pour éviter ce partage que le père de famille supprime ses enfants et en conséquence elle voudrait rétablir la liberté de tester ou du moins élargir la quotité disponible. Pourtant la même loi du partage égal existe dans d'autres pays qui ont conservé néanmoins une très forte natalité.

ducteurs passent leur vie à s'ingénier pour le service du public. En sorte que le consommateur n'aurait, comme un roi, qu'à se laisser servir.

Les faits ne justifient pas ce tableau optimiste. Sans doute le producteur a intérêt à satisfaire le client puisque c'est généralement pour lui le plus sûr moyen d'accroître sa clientèle et par là ses bénéfices, mais ce but n'est qu'un but médiat : le but immédiat c'est le profit et nullement le service d'autrui. Et s'il peut arriver à augmenter davantage son profit en majorant ses prix ou en vendant des denrées falsifiées, l'expérience prouve qu'il n'y manquera pas. On sait combien, dans ces derniers temps et par tout pays, la majoration des prix et la falsification des denrées ont pris des proportions inquiétantes.

Le consommateur fera donc bien de ne pas se fier au laisser-faire du soin de garantir ses droits et de s'endormir dans un rôle de roi fainéant. Il a besoin de défendre énergiquement ses intérêts qui se confondent d'ailleurs, et c'est ce qui fait leur supériorité, avec les intérêts les plus généraux de la Société.

Pour cela il doit recourir au même moyen qu'emploient les producteurs de leur côté, à l'association. Ces associations de consommateurs appartiennent à deux types différents : les unes qui ont pour but d'enseigner aux consommateurs quels sont *leurs droits* et leurs intérêts et quels sont les moyens d'y satisfaire; les autres de leur enseigner quels sont *leurs devoirs* et quels sont les moyens de s'en acquitter. Car si le consommateur est roi dans l'ordre économique, cette royauté comporte évidemment des responsabilités. L'une ne va pas sans l'autre. Il dépend du consommateur, en changeant la nature de ses dépenses, c'est-à-dire en donnant à son argent des emplois différents, de détourner le Capital et le Travail des branches où ils s'employaient pour les porter ailleurs, où il lui plaît. Par là le consommateur, alors même qu'il vit en simple rentier, exerce sur les trois facteurs de production, terre, travail, capital, une action décisive. Il les commande. Comme le centurion de

l'Évangile, il dit à l'un : « Va ! et il va — et à l'autre : Viens!
et il vient ». Et ce pouvoir de commandement est précisément ce qui crée au riche des devoirs spéciaux, si peu compris jusqu'à présent.

En ce qui concerne les premières, on pourrait citer d'a-
bord les sociétés dites *de consommation :* nous leur consacre-
rons un chapitre spécial. On pourrait y ajouter les ligues
de défense contre le protectionnisme — comme celle pour
l'abolition des droits sur les céréales qui a joué un si grand
rôle en 1840 dans l'histoire économique de l'Angleterre (voir
p. 342) — ou celles pour faire appliquer les lois contre les
falsifications de denrées, ou encore pour la défense des droits
des locataires, ou même celles pour défendre les droits des
voyageurs comme le *Touring-Club*[1].

En ce qui concerne les secondes, elles doivent se subdi-
viser encore en deux catégories :

a) Les unes ont pour règle de combattre les consommations nocives, immorales et ruineuses, par la propagande et
en prêchant d'exemple. D'abord parmi elles figurent au premier rang les sociétés anti-alcooliques, puis les sociétés végé-
tariennes et d'autres — telles que celles contre l'usage du tabac
ou contre l'emploi de dépouilles d'animaux pour la toilette,
notamment contre cette mode de Peaux-Rouges qui impose
le port des plumes d'oiseaux sur les chapeaux de dames.

b) Les autres ont pour but de faire cesser les exigences
des consommateurs qui sont de nature à imposer un surcroît de travail à la classe ouvrière : par exemple, les commandes de toilettes faites au dernier moment, qui exigent
pour être livrées en temps utile le travail de nuit ou les
veillées, les livraisons le dimanche, l'emploi de malles trop
lourdes pour les porteurs, ou la location d'appartements
dans lesquels les cuisines et les chambres de domestiques
sont trop sacrifiées. Elles s'appellent les *Ligues sociales
d'acheteurs.* Les premières en date ont été fondées à New-
York, mais il y en a une fondée à Paris par Mme Brunhes

---

[1] Il vient précisément de se constituer une *Ligue des Consommateurs
Français*, qui sera comme la Fédération de toutes les autres.

en 1900. Ces sociétés ont des *listes blanches* sur lesquelles elles inscrivent seulement les magasins qui prennent l'engagement de se conformer à certaines conditions de salaires, de repos, etc., en ce qui concerne leurs ouvriers et employés, ou même de distribuer des étiquettes (*labels*) pour être apposées sur les marchandises comme certificats d'une industrie loyale. On comprend que si ces Ligues comptaient un grand nombre de consommateurs riches, les commerçants auraient un grand intérêt à figurer sur les listes blanches ou à obtenir des *labels*, et par là seraient très stimulés à offrir de bonnes conditions à leurs ouvriers.

Ces ligues d'acheteurs, dont le but ne saurait trop être loué et qui constituent même une ère nouvelle dans l'organisation économique, ont cependant provoqué dans ces derniers temps d'assez vives critiques, précisément de la part des économistes de l'école libérale. Ils estiment que le consommateur est totalement incompétent pour s'occuper de l'organisation technique du travail et pour distribuer de bons ou mauvais points aux producteurs.

Il est important de noter que sur cette question de la fonction à conférer aux consommateurs, les socialistes sont tout à fait d'accord avec les économistes individualistes. Ils estiment que c'est du côté du producteur qu'il faut regarder et que c'est lui qui doit faire la loi. Ce n'est pas sur l'association de consommation, c'est sur l'association professionnelle que doit reposer la Société future. Et ils estiment même que c'est dans celle-ci seulement, et non dans celle-là, que s'élabore la morale de l'avenir. L'idée de la royauté du consommateur ne serait qu'une idée de bourgeois. Et on comprend aisément en effet que la suprématie du consommateur soit inconciliable avec les théories essentielles du socialisme marxiste qui sont la lutte des classes et la victoire de la classe ouvrière, puisque précisément la fonction de consommateur par son universalité exclut toute division de classe. C'est la production qui divise nécessairement les hommes en créant l'antagonisme des intérêts, des groupes et des classes, et c'est pour cela qu'elle nous paraît moralement inférieure.

CHAPITRE II

LA DÉPENSE

I

La répartition des dépenses.

La dépense, c'est le prix payé pour se procurer les objets de consommation : c'est donc la consommation elle-même exprimée en monnaie[1].

Chacun est obligé de régler ses dépenses d'après ses revenus. Rien de plus important que cette répartition des dépenses puisque c'est elle qui détermine le maximum de satisfaction compatible avec un revenu donné. Ce n'est pas si facile qu'on pourrait le croire, car les besoins étant supérieurs aux ressources pour presque tous les hommes, et surtout pour les pauvres, il faut s'ingénier pour tirer de celles-ci le meilleur parti possible. Or le consommateur ne peut satisfaire à un besoin qu'en en sacrifiant un autre. Le jouet rapporté par l'ouvrier à son enfant implique la renonciation à un paquet de tabac de valeur égale. Le consommateur se trouve donc dans la situation d'un échangiste qui, lui aussi, ne peut acquérir un bien qu'à la condition

---

[1] Mais il faut prendre garde que l'argent dépensé n'est jamais consommé : il est seulement transféré de l'acheteur au vendeur. C'est pour cela qu'aux yeux du public toute dépense, même la plus folle, apparaît comme inoffensive puisqu'elle ne fait que transférer l'argent de Pierre à Paul — voire même comme louable parce « qu'elle fait marcher le commerce ». Mais pour bien juger de la dépense il faut regarder non à l'argent, mais à la richesse payée avec cet argent et voir si elle a été consommée utilement ou non (voir ci-après *Le luxe*).

d'en céder un autre. Et, dans son for intérieur se fait la
même pesée entre l'utilité de ce à quoi il renonce et l'utilité de ce qu'il veut consommer ; et il ne se décide évidemment que si celle-ci lui paraît supérieure à celle-là. Il ne faut
pas oublier que le mot d'utilité est pris ici dans son sens
économique de désirabilité, bien différent de l'utilité rationnelle. Bien rares les budgets, hélas! où la répartition des
dépenses est faite en raison exacte des véritables besoins :
elle est faite par chacun proportionnellement au degré d'intensité de ses différents désirs [1].

L'école autrichienne a essayé de donner à cette loi de
distribution des dépenses une formule plus précise en ces
termes : *pour que le maximum de satisfaction soit atteint,
il faut et il suffit que les utilités finales des derniers objets
consommés pour chaque catégorie de dépenses soient égales.*
Voici ce qu'on veut dire. Soit un consommateur qui dispose
de six sous par jour pour satisfaire à deux besoins : celui de
fumer et celui de lire les journaux. Il répartit ainsi sa dépense : 4 cigares de 1 sou, 2 journaux de 1 sou. La loi sus-
dite consiste à affirmer que la satisfaction procurée par le
dernier cigare fumé (n° 4) et le dernier journal lu (n° 2)
sont égales. Et, en effet, si elles ne l'étaient pas, si, par
exemple, la satisfaction procurée par le dernier journal lu
était inférieure à celle du dernier cigare fumé, le consom-

---

[1] Il est évident que l'utilité d'un même bien est loin d'être le même pour
tous les consommateurs. Un voyageur altéré et mourant de fatigue paiera
un bock de bière ou une place au tramway exactement le même prix que
les consommateurs ordinaires, quoiqu'il en eût donné volontiers le double
ou le décuple. L'avantage qu'il en retire peut donc se mesurer par tout
l'excédent du prix qu'il aurait consenti à payer sur celui qu'il a payé en
réalité. C'est ce que le professeur Marshall appelle *la rente du consommateur.* On comprendra la signification de ce mot en se reportant à ce
que nous avons dit de la loi de la rente (p. 501). Puisqu'il n'y a pour
toutes choses qu'un prix unique sur le marché malgré des coûts de production très différents du côté des producteurs et des utilités subjectives
très différentes du côté des consommateurs, il en résulte des avantages
différentiels, tant du côté des uns que du côté des autres, et on les désigne, non sans quelque subtilité, par le même nom de *rente.*

mateur aurait *préféré* évidemment fumer un cigare de plus et lire un journal de moins.

Plus utile pratiquement que cette analyse psychologique est l'analyse des budgets des individus et des familles et plus spécialement ceux des ouvriers. L'étude des *budgets des familles ouvrières* a été inaugurée par le Play, il y a un demi-siècle, comme le meilleur instrument d'investigation sociale et aujourd'hui elle constitue une branche importante de la statistique. Entr'autres faits intéressants on y constate que la proportion des dépenses d'alimentation est d'autant plus considérable dans ces budgets que le budget est plus maigre[1].

Il y a une autre répartition encore plus difficile : c'est celle entre les besoins présents et les besoins futurs ou, en d'autres termes, entre la dépense proprement dite et l'épargne. Mais celle-ci nous l'ajournerons au chapitre de l'épargne.

II

Les sociétés de consommation.

Les hommes, qui généralement n'aiment pas à se priver, ont cherché le moyen de réduire leurs dépenses sans s'astreindre à l'épargne, c'est-à-dire sans réduire la quantité ni la qualité des choses consommées : or, ce moyen existe, c'est l'association.

1° D'abord le ménage en commun. — Si plusieurs personnes s'associent pour n'avoir qu'une maison, qu'un feu, qu'une table, elles trouveront certainement par là le moyen de se procurer la même somme de satisfactions avec beaucoup moins de dépenses. L'entretien des religieux au cou-

---

[1] Les 2/3 dans un budget de 1.000 francs, pour s'abaisser jusqu'à 1/4 pour un budget de 5.000 francs et au-dessus. — Cette loi, connue sous le nom de « loi Engel », du nom du statisticien allemand qui l'a formulée, a été vérifiée par de nombreuses observations.

vent, des soldats à la caserne, des collégiens à la pension,
en fournit chaque jour la preuve.

A quoi cela tient-il ? Aux mêmes causes qui font que la
production en grand est plus économique que la production
isolée, causes que nous connaissons déjà (voir ci-dessus,
p. 196) et qu'il est facile de transposer, en les modifiant un
peu, du domaine de la production dans celui de la consommation.

De ce fait les communistes ne manquent pas de conclure
que le genre de vie usité jusqu'à ce jour dans les sociétés
humaines, la vie en famille par groupes isolés, entraîne
une dépense excessive, un véritable gaspillage de richesses
pour le logement, le service, la cuisine, etc., et que ce serait un grand progrès et un grand bienfait pour l'humanité
que de remplacer le ménage isolé par la vie en commun.
Nul n'a développé cette idée avec plus de verve et d'abondance que Fourier en décrivant son phalanstère [1].

Notez qu'on peut réaliser la plupart des avantages du
ménage en commun sans s'astreindre à la vie de gamelle ou
même de table d'hôte. Il suffit d'imaginer des services communs pour tous les habitants d'une même maison, chaque
famille d'ailleurs pouvant vivre dans son appartement particulier. Cela est réalisé déjà dans nombre de grands hôtels
de villégiature. Et il est certain que ce genre de vie tend à
se développer, particulièrement dans les pays où, comme
aux États-Unis, les besoins de confort sont très grands et les
services domestiques très onéreux.

2° Puis l'achat en commun. — Même en conservant le
genre de vie actuel par ménages séparés, on peut réaliser,
au moins en partie, les avantages précités par *l'association
de consommation*. Un nombre plus ou moins grand de personnes s'associent pour acheter en commun et en gros tout
ou partie des objets nécessaires à leur consommation, ce
qui leur permet de les obtenir à meilleur marché.

---

[1] Voir la petite édition des *Œuvres choisies* par Fourier que nous
avons publiée avec une introduction.

C'est le socialiste Owen qui a été l'inspirateur de cette forme d'association, mais c'est à l'histoire mille fois redite des *Équitables Pionniers de Rochdale*, en 1844, que se rattache le premier essor de la coopération de consommation. La plupart de ces sociétés sont constituées sur ce qu'on appelle « le type de Rochdale » qui est caractérisé par les quatre traits suivants [1] :

a) Vente *au comptant* et jamais à crédit;

b) Vente *au prix du détail* et non au prix de revient, de façon à réaliser des bonis;

c) Distribution de la plus grosse part de ces bonis aux sociétaires *au prorata de leurs achats* (mais jamais au prorata de leurs actions, lesquelles ne donnent droit qu'à un modique intérêt);

d) Affectation d'une certaine part de ces bonis à des œuvres d'utilité sociale, telles que *instruction* des sociétaires, caisses de solida té, propagande, fêtes, excursions, etc.

Les avantages immédiats de ces institutions sont :

1° Une *économie* dans la dépense, si les sociétés vendent au prix de revient — ou un moyen d'*épargner sans se priver*, si, conformément au système de Rochdale, elles préfèrent restituer à l'acheteur à fin d'année les bonis réalisés sur lui, les trop perçus;

2° La cessation de la *falsification des denrées*, et par là une nourriture plus saine et plus abondante;

Mais les résultats plus lointains de ce mouvement, s'il devait progresser dans l'avenir autant qu'il l'a fait depuis un demi-siècle, ne seraient rien moins qu'une transformation dans l'organisation économique, caractérisée particulièrement par les traits suivants :

3° Élimination progressive des marchands. Quelques-unes de ces sociétés, par exemple celles de Leeds en Angleterre, Breslau en Allemagne, Bâle en Suisse, en sont arrivées à

---

[1] Pour la France, voir notre livre *les Sociétés coopératives de consommation* et aussi la série des *Almanachs de la Coopération française* publiés depuis 1893.

avoir pour adhérents presque tous les habitants de ces grandes villes, et par là à bouleverser le commerce local qui, cela va sans dire, lutte désespérément ;

4° Abolition de la *réclame*, avec ses frais énormes, ses étalages, ses ventes « pour cause de liquidation ». avec le mensonge et la fraude commerciale sous toutes leurs formes — et par là élévation du niveau moral dans les rapports d'échange ;

5° Absorption progressive des entreprises industrielles avec suppression des profits et dividendes, au fur et à mesure que les sociétés de consommation produiront elles-mêmes tout ce qui leur sera nécessaire. Un petit nombre seulement sont déjà en état de le faire, mais, groupées par l'intermédiaire de leurs Fédérations, elles commencent à créer beaucoup de fabriques ;

6° Raréfaction des grandes fortunes — par la suppression des profits et par conséquent de la plus-value des capitaux — et multiplication des petites par l'épargne coopérative ;

7° Equilibre de la production et de la consommation et suppression des crises et chômages puisque les consommateurs associés ne produiraient plus que dans la proportion de leurs besoins.

III.

Le luxe.

Dans son acception ordinaire, le mot luxe signifie la *satisfaction donnée à un besoin superflu*. Or, cette définition, en soi, n'emporte aucune appréciation défavorable, car, comme l'a dit spirituellement Voltaire, le superflu est chose très nécessaire. Nous devons souhaiter qu'il y ait un peu de superflu, et par conséquent un peu de luxe pour tout le monde, même pour les plus pauvres. La nature elle-même nous donne l'exemple d'un luxe fastueux et parfois extravagant dans la façon dont elle décore les pétales de ses fleurs, l'aile de ses papillons, ou la cuirasse de ses plus microscopiques insectes. D'autre part, l'histoire nous apprend que tout besoin qui apparaît pour la première fois dans le monde est toujours considéré comme superflu. Il est superflu nécessairement : — premièrement parce que personne ne l'a encore ressenti ; — secondement parce qu'il exige un travail considérable pour sa satisfaction, à raison même de l'inexpérience de l'industrie et des tâtonnements inévitables des débuts. S'il est un objet qui paraisse aujourd'hui indispensable, c'est assurément le linge de corps : « être réduit à sa dernière chemise » est une expression proverbiale pour exprimer le dernier degré du dénûment. Cependant, à certaines époques, une chemise a été considérée comme un objet de grand luxe et constituait un présent royal. Mille autres objets ont eu la même histoire[1].

Si donc on s'était prévalu de la doctrine ascétique pour réprimer tout besoin de luxe, on aurait étouffé en germe tous les besoins qui constituent l'homme civilisé dès la première phase de leur développement, et nous en serions aujourd'hui encore à la condition de nos ancêtres de l'âge de pierre.

Le luxe ne doit donc nullement être confondu avec la prodigalité. Un pot de fleur sur la fenêtre d'une ouvrière, c'est du luxe, ce n'est pas de la prodigalité. Inversement casser la vaisselle et les verres après un joyeux dîner, c'est de la prodigalité, ce n'est pas du luxe. Il est vrai que le luxe peut aisément dégénérer en prodigalité. Alors seulement il devient blâmable, mais le difficile c'est de tracer la limite?

L'opinion publique, pour la fixer, considère uniquement la somme d'argent dépensée, mais ce critérium est très mauvais. Qu'un individu dépense son patrimoine pour collectionner des timbres-poste, pour donner à son cuisinier le traitement d'un ambassadeur, ou pour se faire nommer empereur du Sahara, il sera blâmable au point de vue privé et sa famille fera bien de lui faire nommer un conseil judiciaire, mais la Société est désintéressée dans la question, car l'ar-

---

[1] Par exemple, les fourchettes, les montres, les bicyclettes, aujourd'hui les automobiles ou les aéroplanes.

gent sorti de la poche du prodigue est simplement transféré dans celle de ses fournisseurs, de son maître d'hôtel, ou des parasites qui vivent à ses dépens[1].

Au point de vue social le vrai critérium *ce n'est point la somme d'argent dépensée, mais la quantité de richesses ou de travail consommée* pour la satisfaction d'un besoin donné. Or il faut avoir toujours présent à l'esprit ce double fait : — que la quantité de richesses existantes est insuffisante présentement pour satisfaire aux besoins élémentaires de la grande majorité de nos semblables (voir p, 453); que les forces productives qui alimentent et renouvellent ce réservoir de richesses, terre, travail et capital, sont toutes trois limitées en quantité. Et, dès lors, il apparaîtra comme un devoir très catégorique de ne pas détourner vers la satisfaction d'un besoin superflu une trop forte part des forces et des richesses disponibles pour les nécessités de l'existence[2]. C'est une question de proportion. Le mauvais luxe ou la prodigalité consiste dans une *disproportion entre la quantité de travail social consommé et le degré de satisfaction individuelle obtenue.*

Donnons quelques exemples.

Ainsi le goût des fleurs, absolument inconnu à nos ancêtres et qui ne s'est propagé en France que depuis une vingtaine d'années, est assurément un luxe dans le premier sens que l'on donne à ce mot, puisqu'il répond à un besoin superflu, et c'est un luxe charmant, bienfaisant et accessible aux pauvres. Mais si l'on orne son salon d'orchidées rap-

---

[1] C'est d'ailleurs ce que dit clairement le dicton populaire : que toute dépense fait gagner quelqu'un. Il est possible que cette dépense implique une destruction de richesse, comme dans le fameux apologue de Bastiat sur *la Vitre Cassée*, mais ce n'est pas toujours le cas, pas notamment dans les exemples ci-dessus.

[2] Résulte-t-il de notre définition que du jour où les sociétés seraient assez riches pour assurer à tous leurs membres le superflu, il n'y aurait plus de luxe blâmable? — En effet, nous le croyons bien ainsi. Si la nature, comme nous le disions tout à l'heure, peut se permettre un luxe insolent dans ses œuvres, c'est que le temps, la force et la matière ne lui coûtent rien.

portées de Madagascar ou de Bornéo au prix d'expéditions qui ont coûté des centaines de mille francs et même des vies d'hommes, ou de dahlias bleus que l'on aura fait pousser dans des serres en brûlant plus de charbon qu'il n'en faudrait pour chauffer dix familles tout un hiver, le luxe rentre dans la seconde définition que nous en avons donnée.

Qu'une dame porte une robe qui ne brille que par l'élégance de la coupe, nous n'y voyons aucun inconvénient, eût-elle été payée 2.000 francs chez un tailleur en renom — car, encore une fois, nous avons à nous inquiéter non de l'argent dépensé lequel n'a fait que passer d'une main dans l'autre, mais seulement de la matière ou du travail dépensés : or il n'est pas probable qu'on ait employé ici plus d'étoffe ni beaucoup plus de main-d'œuvre que pour une robe ordinaire. Mais que cette même dame fasse coudre à sa robe de bal quelques mètres de dentelles qui ont exigé plusieurs années de travail d'une ouvrière, voilà l'abus [1].

Qu'un lord d'Angleterre dépense quelques millions pour une galerie de tableaux, c'est bien (quoiqu'il vaudrait mieux encore qu'il les donnât à un musée public). Mais que, comme les grossiers barons d'autrefois, il engloutisse à ses repas assez de viande et de vin pour nourrir vingt personnes ou que, pour se donner le plaisir de faire tirer à ses invités quelques coqs de bruyère, il convertisse en terrain de chasse des terres qui auraient pu produire des aliments pour plusieurs centaines d'êtres humains, voilà l'abus.

Il ne faudrait pas s'imaginer que le mauvais luxe, sous

[1] Mais, dira-t-on, cette ouvrière serait bien désolée de n'avoir plus à faire ces dentelles puisque c'est son gagne-pain? — Mais ne vaudrait-il pas mieux que les choses fussent arrangées de façon qu'elle pût gagner sa vie en faisant des robes pour celles qui n'en ont pas?

D'autre part, M. Leroy-Beaulieu fait remarquer que c'est peut-être à seule fin « de permettre à sa femme de porter des dentelles que le mari a gagné des millions » (*Précis d'Économie Polit.*, p. 337). Il est certain que le luxe exerce une action stimulante, ne fût-ce que par l'envie qu'il suscite. Mais si le travail qu'il crée est employé à produire des articles de luxe, c'est le travail des Danaïdes.

forme de gaspillage de travail et de richesses, soit uniquement imputable aux riches. Il y a aussi une prodigalité des pauvres et qui n'est pas moins onéreuse pour la Société. Qu'était-ce que la valeur de la perle que Cléopâtre jeta dans sa coupe, quoiqu'elle valût, je crois, 300.000 sesterces, auprès des centaines de millions que chaque jour des consommateurs pauvres jettent dans leurs verres, sous la forme d'absinthe aux reflets d'opale — et du moins la reine d'Égypte n'en fut pas empoisonnée!

Que dire de l'art? Doit-il être considéré comme un luxe? C'est bien l'opinion générale : aussi les économistes éprouvent-ils quelque embarras à le justifier. Cependant si nous nous en référons à la définition que nous avons donnée du luxe, nous verrons qu'elle n'implique aucune condamnation de l'art, même en se plaçant uniquement au point de vue économique, par cette raison que l'art véritable n'exige pas un travail disproportionné avec le résultat. Bien au contraire : un bloc de marbre et un ciseau, ou un mètre carré de toile et quelques tubes de couleur, avec quelques journées de travail, suffiront pour procurer des jouissances exquises et toujours renouvelées à toutes les générations humaines. Un Américain a payé une fois 2.500.000 francs un tableau de Raphaël : mais que nous importe que cette énorme somme soit à lui ou au marchand! c'est au tableau seulement qu'il faut regarder. L'œuvre a-t-elle exigé de l'artiste une somme de travail ou de capital hors de proportion avec la beauté créée? Non, car, c'est la caractéristique de l'art de produire de grandes jouissances par des moyens très simples : or, la définition que nous avons donnée du luxe est précisément le contraire [1].

---

[1] Les deux thèses, pour et contre le luxe, ont été controversées depuis l'antiquité. Voir la thèse *contre*, dans M. de Laveleye, *Le luxe*, et la thèse *pour*, dans M. Leroy-Beaulieu, *Traité d'Économie politique.* Comme documents on peut consulter les quatre volumes de M. Baudrillart sur l'*Histoire du luxe.*

IV

L'absentéisme.

Il faut distinguer deux sortes d'*absentéisme*, celui des personnes et celui des capitaux.

§ 1. — Pour les personnes, l'absentéisme c'est l'habitude prise par les propriétaires ou les rentiers de résider à l'étranger ou du moins hors de leurs terres. — Cette habitude est très répandue dans certains pays, notamment en Irlande et dans les pays de l'Europe occidentale, et la question qui se pose est de savoir si elle entraîne des conséquences fâcheuses pour le pays d'origine et, *vice versa*, avantageuses pour le pays de résidence.

Au point de vue moral, l'absentéisme est sévèrement jugé. Mais encore faut-il distinguer. Ce jugement est parfaitement fondé en ce qui concerne les propriétaires fonciers, parce que la propriété foncière est, comme nous l'avons vu une fonction sociale qui doit être exercée personnellement et non par délégation — ce qui est d'ailleurs la règle pour toutes les fonctions publiques. La propriété foncière, qui se fonde sur l'utilité publique, n'a plus de fondement du jour où son titulaire n'a plus d'autre rôle que de toucher des fermages et démontre, par son absentéisme même, qu'il vit en parasite. D'ailleurs, en dehors même de cette considération théorique, qui est de poids, l'expérience a montré bien des fois, par exemple en Irlande, que l'absentéisme des propriétaires déléguant leurs pouvoirs à des intendants ou intermédiaires (*middlemen*) entraînait à la fois la ruine des cultivateurs et celle de l'agriculture[1]. Mais pour les rentiers, leur fonction sociale — car ils en ont une aussi, celle de créer et de gérer des capitaux — ne les attache pas plus particulièrement à tel lieu qu'à tel autre. Et, au contraire,

---

[1] Au point de vue social et politique, dont il faudrait tenir compte aussi, c'est l'absentéisme des grands propriétaires français à Versailles qui a contribué à la chute de l'aristocratie française.

En Roumanie, les propriétaires résidant à l'étranger sont frappés d'impôts très élevés.

un certain cosmopolitisme est fort utile pour faire des placements avec intelligence et les suivre.

Au point de vue purement économique, on se plaint aussi de l'absentéisme, parce que, dit-on, celui qui va dépenser ses revenus au dehors n'en fait pas profiter ses concitoyens, mais en fait bénéficier les étrangers. La résidence de riches étrangers en Suisse, en Italie, à Paris, sur la côte d'Azur, n'est-elle pas considérée à bon droit par ces pays et ces localités comme une source de richesses? Or, n'est-il pas évident que si, par le seul fait de sa présence, l'absentéiste procure un bénéfice au pays où il réside, de même, par le seul fait de son absence, il doit infliger un préjudice égal au pays qu'il a quitté? Puisqu'il dépense cet argent au loin, il ne saurait le dépenser ni le placer chez lui.

Peut-être objectera-t-on que l'absentéiste ne donne pas son argent gratis, que tout simplement il paie à l'étranger un prix de pension? Si les Anglais, par exemple, dépensent 50 millions de francs en Suisse, ne consomment-ils pas des produits suisses pour une valeur précisément égale, en sorte que, au bout du compte, il n'y a rien de plus ici qu'un échange de marchandises suisses contre marchandises anglaises[1]? — Non : on peut affirmer que les 50 millions payés par les résidents anglais représentent une valeur très supérieure à la valeur des produits ou services effectivement consommés par eux, et cela pour deux raisons : — 1° parce qu'ils paient généralement toutes choses *plus qu'elles ne valent*. Toutes réserves faites d'ailleurs sur la moralité d'un semblable procédé, il faut bien constater qu'il n'est guère de villes fréquentées par les étrangers où tous les marchands n'aient deux prix, l'un pour les étrangers et l'autre pour les gens du pays; — 2° parce que très souvent l'étranger paie l'usage d'une richesse qui *n'est pas de sa nature consommable ni destructible*. Quand l'étranger, en louant une villa pour la saison ou en prenant un guide pour la journée, achète le

---

[1] D'autant plus que cet argent anglais sera probablement employé en achat de marchandises anglaises, conformément à la loi économique du troc exposée ci-dessus, p. 329.

droit de jouir d'un beau ciel, de respirer un air salubre, de contempler la mer bleue ou les montagnes blanches, il n'enlève rien à la richesse du pays : il lui paie une véritable rente, identique à la rente qui profite à tout propriétaire ayant le monopole d'un avantage naturel quelconque. Et pourquoi, en effet, des panoramas comme ceux de la Suisse, des golfes d'azur comme ceux de Nice, des cascades comme celles de la Norvège, de grands souvenirs comme ceux des villes d'Italie, ne seraient-ils pas pour ces pays des sources de richesses tout aussi bien que des mines de charbon ou des puits de pétrole?

D'ailleurs, il en est exactement de même pour un particulier. Si j'ai dans mon domaine une curiosité naturelle quelconque, grotte, ruine, etc., et que je fasse payer un franc à chaque visiteur, il est clair que mon revenu s'accroîtra d'autant aux dépens de la bourse du voyageur.

§ 2. — L'absentéisme des *capitaux* ne se confond pas du tout avec l'absentéisme des *personnes*, car d'une part, il peut arriver que les rentiers qui vivent à l'étranger laissent néanmoins leurs capitaux dans leurs pays d'origine, et, d'autre part, il arrive encore plus fréquemment que les rentiers qui restent dans leur pays envoient leurs capitaux à l'étranger. Ainsi, en France, on n'a guère à se plaindre de l'absentéisme des personnes, tandis qu'au contraire on s'inquiète beaucoup, surtout depuis quelques années, de l'absentéisme des capitaux.

La somme des capitaux français envoyés à l'étranger est énorme et, proportionnellement à la fortune nationale, supérieure probablement à celle de tout autre pays. Les financiers du monde entier savent que toutes les fois qu'on a besoin d'argent c'est en France qu'on peut en trouver le plus facilement et à meilleur compte. C'est là sans doute une situation qui vaut à la France une grande prépondérance *financière*, mais qui est loin de correspondre à une pareille supériorité *économique*. En effet si les Français ont tant d'argent à placer au dehors c'est qu'ils n'en trouvent pas beaucoup l'emploi au dedans — à la différence de l'Allemagne par exemple qui possède en elle-même des champs d'activité suffisants pour absorber ses propres capitaux. La France a un peu le même tempérament, en tant que nation, que le bourgeois français lui-même qui, plutôt que de faire valoir lui-même son capital, préfère vivre en rentier en le plaçant lucrativement[1].

Cet exode des capitaux français a d'ailleurs été fortement stimulé, depuis quelques années, par les craintes provoquées par les projets d'impôt sur le revenu.

Nous croyons cependant cet absentéisme plus inoffensif que l'autre et même plutôt bienfaisant. Il est vrai que ces capitaux servent à des entreprises étrangères et semblent par là dérobés aux entreprises indigènes. Mais il faut remarquer que les bénéfices produits par ces capitaux reviennent au pays d'origine et constituent, par conséquent, pour celui-ci, une sorte de tribut annuel que lui paie l'étranger. Or, nous avons vu que c'est là une situation très favorable au point de vue de la balance des comptes et du change (voir p. 414) car c'est grâce à ces créances sur l'étranger que le pays exportateur de capitaux peut payer ses importations sans bourse délier. En cas de crises, révolutions, guerres malheureuses, ces placements à l'étranger donnent aussi beaucoup plus de sécurité non pas seulement aux fortunes privées mais aussi à la fortune nationale[2].

[1] Néanmoins, comme le fait remarquer M. P. Leroy-Beaulieu, il est injuste de dire que le capital français est timoré. Il est plus téméraire ou si l'on veut, plus crédule que celui de n'importe quelle nation, et la preuve, c'est que, quelque nombreuses que soient dans le monde les entreprises prospères créées par lui, nombreux aussi de par le monde sont les cimetières de capitaux français ! au nombre desquels l'isthme de Panama.

[2] Aussi est-il déplorable que nos lois interdisent à tous les établissements d'utilité publique les placements en valeurs étrangères et les obligent à acheter des rentes sur l'État. Les bénéficiaires, généralement intéressants et parfois malheureux, de ces établissements pourront payer cher un jour cette obligation soi-disant tutélaire, et qui en réalité n'a pour but que de faire monter le cours de la rente.

V

Du contrôle de la consommation par l'État.

De tout temps, les Gouvernements ont cru qu'il rentrait dans leurs attributions et dans leurs devoirs de veiller à ce que leurs peuples n'eussent pas à souffrir de la disette, ou d'une excessive cherté, ou de la mauvaise qualité des produits manufacturés — comme aussi, inversement, à limiter ou à prohiber les consommations qu'ils jugeaient contraires au bien public. Sans faire ici un historique qui dépasserait le cadre de ce chapitre, il suffit de rappeler ce que la Bible dit des greniers installés par le ministre de Pharaon pour assurer l'approvisionnement du blé durant sept années de stérilité, les distributions de blé aux citoyens romains qui, inaugurées du temps des Gracches, se prolongèrent jusque sous l'Empire, les mesures prises sous l'ancien régime à toute époque et jusqu'à la veille de la Révolution pour assurer l'approvisionnement des marchés en blé, les édits établissant des maximum de prix, les lois somptuaires réglementant les costumes, le port des fourrures ou du drap d'or, ou, comme le Code Michaud sous Louis XIII, prohibant le port des dentelles et fixant le nombre de plats qui pourraient être servis sur la table, enfin, sous le régime corporatif, les innombrables et méticuleux règlements sur les marchandises vendues, non pas seulement en ce qui concerne les aliments, mais pour tout article, par exemple, pour les étoffes dont chaque fil était compté.

Les économistes, en inaugurant la liberté du travail, établirent du même coup la liberté de la consommation et, durant tout le règne de l'école libérale, le contrôle de l'État dans ce domaine cessa presque complètement. Il fut admis que le consommateur est le meilleur juge de ses intérêts et que d'ailleurs la consommation est de l'ordre purement privé où l'État n'a rien à voir. Mais la réaction interventioniste qui s'est manifestée d'abord dans le commerce et la production ne devait pas tarder à empiéter aussi sur la consommation : il était naturel que le protectionnisme s'étendît des producteurs aux consommateurs. L'Etat ne faisait d'ailleurs qu'obéir à une puissance nouvelle dont l'autorité devient de jour en jour plus impérieuse, l'Hygiène Sociale. C'est presque uniquement son haut patronage que l'on invoque aujourd'hui pour justifier le contrôle de l'État en matière de consommation.

Les lois, dites *somptuaires*, ont été abandonnées non seulement parce qu'elles étaient généralement inefficaces et vexatoires, mais aussi parce que, comme nous l'avons vu (p. 644), il est vain et dangereux de tracer la ligne de niveau au-dessus de laquelle commence le luxe. Néanmoins certains impôts sur les objets ou services de luxe (automobiles, voitures, garde-chasses, en France, domestiques en certains pays, etc.) peuvent agir partiellement à la façon de lois somptuaires.

On peut classer sous cinq chefs les modes d'intervention de l'État en ce qui concerne la consommation :

1° Assurer aux consommateurs *la quantité suffisante*. — Cette préoccupation, au temps passé, ne s'est pas étendue au delà des denrées alimentaires et presque uniquement du pain. Nous venons de rappeler les mesures prises par les gouvernements d'autrefois en cette matière et qui feraient la matière de gros volumes. Aujourd'hui, comme c'est moins la crainte de la disette que celle de la surproduction qui hante les esprits, ce premier mode d'intervention peut être considéré comme suranné. Tout au plus pourrait-on signaler dans cet ordre d'idées les projets de fourniture de *pain gratuit*, énoncés par M. Barrucand en France et par Alfred Wallace en Angleterre. Ils n'ont eu qu'un succès de curiosité.

2° Protéger les consommateurs contre une *majoration de prix* des denrées de première nécessité qui pourrait avoir pour résultat d'en interdire la consommation aux classes pauvres. Cette préoccupation est évidemment du même ordre que la précédente et, comme celle-ci, ne s'est guère appliquée qu'au pain et quelquefois à la viande. C'est ainsi qu'en France une loi du temps de la Révolution, du 22 juillet 1791, reconnaît aux municipalités le droit de taxer le prix du pain et de la viande. Et, malgré les vives critiques des économistes, cette loi est encore en vigueur après 119 années révolues ! c'est la plus vénérable de toutes celles qui existent dans notre arsenal législatif.

Il est vrai qu'en ce qui concerne la viande elle est tombée en désuétude parce que la viande étant une denrée qui comprend des catégories de qualités très différentes, il est impossible, à moins de recourir à une tarification compliquée, de fixer un prix maximum et surtout d'empêcher les bouchers de faire passer tel morceau d'une catégorie dans une autre. Parfois cependant les maires ont fait valoir la loi comme menace pour prévenir les coalitions des bouchers. Mais en ce qui concerne le pain, la loi est aujourd'hui encore assez fréquemment appliquée. C'est plus facile, le pain étant une denrée homogène. Et encore les boulangers ont-ils bien des ressources pour éluder le tarif en mélangeant des farines de qualité inférieure, ou en incorporant plus d'eau ou de sel à la pâte. Il semble que la création de boucheries ou boulangeries municipales, comme à Lisbonne et à Catane, ou, à leur défaut, un appui officiel fourni à des boulangeries et boucheries coopératives, constitueraient pour les consommateurs des garanties plus efficaces que cette survivance des vieux édits de maximum.

3° Protéger les consommateurs contre *la falsification des denrées.* Tandis que les deux modes précédents d'intervention de l'État tombent en désuétude, celui-ci au contraire prend de jour en jour une extension croissante. La raison en est double : d'une part les progrès vraiment merveilleux dans l'art de la falsification que nous avons déjà mentionnés (p. 164), d'autre part les progrès parallèles dans la connaissance des lois de l'hygiène, c'est-à-dire des propriétés des substances alimentaires et de leur meilleure utilisation pour l'entretien de nos fonctions et de nos énergies. Dans tous les pays, et en France aussi, de nombreuses lois ont été votées pour la répression des fraudes sur le vin, sur le beurre, sur le lait, sur le sucre, sur la viande, etc. Et finalement

une loi organique du 5 août 1905 a étendu le contrôle de
la loi à toutes les denrées « servant à l'alimentation de
l'homme ou des animaux ». Des échantillons seront prélevés
chez tous les marchands, analysés dans des laboratoires
municipaux ou *Bureaux d'hygiène*, qui doivent être créés
dans toutes les communes et, au cas où une falsification
aura été constatée, alors le tribunal sera saisi et on procé-
dera à la nomination d'experts et contre-experts.

De tous les modes d'intervention de l'État, c'est celui que
les économistes de l'école libérale trouvent le plus vexatoire
et le plus impertinent. Encore quand il s'agit de la production ou de la circulation peut-on dire que l'intérêt public s'y
trouve engagé, mais quand il s'agit de la consommation,
alors cette immixtion du législateur dans le domaine de la
vie privée, revêtant pour l'occasion le bonnet de docteur,
leur paraît aussi grotesque que celle de ce médecin de l'île
de Barataria qui désignait de sa baguette impérieuse les
plats que le malheureux Sancho pouvait manger et ceux
qu'il fallait retirer de la table.

Pourtant comment contester que la falsification des denrées ne soit devenue une question d'intérêt public, alors que
l'on a vu en 1907 quatre départements du Midi de la France
se mettre en insurrection au cri de : Guerre à la fraude ! —
ou les scandales des fabriques de conserves de Chicago qui
ont donné la nausée au monde entier ; — ou en septembre
1908 la convocation à Genève d'un Congrès international
pour s'occuper des falsifications de denrées ? Et quant à
croire que le consommateur est suffisamment en mesure de
savoir ce qu'il consomme et de veiller à ses intérêts, c'est
méconnaître que, possédât-il même toutes les connaissances
de l'hygiène, il est le plus souvent dans l'impossibilité de
choisir, surtout s'il est dans la clientèle pauvre. Pense-t-on
que les petits enfants qui sont empoisonnés par le lait
soient « les meilleurs juges de leurs intérêts » ? Du reste s'il
est vrai que les consommateurs soient surtout les meilleurs
juges de leurs intérêts, on ne saurait mieux faire que de
s'en fier à eux quand ils réclament l'intervention du législa-

teur. Or c'est précisément ce qu'ils font par tout pays.

Nous ne contestons pas d'ailleurs que l'application de ces mesures de protection ne soit très malaisée. D'une part l'hygiène est loin, encore aujourd'hui, d'être infaillible, et d'autre part rien n'est plus difficile que de déterminer où commence la falsification et ce qu'il faut entendre par un produit « vrai » ou « pur ». Il est évident que si l'on entendait par falsification toute modification d'un produit naturel. il faudrait tout prohiber — car la plupart des aliments subissent tout au moins cette modification artificielle d'être cuits! Ainsi en ce qui concerne le vin le mouillage et le sucrage sont considérés à bon droit comme des falsifications, et pourtant la Nature elle-même pour fabriquer le vin n'emploie guère d'autres éléments que l'eau et le sucre. Mais si ces difficultés pratiques imposent en effet une grande prudence dans l'application de la loi, elles n'ébranlent pas sa nécessité [1].

Il est vrai que les Ligues d'acheteurs et les sociétés coopératives de consommation dont nous avons déjà parlé, pourraient protéger les consommateurs, surtout si elles étaient investies du droit de poursuite que la loi française refuse aux sociétés privées [2] mais que la loi anglaise leur confère. Mais précisément elles ont besoin de pouvoir s'appuyer sur la loi et celle-ci de son côté a besoin de ces Ligues, car il est à craindre que sans leur concours la loi ne reste inefficace.

4° Empêcher la consommation des *denrées nocives*, en prohibant sinon la consommation elle-même, ce qui dans la pratique serait difficile et impliquerait un attentat à la liberté individuelle, du moins la mise en vente et la fabrication, ce qui en fait sera aussi efficace. C'est ainsi qu'en Belgique, en

---

[1] Comme exemple curieux d'intervention au nom de l'hygiène, on peut citer les arrêtés municipaux de quelques villes allemandes, Munich entr'autres, prohibant pour les dames le port de robes longues parce qu'elles soulèvent la poussière des rues.

[2] Sauf pourtant pour les syndicats quand ils peuvent prouver qu'ils poursuivent un intérêt professionnel. Les syndicats agricoles ont usé plusieurs fois de ce droit.

Suisse, en Hollande, la mise en vente de l'absinthe a été prohibée par des lois récentes, et un projet de loi semblable a été déposé devant le Parlement français, mais il est plus que douteux qu'il aboutisse. La Chine vient de prohiber l'opium et il est à désirer que l'Indo-Chine française suive son exemple. En France on prend des mesures contre la consommation de ce narcotique qui prend des proportions inquiétantes. Enfin on sait que la mise en vente de l'alcool lui-même et des boissons distillées est prohibée dans divers pays[1].

Dans ce même chapitre il faudrait classer les mesures législatives prises dans un grand nombre de pays pour protéger les habitants des villes et spécialement les locataires pauvres contre l'insalubrité des logements, car le logement aussi rentre dans la consommation. On sait que des conditions minutieuses sont prescrites — quoique rarement observées en dehors des grands centres — en ce qui concerne le nombre de mètres cubes des pièces, la hauteur des plafonds, les ouvertures, etc.

L'État a aussi à s'occuper des *jeux d'argent*, des *paris* et des *loteries*, soit pour les prohiber, soit tout au moins pour les réglementer. Il est vrai que c'est plutôt peut-être dans le Livre de la Répartition qu'il aurait fallu en parler et si nous avions consacré un chapitre à la spoliation sous toutes ses formes, nous n'aurions pas manqué de leur y réserver une place. Cependant il s'agit bien là sinon d'actes de consommation à proprement parler, du moins de dépenses. Et ces dépenses ne sont pas un simple transfert d'argent, car les sommes perdues au jeu ou aux paris sont presque toujours consommées improductivement, soit qu'elles soient gaspillées par les gagnants, soit qu'elles servent à entretenir une population de parasites. Le développement inquiétant de ces habitudes dans les classes populaires, non seulement en France, mais en Angleterre, a attiré l'attention des gouvernements; seulement, jusqu'à présent, ils se sont plutôt

---

(1) Pour la lutte contre l'alcoolisme, voir le *Cours*.

préoccupés de les utiliser pour en battre monnaie que de les réprimer.

En ce qui concerne les loteries, on sait que nombre de gouvernements, autrefois et encore aujourd'hui (Italie, Espagne, la ville de Hambourg et divers États d'Allemagne, etc.), les exploitent eux-mêmes sous forme d'entreprises d'État plus ou moins lucratives. En France, on y a renoncé et les loteries sont même subordonnées à une autorisation préalable de l'administration ou du Parlement selon l'importance de la somme en jeu. Mais ces autorisations sont très prodiguées sous de futiles prétextes de philanthropie. On peut faire valoir comme excuse que la loterie est moins dangereuse que le jeu et le pari, d'abord parce que les pertes subies par les joueurs sont limitées et trop petites pour entraîner leur ruine, et aussi parce qu'il peut arriver que l'argent des perdants, voire même celui des gagnants, soit utilement employé. Sans doute en tant que mode de répartition des richesses, la loterie a ce déplorable résultat d'intensifier l'action du hasard et de familiariser l'opinion publique avec l'idée de la richesse acquise sans travail, mais du moins elle offre à chacun des chances plus égales que le jeu et le pari, où l'inégalité des chances touche plus ou moins à l'escroquerie, et même on peut dire qu'elle satisfait à un certain sentiment de justice simpliste.

5° Enfin, la loi pourra être appelée à intervenir non plus pour protéger les intérêts du consommateur, mais au contraire pour lui *imposer les devoirs* que comporte sa fonction sociale (voir p. 636). Il y a bien des produits dont la mise en vente sera sans doute interdite un jour parce que leur consommation implique des actes de destruction stupide ou féroce, telles que le massacre de certaines espèces animales, comme les éléphants et d'innombrables oiseaux, voire même nos hirondelles !

CHAPITRE III

L'ÉPARGNE

I

Les deux aspects de l'épargne.

Le mot *épargne* sert à désigner dans notre langue deux catégories d'actes très différents et qui n'ont même aucun rapport entre eux, quoique dans le langage courant et même dans les traités d'économie politique ils soient généralement confondus.

§ 1. — On entend par épargne l'art qui consiste à satisfaire à ses besoins en consommant le moins possible, c'est-à-dire à tirer le meilleur parti des matières premières ou de l'argent qu'on a à sa disposition, à les *économiser*, ce qui est le vrai mot. C'est une application du principe hédonistique qui consiste, comme nous le savons, à se procurer le maximum de satisfaction avec le minimum de sacrifices. Une habile ménagère saura faire cuire et apprêter son dîner avec deux fois moins de charbon et deux fois moins de beurre qu'une autre qui les gaspillera — et mieux que cela, elle saura, avec une moindre somme d'argent, faire un menu plus nourrissant pour son mari et ses enfants. Ce n'est pas seulement pour l'alimentation mais pour les besoins de tout ordre que l'économie trouve sa place; un homme soigneux conservera un habit à l'état de neuf trois fois plus longtemps que tel autre qui l'usera de suite. Et tel avec un modeste budget arrive à se procurer autant de satisfactions ou même à mener aussi grande vie que tel autre qui a, comme on dit, les mains percées.

Il ne faut pas croire que cette forme de l'épargne soit négligeable dans l'économie nationale. Il est vrai que, considérée séparément, chacune de ces économies est peu de
chose, mais répétée sur tous les actes de consommation,
elles forment un total énorme et peuvent représenter une
portion notable du revenu national. Le gaspillage des Américains dans leur consommation, même pour les classes ouvrières, est un fait bien connu. On prétend que c'est à elle
qu'ils doivent en partie l'activité de leur production : c'est
possible, mais c'est à elle aussi qu'ils doivent de ne recueillir de cette activité qu'une somme de bien-être très inférieure à celle que ferait supposer l'énormité de leurs salaires et de leurs revenus. Et c'est au contraire grâce à une
sage économie que des familles françaises peuvent vivre con-
fortablement avec des revenus qui seraient la misère pour les
Américains.

Ce n'est pas seulement pour la consommation familiale,
mais aussi pour la consommation nationale que cette économie peut trouver à s'exercer. Beaucoup de peuples utilisent mal les ressources de leur territoire et peut-être
le plus sûr avantage du système protectionniste, s'il était
rationnellement établi, serait de faire l'éducation des pays
à ce point de vue. Patten fait remarquer, par exemple,
que le coton et le maïs, produits indigènes des États-Unis,
pourraient remplacer avec avantage d'autres textiles ou
céréales qu'ils font venir de l'étranger. Récemment un
projet bizarre a surgi en Angleterre qui rentre dans le
même ordre d'idées : on a pensé que l'on pourrait mieux
utiliser *la lumière du soleil* que la nature a dispensé à l'Angleterre d'une façon très peu pratique, le jour étant trop
long en été et trop court en hiver. Et d'autre part le jour civil, c'est-à-dire celui qui règle la vie et les affaires, s'adapte
mal au jour solaire : il commence trop tard et finit trop tard
aussi, ce qui entraîne une consommation de lumière artificielle qui, totalisée pour les Iles Britanniques, représente
une dépense considérable. Il s'agirait donc de faire varier
l'horloge officielle par une loi (*Day Light Saving Bill*, loi

pour économiser la lumière du jour) de façon qu'à partir du mois d'avril elle marquât 8 h. 20 quand le soleil ne marque encore que 7 heures et obligeât ainsi tous ceux qui sont de service à se mettre au travail. Naturellement on aurait fini la journée 1 h. 20 plus tôt, et précisément à cause de cela on n'aurait pas besoin d'allumer le gaz.

L'économie est un art véritable et qui, comme tous les arts, a besoin d'être appris. Ce serait un grand bienfait, une grande source de richesses, si elle était bien enseignée et particulièrement à celles qui ont plus spécialement la tâche de l'appliquer, aux femmes. L'*enseignement ménager*, comme on l'appelle, prend aujourd'hui une très grande extension, surtout en Allemagne. A Berlin et dans d'autres villes il y a des écoles qui donnent un enseignement théorique et pratique, avec cuisines à la place de laboratoires[1]. Il y a même en Allemagne et en Suisse un enseignement *ambulant*, avec cuisines ambulantes aussi qui vont, comme les roulottes des saltimbanques, de village en village.

§ 2. — L'épargne se prend aussi dans un autre sens. Ce n'est plus comme tout à l'heure, la consommation *économisée*, c'est la consommation *différée*. L'homme, au lieu de satisfaire ses besoins présents, songe à ses besoins futurs et, comme le dit très bien la locution populaire, il « met quelque chose de côté » pour le lendemain ou pour sa vieillesse ou pour ses enfants. Ce n'est plus simplement l'économie c'est *la prévoyance*.

L'épargne dans le langage ordinaire, et même dans le langage des économistes, est généralement associée au *placement*, c'est-à-dire à l'emploi productif de l'épargne. Mais ce sont là deux actes tout à fait indépendants, et qu'il faut étudier séparément, car l'épargne trouve en elle-même son propre but et se suffit à elle-même. Pourvoir aux besoins futurs est déjà un acte économique assez important.

1 « J'y ai entendu une leçon sur la préparation des haricots vraiment intéressante et d'une logique scientifique rigoureuse »! Ce témoignage impressionnant est de Mme Moll-Weiss, *L'enseignement ménager en Allemagne* (publications du *Musée Social*, 1905).

L'épargne a été longtemps préconisée par les économistes comme la seule source de la fortune et comme le seul moyen de salut pour la classe ouvrière.

Au contraire l'opinion publique s'est montrée toujours assez peu sympathique à l'épargne; et même des esprits supérieurs, comme Montesquieu par exemple, ont pu écrire : « Si les riches ne dépensent pas beaucoup les pauvres meurent de faim ».

On sera peut-être tenté de concilier ces deux opinions en disant que c'est aux pauvres à épargner et aux riches à dépenser? Mais nous croyons qu'au point de vue social c'est plutôt l'inverse qui devrait être la règle.

En ce qui concerne les riches, leur épargne est plus utile, quoi qu'en pense Montesquieu, aux ouvriers qu'à eux-mêmes qui n'en ont guère besoin. Voici pourquoi.

D'abord si l'épargne se complète par le placement, ce qui est la règle générale, nous allons voir tout à l'heure (p. 672) que le riche qui épargne ne fait que transférer à d'autres — parmi lesquels précisément les travailleurs — sa faculté de consommation.

Mais même si le riche ne donnait pas à son argent un emploi productif, s'il le *thésaurisait* dans le sens le plus étroit de ce mot — hypothèse, qui n'est plus d'ailleurs que bien rarement réalisée[1] — alors même, s'il porte préjudice à lui-même ou aux siens, il ne porte du moins préjudice à personne autre. Ces pièces de monnaie qu'il enfouit en terre ou dans son coffre-fort, que sont-elles en effet? Chacune d'elles, nous le savons, doit être considérée comme un bon qui donne droit à son possesseur de prélever sur l'ensemble des richesses existantes une certaine part (voir p. 269). Or, l'homme qui épargne ne fait rien de plus que de déclarer qu'il renonce pour le moment à exercer son droit et à prélever sa part. Très bien ! libre à lui ; il ne fait tort à personne.

---

[1] Harpagon, il nous le dit lui-même, *plaçait* son argent, et sa fameuse cassette n'était enfouie dans son jardin qu'en attendant une bonne occasion pour prêter à gros intérêt l'argent qu'elle contenait.

La part qu'il aurait pu consommer et qu'il abandonne sera consommée par d'autres, voilà tout [1] !

L'utilité sociale de l'épargne consiste à former, par la réunion des épargnes privées, une masse de capital disponible où les entreprises nouvelles pourront venir puiser au fur et à mesure de leurs besoins — utilité qui est donc la même pour la Société que pour les individus : pourvoir aux besoins futurs. Si la France a pu tenir honorablement son rang de grande puissance industrielle, à côté de pays supérieurs par leur population, leur activité, leur outillage, c'est surtout à sa puissance d'épargne qu'elle le doit [2].

Puisque l'épargne est utile au pays, elle est donc un de-

---

[1] Ce qui rend l'avarice justement méprisable au point de vue moral c'est qu'en dérobant l'argent à la circulation, l'avare se dérobe lui-même à toute fonction sociale et vit nécessairement en égoïste. Mais au point de vue purement économique, un Harpagon est un personnage tout à fait inoffensif.

La thésaurisation ne serait susceptible de causer quelque préjudice à la Société que dans le cas où, s'exerçant sur des objets non susceptibles d'être conservés, elle aurait pour conséquence une véritable destruction de richesses; comme, par exemple, cet avare de la fable de Florian, qui conservait des pommes jusqu'à ce qu'elles fussent pourries et,

> Lorsque quelqu'une se gâtait
> En soupirant Il la mangeait !

Pourtant, dira-t-on, si les riches se mettaient à épargner tous leurs revenus, si, par esprit de pénitence, ils s'astreignaient à vivre de pain et d'eau, que deviendraient l'industrie et le commerce?

En ce cas, sans doute, la production des articles destinés à la consommation des classes riches cesserait, faute de demandes, mais la production des denrées nécessaires à la consommation du peuple continuerait; et comme cette production servirait désormais d'unique débouché pour tous les placements des riches, elle recevrait de ce chef un puissant stimulant : il est donc probable que ces denrées deviendraient plus abondantes et baisseraient de prix.

[2] Le chancelier de l'Empire Allemand, M. de Bulow, disait au Reichstag (nov. 1908) non sans quelque exagération flatteuse : « La France doit sa richesse à son sol béni, à l'activité et à l'ingéniosité de ses habitants, mais encore plus à son admirable esprit d'économie, à cette force d'épargne qui distingue chaque Français, chaque Française. La France est devenue le banquier du monde. Ce que la France gagne de moins que nous par la production, elle le compense par l'épargne ».

voir pour ceux qui peuvent la faire, c'est-à-dire pour les riches, les rentiers. C'est à eux qu'il incombe d'épargner,
parce que ce sont eux seulement qui peuvent le faire sans
laisser en souffrance aucun besoin légitime. Ils sont ou du
moins ils devraient être — dans l'ancienne et forte acception
de ce mot — « les économes » de la Société.

Au reste, même en ce qui concerne les riches, nous ne prétendons pas que l'épargne doive constituer leur unique
ni même leur principal devoir. Pour eux aussi il y a des
dépenses qui constituent un devoir social plus pressant que
l'épargne, tel celles pour les œuvres philanthropiques, esthétiques, scientifiques, etc. S'ils ne les font pas, c'est l'État ou
les villes qui devront s'en charger, mais elles ne le pourront que par le moyen d'impôts qui grèveront tout le monde.

Mais en ce qui concerne les pauvres, et c'est surtout à
ceux-ci qu'on prêche l'épargne, les économistes et moralistes
ont peut-être un peu dépassé la mesure. Nous ne dirons pas
que pour eux elle est trop souvent impossible à pratiquer,
car l'épargne est toujours possible, même pour le plus pauvre : l'élasticité des besoins de l'homme est merveilleuse et,
de même qu'ils sont indéfiniment extensibles, ils sont aussi
indéfiniment compressibles. Un homme qui n'aurait pour
revenu qu'une livre de pain par jour pourrait peut-être s'habituer à ne manger qu'un jour sur deux et par conséquent
en épargner la moitié. D'ailleurs, nous avons vu que les
classes ouvrières trouvaient le moyen de dépenser lamen-
tablement des milliards de francs en petits verres d'eau-de-
vie et en pipes de tabac; or, il est certain qu'elles pourraient les épargner si elles le voulaient et qu'elles feraient
beaucoup mieux de le faire.

Si néanmoins nous pensons que les conseils d'épargne
donnés avec tant de morgue aux pauvres ne sont pas toujours justifiés, c'est parce que toutes les fois que l'épargne
est prélevée sur le nécessaire ou même sur les besoins légi-
times de l'homme, elle est plutôt funeste qu'utile. Il est absurde de sacrifier le présent à l'avenir toutes les fois que le
sacrifice du présent *est de nature à compromettre l'avenir.*

Toute dépense privée ou publique qui a pour résultat un développement physique ou intellectuel de l'homme, doit être approuvée sans hésiter, non seulement comme bonne en soi, mais comme *préférable même à l'épargne*. Quel meilleur emploi l'homme pourrait-il faire de la richesse que de fortifier sa santé ou de développer son intelligence? Sans doute les consommations d'eau-de-vie et apéritifs doivent être déconseillées, mais l'argent si mal employé à cet objet trouverait chez le boucher, l'épicier, le bonnetier, un emploi plus utile peut-être qu'à la caisse d'épargne, car il faut bien remarquer que les dépenses de l'alcoolique sont prises moins sur le superflu que sur le nécessaire. Une alimentation fortifiante, de bons vêtements, un logement salubre, un mobilier confortable, des soins médicaux et hygiéniques plus fréquents, des livres instructifs, des promenades ou même des voyages, certains sports, des concerts, etc., sont des dépenses non seulement permises, mais recommandables. On peut même dire qu'elles constituent moins une dépense qu'un *placement* et le meilleur de tous, puisqu'elles augmentent la valeur de l'homme et sa productivité.

Si l'épargne, sous la forme individuelle et bourgeoise, n'est pas très en honneur dans les milieux ouvriers, elle tend au contraire à se développer sous forme de contributions aux syndicats, coopératives, sociétés de secours mutuels, caisses de chômage, etc. Et cette épargne, *collective dans son but* comme dans son organisation, donne plus de résultats que l'épargne individuelle pour des sacrifices moindres. Elle tend à créer un fonds impersonnel, mais au service de tous, véritable mainmorte laïque. Elle fait appel à la solidarité autant qu'à l'intérêt individuel.

Nous dirons donc, comme conclusion, que *l'épargne est un luxe* — si bizarre que paraisse l'accouplement de ces deux mots — qui n'est guère accessible qu'aux sociétés riches et, dans ces sociétés mêmes, qu'à ceux-là qui ont le superflu, c'est-à-dire au petit nombre.

Aussi bien la statistique nous apprend que les pays qui créent des épargnes en ce monde sont assez rares, et que

même chez ceux-là l'épargne représente rarement plus de
1/10 du revenu national [1].

II
Les conditions de l'épargne.

Les animaux eux-mêmes, du moins certains d'entre eux,
la fourmi, l'abeille, l'écureuil, connaissent et pratiquent l'é-
pargne sous forme de thésaurisation [2]. C'est même, avec le
travail et la division du travail, un des rares actes économiques qui soit préhumain et dont on puisse dire en toute
exactitude qu'il est « naturel ».

Et néanmoins il ne faudrait pas croire que l'épargne se
fasse d'elle-même et spontanément! Il faut au contraire, pour
qu'elle se réalise, un ensemble de conditions assez difficiles
à remplir :

1° Il faut d'abord, comme condition subjective chez celui
qui épargne, une certaine dose de prévoyance, c'est-à-dire
de cette faculté particulière qui consiste à ressentir un besoin futur comme s'il était présent. L'homme qui veut épargner met en balance deux besoins, un besoin *présent* auquel
il doit refuser satisfaction, par exemple, la faim qui le
presse, — et un besoin *futur* auquel il voudrait assurer satisfaction, par exemple, le désir d'avoir du pain pour ses vieux
jours. D'une part il se trouve retenu par la pensée du sacrifice
plus ou moins considérable qu'il devra s'infliger, mais d'autre part il se trouve sollicité par l'avantage plus ou moins
considérable qu'il attend de l'épargne. Sa volonté oscille
entre ces deux forces antagonistes, et suivant que l'une des
deux sera la plus puissante, elle se déterminera dans un sens
ou dans l'autre [3]. Remarquez que le besoin présent est une

---

[1] C'est à cette proportion que peuvent être évaluées les épargnes
annuelles de l'Angleterre et de la France : 2 à 3 milliards, sur un revenu total de 25 à 30 milliards.

[2] Et même chez les plantes l'épargne, sous forme de réserves accumulées pour les besoins de l'avenir, est un phénomène très fréquent.

[3] Nous avons déjà signalé un conflit analogue à propos du travail,
p. 129.

réalité — nous le sentons corporellement, — tandis que le besoin à venir n'est qu'une pure abstraction : nous ne le sentons que par l'imagination. Il faut donc des habitudes d'esprit, des dispositions morales qui nous aient familiarisés avec l'abstraction, et elles ne peuvent être le fait que d'un état de civilisation déjà avancé.

Nos occupations, surtout dans nos sociétés modernes, notre éducation, nous forcent à nous préoccuper sans cesse de l'avenir. Savants cherchant à pénétrer les secrets des temps futurs, politiques soucieux du lendemain, hommes d'affaires lancés dans les spéculations, simples commerçants préoccupés des échéances de la fin du mois et de l'inventaire de la fin d'année, tous à notre insu, quoique à un degré plus ou moins élevé, nous sommes familiarisés avec cet inconnu et nous le faisons entrer en ligne de compte. Mais c'est là un effort intellectuel inaccessible au sauvage qui n'a conscience que du besoin qui le presse et qui, suivant l'expression célèbre de Montesquieu, coupe l'arbre au pied pour avoir le fruit — difficile même à ceux de nos concitoyens dont la condition sociale et les habitudes mentales se rapprochent de celles des hommes primitifs et qui, comme eux, vivent au jour le jour. Sauvages, enfants, indigents, vagabonds, tous sont également, et pour les mêmes raisons, imprévoyants[1].

2° Il faut aussi que le travail soit assez productif pour laisser un *excédent sur les nécessités de la vie*, car s'il est imprudent de sacrifier les besoins à venir aux besoins présents, il serait insensé, à l'inverse, de sacrifier le présent à l'avenir. Se réduire à mourir de faim présentement dans la crainte de mourir de faim l'année prochaine ou dans dix ans, ce serait une conduite digne d'Harpagon et c'est préci-

---

[1] Voyez Bagehot, *Economic Studies*. — *The growth of capital.*
Comme exemple curieux d'imprévoyance on peut citer ces sauvages de l'Orénoque qui, dit-on, vendent facilement leurs hamacs le matin mais pas le soir ! et tout au moins ces noirs du Sénégal qui vendent leur mil à 15 centimes le kilo avant la récolte et 3 centimes après (Deherme, *L'Afrique Occidentale*).

sément un des caractères qui ont le plus contribué à rendre
l'avarice ridicule et méprisable. Nous venons de voir (p. 665)
qu'il serait contraire à l'intérêt social aussi bien qu'à l'intérêt individuel d'imposer de trop grands sacrifices à la consommation présente au profit de la consommation différée.

Or pour l'homme qui n'a que le nécessaire il n'y a pas
d'excédent; l'épargne pour lui constitue donc une opération
très douloureuse et même dangereuse : elle entraîne l'amputation d'un besoin essentiel.

Pour l'homme qui dispose au contraire d'une quantité de
richesses surabondantes, l'épargne n'est plus un sacrifice
méritoire[1] : elle peut même devenir une nécessité, car au
bout du compte les facultés de consommation de tout
homme sont limitées, fussent celles d'un Gargantua. Nos
besoins et même nos désirs ont un terme et la nature l'a
marqué elle-même en y mettant la satiété (voir ci-dessus,
p. 47).

3° Il faut encore, comme condition objective, une certaine
qualité dans la chose épargnée, celle de *pouvoir être con-
servée*. Or, c'est là une propriété qui, dans l'état de nature,
est assez rare. Il n'est qu'un petit nombre d'objets de consommation dont la consommation puisse être différée sans
inconvénient et sans entraîner la détérioration ou même la
perte totale de la chose. Souvent les choses se détruisent
aussi vite, quand on n'en fait point usage et qu'on les met de
côté, que lorsqu'on s'en sert. Les meubles et étoffes se fa-
nent; le linge se coupe et jaunit dans l'armoire; le fer se

[1] Les économistes s'appliquent à mettre en lumière le sacrifice imposé
par l'épargne, *l'abstinence* (comme l'appelait Senior qui y voyait la
cause créatrice du capital), et à exagérer ses vertus et ses mérites. Les
socialistes au contraire raillent cette prétendue abstinence et ces privations
du capitaliste et c'est contre elles que Lassalle décoche ses flèches les
plus aiguës. Il ne faut voir là des deux côtés qu'une thèse tendancieuse
pour légitimer ou, en sens contraire, pour discréditer l'appropriation du
capital. En réalité, tous deux ont raison par un côté, car le sacrifice imposé par l'épargne est susceptible de passer par tous les degrés, depuis
l'infini jusqu'à zéro.

rouille; les denrées alimentaires se gâtent ou sont dévorées par les insectes: le vin lui-même, après avoir gagné, finit par perdre. Et quoique le blé soit une des richesses qui se conservent le mieux et qu'il doive certainement à cette propriété la place si importante qu'il occupe entre toutes — lui-même ne peut se conserver au delà de quelques années sans de grands soins.

En fait, l'épargne n'a eu qu'un emploi très restreint, faute d'objet convenable, jusqu'au jour où l'on a employé la monnaie ou du moins les métaux précieux comme accumulateurs de la valeur. Alors seulement l'épargne a été créée, contenant en puissance tous les merveilleux développements qu'elle a pris depuis. L'or et l'argent sont, comme nous l'avons vu, à peu près les seuls corps qui soient inaltérables : il est vrai qu'ils ne sont pas eux-mêmes des objets de consommation, mais peu importe, puisqu'ils sont à toute époque échangeables contre ces objets. Dès lors, celui qui veut épargner, au lieu de chercher à conserver des objets périssables, les échange contre de la monnaie, met cette monnaie en lieu sûr et au bout d'un temps, aussi long qu'on voudra, lui ou ses arrière-petits-enfants n'auront qu'à échanger cette monnaie contre la richesse qu'ils choisiront. Quand on découvre aujourd'hui quelque trésor enseveli depuis des siècles, c'est une consommation *différée* pendant tout ce temps qui se réalise enfin au profit de l'heureux découvreur.

Depuis que le crédit et ses organes ont été inventés, l'épargne a trouvé un mode de réalisation plus merveilleux encore que la monnaie. Voici un individu qui dispose d'une richesse de 1.000 francs, sous une forme quelconque, qu'il pourrait consommer : il préfère ajourner sa consommation. Il déclare donc ne pas vouloir user présentement de son droit de consommation et se fait inscrire en quelque sorte sur le Grand-Livre de la Société pour une valeur de 1.000 francs. Et après un laps de temps quelconque, lui ou ses arrière-neveux auront le droit de retirer de la masse des richesses qui existeront à ce jour, non plus certes celles qu'il

y avait laissées et qui ont été depuis longtemps consommées par d'autres, mais leur équivalent.

4° Enfin, pour réaliser et faciliter l'épargne, il faut encore
des *instruments*, des institutions, — ne fût-ce qu'un grenier
pour conserver le blé, un cellier pour le vin, une tirelire
pour la monnaie. C'est ce qui va faire l'objet du chapitre
suivant[1].

III

Le placement.

Si nous étudions le placement dans le chapitre de l'épargne, c'est parce que ces deux actes, quoique toujours associés
en fait, sont, par leur nature, essentiellement différents.

Il est vrai que le placement suppose l'épargne comme
condition préalable, car nous ne pouvons placer que ce que
nous avons économisé et de là vient la solidarité que le public et même les économistes établissent entre ces deux
faits. Mais inversement l'épargne n'implique pas le placement. Épargner c'est s'abstenir présentement de consommer;
c'est une consommation *ajournée*; c'est mettre de côté, comme
on dit, en vue d'un besoin ultérieur; c'est « garder une poire
pour la soif ». *Placer*, au contraire, c'est « faire valoir » son

---

[1] N'y a-t-il pas encore une autre condition importante que nous aurions
omise? — Ne faut-il pas, pour que l'épargne soit possible, que l'argent
ou le capital *rapporte un certain intérêt?*

C'est ce qu'enseignent généralement les traités d'économie politique,
mais à tort, croyons nous. L'existence d'un certain intérêt est indispensable pour le placement, comme nous le dirons tout à l'heure, mais non
pour l'épargne proprement dite : celle-ci trouve en elle-même, c'est-à-
dire dans la prévision des besoins futurs et des imprévus auxquels elle
est destinée à pourvoir, sa raison suffisante. Et au contraire on peut prétendre sans paradoxe que si le placement d'intérêt devenait par hypothèse impossible, l'épargne, la thésaurisation, bien loin d'être anéantie,
serait *extrêmement stimulée*, car le même individu qui aujourd'hui se
contente d'épargner 100.000 francs, par exemple, parce qu'il compte vivre
suffisamment et indéfiniment avec 3 ou 4 000 francs de revenu, du jour
qu'il lui faudra vivre non sur le revenu, mais sur le fonds lui-même, sera
bien plus intéressé à grossir ce fonds le plus possible.

capital, c'est-à-dire c'est renoncer à son pouvoir de consommation pour le transférer à d'autres, lesquels utiliseront ce
pouvoir de consommation par quelque mode productif (généralement en le transmettant sous forme de salaires à des
ouvriers). Par conséquent, le placement n'est pas un acte
de consommation, mais au contraire un acte de production.

Le placement autrefois ne se faisait guère qu'en achat de
terres. Il était difficile sous forme de capitaux, et même
presque impossible, pour deux raisons :

1° Faute de *moyens de placement*. A une époque où le
prêt à intérêt était prohibé, ou du moins ne pouvait se
faire que d'une façon détournée, où les principaux emprunteurs, qui sont les grandes sociétés par actions et les États
modernes, n'existaient pas encore, où même les maisons à
louer n'étaient guère en usage, chacun ayant la sienne —
on n'aurait su où placer son argent. Il n'y avait guère que
la thésaurisation. Tel est encore le cas aujourd'hui dans les
pays d'Orient et pour les deux mêmes raisons : manque de
sécurité et réprobation de l'usure[1].

2° De plus, une autre condition non moins essentielle
faisait défaut, *la sécurité*, qui, en garantissant le prêteur
contre les brigandages du dedans, les invasions du dehors,
les confiscations des gouvernants eux-mêmes ou la mauvaise foi d'un débiteur puissant — peut seule le déterminer à se défaire de ses économies et à les livrer à la
consommation productive sur la foi certaine d'une restitution.

Aujourd'hui ce double obstacle a été supprimé. D'une
part, la sécurité politique dans tout pays civilisé est suffisante — bien que la sécurité morale, c'est-à-dire celle qui
résulte de la fidélité à tenir ses engagements, n'ait pas fait

---

[1] En 1907, le gouverneur de l'Égypte, lord Cromer, dans son rapport,
citait ce fait d'un *cheik* de village, qui, ayant acheté une propriété pour
25.000 livres sterling (630.000 fr.) comptant, reparaissait une demi-heure
après la signature du contrat, suivi d'une file de mulets qui portaient sur
leurs dos cette somme qu'il venait de déterrer de son jardin.

peut-être de grands progrès. D'autre part, notre époque offre à ceux qui veulent faire des placements mille ressources inconnues à nos pères. En 1815, on ne comptait que 5 valeurs cotées à la Bourse de Paris ; en 1869 on en comptait déjà 402 ; on en compte aujourd'hui plus de mille, sans compter des centaines d'autres cotées dans les départements ou dans les Bourses de l'étranger. Toutes les entreprises industrielles ou financières sous forme de sociétés par actions, les opérations agricoles ou foncières par l'intermédiaire des sociétés de Crédit foncier, et surtout les emprunts continuels des États par l'émission de titres de rente, offrent de nos jours des facilités sans nombre aux personnes qui désirent placer leur argent[1]. Toutes leur offrent en perspective un intérêt plus ou moins élevé, le plus souvent aussi de véritables *primes* sous la forme de remboursements supérieurs à la somme prêtée, et même, dans les cas autorisés par la loi, des *lots* d'une valeur de 100.000 et jusqu'à 500.000 francs, ce qui, entre parenthèses, constitue un appât d'une moralité fort douteuse. Peut-être même pourrait-on trouver que ces placements sont rop abondants ! car ils facilitent trop ce mode d'existence qui consiste à vivre en rentier et dont il ne faudrait pourtant pas abuser, bien que nous l'ayons justifié dans une certaine mesure (p. 386). Si les gens n'avaient pas tant d'occasions pour placer leur argent, ils seraient contraints, ou tout au moins stimulés, à le faire valoir eux-mêmes en se faisant industriels, commerçants ou agriculteurs.

[1] Au Congrès des valeurs mobilières a l'Exposition de Paris en 1900, on a évalué à 500 milliards fr. la somme représentée par les titres cotés dans les Bourses de tous les pays — sur lesquels 150 milliards en fonds d'État, le reste en actions et obligations de sociétés industrielles. Si prodigieux que ce chiffre paraisse, il doit être encore très inférieur à la réalité, puisque pour la France à elle seule la somme de ces valeurs s'élève à 100 milliards.

Le montant des émissions de titres, c'est-à-dire les emprunts faits par les États ou les Sociétés, s'est élevé dans les trente dernières années à une moyenne annuelle de 10 milliards, mais en 1906-1907-1908, la moyenne a été de 21 milliards !

En tout cas, de là vient l'extraordinaire pullulement des petits capitalistes. La terre, là même où elle est la plus morcelée, ne se prête pas à une division aussi ténue que celle des placements en capitaux. Rien que pour la rente sur l'État français, on évalue le nombre de ceux qui possèdent un titre de rente, gros ou petit, à plus de 2 millions[1].

L'utilité du placement, au point de vue de la production, est d'ailleurs incontestable : c'est le placement qui fournit à toutes les grandes entreprises les capitaux dont elles ont besoin et, sans lui, jamais elles n'auraient pu se constituer.

Au point de vue social, le placement doit même être considéré comme un mode d'emploi de la richesse plus *altruiste* que la thésaurisation ou la dépense, car la première a toujours, et la seconde le plus souvent, un caractère égoïste, tandis que celui qui place que fait-il? Au lieu d'employer son argent à satisfaire ses besoins présents ou à venir, il les transfère à d'autres pour que ceux-ci les consomment reproductivement. Sans doute, le capitaliste n'agit point ainsi par esprit de philanthropie : il poursuit un profit, mais quoique son altruisme soit inconscient, les résultats sont les mêmes que s'il était voulu. Comme le dit très bien Stuart Mill : « On est utile aux travailleurs, non par la richesse qu'on consomme soi-même, mais seulement par la richesse qu'on *ne consomme pas soi-même*[2] ». Supposons qu'il emploie son épargne à souscrire des actions ou obligations émises[3] par une

---

[1] Rapport de M. Mougeot à la Chambre sur le budget de 1907 — 2 075.000 porteurs de titres de rente exactement.

Les porteurs d'actions ou obligations nominatives du Crédit foncier sont au nombre de 278.000, ceux des six Compagnies de chemins de fer de 560.000 : et ces nombres doivent être plus que doublés avec les titres au porteur. Les actions de la Banque de France elle-même sont réparties entre 28.000 titulaires.

[2] N'oublions pas toutefois les remarques faites sur l'importance sociale du rôle du consommateur, p. 635.

[3] Je parle de titres souscrits au moment de l'émission, parce que si nous supposions que le titre est acheté à la Bourse, en ce cas il n'y aurait qu'un simple *transfert* : notre capitaliste se trouverait simplement substitué à celui qui naguère était propriétaire de ce titre. Et toutefois,

Compagnie de mines ou de chemins de fer. Il remet à la Compagnie la valeur de ces titres en argent. Et que fera celle-ci de cet argent? Le serrera-t-elle dans son coffre-fort? Assurément non, car si elle avait eu cette intention, elle se serait bien gardée de l'emprunter : elle va s'en servir pour creuser de nouveaux puits, construire de nouvelles lignes. acheter du charbon, des rails, des traverses, soit surtout pour payer ses employés et ouvriers et en embaucher de nouveaux. Or il en sera de même de tout autre cas de placement que l'on voudra imaginer.

Cependant le préjugé hostile au thésauriseur existe même contre celui qui place son argent. On s'imagine que l'homme qui serre des titres de rente ou des valeurs mobilières quelconques dans son portefeuille, thésaurise réellement, c'est-à-dire retire de l'argent de la circulation, et on ne voit pas que, au contraire, son argent court le monde, faisant aller le commerce et faisant travailler des ouvriers sur d'autres terres et sous d'autres cieux, peut-être des Chinois sur le chemin de fer Transsibérien, ou des Cafres dans les mines du Transvaal.

Il est vrai que c'est précisément là ce qui peut justifier dans une certaine mesure le préjugé populaire, car ce capital qui va faire vivre des ouvriers exotiques ne pourra pas faire vivre les ouvriers du voisinage. Le placement est très souvent une forme d'absentéisme des capitaux, mais si ce placement est intelligent, il est certain qu'il finira par ramener dans le pays, sous forme de profits et dividendes, plus de valeurs qu'il n'en a fait sortir (voir ci-dessus, p. 651).

---

même en ce cas, le placement suppose généralement un emploi productif, car il faut remarquer que le capitaliste qui a vendu son titre sera bien forcé de chercher un emploi à l'argent qu'il a reçu en échange ; et il est même probable que s'il a vendu son titre, c'est précisément parce qu'il avait en vue quelque autre emploi plus avantageux.

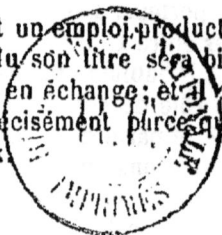

TABLE DES MATIÈRES

NOTIONS GÉNÉRALES

LIVRE PREMIER

LA PRODUCTION

PREMIÈRE PARTIE

Les facteurs de la production.

DEUXIÈME PARTIE
L'organisation de la production.

LIVRE DEUXIÈME

LA CIRCULATION

LIVRE TROISIÈME

LA RÉPARTITION

PREMIÈRE PARTIE

Les divers modes de répartition.

CHAPITRE I

Le mode existant   425

CHAPITRE II

Les modes socialistes   461

BAR-LE-DUC. — IMPRIMERIE CONTANT-LAGUERRE.

IMPRIMERIE
CONTANT-LAGUERRE

LVX·IN·VIA

BAR LE-DUC